あなたのクラブに新しい可能性

elite grips®

www.elitegrips.com

The Passion for Golf Technology

All our dreams can come true - if we have the courage to pursue them.

International Tour
DUNLOP PHOENIX TOURNAMENT

International Tour
DUNLOP PHOENIX TOURNAMENT

November 16.17.18.19 2023
PHOENIX SEAGAIA RESORT, MIYAZAKI, JAPAN
http://dpt.gr.jp

くまもと中央カントリークラブ
KUMAMOTO CHUO COUNTRY CLUB
〒869-1205 熊本県菊池市旭志川辺1217　Tel.096(293)3300 Fax.096(293)1715　**http://www.chuogolf.jp**

DUNLOP

MORE SPEED.
MORE SPIN.
MORE Z-STAR.

※画像はイメージです。

Z-STAR   Z-STAR XV   Z-STAR ◆ (ダイヤモンド)

NEW

新開発「ファストレイヤーD.G.」コアで、トータルパフォーマンスはさらなる次元へ

NEW SRIXON Z-STAR SERIES

株式会社ダンロップスポーツマーケティング https://sports.dunlop.co.jp/golf/ 0120-65-3045

詳しくはこちら

CASIO

双璧。

GMW-B5000D-1JF　¥66,000（税込）
Bluetooth®搭載電波ソーラー

GM-B2100D-1AJF　¥71,500（税込）
Bluetooth®搭載タフソーラー

●Bluetoothは、Bluetooth SIG, Inc.の登録商標です。
●その他の会社名・商品名は、各社の商標または登録商標です。
●GM-B2100、GMW-B5000は、日本の電波法の認証を取得しています。
●表示価格は、全てメーカー希望小売価格です。

G-SHOCK

gshock.casio.com/jp/

ジャパンゴルフツアー
オフィシャルガイド 2023

ご挨拶

一般社団法人
日本ゴルフツアー機構
会長
青木　功
ISAO AOKI

　日ごろは一般社団法人日本ゴルフツアー機構の諸活動に多大なるご理解とご協力をいただき、またジャパンゴルフツアーを応援していただきまして、厚く御礼を申し上げます。

　昨年を振り返ってみますと、引き続き新型コロナウイルスの感染拡大が続き、社会情勢も私たちの生活スタイルも大きく変わった1年となりました。

　そのような中におきましても1月のSMBCシンガポールオープンに続き、3月の国内開幕戦を無事開催することができ、12月の最終戦までツアートーナメント27試合、ABEMAツアー 14試合を終えることが出来ました。

　このように1年を通してジャパンゴルフツアーを開催できましたことは、何よりも大会を主催、ご支援いただきました主催者の皆さま方、協賛社の皆さま方の大変なご尽力と情熱の賜物であり、それに加え、いつも力強い応援をしていただいておりますゴルフファンの皆さま方のおかげです。深く感謝申し上げます。

　コロナ禍において様々な制限がある中での2022年シーズンでしたが、昨年は男子ゴルフ界にとって大きな出来事がいくつかありました。

　中でも、6月に開催されましたABEMAツアー『ジャパンクリエイトチャレンジin福岡雷山』におきまして、アマチュアで大学4年生の蟬川泰果選手がABEMAツアー史上5人目となるアマチュア優勝を飾り、さらに9月に開催されましたツアートーナメント『パナソニックオープン』においてもツアー史上6人目となるアマチュアでの優勝を成し遂げました。蟬川選手の快進撃はこれだけに留まらず、10月に開催されました『日本オープンゴルフ選手権競技』でもアマチュアとして優勝。長い男子ゴルフの歴史の中で史上初となる、ツアートーナメントにおいてアマチュアによる複数回優勝を達成しました。

　このことはゴルフ界に大きな衝撃を与えたのはもちろんのこと、ジャパンゴルフツアーのツアーメンバー達もおおいに触発され、特に20歳代の台頭が顕著な1年となりました。

　このような、ゴルフ界の歴史を変える素晴らしい出来事があり、また1年を通してジャパンゴルフツアーを開催することが出来ましたが、何よりも心残りだったことは、すべての大会において、無制限にゴルフファンの皆さまをお迎えできなかったことです。

　ファンの皆さま方に選手達の迫力あるプレーを間近でご覧いただき、そして声援が選手達に届き、それに選手達が最高のプレーで応えるという、トーナメントの醍醐味を感じることが出来なかったことが残念でなりませんでした。

　今年こそ、たくさんのゴルフファンの皆さまにトーナメント会場にお越しいただき、そして大きな声援を送っていただき、その中で選手達が躍動する姿をお見せできることを願って止みません。

　2023年のジャパンゴルフツアーに更なるご期待をいただきまして、引き続きご支援、ご声援をいただきますよう、何卒よろしくお願い申し上げます。

2023年4月吉日

2023.3.22

会長
青木　　功

会長

青木　　功

副会長

新井　直之

谷原　秀人

専務理事

上田　昌孝

理事

安中　新祐

五十嵐朋広

宇治　重喜

大多　　亮

大塚　達也

川合　敏久

佐藤　信人

田島　創志

中西　直人

野村　修也

堀川未来夢

村田　一治

監事

道垣内正人

森　　公高

名誉会長

海老沢勝二

特別顧問

尾崎　将司

相談役

中嶋　常幸

丸山　茂樹

顧問

小泉　　直

2023年度 ジャパンゴルフツアー選手会 理事会

会長
谷原　秀人

副会長
小田　孔明

副会長
中西　直人

副会長
堀川未来夢

事務局長
宮里　優作

理事
市原　弘大

理事
池田　勇太

理事
小鯛　竜也

理事
石川　遼

理事
木下　稜介

理事
今平　周吾

理事
浅地　洋佑

理事
時松　隆光

理事
香妻陣一朗

理事
金谷　拓実

理事
B・ジョーンズ

理事
S・ハン

監事
阿久津未来也

9

CONTENTS

ツアートーナメント成績

2022年度ツアーデータ

過去のツアーデータ

ABEMAツアーデータ

その他の競技成績

海外の記録

2023年度 ジャパンゴルフツアートーナメント開催日程

★ツアートーナメント★

週番号	開催日程	トーナメント名称	トーナメント会場	開催地	賞金総額
13	3.30- 4.2	東建ホームメイトカップ	東建多度CC・名古屋	三重	130,000,000円
14	4. 6- 4. 9	★MASTERS TOURNAMENT	Augusta National GC	USA	US＄15000000
15	4.13- 4.16	関西オープンゴルフ選手権競技	泉ヶ丘カントリークラブ	大阪	80,000,000円
16	4.20- 4.23	◆ISPS HANDA欧州・日本どっちが勝つかトーナメント！	PGM石岡ゴルフクラブ	茨城	260,020,000円 ＃
17	4.27- 4.30	中日クラウンズ	名古屋ゴルフ倶楽部和合コース	愛知	110,000,000円
20	5.18- 5.21	ゴルフパートナー PRO-AM トーナメント	取手国際ゴルフ倶楽部	茨城	60,000,000円
		★PGA CHAMPIONSHIP	Oak Hill CC	USA	US＄15,000,000
21	5.25- 5.28	～全英への道～ミズノオープン	JFE瀬戸内海ゴルフ倶楽部	岡山	80,000,000円
22	6. 1- 6. 4	BMW 日本ゴルフツアー選手権 森ビルカップ	宍戸ヒルズカントリークラブ西コース	茨城	150,000,000円
23	6. 8- 6.11	ASO飯塚チャレンジドゴルフトーナメント	麻生飯塚ゴルフ倶楽部	福岡	100,000,000円
24	6.15- 6.18	◆ハナ銀行インビテーショナル	千葉夷隅ゴルフクラブ	千葉	100,000,000円
		★U. S. OPEN	The Los Angels CC North Course	USA	US＄17,500,000
25	6.22- 6.25	JAPAN PLAYERS CHAMPIONSHIP by サトウ食品	西那須野カントリー倶楽部	栃木	50,000,000円
26	6.29- 7. 2	長嶋茂雄 INVITATIONAL セガサミーカップゴルフトーナメント	ザ・ノースカントリーゴルフクラブ	北海道	150,000,000円
29	7.20- 7.23	★THE OPEN CHAMPIONSHIP	Royal Liverpool	ENG	US＄14,000,000
30	7.27- 7.30	＊日本プロゴルフ選手権大会	恵庭カントリー倶楽部	北海道	150,000,000円
31	8. 3- 8. 6	横浜ミナトChampionship ～ Fujiki Centennial ～	横浜カントリークラブ	神奈川	100,000,000円
34	8.24- 8.27	Sansan KBCオーガスタゴルフトーナメント	芥屋ゴルフ倶楽部	福岡	100,000,000円
35	8.31- 9. 3	フジサンケイクラシック	富士桜カントリー倶楽部	山梨	110,000,000円
36	9. 7- 9.10	◆Shinhan Donghae Open	未定	韓国	141,120,000円 ＃
37	9.14- 9.17	ANAオープンゴルフトーナメント	札幌ゴルフ倶楽部輪厚コース	北海道	100,000,000円
38	9.21- 9.24	パナソニックオープンゴルフチャンピオンシップ	小野東洋ゴルフ倶楽部	兵庫	100,000,000円
39	9.28-10. 1	バンテリン東海クラシック	三好カントリー倶楽部西コース	愛知	110,000,000円
40	10. 5-10. 8	ACNチャンピオンシップゴルフトーナメント	三甲ゴルフ倶楽部ジャパンコース	兵庫	100,000,000円
41	10.12-10.15	＊日本オープンゴルフ選手権競技	茨木カンツリー倶楽部西コース	大阪	210,000,000円 ■
44	11. 2-11.5	マイナビABCチャンピオンシップゴルフトーナメント	ABCゴルフ倶楽部	兵庫	120,000,000円
45	11. 9-11.12	三井住友VISA太平洋マスターズ	太平洋クラブ御殿場コース	静岡	200,000,000円
46	11.16-11.19	ダンロップフェニックストーナメント	フェニックスカントリークラブ	宮崎	200,000,000円
47	11.23-11.26	カシオワールドオープンゴルフトーナメント	Kochi黒潮カントリークラブ	高知	200,000,000円
48	11.30-12. 3	ゴルフ日本シリーズJTカップ	東京よみうりカントリー倶楽部	東京	130,000,000円

◆：海外ツアーとの共同開催トーナメント（ジャパンゴルフツアー　ツアートーナメント賞金ランキング加算）
＊：JGA、PGA競技（ジャパンゴルフツアー　ツアートーナメント賞金ランキング加算）
★：海外メジャートーナメント、賞金総額は2022年実績
＃：共同開催トーナメントの賞金総額はUS＄＝¥130.01，KRW＝¥0.1008で換算（規定により2023年1月4日時点のものを適用）
■：賞金総額は2022年実績

★海外４大メジャートーナメント★

週番号	開催日程	トーナメント名称	トーナメント会場	開催地	賞金総額
14	4. 6- 4. 9	Masters Tournament	Augusta National GC (GA)	USA	US $15,000,000
20	5.18- 5.21	PGA Championship	Oak Hill Country Club (NY)	USA	US $15,000,000
24	6.15- 6.18	U.S. Open	The Los Angeles Country Club North Course (CA)	USA	US $17,500,000
29	7.20- 7.23	The Open Championship	Royal Liverpool	ENG	US $14,000,000

賞金総額は2022年実績

★ABEMA ツアー★（チャレンジトーナメント）

週番号	開催日程	トーナメント名称	トーナメント会場	開催地	賞金総額
14	4. 5- 4. 7	Novil Cup	Jクラシックゴルフクラブ	徳島	15,000,000円
16	4.19- 4.21	i Golf Shaper Challenge in 筑紫ヶ丘	筑紫ヶ丘ゴルフクラブ	福岡	15,000,000円
19	5.10- 5.12	JAPAN PLAYERS CHAMPIONSHIP CHALLENGE in FUKUI	越前カントリークラブ	福井	15,000,000円
21	5.24- 5.26	太平洋クラブチャレンジトーナメント	太平洋クラブ江南コース	埼玉	15,000,000円
23	6. 7- 6. 9	LANDIC CHALLENGE 10	芥屋ゴルフ倶楽部	福岡	15,000,000円
24	6.14- 6.16	ジャパンクリエイトチャレンジ in 福岡雷山	福岡雷山ゴルフ倶楽部	福岡	15,000,000円
28	7.12- 7.14	南秋田カントリークラブみちのくチャレンジトーナメント	南秋田カントリークラブ	秋田	15,000,000円
35	8.31- 9. 2	ダンロップフェニックストーナメントチャレンジ in ふくしま	グランディ那須白河ゴルフクラブ	福島	15,000,000円
39	9.27- 9.29	エリートグリップチャレンジ	未定	未定	15,000,000円
40	10. 4-10. 6	石川遼 everyone PROJECT Challenge Golf Tournament	ロイヤルメドウゴルフ倶楽部	栃木	15,000,000円
42	10.18-10.20	JGTO ファイナル	取手国際ゴルフ倶楽部東コース	茨城	15,000,000円

★ワールドゴルフチャンピオンシップ★

週番号	開催日程	トーナメント名称	トーナメント会場	開催地	賞金総額
12	3.22- 3.26	WGC-Dell Technologies Match Play	Austin CC（TX）	USA	US $20,000,000

賞金総額は2022年実績

★その他★

週番号	開催日程	トーナメント名称	トーナメント会場	開催地	賞金総額
49	12.11	Hitachi 3 tours Championship	大栄カントリー倶楽部	千葉	57,000,000円

2023年度ジャパンゴルフツアー賞金総額
ツアートーナメント　26試合　総額　3,341,140,000円
ABEMAツアー　　　　11試合　総額　　 16,500,000円

2022-2023年USPGAツアー開催日程

開 催 日	トーナメント名称	開 催 コ ー ス
22／9.15～9.18	Fortinet Championship	Silverado Resort and Spa North
9.29～10. 2	Sanderson Farms Championship	CC of Jackson
10. 6～10. 9	Shriners Children's Open	TPC Summerlin
10.13～10.16	ZOZO CHAMPIONSHIP	Accordia Golf Narashino CC, Japan
10.20～10.23	THE CJ CUP in South Carolina	Congaree GC
10.27～10.30	Butterfield Bermuda Championship	Port Royal GC, Barmuda
11. 3～11. 6	World Wide Technology Championship at Mayakoba	El Camaleon GC, Mexico
11.10～11.13	Cadence Bank Houston Open	Memorial Park GC
11.17～11.20	The RSM Classic	Sea Island GC（Seaside Course）
23／1. 5～1. 8	Sentry Tournament of Champions	Plantation Course at Kapalua
1.12～1.15	Sony Open in Hawaii	Waialae CC
1.19～1.22	The American Express	Pete Dye Stadium Course
1.25～1.28	Farmers Insurance Open	Torrey Pines GC（South）
2. 2～2. 5	AT&T Pebble Beach Pro-Am	Pebble Beach Golf Links
2. 9～2.12	WM Phoenix Open	TPC Scottsdale（Stadium Course）
2.16～2.19	The Genesis Invitational	The Riviera CC
2.23～2.26	The Honda Classic	PGA National Resort（The Champion）
3. 2～3. 5	Puerto Rico Open	Grand Reserve CC, Puerto Rico
3. 2～3. 5	Arnold Palmer Invitational presented by MasterCard	Arnold Palmer's Bay Hill Club & Lodge
3. 9～3.12	THE PLAYERS Championship	TPC Sawgrass（THE PLAYERS Stadium Course）
3.16～3.19	Valspar Championship	Innisbrook Resort（Copperhead Course）
3.22～3.26	World Golf Championships-Dell Technologies Match Play	Austin CC
3.23～3.26	Corales Puntacana Championship	Puntacana Resort & Club, Dominican Republic
3.30～4. 2	Valero Texas Open	TPC San Antonio（Oaks Course）
4. 6～4. 9	Masters Tournament	Augusta National GC
4.13～4.16	RBC Heritage	Harbour Town Golf Links
4.20～4.23	Zurich Classic of New Orleans	TPC Louisiana
4.27～4.30	Mexico Open at Vidanta	Vidanta Vallarta, Mexico
5. 4～5. 7	Wells Fargo Championship	Quail Hollow Club
5.11～5.14	AT&T Byron Nelson	TPC Craig Ranch
5.18～5.21	PGA Championship	Oak Hill CC
5.25～5.28	Charles Schwab Challenge	Colonial CC
6. 1～6. 4	the Memorial Tournament presented by Workday	Muirfield Village GC
6. 8～6.11	RBC Canadian Open	Oakdale G & CC
6.15～6.18	U.S. Open Championship	The Los Angeles CC
6.22～6.25	Travelers Championship	TPC River Highlands
6.29～7. 2	Rocket Mortgage Classic	Detroit GC
7. 6～7. 9	John Deere Classic	TPC Deere Run
7.13～7.16	Barbasol Championship	Keene Trace Golf Club
7.13～7.16	Genesis Scottish Open	The Renaissance Club, Scotland
7.20～7.23	Barracuda Championship	Tahoe Mt. Club（Old Greenwood）
7.20～7.23	The Open Championship	Royal Liverpool, England
7.27～7.30	3 M Open	TPC Twin Cities
8. 3～8. 6	Wyndham Championship	Sedgefield CC
8.10～8.13	FedEx St. Jude Championship	TPC Southwind
8.17～8.20	BMW Championship	Olympia Fields CC
8.24～8.27	TOUR Championship	East Lake GC

2022-2023年DPワールドツアー開催日程

開 催 日	トーナメント名称	開 催 コ ー ス
22／11.24〜27	Fortinet Australian PGA Championship	Royal Queensland GC, Australia
11.24〜11.27	Juburg Open	Houghton GC, South Africa
12. 1〜12. 4	ISPS HANDA Australian Open	Victoria GC, Australia
12. 1〜12. 4	Investec South African Open Championship	Blair Atholl Golf & Equestrian Estate, South Africa
12.8〜12.11	Alfred Dunhill Championship	Leopard Creek CC, South Africa
12.15〜12.18	AfrAsia Bank Mauritius Open	Mont Choisy Le Golf, Mauritius
23／1.13〜1.15	Hero Cup	Abu Dhabi GC, UAE
1.19〜1.22	Abu Dhabi HSBC Championship	Yas Links Abu Dhabi, UAE
1.26〜1.29	Hero Dubai Desert Classic	Emirates GC, UAE
2. 2〜2. 5	Ras Al Khaimac Championship	Al Hamra GC, UAE
2. 9〜2.12	Singapore Classic	Laguna National Golf Resort Club, Singapore
2.16〜2.19	Thailand Classic	Amata Spring CC, Thailand
2.23〜2.26	Hero Indian Open	DLF G&CC, India
3. 9〜3.12	Magical Kenya Open	Muthaiga GC, Kenya
3.16〜3.19	SDC Championship	St. Francis Links, South Africa
3.22〜3.26	World Golf Championships - Dell Technologies Match Play	Austin CC, USA
3.23〜3.26	Jonsson Workwear Open	The Club at Steyn City, South Africa
4. 6〜4. 9	Masters Tournament	Augusta National GC, USA
4.20〜4.23	ISPS HANDA - CHAMPIONSHIP	PGM石岡GC
4.27〜4.30	Korea Championship	Jack Nicklaus Golf Club Korea, South Korea
5. 4〜5. 7	Italian Open	Marco Simone GC, Italy
5.11〜5.14	Soudal Open	Rinkven International GC, Belgium
5.18〜5.21	US PGA Championship	Oak Hill CC, USA
5.25〜5.28	Dutch Open	Bernardus Golf, Netherlands
6. 1〜6. 4	Porsche European Open	Green Eagle Golf Courses, Germany
6. 8〜6.11	Volvo Car Scandinavian Mixed	Ullna G & CC, Sweden
6.15〜6.18	U.S. Open Championship	The Los Angeles CC, USA
6.22〜6.25	BMW International Open	Golfclub Munchen Eichenried, Germany
6.29〜7. 2	Betfred British Masters	The Belfry, England
7. 6〜7. 9	Made in HimmerLand	HimmerLand , Denmark
7.13〜7.16	Genesis Scottish Open	The Renaissance Club, Scotland
7.13〜7.16	Barbasol Championship	Keene Trace GC, USA
7.20〜7.23	THE 151st Open	Rolal Liverpool GC, England
7.20〜7.23	Barracuda Championship	Tahoe Mt. Club, USA
8.17〜8.20	ISPS HAND World Invitational presented by AVIV CLINICS	Galgorm Castel, Nothern Ireland
8.24〜8.27	D+D Real Czech Masters	Albatross Golf Resort, Czech Republic
8.31〜9. 3	Omega European Masters	Crans-sur-Sierre GC, Switzerland
9. 7〜9.10	Horizon Irish Open	The K Club, Ireland
9.14〜9.17	BMW PGA Championship	Wentworth Club, England
9.21〜9.24	Cazoo Open de France	Le Golf National, France
9.29〜10.1	The 2023 Ryder Cup	Marco Simone GC, Italy
10.5〜10.8	Alfred Dunhill Links Championship	Old Course St. Andrews, Carnoustie and Kingsbarns, Scotland
10.12〜10.15	acciona Open de Espana presented by Madrid	Club de campo Villa de Madrid, Spain
11. 9〜11.12	Nedbank Golf Challenge	Gary Player CC, South Africa
11.16〜11.19	DP World Tour Championship	Jumeirah Golf Estates, UAE

2023年度ジャパンゴルフツアー・トーナメント出場有資格者リスト

▽はツアーメンバー未登録者、※は出場義務競技数に達していない者、ⓐはアマチュア、＊は優勝時以降にプロ転向

①ツアートーナメント賞金ランキング第1位者

翌年から5年間

'17　宮里　優作（～2023）
'18　今平　周吾（～2024）
'19　今平　周吾（～2025）
'20－'21　C・キム（～2026）
'22　比嘉　一貴（～2027）

②日本ゴルフツアー選手権、日本オープンゴルフ選手権、日本プロゴルフ選手権の優勝者

翌年から5年間

【日本ゴルフツアー選手権】	【日本オープンゴルフ選手権】	【日本プロゴルフ選手権】
'17　S・ノリス（～ 2023）	'17　池田　勇太（～ 2023）	'17　宮里　優作（～ 2023）
'18　市原　弘大（～ 2024）	'18　稲森　佑貴（～ 2024）	'18　谷口　徹（～ 2024）
'19　堀川未来夢（～ 2025）	'19　C・キム（～ 2025）	'19　石川　遼（～ 2025）
'20－'21　木下　稜介（～ 2026）	'20－'21　稲森　佑貴（～ 2026）	'20－'21▽金　成玹（～ 2026）
'22　比嘉　一貴（～ 2027）	'20－'21　S・ノリス（～ 2026）	'22　堀川未来夢（～ 2027）
	'22　ⓐ蝉川泰果（～ 2027）＊	

③ゴルフ日本シリーズの優勝者

翌年から3年間

'19　石川　遼（～ 2023）
'20－'21　C・キム（～ 2024）
'20－'21　谷原　秀人（～ 2024）
'22　谷原　秀人（～ 2025）

④ツアー各トーナメントの優勝者

その年と翌年から2年間

【2020－21年ツアートーナメント】（～ 2023）

SMBCシンガポールオープン	▽M・クーチャー	日本プロゴルフ選手権	金　成玹
フジサンケイクラシック	星野　陸也	セガサミーカップ	比嘉　一貴
日本オープン	稲森　佑貴	Sansan KBCオーガスタ	S・ビンセント
三井住友VISA太平洋マスターズ	香妻陣一朗	フジサンケイクラシック	今平　周吾
ダンロップフェニックス	金谷　拓実	ANAオープン	S・ビンセント
ゴルフ日本シリーズJTカップ	C・キム	パナソニックオープン	ⓐ中島啓太＊
東建ホームメイトカップ	金谷　拓実	バンテリン東海クラシック	C・キム
関西オープン	星野　陸也	ブリヂストンオープン	杉山　知靖
中日クラウンズ	岩田　寛	日本オープン	S・ノリス
JAPAN PLAYERS CHAMPIONSHIP	片岡　尚之	ISPS HANDAツアートーナメント	池村　寛世
アジアパシフィックダイヤモンドカップ	星野　陸也	マイナビABCチャンピオンシップ	浅地　洋佑
ゴルフパートナー PRO-AM	S・ノリス	三井住友VISA太平洋マスターズ	谷原　秀人
ミズノオープン	J・パグンサン	ダンロップフェニックス	C・キム
日本ゴルフツアー選手権	木下　稜介	カシオワールドオープン	堀川未来夢
ダンロップ・スリクソン福島	木下　稜介	ゴルフ日本シリーズJTカップ	谷原　秀人

【2022年ツアートーナメント】（〜2024年）

東建ホームメイトカップ	香妻陣一朗	フジサンケイクラシック	大西　魁斗
関西オープン	比嘉　一貴	Shinhan Donghae Open	比嘉　一貴
ISPS HANDAツアートーナメント	桂川　有人	ANAオープン	大槻　智春
中日クラウンズ	稲森　佑貴	パナソニックオープン	ⓐ蝉川泰果＊
アジアパシフィックダイヤモンドカップ	今平　周吾	バンテリン東海クラシック	河本　　力
ゴルフパートナー PRO-AM	今平　周吾	For The Players By The Players	小林伸太郎
ミズノオープン	S・ビンセント	日本オープン	ⓐ蝉川泰果＊
日本ゴルフツアー選手権	比嘉　一貴	HEIWA・PGM CHAMPIONSHIP	星野　陸也
ASO飯塚チャレンジドゴルフ	池村　寛世	マイナビABCチャンピオンシップ	堀川未来夢
JAPAN PLAYERS CHAMPIONSHIP	稲森　佑貴	三井住友VISA太平洋マスターズ	石川　　遼
日本プロゴルフ選手権	堀川未来夢	ダンロップフェニックス	比嘉　一貴
セガサミーカップ	岩田　　寛	カシオワールドオープン	C・キム
Sansan KBCオーガスタ	河本　　力	ゴルフ日本シリーズJTカップ	谷原　秀人

※コロナウィルス感染症入国保障制度適用者
1　▽J・ジェーンワタナノンド（2023年開幕から5試合）
2　▽金　庚泰　　　　　　（2023年開幕から4試合）
3　　朴　相賢　　　　　　（2023年開幕から4試合）
4　　崔　虎星　　　　　　（2023年開幕から4試合）

⑤前年度ツアートーナメント賞金ランキング上位65名までの者

翌年1年間

1 比嘉　一貴	15 池村　寛世	29 ※金谷　拓実	43 嘉数　光倫	57 J・パグンサン
2 星野　陸也	16 B・ケネディ	30 長野　泰雅	44 小田　孔明	58 平田　憲聖
3 岩﨑亜久竜	17 池田　勇太	31 T・ペク	45 鍋谷　太一	59 ※中島　啓太
4 堀川未来夢	18 香妻陣一朗	32 J・デロスサントス	46 近藤　智弘	60 ※黄　　重坤
5 桂川　有人	19 A・クウェイル	33 ※朴　相賢	47 H・W・リュー	61 吉田　泰基
6 岩田　　寛	20 時松　隆光	34 永野竜太郎	48 杉本エリック	62 小西　貴紀
7 C・キム	21 木下　稜介	35 杉山　知靖	49 阿久津未来也	63 張　　棟圭
8 大槻　智春	22 出水田大二郎	36 李　　尚熹	50 石坂　友宏	64 塚田　陽亮
9 河本　　力	23 片岡　尚之	37 植竹　勇太	51 宋　　永漢	65 H・リー
10 石川　　遼	24 久常　　涼	38 小林伸太郎	52 市原　弘大	66 宮里　優作
11 稲森　佑貴	25 清水　大成	39 竹安　俊也	53 幡地　隆寛	67 小鯛　竜也
12 今平　周吾	26 小平　　智	40 佐藤　大平	54 勝俣　　陵	68 B・ジョーンズ
13 大西　魁斗	27 ※S・ビンセント	41 片山　晋呉	55 田村　光正	69 貞方　章男
14 谷原　秀人	28 大岩　龍一	42 J・クルーガー	56 宮本　勝昌	70 木下　裕太

※コロナウィルス感染症入国保障制度適用者
71 M・ヘンドリー（2023年開幕から1試合）

⑥1973年ツアー制施行後に25勝した者

翌週から永久

青木　　功	資格制定前に達成	51勝	倉本　昌弘	'92.10.25に達成	30勝
尾崎　将司	資格制定前に達成	94勝	尾崎　直道	'97. 7.13に達成	32勝
中嶋　常幸	資格制定前に達成	48勝	片山　晋呉	'08.10.19に達成	31勝

⑦特別表彰を受けた者
当該年度を含む10年間

▽松山　英樹

⑧会長が推薦する者
そのツアートーナメント

⑨ツアー各トーナメントの優勝者
翌年から5年間そのツアートーナメント

⑩前年度ツアー各トーナメントの成績上位10位以内の者
そのツアートーナメント

コロナウィルス感染保障制度適用者
白　　佳和（2023年開幕戦より2試合）

⑪直近のツアートーナメントで成績上位10位以内の者
その年度内に行われる直後のツアートーナメント

⑫前年度ABEMAツアー（チャレンジトーナメント）賞金ランキング第1位者
翌年1年間

大堀裕次郎（～2023）

⑬前年度QTランキング第1位者
翌年1年間

篠　　優希（～2023）

⑭ABEMAツアー（チャレンジトーナメント）で年間3勝した者
その年の残りのツアートーナメント

⑮JGTOが指定するABEMAツアー（チャレンジトーナメント）優勝者
JGTOが指定するツアートーナメントへの出場に限る

⑯JGTツアーメンバーでUSPGAツアー又はDPワールドツアーのツアーメンバー資格取得者で、①～⑤、⑰、⑱の出場資格を失うこととなった者
翌年1年間

⑰ワールドカップの日本代表出場者又は日韓対抗戦の日本代表出場者
（キャプテン推薦又はリザーブにより出場した者を除く）出場したその年と翌年から2年間

⑱ツアートーナメント複数競技優勝者

年間2勝した者にあってはその年と翌年から3年間、年間3勝以上した者にあってはその年と翌年から4年間

【年間2勝】

'19	浅地　洋佑	（～2023）
'19	今平　周吾	（～2023）
'20－21	金谷　拓実	（～2024）
'20－21	木下　稜介	（～2024）
'20－21	S・ビンセント	（～2024）
'20－21	S・ノリス	（～2024）
'20－21	谷原　秀人	（～2024）
'22	稲森　佑貴	（～2025）
'22	今平　周吾	（～2025）
'22	河本　力	（～2025）
'22	堀川未来夢	（～2025）
'22	ⓐ蝉川　泰果＊	（～2025）

【年間3勝以上】

'19	石川　遼	（～2024）
'20－21	星野　陸也	（～2025）
'20－21	C・キム	（～2025）
'22	比嘉　一貴	（～2026）

⑲1973年ツアー制施行後の生涯獲得賞金ランキング上位25位以内の者

適用年度として本人が選択する1年間　◇は資格適用済

1	尾崎　将司	6	◇藤田寛之	11	B・ジョーンズ	16	青木　功	21	◇鈴木　亨
2	片山　晋呉	7	池田　勇太	12	◇手嶋多一	17	▽金　庚泰	22	◇D・イシイ
3	谷口　徹	8	谷原　秀人	13	倉本　昌弘	18	近藤　智弘	23	飯合　肇
4	中嶋　常幸	9	宮本　勝昌	14	◇伊澤利光	19	宮里　優作	24	▽丸山茂樹
5	尾崎　直道	10	石川　遼	15	小田　孔明	20	◇深堀圭一郎	25	渡辺　司

⑳トーナメント規程第31条に規定する特別保障制度の適用を受けた者

1　重永亜斗夢（復帰後20試合）
2　高山　忠洋（復帰後1試合）
3　上井　邦浩（復帰後4試合）

㉑前年度ABEMAツアー（チャレンジトーナメント）賞金ランキング上位19名

（上記①～⑦、⑪、⑫、⑬、⑯～⑲の出場資格を有する者を除く）
第1回リランキングまでに係る出場資格とする

1	小木曽　喬	5	副田　裕斗	9	比嘉　拓也	13	遠藤　健太	17	日高　将史
2	西山　大広	6	田中　裕基	10	山田　大晟	14	金子　駆大	18	高野　碧輝
3	松本　将汰	7	原　敏之	11	大内　智文	15	野呂　涼	19	尾崎　慶輔
4	小林　正則	8	杉原　大河	12	若原　亮太	16	呉　司聡		

㉒前年度QTランキング上位20位までの者

（上記⑬の出場資格を有する者を除く）
第1回リランキングまでに係る出場資格とする

1	武藤　俊憲	5	坂本　雄介	9	砂川　公佑	13	岡村　了	17	A・エバンス
2	竹谷　佳孝	6	米澤　蓮	10	前田光史朗	14	S・J・パク	18	D・ペリー
3	伴　真太郎	7	細野　勇策	11	安森　一貴	15	内藤寛太郎	19	三島　泰哉
4	海老根文博	8	平本　穏	12	小浦　和也	16	石過功一郎		

※㉑と㉒の相互間における出場優先順位は、㉑の上位者、㉒の上位者の順で交互とする。

㉓前年度QTランキング上位者

第1回リランキングまでに係る出場資格とする

2023年度ABEMAツアー（チャレンジトーナメント）出場有資格者リスト

▽はツアーメンバー未登録者、◎はツアートーナメント有資格者、ⓐはアマチュア、＊は優勝時以降にプロ転向、
◇はABEMAツアー資格未適用者

①各トーナメントの優勝者

その年と翌年1年間

【2022年】

Novil Cup	副田　裕斗	南秋田カントリークラブみちのくチャレンジトーナメント　小木曽　喬
i Golf Shaper Challenge in 筑紫ヶ丘	田中　裕基	ダンロップフェニックストーナメントチャレンジinふくしま　◇ⓐ山下　勝将
太平洋クラブチャレンジトーナメント	山田　大晟	PGM Challenge　◎大堀裕次郎
LANDIC CHALLENGE 9	西山　大広	ISPS HANDA ヒーローになれ！チャレンジトーナメント　小林　正則
ジャパンクリエイトチャレンジ in 福岡雷山 ◎ⓐ蟬川泰果 ＊		エリートグリップチャレンジ　小木曽　喬
大山どりカップ	松本　将汰	石川遼 everyone PROJECT Challenge　比嘉　拓也
JAPAN PLAYERS CHAMPIONSHIP CHALLENGE in FUKUI　ⓐ髙宮千聖 ＊		ディライトワークスJGTOファイナル　◎大堀裕次郎

②前年度各トーナメントの成績上位5位以内の者

そのチャレンジトーナメント

③各トーナメントの成績上位15位以内の者

その年度内に行われる直後のチャレンジトーナメント

④JGTOが認めた者

（特別保障制度適用者または会長が推薦する者に限る）

▽大谷　俊介（復帰後4試合）
北村　晃一（復帰後2試合）
Ｓ・Ｊ・パク（開幕戦から1試合）
黒岩　輝（復帰後8試合）
岩元　洋祐（復帰後5試合）

⑤前年度賞金ランキング上位19名

（ツアートーナメント出場資格①〜⑦、⑫、⑬、⑯〜⑲を有する者を除く）
第1回リランキングまでに係る出場資格とする

1	小木曽　喬	5	副田　裕斗	9	比嘉　拓也	13	遠藤　健太	17	日高　将史
2	西山　大広	6	田中　裕基	10	山田　大晟	14	金子　駆大	18	高野　碧輝
3	松本　将汰	7	原　敏之	11	大内　智文	15	野呂　涼	19	尾崎　慶輔
4	小林　正則	8	杉原　大河	12	若原　亮太	16	呉　司聡		

⑥前年度QTランキング上位20位までの者

（ツアートーナメント出場資格⑬を有する者を除く）
第1回リランキングまでに係る出場資格とする

1	武藤　俊憲	5	坂本　雄介	9	砂川　公佑	13	岡村　了	17	A・エバンス
2	竹谷　佳孝	6	米澤　蓮	10	前田光史朗	14	Ｓ・Ｊ・パク	18	D・ペリー
3	伴　真太郎	7	細野　勇策	11	安森　一貴	15	内藤寛太郎	19	三島　泰哉
4	海老根文博	8	平本　穏	12	小浦　和也	16	石過功一郎		

※⑤と⑥の相互間における出場優先順位は、⑤の上位者、⑥の上位者の順で交互とする。

⑦前年度QTランキング上位者

2023年度
ツアーメンバー
プロフィール

青木　功

Isao AOKI

所属:フリー
生年月日:1942(S17).8.31
身長、体重:180cm／80kg
血液型:B型
出身地:千葉県
出身校:我孫子中学
趣味:釣り
スポーツ歴:野球
ゴルフ歴:14歳〜
プロ転向:1964年
デビュー戦:
　'65関東プロ
師弟関係:林　由郎
得意クラブ:サンドウェッジ
'85以降ベストスコア:63
　('91ブリヂストンオープン2R)
プレーオフ:4勝9敗

'73以降ツアー51勝、その他5勝

('71)関東プロ
('72)関東プロ
('73)コールドベック、中日クラウンズ、ペプシ、札幌とうきゅうオープン、KBCオーガスタ、日本プロ
('74)東西対抗、日英対抗、関東オープン、関東プロ、産報クラシック
('75)中日クラウンズ、関東オープン
('76)東海クラシック
('77)東北クラシック、ジュンクラシック、日米対抗
('78)中日クラウンズ、日本プロマッチプレー、札幌とうきゅうオープン、関東プロ、日米対抗、日本シリーズ
('79)中日クラウンズ、日本プロマッチプレー、関東プロ、日本シリーズ
('80)中日クラウンズ、よみうりオープン、KBCオーガスタ、関東オープン、ジュンクラシック
('81)静岡オープン、日本プロマッチプレー、日本プロ
('82)日本プロマッチプレー
('83)札幌とうきゅうオープン、関東プロ、日本オープン、日本シリーズ
('86)札幌とうきゅうオープン、日本プロ、KBCオーガスタ、関東オープン
('87)ダンロップ国際、全日空オープン、日本オープン、日本シリーズ
('89)東海クラシック、カシオワールドオープン
('90)三菱ギャラン
('91)ブリヂストンオープン
('92)三菱ギャラン、カシオワールドオープン

インターナショナルツアー4勝

('78)ワールドマッチプレー(欧州)
('83)ハワイアンオープン(米国)、欧州オープン
('89)コカ・コーラクラシック(豪州)

シニア9勝

('94)日本シニアオープン、('95)アメリカンエキスプレス・グランドスラム、日本シニアオープン、('96)日本シニアオープン、('97)日本シニアオープン、('00)N.CUPシニアオープン、('02)N.CUPシニアオープン、('07)日本シニアオープン、('08)鬼ノ城シニアオープン

海外シニア9勝

('92)ネーションワイド選手権、('94)バンクワンクラシック、ブリックヤードクロッシング選手権、('95)バンク・オブ・ボストンクラシック、('96)ベルサウス・クラシック、クローガークラシック、('97)エメラルド・コースト・クラシック、('98)ベルサウス・シニアクラシック、('02)インスティネットクラシック

中学卒業後、東京都民ゴルフ場にキャディとして就職。その後、我孫子GCなどで腕を磨き、1964年にプロ入り。71年の『関東プロ』で初優勝を飾った。持ち球をフックからフェードに変えた73年に5勝と大活躍。当時は波の大きいゴルフだったが徐々に粘りのゴルフに転換し、76年には1勝ながら初の賞金王を手にした。

78年からは4年連続賞金王。同時に海外でも活躍し始めた。78年に英国開催の『ワールドマッチプレー』で優勝し、80年の『全米オープン』ではジャック・ニクラウスと争って2位。同年の『全英オープン』3日目には当時のメジャータイ記録である63をマークした。

81年には米国ツアーのライセンスを取得。83年の『ハワイアンオープン』で初優勝を果たした。82、83年には米国ツアーでサンドセーブ率1位に輝いている。89年には豪州ツアーの『コカ・コーラクラシック』を制し、日米欧豪の4ツアーで優勝という快挙も達成した。

92年からは米国シニアツアーに参戦し、通算9勝。97年の『エメラルド・コースト・クラシック』2日目には当時同ツアー新記録の60をマークした。

04年には日本人男子初の世界ゴルフ殿堂入りを果たし、13年には日本プロゴルフ殿堂入り。15年には旭日小綬章を受章した。16年3月にJGTO会長に就任。同年の『中日クラウンズ』で73歳241日の史上最年長出場新記録(73年のツアー制度施行後)をつくり、17年の同大会でその記録を74歳239日に更新した。会長就任8年目の今季も先頭でツアーを引っ張る。

海外グランドシニア3勝
('03)クローガークラシック、グレータヒッコリークラシック、ジョージアパシフィックグランドチャンピオンズチャンピオンシップ

その他
('04)世界ゴルフ殿堂入り
('08)紫綬褒章受章
('13)日本プロゴルフ殿堂入り
('15)旭日小綬章受章

代表歴：ワールドカップ('73、'74)、ダンヒルカップ('85、'99、'00)
　　　　世界選手権('85、'87、'88)、日米対抗('75〜'83)
　　　　ダイナスティカップ・キャプテン('03、'05)
　　　　日韓対抗戦キャプテン('10、'11、'12)

'22のツアー全成績：出場ナシ

'22部門別データ

賞金	ナシ
メルセデス・ベンツ トータルポイント	—
平均ストローク	—
平均パット	—
パーキープ率	—
パーオン率	—
バーディ率	—
イーグル率	—
ドライビングディスタンス	—
フェアウェイキープ率	—
サンドセーブ率	—
トータルドライビング	—
生涯獲得賞金	980,652,048円(16位)

賞金と順位(◎は賞金ランクによる出場権獲得)

◎'73= 31,595,926円	2位	◎'86= 78,341,666円	3位	'99=0円		'12=0円	
◎'74= 20,711,666円	4位	◎'87= 47,939,450円	5位	'00= 1,236,320円	168位	'13=0円	
◎'75= 26,375,833円	4位	◎'88= 34,009,853円	13位	'01= 880,000円	175位	'14=0円	
◎'76= 40,985,801円	1位	※'89= 53,125,400円	4位	'02=0円		'15=0円	
◎'77= 31,425,073円	2位	◎'90= 36,648,500円	21位	'03= 637,000円	185位	'16=0円	
◎'78= 62,987,200円	1位	◎'91= 74,237,850円	5位	'04=0円		'17=0円	
◎'79= 45,554,211円	1位	※'92= 71,009,733円	10位	'05=0円		'18=ナシ	
◎'80= 60,532,660円	1位	'93= 10,818,000円	95位	'06=0円		'19=ナシ	
◎'81= 57,262,941円	1位	'94= 11,331,358円	97位	'07=0円		'20-21=ナシ	
◎'82= 45,659,150円	2位	'95= 2,389,600円	163位	'08=0円		'22=ナシ	
◎'83= 58,508,614円	2位	'96=0円		'09=0円			
◎'84= 36,851,411円	8位	'97=0円		'10=0円			
◎'85= 38,638,332円	6位	'98= 958,500円	188位	'11=0円		※は規定試合数不足	

尾崎直道

Naomichi Joe OZAKI

出場資格：永久

所属:国際スポーツ振興協会
生年月日:1956(S31).5.18
身長、体重:174cm／76kg
血液型:B型
出身地:徳島県
出身校:千葉日大一高
趣味:映画鑑賞、スポーツ観戦
スポーツ歴:野球
ゴルフ歴:15歳〜
プロ転向:1977年
デビュー戦:
　'77ミズノプロ新人
師弟関係:林　由郎、
　尾崎将司、尾崎健夫
得意クラブ:ウェッジ
'85以降ベストスコア:62
　('94日本シリーズ1R)
プレーオフ:5勝3敗

ツアー32勝
('84)静岡オープン、札幌とうきゅうオープン、KBCオーガスタ
('85)日経カップ
('86)ペプシ宇部
('87)関東プロ
('88)札幌とうきゅうオープン、NST新潟オープン、全日空オープン、日本シリーズ
('89)テーラーメイド瀬戸内海オープン
('90)日本プロマッチプレー、ジュンクラシック、日本シリーズ
('91)日経カップ、サントリーオープン、カシオワールドオープン、日本シリーズ
('92)インペリアル、サントリーオープン、ラークカップ
('94)アコムインターナショナル
('96)フィリップモリス
('97)PGAフィランスロピー、ヨネックスオープン広島
('99)つるやオープン、日本プロ、日本オープン
('00)日本オープン
('03)ブリヂストンオープン
('05)つるやオープン、中日クラウンズ

シニア3勝
('12)スターツシニア、コマツオープン
('14)日本プロゴルフシニア選手権

　2人の兄を追うように飛び込んだプロの世界。初勝利は8年目の1984年と遅咲きだったが、同年に3勝を挙げて賞金ランク2位に躍進した。88、89年と長兄・将司に及ばず賞金王を逃したが、91年には残り3試合時点で賞金ランク4位から『カシオワールドオープン』『日本シリーズ』と連勝。逆転で賞金王の座に就いた。

　93年には米国ツアーのシード権を獲得して01年までプレーした。最高成績は2位。その間、国内でも結果を残してきた。97年の『ヨネックスオープン広島』で通算25勝に到達して永久シードを獲得。99年には米国ツアーシード権を守りながら国内では3勝を挙げて2度目の賞金王に輝いた。この年は未勝利だった『日本プロ』と『日本オープン』を制し、村上隆、尾崎将司、青木功、中嶋常幸に続く史上5人目の日本タイトル4冠を達成している。

　05年には48歳で『つるやオープン』『中日クラウンズ』で2週連続優勝を果たす。50歳となった06年には再び米国に渡ってチャンピオンズツアーに参戦。同年の『フォードプレーヤーズ選手権』ではツアータイ記録となる8連続バーディをマークした。プレーオフで敗れた07年の『ボーイングクラシック』など2位は2度あるが、優勝にはあと一歩かなわなかった。

　12年には初めて国内シニアツアーに本格参戦し、2勝を挙げて賞金王に輝いた。14年には『日本プロシニア』制覇するなどシニアでは計3勝。21年度には日本プロゴルフ殿堂顕彰者に選出されている。

代表歴：ワールドカップ（'85）、
　　　　ダンヒルカップ（'86、'88、'89、'96）
　　　　世界選手権（'85、'86、'89、'90）、
　　　　日米対抗（'84〜'87）、プレジデンツカップ（'98）、
　　　　ザ・ロイヤルトロフィキャプテン（'07、'09、'10、'11、'12）

その他
　（'21）日本プロゴルフ殿堂入り

'22のツアー全成績：出場ナシ		

'22部門別データ	
賞金	ナシ
メルセデス・ベンツ トータルポイント	―
平均ストローク	―
平均パット	―
パーキープ率	―
パーオン率	―
バーディ率	―
イーグル率	―
ドライビングディスタンス	―
フェアウェイキープ率	―
サンドセーブ率	―
トータルドライビング	―
生涯獲得賞金	1,545,609,713円（5位）

賞金と順位（◎は賞金ランクによる出場権獲得）

'77=	405,000円	111位	◎'89=	79,690,766円	2位	※'01=	17,475,250円	59位	'13=	701,280円	201位
'78=	2,209,000円	67位	◎'90=	85,060,727円	4位	◎'02=	52,931,571円	16位	'14=	1,367,300円	142位
'79=	4,873,847円	39位	◎'91=119,507,974円	1位	◎'03=	45,996,492円	17位	'15=	1,140,800円	159位
'80=	6,412,512円	36位	◎'92=130,880,179円	2位	◎'04=	21,856,416円	52位	'16=	1,704,300円	166位
◎'81=	11,624,218円	22位	◎'93=	60,073,657円	11位	◎'05=	54,909,332円	18位	'17=0円	
◎'82=	22,979,527円	13位	◎'94=	91,685,057円	4位	'06=	3,547,094円	123位	'18=0円	
◎'83=	22,550,418円	13位	※'95=	29,470,550円	43位	'07=	2,040,000円	140位	'19=	262,800円	186位
◎'84=	53,717,214円	2位	◎'96=	70,651,005円	6位	'08=	1,354,000円	165位	'20-21=ナシ	
◎'85=	36,390,695円	8位	※'97=	96,994,361円	4位	'09=	846,800円	163位	'22=ナシ	
◎'86=	42,304,700円	6位	※'98=	53,853,954円	17位	'10=	5,078,000円	103位		
◎'87=	35,581,791円	12位	◎'99=137,641,796円	1位	'11=	6,250,200円	97位		
◎'88=	83,782,697円	2位	※'00=	45,805,100円	17位	'12=	4,001,333円	110位	※は規定試合数不足	

尾崎将司

Masashi OZAKI

'73以降ツアー94勝、その他18勝

所属:フリー
生年月日:1947(S22).1.24
身長、体重:181cm／90kg
血液型:B型
出身地:徳島県
出身校:徳島県立海南高校
趣味:刃剣
スポーツ歴:野球('64選抜高
　校野球優勝、プロ野球西
　鉄ライオンズ入団)
ゴルフ歴:21歳～
プロ転向:1970年
デビュー戦:
　'70関東プロ
得意クラブ:ドライバー、
　サンドウェッジ
'85以降ベストスコア:61
　('91日本プロ4R、'97東建
　コーポレーションカップ3R)
プレーオフ:12勝8敗

('71)日本プロ、瀬戸内サーキット広島、ゴルフダイジェスト、日米対抗、日本シリーズ
('72)ウイザード、全日本ダブルス、札幌オープン、旭国際、千葉県オープン、
　　関東オープン、ファーストフライト、グランドモナーク、日本シリーズ
('73)関東プロ、全日空札幌オープン、東北クラシック、太平洋クラブマスターズ、
　　東海クラシック
('74)東北クラシック、全日空札幌オープン、日本プロ、サントリーオープン、日本オープン、
　　日本シリーズ
('75)東北クラシック
('76)関東プロ、千葉県オープン、広島オープン、産報クラシック
('77)ペプシウイルソン、関東オープン、東海クラシック、日本シリーズ
('78)ペプシウイルソン、広島オープン
('80)ダンロップ国際、フジサンケイクラシック、日本シリーズ
('82)関東オープン
('83)ジュンクラシック
('84)かながわオープン、広島オープン
('85)かながわオープン
('86)フジサンケイクラシック、日経カップ、マルマン日本海オープン、ジュンクラシック
('87)中日クラウンズ、フジサンケイクラシック、ジュンクラシック
('88)ダンロップオープン、日経カップ、マルマンオープン、日本オープン、
　　ゴルフダイジェスト、ブリヂストントーナメント
('89)フジサンケイクラシック、日本プロマッチプレー、仙台放送クラシック、
　　ヨネックスオープン広島、日本プロ、全日空オープン、日本オープン
('90)フジサンケイクラシック、ヨネックスオープン広島、マルマンオープン、
　　ダイワKBCオーガスタ
('91)日本プロ、ジュンクラシック
('92)ダンロップオープン、中日クラウンズ、PGAフィランスロピー、サンコーグランドサマー、
　　全日空オープン、日本オープン、VISA太平洋クラブマスターズ
('93)フジサンケイクラシック、日本プロ、ゴルフダイジェスト
('94)ダンロップオープン、ヨネックスオープン広島、全日空オープン、日本オープン、
　　ダイワインターナショナル、住友VISA太平洋マスターズ、ダンロップフェニックス
('95)中日クラウンズ、ヨネックスオープン広島、全日空オープン、ダンロップフェニックス、
　　日本シリーズ
('96)中日クラウンズ、日本プロ、三菱ギャラン、JCBクラシック仙台、
　　久光製薬KBCオーガスタ、ジュンクラシック、ダンロップフェニックス、日本シリーズ
('97)東建コーポレーションカップ、中日クラウンズ、三菱ギャラン、
　　久光製薬KBCオーガスタ、ブリヂストンオープン
('98)ヨネックスオープン広島、久光製薬KBCオーガスタ、フィリップモリス

　1964年春、徳島海南高校のエースとして選抜高校野球大会を制し、翌年、プロ野球・西鉄ライオンズに入団した。実働3年で退団してプロゴルファーに転身。プロデビュー2年目の71年には9月の『日本プロ』で初優勝を飾ったのを皮切りに、わずか3カ月で5勝。ジャンボ時代の幕が上がった。

　賞金ランキング制が始まった73年に初代賞金王の座に就く。80年代前半に低迷期があったが、よりレベルアップして復活。94年からの5年連続を含む計12度の賞金王に輝いた。96年の『ダンロップフェニックス』では前人未踏のプロ通算100勝を達成。その数は113（うちツアー94勝）にまで伸ばした。

　8打差逆転が4度もあるなど何度も奇跡的なプレーを

演じてきたこともカリスマ性を高めている。02年の『全日空オープン』では55歳という73年ツアー制度施行後の最年長優勝記録を樹立している。

　海外でも73年の『マスターズ』で日本選手メジャー初のトップ10となる8位に入るなど活躍。89年の『全米オープン』では最終日のインで一時首位に並んでメジャー制覇の期待を抱かせてくれた（最終結果は6位）。

　66歳で迎えた13年、『つるやオープン』初日に62をマーク。ツアー史上初のエージシュートを成し遂げ、17年『HONMA TOURWORLD CUP』で2度目の快挙を達成した。近年はゴルフアカデミーを開くなど後進の育成にも尽力。原英莉花さん、笹生優花さん、西郷真央さんら門下生の女子が大活躍している。

('99)東建コーポレーションカップ、ヨネックスオープン広島
('00)サン・クロレラクラシック
('02)全日空オープン

インターナショナルツアー1勝
('72)ニュージーランドPGA

その他
('10)世界ゴルフ殿堂入り

代表歴：ワールドカップ('74、'88)
　　　　世界選手権('86、'87、'89)
　　　　日米対抗('71〜'73、'75、'77〜'81)
　　　　プレジデンツカップ('96)

'22のツアー全成績：出場ナシ

'22部門別データ

賞金	ナシ
メルセデス・ベンツ トータルポイント	—
平均ストローク	—
平均パット	—
パーキープ率	—
パーオン率	—
バーディ率	—
イーグル率	—
ドライビングディスタンス	—
フェアウェイキープ率	—
サンドセーブ率	—
トータルドライビング	—
生涯獲得賞金 2,688,836,653円(1位)	

賞金と順位(◎は賞金ランクによる出場権獲得)

◎'73=	43,814,000円	1位	◎'86=	80,356,632円	2位	◎'99=	83,517,969円	6位
◎'74=	41,846,908円	1位	◎'87=	76,981,199円	2位	◎'00=	88,940,087円	7位
◎'75=	27,658,148円	2位	◎'88=	125,162,540円	1位	◎'01=	64,570,178円	11位
◎'76=	24,608,872円	3位	◎'89=	108,715,733円	1位	◎'02=	67,821,342円	11位
◎'77=	35,932,608円	1位	◎'90=	129,060,500円	1位	◎'03=	50,460,916円	15位
◎'78=	29,017,286円	2位	◎'91=	99,060,539円	4位	◎'04=	19,833,670円	55位
◎'79=	20,134,693円	8位	◎'92=	186,816,466円	1位	'05=	10,225,504円	82位
◎'80=	35,415,876円	1位	◎'93=	144,597,000円	2位	'06=	5,064,333円	111位
◎'81=	9,722,902円	28位	◎'94=	215,468,000円	1位	'07=	2,808,725円	127位
◎'82=	16,699,314円	16位	◎'95=	192,319,800円	1位	'08=	2,246,375円	138位
◎'83=	31,129,261円	6位	◎'96=	209,646,746円	1位	'09=	2,712,361円	114位
◎'84=	19,541,606円	19位	◎'97=	170,847,633円	1位	'10=	1,639,200円	122位
◎'85=	33,389,931円	9位	◎'98=	179,627,400円	1位	'11=	1,116,000円	150位

'12=0円			
'13=	308,400円	232位	
'14=0円			
'15=0円			
'16=0円			
'17=0円			
'18=0円			
'19=0円			
'20-21=ナシ			
'22=ナシ			

片山晋呉

Shingo KATAYAMA

所属:イーグルポイントGC
生年月日:1973(S48).1.31
身長、体重:171cm／70kg
血液型:B型
出身地:茨城県
出身校:日本大学
趣味:スキー、釣り、読書
スポーツ歴:スキー
ゴルフ歴:2歳〜
プロ転向:1995年
ツアーデビュー戦:
　'95カシオワールドオープン
得意クラブ:サンドウェッジ
ベストスコア:62
　('02ゴルフ日本シリーズJT
　カップ1R、'06中日クラウン
　ズ3R、'06ABCチャンピオ
　ンシップ4R、'10ブリヂスト
　ンオープン3R、'12つるや
　オープン1R)
プレーオフ:5勝3敗
アマ時代の主な優勝歴:
　('92)日本アマ・マッチプレー、
　('93)日本オープンローアマ、
　　水戸グリーンオープン、
　('94)日本学生、関東アマ

ツアー31勝
('98)サンコーグランドサマー
('99)JCBクラシック仙台
('00)キリンオープン、マンシングウェアオープンKSBカップ、ダンロップフェニックス、
　　ゴルフ日本シリーズJTカップ、ファンケルオープンin沖縄
('01)東建コーポレーションカップ、キリンオープン、サントリーオープン
('02)サントリーオープン、ゴルフ日本シリーズJTカップ
('03)日本プロ、ABCチャンピオンシップ
('04)中日クラウンズ、ウッドワンオープン広島
('05)日本オープン、ABCチャンピオンシップ
('06)中日クラウンズ、フジサンケイクラシック、ABCチャンピオンシップ
('07)UBS日本ゴルフツアー選手権宍戸ヒルズ、ブリヂストンオープン
('08)日本プロ、日本オープン、三井住友VISA太平洋マスターズ
('13)コカ・コーラ東海クラシック
('14)カシオワールドオープン
('15)三井住友VISA太平洋マスターズ
('16)マイナビABCチャンピオンシップ
('17)ISPSハンダマッチプレー選手権

ABEMAツアー(チャレンジ)2勝
('93)水戸グリーンオープン(アマチュア時代)、('95)後楽園カップ第5回

代表歴：ダイナスティカップ('05)、日韓対抗戦('10、'11)、オリンピック('16)

　茨城・水城高校から日本大学に進み、3年時の1993年には『日本オープン』3位、グローイング競技(現ABEMAツアー)の『水戸グリーンオープン』優勝など、将来の活躍を予感させる活躍を見せていた。
　プロ転向後は米国でミニツアーに参戦するなどし、初シード獲得は3年目の97年。翌年春に胸部椎間板ヘルニアの手術を受けて復帰が危ぶまれていたが6月にツアーに戻ると8月の『サンコーグランドサマー』で初優勝を飾った。00年には最大で約6504万円差をつけられていたが最後の4戦で3勝をマークして大逆転で初の賞金王に輝く。04年からは3年連続賞金王。07年の『日本ゴルフツアー選手権』で日本タイトル4冠も達成した。08年の『日本オープン』でツアー25勝となり史上7人目の永久シード選手に。同年は青木功に並ぶ歴代2位、通算5度目の賞金王にも輝いた。
　ゴルフ界きっての理論派であり早くからショートウッドを採用するなど合理的なクラブ選びや高い技術でパワー不足を補って海外でも活躍。01年『全米プロ』では2日目に首位に並ぶなどして4位に入り、09年の『マスターズ』でも4位に食い込んでいる。
　15年には尾崎将司に次ぐ史上2人目の生涯獲得賞金20億円突破を成し遂げ、16年はリオデジャネイロ五輪出場に史上6人目の通算30勝と次々に新たな歴史を刻んでいった。22年は賞金ランク41位で歴代2位の25季連続賞金シードを記録。50歳を迎えた今年はシニア競技デビュー年でもある。

'22のツアー全成績：20試合

東建ホームメイトカップ …………23T	HEIWA・PGM CHAMPIONSHIP…予落
関西オープン ………………………11T	マイナビABCチャンピオンシップ…34T
ISPS HANDA 欧州・日本 ………5	三井住友VISA太平洋マスターズ…48T
中日クラウンズ …………………39T	ダンロップフェニックス……………22T
アジアパシフィックダイヤモンドカップ…26T	カシオワールドオープン …………37T
～全英への道～ミズノオープン …6T	
ASO飯塚チャレンジドゴルフ……棄権	
長嶋茂雄INVITATIONALセガサミーカップ…44T	
Sansan KBCオーガスタ ………棄権	
フジサンケイクラシック …………16T	
Shinhan Donghae Open …予落	
ANAオープン ……………………予落	
パナソニックオープン……………26T	
バンテリン東海クラシック ………36T	
日本オープン ……………………36T	

'22部門別データ

賞金	19,516,250円	（41位）
メルセデス・ベンツトータルポイント	447	（53位）
平均ストローク	71.272	（27位）
平均パット	1.7608	（33位）
パーキープ率	85.621	（28位）
パーオン率	65.931	（56位）
バーディ率	3.559	（58位）
イーグル率	34.000	（87位）
ドライビングディスタンス	273.57	（83位）
フェアウェイキープ率	58.755	（23位）
サンドセーブ率	50.538	（52位）
トータルドライビング	106	（63位）
生涯獲得賞金	2,271,794,752円	（ 2位）

賞金と順位（◎は賞金ランクによる出場権獲得）

'95=0円		◎'02=129,258,019円	3位	◎'09=113,678,535円	4位	◎'16= 63,219,233円	9位
'96=0円		◎'03=117,192,413円	4位	◎'10= 49,191,763円	16位	◎'17= 81,289,975円	8位
◎'97= 21,910,072円	55位	◎'04=119,512,374円	1位	◎'11= 63,637,028円	13位	◎'18= 22,669,138円	46位
◎'98= 44,807,900円	22位	◎'05=134,075,280円	1位	◎'12= 53,921,858円	18位	◎'19= 30,536,757円	30位
◎'99= 76,114,008円	8位	◎'06=178,402,190円	1位	◎'13=112,557,810円	3位	◎'20-21= 32,491,097円	29位
◎'00=177,116,489円	1位	◎'07=141,053,934円	2位	◎'14= 85,535,243円	6位	◎'22= 19,516,250円	41位
◎'01=133,434,850円	2位	◎'08=180,094,895円	1位	◎'15= 90,577,641円	5位	

倉本昌弘

Masahiro KURAMOTO

出場資格：永久

所属:フリー
生年月日:1955(S30).9.9
身長、体重:164cm／66kg
血液型:AB型
出身地:広島県
出身校:日本大学
趣味:スキー、読書
スポーツ歴:スキー
ゴルフ歴:10歳〜
プロ転向:1981年
デビュー戦:
　'81和歌山オープン
得意クラブ:サンドウェッジ
'85以降ベストスコア:59
　('03アコムインターナショナル1R)
プレーオフ:6勝4敗
アマ時代の主な優勝歴:
　('75、'77、'80)日本アマ
　('74、'75、'76、'77)日本学生
　('76、'78)関東アマ
　('74)関東学生
　('74、'75)朝日杯全日本学生
　('80)中四国オープン

ツアー30勝
('80)中四国オープン(アマチュア時代)
('81)日本国土計画サマーズ、中国オープン、全日空札幌オープン、東海クラシック
('82)日本プロ、中国オープン
('83)中国オープン、東海クラシック
('84)中四国オープン、ブリヂストントーナメント
('85)ジュンクラシック、ブリヂストントーナメント
('86)全日空オープン、東海クラシック
('87)マルマンオープン、中四国オープン
('88)仙台放送クラシック、よみうりサッポロビールオープン、関西プロ、KBCオーガスタ、
　　　中四国オープン
('90)テーラーメイド瀬戸内海オープン
('91)アコムインターナショナル
('92)日本プロ、ブリヂストンオープン、大京オープン
('94)JCBクラシック仙台
('95)サントリーオープン
('03)アコムインターナショナル

シニア8勝
('07)ビックライザックシニアオープン仙台
('10)日本シニアオープン、HANDA CUP シニアマスターズ(欧州シニアツアーとの共催)
('14)日本シニアオープン、いわさき白露シニア
('15)広島シニア選手権
('16)いわさき白露シニア
('19)スターツシニア

海外シニア1勝
('12)バン・ランスコット・シニアオープン(欧州)

代表歴：ダンヒルカップ('85、'92)、世界選手権('88、'90)
　　　　日米対抗('82、'83、'86、'87)、ザ・ロイヤルトロフィキャプテン('06)

　中学3年で広島GCのクラブチャンピオンとなり、日本大学時代は空前絶後の『日本学生』4連覇など多くのタイトルを手にした。アマチュア時代の1980年、『中四国オープン』で優勝を飾り、翌年プロテストに合格。初戦となった7月の『和歌山オープン』(賞金ランク対象外)でいきなり優勝すると、ツアー競技でもアッという間に4勝を挙げて賞金ランク2位に入った。
　プロ2年目の82年には『全英オープン』で日本選手歴代最高の4位に入り、翌週の『日本プロ』では初出場初優勝の快挙を達成した。レギュラーツアーでは賞金王こそ獲得できなかったが常に上位で活躍した。
　92年の『ブリヂストンオープン』でツアー25勝目(プロ入り後)に到達して永久シード入り。同年、米

国ツアーのQスクールをトップで通過して93年は米国中心でプレー。結果は残せずに1年で撤退したが、運営方法など多くのことを学び、ツアー改革に尽力。その後のJGTO設立にもつながっている。00年には心臓弁膜症の手術を受けて選手生命が危ぶまれたが翌年復帰。03年の『アコムインターナショナル』初日にはツアー初の59をマークして通算30勝目を挙げた。
　シニアでも存在感を示す。12年に欧州シニアツアーで優勝し、国内では2度の賞金王に輝くなど通算8勝。20、21年は『関西プログランドシニア』を連覇した。14年から務めた日本プロゴルフ協会会長を22年3月に退任。22年はレギュラーツアーにも積極的に出場し、シニアではエージシュートを3回達成した。

'22のツアー全成績：5試合

東建ホームメイトカップ …………予落
関西オープン…………………………予落
ゴルフパートナー PRO-AM ……予落
～全英への道～ミズノオープン …予落
日本プロゴルフ選手権 …………予落

'22部門別データ

賞金		0円
メルセデス・ベンツトータルポイント		－
平均ストローク	77.664	（参考）
平均パット	1.8519	（参考）
パーキープ率	62.778	（参考）
パーオン率	45.000	（参考）
バーディ率	2.100	（参考）
イーグル率		－
ドライビングディスタンス	249.25	（参考）
フェアウェイキープ率	56.835	（参考）
サンドセーブ率	26.087	（参考）
トータルドライビング		－
生涯獲得賞金	1,019,915,189円	（13位）

賞金と順位（◎印は賞金ランクによる出場権獲得）

◎'81= 32,345,130円	2位	◎'92=116,361,950円	4位	◎'03= 35,868,656円	29位	'14=ナシ	
◎'82= 37,151,927円	6位	※'93= 41,725,036円	25位	'04= 8,305,900円	92位	'15=ナシ	
◎'83= 49,247,776円	3位	◎'94= 62,655,316円	12位	'05= 7,472,916円	92位	'16=ナシ	
◎'84= 41,252,311円	6位	◎'95= 88,227,209円	4位	'06= 654,342円	188位	'17=ナシ	
◎'85= 58,767,582円	2位	◎'96= 37,115,572円	26位	'07= 8,196,666円	91位	'18=ナシ	
◎'86= 53,812,650円	4位	'97= 7,806,960円	102位	'08=0円		'19=0円	
◎'87= 49,171,300円	4位	'98= 17,648,510円	72位	'09= 4,270,102円	103位	'20~21=0円	
◎'88= 63,329,816円	4位	◎'99= 20,005,409円	53位	'10= 8,192,900円	83位	'22=0円	
◎'89= 25,059,860円	27位	'00= 2,064,666円	153位	'11= 3,166,571円	112位		
◎'90= 58,206,633円	11位	◎'01= 17,132,444円	60位	'12= 4,186,166円	109位		
◎'91= 53,755,585円	15位	'02= 5,034,328円	109位	'13= 1,723,000円	147位	※は規定試合数不足	

中嶋常幸

Tommy NAKAJIMA

所属:静ヒルズCC
生年月日:1954(S29).10.20
身長、体重:180cm／88kg
血液型:O型
出身地:群馬県
出身校:樹徳高校
趣味:読書、釣り、スキー、写真
スポーツ歴:スキー、水泳
ゴルフ歴:10歳〜
プロ転向:1975年
ツアーデビュー戦:
　'76ペプシウイルソン
師弟関係:父
得意クラブ:すべて
'85以降ベストスコア:63
　('93中日クラウンズ1R、
　'93ゴルフダイジェスト4R、
　'95三菱ギャラン3R、
　'96ペプシ宇部興産3R、
　'01東建コーポレーションカップ
　2R、'04JCBクラシック仙台
　3R)
プレーオフ:7勝6敗
アマ時代の主な優勝歴:
　('72)全日本パブリック選手権
　('73)日本アマ

ツアー48勝

('76)ゴルフダイジェスト
('77)日本プロ
('80)三菱ギャラン
('82)ダンロップ国際、フジサンケイクラシック、長野県オープン、東西対抗、
　　日本シリーズ
('83)静岡オープン、日本プロマッチプレー、三菱ギャラン、日本プロ、東西対抗、
　　サントリーオープン、全日空札幌オープン、日米ゴルフ
('84)日本プロ、関東オープン
('85)よみうりサッポロビールオープン、関東プロ、全日空札幌オープン、日本オープン、
　　太平洋クラブマスターズ、ダンロップフェニックス
('86)日本プロマッチプレー、三菱ギャラン、美津濃オープン、関東プロ、日本オープン、
　　ゴルフダイジェスト
('87)東海クラシック
('90)関東プロ、全日空オープン、日本オープン
('91)よみうりサッポロビールオープン、日本オープン
('92)ペプシ宇部興産、NST新潟オープン、日本プロマッチプレー
('93)全日空オープン、ゴルフ日本シリーズ日立カップ
('94)ダイドー静岡オープン、つるやオープン、ペプシ宇部興産
('95)フジサンケイクラシック
('02)ダイヤモンドカップ、三井住友VISA太平洋マスターズ
('06)三井住友VISA太平洋マスターズ

シニア5勝

('05)日本シニアオープン
('06)日本プロゴルフシニア選手権、日本シニアオープン
('08)日本シニアオープン
('13)スターツシニア

　父・巖氏の英才教育で腕を磨き、1973年の『日本アマ』を当時最年少となる18歳で優勝。75年にプロ入りし、翌年初勝利。77年には『日本プロ』を22歳の"戦後最年少"で制した。82年には4年連続キングの青木功を抑えて初の賞金王に輝く。83年には年間最多勝記録の8勝をマーク。同年の『日米ゴルフ』ではジョニー・ミラーとの9打差を逆転して優勝している。85年には多くの海外選手を向こうに回して『太平洋クラブマスターズ』と『ダンロップフェニックス』に連勝し、史上初の年間1億円を達成。98年『中日クラウンズ』では1番パー4でホールインワンを決めている。
　海外での活躍も目覚ましかった。86年の『全英オープン』では1打差2位で最終日を迎えグレッグ・ノーマンと最終組でプレー。77と崩れて8位に終わったが日本のファンをわかせた。88年『全米プロ』ではメジャー最高位となる3位。メジャー4大会すべてでトップ10に入った初めての日本選手でもある。
　賞金王に輝くこと計4回。90年代後半から不振に陥るが02年の『ダイヤモンドカップ』で7年ぶりの復活優勝。04年からはシニアツアーでも実力を発揮して『日本シニアオープン』と『日本プロシニア』を制し、レギュラーツアーと合わせて史上初の日本タイトル6冠を達成。『日本アマ』を加えれば"日本7冠"となる。
　17年にスポーツ功労者文部科学大臣顕彰を受け、18年度には日本プロゴルフ殿堂入り。後進の育成にも力を注いでおり22年女王の山下美夢有さんも門下生だ。

その他
('17)スポーツ功労者文部科学大臣顕彰
('18)日本プロゴルフ殿堂入り

代表歴：ワールドカップ('96)
　　　　ダンヒルカップ('86)
　　　　世界選手権('85〜'88)
　　　　日米対抗('77〜'80、'82〜'86)
　　　　ダイナスティカップ('03)

'22のツアー全成績：出場ナシ

'22部門別データ

賞金	ナシ
メルセデス・ベンツ トータルポイント	—
平均ストローク	—
平均パット	—
パーキープ率	—
パーオン率	—
バーディ率	—
イーグル率	—
ドライビングディスタンス	—
フェアウェイキープ率	—
サンドセーブ率	—
トータルドライビング	—
生涯獲得賞金	1,664,953,541円(4位)

賞金と順位(◎印は賞金ランクによる出場権獲得)

◎'76=	10,678,928円	17位	◇'88= 26,771,355円	20位	'00= 4,683,546円	116位	'12= 5,620,666円	99位
◎'77=	24,440,839円	5位	◎'89= 46,807,186円	9位	◎'01= 68,378,345円	9位	'13= 4,785,280円	105位
◎'78=	20,439,005円	8位	◎'90= 96,979,100円	2位	◎'02= 89,788,484円	6位	'14= 1,446,311円	138位
◎'79=	14,166,735円	14位	◎'91=111,639,213円	3位	◎'03= 17,064,886円	61位	'15= 1,968,775円	137位
◎'80=	17,069,408円	10位	◎'92=108,674,116円	5位	◎'04= 19,043,000円	59位	'16= 345,000円	239位
◎'81=	29,600,960円	3位	◎'93=130,842,771円	3位	'05= 7,218,533円	94位	'17=0円	
◎'82=	68,220,640円	1位	◎'94=115,771,280円	3位	※'06= 46,881,260円	25位	'18=0円	
◎'83=	85,514,183円	1位	◎'95= 66,872,554円	11位	'07= 8,595,166円	88位	'19=0円	
◎'84=	40,145,992円	7位	◎'96= 45,939,531円	18位	※'08= 18,710,000円	58位	'20-'21=ナシ	
◎'85=101,609,333円		1位	◎'97= 29,983,700円	43位	※'09= 13,192,285円	68位	'22=ナシ	
◎'86=	90,202,066円	1位	◎'98= 26,650,404円	48位	'10= 1,281,000円	130位	◇は特別保障制度適用	
◎'87=	34,366,716円	13位	'99= 9,585,561円	81位	'11= 2,979,428円	116位	※は規定試合数不足	

阿久津未来也

Mikiya AKUTSU

ツアー未勝利

所属：フリー
生年月日：1995（H7）.3.17
身長、体重：180cm／76kg
血液型：A型
出身地：栃木県
出身校：日本大学
ゴルフ歴：3歳〜
プロ転向：2016年
ツアーデビュー戦：
　'17関西オープン
得意クラブ：パター
ベストスコア：63
　（'22関西オープン1R）
アマ時代の主な戦歴：
　（'16）日本学生優勝

'22のツアー全成績：25試合

東建ホームメイトカップ	19T
関西オープン	7T
ISPS HANDA 欧州・日本	32T
中日クラウンズ	予落
アジアパシフィックダイヤモンドカップ	予落
ゴルフパートナー PRO-AM	30T
〜全英への道〜ミズノオープン	予落
BMW日本ゴルフツアー選手権森ビルカップ	予落
ASO飯塚チャレンジドゴルフ	17T
JPC by サトウ食品	9
日本プロゴルフ選手権	予落
長嶋茂雄INVITATIONALセガサミーカップ	14T
Sansan KBCオーガスタ	12T
フジサンケイクラシック	予落
Shinhan Donghae Open	49T
ANAオープン	予落
パナソニックオープン	16T
バンテリン東海クラシック	59T
For The Players By The Players	31T
日本オープン	予落
HEIWA・PGM CHAMPIONSHIP	予落
マイナビABCチャンピオンシップ	34T
三井住友VISA太平洋マスターズ	54T
ダンロップフェニックス	22T
カシオワールドオープン	予落

　物心つくころには祖母とゴルフをしていた。作新学院高校1年の2010年に『関東ジュニア』優勝。同年は『フジサンケイジュニア』にも勝ち、翌11年は『フジサンケイクラシック』でツアーを初体験。23位に食い込んだ。日本大学進学後は好成績を残せない年が続いたが4年時に復調して『日本学生』を制覇。プロの道に進む気持ちが固まった。

　16年のQTはサードで敗退もプロ宣言。17年はプロテストに合格し、『日本プロゴルフ新人選手権』で優勝した。18年の『日本プロ』では最終日に一時は首位に並ぶ展開に。14番のダブルボギーで後退したが6位に踏みとどまった。19年はABEMAツアーで賞金ランク9位に入り翌シーズン前半戦出場権を獲得。21年の『東建ホームメイトカップ』で自己最高の3位に食い込むなどして賞金ランク27位で初シードをつかみ取った。22年の『関西オープン』では初日63で初めての首位を経験。シードも守った。

'22部門別データ

賞金	17,072,542円	（49位）
メルセデス・ベンツトータルポイント	437	（49位）
平均ストローク	71.690	（43位）
平均パット	1.7486	（20位）
パーキープ率	85.015	（40位）
パーオン率	65.205	（65位）
バーディ率	3.645	（46位）
イーグル率	10.857	（34位）
ドライビングディスタンス	274.12	（82位）
フェアウェイキープ率	57.681	（33位）
サンドセーブ率	45.833	（74位）
トータルドライビング	115	（71位）
生涯獲得賞金	69,644,591円	（358位）

賞金と順位（◎は賞金ランク、△はABEMAツアーランクによる出場権獲得）

'17＝0円
'18＝　6,121,071円　103位
△'19＝ 11,949,125円　71位
◎2ﾟ2ﾟ＝ 34,501,853円　27位
◎'22＝ 17,072,542円　49位

浅地洋佑

Yosuke ASAJI　　**出場資格：'21マイナビABCチャンピオンシップ優勝**

ツアー 3勝
('19)アジアパシフィックダイヤモンドカップゴルフ、ANAオープン、('21)マイナビABCチャンピオンシップ

ABEMAツアー(チャレンジ)2勝
('12)ISPS・CHARITYチャレンジ、('15)ミュゼプラチナムチャレンジ

所属:フリー
生年月日:1993(H5).5.24
身長、体重:169cm／68kg
血液型:A型
出身地:東京都
出身校:杉並学院高校
趣味:料理
スポーツ歴:野球、サッカー
ゴルフ歴:6歳〜
プロ転向:2011年
ツアーデビュー戦:
　'12東建ホームメイトカップ
得意クラブ:サンドウェッジ
ベストスコア:64
　('17日本オープン1R、
　'21ゴルフパートナー PRO-
　AM4R、'22HEIWA・PGM
　選手権2R)
プレーオフ:1勝0敗
アマ時代の主な戦歴:
　('08)日本ジュニア優勝、
　('11)関東アマ優勝、
　　日本アマ3位

'22のツアー全成績:24試合

東建ホームメイトカップ	予落	ダンロップフェニックス	44T
関西オープン	予落	カシオワールドオープン	予落
ISPS HANDA 欧州・日本	66T		
中日クラウンズ	予落		
アジアパシフィックダイヤモンドカップ	26T		
ゴルフパートナー PRO-AM	37T		
〜全英への道〜ミズノオープン	55T		
BMW日本ゴルフツアー選手権森ビルカップ	予落		
ASO飯塚チャレンジドゴルフ	予落		
JPC by サトウ食品	61T		
日本プロゴルフ選手権	12		
長嶋茂雄INVITATIONALセガサミーカップ	予落		
Sansan KBCオーガスタ	予落		
フジサンケイクラシック	予落		
Shinhan Donghae Open	14T		
ANAオープン	予落		
パナソニックオープン	棄権		
バンテリン東海クラシック	予落		
日本オープン	予落		
HEIWA・PGM CHAMPIONSHIP	37T		
マイナビABCチャンピオンシップ	予落		
三井住友VISA太平洋マスターズ	予落		

タイガー・ウッズをテレビで見たことがゴルフを始めるきっかけ。杉並学院高校2年時の2010年には『ダイヤモンドカップ』で2日目を終えて2位につけて話題となった。

11年にプロ宣言し、12年はチャレンジで初勝利。19歳14日は当時の最年少優勝記録で、ツアーでも初シードをつかんだ。だが翌年シードを落とすと低迷が続いた。17年にシード復帰を果たしてから本格化。19年、初めて首位で最終日を迎えた『ダイヤモンドカップ』最終ホールでバンカーからパーセーブし、1打差で初勝利をつかむ。さらに『ANAオープン』ではツアー史上最多5人でのプレーオフを制して2勝目を挙げた。

21年前半は『中日クラウンズ』から3試合連続で最終日最終組を回りながら勝ち切れないこともあったが11月の『マイナビABC選手権』で3位から逆転。溜飲を下げた。22年は『日本プロ』の12位が最高と不振に。今季は巻き返しを図る。

'22部門別データ

賞金	8,010,849円	(86位)
メルセデス・ベンツトータルポイント	615	(86位)
平均ストローク	72.952	(91位)
平均パット	1.7566	(28位)
パーキープ率	82.137	(85位)
パーオン率	61.111	(89位)
バーディ率	3.246	(84位)
イーグル率	21.667	(75位)
ドライビングディスタンス	278.67	(67位)
フェアウェイキープ率	54.135	(55位)
サンドセーブ率	52.041	(41位)
トータルドライビング	122	(79位)
生涯獲得賞金	210,810,907円	(171位)

賞金と順位 (◎は賞金ランク、△はABEMAツアーランクによる出場権獲得)

◎	'12=	15,253,865円	67位	'18=	18,794,166円	56位
	'13=	10,081,553円	77位	◎'19=	69,797,845円	9位
	'14=	936.100円	165位	◎'20-21=	65,094,311円	14位
△	'15=	5,191,133円	101位	'22=	8,010,849円	86位
	'16=	6,752,277円	97位			
◎	'17=	10,898,808円	77位			

李　尚熹（イ サンヒ）

Sang-Hee LEE

所属:フリー
生年月日:1992(H4).4.20
身長、体重:178cm／70kg
血液型:B型
出身地:韓国
出身校:韓国体育大学
趣味:映画鑑賞
スポーツ歴:テコンドー
ゴルフ歴:10歳〜
プロ転向:2010年
日本でのツアーデビュー戦:
　'13タイランドオープン
師弟関係:キム・オクチョン
得意クラブ:ドライバー、アイアン
ベストスコア:63
　('19RIZAP KBCオーガス
　タ4R)
アマ時代の主な優勝歴:
　('08)ホンダジュニア選手権

賞金ランキング36位

ツアー未勝利

'22のツアー全成績：15試合

東建ホームメイトカップ	予落
関西オープン	34T
ISPS HANDA 欧州・日本	66T
中日クラウンズ	予落
長嶋茂雄INVITATIONALセガサミーカップ	予落
Sansan KBCオーガスタ	2
フジサンケイクラシック	43T
Shinhan Donghae Open	9T
ANAオープン	30T
パナソニックオープン	棄権
HEIWA・PGM CHAMPIONSHIP	21T
マイナビABCチャンピオンシップ	7T
三井住友VISA太平洋マスターズ	12T
ダンロップフェニックス	52T
カシオワールドオープン	予落

　ジュニア時代は『韓国アマ』など多くのタイトルを獲得。2008年には日本開催の『ホンダジュニア選手権』でも優勝した。10年にプロ転向し、韓国で2勝をマークした後、12年に日本ツアーのQTで1位に。翌13年から日本を主戦場にした。

　1年目にシード入り。2年目の14年、『日本ゴルフツアー選手権』で最終日にスコアを伸ばして首位タイでホールアウトしたが11番ホールでパッティングのラインを指で押したとの裁定を

受けて2打罰。思わぬ形で初優勝のチャンスを逃した。同年の『日本シリーズ』では単独首位で最終日を迎えたが3位に終わり、18年の『ブリヂストンオープン』では3日目まで首位を守りながら4位など惜敗が続く。19年までシードを守り、20、21年は兵役に就く。復帰した22年は首位で迎えた『Sansan KBCオーガスタ』最終日に河本力と競り合い、タイで18番に来たがバーディを奪われてまたも日本初優勝は叶わなかった。

'22部門別データ

賞金	23,757,276円	(36位)
メルセデス・ベンツトータルポイント	404	(39位)
平均ストローク	71.360	(30位)
平均パット	1.7542	(25位)
パーキープ率	85.185	(36位)
パーオン率	68.866	(23位)
バーディ率	4.042	(21位)
イーグル率	24.000	(80位)
ドライビングディスタンス	287.05	(40位)
フェアウェイキープ率	52.395	(66位)
サンドセーブ率	43.902	(83位)
トータルドライビング	106	(63位)
生涯獲得賞金	236,323,089円	(151位)

賞金と順位(◎は賞金ランクによる出場権獲得)

◎'13= 14,212,802円	69位	◎'19= 25,320,318円	35位
◎'14= 40,609,395円	28位	'20-'21= ナシ	
◎'15= 22,900,447円	50位	◎'22= 23,757,276円	36位
◎'16= 16,466,713円	64位		
◎'17= 46,796,649円	23位		
◎'18= 46,259,489円	23位		

池田勇太

Yuta IKEDA

賞金ランキング17位

ツアー21勝
('09)日本プロ、VanaH杯KBCオーガスタ、キヤノンオープン、ブリヂストンオープン、('10)TOSHIN GOLF TOURNAMENT IN Lake Wood、ANAオープン、ブリヂストンオープン、ダンロップフェニックス、('11)サン・クロレラクラシック、('12)キヤノンオープン('13)マイナビABCチャンピオンシップ、('14)日本オープン、('15)RIZAP KBCオーガスタ('16)パナソニックオープン、HONMA TOURWORLD CUP AT TROPHIA GOLF、カシオワールドオープン、('17)RIZAP KBCオーガスタ、ANAオープン、日本オープン、('18)アジアパシフィックダイヤモンドカップ、('19)～全英への道～ミズノオープンatザ・ロイヤルゴルフクラブ

ABEMAツアー(チャレンジ)1勝
('08)エバーライフカップチャレンジ

代表歴：ザ・ロイヤルトロフィ('11)、日韓対抗戦('10、'11、'12)、ワールドカップ('11)オリンピック('16)

所属:フリー
生年月日:1985(S60).12.22
身長、体重:177cm／77kg
血液型:O型
出身地:千葉県
出身校:東北福祉大学
趣味:映画鑑賞、ドライブ
ゴルフ歴:6歳～
プロ転向:2007年
ツアーデビュー戦:
　'08東建ホームメイトカップ
得意クラブ:サンドウェッジ
ベストスコア:59
　('22ゴルフパートナー
　PRO-AM1R)
プレーオフ:4勝2敗
アマ時代の主な優勝歴:
　('03)世界ジュニア、
　('03、'07)日本オープンローアマ、
　('05、'06)日本学生、
　('06)世界大学ゴルフ選手権

'22のツアー全成績：22試合

東建ホームメイトカップ	23T	Sansan KBCオーガスタ	予落
関西オープン	7T	ANAオープン	3
ISPS HANDA 欧州・日本	43T	バンテリン東海クラシック	3T
中日クラウンズ	29T	日本オープン	9T
アジアパシフィックダイヤモンドカップ	18T	HEIWA・PGM CHAMPIONSHIP	15T
ゴルフパートナー PRO-AM	7	マイナビABCチャンピオンシップ	50T
～全英への道～ミズノオープン	予落	三井住友VISA太平洋マスターズ	54T
BMW日本ゴルフツアー選手権森ビルカップ	予落	ダンロップフェニックス	30T
ASO飯塚チャレンジドゴルフ	31T	カシオワールドオープン	3
JPC by サトウ食品	3T	ゴルフ日本シリーズJTカップ	17
日本プロゴルフ選手権	予落		
長嶋茂雄INVITATIONALセガサミーカップ	40T		

千葉学芸高校3年時に『世界ジュニア』などで優勝。東北福祉大学でも数々のタイトルを獲得して2007年にプロ転向した。翌08年にシードを獲得。09、10年には4勝で年間最多勝を記録した。09年に『日本プロ』、14年には『日本オープン』で優勝。両大会を20代で制するのは74年尾崎将司以来6人目だった。

13年からは3年間選手会長を務める。16年は史上4人目の年間獲得賞金2億円を達成して初の賞金王に輝いた。同年はリオデジャネイロ五輪にも出場している。17年には当時史上最年少の33歳で生涯獲得賞金10億円を突破して、18年の『アジアパシフィックダイヤモンドカップ』では史上11人目の通算20勝に到達した。

19年まで11年連続で優勝を記録。20年には選手としては初めて選手会事務局長に就任しコロナ禍の苦境打開、新規大会立ち上げなどに尽力した。今年は顎偏位症で苦しんだ22年からの復活を目指すシーズンとなる。

'22部門別データ

賞金	49,568,510円	(17位)
メルセデス・ベンツトータルポイント	216	(9位)
平均ストローク	70.771	(15位)
平均パット	1.7303	(15位)
パーキープ率	85.694	(26位)
パーオン率	67.083	(39位)
バーディ率	4.325	(8位)
イーグル率	6.154	(3位)
ドライビングディスタンス	288.02	(34位)
フェアウェイキープ率	58.266	(27位)
サンドセーブ率	50.000	(54位)
トータルドライビング	61	(10位)
生涯獲得賞金	1,319,209,579円	(7位)

賞金と順位(◎は賞金ランクによる出場権獲得)

◎'08= 20,824,400円	52位	◎'14= 77,552,862円	7位	◎'20-21= 61,892,074円	15位
◎'09=158,556,695円	2位	◎'15= 99,380,317円	3位	◎'22= 49,568,510円	17位
◎'10=145,043,030円	4位	◎'16=207,901,567円	1位		
◎'11= 71,703,534円	11位	◎'17=126,240,438円	4位		
◎'12= 88,948,069円	4位	◎'18= 79,671,825円	5位		
◎'13= 78,056,124円	9位	◎'19= 53,870,134円	17位		

池村寛世

Tomoyo IKEMURA

賞金ランキング15位

ツアー2勝
('21)ISPS HANDA ガツーンと飛ばせツアートーナメント、('22)ASO飯塚チャレンジドゴルフ

ABEMAツアー（チャレンジ）3勝
('15)LANDIC CHALLENGE 2015 ASSOCIA MANSION GOLF TOURNAMENT、elite grips challenge、('16)南秋田カントリークラブみちのくチャレンジ

所属:ディライトワークス
生年月日:1995(H7).8.30
身長、体重:166cm／72kg
血液型:O型
出身地:鹿児島県
出身校:志布志中学校
趣味:音楽鑑賞
スポーツ歴:サッカー、水泳
ゴルフ歴:10歳〜
プロ転向:2013年
ツアーデビュー戦:
　'14ダンロップ・スリクソン
　福島オープン
得意クラブ:ドライバー
ベストスコア:63
　('22ASO飯塚チャレンジド1R)
アマ時代の主な優勝歴:
　('11)国民体育大会個人

'22のツアー全成績：26試合

東建ホームメイトカップ	予落	マイナビABCチャンピオンシップ	5
関西オープン	予落	三井住友VISA太平洋マスターズ	26T
ISPS HANDA 欧州・日本	予落	ダンロップフェニックス	51
中日クラウンズ	予落	カシオワールドオープン	54T
アジアパシフィックダイヤモンドカップ	57T	ゴルフ日本シリーズJTカップ	24T
ゴルフパートナー PRO-AM	予落		
〜全英への道〜ミズノオープン	10T		
BMW日本ゴルフツアー選手権森ビルカップ	21T		
ASO飯塚チャレンジドゴルフ	優勝		
JPC by サトウ食品	予落		
日本プロゴルフ選手権	4T		
長嶋茂雄INVITATIONALセガサミーカップ	予落		
Sansan KBCオーガスタ	4T		
フジサンケイクラシック	16T		
Shinhan Donghae Open	予落		
ANAオープン	12T		
パナソニックオープン	13T		
バンテリン東海クラシック	予落		
For The Players By The Players	41T		
日本オープン	12T		
HEIWA・PGM CHAMPIONSHIP	21T		

実家はサツマイモ農家。地元・鹿児島県の「めだかクラブ」でゴルフを覚え、尚志館高校1年時の2011年に『国体少年男子個人』で優勝。翌年、オーストラリアに留学して半年ほど腕を磨いた。

帰国すると高校を中退し、まずはアジアンツアーのQTに挑戦してプロ転向した。日本では14年にツアーデビュー。15年にチャレンジで2勝を挙げて賞金ランク3位に入り、17年に初シードを獲得した。

初優勝をつかみ取ったのは21年の『ISPS　HANDAガツーンと飛ばせ』だった。5打差2位で迎えた最終日にインで30を叩き出して鮮やかに逆転した。22年は序盤4試合連続予選落ちと苦戦したが6月の『ASO飯塚チャレンジ』では初日から首位を守って優勝。賞金ランクは自己最高の15位に浮上した。

166cmと小柄だが18年からは3季連続でドライビングディスタンス5位以内に入った飛ばし屋である。

'22部門別データ

賞金	53,631,848円	（15位）
メルセデス・ベンツトータルポイント	305	（21位）
平均ストローク	71.262	（25位）
平均パット	1.7451	（16位）
パーキープ率	84.146	（55位）
パーオン率	66.328	（52位）
バーディ率	4.195	（13位）
イーグル率	11.714	（39位）
ドライビングディスタンス	298.21	（11位）
フェアウェイキープ率	49.519	（85位）
サンドセーブ率	60.000	（ 9位）
トータルドライビング	96	（44位）
生涯獲得賞金	165,160,260円	（219位）

賞金と順位（◎は賞金ランク、△はABEMAツアーランクによる出場権獲得）

'14=0円		◎'20-21= 45,078,559円	22位
△'15= 7,052,400円	88位	◎'22= 53,631,848円	15位
'16= 1,758,092円	165位		
◎'17=11,841,432円	74位		
◎'18=24,902,163円	39位		
◎'19=20,895,766円	42位		

石川　遼
Ryo ISHIKAWA

ツアー18勝
('07)マンシングウェアオープンKSBカップ（アマチュア時代）、('08)マイナビABCチャンピオンシップ、('09)〜全英への道〜ミズノオープンよみうりクラシック、サン・クロレラクラシック、フジサンケイクラシック、コカ・コーラ東海クラシック、('10)中日クラウンズ、フジサンケイクラシック、三井住友VISA太平洋マスターズ、('12)三井住友VISA太平洋マスターズ、('14)長嶋茂雄INVITATIONALセガサミーカップ、('15)ANAオープン、ゴルフ日本シリーズJTカップ、('16)RIZAP KBCオーガスタ、('19)日本プロ、長嶋茂雄INVITATIONALセガサミーカップ、ゴルフ日本シリーズJTカップ、('22)三井住友VISA太平洋マスターズ

所属:CASIO
生年月日:1991(H3).9.17
身長、体重:175cm／75kg
血液型:O型
出身地:埼玉県
出身校:杉並学院高校
趣味:音楽鑑賞
スポーツ歴:水泳、サッカー、陸上
ゴルフ歴:6歳〜
プロ転向:2008年
ツアーデビュー戦:
　'08東建ホームメイトカップ
得意クラブ:サンドウェッジ
ベストスコア:58
　（'10中日クラウンズ4R）
プレーオフ:5勝4敗
アマ時代の主な優勝歴:
　('07)マンシングウェアオープンKSBカップ、日本ジュニア15歳〜17歳の部

代表歴：ザ・ロイヤルトロフィ('09、'10、'11、'12、'13)、プレジデンツカップ('09、'11)、日韓対抗戦('10、'11、'12)、ワールドカップ('13、'16)

'22のツアー全成績：23試合

東建ホームメイトカップ	予落	日本オープン	予落
関西オープン	30T	HEIWA・PGM CHAMPIONSHIP	29T
ISPS HANDA 欧州・日本	予落	マイナビABCチャンピオンシップ	予落
中日クラウンズ	7T	三井住友VISA太平洋マスターズ	優勝
アジアパシフィックダイヤモンドカップ	26T	ダンロップフェニックス	39T
〜全英への道〜ミズノオープン	21T	カシオワールドオープン	24T
BMW日本ゴルフツアー選手権森ビルカップ	28T	ゴルフ日本シリーズJTカップ	5T
ASO飯塚チャレンジドゴルフ	59T		
JPC by サトウ食品	33T		
日本プロゴルフ選手権	20T		
長嶋茂雄INVITATIONALセガサミーカップ	4T		
Sansan KBCオーガスタ	16T		
フジサンケイクラシック	5T		
ANAオープン	2		
パナソニックオープン	予落		
バンテリン東海クラシック	棄権		

　2007年に『マンシングウェアオープンKSBカップ』を15歳で制して時の人に。翌年プロ転向すると17歳にして1億円を稼ぎ、09年には18歳の史上最年少賞金王に。10年の『中日クラウンズ』最終日には世界主要ツアー初の58をマークした。13年からは米国ツアーを主戦場に。2位は2度あったが未勝利。17年秋から国内に戻った。

　18、19年は選手会長を務める。19年の『日本プロ』では劇的なイーグルでプレーオフを制して3年ぶりの優勝。『セガサミーカップ』では4打差の快勝で自身初の2試合連続Vを飾り、最終戦の『日本シリーズ』も制して14人目の生涯獲得賞金10億円突破を達成。28歳での大台到達は最年少記録となった。

　以降、優勝から遠ざかっていたが22年の『三井住友VISA太平洋マスターズ』で星野陸也とのプレーオフを制して3年ぶりの通算18勝目。10代、20代、30代で同一大会を制する快挙でもあった。

'22部門別データ

メルセデス・ベンツ トータルポイント 18位(280)
サンドセーブ率 36位(52.830)
平均ストローク 18位(70.944)
FWキープ率 57位(53.993)
平均パット 49位(1.7714)
ドライビングディスタンス 20位(293.25)
パーキープ率 21位(86.568)
イーグル率 22位(8.778)
パーオン率 22位(69.058)
バーディ率 35位(3.797)

トータルドライビング=77（24位）
獲得賞金=76,949,337円（10位）
生涯獲得賞金=1,144,615,850円（10位）

賞金と順位（◎は賞金ランクによる出場権獲得）

◎'08=106,318,166円	5位	◎'14= 52,856,504円	19位	◎'21= 55,311,607円	18位
◎'09=183,524,051円	1位	◎'15= 87,788,433円	6位	◎'22= 76,949,337円	10位
◎'10=151,461,479円	3位	◎'16= 44,371,593円	19位		
◎'11= 98,282,603円	3位	◎'17= 14,148,888円	68位		
◎'12= 78,178,145円	7位	◎'18= 47,692,054円	22位		
◎'13= 14,920,000円	65位	◎'19=132,812,990円	3位		

石坂友宏

Tomohiro ISHIZAKA

ツアー未勝利

所属:都築電気
生年月日:1999(H11).9.21
身長、体重173cm／75kg
血液型:
出身地:神奈川県
趣味:スポーツ観戦
スポーツ歴:野球
ゴルフ歴:10歳〜
プロ転向:2019年
ツアーデビュー戦:
'20フジサンケイクラシック
師弟関係:鈴木隆
得意クラブ:アプローチ、パター
ベストスコア:64
　('21ダンロップ・スリクソン
福島オープン2R、'21日本オープン1R)
プレーオフ:0勝1敗
アマ時代の主な戦歴:('18)
関東アマ優勝、('19)日本オープンローアマ、日本アマ4位、
茨城国体個人・団体優勝

'22のツアー全成績：24試合	
東建ホームメイトカップ	予落
関西オープン	30T
ISPS HANDA 欧州・日本	予落
中日クラウンズ	16T
アジアパシフィックダイヤモンドカップ	56
ゴルフパートナー PRO-AM	22T
〜全英への道〜ミズノオープン	44T
BMW日本ゴルフツアー選手権森ビルカップ	予落
ASO飯塚チャレンジドゴルフ	10T
JPC by サトウ食品	13T
日本プロゴルフ選手権	20T
Sansan KBCオーガスタ	予落
フジサンケイクラシック	16T
Shinhan Donghae Open	66T
ANAオープン	予落
パナソニックオープン	62T
バンテリン東海クラシック	40T
For The Players By The Players	棄権
日本オープン	予落
HEIWA・PGM CHAMPIONSHIP	61
マイナビABCチャンピオンシップ	11T
三井住友VISA太平洋マスターズ	59
ダンロップフェニックス	18T
カシオワールドオープン	予落

　神奈川県横須賀市出身。小さいころは野球をしていたが、10歳でゴルフを始める。地元のスクールで学ぶなどして、ほどなく全国大会に出場するほどの腕前になった。中学時代に『関東ジュニア』など数々の大会で優勝する。高校、大学は通信制の日本ウェルネススポーツに在籍。大学時代は2018年『関東アマ』優勝、19年『国体成年男子』で団体、個人の2冠、さらに『日本オープン』でローアマ獲得と存在感を見せつけた。

　同年QTに初挑戦し、ファイナルまで勝ち上がってプロ宣言。まずは20年の『ダンロップフェニックス』で金谷拓実と新人プロで現役大学生同士というプレーオフを戦い、惜しくも敗れた。以降も度々優勝争いに加わり、最終日最終組で回ること計4回。初優勝には届かなかったが賞金ランク17位でシードを獲得した。22年は優勝争いを出来なかったがシードは守り、『ジャパンプレーヤーズ選手権』ではアルバトロスを達成した。

'22部門別データ		
賞金	16,812,801円	(50位)
メルセデス・ベンツトータルポイント	428	(46位)
平均ストローク	71.704	(45位)
平均パット	1.7672	(46位)
パーキープ率	85.256	(35位)
パーオン率	64.387	(73位)
バーディ率	3.551	(59位)
イーグル率	15.600	(59位)
ドライビングディスタンス	279.27	(66位)
フェアウェイキープ率	59.430	(19位)
サンドセーブ率	54.369	(26位)
トータルドライビング	85	(30位)
生涯獲得賞金	73,017,017円	(353位)

賞金と順位(◎は賞金ランクによる出場権獲得)

◎'20-'21= 56,204,216円　17位
◎'22= 16,812,801円　50位

出水田大二郎

Daijiro IZUMIDA

賞金ランキング22位

ツアー1勝
('18)RIZAP KBCオーガスタ

ABEMAツアー（チャレンジ）1勝
('12)きみさらずGL・GMAチャレンジ

所属:TOSS
生年月日:1993(H5).2.5
身長、体重:183cm／90kg
血液型:AB型
出身地:鹿児島県
出身校:樟南高校
趣味:音楽鑑賞、読書
ゴルフ歴:9歳〜
プロ転向:2011年
ツアーデビュー戦:
　'12中日クラウンズ
得意クラブ:ショートアイアン
ベストスコア:63
　('18アジアパシフィックダイ
　ヤモンドカップ1R)
アマ時代の主な戦歴:
　('07〜'10)九州ジュニア優勝

'22のツアー全成績：25試合(内、海外メジャー1試合)

東建ホームメイトカップ	31T
関西オープン	48T
ISPS HANDA 欧州・日本	27T
中日クラウンズ	24T
アジアパシフィックダイヤモンドカップ	13T
ゴルフパートナー PRO-AM	予落
〜全英への道〜ミズノオープン	26T
BMW日本ゴルフツアー選手権森ビルカップ	11T
☆全米オープン	予落
JPC by サトウ食品	予落
日本プロゴルフ選手権	13T
長嶋茂雄INVITATIONALセガサミーカップ	22T
Sansan KBCオーガスタ	12T
フジサンケイクラシック	16T
ANAオープン	46T
パナソニックオープン	予落
バンテリン東海クラシック	49T
For The Players By The Players	41T
日本オープン	26T
HEIWA・PGM CHAMPIONSHIP	29T
マイナビABCチャンピオンシップ	2T
三井住友VISA太平洋マスターズ	26T
ダンロップフェニックス	52T
カシオワールドオープン	32T
ゴルフ日本シリーズJTカップ	2T

☆は賞金ランキングに加算する海外競技

子供のころ、横峯さくらプロの父親・良郎氏主宰の「めだかクラブ」でゴルフを始めた。樟南高校時代は1年時の2008年から『九州ジュニア（15〜17歳の部）』で3連覇を達成。高校卒業直後にプロ宣言した。

12年にチャレンジでプロデビューし、2戦目の『きみさらずGL・GMAチャレンジ』で19歳にして初優勝を果たした。ただ、その後はチャレンジでもQTでも好成績を残せない年が続く。流れが変わったのは16年。

チャレンジ賞金ランク7位で出場権を得ると、翌17年は『日本プロ』で10位に入るなどして初シードを獲得した。

そして18年、初めて最終日最終組で回った『RIZAP KBCオーガスタ』で首位タイから逃げ切り。初優勝を飾った。20-21年は予選通過率約8割の安定感でシードを守る。22年はさらに安定感が増し予選通過は9割弱。2位に入った『マイナビABC』と『日本シリーズ』は最後まで優勝の可能性を残していた。

'22部門別データ

賞金	40,809,355円	(22位)
メルセデス・ベンツトータルポイント	349	(30位)
平均ストローク	71.053	(19位)
平均パット	1.7725	(50位)
パーキープ率	85.142	(38位)
パーオン率	67.700	(31位)
バーディ率	3.930	(27位)
イーグル率	21.500	(74位)
ドライビングディスタンス	291.68	(24位)
フェアウェイキープ率	55.713	(43位)
サンドセーブ率	51.724	(43位)
トータルドライビング	67	(17位)
生涯獲得賞金	137,989,645円	(247位)

賞金と順位(◎は賞金ランク、△はABEMAツアーランクによる出場権獲得)

'12=	0円		◎'19=	23,274,912円	39位
'14=	113,500円	249位	◎'20-21=	24,637,553円	41位
'15=	0円		◎'22=	40,809,355円	22位
△'16=	0円				
◎'17=	14,386,479円	66位			
◎'18=	34,767,846円	28位			

市原弘大

Kodai ICHIHARA

ツアー2勝
('18)日本ゴルフツアー選手権森ビルカップShishido Hills、ダンロップフェニックス

ABEMAツアー(チャレンジ)1勝
('03)カニトップ杯チャレンジ

所属:フリー
生年月日:1982(S57).5.29
身長、体重:171cm／78kg
血液型:A型
出身地:東京都
出身校:埼玉平成高校
趣味:読書、映画鑑賞、
　　ドライブ
スポーツ歴:水泳
ゴルフ歴:3歳〜
プロ転向:2001年
ツアーデビュー戦:
　'01キリンオープン
師弟関係:父、千葉晃
ベストスコア:63
　('10ANAオープン4R、
　'18ダンロップフェニックス4R、
　'21ゴルフパートナー PRO-
　AM4R、'21ダンロップフェ
　ニックス1R)
アマ時代の主な優勝歴:
　('97)日本ジュニア、
　全国高校ゴルフ選手権中学
　の部春季・夏季、
　('00)日本ジュニア

'22のツアー全成績:25試合

東建ホームメイトカップ	予落
関西オープン	50T
ISPS HANDA 欧州・日本	32T
中日クラウンズ	51T
アジアパシフィックダイヤモンドカップ	37T
ゴルフパートナー PRO-AM	20T
〜全英への道〜ミズノオープン	36T
BMW日本ゴルフツアー選手権森ビルカップ	53T
ASO飯塚チャレンジドゴルフ	31T
JPC by サトウ食品	6
日本プロゴルフ選手権	32T
長嶋茂雄INVITATIONALセガサミーカップ	棄権
Sansan KBCオーガスタ	28T
フジサンケイクラシック	10T
Shinhan Donghae Open	予落
ANAオープン	30T
パナソニックオープン	予落
バンテリン東海クラシック	19T
For The Players By The Players	予落
日本オープン	36T
HEIWA・PGM CHAMPIONSHIP	64T
マイナビABCチャンピオンシップ	16T
三井住友VISA太平洋マスターズ	54T
ダンロップフェニックス	59
カシオワールドオープン	49T

'22部門別データ

賞金	16,326,411円	(52位)
メルセデス・ベンツトータルポイント	443	(51位)
平均ストローク	71.587	(42位)
平均パット	1.7823	(65位)
パーキープ率	85.441	(32位)
パーオン率	64.559	(70位)
バーディ率	3.414	(74位)
イーグル率	12.429	(43位)
ドライビングディスタンス	278.34	(69位)
フェアウェイキープ率	60.429	(16位)
サンドセーブ率	53.719	(32位)
トータルドライビング	85	(30位)
生涯獲得賞金	266,700,279円	(135位)

　埼玉平成高校時代に『日本ジュニア』を制し、高校卒業後すぐにプロ転向。まずはアジアンツアーに参戦したがパターイップスにかかり撤退。2003年にチャレンジで1勝するが、05年には腰部のヘルニアで1年近くクラブを握れない時期があった。その後、アジアでもプレーしながら10年に初シードを獲得。16年には『全英オープン』で初の予選通過も果たした。

　17年に2度目のシード陥落を経験するが18年に最高の形で巻き返す。まず5打差5位で迎えた『日本ゴルフツアー選手権』最終日に66をマークしての逆転でツアー初優勝。プロ18年目の悲願達成だった。11月には大会連覇中のB・ケプカも参戦していた『ダンロップフェニックス』で5打差8位から63でまたもや逆転勝ち。大輪の花を咲かせた。以降、優勝はないがシードを維持している。

　アジアンツアー時代についたニックネームはスマイリーフェイス。笑顔がトレードマークだ。

賞金と順位(◎は賞金ランク、△はABEMAツアーランクによる出場権獲得)

'01=	761,250円	181位	◎'10=	18,566,998円	58位	◎'16=	34,644,807円	33位
'02=	1,416,000円	159位	◎'11=	18,064,751円	60位	'17=	8,066,892円	88位
'04=	799,700円	185位	'12=	13,598,732円	72位	◎'18=	82,245,918円	4位
'07=0円			'13=	2,224,000円	132位	◎'19=	13,102,632円	60位
'08=0円			◎'14=	17,105,442円	57位	◎'20-21=	16,532,270円	55位
△'09=ナシ			◎'15=	23,244,476円	48位	◎'22=	16,326,411円	52位

稲森佑貴

Yuki INAMORI

賞金ランキング11位

ツアー4勝
('18)日本オープン、('20)日本オープン、('22)中日クラウンズ、JAPAN PLAYERS CHAMPIONSHIP by サトウ食品

ABEMAツアー（チャレンジ）1勝
('14)seven dreamers challenge in Yonehara GC

その他1勝
('11)日本プロゴルフ新人選手権

所属:国際スポーツ振興協会
生年月日:1994(H6).10.2
身長、体重:169cm／68kg
血液型:A型
出身地:鹿児島県
出身校:鹿児島城西高校
趣味:音楽鑑賞、読書
ゴルフ歴:6歳〜
プロ転向:2011年
ツアーデビュー戦:
　'12日本プロゴルフ選手権
師弟関係:稲森兼隆(父)
得意クラブ:ドライバー
ベストスコア:62
　('22 Shinhan Donghae
　Open 2R)
アマ時代の主な戦歴:
　('10)日本アマベスト32、
　南日本選手権優勝

'22のツアー全成績：26試合（内、海外メジャー1試合）

東建ホームメイトカップ	52T	For The Players By The Players	19T
関西オープン	34T	日本オープン	15T
ISPS HANDA 欧州・日本	6T	HEIWA・PGM CHAMPIONSHIP	19T
中日クラウンズ	優勝	マイナビABCチャンピオンシップ	6
アジアパシフィックダイヤモンドカップ	8T	三井住友VISA太平洋マスターズ	17T
☆全米プロ	予落	ダンロップフェニックス	30T
〜全英への道〜ミズノオープン	予落	カシオワールドオープン	予落
BMW日本ゴルフツアー選手権森ビルカップ	11T	ゴルフ日本シリーズJTカップ	8T
ASO飯塚チャレンジドゴルフ	51T	☆は賞金ランキングに加算する海外競技	
JPC by サトウ食品	優勝		
日本プロゴルフ選手権	11		
長嶋茂雄INVITATIONALセガサミーカップ	32T		
Sansan KBCオーガスタ	16T		
フジサンケイクラシック	38T		
Shinhan Donghae Open	27T		
ANAオープン	17T		
パナソニックオープン	7T		
バンテリン東海クラシック	6T		

「日本一曲げない男」は2022年も自らの歴代最高記録を塗り替える78.66％のフェアウェイキープ率をマークして7季連続1位に輝いた。成績の方でも自身初の年間2勝。予選落ちはわずか2試合という安定感だった。

自宅は鹿児島市内の練習場。父親でゴルフの師でもある兼隆さんは『日本シニアオープン』出場歴があるほどの腕前で、自然にクラブを握れる環境で育った。中学時代から16歳になればプロテストに挑戦する決意を固

めて高校2年時の11年に受験。見事一発で合格した。

14年に出場7試合で初シードを獲得。以降、賞金ランクは年々上昇し18年『日本オープン』では3打差首位で迎えた最終日に1度もフェアウェイを外すことなく68にまとめて初優勝。同年は自己最高の賞金ランク3位に入っている。

20年の『日本オープン』で2度目の優勝。谷原秀人との競り合いを最終ホールのバーディで制しての劇的Vだった。

'22部門別データ

賞金	73,001,240円	（11位）
メルセデス・ベンツ トータルポイント	304	（20位）
平均ストローク	70.463	（ 9位）
平均パット	1.7399	（13位）
パーキープ率	88.708	（ 2位）
パーオン率	71.618	（ 6位）
バーディ率	3.935	（25位）
イーグル率	46.000	（90位）
ドライビングディスタンス	262.06	（95位）
フェアウェイキープ率	78.660	（ 1位）
サンドセーブ率	48.276	（63位）
トータルドライビング	96	（44位）
生涯獲得賞金	408,495,280円	（88位）

賞金と順位（◎は賞金ランクによる出場権獲得）

'12=0円		◎'18= 85,301,742円	3位
'13= 1,407,250円	155位	◎'19= 17,356,426円	49位
◎'14= 11,734,857円	75位	◎'20-'21= 93,271,283円	6位
◎'15= 37,256,211円	29位	◎'22= 73,001,240円	11位
◎'16= 39,956,809円	26位		
◎'17= 49,209,462円	20位		

今平周吾

Shugo IMAHIRA

賞金ランキング12位

ツアー7勝
('17)関西オープン、('18)ブリヂストンオープン、('19)ブリヂストンオープン、ダンロップフェニックス、('21)フジサンケイクラシック、('22)アジアパシフィックダイヤモンドカップ、ゴルフパートナーPRO-AM

ABEMAツアー（チャレンジ）2勝
('14)HEIWA・PGM Challenge I、JGTO Novil FINAL

所属:ダイヤゴルフ
生年月日:1992(H4).10.2
身長、体重:165cm／67kg
血液型:AB型　出身地:埼玉県
出身校:創学舎高校
趣味:音楽鑑賞
ゴルフ歴:8歳〜
プロ転向:2011年
ツアーデビュー戦:
　'13つるやオープン
得意クラブ:サンドウェッジ
ベストスコア:61
　('22ゴルフパートナー
　PRO-AM3R)
プレーオフ:1勝1敗
アマ時代の主な戦歴:
　('06、'07)関東ジュニア優勝、
　('08)日本ジュニア優勝、
　('09)全米ジュニア選手権
　ベスト8

'22のツアー全成績：26試合（内、海外メジャー1試合）

東建ホームメイトカップ	9T
関西オープン	予落
ISPS HANDA 欧州・日本	24T
中日クラウンズ	12T
アジアパシフィックダイヤモンドカップ	優勝
ゴルフパートナー PRO-AM	優勝
〜全英への道〜ミズノオープン	予落
BMW日本ゴルフツアー選手権森ビルカップ	11T
ASO飯塚チャレンジドゴルフ	12T
JPC by サトウ食品	予落
☆全英オープン	予落
日本プロゴルフ選手権	予落
長嶋茂雄INVITATIONALセガサミーカップ	19T
Sansan KBCオーガスタ	9T
フジサンケイクラシック	13
Shinhan Donghae Open	43T
ANAオープン	12T
パナソニックオープン	16T
バンテリン東海クラシック	29T
日本オープン	53T
HEIWA・PGM CHAMPIONSHIP	19T
マイナビABCチャンピオンシップ	16T
三井住友VISA太平洋マスターズ	19T
ダンロップフェニックス	22T
カシオワールドオープン	6T
ゴルフ日本シリーズJTカップ	22T

☆は賞金ランキングに加算する海外競技

　埼玉栄高校1年時の2008年『日本ジュニア』で松山英樹らを抑えて優勝し、翌09年に高校を中退して渡米。フロリダ州のIMGゴルフアカデミーで2年間腕を磨いた。米国滞在中には『全米ジュニア』でベスト8に入っている。

　帰国後、11年に19歳でプロ転向し、14年はチャレンジで2勝を挙げて賞金王に。翌15年に初シードをつかむとグングン上昇する。16年は未勝利で賞金ランク10位に入り、17年の『関西オープン』で初日から首位を守って初優勝。18年は1勝ながらトップ10が14試合という抜群の安定感で賞金王に上り詰めた。1勝での頂点は76年の青木功以来2人目だった。

　19年は2勝を挙げて史上5人目の2年連続賞金王に輝く。翌シーズンで賞金王は途切れたが堅実な成績で上位をキープした。22年は自身初の2週連続優勝をマーク。ともに逆転でつかんだ勝利だった。また、5季連続で優勝を手にしている。

'22部門別データ

賞金	68,656,021円	(12位)
メルセデス・ベンツトータルポイント	160	(3位)
平均ストローク	70.649	(12位)
平均パット	1.7261	(8位)
パーキープ率	87.440	(9位)
パーオン率	69.686	(18位)
バーディ率	4.239	(11位)
イーグル率	7.077	(10位)
ドライビングディスタンス	287.24	(37位)
フェアウェイキープ率	58.067	(29位)
サンドセーブ率	54.369	(26位)
トータルドライビング	66	(14位)
生涯獲得賞金	671,704,621円	(41位)

賞金と順位（◎は賞金ランク、△はABEMAツアーランクによる出場権獲得）

'13=	1,832,992円	141位	◎'19=	168,049,312円	1位
△'14=	4,325,000円	106位	◎'20-21=	81,377,658円	9位
◎'15=	45,257,908円	24位	◎'22=	68,656,021円	12位
◎'16=	61,603,069円	10位			
◎'17=	101,483,329円	6位			
◎'18=	139,119,332円	1位			

岩﨑亜久竜

Aguri IWASAKI

賞金ランキング3位

ツアー未勝利

'22のツアー全成績：22試合

東建ホームメイトカップ …………………5
関西オープン …………………………予落
ISPS HANDA 欧州・日本 ………予落
アジアパシフィックダイヤモンドカップ…37T
ゴルフパートナー PRO-AM…………予落
〜全英への道〜ミズノオープン ……10T
BMW日本ゴルフツアー選手権森ビルカップ…3
ASO飯塚チャレンジドゴルフ…………22T
JPC by サトウ食品 …………………13T
長嶋茂雄INVITATIONALセガサミーカップ…8T
Sansan KBCオーガスタ …………予落
フジサンケイクラシック ……………5T
ANAオープン …………………………30T
パナソニックオープン…………………2
バンテリン東海クラシック ……………9T
日本オープン……………………………15T
HEIWA・PGM CHAMPIONSHIP…2T
マイナビABCチャンピオンシップ ……予落
三井住友VISA太平洋マスターズ ……9T
ダンロップフェニックス ……………14T
カシオワールドオープン ………………2
ゴルフ日本シリーズJTカップ …………12T

所属:フリー
生年月日:1997(H9).12.17
身長、体重:181cm／86kg
血液型:A型
出身地:静岡県
出身校:日本大学
趣味:
プロ転向:2020年
ツアーデビュー戦:
'21ANAオープン
師弟関係:
得意クラブ:
ベストスコア:63
('22HEIWA・PGM 選手権
3R,'22カシオワールドオープ
ン3R)
アマ時代の主な戦歴:
('18)関東アマ3位、('19)日本
アマ4位T、関東アマ4位T

　初めてツアーにフル参戦した2022年は飛躍のシーズンとなった。開幕戦で初の最終日最終組を経験して5位に入ったのを皮切りに度々上位に顔を出す。『日本ゴルフツアー選手権』2日目には首位を初体験。『パナソニックオープン』では当時アマだった蟬川泰果に惜しくも競り負けた。2位が計3試合。初優勝には届かなかったが181cmの長身を生かした飛距離と攻撃的なゴルフで多くの見せ場をつくり、賞金ランクは堂々3位。欧州ツアーの出場権もつかんだ。

　静岡県駿東郡清水町出身。クラーク記念国際高校から日本大学に進み、大きな大会での優勝歴はないが18年『関東アマ』3位、19年『日本アマ』4位など上位の成績を収めていた。

　20年のQTで25位に入り、翌年はABEMAツアー中心にプレー。賞金ランク22位だったが、抜群の飛距離が話題になっていた。21年のQTでは9位に入ってツアー出場のチャンスをつかみ、見事にそれを生かした。

'22部門別データ

メルセデス・ベンツ トータルポイント
4位(163)
サンドセーブ率　　　　　　　平均ストローク
46位(51.136)　　　　　　　　5位(70.315)
FWキープ率　　　　　　　　　　平均パット
42位(56.026)　　　　　　　　　6位(1.7213)
ドライビング　　　　　　　　　パーキープ率
ディスタンス　　　　　　　　　29位(85.613)
9位(299.32)
イーグル率　　　　　　　　　　パーオン率
11位(7.091)　　　　　　　　　13位(70.299)
バーディ率
2位(4.692)

トータルドライビング＝51（6位）
獲　得　賞　金＝96,670,570円（3位）
生涯獲得賞金＝96,670,570円（300位）

賞金と順位(◎は賞金ランク、□はQTランクによる出場権獲得)

□'20-21=0円
◎'22= 96,670,570円　　3位

45

岩田　寛

Hiroshi IWATA

ツアー 4勝
('14)フジサンケイクラシック、('15)長嶋茂雄INVITATIONALセガサミーカップ、
('21)中日クラウンズ、('22)長嶋茂雄INVITATIONALセガサミーカップ

所属:フリー
生年月日:1981(S56).1.31
身長、体重:177cm／74kg
血液型:O型
出身地:宮城県
出身校:東北福祉大学
スポーツ歴:野球
ゴルフ歴:14歳〜
プロ転向:2004年
ツアーデビュー戦:
　'04JCBクラシック仙台
師弟関係:岩田光男(父)
得意クラブ:すべて
ベストスコア:62
　('15タイランドオープン2R)
プレーオフ:0勝2敗

'22のツアー全成績:25試合

東建ホームメイトカップ	36T
関西オープン	5T
ISPS HANDA 欧州・日本	55T
中日クラウンズ	3
アジアパシフィックダイヤモンドカップ	2T
ゴルフパートナー PRO-AM	予落
〜全英への道〜ミズノオープン	棄権
BMW日本ゴルフツアー選手権森ビルカップ	予落
ASO飯塚チャレンジドゴルフ	22T
JPC by サトウ食品	予落
日本プロゴルフ選手権	予落
長嶋茂雄INVITATIONALセガサミーカップ	優勝
Sansan KBCオーガスタ	64T
フジサンケイクラシック	3
Shinhan Donghae Open	68
ANAオープン	予落
パナソニックオープン	73
バンテリン東海クラシック	棄権
日本オープン	64T
HEIWA・PGM CHAMPIONSHIP	15T
マイナビABCチャンピオンシップ	2T
三井住友VISA太平洋マスターズ	3T
ダンロップフェニックス	予落
カシオワールドオープン	48
ゴルフ日本シリーズJTカップ	2T

東北福祉大学時代にビッグタイトルはなかったがプロ入り後に力をつけて2006年に初シード獲得。2位を3回、3位を5回経験した後、14年の『フジサンケイクラシック』で初優勝を飾った。同年11月の『WGC-HSBCチャンピオンズ』で1打差3位に入り、15年の『全米プロ』では2日目にメジャータイ記録(当時)の63を叩き出す。16年は米国ツアーに参戦。『AT＆Tペブルビーチナショナルプロアマ』で4位に入ったがシード獲得には至らず、17年から日本に軸足を戻した。

日本復帰後、しばらく優勝には届かなかったが21年『中日クラウンズ』最終日に63をマークして7位から逆転。6年ぶりの通算3勝目を手にした。22年は『セガサミーカップ』で2度目の優勝。翌日、夏の甲子園で東北勢初優勝を果たした母校の仙台育英にパワーを送った。賞金ランクは7季ぶりのトップ10となる6位。40代に入って円熟味を増してきた。

'22部門別データ

メルセデス・ベンツ トータルポイント
19位(292)
サンドセーブ率 56位(49.612)
平均ストローク 20位(71.103)
FWキープ率 40位(56.343)
平均パット 9位(1.7271)
ドライビングディスタンス 17位(293.75)
パーキープ率 23位(86.179)
イーグル率 54位(13.667)
バーオン率 57位(65.854)
バーディ率 16位(4.171)

トータルドライビング=57位 (7位)
獲 得 賞 金=87,317,389円 (6位)
生涯獲得賞金=651,148,197円 (47位)

賞金と順位(◎は賞金ランクによる出場権獲得)

'04=	223,666円	257位	'10=	28,939,299円	30位	'16=	4,794,857円	109位
'05=	2,780,800円	126位	◎'11=	20,598,566円	50位	'17=	27,114,280円	42位
◎'06=	17,530,649円	62位	◎'12=	18,323,527円	59位	◎'18=	50,847,216円	21位
◎'07=	43,912,967円	16位	◎'13=	22,946,899円	43位	◎'19=	28,457,981円	32位
◎'08=	54,245,000円	21位	◎'14=	97,794,191円	4位	20-21=	59,463,592円	16位
◎'09=	25,627,985円	39位	◎'15=	60,229,333円	14位	◎'22=	87,317,389円	6位

植竹勇太

Yuta UETAKE

賞金ランキング37位

ツアー未勝利

所属:セガサミーホールディングス
生年月日:1995(H7).10.16
身長、体重:163cm／63kg
血液型:A型
出身地:北海道
出身校:東北福祉大学
趣味:音楽鑑賞
スポーツ歴:サッカー、スケート、
　スキー
ゴルフ歴:4歳〜
プロ転向:2017年
ツアーデビュー戦:
　'18長嶋茂雄INVITATIONAL
　セガサミーカップ
得意クラブ:ドライバー
ベストスコア:62
　('21ブリヂストンオープン
　4R)
アマ時代の主な戦歴:
　('17)国民体育大会個人・
　団体優勝

'22のツアー全成績：25試合

東建ホームメイトカップ	16T
関西オープン	34T
ISPS HANDA 欧州・日本	3
中日クラウンズ	29T
アジアパシフィックダイヤモンドカップ	予落
ゴルフパートナー PRO-AM	予落
〜全英への道〜ミズノオープン	予落
BMW日本ゴルフツアー選手権森ビルカップ	予落
ASO飯塚チャレンジドゴルフ	39T
JPC by サトウ食品	13T
日本プロゴルフ選手権	予落
長嶋茂雄INVITATIONALセガサミーカップ	予落
Sansan KBCオーガスタ	予落
フジサンケイクラシック	14T
Shinhan Donghae Open	予落
ANAオープン	36T
パナソニックオープン	34T
バンテリン東海クラシック	19T
For The Players By The Players	予落
日本オープン	36T
HEIWA・PGM CHAMPIONSHIP	58T
マイナビABCチャンピオンシップ	28T
三井住友VISA太平洋マスターズ	41T
ダンロップフェニックス	60T
カシオワールドオープン	14T

　北海道の幕別町出身。小学生のころは地元のサッカー少年団に在籍しており、1学年上には後にスピードスケートで五輪メダリストになる高木美帆さんもいた。ゴルフも小さいころからやっており、帯広柏葉高校2年時の2012年には『北海道ジュニア』などで優勝。プロゴルファーを目指す気持ちが強くなった。東北福祉大学では比嘉一貴らと同期。17年の国体で団体、個人ともに優勝。同年は『北海道アマ』も制している。

　17年11月にプロ宣言。18年は結果を残せなかったが19年のQT7位でツアー出場のチャンスをつかんだ。20−21年は2位が2回で初シード入り。ただ『ジャパンプレーヤーズ選手権』では最終ホールの3パットが響いての1打差負け、『ISPS HANDA ガツーンと飛ばせ』では5打差首位から逆転負けと共に悔しい2位だった。22年は飛距離やパーオン率が上昇。同期・比嘉の賞金王にも刺激を受け、今季は初優勝を目指す。

'22部門別データ

賞金	22,728,507円	(37位)
メルセデス・ベンツトータルポイント	432	(48位)
平均ストローク	71.736	(46位)
平均パット	1.7839	(67位)
パーキープ率	84.444	(49位)
パーオン率	69.375	(20位)
バーディ率	3.600	(52位)
イーグル率	11.429	(37位)
ドライビングディスタンス	276.36	(77位)
フェアウェイキープ率	68.430	(2位)
サンドセーブ率	44.304	(82位)
トータルドライビング	79	(26位)
生涯獲得賞金	49,079,640円	(420位)

賞金と順位(◎は賞金ランク、□はQTランクによる出場権獲得)

'18= 　　416,250円 223位
□'19=0円
◎20-21= 25,934,883円 　38位
◎'22= 22,728,507円 　37位

大岩龍一
Ryuichi OIWA

賞金ランキング28位

ツアー未勝利

所属:フリー
生年月日:1997(H9).12.17
身長、体重:182cm／92kg
血液型:A型
出身地:千葉県
出身校:日本大学
趣味:サッカー、読書
スポーツ歴:サッカー、水泳
ゴルフ歴:8歳〜
プロ転向:2018年
ツアーデビュー戦:
　'19RIZAP KBCオーガスタ
師弟関係:谷将貴
得意クラブ:アイアン
ベストスコア:63
　('21東建ホームメイトカップ
　2R)
アマ時代の主な戦歴:
　('15)日本アマベスト16、
　('18)国体個人優勝

'22のツアー全成績：26試合

東建ホームメイトカップ	予落
関西オープン	40T
ISPS HANDA 欧州・日本	予落
中日クラウンズ	29T
アジアパシフィックダイヤモンドカップ	18T
ゴルフパートナー PRO-AM	予落
〜全英への道〜ミズノオープン	10T
BMW日本ゴルフツアー選手権森ビルカップ	28T
ASO飯塚チャレンジドゴルフ	予落
JPC by サトウ食品	58T
日本プロゴルフ選手権	42T
長嶋茂雄INVITATIONALセガサミーカップ	32T
Sansan KBCオーガスタ	予落
フジサンケイクラシック	47T
Shinhan Donghae Open	予落
ANAオープン	28T
パナソニックオープン	26T
バンテリン東海クラシック	13T
For The Players By The Players	2
日本オープン	28T
HEIWA・PGM CHAMPIONSHIP	7T
マイナビABCチャンピオンシップ	9T
三井住友VISA太平洋マスターズ	12T
ダンロップフェニックス	22T
カシオワールドオープン	32T
ゴルフ日本シリーズJTカップ	22T

　小さいころはサッカーをしていたが父親の勧めで始めたゴルフを好きになる。中学生時代に練習環境の良さを求めて東京都内から千葉県に移住。中学3年で『千葉県ジュニア』に優勝した。堀越高校3年時の2015年に初出場の『日本アマ』でベスト16に進出。日本大学を2年生の途中で辞した後、18年の『国体成年男子個人』で1位の成績を残し、同年秋にプロ転向した。

　19年はアジアの下部ツアーにも参戦し、9月の『プレーヤーズ選手権』ではプレーオフを制して初優勝。賞金ランクは9位に入っている。

　同年はABEMAツアーで賞金ランク20位に入って出場の機会をつくり、翌シーズンは21年『東建ホームメイトカップ』4位を皮切りに快進撃。最終日最終組を3度経験し、7試合で8位以内に入って初シードを決めた。22年もシードを堅持。『ミズノオープン』など2試合で最終日を2位で迎えたが初優勝には届かなかった。

'22部門別データ

賞金	32,051,043円	(28位)
メルセデス・ベンツトータルポイント	325	(24位)
平均ストローク	71.270	(26位)
平均パット	1.7712	(48位)
パーキープ率	84.975	(42位)
パーオン率	69.949	(16位)
バーディ率	3.932	(26位)
イーグル率	14.667	(57位)
ドライビングディスタンス	289.22	(29位)
フェアウェイキープ率	56.968	(37位)
サンドセーブ率	51.648	(44位)
トータルドライビング	66	(14位)
生涯獲得賞金	76,427,785円	(340位)

賞金と順位(◎は賞金ランク、△はABEMAツアーランクによる出場権獲得)

△'19=0円
◎'20-21= 44,376,742円　23位
◎'22= 32,051,043円　28位

大槻智春

Tomoharu OTSUKI

賞金ランキング8位

ツアー2勝
('19)関西オープン、('22)ANAオープン

ABEMAツアー(チャレンジ)1勝
('17)ザ・ロイヤルゴルフクラブチャレンジ

所属:真清創設
生年月日:1990(H2).1.26
身長、体重:172cm／94kg
血液型:A型
出身地:茨城県
出身校:鹿島学園高校
趣味:スポーツ観戦
ゴルフ歴:7歳～
プロ転向:2010年
ツアーデビュー戦:
　'11サン・クロレラクラシック
師弟関係:父
得意クラブ:サンドウェッジ
ベストスコア:60
　('21ゴルフパートナー
　PRO-AM1R)
プレーオフ:2勝2敗
アマ時代の主な成績:
　('09)日本アマベスト32
　('10)日本アマベスト8

'22のツアー全成績:26試合

東建ホームメイトカップ	48T
関西オープン	54T
ISPS HANDA 欧州・日本	32T
中日クラウンズ	29T
アジアパシフィックダイヤモンドカップ	57T
ゴルフパートナー PRO-AM	2T
～全英への道～ミズノオープン	予落
BMW日本ゴルフツアー選手権森ビルカップ	2
ASO飯塚チャレンジドゴルフ	10T
JPC by サトウ食品	22T
日本プロゴルフ選手権	38T
長嶋茂雄INVITATIONALセガサミーカップ	2
Sansan KBCオーガスタ	予落
フジサンケイクラシック	30T
Shinhan Donghae Open	9T
ANAオープン	優勝
パナソニックオープン	10T
バンテリン東海クラシック	9T
For The Players By The Players	45T
日本オープン	予落
HEIWA・PGM CHAMPIONSHIP	33T
マイナビABCチャンピオンシップ	38T
三井住友VISA太平洋マスターズ	28T
ダンロップフェニックス	3
カシオワールドオープン	37T
ゴルフ日本シリーズJTカップ	18T

　鹿島学園高校時代の2007年に『関東ジュニア』で優勝。日本大学2年時の10年には『日本アマ』でベスト8の成績を残す。同年、プロ転向のために中退。11月にプロ宣言した。

　当初は苦戦したが17年、地元・茨城県開催の『ザ・ロイヤルゴルフクラブチャレンジ』優勝などでチャレンジ賞金王に。これで流れに乗った。初めてツアーにフル参戦した18年に初シードをつかみ取り、19年の『関西オープン』では3打差4位

から65でプレーオフに持ち込むと4ホール目のバーディで星野陸也を破って初優勝を飾った。

　以降は何度も優勝争いをするが勝ち切れない試合が続く。20−21年はメルセデス・ベンツトータルポイントなど3部門で1位も未勝利。プレーオフ負け2回を含む8回の2位を経た後に22年『ANAオープン』のプレーオフで劇的イーグル。石川遼を下して2勝目をつかんだ。『ASO飯塚チャレンジド』初日には3イーグルを記録している。

'22部門別データ

メルセデス・ベンツ トータルポイント
5位(164)
サンドセーブ率 5位(61.905)
平均ストローク 14位(70.688)
FWキープ率 17位(60.412)
平均パット 56位(1.7754)
ドライビングディスタンス 25位(290.70)
パーキープ率 16位(86.820)
イーグル率 6位(6.714)
パーオン率 10位(70.508)
バーディ率 15位(4.191)

トータルドライビング=42(2位)
獲得賞金=84,902,380円(8位)
生涯獲得賞金=232,253,843円(152位)

賞金と順位(◎は賞金ランク、△はABEMAツアーランクによる出場権獲得)

'11=	0円	
'12=	294,800円	202位
△'17=	957,857円	195位
◎'18=	24,650,775円	40位
◎'19=	40,072,989円	24位
◎20-21=	81,375,042円	10位
◎'22=	84,902,380円	8位

49

大西魁斗

Kaito ONISHI

所属:ZOZO
生年月日:1998(H10).10.13
身長、体重:177cm／70kg
血液型:O型
出身地:愛知県
出身校:南カリフォルニア大学
ゴルフ歴:5歳〜
趣味:
プロ転向:2021年
ツアーデビュー戦:'21ゴルフ
パートナー PRO−AM
師弟関係:
得意クラブ:パター、ウェッジ
ベストスコア:62
（'21ゴルフパートナー PRO-
AM3R、'22ISPS HANDA
欧州・日本3R）
プレーオフ:1勝0敗
アマ時代の主な戦績
（'18）Pac-12Freshman of
the Year、（'19）All Ameri-
can、（'19、'21）Pac-12First
Team

ツアー1勝
（'22）フジサンケイクラシック

'22のツアー全成績：22試合

東建ホームメイトカップ	予落
ISPS HANDA 欧州・日本	4
中日クラウンズ	34T
アジアパシフィックダイヤモンドカップ	2T
ゴルフパートナー PRO-AM	6
〜全英への道〜ミズノオープン	10T
BMW日本ゴルフツアー選手権森ビルカップ	40T
ASO飯塚チャレンジドゴルフ	6T
JPC by サトウ食品	2
日本プロゴルフ選手権	7T
長嶋茂雄INVITATIONALセガサミーカップ	22T
Sansan KBCオーガスタ	21T
フジサンケイクラシック	優勝
Shinhan Donghae Open	予落
ANAオープン	25T
パナソニックオープン	16T
バンテリン東海クラシック	26T
日本オープン	予落
HEIWA・PGM CHAMPIONSHIP	7T
ダンロップフェニックス	30T
カシオワールドオープン	16T
ゴルフ日本シリーズJTカップ	16

5歳でゴルフを始め、練習環境を求めて9歳で渡米。13歳でIMGアカデミーに入って腕を磨いた。南カリフォルニア大学時代にはオールアメリカンに選ばれるなど活躍。『全米ジュニア』では2016、17年と予選を突破してマッチプレーに進出。16年は初戦で敗退したが、17年は1、2回戦を勝ち上がってベスト16に進出している。『全米アマ』にも19、20年と出場。米国滞在中には丸山茂樹に度々指導を受けていた。

21年にプロ転向し、日本でプロ生活をスタート。7試合に出場して最高成績は10位。シードには届かなかったが非凡なところを見せた。ABEMAツアーでは5位以内が3回。賞金ランク15位に入った。これで前半戦出場権を得た22年は序盤から度々上位に入り、9月の『フジサンケイクラシック』でプレーオフを制して初優勝。飛躍の1年となった。11月には米国下部ツアーQTに挑み、12位通過。今季は米国が主戦場となりそうだ。

'22部門別データ

賞金	68,186,276円	（13位）
メルセデス・ベンツトータルポイント	156	（ 2位）
平均ストローク	70.369	（ 8位）
平均パット	1.7107	（ 4位）
パーキープ率	86.653	（18位）
パーオン率	69.986	（15位）
バーディ率	4.646	（ 4位）
イーグル率	6.833	（ 7位）
ドライビングディスタンス	291.88	（23位）
フェアウェイキープ率	52.931	（63位）
サンドセーブ率	58.163	（14位）
トータルドライビング	86	（32位）
生涯獲得賞金	75,684,276円	（345位）

賞金と順位（◎は賞金ランク、△はABEMAツアーランクによる出場権獲得）

△'20-'21= 7,498,000円　83位
◎'22= 68,186,276円　13位

大堀裕次郎

Yujiro OHORI

出場資格：ABEMAツアーランク1位

ツアー未勝利

ABEMAツアー（チャレンジ）3勝
（'15）富士ホームサービスチャレンジカップ、（'22）PGM Challenge、ディライトワークスJGTOファイナル

'22のツアー全成績：9試合

関西オープン	予落
JPC by サトウ食品	予落
長嶋茂雄INVITATIONALセガサミーカップ	予落
Shinhan Donghae Open	49T
HEIWA・PGM CHAMPIONSHIP	33T
マイナビABCチャンピオンシップ	38T
三井住友VISA太平洋マスターズ	9T
ダンロップフェニックス	35T
カシオワールドオープン	予落

所属:フリー
生年月日:1991（H3）.11.20
身長、体重:182cm／80kg
出身地:兵庫県
出身校:大阪学院大学
ゴルフ歴:10歳〜
プロ転向:2013年
ツアーデビュー戦:
　'14東建ホームメイトカップ
ベストスコア:63
　（'17 HONMA TOURWORLD
　CUP 2R）
アマ時代の主な戦歴:（'13）日本アマ優勝、関西アマ優勝、関西オープンローアマ

　10歳でゴルフを始め、高校1年時の2007年には石川遼らと共にチームジャパン・ジュニアに選ばれていた。一時、1Wのイップスで苦しんだが大阪学院大学4年時の13年に『関西アマ』と『日本アマ』で優勝。同年はツアー初挑戦の『関西オープン』で2日目を終えて単独首位に。最終的には9位に入った。

　その後、肋骨を骨折してQTをキャンセルするがプロ宣言。プロ初戦の14年『東建ホームメイトカップ』では2日目まで首位タイにつけていた。15年にABEMAツアーで優勝し、16年に初シードを獲得。17年は『RIZAP KBCオーガスタ』など2試合で最終日最終組を経験した。初優勝間近かと思われていたが19年は右足首の捻挫などでシード陥落。翌20年には捻挫が悪化して手術に踏み切った。ABEMAツアーが主戦場となった22年は9月に1勝を挙げると、最終戦も制して逆転で賞金王の座に就いた。今季は再びツアーで活躍を目指す。

'22部門別データ

賞金	8,262,793円	（84位）
メルセデス・ベンツトータルポイント		—
平均ストローク	71.992	（参考）
平均パット	1.8040	（参考）
パーキープ率	85.714	（参考）
パーオン率	70.437	（参考）
バーディ率	3.679	（参考）
イーグル率	7.000	（参考）
ドライビングディスタンス	279.18	（参考）
フェアウェイキープ率	56.633	（参考）
サンドセーブ率	57.500	（参考）
トータルドライビング		—
生涯獲得賞金	103,640,839円	（289位）

賞金と順位（◎は賞金ランク、△はABEMAツアーランクによる出場権獲得）

'14=	1,646,666円	130位	'20-'21=	1,514,714円	147位
△'15=	403,900円	213位	△'22=	8,262,793円	84位
◎'16=	29,976,937円	41位			
◎'17=	35,145,092円	30位			
◎'18=	24,041,362円	43位			
'19=	2,649,375円	112位			

小田孔明

Koumei ODA

賞金ランキング44位

ツアー8勝
('08)カシオワールドオープン、('09)東建ホームメイトカップ、カシオワールドオープン、('10)東建ホームメイトカップ、('11)ダイヤモンドカップゴルフ、('13)ANAオープン、('14)関西オープン、ブリヂストンオープン

代表歴：ザ・ロイヤルトロフィ('10)、日韓対抗戦('10、'11)

所属：フリー
生年月日：1978(S53).6.7
身長、体重：176cm／85kg
血液型：A型
出身地：福岡県
出身校：東京学館浦安高校
趣味：釣り
ゴルフ歴：7歳～
プロ転向：2000年
ツアーデビュー戦：'03マンシングウェアオープンKSBカップ
師弟関係：金城和弘、小田憲翁
得意クラブ：アイアン
ベストスコア：61
（'15ANAオープン3R）
プレーオフ：2勝1敗

'22のツアー全成績：25試合

東建ホームメイトカップ	予落
関西オープン	45T
ISPS HANDA 欧州・日本	13T
中日クラウンズ	20T
アジアパシフィックダイヤモンドカップ	予落
ゴルフパートナー PRO-AM	16T
～全英への道～ミズノオープン	10T
BMW日本ゴルフツアー選手権森ビルカップ	28T
ASO飯塚チャレンジドゴルフ	予落
JPC by サトウ食品	67
日本プロゴルフ選手権	49T
長嶋茂雄INVITATIONALセガサミーカップ	予落
Sansan KBCオーガスタ	予落
フジサンケイクラシック	20T
Shinhan Donghae Open	32T
ANAオープン	20T
パナソニックオープン	7T
バンテリン東海クラシック	19T
For The Players By The Players	予落
日本オープン	49T
HEIWA・PGM CHAMPIONSHIP	25T
マイナビABCチャンピオンシップ	予落
三井住友VISA太平洋マスターズ	予落
ダンロップフェニックス	52T
カシオワールドオープン	予落

名前の由来は三国志の諸葛孔明。ゴルフの師でもある父・憲翁さんが名付けた。プロ転向後はしばらく目立った活躍はなかったが、2007年の初シード獲得を機に一気にトッププロの地位を固めた。翌08年には『カシオワールドオープン』で初優勝。同年は平均パット1位に輝いた。09年は自身初の1億円突破を果たし、海外メジャーにも初参戦。11年はトップ10がシーズン最多の12試合を数えた。

13年に2度目の1億円超え。そして14年秋、『ブリヂストンオープン』で賞金王を争っていた藤田寛之を1打抑えて優勝。賞金ランク1位を奪回すると、そのまま押し切って念願の賞金王に輝いた。

翌15年から優勝はないがシードは守り続けており、豪雨災害の復興支援チャリティーを行うなど社会貢献活動にも力を注ぐ。多くの若手が集うチーム孔明の長。選手会副会長を務めた22年は史上15人目の生涯獲得賞金10億円突破を果たした。

'22部門別データ

賞金	17,699,421円	(44位)
メルセデス・ベンツトータルポイント	418	(42位)
平均ストローク	71.557	(41位)
平均パット	1.7471	(19位)
パーキープ率	83.958	(63位)
パーオン率	65.556	(62位)
バーディ率	3.838	(33位)
イーグル率	13.333	(51位)
ドライビングディスタンス	281.29	(58位)
フェアウェイキープ率	54.170	(54位)
サンドセーブ率	52.778	(37位)
トータルドライビング	112	(69位)
生涯獲得賞金	1,002,015,088円	(15位)

賞金と順位（◎は賞金ランクによる出場権獲得）

'03=	8,703,800円	84位	◎'09=118,774,176円	3位	◎'15= 63,701,077円	10位	◎'22= 17,699,421円 44位
'04=	7,690,212円	95位	◎'10= 65,125,901円	12位	◎'16= 43,654,025円	22位	
'05=	1,343,200円	149位	◎'11= 92,046,659円	6位	◎'17= 42,589,504円	25位	
'06=	12,648,994円	81位	◎'12= 72,340,492円	11位	◎'18= 23,432,121円	44位	
◎'07=	60,509,893円	9位	◎'13=112,506,906円	4位	◎'19= 28,464,750円	31位	
◎'08=	66,853,285円	13位	◎'14=137,318,693円	1位	◎'20-21= 26,611,979円	36位	

嘉数光倫

Terumichi KAKAZU

賞金ランキング43位

ツアー未勝利

ABEMAツアー(チャレンジ)1勝
('17)HEIWA・PGMチャレンジI

'22のツアー全成績：4試合

日本プロゴルフ選手権	4T
日本オープン	6T
HEIWA・PGM CHAMPIONSHIP	11T
カシオワールドオープン	予落

所属:エナジック
生年月日:1989(H1).12.5
身長、体重168cm/72kg
血液型:A型
出身地:沖縄県
出身校:東海大学
趣味:DVD鑑賞
スポーツ歴:サッカー、水泳
ゴルフ歴:9歳〜
プロ転向:2012年
ツアーデビュー戦:
　'13ANAオープン
師弟関係:父
得意クラブ:ドライバー
ベストスコア:65
　('18RIZAP KBCオーガス
　タ3R、'22HEIWA・PGM
　選手権3R)
プレーオフ:0勝1敗
アマ時代の主な戦歴:
　('10)全国大学対抗戦個
　人1位T、('11)日本アマベス
　ト16

　沖縄県名護市出身。父親の森勇さんは地元でゴルフアカデミーを開校しており、以前は現女子プロの諸見里しのぶさんや比嘉真美子さんらも教えていた。自身は9歳でゴルフを開始。父親は厳しさよりも楽しく教えることを主眼に置いていたという。
　アマチュア時代は『日本アマ』でベスト16などの成績を残して2012年にプロ転向。翌13年には『北海道オープン』で優勝している。17年にチャレンジで初優勝。18年『日本オープン』では4日間、一度もオーバーパーを叩かずに3位に入り、同年11月の『カシオワールドオープン』では2度目のトップ10入りとなる7位で初シードを決定させた。だが19年は約40万円差でシード落ち。20−21年は低迷した。22年は予選会で出場権を得た『日本プロ』で2日目首位に立つなどで4位に食い込み、同じく予選会から出た『日本オープン』では最終日に追い上げて6位。この2試合でシード復帰を手繰り寄せた。

'22部門別データ

賞金	18,270,000円	(43位)
メルセデス・ベンツトータルポイント		—
平均ストローク	69.810	(参考)
平均パット	1.7048	(参考)
パーキープ率	87.698	(参考)
パーオン率	66.270	(参考)
バーディ率	3.929	(参考)
イーグル率	14.000	(参考)
ドライビングディスタンス	277.40	(参考)
フェアウェイキープ率	63.265	(参考)
サンドセーブ率	56.250	(参考)
トータルドライビング		—
生涯獲得賞金	57,042,947円	(394位)

賞金と順位(◎は賞金ランクによる出場権獲得)

'13=	1,284,375円	157位		'19=	12,156,930円	68位
'14=	0円			20−21=	245,942円	207位
'15=	284,700円	237位		◎'22=	18,270,000円	43位
'16=	540,000円	219位				
'17=	909,000円	199位				
◎'18=	23,352,000円	45位				

片岡尚之

Naoyuki KATAOKA

賞金ランキング23位

ツアー1勝
('21)JAPAN PLAYERS CHAMPIONSHP by サトウ食品

所属:フリー
生年月日:1997(H9).12.28
身長、体重:171cm／67kg
血液型:B型
出身地:北海道
出身校:東北福祉大学
ゴルフ歴:2歳〜
プロ転向:2019年
ツアーデビュー戦:
　'20フジサンケイクラシック
師弟関係:山戸靖之
ベストスコア:63
　('21ブリヂストンオープン
　2R)
アマ時代の主な戦歴:
　('14)日本ジュニア15〜17
　歳の部優勝

'22のツアー全成績：26試合

東建ホームメイトカップ	4
関西オープン	50T
ISPS HANDA 欧州・日本	55T
中日クラウンズ	7T
アジアパシフィックダイヤモンドカップ	43T
ゴルフパートナー PRO-AM	58T
〜全英への道〜ミズノオープン	予落
BMW日本ゴルフツアー選手権森ビルカップ	予落
ASO飯塚チャレンジドゴルフ	予落
JPC by サトウ食品	33T
日本プロゴルフ選手権	2
長嶋茂雄INVITATIONALセガサミーカップ	22T
Sansan KBCオーガスタ	7T
フジサンケイクラシック	30T
Shinhan Donghae Open	予落
ANAオープン	17T
パナソニックオープン	48T
バンテリン東海クラシック	66T
For The Players By The Players	7
日本オープン	棄権
HEIWA・PGM CHAMPIONSHIP	7T
マイナビABCチャンピオンシップ	50T
三井住友VISA太平洋マスターズ	予落
ダンロップフェニックス	予落
カシオワールドオープン	51T
ゴルフ日本シリーズJTカップ	30

　北海道江別市出身。ゴルフ関係の仕事をしていた父親の影響でクラブを握り、小学校4年ごろにスクールに入って腕を磨いた。『北海道小学生選手権』『北海道ジュニア』など多くの大会で優勝を飾り、札幌光星高校2年時の2014年には『北海道アマ』を16歳の大会最年少記録で制した。同年は『日本ジュニア』で北海道の選手として初めての優勝。15年はナショナルチームメンバーとして海外競技にも参戦し、『ノムラカップアジア太平洋チーム選手権』で日本の26年ぶりの優勝に貢献するなど輝かしい戦績を残している。

　東北福祉大学4年だった19年にQTファイナルに進んでプロ宣言。そして自身4戦目の21年『ジャパンプレーヤーズ選手権』で9位から逆転して初優勝を飾った。以降も度々上位に入り賞金ランクは19位。平均パットでは1位に輝いた。22年は優勝こそなかったが『日本プロ』で最終日に追い上げて2位など存在感を示した。

'22部門別データ

賞金	40,425,841円	(23位)
メルセデス・ベンツトータルポイント	386	(35位)
平均ストローク	71.764	(47位)
平均パット	1.7071	(2位)
パーキープ率	84.183	(53位)
パーオン率	61.569	(85位)
バーディ率	4.047	(20位)
イーグル率	12.143	(40位)
ドライビングディスタンス	283.69	(51位)
フェアウェイキープ率	48.945	(86位)
サンドセーブ率	64.394	(2位)
トータルドライビング	137	(90位)
生涯獲得賞金	92,718,066円	(308位)

賞金と順位(◎は賞金ランクによる出場権獲得)

◎'20-21= 52,292,225円　19位
◎'22= 40,425,841円　23位

勝俣　陵

Ryo KATSUMATA

賞金ランキング54位

ツアー未勝利

所属:JPアセット証券
生年月日:1995(H7).12.27
身長、体重:174cm／73kg
血液型:AB型
出身地:埼玉県
出身校:日本大学
ゴルフ歴:14歳〜
プロ転向:2017年
ツアーデビュー戦:"20日本オープン
得意クラブ:アイアン
ベストスコア:62
　('22ゴルフパートナー
　PRO-AM2R)
アマ時代の主な戦歴:('16)
埼玉オープン優勝、('17)関
東アマ3位T

'22のツアー全成績：18試合

東建ホームメイトカップ	52T
ISPS HANDA 欧州・日本	予落
ゴルフパートナー PRO-AM	48T
〜全英への道〜ミズノオープン	予落
BMW日本ゴルフツアー選手権森ビルカップ	予落
ASO飯塚チャレンジドゴルフ	予落
JPC by サトウ食品	予落
日本プロゴルフ選手権	13T
長嶋茂雄INVITATIONALセガサミーカップ	予落
Sansan KBCオーガスタ	予落
フジサンケイクラシック	60
ANAオープン	予落
パナソニックオープン	41T
バンテリン東海クラシック	49T
For The Players By The Players	予落
日本オープン	予落
三井住友VISA太平洋マスターズ	3T
カシオワールドオープン	51T

　埼玉県三芳町出身。中学2年までは将来の甲子園出場を目標に野球に打ち込んでいたが両ヒザの故障などで断念。父親の勧めで始めたゴルフでプロを目指す決意をして高校は強豪ゴルフ部のある埼玉栄へ進んだ。競技ゴルフは高校に入ってからだったがメキメキ上達して3年生になった2013年には『関東高校選手権』で団体・個人の2冠を達成。同年は団体で全国制覇も成し遂げた。日本大学3年の16年にはプロに交じって『埼玉オープン』を制している。

　プロ転向当初は好結果を残せなかったが21年『日本プロ』では9位に入るなど徐々にプロの世界に慣れてくる。同年のABEMAツアーでは『TIチャレンジin東条の森』2位などで賞金ランクは12位に入った。これで前半戦出場権を得た22年は苦戦を強いられていたが主催者推薦で出場機会を得た『三井住友VISA太平洋マスターズ』で3位に。賞金ランク102位から一気にシード圏内に飛び込んだ。

'22部門別データ

賞金	16,052,113円	(54位)
メルセデス・ベンツトータルポイント	529	(66位)
平均ストローク	72.423	(80位)
平均パット	1.8234	(94位)
パーキープ率	81.444	(87位)
パーオン率	67.778	(29位)
バーディ率	3.540	(60位)
イーグル率	8.333	(17位)
ドライビングディスタンス	300.97	(6位)
フェアウェイキープ率	53.669	(60位)
サンドセーブ率	29.577	(96位)
トータルドライビング	66	(14位)
生涯獲得賞金	20,707,548円	(595位)

賞金と順位(◎は賞金ランク、△はABEMAツアーランクによる出場権獲得)

△'20-'21= 4,655,435円 101位
◎'22= 16,052,113円 54位

桂川有人

Yuto KATSURAGAWA

ツアー1勝
('22)ISPS HANDA 欧州・日本、とりあえず今年は日本トーナメント！

ABEMAツアー（チャレンジ）1勝
('21)石川遼everyone PROJECT Challenge

所属：国際スポーツ振興協会
生年月日：1998(H10).10.9
身長、体重：167cm／70kg
血液型：B型
出身地：愛知県
出身校：日本大学
ゴルフ歴：4歳〜
趣味：
プロ転向：2020年
ツアーデビュー戦：'21中日クラウンズ
師弟関係：
得意クラブ：アイアン
ベストスコア：63('22ISPS HANDA 欧州・日本2R、'22バンテリン東海クラシック2R)
プレーオフ：0勝1敗
アマ時代の主な戦歴：
('17)文部科学大臣杯日本学生優勝、朝日杯争奪日本学生優勝、('18)日本学生優勝、('19)日本オープンローアマチュア

'22のツアー全成績：22試合(内、海外メジャー1試合)

東建ホームメイトカップ	2
関西オープン	24T
ISPS HANDA 欧州・日本	優勝
中日クラウンズ	24T
アジアパシフィックダイヤモンドカップ	2T
ゴルフパートナー PRO-AM	16T
〜全英への道〜ミズノオープン	36T
BMW日本ゴルフツアー選手権森ビルカップ	予落
ASO飯塚チャレンジドゴルフ	9
JPC by サトウ食品	3T
☆全英オープン	47T
日本プロゴルフ選手権	38T
長嶋茂雄INVITATIONALセガサミーカップ	予落
フジサンケイクラシック	20T
Shinhan Donghae Open	27T
ANAオープン	予落
パナソニックオープン	3
バンテリン東海クラシック	2
日本オープン	21T
ダンロップフェニックス	11T
カシオワールドオープン	予落
ゴルフ日本シリーズJTカップ	8T

☆は賞金ランキングに加算する海外競技

クラブチャンピオン経験のある祖父の手ほどきでゴルフを始める。中学卒業後はフィリピンのマニラ近郊へゴルフ留学。通信制の高校で学びながら3年間ゴルフの腕を磨いた。フィリピン時代は当地でプロの試合にも出場し、2016年にはアジア下部ツアーで7位に入っている。

帰国後は日本大学に進学。1年生で『朝日杯』と『文部科学大臣杯』を制した。18年には『日本学生』2日目に60を記録して優勝。ナショナルチームでも活躍し、19年の『ネイバーズトロフィー』では団体、個人の2冠を手にした。

20年にプロ宣言。21年は出場全8試合で予選を通過し、ABEMAツアーでは勝利を挙げた。22年は開幕戦でプレーオフ負けを喫したが3戦目で早くも初優勝。その後も度々優勝争いに加わって賞金ランクは5位。最優秀新人賞を獲得した。パーオン率は歴代最高の75.585%を記録。11月には米下部ツアーのQTにも挑戦した。

'22部門別データ

メルセデス・ベンツ トータルポイント
12位 (242)

サンドセーブ率 71位(46.269)
平均ストローク 4位(70.268)
FWキープ率 7位(62.795)
平均パット 53位(1.7737)
ドライビングディスタンス 28位(289.27)
パーキープ率 4位(88.231)
イーグル率 67位(19.000)
バーオン率 1位(75.585)
バーディ率 7位(4.342)

トータルドライビング=35 （1位）
獲 得 賞 金=87,970,697円（5位）
生涯獲得賞金=96,670,570円（300位）

賞金と順位(◎は賞金ランク、△はABEMAツアーランクによる出場権獲得)

△'20-'21= 7,003,833円 87位
◎'22= 87,970,697円 5位

金谷拓実

Takumi KANAYA

出場資格：'20ダンロップフェニックス優勝

ツアー 3勝
('19)三井住友VISA太平洋マスターズ(アマチュア)、('20)ダンロップフェニックス、
('21)東建ホームメイトカップ

所属:Yogibo
生年月日:1998(H10).5.23
身長、体重:172cm／75kg
血液型:O型
出身地:広島県
ゴルフ歴:5歳〜
プロ転向：2020年
ツアーデビュー戦：
　'20日本オープン
得意クラブ:パター
ツアーでのベストスコア:64
　('21中日クラウンズ1R)
プレーオフ:1勝0敗
アマ時代の主な成績:
　('15)日本アマ優勝、('15、
'17、'18)日本オープンローア
マ、('18)アジア・パシフィック
アマ優勝、('19)マスターズ
トーナメント出場
全英オープン出場、
三井住友VISA太平洋マス
ターズ優勝、
オーストラリアンオープン3位

'22のツアー全成績：9試合(内、海外メジャー3試合)

☆マスターズ ……………………予落
☆全米プロ ………………………予落
BMW日本ゴルフツアー選手権森ビルカップ …11T
ASO飯塚チャレンジドゴルフ…………20T
☆全英オープン …………………予落
長嶋茂雄INVITATIONALセガサミーカップ …3
Sansan KBCオーガスタ ………………予落
フジサンケイクラシック ………………8T
日本オープン ……………………5
☆は義務試合数不足により賞金ランキン
　グに加算しない海外競技

　広島国際学院高校2年時の2015年、『日本アマ』で17歳51日の最年少優勝を成し遂げ、『日本オープン』では11位で最年少ローアマを獲得。一気に名を広めた。東北福祉大学に進んだ17年には『日本オープン』で池田勇太と優勝を争い1打差2位に。18年には『アジア・パシフィックアマ』を制し、翌19年の『マスターズ』に日本人アマとしては松山英樹に次ぐ2人目の参戦。予選を突破した。19年8月にはアマ世界ランク1位に。これも松山以来2人目の快挙。11月には『三井住友VISA太平洋マスターズ』で史上4人目(73年以降)のアマ優勝を果たした。

　20年10月にプロ宣言。3戦目の『ダンロップフェニックス』で早くも優勝した。シーズン残り3戦の時点では賞金ランク1位。翌週陥落してルーキー賞金王は逃したが平均ストローク1位など見事な成績を残した。22年は欧州を中心に海外で数多くプレー。『WGCマッチプレー』では9位の成績を残した。

'22部門別データ

賞金	31,461,833円	(29位)
メルセデス・ベンツトータルポイント		—
平均ストローク	69.667	(参考)
平均パット	1.7316	(参考)
パーキープ率	89.141	(参考)
パーオン率	69.192	(参考)
バーディ率	3.864	(参考)
イーグル率	7.333	(参考)
ドライビングディスタンス	288.54	(参考)
フェアウェイキープ率	64.803	(参考)
サンドセーブ率	54.545	(参考)
トータルドライビング		—
生涯獲得賞金	151,265,438円	(233位)

賞金と順位(◎は賞金ランクによる出場権獲得)

◎'20-'21=119,803,605円 2位
※'22= 31,461,833円 29位

※規定試合数不足

上井邦浩

Kunihiro KAMII

ツアー未勝利

ABEMAツアー(チャレンジ)1勝
('16)FIDRA Classic

所属:三好CC
生年月日:1982(S57).10.28
身長、体重:180cm/78kg
血液型:A型
出身地:大阪府
出身校:名古屋商科大学
趣味:映画鑑賞、愛犬と遊ぶこと
スポーツ歴:ソフトボール、軟式野球
ゴルフ歴:15歳〜
プロ転向:2005年
ツアーデビュー戦:
　'05中日クラウンズ
得意クラブ:ドライバー
ベストスコア:62
　('13東建ホームメイトカップ
　3R)
アマ時代の主な戦歴:('02)中部
アマ優勝、('03)日本学生2位、
('04)日本アマベスト4、世界アマ
日本代表、世界大学選手権日本
代表

'22のツアー全成績：17試合

東建ホームメイトカップ	23T
関西オープン	19T
ISPS HANDA 欧州・日本	43T
中日クラウンズ	12T
アジアパシフィックダイヤモンドカップ	予落
ゴルフパートナー PRO-AM	棄権
〜全英への道〜ミズノオープン	予落
BMW日本ゴルフツアー選手権森ビルカップ	予落
ASO飯塚チャレンジドゴルフ	39T
JPC by サトウ食品	予落
日本プロゴルフ選手権	予落
長嶋茂雄INVITATIONALセガサミーカップ	44T
Sansan KBCオーガスタ	35T
フジサンケイクラシック	40T
Shinhan Donghae Open	69
ANAオープン	予落
パナソニックオープン	予落

中学時代は野球に打ち込んでいた。15歳でゴルフを始め、名古屋商科大学時代の2004年には池田勇太らとともに『世界アマ』の代表に選ばれている。

05年にプロ転向し、08年に初シード獲得。10年の『VanaH杯KBCオーガスタ』では初めて単独首位で最終日を迎えたが序盤に崩れて5位に終わった。この大会では8番パー3で初日と3日目にホールインワン。"世界初の同一大会同一ホールのホールインワン"としてギネスに認定された。

その後も初優勝のチャンスをモノにできずシード落ちも経験。2回目のシード復帰を果たした20〜21年は優勝にはあと一歩。首位タイで最終日の『関西オープン』は76と崩れ、『セガサミーカップ』では2打差首位で最終日に臨んだがスタート前に1Wが破損して5回目の2位に甘んじた。22年は左母指腱鞘炎で秋から欠場。特別保障制度が適用された。今季は登録名を邦裕から本名の邦浩に戻して戦う。

'22部門別データ

賞金	6,891,034円	(95位)
メルセデス・ベンツトータルポイント	511	(63位)
平均ストローク	71.933	(55位)
平均パット	1.7787	(63位)
パーキープ率	84.641	(45位)
パーオン率	66.558	(46位)
バーディ率	3.471	(66位)
イーグル率	8.500	(19位)
ドライビングディスタンス	281.28	(59位)
フェアウェイキープ率	47.532	(91位)
サンドセーブ率	47.368	(67位)
トータルドライビング	150	(93位)
生涯獲得賞金	322,062,517円	(116位)

賞金と順位(◎は賞金ランク、□はQTランクによる出場権獲得)

'05=	0円		◎'11=	30,880,790円	33位	◎'17=	19,637,050円	53位
'06=	4,351,400円	117位	◎'12=	52,893,647円	19位	◎'18=	20,994,945円	52位
'07=	2,592,460円	130位	◎'13=	36,405,673円	27位	□'19=	8,806,450円	78位
◎'08=	21,744,167円	51位	◎'14=	12,688,707円	69位	20-21=	34,395,570円	28位
◎'09=	24,845,683円	41位	'15=	5,366,977円	98位	◇'22=	6,891,034円	95位
◎'10=	36,730,879円	26位	'16=	2,837,085円	135位			

◇は特別保障制度適用

河本 力

Riki KAWAMOTO

賞金ランキング9位

ツアー2勝
（'22）Sansan KBCオーガスタ、バンテリン東海クラシック

ABEMAツアー1勝
（'21）TIチャレンジin東条の森（アマチュア時代）

所属:フリー
生年月日:2000（H12）.3.3
身長、体重:183cm／86kg
血液型:O型
出身地:愛媛県
出身校:日本体育大学
ゴルフ歴:7歳〜
プロ転向:2021年
ツアーデビュー戦
　'22東建ホームメイトカップ
ベストスコア:63
　（'22三井住友VISA太平洋
　マスターズ3R）
アマ時代の主な戦績:
　（'21）TIチャレンジin東条の
　森優勝、
　（'20）日本オープンローアマ
　チュア

'22のツアー全成績:20試合

大会	成績
東建ホームメイトカップ	7
関西オープン	50T
ISPS HANDA 欧州・日本	24T
ゴルフパートナー PRO-AM	予落
JPC by サトウ食品	予落
日本プロゴルフ選手権	予落
Sansan KBCオーガスタ	優勝
フジサンケイクラシック	予落
Shinhan Donghae Open	5T
ANAオープン	予落
パナソニックオープン	16T
バンテリン東海クラシック	優勝
For The Players By The Players	予落
日本オープン	36T
HEIWA・PGM CHAMPIONSHIP	47T
マイナビABCチャンピオンシップ	2T
三井住友VISA太平洋マスターズ	5
ダンロップフェニックス	52T
カシオワールドオープン	16T
ゴルフ日本シリーズJTカップ	12T

　ルーキーイヤーの2022年、破壊的な飛距離を武器に大きな存在感を示した。前年のQTは74位で前半戦はあまり出場機会が巡ってこなかったが8月の『Sansan KBCオーガスタ』で初優勝を飾ると5週間後の『バンテリン東海クラシック』で早くも2勝目。ともに最終ホールのバーディで勝負を決めた1打差Vだった。飛距離は後続を10ヤード以上引き離す圧倒的1位。ファンを魅了した。

　姉の結さんはプロゴルファーで黄金世代の一員。7歳のころ、結さんの影響でゴルフを始めた。愛媛の松山聖陵高校2年時に『全国高校選手権春季大会』で優勝。日本体育大学3年の20年には初出場の『日本オープン』で2日目終了時に首位に立ち、最終的には5位に入ってローアマを獲得した。21年はABEMAツアーの『TIチャレンジin東条の森』最終日に6打差33位から64を叩き出して大逆転。同ツアー4人目のアマチュア優勝を成し遂げている。

'22部門別データ

メルセデス・ベンツ トータルポイント
11位（225）
平均ストローク
17位（70.925）
平均パット
22位（1.7512）
パーキープ率
25位（85.859）
パーオン率
5位（71.801）
バーディ率
5位（4.485）
イーグル率
35位（11.000）
ドライビング
ディスタンス
1位（315.74）
FWキープ率
75位（51.249）
サンドセーブ率
40位（52.222）

トータルドライビング=76（23位）
獲 得 賞 金=77,766,121円（9位）
生涯獲得賞金 77,766,121円（336位）

賞金と順位（◎は賞金ランクによる出場権獲得）

◎'22= 77,766,121円　　9位

木下裕太

Yuta KINOSHITA

ツアー1勝
('18)マイナビABCチャンピオンシップ

ABEMAツアー（チャレンジ）1勝
('09)トーシンチャレンジ

所属：光莉リゾート&GOLF
生年月日：1986(S61).5.10
身長、体重：174cm／78kg
血液型：O型
出身地：千葉県
出身校：日本大学
趣味：漫画、ゲーム
ゴルフ歴：8歳〜
プロ転向：2007年
ツアーデビュー戦：
　'08セガサミーカップ
得意クラブ：ドライバー
ベストスコア：65
　('21ゴルフパートナー
　PRO-AM2R、'21日本プロ
　1R、'22HEIWA・PGM選
　手権1R・3R)
プレーオフ：1勝0敗
アマ時代の主な戦歴：
　('03)関東ジュニア優勝、
　('04)全日本パブリック選手
　権優勝、('06)日本アマベスト8

'22のツアー全成績：22試合

東建ホームメイトカップ	予落
関西オープン	予落
ISPS HANDA 欧州・日本	予落
中日クラウンズ	予落
ゴルフパートナー PRO-AM	予落
〜全英への道〜ミズノオープン	予落
BMW日本ゴルフツアー選手権森ビルカップ	予落
ASO飯塚チャレンジドゴルフ	予落
JPC by サトウ食品	予落
日本プロゴルフ選手権	26T
長嶋茂雄INVITATIONALセガサミーカップ	予落
Sansan KBCオーガスタ	61T
フジサンケイクラシック	47T
ANAオープン	予落
パナソニックオープン	23T
バンテリン東海クラシック	9T
For The Players By The Players	棄権
HEIWA・PGM CHAMPIONSHIP	7T
マイナビABCチャンピオンシップ	予落
三井住友VISA太平洋マスターズ	52T
ダンロップフェニックス	39T
カシオワールドオープン	予落

千葉県生まれで、実家近くの北谷津ゴルフガーデンで腕を磨いた。泉高校2年時の2003年に『関東ジュニア』で優勝。翌04年には『全日本パブリック選手権』を制している。日本大学進学後の06年は『日本アマ』でベスト8に進出。07年にはナショナルチームにも選ばれた。

プロを目指すため大学は3年で中退し、デビュー2年目の09年にはチャレンジで優勝。以降は思うような成績を残せなかったが18年の『マイナビABCチャ

ンピオンシップ』で一変する。川村昌弘とのプレーオフでイーグルを奪い32歳で初優勝と初シードをつかみ取ったのだ。

ここ2季はホールインワンがシード確保に貢献している。20−21年は微妙な状況だった『カシオワールド』2日目にエース。17位に入って確定させた。22年は初戦から9連続予選落ちと苦戦していたが10月の『HEIWA・PGM』最終日に17番でエースを決めて7位。これでシード圏内に飛び込んだ。

'22部門別データ

賞金	11,329,850円	(70位)
メルセデス・ベンツトータルポイント	588	(77位)
平均ストローク	72.762	(89位)
平均パット	1.8073	(90位)
パーキープ率	80.556	(90位)
パーオン率	65.709	(59位)
バーディ率	3.431	(69位)
イーグル率	19.333	(69位)
ドライビングディスタンス	288.11	(33位)
フェアウェイキープ率	62.082	(10位)
サンドセーブ率	44.737	(79位)
トータルドライビング	43	(3位)
生涯獲得賞金	99,822,888円	(295位)

賞金と順位（◎は賞金ランクによるシード権獲得）

'08=	0円		◎'18=	55,347,688円	18位
'09=	1,247,666円	144位	'19=	7,012,850円	87位
'10=	0円		◎'20-21=	15,588,034円	60位
'11=	0円		◎'22=	11,329,850円	70位
'15=	0円				
'17=	9,296,800円	83位			

木下稜介

Ryosuke KINOSHITA

賞金ランキング21位

ツアー 2勝
('21)日本ゴルフツアー選手権 森ビルカップ Shishido Hills、ダンロップ・スリクソン福島オープン

ABEMAツアー(チャレンジ)1勝
('18)ISPS HANDA燃える闘魂!!チャレンジカップ

所属:ハートランド
生年月日:1991(H3).7.16
身長、体重174cm/75kg
血液型:B型
出身地:奈良県
出身校:大阪学院大学
趣味:スポーツ全般
スポーツ歴:野球、水泳
ゴルフ歴:10歳〜
プロ転向:2013年
ツアーデビュー戦:
　'14東建ホームメイトカップ
得意クラブ:アイアン
ベストスコア:62
　('21ダンロップ・スリクソン
　福島オープン4R)
プレーオフ:1勝0敗
アマ時代の主な戦歴:
　('09)全国高校選手権2位、
　('13)日本アマベスト16、トッ
　プアマゴルフトーナメント優
　勝、朝日杯日本学生優勝

'22のツアー全成績:21試合(内、海外メジャー1試合)

東建ホームメイトカップ	失格
関西オープン	5T
ISPS HANDA 欧州・日本	32T
中日クラウンズ	5T
☆全米プロ	予落
BMW日本ゴルフツアー選手権森ビルカップ	21T
日本プロゴルフ選手権	7T
長嶋茂雄INVITATIONALセガサミーカップ	53T
Sansan KBCオーガスタ	16T
フジサンケイクラシック	5T
Shinhan Donghae Open	9T
ANAオープン	12T
パナソニックオープン	48T
バンテリン東海クラシック	53T
日本オープン	60
HEIWA・PGM CHAMPIONSHIP	11T
マイナビABCチャンピオンシップ	16T
三井住友VISA太平洋マスターズ	19T
ダンロップフェニックス	13
カシオワールドオープン	14T
ゴルフ日本シリーズJTカップ	12T

☆は賞金ランキングに加算する海外競技

　奈良県出身で高校は香川西へ。大阪学院大学4年時の2013年に『朝日杯日本学生』で優勝した。14年にプロデビュー。『ダンロップ・スリクソン福島オープン』で2位に入ったがシードは逃した。18年の『フジサンケイクラシック』で初の最終日最終組を経験。4位に入って初シードを引き寄せた。

　19年の『ミズノオープン』では"令和初"のアルバトロスを達成し、20〜21年に大きく飛躍。21年『日本ゴルフツアー選手権』で逃げ切って初優勝をつかみ取ると次戦の『ダンロップ・スリクソン福島オープン』では最終日62で5打差を追いつきプレーオフで勝利。日本選手初となる初優勝からの連勝を飾った。『日本オープン』の3位で賞金1億円突破一番乗り。その後、逆転されるが賞金ランク3位でシーズンを終えた。

　22年は未勝利だったが開幕戦以外は出場試合ですべて予選を通過。高いパーオン率で堅実なプレーを続けた。

'22部門別データ

賞金	42,069,422円	(21位)
メルセデス・ベンツトータルポイント	217	(10位)
平均ストローク	70.664	(13位)
平均パット	1.7623	(38位)
パーキープ率	86.652	(19位)
パーオン率	72.222	(4位)
バーディ率	4.195	(18位)
イーグル率	7.000	(8位)
ドライビングディスタンス	288.71	(31位)
フェアウェイキープ率	56.704	(38位)
サンドセーブ率	50.505	(53位)
トータルドライビング	69	(19位)
生涯獲得賞金	218,411,934円	(167位)

賞金と順位(◎は賞金ランクによる出場権獲得)

'14=	7,089,641円	90位	◎'20-21=	115,001,239円	3位
'15=	609,500円	193位	◎'22=	42,069,422円	21位
'16=	7,488,485円	94位			
'17=	1,472,750円	167位			
◎'18=	19,198,487円	54位			
◎'19=	25,482,410円	34位			

C・キム（キム チャン）

Chan KIM

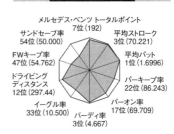

所属:国際スポーツ振興協会
生年月日:1990(H2).3.24
身長、体重:188cm／102kg
血液型:B型
出身地:アメリカ
出身校:アリゾナ州立大
趣味:フィッシング、スイミング
ゴルフ歴:12歳〜
プロ転向:2010年
日本でのツアーデビュー戦:
'15東建ホームメイトカップ
得意クラブ:ドライバー、ウェッジ
ベストスコア:62（'19日本ゴル
　フツアー選手権4R、'22カシ
　オワールドオープン4R）
アマ時代の主な戦歴:
　（'07）Hawaii State Ama-
　teur優勝、（'08、'09、'10）
　Arizona State Amateur
　優勝、（'08）Pacific coast
　Amateur優勝

賞金ランキング7位

ツアー8勝
('17)〜全英への道〜ミズノオープン、長嶋茂雄INVITATIONALセガサミーカップ、HEIWA・PGM CHAMPIONSHIP、('19)日本オープン、('20)ゴルフ日本シリーズJTカップ、('21)バンテリン東海クラシック、ダンロップフェニックス、('22)カシオワールドオープン

'22のツアー全成績：15試合(内、海外メジャー3試合)

東建ホームメイトカップ	16T
関西オープン	予落
ISPS HANDA 欧州・日本	66T
中日クラウンズ	12T
☆全米プロ	予落
☆全米オープン	予落
☆全英オープン	予落
バンテリン東海クラシック	19T
For The Players By The Players	6
日本オープン	6T
HEIWA・PGM CHAMPIONSHIP	2T
三井住友VISA太平洋マスターズ	6T
ダンロップフェニックス	44T
カシオワールドオープン	優勝
ゴルフ日本シリーズJTカップ	2T

☆は賞金ランキングに加算する海外競技

　韓国で生まれ2歳でハワイに移住。子供のころは野球やサッカーなどに親しんだがやがてゴルフが好きになり、2007年に腕を磨くため米国本土に移った。

　10年にプロ転向。北米、アジアなどでプレー後、14年に日本のQTで1位に。17年は3勝して一時は賞金ランク1位に立つが終盤に腰痛に苦しんで3位に終わり、18年は左手首骨折で1年を棒に振った。そんな苦難を乗り越えて19年の『日本オープン』で涙の復活優勝。8打差17位からの大逆転だった。20−21シーズンは3勝をマーク。ついに賞金王に上り詰めた。

　22年は出場12試合と少なかったが『カシオワールドオープン』ではツアー記録の32アンダーを叩き出して通算8勝目を挙げて存在感を示した。

　ドライビングディスタンス1位に輝くところ3度。19年の315.83ヤードは歴代1位の記録。

　今季は米国下部ツアーに参戦。念願の米国ツアー出場権獲得にトライする。

'22部門別データ

メルセデス・ベンツ トータルポイント
7位 (192)
サンドセーブ率
54位 (50.000)
平均ストローク
3位 (70.221)
FWキープ率
47位 (54.762)
平均パット
1位 (1.6996)
ドライビングディスタンス
12位 (297.44)
パーキープ率
22位 (86.243)
イーグル率
33位 (10.500)
パーオン率
17位 (69.709)
バーディ率
3位 (4.667)

トータルドライビング=59（8位）
獲 得 賞 金=86,805,149円（7位）
生涯獲得賞金=471,978,614円（76位）

賞金と順位(◎は賞金ランクによる出場権獲得)

'15=	5,275,846円	99位
◎'16=	14,090,942円	69位
◎'17=	132,326,556円	3位
◎'19=	105,880,318円	4位
◎'20-21=	127,599,803円	1位
◎'22=	86,805,149円	7位

A・クウェイル（クウェイル　アンソニー）

Anthony QUAYLE

賞金ランキング19位

ツアー未勝利

インターナショナルツアー 2勝
（'20）クイーンズランドオープン（豪州）、（'22）クイーンズランドPGA選手権

所属:キャロウェイゴルフ
生年月日:1994(H6).8.25
身長、体重193cm／82kg
血液型:A型
出身地:オーストラリア
出 身 校:Hills International College
趣味:テニス
ゴルフ歴:7歳〜
プロ転向:2017年
日本でのツアーデビュー戦:
　'18レオパレス21ミャンマーオープン
得意クラブ:60°ウェッジ
ベストスコア:61
　（'22中日クラウンズ1R)
プレーオフ：0勝1敗

'22のツアー全成績：17試合(内、海外メジャー1試合)

東建ホームメイトカップ	予落
関西オープン	40T
ISPS HANDA 欧州・日本	6T
中日クラウンズ	39T
ゴルフパートナー PRO-AM	16T
〜全英への道〜ミズノオープン	2
BMW日本ゴルフツアー選手権森ビルカップ	4
ASO飯塚チャレンジドゴルフ	予落
☆全英オープン	15T
ANAオープン	28T
パナソニックオープン	26T
バンテリン東海クラシック	13T
For The Players By The Players	59T
日本オープン	予落
HEIWA・PGM CHAMPIONSHIP	62T
マイナビABCチャンピオンシップ	54T
ゴルフ日本シリーズJTカップ	18T

☆は賞金ランキングに加算する海外競技

オーストラリア北中部に位置するGoveという町で生まれ育ち、子供のころは自宅の周囲にブリキの缶をカップ代わりにした"ゴルフ場"をつくって遊んでいた。14歳で本格的にゴルフを学ぶためゴルフプログラムのあるヒルズ・インターナショナル・カレッジに入学。やがてオーストラリアのアマチュアランク2位となる。2016年には豪州ツアーでプレーオフ進出。勝てなかったが存在感を示した。
　翌17年にプロ転向。18年から日本を主戦場とし、『中日クラウンズ』で2位に。これが効いて1年目でシードを獲得した。19年の『カシオワールドオープン』では2打差首位で最終日を迎えたが終盤スコアを落として3位に終わる。20年に豪州ツアー初優勝。22年は1月に豪州2勝目と幸先いいスタートを切り、5月の『ミズノオープン』では3日目を終えて4打差首位と日本初優勝に王手をかけた。だが、ビンセントに追いつかれてプレーオフで敗れている。

'22部門別データ

賞金	44,943,861円	（19位）
メルセデス・ベンツトータルポイント	327	（26位）
平均ストローク	71.187	（23位）
平均パット	1.7361	（12位）
パーキープ率	83.642	（70位）
パーオン率	64.918	（68位）
バーディ率	4.278	（9位）
イーグル率	7.714	（14位）
ドライビングディスタンス	301.44	（4位）
フェアウェイキープ率	41.987	（96位）
サンドセーブ率	53.750	（31位）
トータルドライビング	100	（52位）
生涯獲得賞金	108,267,334円	（279位）

賞金と順位(◎は賞金ランクによる出場権獲得)

◎'18= 18,489,240円　57位
◎'19= 32,925,863円　29位
＊20-21= 11,908,370円　67位
◎'22= 44,943,861円　19位

＊はコロナ入国保障制度
適用による出場権獲得

J・クルーガー（クルーガー ジェイブ）

Jbe KRUGER

ツアー1勝
('19) Shinhan Donghae Open

インターナショナルツアー 6勝
('09) ザンビアオープン（サンシャイン）、('10) ジンバブエオープン（サンシャイン）、
('12) アバンサマスターズ（インド・欧州／アジア）、('14) ゴールデン・ピルスナー・ジンバブ
エオープン（サンシャイン）、('17) サンカーニバルシティ・チャレンジ（サンシャイン）, ('21)
ハウテン選手権（サンシャイン）

所属:Serengeti Estates
生年月日:1986(S61).6.23
身長、体重:158cm／61kg
血液型:A型
出身地:南アフリカ
出身校:
趣味:スポーツ全般
ゴルフ歴:3歳〜
プロ転向:2007年
日本でのツアーデビュー戦:
　'11アジアパシフィックパナソニックオープン
得意クラブ:アイアン
ベストスコア:63
　('22ASO飯塚チャレンジドゴルフ4R、
　Shinhan Donghae Open4R)

'22のツアー全成績：20試合

東建ホームメイトカップ	44T
関西オープン	予落
ISPS HANDA 欧州・日本	32T
中日クラウンズ	64
アジアパシフィックダイヤモンドカップ	32T
ゴルフパートナー PRO-AM	16T
〜全英への道〜ミズノオープン	10T
BMW日本ゴルフツアー選手権森ビルカップ	予落
ASO飯塚チャレンジドゴルフ	6T
長嶋茂雄INVITATIONALセガサミーカップ	予落
Sansan KBCオーガスタ	28T
フジサンケイクラシック	20T
Shinhan Donghae Open	5T
ANAオープン	39T
パナソニックオープン	48T
バンテリン東海クラシック	58
HEIWA・PGM CHAMPIONSHIP	予落
マイナビABCチャンピオンシップ	予落
三井住友VISA太平洋マスターズ	12T
ダンロップフェニックス	52T

南アフリカのキンバリー出身。父親の手ほどきでゴルフを始める。父親の指導で走り込みに精を出し、小柄ながら強じんな下半身をつくりあげた。

アマチュア時代に多くのタイトルを手にして2007年にプロ転向。母国のサンシャインツアーでは10年に賞金ランク4位に入っている。日本ツアー初参戦は11年の『アジアパシフィックパナソニックオープン』で初日に64をマークして3打差の首位に立っている。12年には欧州とアジアの共催競技で優勝。19年は日韓亜3ツアー共催の『Shinhan Donghae Open』を制して以降は日本を主戦場とした。

20年は来日できず欧州中心にプレー。21年3月にはサンシャインツアーで通算5勝目を挙げた。同年の『中日クラウンズ』からようやく合流。『ANAオープン』では2日目まで首位を守ったが優勝には届かなかった。22年は日本と母国などで計35試合に出場。タフネスぶりをアピールした。

'22部門別データ

賞金	18,717,050円	(42位)
メルセデス・ベンツトータルポイント	418	(42位)
平均ストローク	71.703	(44位)
平均パット	1.7784	(62位)
パーキープ率	85.159	(37位)
パーオン率	67.857	(28位)
バーディ率	3.586	(54位)
イーグル率	17.500	(64位)
ドライビングディスタンス	282.51	(53位)
フェアウェイキープ率	58.692	(18位)
サンドセーブ率	48.958	(58位)
トータルドライビング	71	(21位)
生涯獲得賞金	80,750,712円	(332位)

賞金と順位（◎は賞金ランクによる出場権獲得）

'11=	5,490,000円	102位	'17=	9,985,766円	81位
'12=	1,050,000円	147位	'18=	954,500円	190位
'13=	660,000円	202位	◎'19=	34,028,792円	28位
'14=0円			20-21=	6,780,475円	89位
'15=ナシ			◎'22=	18,717,050円	42位
'16=	3,084,129円	130位			

B・ケネディ（ケネディ ブラッド）

Brad KENNEDY

賞金ランキング16位

ツアー3勝
（'12）～全英への道～ミズノオープン、（'13）関西オープン、
（'18）長嶋茂雄INVITATIONALセガサミーカップ

インターナショナルツアー6勝
（'10）ウェスタンオーストラリアンオープン（豪州）、（'11）ニュージーランドオープン（豪州）、
（'13）クイーンズランドPGA選手権（豪州）、（'16）ホールデンNZ PGA選手権（豪州）、
（'20）ニュージーランドオープン（豪州／アジア）、（'21）TPSビクトリア（豪州）

所属：アクシネット
生年月日：1974(S49).6.18
身長、体重：180cm／82kg
血液型：B型
出身地：オーストラリア
趣味：釣り
スポーツ歴：フットボール
ゴルフ歴：13歳～
プロ転向：1994年
日本でのツアーデビュー戦：
　（'03）2002アジア・ジャパン
　沖縄オープン
師弟関係：MICHAEL JONES
ベストスコア：61
　（'22ゴルフパートナー
　PRO-AM1R）
プレーオフ：0勝1敗

'22ツアー全成績：20試合（内、海外メジャー1試合）

関西オープン	19T
ISPS HANDA 欧州・日本	16T
中日クラウンズ	34T
アジアパシフィックダイヤモンドカップ	43T
ゴルフパートナー PRO-AM	4T
～全英への道～ミズノオープン	3
BMW日本ゴルフツアー選手権森ビルカップ	9T
ASO飯塚チャレンジドゴルフ	2T
☆全英オープン	53T
長嶋茂雄INVITATIONALセガサミーカップ	14T
Sansan KBCオーガスタ	21T
フジサンケイクラシック	予落
Shinhan Donghae Open	38T
パナソニックオープン	7T
バンテリン東海クラシック	19T
日本オープン	21T
HEIWA・PGM CHAMPIONSHIP	5T
マイナビABCチャンピオンシップ	11T
三井住友VISA太平洋マスターズ	28T

ゴルフ日本シリーズJTカップ …………8T
☆は賞金ランキングに加算する海外競技

父親がテニスのコーチだった影響で子供のころはテニスがメインのスポーツだった。13歳の時に初めてゴルフのレッスンを受けて夢中に。父親が自宅につくってくれたアプローチグリーンや近所のゴルフ場で毎日のように練習していた。

プロ転向後は母国のほか欧州やアジアでもプレー。日本ツアーには2011年から参戦し、翌12年の『ミズノオープン』で初優勝。13年は単独首位で3日目を終えていた『関西オープン』最終日が悪天候で中止になり2勝目を挙げた。18年の『セガサミーカップ』では4打差8位で迎えた最終日に64で回って5年ぶりの3勝目をマークしている。

20－21年はコロナ禍で日本でのプレーは少なかったが豪州ツアーでは2勝を挙げて賞金王に輝いた。再び日本に軸足を戻した22年、優勝こそなかったが予選落ち1回のみの堅実な成績でシードに返り咲いた。巧みな小技が武器でリカバリー率は上位の常連だ。

'22部門別データ

賞金	51,298,021円	(16位)
メルセデス・ベンツトータルポイント	245	(13位)
平均ストローク	70.360	(7位)
平均パット	1.7092	(3位)
パーキープ率	87.988	(6位)
パーオン率	67.192	(37位)
バーディ率	4.068	(19位)
イーグル率	18.500	(66位)
ドライビングディスタンス	272.98	(85位)
フェアウェイキープ率	64.860	(4位)
サンドセーブ率	57.025	(18位)
トータルドライビング	89	(39位)
生涯獲得賞金	481,444,927円	(73位)

賞金と順位（◎は賞金ランクによる出場権獲得）

'03=	457,500円	197位	◎'15=	49,582,075円	21位	◎'22=	51,298,021円	16位
'06=	430,000円	205位	◎'16=	55,524,605円	11位			
◎'11=	33,781,510円	29位	◎'17=	47,063,090円	21位			
◎'12=	44,330,044円	23位	◎'18=	53,308,681円	20位			
◎'13=	52,835,054円	18位	◎'19=	52,039,313円	18位			
◎'14=	39,134,534円	29位	＊'20-21=	1,660,500円	139位			

＊はコロナ入国保障制度
適用による出場権獲得

香妻陣一朗

Jinichiro KOZUMA

ツアー2勝
('20)三井住友VISA太平洋マスターズ、('22)東建ホームメイトカップ

ABEMAツアー(チャレンジ)1勝
('16)elite grips challenge

所属:国際スポーツ振興協会
生年月日:1994(H6).7.7
身長、体重:165cm／71kg
血液型:A型
出身地:鹿児島県
出身校:日章学園高校
趣味:音楽鑑賞
ゴルフ歴:2歳〜
プロ転向:2012年
ツアーデビュー戦:
　'13つるやオープン
師弟関係:香妻尚樹
得意クラブ:アプローチ
ベストスコア:60
　('18ダンロップ・スリクソン
　福島オープン3R)
プレーオフ:1勝0敗
アマ時代の主な戦歴:
　('11)全国高校ゴルフ選手
　権2位、('12)日本アマ3位、
　九州アマ優勝

'22のツアー全成績：21試合(内、海外メジャー2試合)

東建ホームメイトカップ	優勝
関西オープン	64
ISPS HANDA 欧州・日本	61T
中日クラウンズ	7T
アジアパシフィックダイヤモンドカップ	8T
☆全米プロ	予落
BMW日本ゴルフツアー選手権森ビルカップ	予落
☆全米オープン	予落
日本プロゴルフ選手権	予落
長嶋茂雄INVITATIONALセガサミーカップ	14T
Sansan KBCオーガスタ	35T
Shinhan Donghae Open	予落
ANAオープン	39T
パナソニックオープン	10T
バンテリン東海クラシック	68
For The Players By The Players	11T
日本オープン	28T
HEIWA・PGM CHAMPIONSHIP	37T
ダンロップフェニックス	14T
カシオワールドオープン	予落
ゴルフ日本シリーズJTカップ	24T

☆は賞金ランキングに加算する海外競技

　父親の影響で2歳のころにクラブを握る。やがて横峯さくらプロの父親・良郎氏主宰の「めだかクラブ」に入り、現プロの琴乃さんとともに腕を磨いた。中学2年時に故郷の鹿児島から宮崎の日章学園に移り高校卒業まで同校に在籍。高校3年時の2012年に『九州アマ』優勝、『日本アマ』3位などの実績で松山英樹らとともに『世界アマ』の代表に選ばれている。同年11月にプロ宣言。なかなか芽が出なかったが16年9月にチャレンジで初優勝するとツアーでも10月の『マイナビABC』4位で初シードを確定させた。18年は自身最終戦最終ホールで外した1mのパットが響いてシード落ちするが翌年復帰。そして20年の『三井住友VISA太平洋マスターズ』で最終ホールのイーグルが効いて初優勝。琴乃さんに続く姉弟優勝となった。22年は『東建ホームメイトカップ』で桂川有人をプレーオフで下して2勝目。海外メジャーデビューも果たした。

'22部門別データ

賞金	46,138,125円	(18位)
メルセデス・ベンツトータルポイント	403	(38位)
平均ストローク	71.406	(33位)
平均パット	1.7237	(7位)
パーキープ率	85.417	(33位)
パーオン率	64.497	(72位)
バーディ率	3.781	(37位)
イーグル率	21.333	(73位)
ドライビングディスタンス	286.96	(41位)
フェアウェイキープ率	47.656	(90位)
サンドセーブ率	57.447	(17位)
トータルドライビング	131	(84位)
生涯獲得賞金	220,353,929円	(164位)

賞金と順位(◎は賞金ランクによる出場権獲得)

'13=	1,154,800円	164位	
'14=	5,100,620円	101位	
'15=	3,823,746円	110位	
◎'16=	17,035,322円	62位	
◎'17=	22,919,437円	45位	
'18=	14,111,280円	70位	
◎'19=	26,786,215円	33位	
◎20-21=	83,284,384円	8位	
◎'22=	46,138,125円	18位	

小鯛竜也

Tatsuya KODAI

賞金ランキング67位

ツアー1勝
('17)マイナビABCチャンピオンシップ

ABEMAツアー（チャレンジ）1勝
('16)Novil Cup

所属:フリー
生年月日:1990(H2).2.1
身長、体重:179cm／74kg
血液型:AB型
出身地:大阪府
出身校:クラーク記念国際高校
趣味:ファッション
スポーツ歴:野球
ゴルフ歴:5歳〜
プロ転向:2007年
ツアーデビュー戦:
　'11トーシントーナメントIN
　レイクウッド
師弟関係:谷川　健
得意クラブ:
ベストスコア:63
　('20ダンロップフェニックス
　4R)
アマ時代の主な戦歴:
　('04)日本ジュニア2位

'22のツアー全成績：21試合

東建ホームメイトカップ	61
関西オープン	40T
ISPS HANDA 欧州・日本	27T
中日クラウンズ	予落
ゴルフパートナー PRO-AM	予落
〜全英への道〜ミズノオープン	21T
BMW日本ゴルフツアー選手権森ビルカップ	57
ASO飯塚チャレンジドゴルフ	22T
JPC by サトウ食品	25T
長嶋茂雄INVITATIONALセガサミーカップ	予落
Sansan KBCオーガスタ	35T
フジサンケイクラシック	40T
ANAオープン	20T
パナソニックオープン	34T
バンテリン東海クラシック	予落
For The Players By The Players	4T
HEIWA・PGM CHAMPIONSHIP	予落
マイナビABCチャンピオンシップ	予落
三井住友VISA太平洋マスターズ	予落
ダンロップフェニックス	22T
カシオワールドオープン	37T

　高校の体育教師だった父親の影響でゴルフを始め、父親が自宅につくってくれた小さな練習場で腕を磨いた。中学3年時の2004年に『日本ジュニア』で2位に。このころからプロを目指してQTにも挑戦していた。

　07年に17歳でプロ転向。だが、出場権をつかめず、ツアーにデビューしたのは4年後の11年。初めての予選通過はさらに4年後の15年『ミズノオープン』まで待たなければならなかった。QTで自己最高の48位に入って

迎えた16年はチャレンジ開幕戦で初優勝を飾り、賞金ランク4位に。これで17年のツアー出場のチャンスをつかむ。そして単独首位で3日目を終えた『マイナビABCチャンピオンシップ』最終日が台風の影響で中止に。ツアー初優勝をつかみ取った。以降は優勝を争うようなプレーはできていないがシードは維持。個人的に社会貢献プロジェクトやジュニアスクールを立ち上げるなどプレー以外でも積極的に活動を行っている。

'22部門別データ

賞金	11,408,833円	(67位)
メルセデス・ベンツトータルポイント	450	(54位)
平均ストローク	71.901	(52位)
平均パット	1.7621	(37位)
パーキープ率	84.933	(43位)
パーオン率	66.330	(51位)
バーディ率	3.712	(41位)
イーグル率	13.200	(49位)
ドライビングディスタンス	288.25	(32位)
フェアウェイキープ率	50.490	(80位)
サンドセーブ率	47.959	(65位)
トータルドライビング	112	(69位)
生涯獲得賞金	96,484,947円	(301位)

賞金と順位（◎は賞金ランク、△はABEMAツアーランクによる出場権獲得）

'11=	0円	
'14=	0円	
'15=	571,666円	197位
△'16=	1,034,500円	193位
◎'17=	39,580,855円	27位
◎'18=	16,779,938円	62位
◎'19=	13,792,719円	57位
◎'20-21=	13,316,436円	65位
◎'22=	11,408,833円	67位

小平　智

Satoshi KODAIRA

ツアー7勝
('13)日本ゴルフツアー選手権Shishido Hills、('14)ダンロップ・スリクソン福島オープン、
('15)日本オープン、('16)ブリヂストンオープン、('17)トップ杯東海クラシック、
三井住友VISA太平洋マスターズ、('18)ゴルフ日本シリーズJTカップ

ABEMAツアー(チャレンジ)2勝
('10)鳩山カントリークラブ・GMAチャレンジ(アマチュア時代)、('12)PGA・JGTOチャレンジカップII in 房総

インターナショナルツアー 1勝
('18)RBCヘリテージ(米国)

代表歴：ワールドカップ('18)

所属:Admiral
生年月日:1989(H1).9.11
身長、体重:172cm／70kg
血液型:O型
出身地:東京都
出身校:駒場学園高校
趣味:スポーツ全般
ゴルフ歴:10歳〜
プロ転向:2010年
ツアーデビュー戦:
　'11つるやオープン
師弟関係:父、井上　信
得意クラブ:全部
ベストスコア:62
　('15日本オープン2R、
　'16ブリヂストンオープン3R、
　'19マイナビABC選手権3R)
プレーオフ:1勝1敗
アマ時代の主な戦歴:
('06)日本ジュニア2位、
('08)日本アマ2位、('09)日本
オープンセカンドアマ、朝日杯
日本学生優勝、('10)関東
アマ優勝、鳩山カントリー
クラブ・GMAチャレンジ優勝

'22のツアー全成績：12試合(内、海外メジャー1試合)

☆全米オープン	予落
ANAオープン	39T
パナソニックオープン	10T
バンテリン東海クラシック	5
For The Players By The Players	11T
日本オープン	12T
HEIWA・PGM CHAMPIONSHIP	棄権
マイナビABCチャンピオンシップ	24T
三井住友VISA太平洋マスターズ	48T
ダンロップフェニックス	4T
カシオワールドオープン	5
ゴルフ日本シリーズJTカップ	5T

☆は義務試合数不足により賞金ランキングに加算しない海外競技

元レッスンプロの父・健一さんの影響でゴルフを始め、駒場学園高校から日本大学に進むがQT受験のため2年で中退。プロ転向前の2010年にはチャレンジ史上2人目のアマチュア優勝を飾っている。

ツアー初優勝は13年の『日本ゴルフツアー選手権』。15年には『日本オープン』を制し、16年の『ブリヂストンオープン』では初日91位からの大逆転優勝。17年は2勝を挙げて賞金ランク1位で最終戦へ。宮里優作に逆転されて賞金王は逃したが、ポイントランキング賞など部門賞を4個受賞した。

18年はスポット参戦した『RBCヘリテージ』でプレーオフの末、日本人選手5人目の米国ツアー制覇。これを機に同ツアーの本格参戦に踏み切った。以降は苦戦が続き、下部ツアーでもプレー。22年は前半、米国で戦い、9月から日本に。『日本シリーズ』では2打差首位で最終日を迎えたが4年ぶりの優勝には届かなかった。

'22部門別データ

賞金	35,045,259円	(26位)
メルセデス・ベンツトータルポイント	205	(8位)
平均ストローク	70.348	(6位)
平均パット	1.7553	(27位)
パーキープ率	87.963	(7位)
パーオン率	72.685	(3位)
バーディ率	4.250	(10位)
イーグル率	7.200	(12位)
ドライビングディスタンス	285.13	(49位)
フェアウェイキープ率	58.929	(21位)
サンドセーブ率	46.512	(70位)
トータルドライビング	70	(20位)
生涯獲得賞金	588,072,262円	(56位)

賞金と順位(◎は賞金ランクによる出場権獲得)

'11=	11,265,150円	78位	
'12=	8,182,046円	87位	
◎'13=	62,034,804円	12位	
◎'14=	47,914,628円	21位	
◎'15=	66,776,437円	9位	
◎'16=	83,674,671円	6位	
◎'17=	161,463,405円	2位	
◎'18=	75,982,987円	6位	
◎'19=	19,936,729円	45位	
◎'20-21=	15,796,146円	59位	
◎'22=	35,045,259円	26位	

小西貴紀

Takanori KONISHI

賞金ランキング62位

ツアー未勝利

'22のツアー全成績：18試合

東建ホームメイトカップ	48T
関西オープン	7T
ISPS HANDA 欧州・日本	48T
ゴルフパートナー PRO-AM	41T
～全英への道～ミズノオープン	10T
BMW日本ゴルフツアー選手権森ビルカップ	予落
ASO飯塚チャレンジゴルフ	59T
JPC by サトウ食品	7
長嶋茂雄INVITATIONALセガサミーカップ	26T
Sansan KBCオーガスタ	4T
フジサンケイクラシック	56T
ANAオープン	36T
パナソニックオープン	34T
バンテリン東海クラシック	予落
For The Players By The Players	予落
マイナビABCチャンピオンシップ	予落
三井住友VISA太平洋マスターズ	41T
カシオワールドオープン	予落

所属：ディスタンス
生年月日：1992(H4).1.16
身長、体重：174cm／81kg
血液型：B型
出身地：東京都
ゴルフ歴：9歳～
プロ転向：2013年
ツアーデビュー戦：'13日本プロ
　日清カップヌードル杯
師弟関係：西川博文
得意クラブ：アイアン
ベストスコア：63
　（'22JPC byサトウ食品4R）

東京都葛飾区生まれ。小さいころからクラブを握り、ほぼ独学で上達。小学生時代は大会での優勝歴もあった。その後はしばらくゴルフから遠ざかっていたが同学年石川遼の活躍に刺激を受けてゴルフで身を立てることを決意。高校卒業後に千葉県のゴルフ場で研修生となった。

2012年に20歳でプロテスト合格。翌13年には『日本プロゴルフ新人選手権』を制している。以降は苦戦が続いていたが19年にツアー外競技の『近畿オープン』でツアー優勝経験者らを抑えて優勝。同年のQTでは4位に入った。20-21年は『関西オープン』2日目に3位につける見せ場はあったが結果には結びつかず。だがQT8位から再挑戦した22年は2戦目の『関西オープン』で初トップ10の7位に入って勢いをつける。リカバリー率5位に入った巧みな小技でスコアをまとめ、『Sansan KBCオーガスタ』の4位などトップ10は計4試合。ついに初シードをつかんだ。

'22部門別データ

賞金	13,794,741円	(62位)
メルセデス・ベンツトータルポイント	341	(28位)
平均ストローク	71.504	(38位)
平均パット	1.76120	(35位)
パーキープ率	86.944	(14位)
パーオン率	66.019	(54位)
バーディ率	3.733	(39位)
イーグル率	20.000	(71位)
ドライビングディスタンス	281.49	(57位)
フェアウェイキープ率	59.162	(20位)
サンドセーブ率	58.974	(13位)
トータルドライビング	77	(24位)
生涯獲得賞金	24,716,754円	(548位)

賞金と順位（◎は賞金ランク、□はQTランクによる出場権獲得）

'13=	0円		□'20-21=	2,914,413円	119位
'14=	1,213,600円	149位	◎'22=	13,794,741円	62位
'15=	0円				
'17=	0円				
'18=	468,000円	219位			
□'19=	6,326,000円	93位			

小林伸太郎

Shintaro KOBAYASHI

所属:栃木ミサワホーム
生年月日:1986(S61).8.22
身長、体重:177cm／87kg
血液型:A型
出身地:群馬県
出身校:東北福祉大学
趣味:読書、クラブ研究
ゴルフ歴:10歳～
プロ転向:2009年
ツアーデビュー戦:
　'09つるやオープン
師弟関係:山口修一
得意クラブ:アイアン
ベストスコア:62
　('21ダンロップ・スリクソン
　福島オープン4R)
アマ時代の主な戦歴:('04)日
本ジュニア優勝、('07)日本ア
マ優勝

賞金ランキング38位

ツアー1勝
('22)For The Players By The Players

'22のツアー全成績：25試合

東建ホームメイトカップ	31T
関西オープン	50T
ISPS HANDA 欧州・日本	27T
中日クラウンズ	予落
アジアパシフィックダイヤモンドカップ	予落
ゴルフパートナー PRO-AM	22T
～全英への道～ミズノオープン	6T
BMW日本ゴルフツアー選手権森ビルカップ	40T
ASO飯塚チャレンジドゴルフ	22T
JPC by サトウ食品	22T
日本プロゴルフ選手権	26T
長嶋茂雄INVITATIONALセガサミーカップ	26T
Sansan KBCオーガスタ	55T
フジサンケイクラシック	54T
ANAオープン	予落
パナソニックオープン	予落
バンテリン東海クラシック	53T
For The Players By The Players	優勝
日本オープン	41T
HEIWA・PGM CHAMPIONSHIP	予落
マイナビABCチャンピオンシップ	予落
三井住友VISA太平洋マスターズ	予落
ダンロップフェニックス	予落
カシオワールドオープン	予落
ゴルフ日本シリーズJTカップ	27T

　プロ14年目、2022年の『For The Players By The Players』で歓喜の時が訪れた。生まれ育った群馬県榛名町(現高崎市)にほど近い安中市で開催された同大会で単独首位から逃げ切って初優勝。駆けつけた大応援団に祝福された。

　10歳でゴルフを始め、高校は故郷を離れてゴルフ部のある栃木県の佐野日大に進学。3年時には『日本ジュニア』を制するまでになった。東北福祉大学3年の07年には田村尚之との41ホールに及ぶ熱戦を制して『日本アマ』王者に輝いている。

　09年にプロデビュー。初シードまでは7年かかった。16年の『マイナビABC』では初めて単独首位で最終日へ。優勝した片山晋呉には1打及ばなかったが当時自己最高の2位に入った。17年にシード喪失。低迷期が続いたが21年の『パナソニックオープン』で最終日一時首位に並ぶ活躍で4位に。これで4季ぶりのシード復帰を手繰り寄せ、初優勝につながった。

'22部門別データ

賞金	21,817,605円	(38位)
メルセデス・ベンツトータルポイント	596	(80位)
平均ストローク	72.023	(60位)
平均パット	1.7853	(69位)
パーキープ率	82.550	(83位)
パーオン率	64.103	(78位)
バーディ率	3.603	(51位)
イーグル率	19.500	(70位)
ドライビングディスタンス	285.31	(48位)
フェアウェイキープ率	51.702	(71位)
サンドセーブ率	47.414	(66位)
トータルドライビング	119	(74位)
生涯獲得賞金	103,606,776円	(290位)

賞金と順位(◎は賞金ランク、△はABEMAツアーランクによる出場権獲得)

'09=	291,085円	202位	◎'16=	33,431,975円	36位
'10=	440,000円	188位	'17=	5,074,117円	103位
'11=	688,500円	178位	'18=	2,000,000円	148位
'12=	420,457円	183位	△'19=	4,640,000円	102位
'14=	399,600円	208位	◎20-21=	18,869,999円	49位
◎'15=	15,533,438円	63位	◎'22=	21,817,605円	38位

近藤智弘

Tomohiro KONDO

ツアー6勝
('06)日本プロ、ANAオープン、('07)JCBクラシック、('08)中日クラウンズ、
('11)つるやオープン、('14)HEIWA・PGM CHAMPIONSHIP in 霞ヶ浦

代表歴:ダイナスティカップ('03、'05)、日韓対抗戦('04、'11、'12)

所属:三甲ゴルフ倶楽部
生年月日:1977(S52).6.17
身長、体重:167cm／64kg
血液型:B型
出身地:愛知県
出身校:専修大学
趣味:安室奈美恵
スポーツ歴:野球
ゴルフ歴:12歳〜
プロ転向:2000年
ツアーデビュー戦:
　'00つるやオープン
得意クラブ:ドライバー
ベストスコア:59
　('22ゴルフパートナー
　PRO-AM4R)
プレーオフ:2勝5敗
アマ時代の主な優勝歴:
　('94)日本ジュニア選手権、
　('97、'99)日本アママッチ
　プレー選手権、
　('98)日本学生、アジア大会
　金メダル(個人、団体)

'22のツアー全成績：23試合

東建ホームメイトカップ	36T
関西オープン	予落
ISPS HANDA 欧州・日本	予落
中日クラウンズ	20T
ゴルフパートナー PRO-AM	2T
〜全英への道〜ミズノオープン	予落
BMW日本ゴルフツアー選手権森ビルカップ	11T
ASO飯塚チャレンジドゴルフ	57T
JPC by サトウ食品	棄権
日本プロゴルフ選手権	予落
長嶋茂雄INVITATIONALセガサミーカップ	10T
Sansan KBCオーガスタ	予落
フジサンケイクラシック	予落
Shinhan Donghae Open	20T
ANAオープン	予落
パナソニックオープン	予落
バンテリン東海クラシック	36T
日本オープン	19T
HEIWA・PGM CHAMPIONSHIP	58T
マイナビABCチャンピオンシップ	予落
三井住友VISA太平洋マスターズ	棄権
ダンロップフェニックス	予落
カシオワールドオープン	32T

愛知県で生まれ育ち、高校は東京学館浦安へ。2年時に『日本ジュニア』を制した。専修大学時代にも多くのタイトルを獲得し、2000年にプロ転向。翌01年に早くもシード入りした。初優勝は06年の『日本プロ』。2度のプレーオフ負けを含む6度の2位を経験した後につかんだものだった。

08年の『中日クラウンズ』で念願の地元優勝。同年夏に足底腱膜炎を発症した影響もあり2年間優勝から遠ざかった。11年

の『つるやオープン』で復活優勝を果たし、14年には自身初の1億円突破。最終戦まで賞金王の可能性を残していた。

16年間守ってきた賞金シードを手放したのが40歳になった17年。以降、復帰と陥落を経験し20−21年に2度目の復帰を果たした。22年は『ゴルフパートナー PRO-AM』最終日にツアー史上5人目の「50台」となる59をマークしてプレーオフに持ち込む。惜しくも敗れたが存在感を示した。

'22部門別データ

賞金	17,464,907円	(46位)
メルセデス・ベンツトータルポイント	530	(67位)
平均ストローク	72.003	(57位)
平均パット	1.7736	(65位)
パーキープ率	84.596	(46位)
パーオン率	65.067	(67位)
バーディ率	3.424	(72位)
イーグル率	33.000	(86位)
ドライビングディスタンス	277.04	(75位)
フェアウェイキープ率	58.198	(28位)
サンドセーブ率	51.000	(47位)
トータルドライビング	103	(56位)
生涯獲得賞金	938,396,041円	(18位)

賞金と順位(◎は賞金ランクによる出場権獲得)

'00=	4,453,300円	123位	◎'06=	75,490,851円	10位	◎'12=	44,009,377円	24位
◎'01=	35,312,706円	30位	◎'07=	74,841,936円	5位	◎'13=	53,783,167円	17位
◎'02=	51,121,536円	18位	◎'08=	60,044,383円	18位	◎'14=	107,089,056円	3位
◎'03=	30,628,557円	41位	◎'09=	69,605,178円	14位	◎'15=	39,773,618円	28位
◎'04=	54,420,941円	13位	◎'10=	24,451,886円	43位	◎'16=	34,850,307円	32位
◎'05=	38,945,605円	33位	◎'11=	78,374,189円	7位	'17=	6,566,915円	94位

◎'18=	15,899,188円	66位
'19=	7,095,558円	86位
◎'20-21=	14,172,880円	63位
◎'22=	17,464,907円	46位

貞方章男

Akio SADAKATA

賞金ランキング69位

ツアー未勝利

ABEMAツアー（チャレンジ）1勝
（'12）紫CCすみれ・GMAチャレンジ

所属:アイダ設計
生年月日:1979（S54）.4.24
身長、体重:174cm／70kg
血液型:O型
出身地:奈良県
出身校:Brevard Community
　College
趣味:スポーツ観戦
スポーツ歴:テニス、サッカー、
　スキー
ゴルフ歴:12歳〜
プロ転向:2001年
日本でのツアーデビュー戦:
　'02住建産業オープン広島
得意クラブ:アイアン
ベストスコア:63
　（'19東建ホームメイトカップ1R、
　'19ブリヂストンオープン2R）
アマ時代の主な戦歴:
　（'99）フロリダ州ゴルフトー
　ナメント、（'00）ニューイヤー
　ズ招待選手権

'22のツアー全成績：21試合

東建ホームメイトカップ	予落
関西オープン	14T
ISPS HANDA 欧州・日本	55T
中日クラウンズ	34T
ゴルフパートナー PRO-AM	13T
〜全英への道〜ミズノオープン	59
BMW日本ゴルフツアー選手権森ビルカップ	11T
ASO飯塚チャレンジドゴルフ	47T
日本プロゴルフ選手権	38T
長嶋茂雄INVITATIONALセガサミーカップ	予落
Sansan KBCオーガスタ	予落
フジサンケイクラシック	51T
ANAオープン	59T
パナソニックオープン	予落
バンテリン東海クラシック	49T
For The Players By The Players	61T
HEIWA・PGM CHAMPIONSHIP	予落
マイナビABCチャンピオンシップ	49
三井住友VISA太平洋マスターズ	19T
ダンロップフェニックス	44T
カシオワールドオープン	予落

14歳で単身渡米し、フロリダ州のゴルフアカデミーに入った。15歳の時、試合で今田竜二と出会ったことから今田のコーチに師事。3人で寝食を共にしていた。アマチュア時代はいくつかのタイトルを取り、オールアメリカンにも選ばれた。QTを経て2003年に米国ツアー参戦。『HPクラシック』初日にハーフ29をマークする見せ場はあったがシードには届かなかった。

08年から日本ツアー参戦。いきなりシードを手にした。12年

の『VanaH杯KBCオーガスタ』では最終日、一時は首位に並んだが1打及ばなかった。16年にシード落ちし、18年までは低迷してしまう。

それでも19年は40歳にしてシード復帰。『中日クラウンズ』では首位タイで迎えた最終ホールでダブルボギーを叩き、『ブリヂストンオープン』では1打差2位につけるも台風で決勝ラウンドが中止と惜しくも初優勝に届かなかった。以降はシードを維持。今年こそ悲願を叶えたい。

'22部門別データ

賞金	11,390,799円	（69位）
メルセデス・ベンツトータルポイント	591	（78位）
平均ストローク	72.259	（71位）
平均パット	1.8362	（96位）
パーキープ率	83.905	（65位）
パーオン率	66.503	（47位）
バーディ率	3.147	（89位）
イーグル率	22.667	（78位）
ドライビングディスタンス	272.55	（86位）
フェアウェイキープ率	62.196	（ 9位）
サンドセーブ率	50.685	（50位）
トータルドライビング	95	（42位）
生涯獲得賞金	219,600,841円	（166位）

賞金と順位（◎は賞金ランク、□はQTランクによる出場権獲得）

'02=0円	◎'12= 18,759,000円 58位	□'18=0円	
'04= 246,400円 239位	◎'13= 16,819,650円 59位	◎'19= 20,200,499円 43位	
◎'08= 31,851,140円 35位	◎'14= 19,484,657円 54位	20-21= 16,260,884円 57位	
◎'09= 16,921,820円 56位	◎'15= 21,767,685円 53位	◎'22= 11,390,799円 69位	
◎'10= 20,106,214円 54位	'16= 9,876,360円 84位		
'11= 11,070,533円 80位	'17= 4,845,200円 106位		

佐藤大平

Taihei SATO

ツアー未勝利

ABEMAツアー(チャレンジ)2勝
('18)LANDIC CHALLENGE6、elite grips challenge

所属:クリヤマホールディングス
生年月日:1993(H5).7.9
身長、体重:174cm／72kg
血液型:AB型
出身地:兵庫県
出身校:東北福祉大学
趣味:車、ダーツ
スポーツ歴:水泳
ゴルフ歴:8歳～
プロ転向:2015年
ツアーデビュー戦:
　'16関西オープン
ベストスコア:63
　('22ISPS HANDA 欧州3R)
アマ時代の主な戦歴:
　('11)台湾アマ優勝
　('15)ユニバーシアード大
　会金メダル(団体)

'22のツアー全成績：22試合

関西オープン	30T
ISPS HANDA 欧州・日本	27T
中日クラウンズ	予落
アジアパシフィックダイヤモンドカップ	32T
ゴルフパートナー PRO-AM	20T
～全英への道～ミズノオープン	予落
BMW日本ゴルフツアー選手権森ビルカップ	50T
ASO飯塚チャレンジドゴルフ	31T
JPC by サトウ食品	8
日本プロゴルフ選手権	予落
長嶋茂雄INVITATIONALセガサミーカップ	14T
Sansan KBCオーガスタ	予落
フジサンケイクラシック	10T
ANAオープン	30T
パナソニックオープン	16T
バンテリン東海クラシック	予落
For The Players By The Players	25T
HEIWA・PGM CHAMPIONSHIP	予落
マイナビABCチャンピオンシップ	28T
三井住友VISA太平洋マスターズ	19T
ダンロップフェニックス	8T
カシオワールドオープン	予落

兵庫県宝塚市の中山五月中学3年時の2008年に『全国中学選手権』で優勝した。高校は故郷を離れて茨城県の水城に進み10、11年に『関東高校選手権』を連覇。ナショナルチームメンバーに選ばれ、同年9月には『台湾アマ』で日本人選手として大会初優勝を飾っている。12年に東北福祉大学に進学。『日本アマ』ベスト8などの成績を残したほか国際大会にも出場し、15年の『ユニバーシアード』では日本の金メダルに貢献している。

15年にプロ転向するもQTで好成績を残せず、17年は中国でプレーした。18年はABEMAツアーで2勝して賞金王に輝く。19年は国内ツアーを主戦場としながら中国でもプレーして1勝。国内では初シードをモノにした。20年『フジサンケイクラシック』で自己最高の3位を記録。22年はパーオン率が急上昇して9位に。『ジャパンプレーヤーズ選手権』では初の最終日最終組も経験。賞金ランクは自己ベストの40位に上がった。

'22部門別データ

賞金	20,982,593円	(40位)
メルセデス・ベンツトータルポイント	256	(15位)
平均ストローク	71.201	(24位)
平均パット	1.7660	(43位)
パーキープ率	87.222	(11位)
パーオン率	70.794	(9位)
バーディ率	3.857	(31位)
イーグル率	10.000	(28位)
ドライビングディスタンス	276.96	(76位)
フェアウェイキープ率	61.641	(11位)
サンドセーブ率	55.263	(23位)
トータルドライビング	87	(37位)
生涯獲得賞金	61,147,378円	(381位)

賞金と順位(◎は賞金ランク、△はABEMAツアーランクによる出場権獲得)

'16=0円
△'18= 1,226,442円 171位
◎'19= 15,696,477円 54位
◎20-21= 23,241,866円 42位
◎'22= 20,982,593円 40位

重永亜斗夢

Atomu SHIGENAGA

出場資格：特別保障制度適用

ツアー 1勝
('18) 東建ホームメイトカップ

'22のツアー全成績：1試合

東建ホームメイトカップ ……………棄権

所属:ホームテック
生年月日:1988(S63).9.14
身長、体重:172cm／60kg
血液型:O型
出身地:熊本県
出身校:日本大学
趣味:音楽鑑賞
ゴルフ歴:9歳～
プロ転向:2008年
ツアーデビュー戦:
　'08マンシングウェアオープン
　KSBカップ
師弟関係:父
得意クラブ:サンドウェッジ
ベストスコア:63
　('18東建ホームメイトカップ
　3R)

シングルハンディだった父親と練習場に行ったのがゴルフとの出合い。中学時代に『九州ジュニア』を制し、沖学園高校進学後は『全国高校選手権春季大会』に優勝している。

日本大学を1年で中退してプロ転向し、QT1位で迎えた2014年の『つるやオープン』では単独首位で初めての最終日最終組を経験。75と崩れて11位に終わったが初シード獲得のきっかけとなった。

潰瘍性大腸炎と闘いながらのツアー生活。16年は故郷・熊本が大震災に見舞われた週の『東建ホームメイトカップ』で2度目の最終日最終組に挑む。結果は4位だったが大きな声援を浴びた。その2年後、同じ大会で片山晋呉、石川遼との最終組対決を制して初優勝をつかみ取った。19年からの2シーズンは約8割の高い予選通過率でシードを維持した。だが22年は持病が悪化して戦線離脱を余儀なくされた。特別保障制度が適用され、復帰を目指す。

'22部門別データ

賞金	0円
メルセデス・ベンツトータルポイント	―
平均ストローク	69.092（参考）
平均パット	1.8667（参考）
パーキープ率	94.444（参考）
パーオン率	83.333（参考）
バーディ率	3.000（参考）
イーグル率	―
ドライビングディスタンス	―
フェアウェイキープ率	92.857（参考）
サンドセーブ率	0.000（参考）
トータルドライビング	―
生涯獲得賞金	187,770,002円（190位）

賞金と順位（◎は賞金ランクによる出場権獲得）

'08=	273,000円	249位	◎'17=	20,971,166円	49位
'11=0円			◎'18=	55,374,842円	17位
'13=	6,426,787円	96位	◎'19=	18,525,821円	48位
◎'14=	14,993,377円	65位	◎20-21=	17,054,879円	52位
◎'15=	23,736,250円	46位	◇'22=0円		
◎'16=	30,413,880円	40位			

◇は特別保障制度適用

篠　優希

Yuki SHINO

出場資格：QTランク1位

ツアー未勝利

所属：フリー
生年月日：1997（H9）.4.9
身長、体重：178cm／78kg
血液型：O型
出身地：東京都
出身校：日本ウェルネススポー
　ツ大学
ゴルフ歴：7歳〜
プロ転向：2015年
ツアーデビュー戦：'19日本プロ
ベストスコア：67
　（'22東建ホームメイトカップ
　4R、'22ASO飯塚チャレンジ
　ドゴルフ4R）
アマ時代の主な戦歴：
　（'15）日本ジュニア15歳〜
　17歳の部優勝

'22のツアー全成績：11試合

東建ホームメイトカップ	9T
関西オープン	予落
ISPS HANDA 欧州・日本	予落
ゴルフパートナー PRO-AM	予落
〜全英への道〜ミズノオープン	予落
BMW日本ゴルフツアー選手権森ビルカップ	28T
ASO飯塚チャレンジドゴルフ	43T
JPC by サトウ食品	予落
長嶋茂雄INVITATIONALセガサミーカップ	予落
Sansan KBCオーガスタ	予落
マイナビABCチャンピオンシップ	予落

　子供のころはサッカーやテニスなどもやっていたがゴルフを中心に据え、小学校時代から全国大会に出場していた。杉並学院中学時代は『全国中学選手権』で団体優勝。代々木高校3年の2015年には『日本ジュニア』で最終日に66をマークして7打差逆転優勝を果たしている。

　同年にQTに挑むとファイナルまで進んでプロ転向。翌16年はABEMAツアーにフル参戦した。以降はドライバーショットが極度の不振に陥り出場機会をつかめない年が続く。ようやく光が見え始めたのは21年。初めてコーチをつけたことで立ち直り、6年ぶりに駒を進めたファイナルQTで4位となった。22年は開幕戦でツアー自身初予選通過を果たし9位と好発進。だが、その後は好成績を残せず初シードは遠かった。それでもQTでは最終日の62で堂々1位に。今季のフル出場権を得た。

　アプローチ、パットが得意。将来の目標に欧州ツアー参戦を掲げている。

'22部門別データ

賞金	4,350,999円 （106位）
メルセデス・ベンツトータルポイント	―
平均ストローク	72.180 （参考）
平均パット	1.7784 （参考）
パーキープ率	83.135 （参考）
パーオン率	68.056 （参考）
バーディ率	3.679 （参考）
イーグル率	28.000 （参考）
ドライビングディスタンス	280.44 （参考）
フェアウェイキープ率	48.082 （参考）
サンドセーブ率	30.769 （参考）
トータルドライビング	―
生涯獲得賞金	4,350,999円

賞金と順位（□はQTランクによる出場権獲得）

'19=0円
□'20-'21=ナシ
□'22= 4,350,999円 106位

清水大成

Taisei SHIMIZU

賞金ランキング25位

ツアー未勝利

所属:ロピア
生年月日:1999(H11).1.17
身長、体重:175cm／74kg
血液型:O型
出身地:福岡県
出身校:日本大学
趣味:
スポーツ歴:
ゴルフ歴:9歳〜
プロ転向:2020年
ツアーデビュー戦:
　'21東建ホームメイトカップ
得意クラブ:
ベストスコア:62
　('21ダンロップ・スリクソン
　福島オープン3R、'22ダン
　ロップフェニックス3R)
アマ時代の主な戦歴:
　('15)九州オープン2位、
　('17)日本学生優勝

'22のツアー全成績：25試合

東建ホームメイトカップ	31T
関西オープン	61T
ISPS HANDA 欧州・日本	予落
中日クラウンズ	予落
アジアパシフィックダイヤモンドカップ	予落
ゴルフパートナー PRO-AM	8T
〜全英への道〜ミズノオープン	6T
BMW日本ゴルフツアー選手権森ビルカップ	46T
ASO飯塚チャレンジドゴルフ	予落
JPC by サトウ食品	10T
日本プロゴルフ選手権	棄権
長嶋茂雄INVITATIONALセガサミーカップ	22T
Sansan KBCオーガスタ	3
フジサンケイクラシック	47T
ANAオープン	予落
パナソニックオープン	23T
バンテリン東海クラシック	61T
For The Players By The Players	9T
日本オープン	49T
HEIWA・PGM CHAMPIONSHIP	33T
マイナビABCチャンピオンシップ	38T
三井住友VISA太平洋マスターズ	28T
ダンロップフェニックス	4T
カシオワールドオープン	8T
ゴルフ日本シリーズJTカップ	27T

　ジュニアのころは時松隆光を育てた篠塚武久氏の指導を受けていた。握りは時松と同じベースボールグリップ。小学生時代から九州地区の大会で優勝するなど活躍していた。高校はゴルフ部のない東福岡に入り、個人で活動。2年時の2015年には『九州オープン』でプロに交じって2位に食い込んでいる。

　日本大学に進み、17年の『日本学生』で21年ぶりとなる1年生王者に輝く。ツアーでも活躍し、『ブリヂストンオープン』では17年から3年連続でベストアマに。しかも順位は10位、15位、6位という堂々たるものだった。大学4年になった20年の『日本オープン』でも13位と好成績を収めている。

　プロ宣言をして臨んだ20年のQTで5位に食い込むと翌年はプロ2戦目にトップ10入りを果たすなど堅実な成績を残して初シードを獲得した。22年は地元開催の『Sansan KBCオーガスタ』で自己最高の3位に。賞金ランクは25位に上昇した。

'22部門別データ

賞金	36,051,229円	(25位)
メルセデス・ベンツトータルポイント	404	(39位)
平均ストローク	71.545	(40位)
平均パット	1.7538	(24位)
パーキープ率	83.130	(78位)
パーオン率	66.802	(43位)
バーディ率	4.134	(17位)
イーグル率	10.250	(31位)
ドライビングディスタンス	302.72	(2位)
フェアウェイキープ率	46.282	(94位)
サンドセーブ率	45.714	(75位)
トータルドライビング	96	(44位)
生涯獲得賞金	52,847,728円	(413位)

賞金と順位(◎は賞金ランクによる出場権獲得)

◎'21= 16,796,499円　53位
◎'22= 36,051,229円　25位

張　棟圭（ジャン ドンキュ）

Dong-Kyu JANG

賞金ランキング63位

ツアー 1勝
('14)〜全英への道〜ミズノオープン

ABEMAツアー（チャレンジ）1勝
('13) Novil Cup

所属:TIME FORIO
生年月日:1988(S63).10.22
身長、体重:180cm／70kg
血液型:B型
出身地:韓国
趣味:音楽
プロ転向:2006年
日本でのツアーデビュー戦:
　'11とおとうみ浜松オープン
得意クラブ:ドライバー
ベストスコア:63
　('14平和PGMゴルフ霞ヶ
　浦4R、'22カシオワールド
　オープン3R)

'22のツアー全成績：13試合

中日クラウンズ ･････････････････24T
長嶋茂雄INVITATIONALセガサミーカップ･･･26T
Sansan KBCオーガスタ ･･･････････35T
フジサンケイクラシック ･････････････27T
Shinhan Donghae Open ･･･････････14T
ANAオープン ･･････････････････8T
パナソニックオープン ･････････････予落
バンテリン東海クラシック ･･･････････棄権
HEIWA・PGM CHAMPIONSHIP ･･･41T
マイナビABCチャンピオンシップ ･････予落
三井住友VISA太平洋マスターズ ･･･37T
ダンロップフェニックス ･･･････････52T
カシオワールドオープン ･････････････13

父親についていった練習場で
コーチに「素質がある」と言わ
れて本格的にゴルフに取り組む
ようになった。中学時代は3年
間、南アフリカに留学。ゴルフ
と英語を学んだ。

帰国後、18歳でプロ入りし、
日本ツアーには2011年から参戦。
13年にチャレンジ開幕戦で日韓
を通じて初優勝を飾り、賞金ラ
ンク5位に。これで前半戦の出
場権を得た14年は『ミズノオー
プン』で3日目を終えて単独首
位。初の最終日最終組の重圧に

負けず上がり2連続バーディで
ツアー初優勝をつかんだ。

15年は『KPGA選手権』で母
国初優勝を飾り、翌16年から兵
役に就く。復帰した18年は9月
下旬で賞金ランク105位だった
が巻き返してシード圏内に浮上
した。22年は母国での試合を増
やしたこともあってシード圏外
にいたが『カシオワールドオー
プン』13位で滑り込み。4季連
続でシードを守った。ボールコ
ントロール2位の経験がある
ショットメーカーだ。

'22部門別データ

賞金	13,780,677円	（63位）
メルセデス・ベンツトータルポイント	369	（32位）
平均ストローク	71.466	（34位）
平均パット	1.7743	（54位）
パーキープ率	85.679	（27位）
パーオン率	71.481	（ 7位）
バーディ率	3.867	（30位）
イーグル率	11.250	（36位）
ドライビングディスタンス	278.15	（70位）
フェアウェイキープ率	58.307	（25位）
サンドセーブ率	42.593	（86位）
トータルドライビング	95	（42位）
生涯獲得賞金	171,657,609円	（210位）

賞金と順位（◎は賞金ランク、△はABEMAツアーランクによる出場権獲得）

'11=0円			'17=ナシ		
'12=	5,634,150円	98位	◎'18=	21,525,399円	51位
△'13=	11,910,005円	73位	◎'19=	19,073,022円	47位
◎'14=	58,753,618円	13位	◎'20-21=	13,556,109円	64位
◎'15=	27,424,629円	37位	◎'22=	13,780,677円	63位
'16=ナシ					

シード選手

B・ジョーンズ（ジョーンズ ブレンダン）

Brendan JONES

ツアー15勝
（'02）フィリップモリスチャンピオンシップ、（'03）サン・クロレラクラシック、
（'04）つるやオープン、～全英への道～ミズノオープン、（'06）つるやオープン、
（'07）つるやオープン、三井住友VISA太平洋マスターズ、ゴルフ日本シリーズJTカップ、
（'10）アジアパシフィックパナソニックオープン、（'11）中日クラウンズ、（'12）東建ホーム
メイトカップ、サン・クロレラクラシック、（'13）～全英への道～ミズノオープン
（'16）ANAオープン、（'19）東建ホームメイトカップ

所属：キャロウェイゴルフ
生年月日：1975（S50）.3.3
身長、体重：185cm／82kg
血液型：A型
出身地：オーストラリア
出身校：MORUYA
趣味：車
スポーツ歴：オージーフットボール
ゴルフ歴：10歳～
プロ転向：1999年
日本でのツアーデビュー戦：
　'00キリンオープン
師弟関係：アレックス・マーサ
ベストスコア：61
　（'07ゴルフ日本シリーズJT
　カップ4R）
プレーオフ：3勝2敗
アマ時代の主な優勝歴：
　（'99）オーストラリアンアマ

代表歴：ワールドカップ（'08、'11）

'22のツアー全成績：20試合

東建ホームメイトカップ	55T
関西オープン	予落
ISPS HANDA 欧州・日本	43T
中日クラウンズ	棄権
ゴルフパートナー PRO-AM	22T
～全英への道～ミズノオープン	36T
BMW日本ゴルフツアー選手権森ビルカップ	21T
ASO飯塚チャレンジゴルフ	予落
長嶋茂雄INVITATIONALセガサミーカップ	予落
Sansan KBCオーガスタ	予落
フジサンケイクラシック	予落
Shinhan Donghae Open	予落
ANAオープン	予落
パナソニックオープン	66
バンテリン東海クラシック	予落
HEIWA・PGM CHAMPIONSHIP	29T
マイナビABCチャンピオンシップ	24T
三井住友VISA太平洋マスターズ	17T
ダンロップフェニックス	52T
カシオワールドオープン	19T

　日本ツアー参戦1年目の2001年にツアー史上初の300ヤード超えでドライビングディスタンス1位に。翌02年の『フィリップモリスチャンピオンシップ』で初優勝を飾った。05年には米国ツアーに参戦。2位が1度あったがシードには届かず、再び日本を主戦場にした。07、08年とバーディ率1位。07年の『日本シリーズ』では最終日に61で逆転するなど爆発力は高い。
　13年9月に左手首を痛めて手術。翌14年は開幕戦に出場したものの腕にシビレが出て再手術を受けた。その後はしばらく低迷していたが16年の『ANAオープン』で復活優勝。18年には史上13人目、外国人選手では初めてとなる生涯獲得賞金10億円突破も達成している。19年の『東建ホームメイトカップ』で通算15勝目を挙げたが、20～21年はコロナ禍で来日できず日本でのプレーはゼロ。久しぶりに復帰した22年は苦しい戦いが続いたが終盤の踏ん張りで逆転のシード入りを果たした。

'22部門別データ

賞金	11,397,678円	(68位)
メルセデス・ベンツトータルポイント	445	(52位)
平均ストローク	72.057	(61位)
平均パット	1.7989	(86位)
パーキープ率	84.832	(44位)
パーオン率	66.931	(41位)
バーディ率	3.429	(71位)
イーグル率	7.000	(8位)
ドライビングディスタンス	289.74	(26位)
フェアウェイキープ率	50.626	(78位)
サンドセーブ率	53.846	(30位)
トータルドライビング	104	(59位)
生涯獲得賞金	1,105,590,088円	(11位)

賞金と順位（◎は賞金ランクによる出場権獲得）

'00=	740,000円	190位	◎'07=	115,531,323円	3位	※'13=	36,252,699円	29位	◎'19= 55,290,226円 16位
◎'01=	20,950,600円	50位	◎'08=	93,613,324円	7位	◎'14=	30,143,617円	37位	20-21=ナシ
◎'02=	80,771,735円	8位	◎'09=	76,167,351円	10位	◎'15=	23,002,533円	49位	◎'22= 11,397,678円 68位
◎'03=	79,221,561円	6位	◎'10=	82,359,438円	7位	◎'16=	43,580,309円	23位	
◎'04=	58,119,000円	11位	◎'11=	55,031,144円	15位	◎'17=	37,568,322円	28位	
◎'06=	40,786,839円	29位	◎'12=	92,078,892円	3位	◎'18=	72,983,596円	8位	※は規定試合数不足

杉本エリック

Eric SUGIMOTO

賞金ランキング48位

ツアー未勝利

ABEMAツアー（チャレンジ）1勝
('19) 大山どりカップ

所属:加賀電子
生年月日:1993(H5).11.1
身長、体重:170cm／63kg
血液型:A型
出身地:千葉県
出身校:南カリフォルニア大学
趣味:釣り
ゴルフ歴:7歳〜
プロ転向:2016年
デビュー戦:'16 69Avianca
　Colombia Open
日本ツアーデビュー戦:
　'17長嶋茂雄INVITATIONAL
　セガサミーカップ
ベストスコア:63
　('21ゴルフパートナー
　PRO-AM1R・4R、
　'22ISPS HANDA 欧州・
　日本1R)
アマ時代の主な戦歴:
　('13)Big West Conference
　優勝、全米パブリックリンクス
　ベスト4、('14)PAC12チャンピ
　オンシップ4位、('15)NCAA
　団体戦準優勝

'22のツアー全成績：22試合

東建ホームメイトカップ	23T
関西オープン	予落
ISPS HANDA 欧州・日本	16T
中日クラウンズ	棄権
アジアパシフィックダイヤモンドカップ	60T
〜全英への道〜ミズノオープン	予落
BMW日本ゴルフツアー選手権森ビルカップ	26T
ASO飯塚チャレンジゴルフ	39T
JPC by サトウ食品	25T
日本プロゴルフ選手権	42T
長嶋茂雄INVITATIONALセガサミーカップ	予落
Sansan KBCオーガスタ	予落
フジサンケイクラシック	予落
ANAオープン	62
パナソニックオープン	57T
バンテリン東海クラシック	予落
For The Players By The Players	37T
HEIWA・PGM CHAMPIONSHIP	4
マイナビABCチャンピオンシップ	43T
三井住友VISA太平洋マスターズ	62T
ダンロップフェニックス	18T
カシオワールドオープン	予落

　千葉県生まれで本名は拓也。両親とも専修大学ゴルフ部だった。1歳の時に父親の仕事の関係で米国カリフォルニア州サンディエゴに移住。小さいころから地元のプロにゴルフを教わって腕を上げ、南カリフォルニア大学2年時の2013年には『全米パブリックリンクス』でベスト4。東京五輪金メダルのX・シャウフェレとは幼なじみだ。

　大学卒業後にプロ転向。17年『セガサミーカップ』の予選会参戦のため来日し、出場権をつかむと初日4位発進して注目を集めた。これを機に日本でプレーする気持ちを固める。18年はシード獲得には至らなかったが、19年はABEMAツアーの『大山どりカップ』でプロ初優勝。賞金ランク3位に食い込んだ。21年『ジャパンプレーヤーズ選手権』では最終日に猛追。18番のボギーで1打差2位に終わったが初シード獲得につなげた。22年は『HEIWA・PGM』最終日に64をマークして4位に。これが効いてシードを守った。

'22部門別データ

賞金	17,133,300円	(48位)
メルセデス・ベンツトータルポイント	438	(50位)
平均ストローク	71.903	(53位)
平均パット	1.7610	(34位)
パーキープ率	85.075	(39位)
パーオン率	66.335	(50位)
バーディ率	3.657	(44位)
イーグル率	67.000	(93位)
ドライビングディスタンス	276.27	(78位)
フェアウェイキープ率	56.303	(41位)
サンドセーブ率	61.039	(6位)
トータルドライビング	119	(74位)
生涯獲得賞金	43,354,024円	(438位)

賞金と順位(◎は賞金ランク、△はABEMAツアーランクによる出場権獲得)

'17= 2,644,285円 128位
'18= 2,231,012円 137位
△'19=0円
◎'21= 21,345,427円 47位
◎'22= 17,133,300円 48位

杉山知靖

Tomoyasu SUGIYAMA

ツアー1勝
('21)ブリヂストンオープン

ABEMAツアー(チャレンジ)1勝
('21)JAPAN PLAYERS CHAMPIONSHP CHALLENGE

所属:中央日本土地建物グループ
生年月日:1993(H5).4.28
身長、体重:173cm／75kg
血液型:A型
出身地:神奈川県
出身校:中央学院大学
趣味:スポーツ観戦
スポーツ歴:競泳、野球
ゴルフ歴:5歳〜
プロ転向:2015年
ツアーデビュー戦:
　'16〜全英への道〜ミズノオープン
師弟関係:内田豊
得意クラブ:ユーティリティ2番
ベストスコア:62
　('21ブリヂストンオープン3R)
アマ時代の主な戦歴:('13)日本アマ準優勝、
　('14)神奈川県アマ優勝、
　('15)関東学生準優勝

'22のツアー全成績：25試合(内、海外メジャー1試合)

東建ホームメイトカップ	8	ダンロップフェニックス	22T
関西オープン	17T	カシオワールドオープン	51T
ISPS HANDA 欧州・日本	71	☆は賞金ランキングに加算する海外競技	
中日クラウンズ	予落		
アジアパシフィックダイヤモンドカップ	予落		
ゴルフパートナー PRO-AM	22T		
〜全英への道〜ミズノオープン	予落		
BMW日本ゴルフツアー選手権森ビルカップ	28T		
☆全米オープン	予落		
JPC by サトウ食品	予落		
日本プロゴルフ選手権	47T		
長嶋茂雄INVITATIONALセガサミーカップ	14T		
Sansan KBCオーガスタ	予落		
フジサンケイクラシック	51T		
Shinhan Donghae Open	棄権		
ANAオープン	8T		
パナソニックオープン	67T		
バンテリン東海クラシック	53T		
For The Players By The Players	15T		
日本オープン	9T		
HEIWA・PGM CHAMPIONSHIP	15T		
マイナビABCチャンピオンシップ	16T		
三井住友VISA太平洋マスターズ	予落		

横浜市出身。祖母の影響でクラブを握り、実家近くの練習場で内田豊プロに教わって腕を上げた。高校は高知県の明徳義塾に進学。『四国ジュニア』や『四国高校選手権』などで優勝を飾った。中央学院大学2年時の2013年に初出場の『日本アマ』で決勝進出。大堀裕次郎に敗れたが、その名を知らしめた。

大学4年時の15年にプロ宣言。マンデーから出場の18年『セガサミーカップ』では2位で最終日最終組を初体験。だが後半スコアを落として18位に終わる。19年はABEMAツアーで賞金ランク6位に入り、前半戦の出場権を手にした。

そして21年に飛躍する。まず7月にABEMAツアーで初優勝。10月には『ブリヂストンオープン』3日目に大会タイの62を叩き出して初体験の首位で最終日へ向かうと、そのまま押し切ってレギュラーツアーでも初優勝をつかんだ。22年は優勝こそなかったが平均ストロークが大幅良化。安定感は増した。

'22部門別データ

賞金	25,543,274円	(35位)
メルセデス・ベンツトータルポイント	381	(34位)
平均ストローク	71.493	(37位)
平均パット	1.7773	(61位)
パーキープ率	84.284	(50位)
パーオン率	67.763	(30位)
バーディ率	3.829	(34位)
イーグル率	19.000	(67位)
ドライビングディスタンス	286.34	(44位)
フェアウェイキープ率	56.657	(39位)
サンドセーブ率	56.364	(19位)
トータルドライビング	83	(29位)
生涯獲得賞金	74,473,963円	(349位)

賞金と順位(◎は賞金ランク、△はABEMAツアーランクによる出場権獲得)

'16=	0円	
'17=	2,464,800円	133位
'18=	2,337,800円	133位
△'19=	251,000円	188位
◎'20-21=	43,877,089円	24位
◎'22=	25,543,274円	35位

蟬川泰果
Taiga SEMIKAWA

出場資格：'22日本オープン優勝

ツアー 2勝
('22)パナソニックオープン(アマチュア時代)、日本オープン(アマチュア時代)

ABEMAツアー（チャレンジ）1勝
('22)ジャパンクリエイトチャレンジin福岡雷山(アマチュア時代)

'22ツアーの全成績：4試合

マイナビABCチャンピオンシップ ……28T
三井住友VISA太平洋マスターズ ……8
ダンロップフェニックス ………………39T
ゴルフ日本シリーズJTカップ …………8T

所属:東北福祉大学
生年月日:2001(H13).1.11
身長、体重:175cm／77kg
血液型:A型
出身地:兵庫県
出身校:東北福祉大学
趣味:
スポーツ歴:
ゴルフ歴:1歳〜
プロ転向:2022年
ツアーデビュー戦:
　'22マイナビABCチャンピオ
　ンシップ
得意クラブ:
ベストスコア:61
　('22パナソニックオープン
　3R、アマチュア時代)
アマ時代の主な優勝歴:
　('17)関西ジュニア、('18)
　国民体育大会、('22)ジャ
　パンクリエイトチャレンジin
　福岡雷山、パナソニック
　オープン、日本オープン

　2022年、一気に階段を駆け上がって歴史に名を残した。まずは東北福祉大学4年生になったばかりの4月、『関西オープン』2日目に首位に立って注目を集める。6月にはABEMAツアーの『ジャパンクリエイトチャレンジin福岡雷山』で最終日に63を叩き出して優勝する。夏にはナショナルチームの一員として『世界アマ』に挑み、個人2位。帰国後、9月の『パナソニックオープン』3日目にアマ新記録の61をマークして首位に並ぶと、最終日は岩﨑亜久竜に競り勝って史上6人目（73年以降）のアマ優勝を果たした。10月には『日本オープン』まで制して史上初のアマ2勝。同月31日にプロ転向を表明した。

　兵庫県加東市出身。1歳の時からプラスチックのクラブで遊んでいた。ジュニア時代から実力は高く、大阪・興国高校時代には『関西ジュニア』などで優勝している。名前・泰果の由来はタイガー・ウッズ。今年は海外でも飛躍を目指す。

'22部門別データ

賞金	11,319,343円	(71位)
メルセデス・ベンツトータルポイント		—
平均ストローク	71.095	(参考)
平均パット	1.7882	(参考)
パーキープ率	86.806	(参考)
パーオン率	70.486	(参考)
バーディ率	3.875	(参考)
イーグル率	16.000	(参考)
ドライビングディスタンス	303.50	(参考)
フェアウェイキープ率	60.268	(参考)
サンドセーブ率	56.250	(参考)
トータルドライビング		—
生涯獲得賞金	11,319,343円	(773位)

賞金と順位

'22= 11,319,343円　71位

宋　永漢（ソン　ヨンハン）

Young-Han SONG

賞金ランキング51位

ツアー1勝
（'16）SMBCシンガポールオープン

所属:Shinhan Financial Group
生年月日:1991（H3）.7.12
身長、体重:179cm／71kg
血液型:O型
出身地:韓国
出身校:韓国体育大学
趣味:映画鑑賞、音楽鑑賞
スポーツ歴:サッカー
ゴルフ歴:12歳〜
プロ転向:2011年
日本でのツアーデビュー戦:
　'13タイランドオープン
師弟関係:キム・ソンヒ、
　ソン・サブソプ、キム・ドユン
得意クラブ:パター、3番ウッド
ベストスコア:63
　（'16SMBCシンガポール
　オープン2R、'21ゴルフパー
　トナー PRO-AM3R）
プレーオフ:0勝1敗

'22のツアー全成績：23試合

東建ホームメイトカップ	予落
関西オープン	45T
ISPS HANDA 欧州・日本	予落
中日クラウンズ	39T
アジアパシフィックダイヤモンドカップ	予落
ゴルフパートナー PRO-AM	22T
〜全英への道〜ミズノオープン	36T
BMW日本ゴルフツアー選手権森ビルカップ	予落
ASO飯塚チャレンジドゴルフ	22T
日本プロゴルフ選手権	棄権
長嶋茂雄INVITATIONALセガサミーカップ	予落
Sansan KBCオーガスタ	予落
フジサンケイクラシック	予落
Shinhan Donghae Open	予落
ANAオープン	25T
パナソニックオープン	48T
バンテリン東海クラシック	棄権
日本オープン	28T
HEIWA・PGM CHAMPIONSHIP	41T
マイナビABCチャンピオンシップ	予落
三井住友VISA太平洋マスターズ	12T
ダンロップフェニックス	予落
カシオワールドオープン	6T

　アマチュア時代に『世界大学選手権』など多くの国際舞台を経験し、20歳でプロ転向。2012年に日本のQTで59位に入って参戦すると1年目の13年に早くも賞金シードを獲得する。15年には『日本ゴルフツアー選手権』で2位に入るなどして賞金ランク15位に上昇。最優秀新人賞に輝いている。

　16年は『SMBCシンガポールオープン』で当時世界ランク1位のJ・スピースを1打抑える大金星で初優勝。10月の『HONMA TOURWORLD CUP』では池田勇太と2日がかり計9ホールのプレーオフを戦い、惜しくも敗れている。17年は未勝利ながら安定した成績で賞金ランク10位に入り、サンドセーブ率は1位に輝いた。

　19年から兵役に入り、21年に復帰。10位以内4回の堅実さで3年越しのシード維持を果たした。22年は終盤までトップ10なしと苦戦していたが『カシオワールド』で6位に食い込み、逆転でシードを守った。

'22部門別データ

賞金	16,411,975円	（51位）
メルセデス・ベンツトータルポイント	564	（73位）
平均ストローク	71.830	（50位）
平均パット	1.7759	（57位）
パーキープ率	84.175	（54位）
パーオン率	65.825	（58位）
バーディ率	3.470	（67位）
イーグル率	13.200	（49位）
ドライビングディスタンス	273.12	（84位）
フェアウェイキープ率	54.397	（50位）
サンドセーブ率	33.333	（95位）
トータルドライビング	134	（86位）
生涯獲得賞金	321,824,097円	（117位）

賞金と順位（◎は賞金ランクよる出場権獲得）

◎'13=	16,228,130円	61位	'19=ナシ	
◎'14=	22,922,807円	49位	◎'20-21= 22,929,517円	44位
◎'15=	59,972,148円	15位	◎'22= 16,411,975円	51位
◎'16=	91,562,130円	4位		
◎'17=	69,269,309円	10位		
◎'18=	22,528,081円	47位		

高山忠洋

Tadahiro TAKAYAMA

出場資格：特別保障制度適用

ツアー5勝
('05)東建ホームメイトカップ、('06)2005アジア・ジャパン沖縄オープン、
('10)サン・クロレラ クラシック、('11)東建ホームメイトカップ、カシオワールドオープン

所属:スターツ
生年月日:1978(S53).2.12
身長、体重:177cm／83kg
血液型:O型
出身地:和歌山県
出身校:和歌山県立星林高校
趣味:野球
スポーツ歴:野球
ゴルフ歴:18歳～
プロ転向:1999年
ツアーデビュー戦:
　'00中日クラウンズ
師弟関係:石井裕士
得意クラブ:サンドウェッジ
ベストスコア:62
　('17アジアパシフィック
　ダイヤモンドカップ1R)
プレーオフ:2勝1敗

'22のツアー全成績：19試合

東建ホームメイトカップ	予落
関西オープン	65
ISPS HANDA 欧州・日本	予落
アジアパシフィックダイヤモンドカップ	棄権
日本プロゴルフ選手権	63
長嶋茂雄INVITATIONALセガサミーカップ	60T
Sansan KBCオーガスタ	28T
フジサンケイクラシック	40T
Shinhan Donghae Open	予落
ANAオープン	45
パナソニックオープン	71T
バンテリン東海クラシック	40T
For The Players By The Players	棄権
日本オープン	予落
HEIWA・PGM CHAMPIONSHIP	41T
マイナビABCチャンピオンシップ	54T
三井住友VISA太平洋マスターズ	37T
ダンロップフェニックス	予落
カシオワールドオープン	24T

　和歌山県の星林高校時代はプロ野球選手を多数輩出している野球部に所属。卒業後にプロゴルファーを目指して研修生となり3年後の1999年にQTで72位に入ってプロ転向した。

　02年に初シードを獲得してから力をつけ、05年の『東建ホームメイトカップ』で初優勝。同年の『全英オープン』で初メジャーも経験して23位に入っている。2勝目を挙げた後に左手親指腱鞘炎の痛みが激しくなり、08年は一時ツアーから離脱。そ

れでもトレーニングと治療で良化し、10年の『サン・クロレラ クラシック』で復活優勝を飾った。11年は賞金ランク2位、イーグル率で1位に輝いた。

　17年まで16年連続でシードを維持してきたが目の病気で18年の夏場から休養。特別保障制度で復活を目指した20〜21年は規定の試合数では及ばなかったが以降は主催者推薦などで堅実な成績を残しシード復帰を果たした。22年は胸膜炎で一時休養。特別保障制度が適用された。

'22部門別データ

賞金	6,682,300円	(98位)
メルセデス・ベンツトータルポイント	630	(87位)
平均ストローク	72.675	(84位)
平均パット	1.7658	(42位)
パーキープ率	81.921	(86位)
パーオン率	61.299	(88位)
バーディ率	3.119	(91位)
イーグル率	14.750	(58位)
ドライビングディスタンス	281.51	(56位)
フェアウェイキープ率	51.946	(68位)
サンドセーブ率	49.533	(57位)
トータルドライビング	124	(81位)
生涯獲得賞金	684,390,744円	(39位)

賞金と順位（◎は賞金ランクによる出場権獲得）

'00=	1,607,228円 160位	'06= 40,145,566円 31位	'12= 15,501,100円 66位	◇'18= 6,325,296円 102位
'01=	1,213,926円 163位	'07= 21,895,259円 44位	'13= 24,962,216円 40位	◇'19=ナシ
◎'02=	19,095,804円 54位	'08= 23,624,233円 46位	'14= 42,232,041円 27位	◇'20〜21= 27,667,368円 34位
◎'03=	34,611,694円 33位	◎'09= 29,793,637円 35位	◎'15= 34,061,558円 32位	◇'22= 6,682,300円 98位
◎'04=	29,132,882円 38位	◎'10= 61,626,320円 14位	◎'16= 46,976,486円 16位	
◎'05=	64,426,535円 8位	◎'11= 98,718,202円 2位	◎'17= 54,091,093円 16位	◇は特別保障制度適用

竹安俊也
Shunya TAKEYASU

賞金ランキング39位

ツアー未勝利

所属:フリー
生年月日:1992(H4). 10.12
身長、体重:175cm／77kg
血液型:O型
出身地:兵庫県
出身校:東北福祉大学
趣味:書道、釣り
スポーツ歴:野球
ゴルフ歴:10歳〜
プロ転向:2014年
ツアーデビュー戦:
　'15東建ホームメイトカップ
得意クラブ:アイアン
ベストスコア:64
　('21ISPS HANDA ガツー
　ンと飛ばせ3R)
アマ時代の主な戦歴:
　('07)関西ジュニア優勝、
　('10)全国高校ゴルフ選手
　権優勝、('14)国体成年男
　子個人・団体優勝

'22のツアー全成績:18試合

東建ホームメイトカップ	棄権
ISPS HANDA 欧州・日本	32T
ゴルフパートナー PRO-AM	58T
〜全英への道〜ミズノオープン	予落
BMW日本ゴルフツアー選手権森ビルカップ	37T
ASO飯塚チャレンジドゴルフ	43T
JPC by サトウ食品	25T
長嶋茂雄INVITATIONALセガサミーカップ	8T
Sansan KBCオーガスタ	42T
フジサンケイクラシック	30T
ANAオープン	8T
パナソニックオープン	16T
バンテリン東海クラシック	29T
For The Players By The Players	4T
日本オープン	9T
HEIWA・PGM CHAMPIONSHIP	47T
マイナビABCチャンピオンシップ	59
カシオワールドオープン	24T

　兄の練習についていったことからゴルフに興味を持つ。父親の教えで腕を上げ、中学3年の2007年に『関西ジュニア』で優勝。高校は故郷兵庫県を離れて茨城県の強豪・鹿島学園に。3年時には『全国高校選手権』で優勝を果たしている。

　東北福祉大学4年時の14年にQTに挑戦してプロ宣言した。翌15年のQTは上位に入れず、アジアンツアーに挑戦。下部ツアーからスタートして2戦目に優勝し、アジアンツアーでも『トーナメント・プレーヤーズ選手権』で2位に入るなどしてシードを手にした。17年は国内を主戦場にして初シード獲得。18年の『日本オープン』では最終日最終組を初体験した。

　19年にシード落ち。QT12位から巻き返しを図った22年はリカバリー率やサンドセーブ率が大幅良化。決勝ラウンドに進めなかったのが2試合だけの堅実さで賞金ランクは自己最高の39位に食い込み、3季ぶりのシード復帰を果たした。

'22部門別データ

賞金	21,775,876円	(39位)
メルセデス・ベンツトータルポイント	346	(29位)
平均ストローク	71.307	(28位)
平均パット	1.7454	(18位)
パーキープ率	87.478	(8位)
パーオン率	67.549	(33位)
バーディ率	3.905	(28位)
イーグル率	63.000	(91位)
ドライビングディスタンス	280.77	(60位)
フェアウェイキープ率	51.539	(72位)
サンドセーブ率	60.241	(8位)
トータルドライビング	132	(85位)
生涯獲得賞金	77,299,637円	(337位)

賞金と順位(◎は賞金ランクによる出場権獲得)

'15= 1,154,366円 155位	◎'22= 21,775,876円 39位
'16=0円	
◎'17= 16,860,881円 57位	
◎'18= 21,639,458円 49位	
'19= 8,648,306円 79位	
'20-21= 7,220,750円 85位	

谷口　徹

Toru TANIGUCHI

出場資格：'18日本プロ優勝

ツアー20勝

('98)三菱ギャラン、('00)アコムインターナショナル、フィリップモリス、('02)東建コーポレーションカップ、タマノイ酢よみうりオープン、アコムインターナショナル、ジョージア東海クラシック、('04)日本オープン、ブリヂストンオープン、('05)カシオワールドオープン、('06)ザ・ゴルフトーナメントin御前崎、('07)ウッドワンオープン広島、長嶋茂雄INVITATIONALセガサミーカップ、日本オープン、('09)ANAオープン、('10)日本プロ日清カップヌードル杯、('11)ブリヂストンオープン、('12)日本プロ日清カップヌードル杯、ブリヂストンオープン、('18)日本プロ

所属:フリー
生年月日:1968(S43).2.10
身長、体重:169cm／72kg
血液型:O型
出身地:奈良県
出身校:同志社大学
スポーツ歴:テニス、野球
ゴルフ歴:13歳〜
プロ転向:1992年
ツアーデビュー戦:
　'92全日空オープン
師弟関係:石井哲雄
得意クラブ:パター
ベストスコア:61
　('02東建コーポレーション
　カップ4R、'10ゴルフ日本シ
　リーズJTカップ4R)
プレーオフ:3勝4敗

シニア2勝

('19)日本シニアオープン、('21)スターツシニア

代表歴：ワールドカップ('08)、ザ・ロイヤルトロフィ('07、'09)、日韓対抗戦('12)

'22のツアー全成績：17試合

東建ホームメイトカップ	予落	三井住友VISA太平洋マスターズ	予落
関西オープン	予落	ダンロップフェニックス	63
中日クラウンズ	予落	カシオワールドオープン	60T
アジアパシフィックダイヤモンドカップ	43T		
〜全英への道〜ミズノオープン	62		
BMW日本ゴルフツアー選手権森ビルカップ	58T		
ASO飯塚チャレンジドゴルフ	予落		
日本プロゴルフ選手権	予落		
長嶋茂雄INVITATIONALセガサミーカップ	予落		
フジサンケイクラシック	棄権		
パナソニックオープン	予落		
バンテリン東海クラシック	予落		
日本オープン	62		
マイナビABCチャンピオンシップ	予落		

　大学時代までは目立った活躍はなくプロ入り後も無名時代が続いたが、1998年の『三菱ギャラン』で初優勝してから頭角を現す。2000年は最終戦で片山晋呉に逆転されたが賞金ランク2位としての最高額を記録。02年には4勝を挙げて賞金王に輝いた。07年には2度目の『日本オープン』制覇など3勝して片山の4年連続賞金王を阻止。44歳で迎えた12年は藤田寛之と最終戦まで賞金王を争って2位。自身8度目の年間1億円突破も果

たしている。
　18年の『日本プロ』では最終ホールのバーディで藤本佳則に並びプレーオフで勝利。大会最年長の50歳で頂点に立ち、ツアー史上10人目の通算20勝にも到達した。『日本プロ』『日本オープン』は合わせて5勝。これは過去7人しか達成していなかった快挙である。19年は『日本シニアオープン』を制したがツアーでは22年間維持した賞金シードを失った。シニアは通算2勝。いぶし銀の技は健在だ。

'22部門別データ

賞金	2,833,600円	(117位)
メルセデス・ベンツトータルポイント	819	(96位)
平均ストローク	74.015	(96位)
平均パット	1.8075	(91位)
パーキープ率	77.778	(96位)
パーオン率	53.914	(96位)
バーディ率	2.568	(96位)
イーグル率	44.000	(88位)
ドライビングディスタンス	259.98	(96位)
フェアウェイキープ率	51.136	(76位)
サンドセーブ率	43.421	(84位)
トータルドライビング	172	(95位)
生涯獲得賞金	1,665,040,819円	(3位)

賞金と順位(◎は賞金ランク、△はABEMAツアーランクによる出場権獲得)

'92=0円		◎'00=175,829,742円	2位	◎'08= 48,231,595円	26位	◎'16= 10,921,900円	80位
△'93=ナシ		◎'01=111,686,284円	5位	◎'09= 54,841,100円	20位	◎'17= 32,364,700円	32位
'94= 7,955,928円	109位	◎'02=145,440,341円	1位	◎'10=103,020,730円	6位	◎'18= 40,216,992円	26位
'95=0円		◎'03= 34,483,800円	34位	◎'11= 96,888,944円	4位	'19= 4,331,759円	104位
◎'96= 17,651,200円	67位	◎'04=177,343,701円	2位	◎'12=102,686,994円	2位	'20-21= 7,173,463円	86位
◎'97= 20,558,070円	59位	◎'05= 64,907,775円	7位	◎'13= 28,773,520円	38位	'22= 2,833,600円	117位
◎'98= 49,515,691円	18位	◎'06=113,468,445円	4位	◎'14= 24,262,860円	47位		
◎'99= 69,837,799円	11位	◎'07=171,744,498円	1位	◎'15= 23,639,788円	47位		

谷原秀人

Hideto TANIHARA

所属:国際スポーツ振興協会
生年月日:1978(S53).11.16
身長、体重:178cm／80kg
血液型:O型
出身地:広島県
出身校:東北福祉大学
スポーツ歴:野球
ゴルフ歴:12歳〜
プロ転向:2001年
ツアーデビュー戦:
　'02東建コーポレーションカップ
得意クラブ:アイアン
ベストスコア:62
　('16ブリヂストンオープン1R)
プレーオフ:2勝2敗
アマ時代の主な優勝歴:
　('97、'98、'99)中国アマ
　('98)アジア大会団体金メダル

賞金ランキング14位

ツアー17勝
('03)マンダムルシードよみうりオープン、('04)2003アジア・ジャパン沖縄オープン、('06)JCBクラシック仙台、サン・クロレラクラシック、('07)フジサンケイクラシック、サントリーオープン、('08)マンシングウェアオープンKSBカップ、アジアパシフィックパナソニックオープン、('10)VanaH杯KBCオーガスタ、('13)三井住友VISA太平洋マスターズ、('15)HEIWA・PGM CHAMPIONSHIP、('16)長嶋茂雄INVITATIONALセガサミーカップ、日本プロ 日清カップヌードル杯、HEIWA・PGM CHAMPIONSHIP、('21)三井住友VISA太平洋マスターズ、ゴルフ日本シリーズJTカップ、('22)ゴルフ日本シリーズJTカップ

ABEMAツアー(チャレンジ)1勝
('02)PRGR CUP関西

代表歴:日韓対抗戦('04、'12)、ワールドカップ('06、'07、'13、'18)、ザ・ロイヤルトロフィ('09)

'22のツアー全成績:18試合

東建ホームメイトカップ	31T	日本オープン	予落
関西オープン	予落	三井住友VISA太平洋マスターズ	28T
ISPS HANDA 欧州・日本	予落	ダンロップフェニックス	44T
中日クラウンズ	棄権	カシオワールドオープン	19T
アジアパシフィックダイヤモンドカップ	予落	ゴルフ日本シリーズJTカップ	優勝
〜全英への道〜ミズノオープン	10T		
BMW日本ゴルフツアー選手権森ビルカップ	予落		
長嶋茂雄INVITATIONALセガサミーカップ	32T		
Sansan KBCオーガスタ	42T		
フジサンケイクラシック	8T		
Shinhan Donghae Open	9T		
ANAオープン	12T		
パナソニックオープン	67T		

瀬戸内高校時代に広島・松永CCのクラブ選手権で2年連続優勝。東北福祉大時代には個人のビッグタイトルはなかったが、プロ入り後に素質が開花した。2003年の『マンダムルシードよみうりオープン』で尾崎将司を逆転して初優勝。05年には米国ツアーにも参戦し、06年の『全英オープン』では5位に入った。12年から3年連続で平均パット1位のパット巧者。16年は池田勇太と賞金王を争って2度目の賞金ランク2位となり生涯獲得賞金10億円突破も果たした。

18、19年は欧州中心に戦い、日本に戻った20〜21年はシーズン終盤に覚醒。21年11月の『三井住友VISA太平洋マスターズ』で5年ぶりの復活優勝を果たすと『日本シリーズ』も制して賞金ランク4位に入った。選手会長として臨んだ22年はなかなか優勝争いに加われなかったが『日本シリーズ』でまたも魅せる。4打差5位で迎えた最終日に65で逆転。大会連覇でシーズンを締めくくった。

'22部門別データ

賞金	55,572,143円	(14位)
メルセデス・ベンツトータルポイント	392	(36位)
平均ストローク	71.359	(29位)
平均パット	1.7977	(83位)
パーキープ率	87.288	(10位)
パーオン率	66.478	(48位)
バーディ率	3.407	(75位)
イーグル率	9.833	(27位)
ドライビングディスタンス	277.32	(74位)
フェアウェイキープ率	57.786	(31位)
サンドセーブ率	58.065	(15位)
トータルドライビング	105	(60位)
生涯獲得賞金	1,247,714,376円	(8位)

賞金と順位(◎は賞金ランクによる出場権獲得)

'02= 10,029,600円	78位	◎'08=110,414,719円	4位	◎'14= 77,492,097円	8位	◎'20-21=111,599,542円	4位
◎'03= 47,746,180円	16位	◎'09= 39,623,446円	29位	◎'15= 87,208,490円	7位	◎'22= 55,572,143円	14位
◎'04= 70,854,178円	7位	◎'10= 43,886,755円	18位	◎'16=171,902,867円	2位	
※'05= 29,653,800円	42位	◎'11= 15,717,489円	65位	◎'17= 18,746,636円	55位	
◎'06=119,888,517円	2位	◎'12= 67,020,505円	13位	'18=ナシ		
◎'07= 77,622,976円	4位	◎'13= 91,134,436円	6位	'19= 1,600,000円	128位	※規定試合数不足

田村光正

Mitsumasa TAMURA

賞金ランキング55位

ツアー未勝利

所属:徳田鋼鉄
生年月日:1991(H3).8.25
身長、体重:166cm／70kg
血液型:A型
出身地:兵庫県
出身校:東北福祉大学
ゴルフ歴:9歳〜
プロ転向:2013年
ツアーデビュー戦:'17ダンロップ・スリクソン福島オープン
ベストスコア:61
　('22ゴルフパートナー
　PRO-AM3R)
アマ時代の主な戦歴:
　('10)関西アマ優勝、日本
　学生6位、('12)日本アマベ
　スト8

'22のツアー全成績：20試合

東建ホームメイトカップ	19T
関西オープン	24T
ISPS HANDA 欧州・日本	24T
ゴルフパートナー PRO-AM	10T
〜全英への道〜ミズノオープン	36T
BMW日本ゴルフツアー選手権森ビルカップ	21T
ASO飯塚チャレンジゴルフ	51T
JPC by サトウ食品	13T
日本プロゴルフ選手権	55T
長嶋茂雄INVITATIONALセガサミーカップ	10T
Sansan KBCオーガスタ	21T
フジサンケイクラシック	予落
ANAオープン	20T
パナソニックオープン	13T
バンテリン東海クラシック	69T
For The Players By The Players	予落
日本オープン	予落
マイナビABCチャンピオンシップ	予落
ダンロップフェニックス	39T
カシオワールドオープン	予落

　父親の影響でゴルフを始め、関西学院高校3年時の2009年に『関西ジュニア』で優勝する。翌年、東北福祉大学に進学して『関西アマ』制覇。11年にはナショナルチームの一員となり国際舞台も経験した。大学4年の時にQTに挑戦するがサードで敗退。それを機に「一度違うことを経験したい」とベルトのメーカーに就職した。だが先輩や同級生がプロで活躍する姿に刺激を受けて再びツアーを目指すことを決意。再挑戦した15年

のQTで70位に入った。
　ただ、プロの世界ではなかなか結果を残せない。上向きになったのが21年。出場は2試合だったが『日本プロ』30位、『日本オープン』23位と健闘。QTでは自己最高の11位に入った。22年は初戦から2度の10位を含む出場11試合連続予選通過。中盤以降も賞金を加えて初シードを手にした。大学では松山英樹と同級生。「何よりよかったのは彼の努力する姿を4年間、間近で見たこと」と話している。

'22部門別データ		
賞金	15,921,407円	(55位)
メルセデス・ベンツトータルポイント	326	(25位)
平均ストローク	71.363	(31位)
平均パット	1.7354	(11位)
パーキープ率	85.539	(30位)
パーオン率	67.157	(38位)
バーディ率	3.985	(23位)
イーグル率	17.000	(63位)
ドライビングディスタンス	279.97	(63位)
フェアウェイキープ率	55.005	(45位)
サンドセーブ率	55.294	(22位)
トータルドライビング	108	(67位)
生涯獲得賞金	19,392,507円	(622位)

賞金と順位(◎は賞金ランク、□はQTランクによる出場権獲得)

'17=0円
'18=　1,286,100円　165位
'19=0円
□20-21=　2,185,000円　127位
◎'22=　15,921,407円　55位

塚田陽亮

Yosuke TSUKADA

賞金ランキング64位

ツアー1勝
('16)日本ゴルフツアー選手権 森ビルカップ Shishido Hills

'22のツアー全成績：25試合

東建ホームメイトカップ	43
関西オープン	19T
ISPS HANDA 欧州・日本	48T
中日クラウンズ	51T
アジアパシフィックダイヤモンドカップ	13T
ゴルフパートナー PRO-AM	30T
～全英への道～ミズノオープン	予落
BMW日本ゴルフツアー選手権森ビルカップ	40T
ASO飯塚チャレンジドゴルフ	予落
JPC by サトウ食品	33T
日本プロゴルフ選手権	予落
長嶋茂雄INVITATIONALセガサミーカップ	26T
Sansan KBCオーガスタ	42T
フジサンケイクラシック	47T
Shinhan Donghae Open	27T
ANAオープン	46T
パナソニックオープン	予落
バンテリン東海クラシック	19T
For The Players By The Players	17T
日本オープン	57T
HEIWA・PGM CHAMPIONSHIP	予落
マイナビABCチャンピオンシップ	34T
三井住友VISA太平洋マスターズ	65
ダンロップフェニックス	39T
カシオワールドオープン	予落

所属:ホクト
生年月日:1985(S60).5.24
身長、体重:173cm／80kg
血液型:A型
出身地:長野県
出身校:USA BRADENTON ACADEMY
趣味:音楽鑑賞
スポーツ歴:野球
ゴルフ歴:10歳～
プロ転向:2008年
ツアーデビュー戦:
　'10つるやオープン
師弟関係:南　秀樹
得意クラブ:ドライバー
ベストスコア:63
　('15関西オープン4R)
アマ時代の主な戦歴:
　('06)朝日杯日本学生4位

長野県生まれ。10歳でゴルフを始め、中学は群馬県のゴルフアカデミーに通うために同県の新島学園に入学。中学3年時には渡米してIMGアカデミーに入った。同所には4年半在籍し、ポーラー・クリーマーらと同じグループで腕を磨いた。帰国後は名古屋商科大学に進み、2006年の『朝日杯日本学生』で4位に入っている。

08年にプロ転向。アジアでも戦いながら腕を上げ、12年にチャレンジ賞金ランク5位でツアーへの道を拓くと翌13年にシードを獲得した。16年、初優勝を『日本ゴルフツアー選手権』のビッグタイトルで飾る。4打差12位で迎えた最終日に66を叩き出しての逆転劇だった。同年は『全英オープン』で初めてメジャーの舞台も経験している。

18年にシードを手放すが1年で復帰。現在3季連続でシードを維持している。ドライビングディスタンスは上位の常連。昨季は2度目の300ヤード越えを記録して7位に入った。

'22部門別データ

賞金	12,818,002円	(64位)
メルセデス・ベンツトータルポイント	505	(62位)
平均ストローク	72.011	(59位)
平均パット	1.8095	(93位)
パーキープ率	84.259	(51位)
パーオン率	68.585	(25位)
バーディ率	3.333	(77位)
イーグル率	14.000	(55位)
ドライビングディスタンス	300.21	(7位)
フェアウェイキープ率	50.555	(79位)
サンドセーブ率	48.515	(59位)
トータルドライビング	86	(32位)
生涯獲得賞金	186,410,644円	(192位)

賞金と順位(◎は賞金ランク、△はABEMAツアーランクによる出場権獲得)

'10=	2,084,880円	120位	◎'16=	39,816,934円	28位
'11=	0円		◎'17=	16,848,572円	58位
△'12=	5,553,333円	100位	'18=	4,557,742円	112位
◎'13=	17,107,142円	58位	◎'19=	12,817,324円	62位
◎'14=	27,590,393円	42位	◎'20-21=	27,746,961円	33位
◎'15=	19,469,361円	56位	◎'22=	12,818,002円	64位

J・デロスサントス

Justin De Los SANTOS

賞金ランキング32位

ツアー未勝利

ABEMAツアー(チャレンジ)1勝
('19)ジャパンクリエイトチャレンジin 福岡雷山

所属:JOYXGC上月C
生年月日:1995(H7).9.2
身長、体重:177cm／75kg
血液型:
出身地:
出身校:カリフォルニア・ポリ
　テクニック州立大学
趣味:
スポーツ歴:
ゴルフ歴:4歳〜
プロ転向:2017年
ツアーデビュー戦:
　カリフォルニア州オープン
日本でのツアーデビュー戦:
　'19関西オープン
ベストスコア:63
　('21パナソニックオープン
　3R)
アマ時代の主な優勝歴:
　ロサンゼルスジュニア、
　('17)ロサンゼルスシティアマ

'22ツアーの全成績：17試合(内、海外メジャー1試合)

ISPS HANDA 欧州・日本	6T
中日クラウンズ	予落
ゴルフパートナー PRO-AM	22T
〜全英への道〜ミズノオープン	4
BMW日本ゴルフツアー選手権森ビルカップ	予落
JPC by サトウ食品	29T
☆全英オープン	74T
長嶋茂雄INVITATIONALセガサミーカップ	予落
Sansan KBCオーガスタ	64T
ANAオープン	6T
パナソニックオープン	26T
バンテリン東海クラシック	予落
For The Players By The Players	3
日本オープン	予落
HEIWA・PGM CHAMPIONSHIP	50T
マイナビABCチャンピオンシップ	11T
カシオワールドオープン	8T

☆は賞金ランキングに加算する海外競技

米国カリフォルニア州ロサンゼルス出身。両親はフィリピン人で4歳の時、父親の手ほどきでクラブを握った。子供のころは空手もやっており2段を有している。ジュニア時代に『ロサンゼルスジュニア』で優勝し、カリフォルニア・ポリテクニック州立大学時代は2015年「ビッグウェストカンファレンス」の個人王者となり、17年には『ロサンゼルスシティアマ』などで優勝。16、17年には『全米アマ』への出場も果たしている。

17年にプロ転向し、日本には19年から参戦。まずはABEMAツアー中心にプレーし、『ジャパンクリエイトチャレンジin福岡雷山』で初優勝。20〜21年は賞金ランク72位でシードにあと一歩届かず。22年は自身初戦の『ISPS HANDA』で3日目に首位に並び初の最終日最終組を経験。『ミズノオープン』4位で初のメジャー切符を手にし、『ANAオープン』ではアルバトロス達成と随所で見せ場をつくり、初シードも獲得した。

'22部門別データ

賞金	27,397,957円	(32位)
メルセデス・ベンツトータルポイント	363	(31位)
平均ストローク	71.487	(36位)
平均パット	1.7591	(31位)
パーキープ率	84.111	(57位)
パーオン率	70.333	(11位)
バーディ率	4.420	(6位)
イーグル率	12.500	(44位)
ドライビングディスタンス	287.12	(39位)
フェアウェイキープ率	53.791	(59位)
サンドセーブ率	44.444	(80位)
トータルドライビング	98	(49位)
生涯獲得賞金	38,314,985円	(460位)

賞金と順位(◎は賞金ランクによる出場権獲得)

'19=0円
'20-21= 10,917,028円　72位
◎'22= 27,397,957円　32位

時松隆光

Ryuko TOKIMATSU

ツアー 3勝
('16)ダンロップ・スリクソン福島オープン、('17)ブリヂストンオープン、('18)関西オープン

ABEMAツアー(チャレンジ)1勝
('16)ジャパンクリエイトチャレンジin福岡雷山

所属:ロピア
生年月日:1993(H5).9.7
身長、体重:169cm／75kg
血液型:AB型
出身地:福岡県
出身校:沖学園高校
ゴルフ歴:5歳〜
プロ転向:2012年
ツアーデビュー戦:
　'12キヤノンオープン
師弟関係:篠塚武久
ベストスコア:63
　('16ダンロップ・スリクソン
　福島オープン3R、'21ダン
　ロップ・スリクソン福島オー
　プン1R)
プレーオフ:0勝3敗
アマ時代の主な戦歴:
　('11)九州アマ優勝

'22のツアー全成績:26試合

東建ホームメイトカップ …………………9T	ダンロップフェニックス …………………予落
関西オープン ………………………予落	カシオワールドオープン ……………37T
ISPS HANDA 欧州・日本 ………32T	ゴルフ日本シリーズJTカップ ………20T
中日クラウンズ ………………………4	
アジアパシフィックダイヤモンドカップ …11T	
ゴルフパートナー PRO-AM ……………30T	
〜全英への道〜ミズノオープン ……予落	
BMW日本ゴルフツアー選手権森ビルカップ…予落	
ASO飯塚チャレンジドゴルフ …………4T	
JPC by サトウ食品 ………………47T	
日本プロゴルフ選手権 ……………26T	
長嶋茂雄INVITATIONALセガサミーカップ …4T	
Sansan KBCオーガスタ ……………16T	
フジサンケイクラシック ………………20T	
Shinhan Donghae Open …………14T	
ANAオープン ………………………4T	
パナソニックオープン ……………34T	
バンテリン東海クラシック ……………6T	
For The Players By The Players …予落	
日本オープン ………………………26T	
HEIWA・PGM CHAMPIONSHIP …11T	
マイナビABCチャンピオンシップ ……34T	
三井住友VISA太平洋マスターズ …28T	

小さいころに心臓の手術を受けたことから父親が少しでも元気になってもらいたいとクラブを握らせた。当初からベースボールグリップひと筋。沖学園高校1年時の2009年に『全国高校選手権九州大会』で優勝し、11年には『九州アマ』を制した。

12年にプロ転向。本名は源蔵だが登録名は隆光とした。15年まではシードには届かなかったが16年に状況が一変。7月にチャレンジ初優勝を飾ると、これで出場権を得た『ダンロッ プ・スリクソン福島オープン』でツアー初優勝を飾ったのだ。

17、18年にも1勝を挙げてトッププロの地位を築いていく。コロナ禍の20〜21年は選手会長として苦境打開に向けて東奔西走。優勝こそなかったが存在感は際立っていた。22年は『アジアパシフィックオープン』3日目にツアー初エースなどで首位に並ぶも最終日に順位を落とした。19年『ZOZOチャンピオンシップ』を除けば5季連続で全試合出場中の鉄人でもある。

'22部門別データ

賞金	43,275,615円	(20位)
メルセデス・ベンツトータルポイント	269	(16位)
平均ストローク	70.796	(16位)
平均パット	1.7446	(15位)
パーキープ率	88.043	(5位)
パーオン率	67.331	(36位)
バーディ率	3.848	(32位)
イーグル率	10.222	(29位)
ドライビングディスタンス	272.18	(88位)
フェアウェイキープ率	60.561	(15位)
サンドセーブ率	53.636	(33位)
トータルドライビング	103	(56位)
生涯獲得賞金	319,005,358円	(118位)

賞金と順位(◎は賞金ランクによる出場権獲得)

'12=0円		◎'18= 69,530,017円	9位
'13= 8,469,357円	84位	◎'19= 57,748,084円	13位
'14= 6,372,053円	95位	◎'20-21'= 41,722,720円	25位
'15= 3,397,500円	112位	◎'22= 43,275,615円	20位
◎'16= 20,980,449円	54位		
◎'17= 67,509,563円	11位		

中島啓太

Keita NAKAJIMA

出場資格：'21パナソニックオープン優勝

ツアー1勝
('21)パナソニックオープン（アマチュア時代）

'22ツアーの全成績：7試合

パナソニックオープン ……………48T
バンテリン東海クラシック …………26T
日本オープン……………………28T
HEIWA・PGM CHAMPIONSHIP…5T
三井住友VISA太平洋マスターズ …35T
ダンロップフェニックス ……………予落
カシオワールドオープン ……………8T

所属:フリー
生年月日:2000(H12).6.24
身長、体重:177cm／75kg
血液型:A型
出身地:埼玉県
出身校:日本体育大学
趣味:
スポーツ歴:
ゴルフ歴:6歳〜
プロ転向:2022年
ツアーデビュー戦:
　'22パナソニックオープン
ベストスコア:64
　('22HEIWA・PGM
　CHAMPIONSHIP2R)
アマ時代の主な優勝歴:
　('18)アジア大会個人・団体、
　オーストラリアンアマ、('21)
　アジア・パシフィックアマ、日
　本アマ、パナソニックオープ
　ン、('21、'22)世界アマチュ
　アゴルフランキング第1位

　テレビでタイガー・ウッズを見たことがクラブを握るきっかけ。2015年、埼玉・大利根中学3年の時『日本アマ』で決勝進出。金谷拓実に敗れたが15歳の快進撃は衝撃的だった。代々木高校時代の18年には『アジア大会』で団体・個人とも金メダル、『豪州アマ』も制した。日本大3年になった21年はさらにブレークする。7月に念願の『日本アマ』初制覇を果たし、9月にはプレーオフの末に『パナソニックオープン』で優勝。男子ツアー史上5人目（73年以降）となるアマチュア優勝を成し遂げた。10月には『アジア・パシフィックアマ』を制し、『マスターズ』出場権を獲得した。

　22年はアマ世界ランク1位に授与されるマコーマックメダルを初めて2年連続で獲得し、『世界アマ』までアマチュアとしてプレー。9月にプロ転向した。プロとしては7試合に出場して5位が最高。日本開催の米国ツアー『ZOZO選手権』では日本勢最高の12位に入った。

'22部門別データ

賞金	14,821,142円	(59位)
メルセデス・ベンツトータルポイント		―
平均ストローク	71.108	(参考)
平均パット	1.7795	(参考)
パーキープ率	87.179	(参考)
パーオン率	69.017	(参考)
バーディ率	3.538	(参考)
イーグル率	13.000	(参考)
ドライビングディスタンス	296.92	(参考)
フェアウェイキープ率	55.220	(参考)
サンドセーブ率	58.000	(参考)
トータルドライビング		―
生涯獲得賞金	14,821,142円	(697位)

賞金と順位

※'22= 14,821,142円　59位

※は規定試合数不足

長野泰雅

Taiga NAGANO

ツアー未勝利

'22ツアーの全成績：10試合
ゴルフパートナー PRO-AM …………48T
ASO飯塚チャレンジドゴルフ …………6T
JPC by サトウ食品……………………予落
長嶋茂雄INVITATIONALセガサミーカップ…予落
Sansan KBCオーガスタ …………35T
ANAオープン ……………………39T
バンテリン東海クラシック …………71T
For The Players By The Players…31T
日本オープン ……………………3T
ゴルフ日本シリーズJTカップ ………15

所属:福岡地行
生年月日:2003(H15).5.6
身長、体重:170cm／75kg
血液型:A型
出身地:福岡県
出身校:沖学園高校
趣味:
スポーツ歴:
ゴルフ歴:9歳～
プロ転向:2021年
ツアーデビュー戦:
　'22ゴルフパートナー PRO-
　AM
得意クラブ:
ベストスコア:64
　('22ASO飯塚チャレンジド
　ゴルフ2R)
アマ時代の主な優勝歴:
　('19)国体個人・団体、
　('21)九州ジュニア

　福岡県篠栗町出身。九州シニア優勝歴のある父・清一さんの影響でゴルフを始める。沖学園高校1年の2019年に『国体少年男子』で団体・個人の2冠を達成。3年生になった21年にQTに挑み、ファイナルには進めなかったがプロ転向した。

　22年3月、ローカル大会の『東急大分オープン』で比嘉一貴をプレーオフで下して優勝。開幕前に好スタートを切った。ツアーでは6月に推薦で出場した『ASO飯塚チャレンジド』で2

日目に2位まで浮上するなど優勝争いを繰り広げて自身2戦目にして6位に食い込んだ。8月の『Sansan KBCオーガスタ』では2日目に初めての首位も経験し、9月にはプロテストでトップ合格。そして『日本オープン』で3位に入ってシード入りを決定付けた。

　出場数不足で順位はついていないがドライビングディスタンス301.43ヤードは部門5位相当の飛ばし屋。10代のうちに初優勝を飾れるか、注目だ。

'22部門別データ	
賞金	30,237,359円 （30位）
メルセデス・ベンツトータルポイント	―
平均ストローク	71.381 （参考）
平均パット	1.7621
パーキープ率	85.417
パーオン率	68.403
バーディ率	4.125
イーグル率	6.400
ドライビングディスタンス	301.43
フェアウェイキープ率	47.875
サンドセーブ率	41.860
トータルドライビング	―
生涯獲得賞金	30,237,359円 （508位）

賞金と順位（◎は賞金ランクによる出場権獲得）

◎'22= 30,237,359円　30位

永野竜太郎

Ryutaro NAGANO

賞金ランキング34位

ツアー未勝利

所属:フリー
生年月日:1988(S63).5.6
身長、体重:181cm／85kg
血液型:O型
出身地:熊本県
出身校:水城高校
趣味:音楽鑑賞
ゴルフ歴:10歳〜
プロ転向:2008年
ツアーデビュー戦:
　'09東建ホームメイトカップ
得意クラブ:ロングアイアン
ベストスコア:63
　('17中日クラウンズ3R)
プレーオフ:0勝1敗
アマ時代の主な戦歴:
　('05)日本アマ2位、('06)全
国高校ゴルフ選手権優勝、
全日本パブリック選手権優勝

'22のツアー全成績：25試合

東建ホームメイトカップ	23T
関西オープン	予落
ISPS HANDA 欧州・日本	21T
中日クラウンズ	51T
アジアパシフィックダイヤモンドカップ	予落
ゴルフパートナー PRO-AM	予落
〜全英への道〜ミズノオープン	26T
BMW日本ゴルフツアー選手権森ビルカップ	46T
ASO飯塚チャレンジドゴルフ	14T
JPC by サトウ食品	22T
日本プロゴルフ選手権	予落
長嶋茂雄INVITATIONALセガサミーカップ	4T
Sansan KBCオーガスタ	予落
フジサンケイクラシック	予落
Shinhan Donghae Open	予落
ANAオープン	55T
パナソニックオープン	34T
バンテリン東海クラシック	6T
For The Players By The Players	49T
日本オープン	41T
HEIWA・PGM CHAMPIONSHIP	予落
マイナビABCチャンピオンシップ	7T
三井住友VISA太平洋マスターズ	28T
ダンロップフェニックス	18T
カシオワールドオープン	19T

子供のころは祖父が経営する牧場につくられた練習場で腕を磨いた。中学1年で熊本空港CCのクラブ選手権に優勝し、水城高校2年時の『日本アマ』では決勝で金庚泰に敗れたがその名を全国に響かせた。東北福祉大学2年時の2008年にプロ転向。大型新人として期待が高かったが3年間は苦戦続きだった。

12年についに初シードを獲得すると賞金ランクは徐々に上昇。16年は平均ストロークが初めて71を切り、賞金ランクを18位にまで上げた。18年にシード落ちするがすぐに復帰。21年は『ミズノオープン』の2位で『全英オープン』出場権をつかみ初めてメジャーの舞台に立った。『パナソニックオープン』では1打のリードで最終ホールへ。だが、ボギーを叩き、プレーオフで当時アマの中島啓太に敗れて通算5回目の2位に甘んじた。22年はパーキープ率で自己ベストを記録。シードを守った。プロデビューから今年で15年目。初優勝の夢をかなえたい。

'22部門別データ

賞金	26,665,154円	(34位)
メルセデス・ベンツトータルポイント	327	(26位)
平均ストローク	71.377	(32位)
平均パット	1.7680	(47位)
パーキープ率	86.597	(20位)
パーオン率	67.500	(35位)
バーディ率	3.650	(45位)
イーグル率	6.667	(5位)
ドライビングディスタンス	301.20	(5位)
フェアウェイキープ率	46.464	(93位)
サンドセーブ率	51.240	(45位)
トータルドライビング	98	(49位)
生涯獲得賞金	286,608,141円	(131位)

賞金と順位(◎は賞金ランク、□はQTランクによる出場権獲得)

'09=	7,294,457円	88位	◎'15=	48,904,833円	22位	◎'22=	26,665,154円	34位
'10=	3,939,052円	106位	◎'16=	45,927,502円	18位			
'11=	2,006,428円	127位	◎'17=	30,338,582円	38位			
◎'12=	16,481,404円	62位	□'18=	9,747,394円	84位			
◎'13=	15,671,850円	63位	◎'19=	16,134,380円	53位			
◎'14=	15,816,847円	62位	◎'20-21=	47,680,258円	21位			

鍋谷太一

Taichi NABETANI

賞金ランキング45位

ツアー未勝利

所属:国際スポーツ振興協会
生年月日:1996(H8).6.19
身長、体重:177cm／72kg
血液型:A型
出身地:大阪府
出身校:大阪学芸高校
趣味:
スポーツ歴:
ゴルフ歴:8歳～
プロ転向:2012年
ツアーデビュー戦:
　'12日本オープン
ベストスコア:65
　('13TOSHIN GOLF TOUR-
　NAMENT IN Central 1R、
　'19RIZAP KBCオーガスタ
　3R)
アマ時代の主な優勝歴:
　('11)フジサンケイジュニア、
　ロレックスジュニアチャンピ
　オンシップ、('12)関西ジュ
　ニア

'22ツアーの全成績：17試合

東建ホームメイトカップ	6
関西オープン	63
ISPS HANDA 欧州・日本	予落
ゴルフパートナー PRO-AM	30T
～全英への道～ミズノオープン	44T
BMW日本ゴルフツアー選手権森ビルカップ	35T
ASO飯塚チャレンジドゴルフ	14T
JPC by サトウ食品	13T
日本プロゴルフ選手権	32T
長嶋茂雄INVITATIONALセガサミーカップ	26T
Sansan KBCオーガスタ	7T
フジサンケイクラシック	棄権
パナソニックオープン	予落
バンテリン東海クラシック	36T
日本オープン	41T
マイナビABCチャンピオンシップ	28T
カシオワールドオープン	32T

父親の忠治さんはティーチングプロの資格を持ち、大阪市内で練習場を経営。子供のころから父親に教えを受けていた。大阪学芸高校1年時の2012年7月に『関西ジュニア』で優勝。その後はQTに挑戦し、9月には16歳にしてプロ宣言。高校に通いながらプロとしての生活をスタートさせた。

海外にも積極的に挑戦し、米国のミニツアーに参戦したほか16年にはアジアの下部ツアーにも挑み最高10位に入っている。

国内でも徐々に成績が出始め、21年の『ISPS HANDAガツーンと飛ばせ』では初めて最終日最終組を経験。ABEMAツアーでは賞金ランク4位に入った。この資格で前半戦出場権を得た22年はいきなり開幕戦で自己ベストの6位に食い込む。『Sansan KBCオーガスタ』では3位で最終日を迎え最終組で初優勝を目指した。ここは7位に終わったが着実に賞金を積み重ねてプロ11年目でついに初シードをつかみ取った。

'22部門別データ

賞金	17,552,455円	(45位)
メルセデス・ベンツトータルポイント	324	(23位)
平均ストローク	71.116	(21位)
平均パット	1.7451	(16位)
パーキープ率	84.480	(48位)
パーオン率	68.078	(26位)
バーディ率	4.111	(18位)
イーグル率	15.750	(60位)
ドライビングディスタンス	280.05	(62位)
フェアウェイキープ率	58.542	(24位)
サンドセーブ率	50.704	(32位)
トータルドライビング	86	(32位)
生涯獲得賞金	46,322,758円	(428位)

賞金と順位(◎は賞金ランク、△はABEMAツアーランクによる出場権獲得)

'12=	0円		'18=	3,759,000円	115位
'13=	986,666円	179位	'19=	2,405,750円	115位
'14=	740,000円	173位	△'20-'21=	10,306,250円	75位
'15=	2,079,428円	129位	◎'22=	17,552,455円	45位
'16=	997,250円	195位			
'17=	7,495,959円	92位			

S・ノリス（ノリス ショーン）

Shaun NORRIS　**出場資格：'17日本ゴルフツアー選手権優勝**

所属:JOYXGC上月C
生年月日:1982(S57).5.14
身長、体重:188cm／100kg
血液型:O型
出身地:南アフリカ
出身校:Die Wilgers Hoerskool
趣味:釣り
ゴルフ歴:7歳〜
プロ転向:2002年
日本でのツアーデビュー戦:
　'16レオパレス21ミャンマー
　オープン
ベストスコア:60
　('21ゴルフパートナー
　PRO-AM1R)
プレーオフ:1勝1敗

ツアー6勝

('16)レオパレス21ミャンマーオープン、('17)日本ゴルフツアー選手権森ビルカップShishido Hills、('18)HEIWA・PGM CHAMPIONSHIP、('19)トップ杯東海クラシック、('21)ゴルフパートナー PRO-AM、日本オープン

インターナショナルツアー4勝

('08)アフリカオープン（南ア）、('11)ナッシュアマスターズ（南ア）、
('15)Yeangderトーナメントプレーヤーズ選手権（台湾・アジア）
('22)スティンシティ選手権（欧州・南ア）

'22のツアー全成績:9試合(内、海外メジャー3試合)

東建ホームメイトカップ ………………9T
関西オープン ……………………………予落
ISPS HANDA 欧州・日本…………10T
☆全米プロ ………………………………71T
☆全米オープン …………………………予落
☆全英オープン …………………………予落
長嶋茂雄INVITATIONALセガサミーカップ…32T
Sansan KBCオーガスタ ……………51T
日本オープン……………………………28T
☆は義務試合数不足により賞金ランキングに加算しない海外競技

南アフリカのプレトリア生まれ。ゴルフと並行してラグビーやクリケットなどもやっていたが高校進学時にゴルフを選んだ。2002年にプロ転向し、母国のサンシャインツアーで2勝。15年からはアジアンツアーに参戦し、同年の『トーナメントプレーヤーズ選手権』を制した。16年に日本とアジアの共同主管競技『レオパレス21ミャンマーオープン』で優勝し、以降は日本ツアーを主戦場にした。

2018、19年はともに最終戦まで今平周吾と賞金王を争ってランク2位に入っている。20年はコロナ禍で来日できず、復帰できたのは21年。まず5月の『ゴルフパートナー PRO-AM』で最終日に5打差を追いつきプレーオフで勝利。秋には『日本オープン』を4打差で制して日本での勝利数を「6」に伸ばした。22年は3月に母国開催の『ステインシティ選手権』で欧州ツアー初優勝。母国ツアーとしては11年ぶりの3勝目で21-22年シーズン賞金王に輝いた。

'22部門別データ

賞金	7,755,071円	(88位)
メルセデス・ベンツトータルポイント		―
平均ストローク	70.952	(参考)
平均パット	1.7665	(参考)
パーキープ率	85.606	(参考)
パーオン率	64.899	(参考)
バーディ率	3.727	(参考)
イーグル率		―
ドライビングディスタンス	297.38	(参考)
フェアウェイキープ率	49.351	(参考)
サンドセーブ率	47.727	(参考)
トータルドライビング		―
生涯獲得賞金	447,217,751円	(81位)

賞金と順位(◎は賞金ランクによる出場権獲得)

◎'16= 29,534,371円　43位
◎'17= 85,128,663円　7位
◎'18=103,942,450円　2位
◎'19=145,044,149円　2位
◎'20-21= 75,813,047円　12位
　'22= 7,755,071円　88位

J・パグンサン（パグンサン ジュビック）

Juvic PAGUNSAN

ツアー1勝
('21)〜全英への道〜ミズノオープン

インターナショナルツアー1勝
('07)インドネシア・プレジデント招待(アジア)

その他：'11アジアンツアー賞金王

代表歴：オリンピック('21)

所属：フリー
生年月日：1978(S53).5.11
身長、体重：168cm／62kg
血液型：AB型
出身地：フィリピン
出身校：Paglaum National High School
趣味：バスケットボール、車、バイク
ゴルフ歴：15歳〜
プロ転向：2006年
デビュー戦：'06Razon Cup（フィリピン）
日本でのツアーデビュー戦：'08パナソニックオープン
得意クラブ：パター
日本でのベストスコア：64
　('13セガサミーカップ3R、'14インドネシアPGA選手権2R、'18中日クラウンズ4R、'18RIZAP KBCオーガスタ4R、'19ブリヂストンオープン2R)
アマ時代の主な優勝歴：
　('05)フィリピンアマ、タイランドアマ、マレーシアアマチュアオープン

'22のツアー全成績：21試合

東建ホームメイトカップ	予落
関西オープン	予落
ISPS HANDA 欧州・日本	予落
中日クラウンズ	棄権
〜全英への道〜ミズノオープン	予落
BMW日本ゴルフツアー選手権森ビルカップ	64
ASO飯塚チャレンジドゴルフ	20T
日本プロゴルフ選手権	20T
長嶋茂雄INVITATIONALセガサミーカップ	予落
Sansan KBCオーガスタ	予落
フジサンケイクラシック	予落
Shinhan Donghae Open	27T
ANAオープン	55T
パナソニックオープン	5T
バンテリン東海クラシック	53T
日本オープン	予落
HEIWA・PGM CHAMPIONSHIP	15T
マイナビABCチャンピオンシップ	43T
三井住友VISA太平洋マスターズ	37T
ダンロップフェニックス	22T
カシオワールドオープン	54T

プロゴルファーの父親の教えでゴルフを始めた。20代後半まではアマチュアとしてプレーし、母国の『フィリピンアマ』をはじめ、タイやマレーシアのアマチュア選手権など多くのタイトルを獲得している。

2006年にプロ転向し、同年はアジアンツアーで賞金ランク7位に入ってルーキー・オブ・ザ・イヤーを受賞した。11年は未勝利ながらアジアンツアー賞金王に輝き、12年から日本ツアーを主戦場に。残り2ホールで2打リードから逆転された12年『日本オープン』など7回の2位を経験した後、21年の『ミズノオープン』でついに初優勝を飾る。コロナ禍の特例で自らバッグを担ぎ、負担を軽くするためクラブは11本だけ。異例のプレーながら3打差首位で出た最終日もスコアを伸ばして逃げ切った。同年夏には東京五輪にフィリピン代表として出場。来日10年目は忘れられない年になった。22年もシードを守り、これで10季連続となった。

'22部門別データ

賞金	15,276,996円	(57位)
メルセデス・ベンツトータルポイント	566	(74位)
平均ストローク	72.272	(73位)
平均パット	1.7859	(71位)
パーキープ率	83.162	(76位)
パーオン率	64.615	(69位)
バーディ率	3.615	(49位)
イーグル率	13.000	(48位)
ドライビングディスタンス	279.36	(65位)
フェアウェイキープ率	57.379	(35位)
サンドセーブ率	44.444	(80位)
トータルドライビング	100	(52位)
生涯獲得賞金	256,730,157円	(139位)

賞金と順位（◎は賞金ランクによる出場権獲得）

'08=	1,686,666円	152位	◎'14=	32,191,873円	33位	◎'20-21=	28,987,943円	31位
'09=	0円		◎'15=	11,541,375円	72位	◎'22=	15,276,996円	57位
'10=	0円		◎'16=	20,982,485円	53位			
'11=	697,500円	173位	◎'17=	30,491,615円	37位			
◎'12=	40,868,107円	27位	◎'18=	21,535,714円	50位			
◎'13=	29,312,118円	37位	◎'19=	23,157,765円	40位			

幡地隆寛

Takahiro HATAJI

賞金ランキング53位

ツアー未勝利

所属:ディライトワークス
生年月日:1993(H5).6.30
身長、体重:188cm／98kg
血液型:B型
出身地:広島県
出身校:東北福祉大学
趣味:ゲーム、ダーツ
ゴルフ歴:10歳～
プロ転向:2015年
ツアーデビュー戦:
　'16東建ホームメイトカップ
得意クラブ:SW
ベストスコア:64
　('21バンテリン東海クラシッ
　ク1R、'22関西オープン
　1R、'22ゴルフパートナー
　PRO-AM2R）
アマ時代の主な戦歴:('14)日
本アマベスト16、('15)関東学
生優勝

'22のツアー全成績：23試合

東建ホームメイトカップ	36T
関西オープン	24T
ISPS HANDA 欧州・日本	32T
中日クラウンズ	63
アジアパシフィックダイヤモンドカップ	予落
ゴルフパートナー PRO-AM	予落
～全英への道～ミズノオープン	21T
BMW日本ゴルフツアー選手権森ビルカップ	11T
ASO飯塚チャレンジドゴルフ	22T
JPC by サトウ食品	52T
日本プロゴルフ選手権	予落
長嶋茂雄INVITATIONALセガサミーカップ	10T
Sansan KBCオーガスタ	予落
フジサンケイクラシック	予落
Shinhan Donghae Open	予落
バンテリン東海クラシック	29T
For The Players By The Players	25T
日本オープン	23T
HEIWA・PGM CHAMPIONSHIP	54T
マイナビABCチャンピオンシップ	11T
三井住友VISA太平洋マスターズ	41T
ダンロップフェニックス	予落
カシオワールドオープン	予落

　広島県三原市出身。父親に兄、姉と一緒に練習場に連れて行ってもらったことがゴルフを始めるきっかけ。自分が一番ヘタだったことからやる気に火が付いた。高校はゴルフ部に入るため隣県岡山の作陽へ進み、『日本ジュニア』3位などの成績を残した。東北福祉大学時代は2014年に『日本アマ』ベスト16入り。大学4年の15年には『関東学生』で優勝を飾っている。

　同年12月にプロ宣言。18年までツアーでの予選通過はゼロだったが、19年は初シードまであと一歩に迫り、抜群の飛距離でも注目を集めた。翌シーズンは21年の『日本ゴルフツアー選手権』で最終日の65で5位に入って勢いをつけ、『三井住友VISA太平洋マスターズ』では初の最終日最終組を経験して4位。初シードをつかみ取り、ドライビングディスタンスでは絶対王者のC・キムを抑えて初の1位に輝いた。22年は優勝争いこそなかったが予選落ちが減り、平均ストロークは良化した。

'22部門別データ

賞金	16,065,475円	(53位)
メルセデス・ベンツトータルポイント	392	(36位)
平均ストローク	71.910	(54位)
平均パット	1.7845	(68位)
パーキープ率	83.102	(79位)
パーオン率	66.590	(45位)
バーディ率	3.667	(43位)
イーグル率	8.000	(16位)
ドライビングディスタンス	301.75	(3位)
フェアウェイキープ率	53.831	(58位)
サンドセーブ率	54.369	(26位)
トータルドライビング	61	(10位)
生涯獲得賞金	53,492,256円	(409位)

賞金と順位(◎は賞金ランク、△はABEMAツアーランクによる出場権獲得)

```
 '16=0円
 '17=0円
△'18=0円
 '19= 12,221,550円   67位
◎'20-'21= 25,205,231円   39位
◎'22= 16,065,475円   53位
```

比嘉一貴

Kazuki HIGA

ツアー6勝
('19) RIZAP KBCオーガスタ、('21) 長嶋茂雄INVITATIONALセガサミーカップ、
('22) 関西オープン、BMW日本ゴルフツアー選手権森ビルカップ、Shinhan Donghae Open、ダンロップフェニックス

ABEMAツアー（チャレンジ）1勝
('18) 南秋田CCみちのくチャレンジ

所属：フリー
生年月日：1995(H7).4.23
身長、体重：158cm／70kg
血液型：B型
出身地：沖縄県
出身校：東北福祉大学
趣味：ハンドボール
スポーツ歴：
ゴルフ歴：10歳〜
プロ転向：2017年
ツアーデビュー戦：
　'18関西オープン
得意クラブ：全部
ベストスコア：62
　（'22ゴルフパートナー
　PRO-AM3R）
アマ時代の主な優勝歴：
　('15) ユニバーシアード大会
　（個人・団体）
　('17) ネイバーズトロフィー
　チーム選手権（個人・団体）、
　関東学生、東北アマ

'22のツアー全成績：25試合（内、海外メジャー1試合）

東建ホームメイトカップ	19T
関西オープン	優勝
ISPS HANDA 欧州・日本	6T
中日クラウンズ	16T
アジアパシフィックダイヤモンドカップ	37T
ゴルフパートナー PRO-AM	4T
〜全英への道〜ミズノオープン	26T
BMW日本ゴルフツアー選手権森ビルカップ	優勝
ASO飯塚チャレンジドゴルフ	22T
☆全英オープン	予落
日本プロゴルフ選手権	26T
長嶋茂雄INVITATIONALセガサミーカップ	予落
Sansan KBCオーガスタ	9T
フジサンケイクラシック	43T
Shinhan Donghae Open	優勝
ANAオープン	20T
パナソニックオープン	予落
バンテリン東海クラシック	3T
日本オープン	2
HEIWA・PGM CHAMPIONSHIP	21T
マイナビABCチャンピオンシップ	24T
三井住友VISA太平洋マスターズ	19T
ダンロップフェニックス	優勝
カシオワールドオープン	37T
ゴルフ日本シリーズJTカップ	20T

☆は賞金ランキングに加算する海外競技

2022年はシーズン通して活躍した。『日本ゴルフツアー選手権』最終ホールのバーディで初の日本タイトルをつかみ取るなど計4勝。158cm、歴代で最も小柄な賞金王が誕生した。

沖縄の本部高校時代から宮里優作らの父である優さんに師事。『全国高校選手権春季大会』優勝などの成績を収め、ナショナルチームにも選出された。東北福祉大学時代は16年『日本オープン』ローアマなどのタイトルを獲得。『ユニバーシアード』では15年に団体個人とも金メダル、17年は団体金、個人銀に輝くなど海外でも大いに活躍した。

17年にプロ転向したがQTはサードで失格。戦いの場を求めてアジアンツアーに挑み、18、19年と下部ツアーで優勝した。国内では19年『KBCオーガスタ』で大会新の26アンダーで初優勝。20〜21年シーズンでも1勝し、実力を蓄えてつかんだ頂点だった。今年は欧州ツアー出場権も得ており海外での奮闘も期待される。

'22部門別データ

メルセデス・ベンツ トータルポイント
6位 (165)
サンドセーブ率　35位 (53.211)
平均ストローク　2位 (70.123)
FWキープ率　22位 (58.846)
平均パット　21位 (1.7506)
ドライビングディスタンス　46位 (285.71)
パーキープ率　1位 (88.949)
イーグル率　18位 (8.364)
パーオン率　8位 (71.014)
バーディ率　12位 (4.217)

トータルドライビング＝68（18位）
獲得賞金＝181,598,825円（1位）
生涯獲得賞金＝325,911,320円（111位）

賞金と順位（◎は賞金ランクによる出場権獲得）

◎'18=	16,868,209円	60位
◎'19=	57,401,190円	14位
◎'20-'21=	70,043,096円	13位
◎'22=	181,598,825円	1位

久常　涼

Ryo HISATSUNE

賞金ランキング24位

ツアー未勝利

ABEMAツアー（チャレンジ）3勝
（'21）ジャパンクリエイトチャレンジin福岡雷山、南秋田カントリークラブみちのくチャレンジトーナメント、ISPS HANDAヒーローになれ! チャレンジトーナメント

所属:SBSホールディングス
生年月日:2002(H14).9.9
身長、体重:175cm／75kg
血液型:B型
出身地:岡山県
出身校:作陽高校
趣味:
スポーツ歴:
ゴルフ歴:3歳〜
プロ転向:2020年
ツアーデビュー戦:
　'21関西オープン
得意クラブ:
ベストスコア:61
　（'22ASO飯塚チャレンジドゴルフ4R）
アマ時代の主な優勝歴:
　（'17）日本ジュニア(12〜14歳の部)優勝、
　（'18）全国高校選手権優勝

'22のツアー全成績：17試合

東建ホームメイトカップ	予落
関西オープン	40T
中日クラウンズ	55
アジアパシフィックダイヤモンドカップ	13T
ゴルフパートナー PRO-AM	予落
〜全英への道〜ミズノオープン	21T
BMW日本ゴルフツアー選手権森ビルカップ	9T
ASO飯塚チャレンジドゴルフ	2T
JPC by サトウ食品	13T
日本プロゴルフ選手権	7T
長嶋茂雄INVITATIONALセガサミーカップ	32T
Sansan KBCオーガスタ	9T
フジサンケイクラシック	予落
ANAオープン	4T
パナソニックオープン	4
バンテリン東海クラシック	13T
日本オープン	予落

　岡山・津山東中3年時の2017年に『日本ジュニア（12〜14歳の部）』で7打差の圧勝。作陽高校に進んだ18年には1年生で『全国高校選手権』を制し、『KBCオーガスタ』では11位と健闘。翌19年はナショナルチームにも名を連ねた。

　高校3年時の20年にQTに挑み、1次で敗退するがプロ転向に踏み切った。21年5月、『ゴルフパートナー PRO-AM』最終日に62で回って非凡なところを見せると、翌週はABEMAツアーで3位に入って次戦出場権を獲得。こうして出場機会を増やすと6月にABEMAツアー初優勝。9月に年間3勝目をマークして規定によりツアー出場権をつかんだ。すると出場した7試合すべてで予選を通過。あっさりと初シードを獲得してみせた。

　22年は国内でシードを守ったほか海外にも積極的に参戦。11月には欧州ツアーのQT7位で出場権をつかむと翌週のシーズン開幕戦で2位。好スタートを切った。

'22部門別データ

賞金	37,085,872円	(24位)
メルセデス・ベンツトータルポイント	274	(17位)
平均ストローク	70.485	(10位)
平均パット	1.7949	(80位)
パーキープ率	86.667	(17位)
パーオン率	73.519	(2位)
バーディ率	3.900	(29位)
イーグル率	5.000	(1位)
ドライビングディスタンス	295.59	(13位)
フェアウェイキープ率	54.600	(49位)
サンドセーブ率	45.902	(73位)
トータルドライビング	62	(12位)
生涯獲得賞金	55,684,942円	(399位)

賞金と順位（◎は賞金ランクによる出場権獲得）

◎'20-'21= 18,599,070円　50位
◎'22= 37,085,872円　24位

平田憲聖

Kensei HIRATA

賞金ランキング58位

ツアー未勝利

所属:ELECOM
生年月日:2000(H12).11.26
身長、体重:170cm／70kg
血液型:O型
出身地:大阪府
出身校:大阪学院大学
ゴルフ歴:7歳〜
プロ転向:2021年
ツアーデビュー戦:'22東建
　ホームメイトカップ
得意クラブ:サンドウェッジ
ベストスコア:66
('22関西オープン1R、ゴルフ
　パートナー PRO-AM2R、日
　本ゴルフツアー選手権1R、
　JPC byサトウ食品3R、カシ
　オワールド2R)
アマ時代の主な戦歴:('21)日
　本学生優勝、関西学生4位、
　日本アマ4位T

'22のツアー全成績：20試合

東建ホームメイトカップ	予落
関西オープン	11T
ISPS HANDA 欧州・日本	予落
アジアパシフィックダイヤモンドカップ	予落
ゴルフパートナー PRO-AM	61
〜全英への道〜ミズノオープン	予落
BMW日本ゴルフツアー選手権森ビルカップ	7T
ASO飯塚チャレンジドゴルフ	31T
JPC by サトウ食品	29T
日本プロゴルフ選手権	予落
長嶋茂雄INVITATIONALセガサミーカップ	40T
Sansan KBCオーガスタ	21T
フジサンケイクラシック	14T
ANAオープン	予落
パナソニックオープン	26T
バンテリン東海クラシック	予落
For The Players By The Players	45T
マイナビABCチャンピオンシップ	16T
ダンロップフェニックス	49T
カシオワールドオープン	37T

大阪府吹田市出身。祖父と練習に行ったことがきっかけでゴルフを始め、ジュニア時代は親族のティーチングプロらに教わって腕を上げた。中学3年時の2015年、大人に交じって『日刊アマ』で優勝。大阪学院大高校2年の17年には『関西アマ』を制した。大阪学院大学3年時の21年には『日本学生』で優勝。これでサードQTからの出場権を獲得し3年生にしてQT、そしてプロへの挑戦を決意した。

サードQTをクリアしてプロ宣言。ファイナルQTでは2位に食い込んで1年目からツアーで活躍するチャンスをつかんだ。大学生プロとして臨んだ22年は『関西オープン』11位で初賞金を得る。『日本ゴルフツアー選手権』では初日2位発進し、最終的には7位で初トップ10を記録。以降も堅実な成績を収め1年目からシード入りを果たした。リカバリー率が9位の好成績。バーディ率は高くないが、きっちりとパーセーブしながら粘り強いゴルフをするタイプだ。

'22部門別データ

賞金	15,139,070円	(58位)
メルセデス・ベンツトータルポイント	427	(45位)
平均ストローク	71.535	(39位)
平均パット	1.7613	(36位)
パーキープ率	86.828	(15位)
パーオン率	65.950	(55位)
バーディ率	3.532	(62位)
イーグル率	20.667	(72位)
ドライビングディスタンス	280.74	(61位)
フェアウェイキープ率	58.285	(26位)
サンドセーブ率	48.387	(61位)
トータルドライビング	87	(37位)
生涯獲得賞金	15,139,070円	(692位)

賞金と順位(◎は賞金ランク、□はQTランクによる出場権獲得)

□'20-21'=ナシ
◎'22= 15,139,070円　58位

S・ビンセント（ビンセント スコット）

Scott VINCENT | 出場資格：'22～全英への道～ミズノオープン優勝

ツアー 3勝
('21) Sansan KBCオーガスタ、ANAオープン、('22)～全英への道～ミズノオープン

ABEMAツアー（チャレンジ）1勝
('19) LANDIC CHALLENGE 7

インターナショナル1勝
('22) インターナショナルシリーズイングランド（アジア）

代表歴：ワールドカップ('18)、オリンピック('21)

所属：JOYXGC上月C
生年月日：1992(H4).5.20
身長、体重：178cm／68kg
血液型：
出身地：ジンバブエ
出身校：バージニア工科大学
プロ転向：2015年
日本でのツアーデビュー戦：
　'17SMBCシンガポール
　オープン
ベストスコア：62
　('21ゴルフパートナー
　PRO-AM4R)
プレーオフ：1勝1敗
アマ時代の主な戦歴：
　('10、'12)世界アマ代表

'22のツアー全成績：8試合(内、海外メジャー1試合)

アジアパシフィックダイヤモンドカップ	予落
ゴルフパートナー PRO-AM	10T
～全英への道～ミズノオープン	優勝
☆全英オープン	予落
日本プロゴルフ選手権	7T
Sansan KBCオーガスタ	12T
日本オープン	18
ダンロップフェニックス	7

☆は義務試合数不足により賞金ランキングに加算しない海外競技

ジンバブエの首都ハラレ出身。父親の影響でゴルフを始め、大学は米国のバージニア工科大学に。2010、12年には『世界アマ』に出場している。15年にプロ転向。アフリカやカナダ、アジアと世界各地でプレーした。18年に日本のQTで11位に入って19年から日本を主戦場に。6月にABEMAツアーで初優勝し、レギュラーツアーではシードをつかんだ。

初シード選手として臨んだ翌シーズンはコロナ禍のため20年は欧州中心に活動した。21年には来日が叶い、夏には東京五輪にジンバブエ代表で参加して16位に入る。4週間後の『KBCオーガスタ』で人生初のレギュラーツアー優勝をつかみ取り、バッグを担いだ夫人と熱い抱擁を交わした。さらに3週間後には『ANAオープン』で2勝目を飾り、賞金ランクは11位に入った。22年は『ミズノオープン』で7打差11位からプレーオフに持ち込んで優勝。翌週はアジアンツアーでも勝利を収めている。

'22部門別データ

賞金	32,486,250円	（27位）
メルセデス・ベンツトータルポイント		―
平均ストローク	69.794	（参考）
平均パット	1.7401	（参考）
パーキープ率	87.821	（参考）
パーオン率	70.299	（参考）
バーディ率	4.115	（参考）
イーグル率	8.667	（参考）
ドライビングディスタンス	295.61	（参考）
フェアウェイキープ率	54.545	（参考）
サンドセーブ率	42.857	（参考）
トータルドライビング		―
生涯獲得賞金	179,812,974円	（201位）

賞金と順位（◎は賞金ランク、□はQTランクによる出場権獲得）

	'17=	1,264,552円	177位
□	'18=	9,248,765円	85位
◎	'19=	56,823,626円	15位
◎	'20-'21=	79,989,781円	11位
※	'22=	32,486,250円	27位

※規定試合数不足

T・ペク（ペク トッド）

Todd BAEK

ツアー未勝利

ABEMAツアー（チャレンジ）2勝
('19)HEIWA・PGM Challenge II〜Road to CHAMPIONSHIP、
TOSHIN CHALLENGE IN 名神八日市CC

所属:キャロウェイゴルフ
生年月日:1991(H3).10.6
身長、体重:186cm／105kg
血液型:B型
出身地:米国
出身校:サンディエゴ州立大
趣味:音楽鑑賞
スポーツ歴:バスケットボール
ゴルフ歴:13歳〜
プロ転向:2012年
日本でのツアーデビュー戦:
　'19ミズノオープン
得意クラブ:60°ウェッジ
日本でのベストスコア:61
　('21ゴルフパートナー
　PRO-AM1R)

'22のツアー全成績：24試合

東建ホームメイトカップ	36T
関西オープン	11T
ISPS HANDA 欧州・日本	43T
中日クラウンズ	12T
アジアパシフィックダイヤモンドカップ	棄権
ゴルフパートナー PRO-AM	予落
〜全英への道〜ミズノオープン	21T
BMW日本ゴルフツアー選手権森ビルカップ	5
ASO飯塚チャレンジドゴルフ	22T
日本プロゴルフ選手権	49T
長嶋茂雄INVITATIONALセガサミーカップ	予落
Sansan KBCオーガスタ	35T
フジサンケイクラシック	30T
Shinhan Donghae Open	14T
ANAオープン	30T
パナソニックオープン	34T
バンテリン東海クラシック	19T
日本オープン	53T
HEIWA・PGM CHAMPIONSHIP	37T
マイナビABCチャンピオンシップ	16T
三井住友VISA太平洋マスターズ	9T
ダンロップフェニックス	予落
カシオワールドオープン	37T
ゴルフ日本シリーズJTカップ	27T

韓国・ソウル生まれ。父親は柔道家で世界規模の大会での優勝歴あり。自身も子供のころは柔道を習い2段を有している。9歳の時、父親が柔道のコーチをするためにニュージーランドに移住。そこでゴルフを覚えた。初めて出た試合で最下位になったことが悔しくて本格的にゴルフに取り組み、翌年、その試合で優勝を果たす。その後、米国のサンディエゴ州立大学に留学。フレッシュマン（1年生）のオールアメリカンに選ばれた。

2012年にプロ転向。中国や米国下部ツアーなどでプレーし、中国では2勝を挙げた。19年から日本を主戦場に。ABEMAツアーで2勝し、レギュラーツアーではシードを獲得。トータルドライビングとリカバリー率で1位に輝いた。21年『ジャパンプレーヤーズ選手権』で自己最高の2位に入り、『マイナビABC』2日目には初の首位も経験。22年はトップ10が2試合だけだったが予選落ちを減らし、堅実な成績を重ねてシードを守った。

'22部門別データ

賞金	28,802,150円	(31位)
メルセデス・ベンツトータルポイント	307	(22位)
平均ストローク	71.151	(22位)
平均パット	1.7763	(58位)
パーキープ率	87.101	(12位)
パーオン率	70.307	(12位)
バーディ率	3.598	(53位)
イーグル率	9.667	(26位)
ドライビングディスタンス	275.24	(81位)
フェアウェイキープ率	64.716	(5位)
サンドセーブ率	52.427	(38位)
トータルドライビング	86	(32位)
生涯獲得賞金	84,498,237円	(326位)

賞金と順位（◎は賞金ランクによる出場権獲得）

◎'19=	14,039,071円	56位
◎'20-21=	41,657,016円	26位
◎'22=	28,802,150円	31位

星野陸也

Rikuya HOSHINO

賞金ランキング2位

ツアー6勝
('18)フジサンケイクラシック、('19)ダンロップ・スリクソン福島オープン('20)フジサンケイクラシック、('21)関西オープン、アジアパシフィックダイヤモンドカップ、('22)HEIWA・PGM CHAMPIONSHIP

ABEMAツアー(チャレンジ)1勝
('17)Novil Cup

代表歴:オリンピック('21)

所属:興和
生年月日:1996(H8).5.12
身長、体重:186cm／76kg
血液型:O型
出身地:茨城県
出身校:日本大学
趣味:サッカー、卓球、
　　音楽鑑賞
スポーツ歴:水泳、サッカー、卓球
ゴルフ歴:6歳～
プロ転向:2016年
ツアーデビュー戦:
　'16RIZAP KBCオーガスタ
得意クラブ:ドライバー
ベストスコア:62
　('17HONMA TOURWORLD CUP
　2R)
プレーオフ:1勝2敗
アマ時代の主な戦歴:
　('13、'14)関東ジュニア優勝、
　('15)日本学生5位T

'22のツアー全成績:24試合(内、海外メジャー3試合)

東建ホームメイトカップ	3
関西オープン	2
ISPS HANDA 欧州・日本	2
中日クラウンズ	7T
アジアパシフィックダイヤモンドカップ	6T
☆全米プロ	60T
BMW日本ゴルフツアー選手権森ビルカップ	7T
☆全米オープン	予落
JPC by サトウ食品	13T
☆全英オープン	予落
日本プロゴルフ選手権	20T
長嶋茂雄INVITATIONALセガサミーカップ	19T
Sansan KBCオーガスタ	予落
フジサンケイクラシック	27T
Shinhan Donghae Open	20T
ANAオープン	30T
パナソニックオープン	26T
バンテリン東海クラシック	予落
日本オープン	棄権
HEIWA・PGM CHAMPIONSHIP	優勝
三井住友VISA太平洋マスターズ	2
ダンロップフェニックス	8T
カシオワールドオープン	8T
ゴルフ日本シリーズJTカップ	7

☆は賞金ランキングに加算する海外競技

中学時代にすでに180cmを超えていたという長身を生かしたゴルフで水城高校時代は『関東ジュニア』で連覇を達成。日本大学を2年時の2016年6月に中退すると8月のQT挑戦を機にプロ宣言した。
　翌17年にフル参戦1年目でシードを獲得。18年『フジサンケイクラシック』で初優勝するなど賞金ランク7位に躍進して最優秀新人賞に輝いた。以降も着実に勝ち星を重ね、21年は序盤に2勝を挙げて賞金王レースを引っ張り、東京五輪代表の座も射止めた。五輪は38位。シーズン後半戦は優勝争いに加われず賞金ランクは5位に終わった。
　22年は開幕戦から何度も優勝争いを繰り広げるが勝利をつかみ切れない。10月、シーズン初優勝を地元・茨城で飾った。賞金ランク2位は自己最高。平均ストロークやトップ10回数では1位となり安定感が増したことを示している。今年は欧州ツアーの出場権もあり海外でのプレーも増えそうだ。

'22部門別データ

メルセデス・ベンツ トータルポイント
1位(77)
サンドセーブ率 1位(68.421)
平均ストローク 1位(69.975)
FWキープ率 36位(57.169)
平均パット 5位(1.7203)
ドライビングディスタンス 14位(294.97)
パーキープ率 3位(88.456)
イーグル率 2位(5.923)
パーオン率 14位(70.274)
バーディ率 1位(4.753)

トータルドライビング=50 (5位)
獲 得 賞 金=114,404,050円 (2位)
生涯獲得賞金=396,903,941円 (91位)

賞金と順位(◎は賞金ランクによる出場権獲得)

'16=	2,145,000円	151位
◎'17=	33,116,035円	31位
◎'18=	73,583,921円	7位
◎'19=	66,313,846円	11位
◎'20-21=	107,341,089円	5位
◎'22=	114,404,050円	2位

堀川未来夢

Mikumu HORIKAWA

所属:Wave Energy
生年月日:1992(H4).12.16
身長、体重:176cm／84kg
血液型:O型
出身地:神奈川県
出身校:日本大学
趣味:映画鑑賞、サウナ
スポーツ歴:テニス、水泳
ゴルフ歴:4歳〜
プロ転向:2014年
ツアーデビュー戦:
　'15東建ホームメイトカップ
師弟関係:石川淳一
得意クラブ:アプローチ、パター
ベストスコア:63
　('17パナソニックオープン
　3R、'18ダンロップ・スリクソン
　福島オープン3R、'21マイナ
　ビABC3R)
プレーオフ:0勝1敗
アマ時代の主な戦歴:
　('12、'13)国民体育大会個
　人優勝、('12、'14)関東ア
　マ優勝、('14)アジアパシ
　フィックアマ2位

賞金ランキング4位

ツアー 4勝
('19)日本ゴルフツアー選手権 森ビルカップ Shishido Hills、
('21)カシオワールドオープン、('22)日本プロ、マイナビABCチャンピオンシップ

'22のツアー全成績:24試合

東建ホームメイトカップ	23T
関西オープン	24T
ISPS HANDA 欧州・日本	32T
中日クラウンズ	24T
アジアパシフィックダイヤモンドカップ	24T
〜全英への道〜ミズノオープン	32T
BMW日本ゴルフツアー選手権森ビルカップ	28T
ASO飯塚チャレンジドゴルフ	22T
JPC by サトウ食品	予落
日本プロゴルフ選手権	優勝
長嶋茂雄INVITATIONALセガサミーカップ	10T
Sansan KBCオーガスタ	31T
フジサンケイクラシック	4
Shinhan Donghae Open	62T
ANAオープン	12T
パナソニックオープン	予落
バンテリン東海クラシック	40T
日本オープン	28T
HEIWA・PGM CHAMPIONSHIP	11T
マイナビABCチャンピオンシップ	優勝
三井住友VISA太平洋マスターズ	6T
ダンロップフェニックス	8T
カシオワールドオープン	8T
ゴルフ日本シリーズJTカップ	26

　賞金ランク自己最高の4位に入った2022年は『日本プロ』で2つ目の日本タイトルを手にするなど計2勝。出場24試合中予選落ちはわずか2試合という抜群の安定感だった。

　父親の影響でクラブを握り、小学生のころから試合に出ていたが、中学時代はゴルフから少し離れてソフトテニス部に所属。市の大会で優勝したこともあった。厚木北高校に入学してゴルフを再開。高校時代は目立った成績はなかったが、日本大学進学後に高いレベルでもまれて力をつけ、『関東アマ』など数々のタイトルを獲得した。

　プロデビューした15年に初シード獲得。1年で陥落するがすぐに奪回し、19年の『日本ゴルフツアー選手権』で初日から首位を譲らず初優勝。21年の『カシオワールド』でも完全優勝を果たしている。

　ゴルフファン獲得へ積極的に情報発信。自身のYouTubeチャンネルは登録者数約27万人の人気ぶりだ。

'22部門別データ

メルセデス・ベンツ トータルポイント 14位(249)
サンドセーブ率 42位(52.033)
平均ストローク 11位(70.619)
FWキープ率 8位(62.539)
平均パット 14位(1.7430)
ドライビングディスタンス 89位(272.13)
パーキープ率 13位(86.957)
イーグル率 29位(10.222)
パーオン率 21位(69.082)
バーディ率 22位(4.033)

トータルドライビング=97（48位）
獲 得 賞 金=95,594,744円（4位）
生涯獲得賞金=381,135,016円（94位）

賞金と順位(◎は賞金ランクによる出場権獲得)

◎'15=	24,995,207円	41位	◎'22=	95,594,744円	4位
'16=	9,476,239円	87位			
◎'17=	20,481,606円	51位			
◎'18=	54,119,271円	19位			
◎'19=	84,790,750円	6位			
◎20-21=	91,677,199円	7位			

宮里優作

Yusaku MIYAZATO

賞金ランキング66位

ツアー7勝

('13)ゴルフ日本シリーズJTカップ、('14)東建ホームメイトカップ、('15)ダンロップフェニックス、('17)中日クラウンズ、日本プロ日清カップヌードル杯、HONMA TOURWORLD CUP、ゴルフ日本シリーズJTカップ

所属:フリー
生年月日:1980(S55).6.19
身長、体重:170cm／70kg
血液型:A型
出身地:沖縄県
出身校:東北福祉大学
スポーツ歴:バスケットボール、
　野球、陸上
ゴルフ歴:3歳〜
プロ転向:2002年
ツアーデビュー戦:
　'03東建ホームメイトカップ
師弟関係:宮里　優(父)
得意クラブ:パター
ベストスコア:61
　('17HONMA TOURWORLD CUP
　1R)
アマ時代の主な優勝歴:
　('98)日本ジュニア、
　('00、'01、'02)日本学生、
　('01)日本アマ、
　　日本オープンローアマ

'22のツアー全成績：25試合

東建ホームメイトカップ	58T
関西オープン	予落
ISPS HANDA 欧州・日本	32T
中日クラウンズ	予落
アジアパシフィックダイヤモンドカップ	予落
ゴルフパートナー PRO-AM	予落
〜全英への道〜ミズノオープン	予落
BMW日本ゴルフツアー選手権森ビルカップ	棄権
ASO飯塚チャレンジドゴルフ	4T
JPC by サトウ食品	56T
日本プロゴルフ選手権	予落
長嶋茂雄INVITATIONALセガサミーカップ	44T
Sansan KBCオーガスタ	21T
フジサンケイクラシック	予落
Shinhan Donghae Open	予落
ANAオープン	52T
パナソニックオープン	23T
バンテリン東海クラシック	29T
For The Players By The Players	予落
日本オープン	予落
HEIWA・PGM CHAMPIONSHIP	54T
マイナビABCチャンピオンシップ	予落
三井住友VISA太平洋マスターズ	予落
ダンロップフェニックス	35T
カシオワールドオープン	24T

父・優さんの指導で腕を上げ、ジュニア時代から数々のタイトルを獲得してきた。東北福祉大学時代はツアーでも度々優勝争いに加わり、出場4試合連続でトップ10に入ったこともある。
　プロ生活は1年目からシードを手にするが初優勝は33歳、16度目の最終日最終組となった2013年の『日本シリーズ』だった。以降は着実に優勝を重ね、16、17年は選手会長も務めた。17年は『中日クラウンズ』『日本プロ』を連勝し、10月の『HONMA TOURWORLD CUP』では72ホールボギーなしで優勝という快挙をやってのける。賞金ランク2位で迎えた『日本シリーズ』では逆転には優勝しかない状況の中で6打差の圧勝。自身初、そして選手会長としても初めて賞金王の座についた。18、19年は欧州中心にプレーし、20年から再び日本を主戦場に。22年は2年の任期で選手会事務局長に就任し、プレー以外でもツアーの盛り上げに尽力した。

'22部門別データ

賞金	11,851,827円	(66位)
メルセデス・ベンツトータルポイント	500	(61位)
平均ストローク	72.122	(66位)
平均パット	1.7836	(66位)
パーキープ率	84.116	(56位)
パーオン率	68.779	(24位)
バーディ率	3.606	(50位)
イーグル率	14.200	(56位)
ドライビングディスタンス	279.88	(64位)
フェアウェイキープ率	51.766	(70位)
サンドセーブ率	50.962	(48位)
トータルドライビング	134	(86位)
生涯獲得賞金	891,277,493円	(19位)

賞金と順位(◎は賞金ランクによる出場権獲得)

◎'03=	18,970,000円	54位	◎'08= 38,197,866円	33位	◎'13= 78,688,291円	7位	◎'18= 16,237,450円	64位
◎'04=	23,904,829円	50位	◎'09= 36,239,021円	31位	◎'14= 64,299,792円	11位	'19= 1,693,523円	123位
◎'05=	29,511,667円	43位	◎'10= 19,653,816円	55位	◎'15=103,999,119円	2位	◎'20-21= 48,840,596円	20位
◎'06=	42,624,094円	27位	◎'11= 42,540,169円	21位	◎'16= 44,166,769円	20位	◎'22= 11,851,827円	66位
◎'07=	48,310,583円	14位	◎'12= 38,716,099円	30位	◎'17=182,831,982円	1位		

宮本勝昌

Katsumasa MIYAMOTO

賞金ランキング56位

ツアー12勝
('98)つるやオープン、ゴルフ日本シリーズJTカップ、('01)日本ゴルフツアー選手権
イーヤマカップ、ゴルフ日本シリーズJTカップ、('03)サトウ食品NST新潟オープン、
('07)KBCオーガスタ、('08)東建ホームメイトカップ、('10)日本ゴルフツアー選手権
Citibank Cup Shishido Hills、('14)ANAオープン、ゴルフ日本シリーズJTカップ、
('17)ダンロップ・スリクソン福島オープン、('19)中日クラウンズ

代表歴：ダンヒルカップ('98)、ダイナスティカップ('03、'05)、日韓対抗戦('04、'10)

所属：シーミュージック
生年月日：1972(S47).8.28
身長、体重：174cm／76kg
血液型：O型
出身地：静岡県
出身校：日本大学
趣味：ドライブ、ショッピング
スポーツ歴：野球
ゴルフ歴：13歳〜
プロ転向：1995年
ツアーデビュー戦：
　'96東建コーポレーションカップ
師弟関係：石井明義
得意クラブ：ドライバー
ベストスコア：62
　('11トーシントーナメントIN
　レイクウッド4R)
プレーオフ：2勝3敗
アマ時代の主な優勝歴：
　('91)日本アマ

'22のツアー全成績：20試合

東建ホームメイトカップ	36T
関西オープン	60
ISPS HANDA 欧州・日本	13T
中日クラウンズ	棄権
アジアパシフィックダイヤモンドカップ	52T
〜全英への道〜ミズノオープン	32T
BMW日本ゴルフツアー選手権森ビルカップ	63
ASO飯塚チャレンジドゴルフ	17T
JPC by サトウ食品	3T
日本プロゴルフ選手権	49T
長嶋茂雄INVITATIONALセガサミーカップ	予落
Sansan KBCオーガスタ	31T
フジサンケイクラシック	58T
パナソニックオープン	5T
バンテリン東海クラシック	棄権
日本オープン	66
HEIWA・PGM CHAMPIONSHIP	62T
マイナビABCチャンピオンシップ	予落
三井住友VISA太平洋マスターズ	棄権
ダンロップフェニックス	49T

日本大学1年時の1991年、4年生の丸山茂樹を下して『日本アマ』を制覇。プロ入り後は同期の片山晋呉らに先駆けて98年の『つるやオープン』で初優勝を飾った。同年の『日本シリーズ』では尾崎将司をプレーオフで下し、翌99年は米国ツアーに参戦。1年で撤退するが再び日本で活躍し、01年には『日本ゴルフツアー選手権』と『日本シリーズ』を制している。14年の『日本シリーズ』で通算10勝に到達。16年は史上9人目の生涯

獲得賞金10億円突破も果たした。
　18年は18年間守っていた賞金シードから陥落。しかし「令和初のトーナメント」となった19年『中日クラウンズ』では最終ホールのバーディで混戦を制して2年ぶりの通算12勝目を挙げた。以降、首位で最終日が4回あるが優勝にはつながっていない。22年は50歳を迎えてシニアデビュー。『日本プロシニア』など2位が2回あった。
　151試合連続出場がある鉄人。選手会長は計3期務めた。

'22部門別データ

賞金	15,340,399円	(56位)
メルセデス・ベンツトータルポイント	461	(56位)
平均ストローク	71.969	(56位)
平均パット	1.7548	(26位)
パーキープ率	83.905	(65位)
パーオン率	64.134	(77位)
バーディ率	3.574	(57位)
イーグル率	13.600	(53位)
ドライビングディスタンス	278.12	(71位)
フェアウェイキープ率	55.485	(44位)
サンドセーブ率	59.259	(12位)
トータルドライビング	115	(71位)
生涯獲得賞金	1,182,321,990円	(9位)

賞金と順位(◎は賞金ランク、⑱は後援ランクによる出場権獲得)

⑱'96=	1,852,600円	168位	◎'03=	60,574,671円	11位	◎'10=	74,248,316円	9位	◎'17=	54,438,564円	15位
◎'97=	22,396,448円	53位	◎'04=	48,191,300円	19位	◎'11=	22,168,925円	44位		'18=	12,334,855円	74位
◎'98=	93,580,618円	5位	◎'05=	39,260,320円	32位	◎'12=	31,394,233円	35位	◎'19=	50,403,092円	20位
'99=	6,019,000円	102位	◎'06=	59,294,663円	16位	◎'13=	20,862,314円	46位	◎'20-21=	26,769,766円	35位
◎'00=	61,921,383円	12位	◎'07=	65,295,008円	7位	◎'14=	91,048,150円	5位	◎'22=	15,340,399円	56位
◎'01=	87,455,177円	8位	◎'08=	61,996,691円	16位	◎'15=	44,424,966円	25位			
◎'02=	41,590,894円	24位	◎'09=	42,366,555円	27位	◎'16=	48,093,082円	14位			

吉田泰基

Taiki YOSHIDA

賞金ランキング61位

ツアー未勝利

所属：東広野GC
生年月日：1998(H10).3.30
身長、体重：173cm／75kg
血液型：B型
出身地：兵庫県
出身校：日本大学
ゴルフ歴：8歳〜
プロ転向：2019年
ツアーデビュー戦：'20日本オープン
ベストスコア：65
　('22日本プロ1R)
アマ時代の主な戦歴：
　('19)関西アマ優勝

'22のツアー全成績：10試合

BMW日本ゴルフツアー選手権森ビルカップ…	予落
日本プロゴルフ選手権 …………………	3
ANAオープン …………………………	52T
パナソニックオープン ………………	予落
バンテリン東海クラシック ……………	66T
For The Players By The Players…	11T
日本オープン……………………………	41T
マイナビABCチャンピオンシップ ……	43T
ダンロップフェニックス ………………	60T
カシオワールドオープン ………………	60T

神戸市出身。小学校3年の時、坂田塾に入ってゴルフを始める。高校は香川西に進み、3年時の2015年に『香川県アマ』を制している。翌年、日本大学に進学し、いきなり『関東大学春季対抗戦』で個人優勝を果たす。4年時の19年には『関西アマ』で優勝した。

同年プロ転向。予選会を勝ち上がって出場権をつかんだ20年の『日本オープン』でプロデビューを果たした。20−21は推薦などで計7試合に出場。う

ち6試合で決勝ラウンド進出を決めている。QT43位で臨んだ22年はなかなか出場機会が巡ってこなかったが、予選会を突破して出場権を得た『日本プロ』で初日65をマークして単独首位に。2日目以降も粘って自己最高の3位に食い込んだ。リランキングでQT順位を上げた9月以降は出場数が増え、着実に予選を通過。賞金ランク61位で初シードを獲得した。目標とする選手は日本大学の先輩でもある堀川未来夢と星野陸也だ。

'22部門別データ

賞金	14,271,833円	(61位)
メルセデス・ベンツトータルポイント		—
平均ストローク	72.403	(参考)
平均パット	1.7836	(参考)
パーキープ率	82.118	(参考)
パーオン率	63.542	(参考)
バーディ率	3.281	(参考)
イーグル率	16.000	(参考)
ドライビングディスタンス	282.49	(参考)
フェアウェイキープ率	50.893	(参考)
サンドセーブ率	43.182	(参考)
トータルドライビング		—
生涯獲得賞金	19,738,207円	(618位)

賞金と順位（◎印は賞金ランクによる出場権獲得）

20-21=	5,466,374円	93位
◎'22=	14,271,833円	61位

H・リー

Han LEE （リー　ハン）

ツアー1勝
('12)マイナビABCチャンピオンシップ

所属:中京陸運
生年月日:1977(S52).9.2
身長、体重:190cm／91kg
血液型:A型
出身地:アメリカ
出身校:カリフォルニア大学
　　バークレー校
趣味:プレイステーション
ゴルフ歴:9歳〜
プロ転向:2000年
日本ツアーデビュー戦:
　'08東建ホームメイトカップ
得意クラブ:ロブウェッジ
ベストスコア:62
　('12ゴルフ日本シリーズJT
　カップ2R)
アマ時代の主な戦歴:('99、
　'00)カナディアンアマ優勝

'22のツアー全成績：19試合

東建ホームメイトカップ	9T
関西オープン	3
ISPS HANDA 欧州・日本	予落
ゴルフパートナー PRO-AM	53T
〜全英への道〜ミズノオープン	10T
BMW日本ゴルフツアー選手権森ビルカップ	40T
ASO飯塚チャレンジドゴルフ	予落
JPC by サトウ食品	予落
日本プロゴルフ選手権	49T
長嶋茂雄INVITATIONALセガサミーカップ	55
Sansan KBCオーガスタ	予落
ANAオープン	予落
パナソニックオープン	57T
バンテリン東海クラシック	40T
For The Players By The Players	15T
日本オープン	予落
マイナビABCチャンピオンシップ	予落
ダンロップフェニックス	予落
カシオワールドオープン	予落

　韓国生まれで2歳の時に両親と米国に渡った。ゴルフはハンディ10の母親に教えられてスタート。大学時代には多くのタイトルを手にしている。

　プロ転向後は米国下部ツアーなどに出場するが結果を残せず、2007年には活路を求めてアジアンツアーへ。同年に日本のQTで上位に入り、出場機会を得た。参戦1年目の08年にシードを獲得。12年の『マイナビABCチャンピオンシップ』では5打差10位で迎えた最終日に63を叩き出して逆転。初優勝を飾った。

　14年終盤に左ヒザを故障して手術。翌15年は右足を痛めて1年を棒に振った。特別保障制度が適用されて臨んだ16年にシードに返り咲くが翌17年は約48万円差でシード落ち。19年に再びツアーにフル参戦するが惜しくも22万円弱の差でシード復帰を逃した。その雪辱を果たしたのが22年。序盤に『関西オープン』3位などで勢いをつけ、45歳のベテランが16年以来となるシード復帰を成し遂げた。

'22部門別データ

賞金	12,814,261円	(65位)
メルセデス・ベンツトータルポイント	601	(82位)
平均ストローク	72.265	(72位)
平均パット	1.7899	(75位)
パーキープ率	84.053	(60位)
パーオン率	61.420	(86位)
バーディ率	3.148	(88位)
イーグル率	13.500	(52位)
ドライビングディスタンス	285.45	(47位)
フェアウェイキープ率	53.377	(61位)
サンドセーブ率	48.454	(60位)
トータルドライビング	108	(67位)
生涯獲得賞金	294,265,923円	(126位)

賞金と順位（◎は賞金ランク、△はABEMAツアーランク、□はQTランクによる出場権獲得）

◎'08=	15,859,066円	67位	◎'14= 26,428,990円	44位	□20-21= 3,950,999円 106位
◎'09=	37,633,279円	30位	◇'15=ナシ		◎'22= 12,814,261円 65位
◎'10=	43,152,532円	19位	◎'16= 15,783,104円	66位	
◎'11=	19,476,725円	54位	'17= 10,136,075円	80位	
◎'12=	66,277,742円	14位	△'18= 757,950円	204位	
◎'13=	29,648,934円	35位	'19= 12,346,266円	66位	

◇は特別保障制度適用

H・W・リュー（リュー　ヒョヌ）

Hyun-Woo RYU

賞金ランキング47位

ツアー2勝
（'12)コカ・コーラ東海クラシック、（'17)フジサンケイクラシック

代表歴：日韓対抗戦（'12)

所属:フリー
生年月日:1981(S56).9.8
身長、体重:174cm／78kg
血液型:O型
出身地:韓国
趣味:野球観戦、ドライブ
スポーツ歴：野球
ゴルフ歴:12歳〜
プロ転向:2002年
日本でのツアーデビュー戦:
　'12東建ホームメイトカップ
得意クラブ:アイアン、パター
ベストスコア:63
　（'21ISPS HANDA ガツー
　ンと飛ばせ4R)
プレーオフ:2勝0敗

'22のツアー全成績：20試合	
東建ホームメイトカップ	55T
関西オープン	予落
ISPS HANDA 欧州・日本	13T
中日クラウンズ	予落
ゴルフパートナー PRO-AM	予落
〜全英への道〜ミズノオープン	51T
BMW日本ゴルフツアー選手権森ビルカップ	40T
ASO飯塚チャレンジドゴルフ	17T
日本プロゴルフ選手権	予落
長嶋茂雄INVITATIONALセガサミーカップ	予落
Sansan KBCオーガスタ	4T
フジサンケイクラシック	予落
ANAオープン	52T
パナソニックオープン	13T
バンテリン東海クラシック	53T
For The Players By The Players	19T
HEIWA・PGM CHAMPIONSHIP	25T
マイナビABCチャンピオンシップ	9T
三井住友VISA太平洋マスターズ	51
カシオワールドオープン	54T

　2000年に韓国でセミプロの資格を取得してレッスン活動を始める。02年に念願のプロに。しかし兵役などもあり、活躍するまでには時間がかかった。初優勝は09年の『新韓銀行オープン』。K・J・チョイやY・E・ヤンら米国ツアーで活躍する選手らも出場する中での優勝だった。

　12年から日本ツアーに参戦。台風の影響で無観客試合となった『コカ・コーラ東海クラシック』で片山晋呉とのプレーオフの末、初優勝。13年は韓国を中心に活動してポイントランク1位に。14年からは日本に軸足を戻し、17年の『フジサンケイクラシック』では6位からプレーオフに持ち込み1ホール目で5年ぶりの優勝を決めた。翌週の『ISPSハンダマッチプレー』でも勝ち進むが、決勝で片山晋呉に敗れている。

　バーディ率よりパーキープ率の順位が常に高い堅実なタイプ。18年以降優勝はないが、きっちりと成績を残して22年で8季連続シード入りとなった。

'22部門別データ		
賞金	17,298,278円	(47位)
メルセデス・ベンツトータルポイント	425	(44位)
平均ストローク	71.786	(48位)
平均パット	1.7725	(50位)
パーキープ率	85.503	(31位)
パーオン率	67.535	(34位)
バーディ率	3.578	(55位)
イーグル率	64.000	(92位)
ドライビングディスタンス	283.18	(52位)
フェアウェイキープ率	61.478	(12位)
サンドセーブ率	50.617	(51位)
トータルドライビング	64	(13位)
生涯獲得賞金	341,152,819円	(106位)

賞金と順位（◎は賞金ランクによる出場権獲得）

◎'12=	49,296,011円	21位	◎'18=	32,831,380円	32位
'13=	8,161,586円	86位	◎'19=	16,274,130円	52位
◎'14=	35,494,392円	31位	◎'20-21=	15,524,783円	61位
◎'15=	41,506,218円	26位	◎'22=	17,298,278円	47位
◎'16=	43,942,039円	21位			
◎'17=	80,824,002円	9位			

Koichiro ISHIKA　　　　　出場資格:ファイナルQTランク17位

石過功一郎

所属:シャトレーゼホールディングス
生年月日:1998(H10).11.4
身長:174cm　体重:90kg
血液型:O型
出身地:兵庫県

出身校:アリゾナ州立大学
ゴルフ歴:9歳〜
趣味:
プロ転向:2021年
ツアーデビュー戦:'22ソニーオープン
師弟関係:
得意クラブ:ドライバー、パター
ベストスコア:
アマ時代の主な戦歴:('15)全米ジュニアベスト16、
オールアメリカン2ndチーム
ツアー未勝利
'22の主なツアー戦績:0試合
'22部門別データ
賞金:ナシ
メルセデス・ベンツトータルポイント　ー
平均ストローク　ー
平均パット　ー
パーキープ率　ー
パーオン率　ー
バーディ率　ー

イーグル率　ー
ドライビングディスタンス　ー
フェアウェイキープ率　ー
サンドセーブ率　ー
トータルドライビング　ー
賞金と順位(□はQTランクによる出場権獲得)
□'22=ナシ

Andrew EVANS(エバンス　アンドルー)　　　出場資格:ファイナルQTランク18位

A・エバンス

所属:アクシネット
生年月日:1985(S60).12.18
身長:170cm　体重:78kg
血液型:
出身地:オーストラリア

ゴルフ歴:12歳〜
プロ転向:2009年
日本でのツアーデビュー戦:'18レオパレス21ミャンマー
オープン
得意クラブ:Chipping & Putting
ベストスコア:64('21ダンロップスリクソン福島オープン
1R)
ツアー未勝利
'22の主なツアー戦績:19試合
中日クラウンズ16T
'22部門別データ
賞金　6,946,266円(94位)
メルセデス・ベンツトータルポイント　528(65位)
平均ストローク:72.111(65位)
平均パット:1.7570(29位)
パーキープ率:84.004(62位)
パーオン率:61.877(84位)
バーディ率:3.431(69位)
イーグル率:ー
ドライビングディスタンス:267.70(92位)

フェアウェイキープ率:60.692(13位)
サンドセーブ率:56.180(20位)
トータルドライビング:105(60位)
賞金と順位(□はQTランクによる出場権獲得)
'18=0円　　　　　　　□'20-21=　1,830,000円134位
'19=0円　　　　　　　□'22=　6,946,266円 94位

Fumihiro EBINE　出場資格:ファイナルQTランク:5位

海老根文博

所属:Myアセット
生年月日:1975(S50).2.9
身長:177cm　体重:75kg
血液型:O型
出身地:茨城県

出身校:水城高校
趣味:睡眠、映画
スポーツ歴:バスケットボール
ゴルフ歴:16歳〜
プロ転向:1998年
ツアーデビュー戦:'99サントリーオープン
師弟関係:林由郎、西野義雄
得意クラブ:アイアン
ベストスコア:64('16HONMA TOURWORLD CUP
1R、'21ダンロップ・スリクソン福島オープン3R)
ツアー未勝利
'22の主なツアー戦績:13試合
フジサンケイクラシック20位T
'22部門別データ
賞金:3,160,857円(112位)
メルセデス・ベンツトータルポイント:ー
平均ストローク:71.828(参考)
平均パット:1.7704(参考)
パーキープ率:85.4586(参考)
パーオン率:66.340(参考)

バーディ率:3.353(参考)
イーグル率:34.000(参考)
ドライビングディスタンス:278.33(参考)
フェアウェイキープ率:59.322(参考)
サンドセーブ率:32.353(参考)
トータルドライビング:ー
賞金と順位(△はABEMAツアーランク、□はQTランクによる
出場権獲得)

'99=	0円	'11=	2,147,925円125位
'01=	0円	'13=	0円
'02=	220,000円239位	'14=	1,341,770円144位
◇'04=	3,634,166円123位	'16=	4,779,000円110位
'05=	165,750円247位	'17=	4,500,000円108位
'06=	255,475円223位	△'18=	0円
'07=	8,284,925円 90位	'19=	0円
'08=	3,688,500円118位	△20-21=	3,835,544円107位
'09=	0円	□'22=	3,160,857円112位
'10=	0円	◇は特別保障制度適用	

Kenta ENDO　出場資格:ABEMAツアーランク16位

遠藤健太

所属:サーティ・ファイブ
生年月日:1996(H8).9.15
身長:168cm　体重:58kg
血液型:B型
出身地:香川県

出身校:東北福祉大学
ゴルフ歴:14歳〜
プロ転向:2018年
ツアーデビュー戦:'21アジアパシフィックダイヤモンドカップ
ベストスコア:68('21日本オープン1R)
ツアー未勝利
'22の主なツアー戦績:2試合
日本オープン49T
'22部門別データ
賞金:1,060,500円(145位)
メルセデス・ベンツトータルポイント:ー
平均ストローク:73.198(参考)
平均パット:1.8000(参考)
パーキープ率:72.222(参考)
パーオン率:46.296(参考)
バーディ率:1.667(参考)
イーグル率:ー

ドライビングディスタンス:266.58(参考)
フェアウェイキープ率:44.048(参考)
サンドセーブ率:55.556(参考)
トータルドライビング:ー
賞金と順位(△はABEMAツアーランクによる出場権獲得)
20-21= 1,995,000円130位　　△'22= 1,060,500円145位

大内智文

所属:レイクグリーンGC
生年月日:1996(H8).10.29
身長:178cm　体重:72kg
血液型:B型
出身地:岐阜県

出身校:中部学院大学
ゴルフ歴:9歳〜
趣味:
プロ転向:2018年
ツアーデビュー戦:'21東建ホームメイトカップ
師弟関係:
得意クラブ:
ベストスコア:67('21東建ホームメイトカップ2R、
'22Sansan KBCオーガスタ1R)
アマ時代の主な戦歴:('18)岐阜県アマ2位、中部アマ5
位、中部学生5位
ツアー未勝利
'22の主なツアー戦績:11試合
BMW日本ゴルフツアー選手権37T
'22部門別データ
賞金:1,674,900円(132位)
メルセデス・ベンツトータルポイント:−
平均ストローク:72.474(参考)
平均パット:1.7994(参考)
パーキープ率:81.667(参考)

パーオン率:59.074(参考)
バーディ率:3.367(参考)
イーグル率:−
ドライビングディスタンス:289.75(参考)
フェアウェイキープ率:51.790(参考)
サンドセーブ率:40.909(参考)
トータルドライビング:−
賞金と順位(△はABEMAツアーランク、□はQTランクによる
出場権獲得)
□'20-21= 3,018,000円117位　　△'22= 1,674,900円132位

岡村　了

所属:平川CC
生年月日:1996(H8).9.29
身長:170cm　体重:70kg
血液型:A型
出身地:福岡県

出身校:東北福祉大学
ゴルフ歴:14歳〜
プロ転向:
ツアーデビュー戦:'22ASO飯塚チャレンジドゴルフ
ベストスコア:66('22ASO飯塚チャレンジドゴルフ1R)
ツアー未勝利
'22の主なツアー戦績:2試合
ASO飯塚チャレンジドゴルフ43T
'22部門別データ
賞金:390,000円(188位)
メルセデス・ベンツトータルポイント:−
平均ストローク:72.496(参考)
平均パット:1.8000(参考)
パーキープ率:84.259(参考)
パーオン率:69.444(参考)
バーディ率:3.333(参考)
イーグル率:6.000(参考)

ドライビングディスタンス:282.25(参考)
フェアウェイキープ率:53.571(参考)
サンドセーブ率:25.000(参考)
トータルドライビング:−
賞金と順位(□はQTランクによる出場権獲得)
□'22= 390,000円188位

| | Takashi OGISO | 出場資格:ABEMAツアーランク2位 |

小木曽喬

所属:フロンティアの介護
生年月日:1997(H9).3.19
身長:178cm　体重:72kg
血液型:B型
出身地:愛知県

出身校:福井工業大学
趣味:スポーツ観戦
スポーツ歴:サッカー
ゴルフ歴:6歳〜
プロ転向:2015年
ツアーデビュー戦:'16中日クラウンズ
得意クラブ:サンドウェッジ
ベストスコア:63('19関西オープン4R、'22ゴルフパート
ナー PRO-AM1R)
アマ時代の主な戦歴:('13・15)中部アマ優勝、('14)日
本アマ優勝、世界アマ代表
ツアー未勝利
ABEMAツアー(チャレンジ)3勝
('16)JGTO Novil FINAL、
('22)南秋田カントリークラブみちのくチャレンジ、
エリートグリップチャレンジ
'22の主なツアー戦績:8試合
関西オープン19T
'22部門別データ
賞金:3,087,933円(113位)

メルセデス・ベンツトータルポイント:ー
平均ストローク:72.166(参考)
平均パット:1.8032(参考)
パーキープ率:83.974(参考)
パーオン率:67.308(参考)
バーディ率:3.077(参考)
イーグル率:ー
ドライビングディスタンス:271.94(参考)
フェアウェイキープ率:57.300(参考)
サンドセーブ率:51.163(参考)
トータルドライビング:ー
賞金と順位(△はABEMAツアーランクによる出場権獲得)
△'16=　　727,200円204位　　'19= 3,925,789円105位
'17=　　162,575円259位　'20-'21= 1,525,633円146位
'18=10,501,614円 80位　△'22= 3,087,933円113位

前半戦シード選手

| | Keisuke OZAKI | 出場資格:ABEMAツアーランク23位 |

尾崎慶輔

所属:平川CC
生年月日:1991(H3)1.14
身長:173cm　体重:85kg
血液型:A型
出身地:徳島県

出身校:東北福祉大学
ゴルフ歴:15歳〜
趣味:
プロ転向:
ツアーデビュー戦:'17日本プロ
師弟関係:
得意クラブ:パター
ベストスコア:66('22ISPS・HANDA欧州・日本1R)
アマ時代の主な戦歴:('08)高知アマ優勝
ツアー未勝利
'22の主なツアー戦績:14試合
ISPS・HANDA欧州・日本27T
'22部門別データ
賞金:2,022,000円(130位)
メルセデス・ベンツトータルポイント:596(80位)
平均ストローク:72.356(77位)
平均パット:1.7995(87位)
パーキープ率:83.179(75位)
パーオン率:64.198(75位)
バーディ率:3.417(73位)

イーグル率:9.000(24位)
ドライビングディスタンス:287.44(36位)
フェアウェイキープ率:52.894(64位)
サンドセーブ率:42.857(85位)
トータルドライビング:100(52位)
賞金と順位(△はABEMAツアーランク、□はQTランクによ
る出場権獲得)
□'20-'21=ナシ　　　　　　　△'22= 2,022,000円130位

Kota KANEKO 金子駆大

出場資格:ABEMAツアーランク17位

所属:フリー
生年月日:2002(H14).9.4
身長:177cm　体重:83kg
血液型:B型
出身地:愛知県
出身校:ルネサンス豊田高校
ゴルフ歴:3歳〜
プロ転向:2020年
ツアーデビュー戦:'21中日クラウンズ
ベストスコア:65('21ゴルフパートナー PRO-AM3R、
'22中日クラウンズ1R)
アマ時代の主な戦歴:('19)中部高校ゴルフ選手権春
季大会優勝、中部ジュニア2位T、愛知県アマ4位
ツアー未勝利
'22の主なツアー戦績:7試合
バンテリン東海クラシック17T
'22部門別データ
賞金:3,692,000円(110位)
メルセデス・ベンツトータルポイント:−
平均ストローク:71.529(参考)
平均パット:1.8296(参考)
パーキープ率:83.611(参考)
パーオン率:62.222(参考)
バーディ率:3.250(参考)
イーグル率:20.000(参考)

ドライビングディスタンス:285.42(参考)
フェアウェイキープ率:51.971(参考)
サンドセーブ率:51.852(参考)
トータルドライビング:−
賞金と順位(△はABEMAツアーランクによる出場権獲得)
　'20-'21＝　　142,666円219位　△'22＝　3,692,000円110位

Shiso GO 呉　司聡

出場資格:ABEMAツアーランク19位

所属:フリー
生年月日:1998(H10).5.18
身長:170cm　体重:70kg
血液型:A型
出身地:神奈川県
出身校:東テネシー州立大
ゴルフ歴:5歳〜
プロ転向:2021年
ツアーデビュー戦:'22日本オープン
ベストスコア:75('22日本オープン2R)
アマ時代の主な戦歴:NCAA Cle Elum Regional
優勝、SoCon Championship 優勝、
Hoakalei Invitational 優勝
ツアー未勝利
'22の主なツアー戦績:1試合
'22部門別データ
賞金:0円
メルセデス・ベンツトータルポイント:−
平均ストローク:75.748(参考)
平均パット:2.1538(参考)
パーキープ率:63.889(参考)
パーオン率:36.111(参考)
バーディ率:0.000(参考)
イーグル率:−
ドライビングディスタンス:271.00(参考)

フェアウェイキープ率:53.571(参考)
サンドセーブ率:60.000(参考)
トータルドライビング:−
賞金と順位(△はABEMAツアーランクによる出場権獲得)
　△'22＝0円

Kazuya KOURA

出場資格:ファイナルQTランク13位

小浦和也

所属:NEXTEP
生年月日:1993(H5).3.25
身長:165cm　体重:68kg
血液型:A型
出身地:宮崎県

出身校:専修大学
ゴルフ歴:9歳～
プロ転向:
ツアーデビュー戦:'15ANAオープン
ベストスコア:68('16ダンロップ・スリクソン福島オープン
1R、'17セガサミーカップ1R)
アマ時代の主な戦歴:('12、'14)朝日杯日本学生優勝、
('13、'14)日本オープンローアマ
ツアー未勝利
'22の主なツアー戦績:2試合
長嶋茂雄INVITATIONALセガサミーカップ49T
'22部門別データ
賞金:327,600円(199位)
メルセデス・ベンツトータルポイント:ー
平均ストローク:72.037(参考)
平均パット:1.7917(参考)
パーキープ率:80.556(参考)
パーオン率:66.667(参考)
バーディ率:3.333(参考)
イーグル率:ー

ドライビングディスタンス:266.33(参考)
フェアウェイキープ率:75.000(参考)
サンドセーブ率:57.143(参考)
トータルドライビング:ー
賞金と順位(□はQTランクによる出場権獲得)

'15=	0円	'18=	0円
'16=	170,000円258位	'20-21=	0円
'17=	372,000円234位	□'22=	327,600円199位

Masanori KOBAYASHI

出場資格:ABEMAツアーランク6位

小林正則

所属:フリー
生年月日:1976(S51).2.14
身長:186cm　体重:82kg
血液型:O型
出身地:千葉県

出身校:日本大学
ゴルフ歴:11歳～
プロ転向:1998年
ツアーデビュー戦:'99ミズノオープン
得意クラブ:ドライバー
ベストスコア:62('12パナソニックオープン4R)
プレーオフ:1勝0敗
ツアー 3勝
('11)とおとうみ浜松オープン、('12)アジアパシフィック
パナソニックオープン、('13)日本オープン
ABEMAツアー(チャレンジ)3勝
('00)久光製薬KBCチャレンジ、PRGR CUP関西、
('22)ISPS HANDAヒーローになれ!チャレンジトーナメント
'22の主なツアー戦績:14試合
ゴルフパートナー PRO-AM37T
'22部門別データ
賞金:1,276,300円(141位)
メルセデス・ベンツトータルポイント:ー
平均ストローク:73.165(参考)
平均パット:1.8182(参考)

パーキープ率:80.882(参考)
パーオン率:61.438(参考)
バーディ率:2.853(参考)
イーグル率:11.333(参考)
ドライビングディスタンス:291.71(参考)
フェアウェイキープ率:45.895(参考)
サンドセーブ率:45.833(参考)
トータルドライビング:ー
賞金と順位(◎は賞金ランク、△はABEMAツアーランク、□は
QTランクによる出場権獲得)

'99=11,757,800円 70位		◎'11=38,546,037円 24位	
△'00= 8,885,220円 87位		◎'12=43,704,828円 25位	
'01= 6,501,973円103位		◎'13=55,811,378円 14位	
◎'02=15,647,781円 62位		'14= 4,127,550円107位	
◎'03=17,541,549円 59位		'15= 8,313,800円 83位	
'04= 3,284,714円128位		'16= 6,826,500円 96位	
'05=0円		'17= 4,925,637円105位	
'06=0円		'18=10,615,200円 78位	
'07=0円		'19= 6,802,500円 89位	
'08= 702,000円201位		□'20-21= 391,300円192位	
'09= 9,797,478円 79位		△'22= 1,276,300円141位	
△'10= 902,000円154位			

Yusuke SAKAMOTO

坂本雄介

所属:jioworks
生年月日:1998(H10).5.14
身長:174cm　体重:74kg
血液型:O型
出身地:埼玉県

出身校:埼玉栄高校
趣味:車
スポーツ歴:陸上、サッカー、水泳
ゴルフ歴:4歳～
プロ転向:2018年
ツアーデビュー戦:'19ブリヂストンオープン
師弟関係:加藤雅啓
得意クラブ:ドライバー
ベストスコア:63('22 ISPS HANDA欧州・日本1R)
アマ時代の主な戦歴:('15)日本アマ4位、埼玉オープン
優勝
ツアー未勝利
'22の主なツアー戦績:19試合
BMW日本ゴルフツアー選手権11位T
'22部門別データ
賞金:10,900,704円(72位)
メルセデス・ベンツトータルポイント:470(57位)
平均ストローク:71.794(49位)
平均パット:1.7645(41位)
パーキープ率:84.028(61位)

パーオン率:65.079(66位)
バーディ率:3.625(48位)
イーグル率:9.333(25位)
ドライビングディスタンス:294.04(16位)
フェアウェイキープ率:50.834(77位)
サンドセーブ率:42.105(87位)
トータルドライビング:93(41位)
賞金と順位(△はABEMAツアーランク、□はQTランクによる
出場権獲得)
□'19= 1,008,000円136位　　□'22=10,900,704円 72位
△'20-'21= 1,645,928円140位

Taiga SUGIHARA

杉原大河

所属:フリー
生年月日:1999(H11).11.4
身長:175cm　体重:80kg
血液型:A型
出身地:徳島県

出身校:東北福祉大学
ゴルフ歴:5歳～
プロ転向:2021年
ツアーデビュー戦:'21ダンロップフェニックストーナメント
ベストスコア:68(21ダンロップフェニックス1R、'22関西
オープン2R、'22ISPS HANDA欧州・日本1・2R)
アマ時代の主な優勝:('18)国民体育大会個人・団体、
東北アマ、関東学生、('19)石川遼everyone PROJECT
Challenge、日本学生ゴルフ王座決定戦、('20)日本
オープンローアマ
ツアー未勝利
ABEMAツアー(チャレンジ)1勝
('19)石川遼everyone PROJECT Challenge(アマ
チュア時代)
'22の主なツアー戦績:6試合
マイナビABC選手権56位T
関西オープン57位T
'22部門別データ
賞金:711,400円(164位)
メルセデス・ベンツトータルポイント:ー

平均ストローク:73.279(参考)
平均パット:1.8641(参考)
パーキープ率:79.630(参考)
パーオン率:63.580(参考)
バーディ率:2.722(参考)
イーグル率:9.000(参考)
ドライビングディスタンス:308.33(参考)
フェアウェイキープ率:44.841(参考)
サンドセーブ率:30.769(参考)
トータルドライビング:ー
賞金と順位(△はABEMAツアーランクによる出場権獲得)
'20-'21=0円　　　　　　　△'22= 711,400円164位

Kosuke SUNAGAWA

砂川公佑

所属:オークラ輸送機
生年月日:1998(H10).4.23
身長:166cm 体重:74kg
血液型:O型
出身地:兵庫県
出身校:大阪学院大学
ゴルフ歴:5歳〜
プロ転向:
ツアーデビュー戦:'20東建ホームメイトカップ
ベストスコア:69('21ANAオープン1R、'22日本プロ2R)
アマ時代の主な優勝:('16)関西ジュニア、('17)国民体育大会個人、('19)日本学生
ツアー未勝利
'22の主なツアー戦績:2試合
日本プロ55位T
'22部門別データ
賞金:360,000円(192位)
メルセデス・ベンツトータルポイント:ー
平均ストローク:72.345(参考)
平均パット:1.8696(参考)
パーキープ率:83.333(参考)
パーオン率:63.889(参考)
バーディ率:2.500(参考)
イーグル率:6.000(参考)
ドライビングディスタンス:ー

フェアウェイキープ率:53.571(参考)
サンドセーブ率:25.000(参考)
トータルドライビング:ー
賞金と順位(□はQTランクによる出場権獲得)
'20-'21= 703,100円172位 □'22= 360,000円192位

Yuto SOEDA

副田裕斗

所属:フリー
生年月日:1994(H6).4.25
身長:180cm 体重:84kg
血液型:A型
出身地:岐阜県
出身校:鹿島学園高校
趣味:ビリヤード、ドライブ
スポーツ歴:バレーボール
ゴルフ歴:1歳〜
プロ転向:2012年
ツアーデビュー戦:'13トーシントーナメントINセントラル
ベストスコア:65('22ISPS HANDA欧州・日本1R)
アマ時代の主な戦歴:('12)国体少年男子個人優勝
ツアー未勝利
ABEMAツアー(チャレンジ)1勝
('22)Novil Cup
'22の主なツアー戦績:8試合
ISPS HANDA欧州・日本61T、BMW日本ゴルフツアー選手権61T
'22部門別データ
賞金:565,000円(174位)
メルセデス・ベンツトータルポイント:ー
平均ストローク:73.781(参考)
平均パット:1.7982(参考)
パーキープ率:78.611(参考)

パーオン率:60.833(参考)
バーディ率:3.450(参考)
イーグル率:6.667(参考)
ドライビングディスタンス:303.13(参考)
フェアウェイキープ率:48.387(参考)
サンドセーブ率:42.857(参考)
トータルドライビング:ー
賞金と順位(△はABEMAツアーランクによる出場権獲得)
'13=0円 '18=0円
'14=0円 △'19=0円
'15= 578,000円195位 △'20-'21= 4,720,221円100位
'16= 385,333円235位 △'22= 565,000円174位
'17= 2,443,521円134位

高野碧輝

所属:フリー
生年月日:1997(H9).1.22
身長:173cm　体重:74kg
血液型:A型
出身地:千葉県
出身校:東北福祉大学
ゴルフ歴:12歳〜
プロ転向:2018年
ツアーデビュー戦:'20日本オープン
ベストスコア:68('22アジアパシフィックダイヤモンドカップ1R)
アマ時代の主な戦歴:('18)千葉オープンローアマ
ツアー未勝利
'22の主なツアー戦績:1試合
'22部門別データ
賞金:0円
メルセデス・ベンツトータルポイント:一
平均ストローク:71.740(参考)
平均パット:1.7727(参考)
パーキープ率:77.778(参考)
パーオン率:61.111(参考)
バーディ率:2.500(参考)
イーグル率:一
ドライビングディスタンス:283.25(参考)
フェアウェイキープ率:35.714(参考)

サンドセーブ率:0.000(参考)
トータルドライビング:一
賞金と順位(△はABEMAツアーランクによる出場権獲得)
　'20-'21=0円　　　　　　　　　　△'22=0円

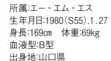

竹谷佳孝

所属:エー・エム・エス
生年月日:1980(S55).1.27
身長:169cm　体重:69kg
血液型:B型
出身地:山口県
出身校:九州ゴルフ専門学校
ゴルフ歴:18歳〜
プロ転向:2006年
ツアーデビュー戦:'07日本プロゴルフ選手権
ベストスコア:65('14東建ホームメイトカップ2R、'14日本ゴルフツアー選手権2R、'14トーシントーナメント2R、4R、'14マイナビABCチャンピオンシップ2R、'15関西オープン4R、'15HONMATOURWORLD CUP2R、'15ダンロップフェニックス1R、'17ダンロップ・スリクソン福島オープン4R、'18東建ホームメイトカップ3R、'21日本ゴルフツアー選手権1R、'22カシオワールドオープン3R)
ツアー1勝:('14)日本ゴルフツアー選手権 森ビルカップ Shishido Hills
ABEMAツアー(チャレンジ)1勝
('13)JGTO Novil FINAL
'22の主なツアー戦績:23試合
〜全英への道〜ミズノオープン10位T
'22部門別データ
賞金:9,919,732円(75位)
メルセデス・ベンツトータルポイント:549(70位)

平均ストローク:72.171(68位)
平均パット:1.7969(81位)
パーキープ率:84.084(59位)
パーオン率:64.189(76位)
バーディ率:3.270(81位)
イーグル率:12.333(42位)
ドライビングディスタンス:278.53(68位)
フェアウェイキープ率:54.211(53位)
サンドセーブ率:55.556(21位)
トータルドライビング:121(78位)
賞金と順位(◎は賞金ランク、△はABEMAツアーランク、□はQTランクによる出場権獲得)
'07=0円
'08= 1,583,485円159位
'09= 1,602,850円134位
'10=0円
'11=　688,500円178位
△'13= 1,488,320円151位
◎'14=64,538,290円 10位
◎'15=24,662,451円 43位
◎'16=19,163,200円 58位
　'17= 5,624,752円 98位
◎'18=10,139,355円 82位
◎'19=12,564,132円 65位
◎'20-'21=16,624,573円 54位
□'22= 9,919,732円 75位

Hiroki TANAKA

出場資格:ABEMAツアーランク8位

田中裕基

所属:日本ウェルネススポーツ大学
生年月日:2002(H14).10.21
身長: 体重:
血液型:

出身地:奈良県
出身校:
ゴルフ歴:
プロ転向:
ツアーデビュー戦:'21日本オープン
ベストスコア:68('22日本プロ1R)
ツアー未勝利
ABEMAツアー(チャレンジ)1勝
('22)i Golf Shaper Challenge in 筑紫ヶ丘
'22の主なツアー戦績:3試合
日本プロ13位T
'22部門別データ
賞金:2,455,714円(125位)
メルセデス・ベンツトータルポイント:ー
平均ストローク:71.719(参考)
平均パット:1.8300(参考)
パーキープ率:85.417(参考)
パーオン率:69.444(参考)
バーディ率:3.000(参考)
イーグル率:ー

ドライビングディスタンス:258.75(参考)
フェアウェイキープ率:72.321(参考)
サンドセーブ率:50.000(参考)
トータルドライビング:ー
賞金と順位(△はABEMAツアーランクによる出場権獲得)
'20-'21=0円   △'22= 2,455,714円125位

Ho-sung CHOI(チェ　ホソン)

出場資格:コロナウイルス感染症入国保障制度適用

崔 虎星

所属:フリー
生年月日:1973(S48).9.23
身長:172cm　体重:76kg
血液型:A型
出身地:韓国

出身校:浦港水産高校
ゴルフ歴:25歳〜
プロ転向:2001年
日本でのツアーデビュー戦:'13タイランドオープン
得意クラブ:ドライバー、パター
ベストスコア:62('19フジサンケイクラシック2R)
ツアー3勝:('13)Indonesia PGA Championship、
('18)カシオワールドオープン、('19)HEIWA・PGM
CHAMPIONSHIP
代表歴:日韓対抗戦('11、'12)
'22の主なツアー戦績:7試合
長嶋茂雄INVITATIONALセガサミーカップ40位T
'22部門別データ
賞金:1,397,793円(139位)
メルセデス・ベンツトータルポイント:ー
平均ストローク:72.655(参考)
平均パット:1.7435(参考)
パーキープ率:82.778(参考)
パーオン率:64.167(参考)
バーディ率:3.450(参考)

イーグル率:20.000(参考)
ドライビングディスタンス:268.68(参考)
フェアウェイキープ率:58.993(参考)
サンドセーブ率:51.515(参考)
トータルドライビング:ー
賞金と順位(◎は賞金ランク、＊はコロナ入国保障制度適用
よる出場権獲得)
◎'13=30,692,108円 34位　◎'18=69,483,731円 10位
◎'14=12,546,153円 71位　◎'19=67,083,026円 10位
◎'15=23,836,674円 45位　 '20-'21=0円
◎'16=26,153,285円 46位　＊'22= 1,397,793円139位
◎'17=15,311,921円 62位

Hirotaro NAITO

出場資格:ファイナルQTランク16位

内藤寛太郎

所属:ロピア
生年月日:1982(S57).5.20
身長:172cm　体重:77kg
血液型:O型
出身地:福島県

出身校:東北福祉大学
趣味:スキー、子育て
スポーツ歴:サッカー
ゴルフ歴:14歳〜
プロ転向:2006年
ツアーデビュー戦:'07日本プロゴルフ選手権
得意クラブ:ドライバー
ベストスコア:64('21ゴルフパートナー PRO-AM1R、
'22ASO飯塚チャレンジドゴルフ4R)
ツアー未勝利
ABEMAツアー(チャレンジ)2勝
('08)静ヒルズトミーカップ、('13)elite grips・JGTO
チャレンジⅢ
'22の主なツアー戦績:25試合
ASO飯塚チャレンジドゴルフ14位T
'22部門別データ
賞金:9,618,135円(76位)
メルセデス・ベンツトータルポイント:408(41位)
平均ストローク:72.096(63位)
平均パット:1.7661(45位)

パーキープ率:83.333(73位)
パーオン率:65.385(63位)
バーディ率:3.795(36位)
イーグル率:7.800(15位)
ドライビングディスタンス:298.71(10位)
フェアウェイキープ率:51.794(69位)
サンドセーブ率:53.333(34位)
トータルドライビング:79(26位)
賞金と順位(◎は賞金ランク、△はABEMAツアーランク、□
はQTランクによる出場権獲得)
'07=0円		'15=0円	
△'08=0円		'16=0円	
'09=	721,333円171位	'17=	990,000円190位
'10=0円		'18=	2,640,566円129位
'12=	373,200円187位	'19=	328,500円176位
'13=	3,310,687円116位	◎'20-'21=	24,815,657円 40位
'14=	1,241,100円147位	□'22=	9,618,135円 76位

Taiko NISHIYAMA

出場資格:ABEMAツアーランク4位

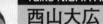

西山大広

所属:フリー
生年月日:1997(H9).12.11
身長:165cm　体重:75kg
血液型:O型
出身地:香川県

出身校:東北福祉大学
ゴルフ歴:9歳〜
プロ転向:2019年
ツアーデビュー戦:'20フジサンケイクラシック
ベストスコア:63('21ダンロップ・スリクソン福島オープン
2R)
アマ時代の主な戦歴:('15)四国ジュニア優勝、('16)東
北アマ優勝
ツアー未勝利
ABEMAツアー(チャレンジ)1勝
('22)LANDIC CHALLENGE 9
'22の主なツアー戦績:4試合
'22Sansan KBCオーガスタ16位T
'22部門別データ
賞金:2,408,500円(127位)
メルセデス・ベンツトータルポイント:—
平均ストローク:71.594(参考)
平均パット:1.7681(参考)
パーキープ率:75.926(参考)
パーオン率:63.889(参考)

バーディ率:3.833(参考)
イーグル率:—
ドライビングディスタンス:282.33(参考)
フェアウェイキープ率:58.529(参考)
サンドセーブ率:29.412(参考)
トータルドライビング:—
賞金と順位(△はABEMAツアーランクによる出場権獲得)
'20-'21=	9,481,233円 79位	△'22= 2,408,500円127位

Ryo NORO　出場資格:ABEMAツアーランク18位

野呂　涼

所属:イデアムーヴ
生年月日:1997(H9).8.18
身長:163cm　体重:66kg
血液型:
出身地:千葉県
出身校:東北福祉大学
ゴルフ歴:10歳～
プロ転向:2019年
ツアーデビュー戦:'21日本オープン
ベストスコア:67('22アジアパシフィックダイヤモンドカップ2R)
ツアー未勝利
'22の主なツアー戦績:1試合
アジアパシフィックダイヤモンドカップ18位T
'22部門別データ
賞金:978,333円(149位)
メルセデス・ベンツトータルポイント:—
平均ストローク:70.165(参考)
平均パット:1.7959(参考)
パーキープ率:84.722(参考)
パーオン率:68.056(参考)
バーディ率:3.000(参考)
イーグル率:—
ドライビングディスタンス:289.75(参考)
フェアウェイキープ率:64.286(参考)

サンドセーブ率:0.000(参考)
トータルドライビング:—
賞金と順位(△はABEMAツアーランクによる出場権獲得)
　'20-'21=0円　　　　　　　　　△'22=　978,333円149位

Sung-Joon PARK(パク　エスジェイ)　出場資格:ファイナルQTランク15位

S・J・パク

所属:エヌ・エヌ・ドゥ
生年月日:1986(S61).6.9
身長:175cm　体重:73kg
血液型:B型
出身地:韓国
出身校:Myung Ji University
ゴルフ歴:13歳～
プロ転向:2004年
日本ツアーデビュー戦:'10つるやオープン
得意クラブ:パター
ベストスコア:64('11セガサミーカップ4R、'13つるやオープン3R)
プレーオフ:0勝1敗
ツアー 1勝:('13)VanaH杯KBCオーガスタ
ABEMAツアー(チャレンジ)1勝
('10)JGTO Novil FINAL
代表歴:ワールドカップ('11)
'22の主なツアー戦績:1試合
'22部門別データ
賞金:0円
メルセデス・ベンツトータルポイント:—
平均ストローク:74.248(参考)
平均パット:2.0000(参考)
パーキープ率:63.889(参考)
パーオン率:55.556(参考)

バーディ率:2.500(参考)
イーグル率:—
ドライビングディスタンス:275.33(参考)
フェアウェイキープ率:60.714(参考)
サンドセーブ率:75.000(参考)
トータルドライビング:—
賞金と順位(◎は賞金ランク、△はABEMAツアーランク、□はQTランク、◇は特別保障制度適用による出場権獲得)
△'10= 7,741,485円 89位	□'18= 580,000円213位	
◎'11=23,434,332円 40位	'19= 3,151,405円110位	
'12=10,729,594円 76位	◇'20-'21=ナシ	
◎'13=93,402,445円 5位	□'22=0円	
'14= 4,815,279円103位		

Sang-Hyun PARK（パク サンヒョン）

出場資格:コロナウイルス感染症入国保障制度適用

朴　相賢

所属:フリー
生年月日:1983(S58).4.24
身長:171cm　体重:71kg
血液型:O型
出身地:韓国

趣味:友達とビールを飲むこと
ゴルフ歴:14歳〜
プロ転向:2005年
日本でのツアーデビュー戦:'13タイランドオープン
師弟関係:ハン・ヨンヒ
得意クラブ:アイアン
ベストスコア:63('15ミュゼプラチナムオープン2R、
'16ISPSハンダグローバルカップ1R)
プレーオフ:0勝2敗
アマ時代の主な戦績:高校連盟1勝、大学連盟2勝
ツアー2勝
('16)ゴルフ日本シリーズJTカップ、('19)フジサンケイク
ラシック
インターナショナルツアー2勝
('18)GS Caltex Maekyung Open(韓国・アジア)、
Shinhan Donghae Open(韓国・アジア)
代表歴:日韓対抗戦('11、'12)
'22の主なツアー成績:8試合
フジサンケイクラシック2位、カシオワールドオープン4位

'22部門別データ
賞金:26,845,000円(33位)
メルセデス・ベンツトータルポイント:—
平均ストローク:70.763(参考)
平均パット:1.7130(参考)
パーキープ率:89.087(参考)
パーオン率:68.452(参考)
バーディ率:4.000(参考)
イーグル率:28.000(参考)
ドライビングディスタンス:276.00(参考)
フェアウェイキープ率:60.052(参考)
サンドセーブ率:57.143(参考)
トータルドライビング:—

賞金と順位(◎は賞金ランク、＊はコロナ入国保障制度適用
による出場権獲得)

'13= 1,410,534円154位	◎'18=26,942,164円 38位
◎'14=28,132,644円 41位	◎'19=71,453,921円 8位
◎'15=32,065,462円 133位	20-21=ナシ
◎'16=77,961,852円 8位	＊'22=26,845,000円 33位
◎'17=35,468,068円 29位	

Yoshikazu HAKU

出場資格:コロナウイルス感染保障制度適用

白　佳和

所属:武田産業
生年月日:1979(S54).11.15
身長:179cm　体重:85kg
血液型:A型
出身地:大阪府

出身校:広島朝鮮学園
趣味:音楽鑑賞、釣り
スポーツ歴:サッカー
ゴルフ歴:14歳〜
プロ転向:2000年
ツアーデビュー戦:'01ジョージア東海クラシック
師弟関係:白　憲澤
得意クラブ:アイアン
ベストスコア:63('21ダンロップ・スリクソン福島オープン
1R)
ツアー未勝利
ABEMAツアー(チャレンジ)2勝
('19)太平洋クラブチャレンジ、JGTO Novil FINAL
'22の主なツアー戦績:19試合
BMW日本ゴルフツアー選手権11位T
'22部門別データ
賞金:8,349,737円(83位)
メルセデス・ベンツトータルポイント:496(60位)
平均ストローク:72.079(62位)
平均パット:1.7863(73位)

パーキープ率:86.057(24位)
パーオン率:66.776(44位)
バーディ率:3.314(78位)
イーグル率:12.750(47位)
ドライビングディスタンス:264.74(93位)
フェアウェイキープ率:65.823(3位)
サンドセーブ率:46.032(72位)
トータルドライビング:96(44位)

賞金と順位(◎は賞金ランク、△はABEMAツアーランク、＊は
コロナ入国保障制度適用による出場権獲得)

'01= 2,317,333円139位	◎'11=19,304,726円 55位
'02= 408,000円208位	◎'12=18,003,957円 60位
'03= 2,501,900円133位	◎'13=14,573,358円 67位
'04= 7,187,108円 99位	'14=10,937,058円 79位
◎'05=18,427,817円 62位	'15= 4,457,766円104位
◎'06=30,401,032円 37位	'16= 158,200円259位
◎'07=13,793,521円 66位	'18=0円
'08= 6,131,000円100位	△'19= 555,000円157位
△'09= 3,006,000円110位	20-21= 4,571,533円102位
◎'10=24,621,190円 41位	＊'22= 8,349,737円 83位

Satoshi HARA

原　敏之

所属:YAGOKORO
生年月日:1991(H3).4.4
身長:167cm　体重:69kg
血液型:AB型
出身地:香川県

出身校:藤井学園寒川高校
ゴルフ歴:10歳〜
プロ転向:2012年
ツアーデビュー戦:'12トーシンゴルフin涼仙
ベストスコア:64('22ISPS HANDA 欧州・日本1R)
アマ時代の主な戦歴:('09、'11)四国アマ優勝、('11)日
本アマベスト32
ツアー未勝利
'22の主なツアー戦績:7試合
ISPS HANDA 欧州・日本73位T
'22部門別データ
賞金:219,000円(211位)
メルセデス・ベンツトータルポイント:ー
平均ストローク:74.449(参考)
平均パット:1.7910(参考)
パーキープ率:76.389(参考)
パーオン率:61.806(参考)
バーディ率:3.250(参考)
イーグル率:16.000(参考)
ドライビングディスタンス:281.73(参考)

フェアウェイキープ率:51.570(参考)
サンドセーブ率:47.619(参考)
トータルドライビング:ー
賞金と順位(△はABEMAツアーランクによる出場権獲得)
'12=0円　　　　　'18=　920,000円193位
'15=　366,000円219位　'19=0円
'16=0円　　　　　△'22=　219,000円211位
'17=0円

Shintaro BAN

伴　真太郎

所属:フリー
生年月日:1996(H8).2.27
身長:172cm　体重:76kg
血液型:A型
出身地:

出身校:
ゴルフ歴:5歳〜
プロ転向:2018年
ツアーデビュー戦:'18年PGA Tour Shriners Hospital
Tournament
アマ時代の主な戦歴:('18)オールアメリカン1stチーム、
全米オープン、全米アマ出場
ベストスコア:
ツアー未勝利
'22の主なツアー成績:0試合
'22の部門別データ
賞金:ナシ
メルセデス・ベンツトータルポイント:ー
平均ストローク:ー
平均パット:ー
パーキープ率:ー
パーオン率:ー
バーディ率:ー
イーグル率:ー
ドライビングディスタンス:ー

フェアウェイキープ率:ー
サンドセーブ率:ー
トータルドライビング:ー
賞金と順位(□はQTランクによる出場権獲得)
□'22=ナシ

Takuya HIGA

比嘉拓也

所属:TOSHIN
生年月日:1987(S62).12.26
身長:180cm　体重:80kg
血液型:A型
出身地:沖縄県
出身校:名古屋商科大学
趣味:車
スポーツ歴:バスケットボール
ゴルフ歴:13歳〜
プロ転向:2011年
ツアーデビュー戦:'11トーシントーナメントINレイクウッド
師弟関係:嘉数森勇
得意クラブ:アイアン
ベストスコア:64('21ダンロップ・スリクソン福島オープン2R)
アマ時代の主な戦歴:('08)中部アマ優勝
ツアー未勝利
ABEMAツアー(チャレンジ)1勝
('22)石川遼everyone PROJECT Challenge
'22の主なツアー成績:3試合
'22の部門別データ
賞金:0円
メルセデス・ベンツトータルポイント:—
平均ストローク:74.063(参考)
平均パット:1.8571(参考)
パーキープ率:77.778(参考)
パーオン率:71.296(参考)
バーディ率:3.000(参考)
イーグル率:—
ドライビングディスタンス:272.75(参考)
フェアウェイキープ率:59.524(参考)
サンドセーブ率:0.000(参考)
トータルドライビング:—
賞金と順位(△はABEMAツアーランクによる出場権獲得)

'11=0円	'17=0円
'13=0円	'18=0円
'14=0円	'19=　340,500円172位
'15=0円	20-21=　3,097,107円116位
'16=0円	△'22=0円

Masashi HIDAKA

日高将史

所属:フリー
生年月日:1986(S61).5.4
身長:170cm　体重:60kg
血液型:A型
出身地:宮崎県
出身校:九州東海大学
ゴルフ歴:10歳〜
プロ転向:2007年
ツアーデビュー戦:'12日本プロ日清カップヌードル杯
ベストスコア:64('17HONMA TOURWORLD CUP 1R)
アマ時代の主な戦歴:('05)九州学生優勝
ツアー未勝利
ABEMAツアー(チャレンジ)1勝
('15)ジャパンクリエイトチャレンジin福岡雷山
'22の主なツアー戦績:1試合
'22部門別データ
賞金:0円
メルセデス・ベンツトータルポイント:—
平均ストローク:74.380(参考)
平均パット:1.8889(参考)
パーキープ率:86.111(参考)
パーオン率:50.000(参考)
バーディ率:1.000(参考)
イーグル率:—
ドライビングディスタンス:251.75(参考)
フェアウェイキープ率:71.429(参考)
サンドセーブ率:80.000(参考)
トータルドライビング:—
賞金と順位(◎は賞金ランク、△はABEMAツアーランク、□はQTランクによる出場権獲得)

'12=　295,680円201位	◎'17=11,016,500円　75位
'13=0円	□'18=　9,769,438円　83位
'14=0円	'19=0円
△'15=　1,408,500円144位	20-21=0円
'16=　1,171,166円186位	△'22=0円

Yasuki HIRAMOTO　　出場資格:ファイナルQTランク9位

平本　穏

所属:悠プロダクション
生年月日:1986(S61).5.11
身長:172cm　体重:60kg
血液型:O型
出身地:広島県
出身校:名古屋商科大学(中退)
趣味:釣り
スポーツ歴:サッカー
ゴルフ歴:10歳〜
プロ転向:2007年
ツアーデビュー戦:'08セガサミーカップ
ベストスコア:64('14ANAオープン4R)
ツアー未勝利
'22の主なツアー戦績:1試合
JPC by サトウ食品40位T
'22部門別データ
賞金:200,000円(216位)
メルセデス・ベンツトータルポイント:ー
平均ストローク:71.443(参考)
平均パット:1.7818(参考)
パーキープ率:90.278(参考)
パーオン率:76.389(参考)
バーディ率:4.000(参考)
イーグル率:4.000(参考)
ドライビングディスタンス:ー

フェアウェイキープ率:64.286(参考)
サンドセーブ率:100.000(参考)
トータルドライビング:ー
賞金と順位(◎は賞金ランク、□はQTランクによる出場権獲得)
'08=0円　　　　　　　　'16=　2,004,050円154位
'11=0円　　　　　　　　'17=　1,398,000円171位
'12=　5,433,971円103位　'18=　1,686,000円155位
'13=　2,430,075円130位　'19=0円
◎'14=13,084,777円　68位　'20-21=　　601,700円178位
◎'15=11,603,397円　71位　□'22=　200,000円216位

Dylan PERRY(ディラン　ペリー)　　出場資格:ファイナルQTランク19位

D・ペリー

所属:JOYXGC上月C
生年月日:1995(H7).3.2
身長:184cm　体重:80kg
血液型:
出身地:オーストラリア
出身校:St. Josephs High School
趣味:水上スキー、テニス、卓球、アウトドア
ゴルフ歴:13歳〜
プロ転向:2018年
日本でのツアーデビュー戦:'19東建ホームメイトカップ
得意クラブ:アイアン
日本でのベストスコア:64('22HEIWA・PGM選手権1R)
ツアー未勝利
'22の主なツアー戦績:7試合
HEIWA・PGM CHAMPIONSHIP41位T
'22部門別データ
賞金:600,000円
トータルポイント:ー
平均ストローク:72.719(参考)
平均パット:1.8216(参考)
パーキープ率:82.639(参考)
パーオン率:64.583(参考)
バーディ率:3.125(参考)
イーグル率:8.000(参考)
ドライビングディスタンス:285.56(参考)

フェアウェイキープ率:57.399(参考)
サンドセーブ率:72.222(参考)
トータルドライビング:ー
賞金と順位(◎は賞金ランク、＊はコロナ入国保障制度適用による出場権獲得)
◎'19=23,998,300円　36位　　＊'22=600,000円
＊'20-21=13,290,916円　66位

Michael HENDRY（ヘンドリー　マイケル）

出場資格:コロナウイルス感染症入国保障制度適用

M・ヘンドリー

所属:アクシネット
生年月日:1979(S54).10.15
身長:186cm　体重:95kg
出身地:ニュージーランド
出身校:Long Bay College
趣味:クリケット、ジェットスキー、釣り、映画鑑賞
スポーツ歴:クリケットニュージーランド代表
ゴルフ歴:12歳〜
プロ転向:2005年
日本でのツアーデビュー戦:'10アジアパシフィックパナソニックオープン
師弟関係:クレイグ・ディクソン
ベストスコア:63('15ミズノオープン1R)
ツアー1勝
('15)東建ホームメイトカップ
インターナショナルツアー3勝
('12、'13)ニュージーランドPGA選手権(豪州)、('17)
ISPS HANDAニュージーランドオープン(豪州)
代表歴:ワールドカップ('11、'13)
'22の主なツアー戦績:18試合
〜全英への道〜ミズノオープン6位T
'22部門別データ
賞金:10,370,142円(74位)
メルセデス・ベンツトータルポイント:473(58位)
平均ストローク:72.006(58位)

平均パット:1.7660(43位)
パーキープ率:85.000(41位)
パーオン率:69.444(19位)
バーディ率:3.700(42位)
イーグル率:16.667(62位)
ドライビングディスタンス:286.33(45位)
フェアウェイキープ率:51.363(74位)
サンドセーブ率:41.791(89位)
トータルドライビング:119(74位)
賞金と順位(◎は賞金ランク、＊はコロナ入国保障制度適用による出場権獲得)

'10= 2,256,750円117位	◎'17=51,138,926円 17位
'11= 795,000円167位	◎'18=16,837,671円 61位
◎'13=12,874,929円 71位	◎'19=13,686,024円 58位
◎'14=21,306,402円 51位	＊20-21= 1,634,133円141位
◎'15=35,697,800円 30位	＊'22=10,370,142円 74位
◎'16=54,054,728円 12位	

Yusaku HOSONO

出場資格:ファイナルQTランク8位

細野勇策

所属:ロピア
生年月日:2003(H15).1.9
身長:177cm　体重:74kg
血液型:O型
出身地:山口県
出身校:
ゴルフ歴:
プロ転向:
ツアーデビュー戦:'22関西オープン
ベストスコア:62('22ISPS HANDA欧州・日本2R)
ツアー未勝利
'22の主なツアー戦績:3試合
ISPS HANDA欧州・日本16位T
'22部門別データ
賞金:2,202,000円(129位)
メルセデス・ベンツトータルポイント:—
平均ストローク:70.700(参考)
平均パット:1.6838(参考)
パーキープ率:85.556(参考)
パーオン率:65.556(参考)
バーディ率:4.400(参考)
イーグル率:10.000(参考)
ドライビングディスタンス:293.94(参考)

フェアウェイキープ率:57.857(参考)
サンドセーブ率:66.667(参考)
トータルドライビング:—
賞金と順位(□はQTランクによる出場権獲得)
□'22= 2,202,000円129位

前田光史朗

所属:日本大学
生年月日:2000(H12).9.5
身長:174cm　体重:68kg
血液型:A型
出身地:栃木県

ドライビングディスタンス:ー
フェアウェイキープ率:ー
サンドセーブ率:ー
トータルドライビング:ー
賞金と順位(□はQTランクによる出場権獲得)
□'22=ナシ

出身校:日本大学
ゴルフ歴:8歳〜
プロ転向:2022年
ツアーデビュー戦:
ベストスコア:
アマ時代の主な戦歴:('18)関東ジュニア優勝、('19)関東アマ3位、('22)日本アマ7位
ツアー未勝利
'22の主なツアー戦績:0試合
'22部門別データ
賞金:ナシ
メルセデス・ベンツトータルポイント:ー
平均ストローク:ー
平均パット:ー
パーキープ率:ー
パーオン率:ー
バーディ率:ー
イーグル率:ー

松本将汰

所属:プロファイブ
生年月日:1995(H7).2.24
身長:171cm　体重:65kg
血液型:AB型
出身地:宮城県

パーオン率:55.556(参考)
バーディ率:3.111(参考)
イーグル率:ー
ドライビングディスタンス:271.38(参考)
フェアウェイキープ率:50.794(参考)
サンドセーブ率:46.667(参考)
トータルドライビング:ー
賞金と順位(△はABEMAツアーランクによる出場権獲得)
'18=0円
'19=0円
'20-'21= 4,972,158円 95位
△'22= 827,600円157位

出身校:東北福祉大学
趣味:スノーボード
ゴルフ歴:12歳〜
プロ転向:2016年
ツアーデビュー戦:'18ダンロップ・スリクソン福島オープン
ベストスコア:66('21ダンロップ・スリクソン福島オープン3R)
アマ時代の主な戦歴:('13)日本アマベスト8、('15)東北アマ優勝
ツアー未勝利
ABEMAツアー(チャレンジ)1勝
('22)大山どりカップ
'22の主なツアー戦績:3試合
Sansan KBCオーガスタ35位T
'22部門別データ
賞金:827,600円(157位)
メルセデス・ベンツトータルポイント:ー
平均ストローク:72.531(参考)
平均パット:1.7778(参考)
パーキープ率:82.716(参考)

三島泰哉

所属:滋賀CC
生年月日:1998(H10).2.4
身長:168cm　体重:68kg
血液型:A型
出身地:岐阜県

出身校:中部学院大学
ゴルフ歴:10歳〜
プロ転向:
ツアーデビュー戦:'21バンテリン東海クラシック
ベストスコア:71('22パナソニックオープン1・2R)
アマ時代の主な戦歴:('17)中部学生優勝
ツアー未勝利
'22の主なツアー戦績:3試合
For The Players By The Players 25位T
'22部門別データ
賞金:400,000円(185位)
メルセデス・ベンツトータルポイント:ー
平均ストローク:73.950(参考)
平均パット:1.7568(参考)
パーキープ率:81.944(参考)
パーオン率:51.389(参考)
バーディ率:2.750(参考)
イーグル率:ー

ドライビングディスタンス:280.25(参考)
フェアウェイキープ率:50.000(参考)
サンドセーブ率:75.000(参考)
トータルドライビング:ー
賞金と順位(□はQTランクによる出場権獲得)
'20-21=0円　　　　　　　　　□'22=　　400,000円185位

武藤俊憲

所属:フリー
生年月日:1978(S53).3.10
身長:173cm　体重:78kg
血液型:O型
出身地:群馬県

出身校:前橋育英高校
趣味:スキー、温泉
スポーツ歴:サッカー
ゴルフ歴:15歳〜
プロ転向:2001年
ツアーデビュー戦:'03マンシングウェアオープンKSBカップ
師弟関係:菅原理夫
得意クラブ:ドライバー
ベストスコア:63('11ダンロップフェニックス3R、'12ミズノオープン4R)
プレーオフ:1勝1敗
ツアー7勝
('06)マンシングウェアオープンKSBカップ、('08)コカ・コーラ東海クラシック、('09)The Championship by LEXUS、('11)ダンロップフェニックス、('12)関西オープン、('15)ISPSハンダグローバルカップ、('19)パナソニックオープン
'22の主なツアー戦績:22試合
ASO飯塚チャレンジドゴルフ12T
'22部門別データ

賞金:9,217,574円(77位)
メルセデス・ベンツトータルポイント:561(72位)
平均ストローク:72.316(75位)
平均パット:1.7928(79位)
パーキープ率:83.761(68位)
パーオン率:66.838(42位)
バーディ率:3.631(47位)
イーグル率:21.667(75位)
ドライビングディスタンス:286.96(42位)
フェアウェイキープ率:52.811(65位)
サンドセーブ率:46.667(68位)
トータルドライビング:107(66位)
賞金と順位(◎は賞金ランク、□はQTランクによる出場権獲得)

'03=	819,300円175位	◎'13= 31,471,393円 32位
'04=	500,000円206位	◎'14= 48,180,455円 20位
'05= 10,387,333円 80位		◎'15= 56,005,368円 19位
◎'06= 57,672,877円 17位		◎'16= 51,292,990円 13位
◎'07= 20,717,750円 160位		◎'17= 32,296,438円 33位
◎'08= 78,382,804円 10位		◎'18= 32,804,339円 33位
◎'09= 55,621,648円 19位		◎'19= 51,204,475円 19位
◎'10= 20,281,530円 52位		'20-21= 3,747,921円109位
◎'11= 77,694,778円 8位		□'22= 9,217,574円 77位
◎'12= 68,680,607円 12位		

Kazuki YASUMORI

安森一貴

所属:オータニ広尾CC
生年月日:1997(H9).11.15
身長:175cm　体重:74kg
血液型:B型
出身地:大阪府

出身校:関西学院大学
ゴルフ歴:6歳〜
プロ転向:2019年
ツアーデビュー戦:'21関西オープン
ベストスコア:69('22〜全英への道〜ミズノオープン1R)
アマ時代の主な戦歴:('17)西日本アマチュアゴルファーズ選手権優勝、('18)日本学生3位T、('19)関西アマ3位T
ツアー未勝利
'22の主なツアー戦績:2試合
〜全英への道〜ミズノオープン29位T
'22部門別データ
賞金:560,000円(175位)
メルセデス・ベンツトータルポイント:ー
平均ストローク:71.478(参考)
平均パット:1.6949(参考)
パーキープ率:80.556(参考)
パーオン率:55.556(参考)
バーディ率:3.667(参考)
イーグル率:3.000(参考)

出場資格:ファイナルQTランク12位

ドライビングディスタンス:291.50(参考)
フェアウェイキープ率:42.857(参考)
サンドセーブ率:75.000(参考)
トータルドライビング:ー
賞金と順位(□はQTランクによる出場権獲得)
　'20-'21=0円　　　　　　　□'22=　560,000円175位

Taisei YAMADA

山田大晟

所属:相模原GC
生年月日:1995(H7).5.15
身長:178cm　体重:80kg
血液型:B型
出身地:東京都

出身校:専修大学
趣味:映画
スポーツ歴:水泳
ゴルフ歴:10歳〜
プロ転向:2017年
ツアーデビュー戦:'20日本オープン
ベストスコア:65('21ゴルフパートナー PRO-AM1R)
アマ時代の主な戦歴:('13)国体4位
ツアー未勝利
ABEMAツアー(チャレンジ)1勝
('22)太平洋クラブチャレンジ
'22の主なツアー戦績:4試合
日本プロ13位T
'22部門別データ
賞金:2,741,714円(121位)
メルセデス・ベンツトータルポイント:ー
平均ストローク:72.121(参考)
平均パット:1.8043(参考)
パーキープ率:81.944(参考)
パーオン率:64.352(参考)

出場資格:ABEMAツアーランク12位

バーディ率:3.167(参考)
イーグル率:12.000(参考)
ドライビングディスタンス:301.13(参考)
フェアウェイキープ率:56.098(参考)
サンドセーブ率:54.545(参考)
トータルドライビング:ー
賞金と順位(△はABEMAツアーランクによる出場権獲得)
　'20-'21=　1,771,350円138位　　△'22=　2,741,714円121位

米澤　蓮

所属:フリー
生年月日:1999(H11).7.23
身長:174cm　体重:
血液型:A型
出身地:岩手県

出身校:東北福祉大学
ゴルフ歴:10歳〜
プロ転向:2021年
ツアーデビュー戦:'22アジアパシフィックダイヤモンドカップ
ベストスコア:69('22アジアパシフィックダイヤモンドカップ4R,'22JPC by サトウ食品1R)
アマ時代の主な戦歴:('19)関東学生優勝、アジアパシフィックオープンダイヤモンドカップ2位Tローアマチュア、('21)日本オープンローアマチュア
ツアー未勝利
'22の主なツアー戦績:3試合
アジアパシフィックダイヤモンドカップ43位T
'22部門別データ
賞金:560,000円(175位)
メルセデス・ベンツトータルポイント:−
平均ストローク:72.543(参考)
平均パット:1.8193(参考)
パーキープ率:79.167(参考)
パーオン率:57.639(参考)
バーディ率:2.250(参考)

イーグル率:−
ドライビングディスタンス:281.67(参考)
フェアウェイキープ率:57.413(参考)
サンドセーブ率:33.333(参考)
トータルドライビング:−
賞金と順位(□はQTランクによる出場権獲得)
□'22=　　560,000円175位

若原亮太

所属:フリー
生年月日:1998(H10).5.9
身長:171cm　体重:76kg
血液型:A型
出身地:岐阜県

出身校:大阪学院大学
ゴルフ歴:8歳〜
プロ転向:2020年
ツアーデビュー戦:('22)関西オープン
ベストスコア:69('22〜全英への道〜ミズノオープン2R)
アマ時代の主な戦歴:('19)関西学生優勝
ツアー未勝利
'22の主なツアー戦績:2試合
〜全英への道〜ミズノオープン36位T
'22部門別データ
賞金:376,000円(191位)
メルセデス・ベンツトータルポイント:−
平均ストローク:72.013(参考)
平均パット:1.8194(参考)
パーキープ率:83.333(参考)
パーオン率:66.667(参考)
バーディ率:2.833(参考)
イーグル率:−

ドライビングディスタンス:289.38(参考)
フェアウェイキープ率:51.190(参考)
サンドセーブ率:42.857(参考)
トータルドライビング:−
賞金と順位(△はABEMAツアーランクによる出場権獲得)
△'22=　　376,000円191位

Kodai AOYAMA

青山晃大

ファイナルQT:40位
所属:フリー
生年月日:1999(H11).9.14
身長:180cm　体重:80kg
血液型:B型

出身地:愛知県
出身校:中京大学
ゴルフ歴:
プロ転向:2021年

賞金107位=4,132,071円　平均S=71.729(参考)

ツアーデビュー戦:'22東建ホームメイトカップ
ベストスコア:67('22東建ホームメイトカップ2R)
ツアー未勝利
アマ時代の主な戦歴:('21)中部学生優勝、中部アマ優勝、日本学生8位
'22の主なツアー戦績:4試合
東建ホームメイトカップ9位T
賞金と順位
　'22=4,132,071円107位

Shota AKIYOSHI

秋吉翔太

ファイナルQT:62位
所属:ホームテック
生年月日:1990(H2).7.22
身長:175cm　体重:85kg
血液型:O型

出身地:熊本県
出身校:樟南高校
ゴルフ歴:10歳〜
プロ転向:2009年
ツアーデビュー戦:'11日本オープンゴルフ選手権
得意クラブ:ドライバー
ベストスコア:63('18中日クラウンズ2R、'19ダンロップ・スリクソン福島オープン3R、'21ダンロップフェニックス1R)

賞金126位=2,414,133円　平均S=73.537(95位)

アマ時代の主な優勝歴:('08)国体・少年男子個人
ツアー2勝:('18)〜全英への道〜ミズノオープンatザ・ロイヤル ゴルフクラブ、ダンロップ・スリクソン福島オープン
ABEMAツアー(チャレンジ)3勝:('14)ISPS・CHARITYチャレンジトーナメント、('15)seven dreamers challenge in Yonehara GC、石川遼 everyone PROJECT Challenge
'22の主なツアー成績:21試合
HEIWA・PGM選手権25位T
賞金と順位(◎は賞金ランク、△はABEMAツアーランクによる出場権獲得)

'11=2,360,000円119位		◎'17=26,704,356円 43位	
'12= 920,000円154位		◎'18=61,522,806円 14位	
'13= 342,000円225位		◎'19=39,398,756円 26位	
△'14=3,146,357円114位		◎20-21=17,469,017円 51位	
△'15=2,899,224円122位		'22= 2,414,133円126位	
'16=5,229,400円106位			

Hiroki ABE

阿部裕樹

ファイナルQT:24位
所属:フリー
生年月日:1989(H1).2.23
身長:167cm　体重:66kg
血液型:A型

出身地:栃木県
出身校:日本大学
ゴルフ歴:8歳〜
プロ転向:2010年
ツアーデビュー戦:'11東建ホームメイトカップ

賞金101位=5,893,950円　平均S=72.290(74位)

ベストスコア:64('14トーシントーナメントINセントラル2R)
アマ時代の主な戦歴:('10)日本アマ優勝、('08・'10)国体優勝
ツアー未勝利
'22の主なツアー戦績:22試合
カシオワールドオープン24位T
賞金と順位(◎は賞金ランクによる出場権獲得)

'11=0円	'15= 268,400円240位
'12=0円	◎20-21=14,708,552円 62位
'13=324,000円231位	'22= 5,893,950円101位
'14=494,600円198位	

Kenshiro IKEGAMI

池上憲士郎

ファイナルQT:66位
所属:フリー
生年月日:1992(H4).4.17
身長:180cm　体重:76kg
血液型:A型

出身地:岡山県
出身校:東北福祉大学
ゴルフ歴:5歳〜
プロ転向:2014年

賞金97位=6,722,950円　平均S=72.715(85位)

ツアーデビュー戦:'17〜全英への道〜ミズノオープン
ベストスコア:64('21ゴルフパートナー PRO-AM2R)
アマ時代の主な優勝歴:('10)四国アマ、西日本アマ、香川県アマ
ツアー未勝利
'22の主なツアー成績:24試合
日本プロ20位T
賞金と順位(◎は賞金ランクによる出場権獲得)

'17=0円	◎20-21=16,421,160円 56位
'19=0円	'22= 6,722,950円 97位

Shori ISHIZUKA

石塚祥利

賞金197位=340,500円	平均S=74.611(参考)

ファイナルQT:73位
所属:芥屋GC
生年月日:2003(H15).1.24
身長:175cm　体重:71kg
血液型:A型

出身地:福岡県
出身校:沖学園高校
ゴルフ歴:3歳〜
プロ転向:2021年
ツアーデビュー戦:'21Sansan KBCオーガスタ
ベストスコア:68('22日本プロ1R)

アマ時代の主な戦績('19)九州アマ6位
ツアー未勝利
'22の主なツアー戦績:3試合
日本プロ60位T
賞金と順位
　'20-'21=0円
　'22=340,500円197位

Kazuki ISHIWATA

石渡和輝

賞金172位=570,000円	平均S=72.006(参考)

ファイナルQT:61位
所属:SHUUEI
生年月日:1993(H5).2.21
身長:180cm　体重:72kg
血液型:A型

出身地:千葉県
出身校:中央学院大学
ゴルフ歴:12歳〜
プロ転向:年2014年
ツアーデビュー戦:'15関西オープン
ベストスコア:67('15ダンロップ・スリクソン福島オープ

ン3R、'21中日クラウンズ1R)
ツアー未勝利
'22の主なツアー戦績:2試合
日本プロ42位T
賞金と順位

'15=1,146,333円156位	'19=0円
'16=277,200円250位	'20-'21=383,250円193位
'17=0円	'22=570,000円172位
'18=0円	

Yosuke IWAMOTO

岩元洋祐

賞金=0円	平均S=74.00(参考)

出場資格:特別保障制度適用
所属:加古川IGC
生年月日:1983(S58).8.12
身長:163cm　体重:58kg
血液型:B型

出身地:兵庫県
出身校:甲南大学
ゴルフ歴:16歳〜

プロ転向:2005年
ツアーデビュー戦:'10つるやオープン
ベストスコア:70('16RIZAP KBCオーガスタ1R)
ツアー未勝利
ABEMAツアー(チャレンジ)1勝:('17)JGTO Novil FINAL
'22の主なツアー戦績:1試合
賞金と順位

'10=262,800円204位	'18=0円
'14=0円	'20-'21=0円
'16=219,000円256位	'22=0円
'17=0円	

Kodai UEDA

植田晃大

賞金=ナシ	平均S=ナシ

ファイナルQT:71位
所属:東北福祉大学
生年月日:2000(H12).11.29
身長:171cm　体重:72kg
血液型:O型

出身地:奈良県
出身校:大阪商業大学高校
ゴルフ歴:
プロ転向:2022年
ツアーデビュー戦:

ベストスコア:
ツアー未勝利
'22の主なツアー戦績:0試合

Tsubasa UKITA

賞金＝ナシ　　　　平均S＝ナシ

宇喜多飛翔

ファイナルQT:35位
所属:大阪学院大学
生年月日:2001(H13).5.16
身長:177cm　体重:83kg
血液型:A型

出身地:岡山県
出身校:関西高校
ゴルフ歴:10歳～
プロ転向:2022年
ツアーデビュー戦:
ベストスコア:

ツアー未勝利
'22の主なツアー戦績:0試合

Isamu OOSHITA

賞金＝0円　　　　平均S＝74.093(参考)

大下　勇

ファイナルQT:65位
所属:クリショー
生年月日:1985(S60).8.27
身長:172cm　体重:102kg
血液型:O型

出身地:広島県
出身校:日本大学
ゴルフ歴:5歳～
プロ転向:
ツアーデビュー戦:'22JPC byサトウ食品

ベストスコア:72('22JPC byサトウ食品2R)
ツアー未勝利
'22の主なツアー戦績:2試合
賞金と順位
　'22＝0円

Keisuke OTAWA

賞金123位＝2,545,285円　平均S＝72.744(参考)

大田和桂介

ファイナルQT:72位
所属:麻倉GC
生年月日:1989(H1).2.13
身長:166cm　体重:77kg
血液型:B型

出身地:東京都
出身校:日本大学
ゴルフ歴:4歳～
プロ転向:2010年
ツアーデビュー戦:'11長嶋茂雄INVITATIONALセガサ
ミーカップ

ベストスコア:65('22ASO飯塚チャレンジドゴルフ4R)
アマ時代の主な戦歴:('08、'09)日本学生優勝、('08)日本
オープンローアマ、('10)日本アマ3位
ツアー未勝利
ABEMAツアー(チャレンジ)1勝:('20)TIチャレンジ
'22の主なツアー成績:12試合
For The Players By The Players11位T
賞金と順位(△はABEMAツアーランクによる出場権獲得)
'11＝0円　　　　　　　　'17＝　233,800円252位
'12＝0円　　　　　　　　'18＝　840,000円198位
'13＝1,063,475円169位　'19＝1,758,500円122位
'14＝　417,600円205位　△'20-'21＝　126,500円221位
'16＝　592,500円217位　'22＝2,545,285円123位

Nobuaki ODA

織田信亮

賞金87位=7,761,422円　平均S=72.097(64位)

ファイナルQT:44位
所属:セーレン
生年月日:1999(H11).10.26
身長:170cm　体重:80kg
血液型:O型

出身地:福井県
出身校:福井工業大学
ゴルフ歴:3歳〜
プロ転向:2019年
ツアーデビュー戦:'21日本プロ
ベストスコア:65('22HEIWA・PGM選手権3R)

アマ時代の主な戦歴:('19)岐阜オープン優勝
ツアー未勝利
'22の主なツアー戦績:16試合
For The Players By The Players8位
賞金と順位(□はQTランクによる出場権獲得)
□20-21=451,000円188位　　'22=7,761,422円 87位

Rio KAGAWA

香川凜央

賞金=ナシ　平均S=ナシ

ファイナルQT:82位
所属:フリー
生年月日:2002(H14).1.23
身長:171cm　体重:78kg
血液型:O型

出身地:愛媛県
出身校:四国学院大学香川西高校
ゴルフ歴:11歳〜
プロ転向:2022年
アマ時代の主な戦績:('18)四国ジュニア優勝、('19)
四国アマ4位、('20)西日本大学交流戦個人優勝、

('21)四国アマ2位
ツアーデビュー戦:
ベストスコア:
ツアー未勝利
'22の主なツアー戦績:0試合

Yuto KATSUMATA

勝亦悠斗

賞金105位=4,668,722円　平均S=71.122(参考)

ファイナルQT:22位
所属:ITS
生年月日:1994(H6).8.13
身長:163cm　体重:69kg
血液型:O型

出身地:静岡県
出身校:明治大学
ゴルフ歴:10歳〜
プロ転向:2016年
ツアーデビュー戦:'18日本オープン
ベストスコア:65('22三井住友VISA太平洋マスターズ

3R)
ツアー未勝利
'22の主なツアー戦績:4試合
JPC Byサトウ食品13位T
賞金と順位
　'18=0円
20-21=　220,000円213位
　'22=4,668,722円105位

Hikaru KATO

加藤　輝

賞金=ナシ　平均S=ナシ

ファイナルQT:70位
所属:フリー
生年月日:1995(H7).7.20
身長:173cm　体重:85kg
血液型:AB型

出身地:
出身校:亘理高校
ゴルフ歴:
プロ転向:
ツアーデビュー戦:

ベストスコア:
ツアー未勝利
'22の主なツアー戦績:0試合

Naoyuki KANEDA

金田直之

賞金=ナシ　　　　平均S=ナシ

ファイナルQT:27位
所属:美里ゴルフセンター
生年月日:1996(H8).2.26
身長:174cm　体重:70kg
血液型:O型

出身地:千葉県
出身校:中央学院大学
ゴルフ歴:10歳〜
プロ転向:2017年
ツアーデビュー戦:

アマ時代の主な戦歴:('12)関東高等学校ゴルフ選手権優勝
ベストスコア:
ツアー未勝利
'22の主なツアー戦績:0試合

Shoji KAWAI

河合庄司

賞金158位=819,000円　　平均S=74.365(参考)

ファイナルQT:32位
所属:フリー
生年月日:1983(S58).12.5
身長:169cm　体重:70kg
血液型:AB型

出身地:和歌山県
出身校:東北福祉大学
ゴルフ歴:13歳〜
プロ転向:2006年
ツアーデビュー戦:'10ダイヤモンドカップ

ベストスコア:68('19ダンロップ・スリクソン福島オープン1R)
ツアー未勝利
ABEMAツアー(チャレンジ)1勝:('18)ジャパンクリエイトチャレンジin福岡雷山
'22の主なツアー戦績:2試合
日本オープン63位
賞金と順位(△はABEMAツアーランクによる出場権獲得)
'10=0円　　　　　　　△'18=ナシ
'11=295,650円204位　'19=　82,125円201位
'14=216,000円234位　'20-21=0円
'15=570,000円198位　'22=　819,000円158位
'17=1,740,000円159位

Koichi KITAMURA

北村晃一

賞金122位=2,712,714円　　平均S72.714(参考)

出場資格:特別保障制度適用
所属:ダック技建
生年月日:1985(S60).1.2
身長:170cm　体重:72kg
血液型:B型

出身地:神奈川県
出身校:中央大学
趣味:マンガ、カラオケ
スポーツ:野球
ゴルフ歴:22歳〜
プロ転向:2009年
ツアーデビュー戦:'11中日クラウンズ

師弟関係:増田哲仁、高木克仁、加藤淳
得意クラブ:パター
ベストスコア:65('17ダンロップ・スリクソン福島オープン4R、'18中日クラウンズ2R)
ツアー未勝利
'22の主なツアー戦績:7試合
日本プロ13位T
賞金と順位(◎は賞金ランク、△はABEMAツアーランクによる出場権獲得)
'11=　267,600円210位　◎'17=12,462,318円 72位
'12=　576,000円176位　'18=12,971,500円 73位
'13=0円　　　　　　　'19=　1,658,571円124位
'14=2,369,000円122位　'20-21=4,969,575円 96位
'15=0円　　　　　　　'22=2,712,714円122位
△'16=0円

Kohei KINOSHITA

木下康平

賞金=ナシ　　　　平均S=ナシ

ファイナルQT:63位
所属:フリー
生年月日:1995(H7).2.28
身長:173cm　体重:66kg
血液型:A型

出身地:熊本県
出身校:クラーク記念国際高校
ゴルフ歴:3歳〜
プロ転向:2012年
ツアーデビュー戦:'13ANAオープン

ベストスコア:66('17RIZAP KBCオーガスタ2R)
アマ時代の主な戦歴:('12)日本オープン出場
ツアー未勝利
'22の主なツアー戦績:0試合
賞金と順位
'13=0円　　　　　　　'17=480,000円222位
'15=0円　　　　　　　'18=0円
'16=0円　　　　　　　'19=0円

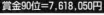

Taichi KIMURA　賞金90位=7,618,050円　平均S=71.366（参考）

木村太一

ファイナルQT:69位
所属:フリー
生年月日:1998(H10).9.28
身長:173cm　体重:72kg
血液型:O型

出身地:愛知県
出身校:日本大学
ゴルフ歴:6歳～
プロ転向:2020年
ツアーデビュー戦:'21アジアパシフィックダイヤモンド

カップゴルフ
ベストスコア:66('22ゴルフパートナー PRO-AM2R、
'22HEIWA・PGM選手権4R)
アマ時代の主な戦歴:('19)日本アマ優勝、中部アマ優勝
ツアー未勝利
'22の主なツアー戦績:9試合
ANAオープン6位T
賞金と順位
'20-'21'=0円
'22=7,618,050円　90位

Grant GODFREY(ゴッドフリイ　グラント)　賞金=0円　平均S=74.240（参考）

G・ゴッドフリイ

ファイナルQT:84位
所属:フリー
生年月日:1998(H10).1.23
身長:190cm　体重:75kg
血液型:型

出身地:アメリカ
出身校:The University of Toledo
ゴルフ歴:
プロ転向:

ツアーデビュー戦:'22アジアパシフィックダイヤモンドカップ
ベストスコア:74('22アジアパシフィックダイヤモンドカップ1R)
ツアー未勝利
'22の主なツアー戦績:1試合
賞金と順位
'22=0円

Matthew GRIFFIN(グリフィン　マシュー)　賞金104位=5,277,466円　平均S=72.357(78位)

M・グリフィン

ファイナルQT:68位
所属:アクシネット
生年月日:1983(S58).7.26
身長:176cm　体重:76kg
出身地:オーストラリア

出身校:Monash University
ゴルフ歴:2歳～
プロ転向:2008年
日本でのツアーデビュー戦:'09アジアパシフィックパナ
ソニックオープン
得意クラブ:ドライバー
ベストスコア:62('19中日クラウンズ2R)
アマ時代の主な戦歴:('08)アマチュア世界ランキング
3位、ライスプランターズアマチュア優勝、世界アマチュ

アチーム選手権オーストラリア代表
ツアー未勝利
インターナショナルツアー 3勝
('11)サウスパシフィックオープン(豪州)、('14)オーツ・ビクト
リアオープン(豪州)、
('16)BMW ISPS HANDAニュージーランドオープン(豪州)
その他:('16)豪州ツアー賞金王
'22の主なツアー戦績:16試合
ANAオープン17位T
賞金と順位(◎は賞金ランク、＊はコロナ入国保障制度適用に
よる出場権獲得)
'09= 1,080,000円148位　◎'17=20,039,302円 52位
'13= 1,894,643円139位　◎'18=33,910,957円 30位
'14= 1,088,220円155位　◎'19=38,393,733円 27位
◎'15=12,787,897円 68位　＊'20-'21= 1,088,813円157位
◎'16=11,048,981円 79位　　'22= 5,277,466円104位

Hikaru KUROIWA　賞金219位=190,400円　平均S=70.500（参考）

黒岩　輝

出場資格:特別保障制度適用
所属:フリー
生年月日:1997(H9).7.13
身長:174cm　体重:90kg
血液型:B型

出身地:福島県
出身校:山梨学院大学
ゴルフ歴:10歳～
プロ転向:2020年
ツアーデビュー戦:'21ダンロップ・スリクソン福島オープン
ベストスコア:69('22関西オープン1R)

ツアー未勝利
'22の主なツアー戦績:1試合
関西オープン61位T
賞金と順位
'20-'21'=0円
'22=190,400円219位

Noriyuki KUROGI

黒木紀至

賞金=0円　　　平均S=72.275（参考）

ファイナルQT:45位
所属:UMKテレビ宮崎
生年月日:1993(H5).11.18
身長:166cm　体重:64kg
血液型:O型

出身地:宮崎県
出身校:日章学園高校
趣味:スポーツ、映画鑑賞
スポーツ歴:サッカー
ゴルフ歴:3歳〜

プロ転向:2014年
ツアーデビュー戦:'15HONMA TOURWORLD CUP
得意クラブ:ドライバー
ベストスコア:67('21Sansan KBCオーガスタ2R)
アマ時代の主な戦歴:('11)日本ジュニア8位、('08)国民体育大会6位
ツアー未勝利
'22の主なツアー戦績:2試合
賞金と順位
　'15=840,000円172位　　　20-21=582,000円179位
　'17=0円　　　　　　　　　'22=0円

Ren KUROSAKI

黒﨑　蓮

賞金142位=1,210,000円　　平均S=72.434（参考）

ファイナルQT:86位
所属:フリー
生年月日:1998(H10).10.16
身長:170cm　体重:94kg
血液型:A型

出身地:千葉県
出身校:日出高校
趣味:ゲーム
スポーツ歴:野球
ゴルフ歴:6歳〜

プロ転向:2017年
ツアーデビュー戦:'21JPC by サトウ食品
ベストスコア:66('22JPC byサトウ食品1R)
得意クラブ:アイアン全部
アマ時代の主な戦歴:('16)フジサンケイジュニア優勝
ツアー未勝利
'22の主なツアー戦績:5試合
JPC byサトウ食品10位T
賞金と順位
　20-21=0円
　'22=1,210,000円142位

Thanyakon KHRONGPHA（クロンパ　タンヤゴーン）

T・クロンパ

賞金99位=6,472,285円　　平均S=73.352（93位）

ファイナルQT:75位
所属:SINGHA
生年月日:1990(H2).6.3
身長:166cm　体重:65kg
血液型:A型

出身地:タイ
出身校:Satit Khon Khaen High School
趣味:釣り
スポーツ歴:ムエタイ、サッカー
ゴルフ歴:11歳〜
プロ転向:2010年

日本でのツアーデビュー戦:'13タイランドオープン
得意クラブ:すべて
ベストスコア:62('22ISPS HANDA欧州・日本2R)
アマ時代の主な優勝歴:('07、'09)SEA Games、('10)Kariza Classic
ツアー1勝:('18)ISPSハンダマッチプレー選手権
'22の主なツアー戦績:22試合
〜全英への道〜ミズノオープン5位
賞金と順位(◎は賞金ランクによる出場権獲得)
　'13=936,873円186位　　　◎'18=65,783,282円　11位
◎'14=16,207,666円　59位　　'19=　4,879,108円　98位
◎'15=26,206,500円　39位　◎20-21=19,330,925円　48位
◎'16=33,350,885円　37位　　'22=　6,472,285円　99位
◎'17=15,716,525円　60位

Yuwa KOSAIHIRA

小斉平優和

賞金100位=6,152,000円　　平均S=73.067（92位）

ファイナルQT:64位
所属:太平洋クラブ
生年月日:1998(H10).5.22
身長:180cm　体重:85kg
血液型:O型

出身地:大阪府
出身校:高槻第三中学校
趣味:読書、冒険、カフェ巡り
スポーツ歴:スノーボード、サッカー、バスケットボール
ゴルフ歴:3歳〜
プロ転向:2016年
ツアーデビュー戦:'17〜全英への道〜ミズノオープン

師弟関係:波多信彦
得意クラブ:パター
ベストスコア:64('19カシオワールドオープン4R、'20ゴルフ日本シリーズ2R、'21ゴルフパートナー PRO-AM4R)
アマ時代の主な戦歴:('12)関西ジュニア優勝、('13)日刊アマ優勝、('15)関西パブリック優勝、('16)日本ジュニア優勝、日本アマ3位、関西アマ優勝
ツアー未勝利
'22の主なツアー戦績:25試合
カシオワールドオープン19位T
賞金と順位(◎は賞金ランク、□はQTランクによる出場権獲得)
　'17=　730,000円205位　◎20-21=26,239,135円　37位
□'18=1,099,000円181位　　'22=　6,152,000円100位
□'19=5,384,337円　95位

Hideto KOBUKURO	賞金111位=3,631,100円　平均S=72.397(79位)

小袋秀人

ファイナルQT:77位
所属:戸塚CC
生年月日:1991(H3).4.19
身長:183cm　体重:82kg
血液型:A型

出身地:神奈川県
出身校:日本大学
趣味:車
スポーツ歴:野球、サッカー、水泳
ゴルフ歴:5歳〜
プロ転向:2012年
ツアーデビュー戦:'13ダイヤモンドカップゴルフ
師弟関係:父
得意クラブ:2アイアン

ベストスコア:66('15東建ホームメイトカップ2R、'21ダンロップ
フェニックス3R、'22関西オープン1R、'22ゴルフパートナー
PRO-AM3R)
アマ時代の主な戦歴:('11)朝日杯日本学生優勝、
('12)日本アマ優勝、ネイバーズトロフィーチーム選手権団体
優勝
ツアー未勝利
ABEMAツアー(チャレンジ)1勝:
('20)ディライトワークスチャレンジ
'22の主なツアー戦歴:16試合
関西オープン24位T
賞金と順位(△はABEMAツアーランクによる出場権獲得)
'13=　271,200円236位　　'18=0円
'14=1,512,000円137位　　'19=0円
'15=　747,280円178位　　△20-21=　4,838,875円　97位
'16=　609,142円216位　　'22=　3,631,100円111位
'17=　266,400円244位

Keisuke KONDO	賞金186位=398,000円　平均S=72.567(参考)

近藤啓介

ファイナルQT:55位
所属:南山CC
生年月日:1979(S54).5.22
身長:180cm　体重:77kg
血液型:AB型

出身地:愛知県
出身校:愛知大学
趣味:ドライブ
スポーツ歴:野球、バスケットボール、卓球
ゴルフ歴:18歳〜
プロ転向:2009年
ツアーデビュー戦:'09中日クラウンズ

得意クラブ:1W
ベストスコア:66('15HONMA TOURWORLD CUP4R)
ツアー未勝利
ABEMAツアー(チャレンジ)1勝:('18)HEIWA・PGMチャレ
ンジI
'22の主なツアー戦績:2試合
日本プロ49位T
賞金と順位(△はABEMAツアーランクによる出場権獲得)
'09=0円　　　　　　　'16=1,074,728円191位
'11=0円　　　　　　　'17=0円
'12=0円　　　　　　　△'18=1,140,000円175位
'13=0円　　　　　　　'19=　373,700円166位
'14=1,187,250円150位　　20-21=　186,000円215位
'15=2,482,978円124位　　'22=　398,000円186位

Ryuichi SAKAMOTO	賞金154位=857,500円　平均S=71.345(参考)

坂本隆一

ファイナルQT:42位
所属:くまもと中央CC
生年月日:1998(H10).1.10
身長:172cm　体重:
血液型:AB型

出身地:大分県
出身校:東海大学九州
ゴルフ歴:8歳〜

プロ転向:
ツアーデビュー戦:'22関西オープン
ベストスコア:68('22日本プロ2R)
アマ時代の主な戦歴:('17)九州学生ゴルフ選手権優勝、
('19)九州アマ5位
ツアー未勝利
'22の主なツアー戦績:2試合
日本プロ32位T
賞金と順位
'22=857,500円154位

Daichi SAKUDA	賞金=0円　平均S=75.093(参考)

作田大地

ファイナルQT:85位
所属:片山津GC
生年月日:1997(H9).4.23
身長:177cm　体重:70kg
血液型:A型

出身地:石川県
出身校:金沢学院大学
ゴルフ歴:10歳〜

プロ転向:2020年
ツアーデビュー戦:'22JPC byサトウ食品
ベストスコア:72('22JPC byサトウ食品2R)
アマ時代の主な戦歴:('18)日本学生7位T
ツアー未勝利
'22の主なツアー戦績:1試合
賞金と順位
'22=0円

Ryusuke SAKURAI
櫻井隆輔

ファイナルQT:87位
所属:茨木CC
生年月日:1997(H9).5.17
身長:179cm 体重:74kg
血液型:B型

出身地:愛知県
出身校:立命館大学
ゴルフ歴:
プロ転向:
ツアーデビュー戦:'22日本プロ

賞金=0円　　平均S=75.153(参考)

ベストスコア:74('22日本プロ1R)
ツアー未勝利
'22の主なツアー戦績:1試合
賞金と順位
　'22=0円

Keisuke SATO
佐藤圭介

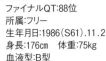

ファイナルQT:88位
所属:フリー
生年月日:1986(S61).11.2
身長:176cm 体重:75kg
血液型:B型

出身地:福島県
出身校:日本大学
ゴルフ歴:11歳～
プロ転向:2009年
ツアーデビュー戦:'10つるやオープン
ベストスコア:66('14東建ホームメイトカップ1R)

賞金=0円　　平均S=74.469(参考)

ツアー未勝利
'22の主なツアー戦績:5試合
賞金と順位
'10=225,700円207位　　'16=451,000円230位
'11=0円　　'17=0円
'12=0円　　'19=0円
'13=1,794,000円143位　　'20-21=0円
'14=3,482,039円111位　　'22=0円

Daichi SATO
佐藤太地

ファイナルQT:31位
所属:フリー
生年月日:1995(H7).10.2
身長:169cm 体重:72kg
血液型:AB型

出身地:北海道
出身校:東北福祉大学
ゴルフ歴:10歳～
プロ転向:2018年
ツアーデビュー戦:'18ダンロップ・スリクソン福島オープン

賞金179位=480,000円　　平均S=73.031(参考)

ベストスコア:67('22ISPS HANDA欧州・日本2R、'22ゴルフパートナー PRO-AM2R)
ツアー未勝利
ABEMAツアー(チャレンジ)1勝:('20)PGM ChallengeⅡ
'22の主なツアー戦績:11試合
JPC byサトウ食品40位T
賞金と順位(△はABEMAツアーランクによる出場権獲得)
'18=115,000円268位　　△20-21=1,408,216円151位
'19=0円　　'22= 480,000円179位

Koki SHIOMI
塩見好輝

ファイナルQT:38位
所属:国際スポーツ振興協会
生年月日:1990(H2).9.4
身長:172cm 体重:65kg
血液型:A型

出身地:大阪府
出身校:東北福祉大学
趣味:スノーボード
スポーツ歴:水泳、少林寺拳法、バスケットボール
ゴルフ歴:11歳～
プロ転向:2012年

賞金=0円　　平均S=75.178(参考)

ツアーデビュー戦:'13つるやオープン
得意クラブ:ドライバー
ベストスコア:64('19ANAオープン4R)
ツアー未勝利
'22の主なツアー戦績:6試合
賞金と順位(◎は賞金ランク、△はABEMAツアーランクによる出場権獲得)
'13=0円　　△'18= 2,000,000円148位
◎'14=13,963,649円 67位　　◎'19=12,642,900円 63位
'15= 4,910,933円103位　　20-21= 4,814,507円 98位
'16= 9,859,528円 85位　　'22=0円
'17= 6,249,280円 96位

Tatsunori SHOGENJI

生源寺龍憲

賞金108位=3,931,000円　平均S=71.216(参考)

ファイナルQT:47位
所属:エー・エム・エス
生年月日:1998(H10).5.15
身長:162cm　体重:65kg
血液型:O型

出身地:山口県
出身校:同志社大学
ゴルフ歴:10歳〜
プロ転向:2020年
ツアーデビュー戦:'21日本オープン

ベストスコア:68('22JPC byサトウ食品3R)
アマ時代の主な戦歴:('19)関西学生2位、日本学生9位T
ツアー未勝利
'22の主なツアー戦績:4試合
日本オープン12位T
賞金と順位
　'20-'21=0円
　'22=3,931,000円108位

Richard JUNG(ジョン　リチャード)

R・ジョン

賞金=0円　平均S=74.901(参考)

ファイナルQT:52位
所属:フリー
生年月日:1992(H4).10.8
身長:178cm　体重:85kg
血液型:O型

出身地:カナダ
出身校:Northview Heights Secondary School
趣味:映画鑑賞
ゴルフ歴:12歳〜
プロ転向:2012年
ツアーデビュー戦:'18Suzhou Open(PGA中国ツ

アー)
日本でのツアーデビュー戦:'19SMBCシンガポールオープン
得意クラブ:ドライバー
日本でのベストスコア:63('19東建ホームメイトカップ2R)
アマ時代の主な戦歴:('10)全米ジュニアベスト8、世界ジュニア3位
ツアー未勝利
'22の主なツアー戦績:4試合
賞金と順位(◎は賞金ランク、□はQTランク、＊はコロナ入国保障制度適用による出場権獲得)
□'18=ナシ　　　　　　　　　＊'20-'21=1,613,000円142位
◎'19=20,132,000円 44位　　'22=0円

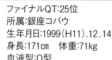

Keita SUZUKI

鈴木敬太

賞金=0円　平均S=73.093(参考)

ファイナルQT:25位
所属:銀座コバウ
生年月日:1999(H11).12.14
身長:171cm　体重:71kg
血液型:O型

出身地:東京都
出身校:埼玉栄高校
ゴルフ歴:6歳〜
プロ転向:2018年

ツアーデビュー戦:'19ダンロップ・スリクソン福島オープン
ベストスコア:66('21ゴルフパートナー PRO-AM2R・3R・4R)
ツアー未勝利
'22の主なツアー戦績:2試合
賞金と順位
　'19=0円
　'20-'21=2,007,000円129位
　'22=0円

Kosuke SUZUKI

鈴木晃祐

賞金=ナシ　平均S=ナシ

ファイナルQT:30位
所属:東北福祉大学
生年月日:2000(H12).7.30
身長:172cm　体重:63kg
血液型:AB型

出身地:千葉県
出身校:東北福祉大学
ゴルフ歴:8歳〜

プロ転向:2022年
ツアーデビュー戦:
ベストスコア:
アマ時代の主な戦歴:('21)関東学生2位、日本学生3位、('22)アジアパシフィックダイヤモンドカップ2位T(ローアマ)
ツアー未勝利
'22の主なツアー戦績:0試合

Shunsuke SONODA

薗田峻輔

賞金120位=2,763,600円　平均S=72.265（参考）

ファイナルQT:79位
所属:フリー
生年月日:1989(H1).9.26
身長:177cm　体重:88kg
血液型:O型

出身地:東京都
出身校:明治大学
趣味:スポーツ全般、音楽
スポーツ歴:サッカー、水泳
ゴルフ歴:3歳〜
プロ転向:2009年
ツアーデビュー戦:'10東建ホームメイトカップ
得意クラブ:ドライバー

ベストスコア:61('13セガサミーカップ3R)
プレーオフ:0勝2敗
アマ時代の主な戦績:('07)関東アマ優勝、日本アマベスト4、('08)日本学生5位T、世界大学ゴルフ選手権4位
ツアー 2勝:('10)〜全英への道〜ミズノオープンよみうりクラシック、('13)長嶋茂雄INVITATIONALセガサミーカップ
代表歴:ザ・ロイヤルトロフィ('11)、日韓対抗戦('10、'11)
'22の主なツアー戦績:7試合
中日クラウンズ16位T
賞金と順位（◎は賞金ランクによる出場権獲得）

◎'10=69,854,664円 10位	◎'16=29,862,563円 42位
◎'11=33,499,666円 30位	◎'17=14,195,743円 67位
◎'12=27,586,816円 42位	'18= 3,049,125円120位
◎'13=55,508,856円 15位	'19=0円
◎'14=25,369,942円 45位	²⁰⁻²¹= 5,515,357円 91位
◎'15=22,054,940円 52位	'22= 2,763,600円120位

Shota TAKAHANA

高花翔太

賞金225位=122,000円　平均S=72.093（参考）

ファイナルQT:92位
所属:エーブル
生年月日:1993(H5).1.29
身長:174cm　体重:72kg
血液型:O型

出身地:千葉県
出身校:法政大学
ゴルフ歴:3歳〜

プロ転向:2014年
ツアーデビュー戦:'21セガサミーカップ
ベストスコア:65('22JPC byサトウ食品1R)
ツアー未勝利
'22の主なツアー戦績:2試合
For The Players By The Players55位
賞金と順位
²⁰⁻²¹=0円
'22年=122,000円225位

Naoto TAKAYANAGI

高柳直人

賞金=0円　平均S=74.313（参考）

ファイナルQT:60位
所属:フリー
生年月日:1988(S63).9.5
身長:175cm　体重:75kg
血液型:A型

出身地:茨城県
出身校:東北福祉大学
趣味:車、釣り
スポーツ歴:サッカー、少林寺拳法
ゴルフ歴:10歳〜
プロ転向:2010年
ツアーデビュー戦:'15長嶋茂雄INVITATIONALセガサミーカップ

師弟関係:父
得意クラブ:ドライバー
ベストスコア:65('21ISPS HANDAガツーンと飛ばせ2R)
アマ時代の主な戦績:('09)国体成年男子個人優勝、('10)日本アマベスト8
ツアー未勝利
ABEMAツアー（チャレンジ）1勝:('18)i Golf Shaperチャレンジin筑紫ヶ丘
'22の主なツアー戦績:2試合
賞金と順位（△はABEMAツアーランク、□はQTランクによる出場権獲得）

'15=0円	□'19=2,175,220円117位
'16=4,136,500円114位	²⁰⁻²¹=7,331,700円 84位
'17=1,566,000円164位	'22=0円
△'18= 480,000円218位	

Kosei TAKEYAMA

竹山昂成

賞金182位=454,000円　平均S=73.565（参考）

ファイナルQT:53位
所属:フリー
生年月日:1999(H11).4.2
身長:181cm　体重:84kg
血液型:AB型

出身地:兵庫県
出身校:東北福祉大学
ゴルフ歴:8歳〜
プロ転向:2021年

ツアーデビュー戦:'22東建ホームメイトカップ
ベストスコア:'66('22ISPS HANDA欧州・日本)
アマ時代の主な戦績:('21)東北アマ8位T、関西オープンローアマチュア
ツアー未勝利
'22の主なツアー戦績:8試合
Sansan KBCオーガスタ58位T
賞金と順位
'22=454,000円182位

Syotaro TANAKA

賞金227位=109,500円　平均S=73.895（参考）

田中章太郎

ファイナルQT:93位
所属:国際スポーツ振興協会
生年月日:2001（H13）.11.11
身長:174cm　体重:75kg
血液型:O型

出身地:茨城県
出身校:日本ウェルネススポーツ大学
ゴルフ歴:9歳〜
プロ転向:2020年
ツアーデビュー戦:'21長嶋茂雄INVITATIONALセガサミーカップ

ベストスコア:67（'22ISPS HANDA欧州・日本2R）
ツアー未勝利
'22の主なツアー戦績:3試合
JPC byサトウ食品68位
賞金と順位
'20-'21=0円
'22=109,500円227位

Kaigo TAMAKI

賞金159位=787,500円　平均S=73.927（参考）

玉城海伍

ファイナルQT:91位
所属:クリード沖縄
生年月日:1996（H8）.5.11
身長:175cm　体重:85kg
血液型:O型

出身地:沖縄県
出身校:大阪学院大学
ゴルフ歴:7歳〜
プロ転向:2018年
ツアーデビュー戦:'19関西オープン
ベストスコア:66（'21ダンロップ・スリクソン福島オープン3R）

アマ時代の主な優勝歴:（'13)全国高校選手権春季大会、（'16）九州アマ
ツアー未勝利
'22の主なツアー戦績:1試合
日本オープン64位T
賞金と順位
'19=0円
'20-'21=1,034,400円160位
'22=　787,500円159位

Gunn CHAROENKUL（チャルングン　ガン）

賞金73位=10,521,366円　平均S=71.466（34位）

G・チャルングン

ファイナルQT:26位
所属:フリー
生年月日:1992（H4）.4.10
身長:181cm　体重:83kg
血液型:A型

出身地:タイ
出身校:BANGKOK UNIVERSITY
趣味:読書、料理、ゲーム
スポーツ歴:テニス、ムエタイ
ゴルフ歴:8歳〜
プロ転向:2011年

日本ツアーデビュー戦:'12パナソニックオープン
ベストスコア:65（'19日本ゴルフツアー選手権2R、RIZAP KBCオーガスタ2R、ブリヂストンオープン1R、カシオワールドオープン4R、'22ゴルフパートナー PRO-AM1・2・3R）
ツアー未勝利
'22の主なツアー戦績:18試合
ゴルフパートナー PRO-AM8位T
賞金と順位（◎印は賞金ランク、□はQTランク、＊はコロナ入国保障制度適用による出場権獲得）
'12=1,355,625円141位　　□'18=10,709,327円 77位
'13=2,737,500円124位　　◎'19=50,273,898円 21位
'14=0円　　　　　　　　　＊'20-'21=11,454,306円 69位
'17=　263,160円247位　　'22=10,521,366円 73位

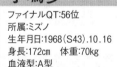

Jay CHOI（チョイ　ジェイ）　賞金96位=6,812,228円　平均S=72.729(87位)

J・チョイ

ファイナルQT:39位
所属:タラオCC
生年月日:1983(S58).9.30
身長:179cm　体重:80kg
血液型:O型

出身地:アメリカ
出身校:ニューメキシコ大学
趣味:新しいものを探し、トライする事
ゴルフ歴:11歳～
プロ転向:2006年
日本ツアーデビュー戦:'10東建ホームメイトカップ
師弟関係:George Pinnell
得意クラブ:ドライバー

ベストスコア:64('10ダンロップフェニックス2R、'11VanaH杯
KBCオーガスタ3R、'12ダイヤモンドカップゴルフ1R、'15ミュ
ゼプラチナムオープン1R)
ツアー1勝:('12)とおとうみ浜松オープン
ABEMAツアー(チャレンジ)1勝:('18)太平洋クラブチャレンジ
'22の主なツアー戦績:21試合
ダンロップフェニックス18位T
賞金と順位(◎は賞金ランク、△はABEMAツアーランク、□は
QTランクによる出場権獲得)

◎'10=44,284,895円	17位		'16=0円
◎'11=33,947,483円	28位		'17=686,600円208位
◎'12=38,490,240円	31位	△'18=0円	
◎'13=14,784,633円	66位	□'19=6,237,260円	94位
'14=6,565,705円	94位	◎'20-21=23,227,800円	43位
'15=5,706,528円	94位	'22=6,812,228円	96位

Guxin CHEN（チン　グシン）　賞金=ナシ　平均S=ナシ

陳　顧新

ファイナルQT:43位
所属:フリー
生年月日:2003(H15).6.15
身長:　体重:
血液型:

出身地:
出身校:
ゴルフ歴:2歳～
プロ転向:2019年
ツアーデビュー戦:
ベストスコア:

ツアー未勝利
'22の主なツアー戦績:0試合

Taichi TESHIMA　賞金115位=2,881,085円　平均S=72.511(83位)

手嶋多一

ファイナルQT:56位
所属:ミズノ
生年月日:1968(S43).10.16
身長:172cm　体重:70kg
血液型:A型

出身地:福岡県
出身校:東テネシー州立大学
趣味:ドライブ
ゴルフ歴:7歳～
プロ転向:1993年
ツアーデビュー戦:'94ミズノオープン
師弟関係:手嶋　啓(父)
得意クラブ:パター
ベストスコア:61('01宇部興産オープン2R)
プレーオフ:2勝4敗
ツアー8勝:('99)ファンケル沖縄オープン、('01)日本
オープン、('03)アイフルカップ、('06)アンダーアーマー
KBCオーガスタ、ブリヂストンオープン、('07)カシオワー
ルドオープン、('14)日本プロ日清カップヌードル杯、
('15)～全英への道～ミズノオープン

ABEMAツアー(チャレンジ)2勝:('95)サンコー72オープン、
後楽園カップ第4回
シニア2勝:('19)金秀シニア沖縄オープン、('21)日本シニア
オープン
代表歴:ワールドカップ('97)、ダイナスティカップ('03)、日韓
対抗戦キャプテン('04)
'22の主なツアー戦績:13試合
日本プロ20位T
賞金と順位(◎は賞金ランク、△はABEMAツアーランクによる
出場権獲得)

'94=0円		◎'08=61,749,416円	17位
△'95=4,456,679円	136位	◎'09=32,168,499円	33位
◎'96=25,560,848円	47位	◎'10=28,358,009円	33位
◎'97=36,327,734円	31位	◎'11=20,497,539円	52位
◎'98=24,411,715円	50位	◎'12=33,665,900円	33位
◎'99=81,901,760円	7位	◎'13=13,787,693円	70位
◎'00=40,968,733円	22位	◎'14=58,703,792円	14位
◎'01=112,356,544円	4位	◎'15=48,850,267円	23位
◎'02=34,264,987円	29位	◎'16=23,376,839円	50位
◎'03=93,688,731円	5位	◎'17=22,128,596円	47位
◎'04=33,995,275円	30位	'18=8,880,762円	88位
◎'05=54,163,490円	19位	'19=7,622,341円	84位
◎'06=96,488,270円	5位	'20-21=10,316,737円	74位
◎'07=32,455,350円	27位	'22=2,881,085円	115位

Yuichi TERUYA　賞金207位=246,000円　平均S=72.770(参考)

照屋佑唯智

ファイナルQT:67位
所属:フリー
生年月日:1996(H8).3.1
身長:167cm　体重:78kg
血液型:B型

出身地:沖縄県
出身校:本部高校
ゴルフ歴:9歳～

プロ転向:2015年
ツアーデビュー戦:'17RIZAP KBCオーガスタ
ベストスコア:65('22ASO飯塚チャレンジゴルフ2R)
ツアー未勝利
'22の主なツアー戦績:5試合
ASO飯塚チャレンジゴルフ55位T
賞金と順位
'17＝0円
'18＝258,000円252位
'19＝370,000円167位
'20-21＝3,382,021円112位
'22＝ 246,000円207位

Ataru TOKUMOTO　賞金216位=200,000円　平均S=71.443(参考)

徳元　中

ファイナルQT:28位
所属:フリー
生年月日:1995(H7).7.6
身長:167cm　体重:62kg
出身地:茨城県

出身校:坂東市立岩井中学校
ゴルフ歴:10歳～
プロ転向:2012年
ツアーデビュー戦:'18三井住友VISA太平洋マスターズ

ベストスコア:69('18三井住友VISA太平洋マスターズ1R)
アマ時代の主な戦歴:('09)日神カップ優勝
ツアー未勝利
'22の主なツアー戦績:1試合
JPC byサトウ食品40位T
賞金と順位
'18＝1,005,000円183位
'22＝ 200,000円216位

Shinji TOMIMURA　賞金=0円　平均S=74.809(参考)

富村真治

ファイナルQT:48位
所属:ザイマックス
生年月日:1991(H3).2.12
身長:175cm　体重:77kg
血液型:A型

出身地:沖縄県
出身校:東北福祉大学
趣味:ビリヤード
スポーツ歴:空手
ゴルフ歴:9歳～
プロ転向:2012年
ツアーデビュー戦:'13つるやオープン
得意クラブ:SW、パター

ベストスコア:66('15ダイヤモンドカップゴルフ4R、
'16HONMA TOURWORLD CUP1R、'16HEIWA・PGM
チャンピオンシップ4R、'19東建ホームメイトカップ4R)
アマ時代の主な戦歴:('10)朝日杯日本学生優勝、
('12)東北アマ優勝、日本アマメダリスト
ツアー未勝利
ABEMAツアー(チャレンジ)1勝('13)everyone
PROJECTチャレンジ石川遼プロデュース
'22の主なツアー戦績:4試合
賞金と順位(◎は賞金ランク、△はABEMAツアーランクによる
出場権獲得)
△'13＝ 240,900円246位　'18＝4,899,500円108位
'14＝10,475,317円 82位　'19＝1,196,550円134位
◎'15＝10,589,583円 74位　'20-21＝0円
'16＝ 7,584,214円 93位　'22＝0円
'17＝ 1,454,332円168位

Naoto NAKANISHI　賞金81位=8,601,600円　平均S=73.421(94位)

中西直人

ファイナルQT:29位
所属:国際スポーツ振興協会
生年月日:1988(S63).8.11
身長:177cm　体重:80kg
血液型:B型

出身地:大阪府
出身校:日本大学
趣味:卓球
スポーツ歴:空手、野球
ゴルフ歴:9歳～
プロ転向:2010年
ツアーデビュー戦:'11つるやオープン
ベストスコア:64('21ブリヂストンオープン2R、'22三井住

友VISA太平洋マスターズ1R)
師弟関係:山浦記義
得意クラブ:サンドウェッジ
アマ時代の主な戦歴:('05)日刊アマ優勝、('08)日本学生3
位、('09)関西アマ優勝
ツアー未勝利
'22の主なツアー戦績:23試合
ISPS HANDA欧州・日本10位T
賞金と順位(◎は賞金ランク、□はQTランクによる出場権獲得)
'11＝0円　'17＝0円
'12＝1,653,850円134位　□'18＝0円
'13＝ 265,200円238位　◎'19＝12,586,730円 64位
'15＝0円　◎'20-21＝21,355,790円 46位
'16＝ 325,833円245位　'22＝ 8,601,600円 81位

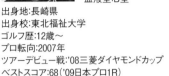

Yohei NAKAMICHI
中道洋平

賞金=0円　　　　　　平均S=71.801(参考)

ファイナルQT:83位
所属:福岡雷山GC
生年月日:1985(S60).12.12
身長:171cm　体重:67kg
血液型:B型

出身地:長崎県
出身校:東北福祉大学
ゴルフ歴:12歳～
プロ転向:2007年
ツアーデビュー戦:'08三菱ダイヤモンドカップ
ベストスコア:68('09日本プロ1R)

アマ時代の主な戦歴:('04)全日本学生王座2位、('07)日本学生優勝、東北アマ優勝
ツアー未勝利
'22の主なツアー戦績:1試合
賞金と順位
　'08=0円　　　　　　　　　　'19=0円
　'09=374,400円192位　　　　'20-'21=0円
　'17=0円　　　　　　　　　　'22=0円
　'18=220,000円256位

Shun NIIMURA
新村 駿

賞金=ナシ　　　　　　平均S=ナシ

ファイナルQT:94位
所属:日本大学
生年月日:2000(H12).9.11
身長:177cm　体重:80kg
血液型:O型

出身地:長野県
出身校:日本大学
ゴルフ歴:5歳～
プロ転向:2022年
ツアーデビュー戦:
ベストスコア:

ツアー未勝利
'22の主なツアー戦績:0試合

Hiroaki NISHIOKA
西岡宏晃

賞金=ナシ　　　　　　平均S=ナシ

ファイナルQT:21位
所属:志度CC
生年月日:1979(S54).3.13
身長:183cm　体重:90kg
血液型:A型

出身地:香川県
出身校:牟礼中学校
ゴルフ歴:14歳～
プロ転向:2007年
ツアーデビュー戦:'09日本オープン
ベストスコア:73('09日本オープン2R)

ツアー未勝利
'22の主なツアー戦績:0試合
賞金と順位
　'09=0円
　'19=0円

Akihiro NITTA
新田哲大

賞金=ナシ　　　　　　平均S=ナシ

ファイナルQT:34位
所属:フリー
生年月日:1990(H2).11.10
身長:172cm　体重:72kg
血液型:A型

出身地:岡山県
出身校:日本大学
ゴルフ歴:10歳～
プロ転向:2012年
ツアーデビュー戦:'17日本オープン

ベストスコア:70('21日本プロ1R)
アマ時代の主な戦歴:('11)中国アマ5位、全日本シングルプレーヤーズ選手権4位
ツアー未勝利
'22の主なツアー戦績:0試合
賞金と順位
　'17=0円
　'19=0円
　'20-'21=0円

ファイナルQT

Tatsunori NUKAGA
額賀辰徳

ファイナルQT:74位
所属:取手国際GC
生年月日:1984(S59).3.28
身長:183cm　体重:85kg
血液型:O型

出身地:茨城県
出身校:中央学院大学
スポーツ歴:サッカー
ゴルフ歴:14歳〜
プロ転向:2006年
ツアーデビュー戦:'06つるやオープン
得意クラブ:ドライバー
ベストスコア:62('21ゴルフパートナー PRO-AM1R)
アマ時代の主な優勝歴:('03)朝日杯全日本学生、
('04)文部科学大臣杯全日本学生王座、日本オープン
ローアマ、('04、'05)関東アマ

賞金147位=1,041,666円　平均S=72.944(参考)

ツアー1勝:('18)三井住友VISA太平洋マスターズ
ABEMAツアー(チャレンジ)4勝:('08)PRGR CUP、
('11)Novil Cup、JGTO Novil FINAL、('15)HEIWA・
PGM Challenge Ⅰ
'22の主なツアー戦績:12試合
For The Players By The Players31位T
賞金と順位(◎は賞金ランク、△はABEMAツアーランクによる
出場権獲得)
```
 '06=0円                      '14=   448,000円202位
 '07=   258,000円207位     ◎'15=15,784,000円 61位
△'08= 1,260,000円170位      '16= 9,133,199円 88位
◎'09=17,425,250円 54位     △'17= 1,580,000円163位
 '10= 6,367,290円 96位     ◎'18=38,051,192円 27位
△'11= 1,403,000円140位      '19=10,486,475円 74位
 '12= 8,882,457円 85位   20-21= 7,778,860円 82位
 '13= 1,880,449円140位      '22= 1,041,666円147位
```

Shohei HASEGAWA
長谷川祥平

ファイナルQT:78位
所属:ELECOM
生年月日:1993(H5).7.27
身長:181cm　体重:78kg
血液型:A型

出身地:広島県
出身校:大阪学院大学
趣味:音楽鑑賞
ゴルフ歴:5歳〜
プロ転向:2015年
ツアーデビュー戦:'16東建ホームメイトカップ

賞金=ナシ　平均S=ナシ

得意クラブ:パター
ベストスコア:67('20日本オープン2R)
アマ時代の主な戦歴:('13)アジアパシフィックアマ2位、
('15)日本学生優勝、朝日杯日本学生優勝
ツアー未勝利
'22の主なツアー戦績:0試合
賞金と順位
```
 '16=0円
 '17=0円
20-21=1,596,125円145位
```

Sejung HIRAMOTO
平本世中

ファイナルQT:59位
所属:フリー
生年月日:1999(H11).11.4
身長:176cm　体重:75kg
血液型:AB型

出身地:神奈川県
出身校:専修大学
ゴルフ歴:2歳〜
プロ転向:2021年
ツアーデビュー戦:'22BMW日本ゴルフツアー選手権

賞金128位=2,365,125円　平均S=72.267(参考)

ベストスコア:65('22ANAオープン2R)
アマ時代の主な戦績:('18)神奈川県アマ優勝
ツアー未勝利
'22の主なツアー成績:7試合
フジサンケイクラシック30位T
賞金と順位
```
 '22=2,365,125円128位
```

Yasunobu FUKUNAGA

賞金＝0円　　平均S＝73.675（参考）

福永安伸

ファイナルQT:58位
所属:UMKテレビ宮崎
生年月日:1984(S59).2.20
身長:164cm　体重:66kg
血液型:AB型

出身地:宮崎県
出身校:宮崎第一高校
趣味:読書、音楽鑑賞
スポーツ歴:柔道
ゴルフ歴:10歳〜
プロ転向:2003年
ツアーデビュー戦:'04日本オープン

得意クラブ:パター
ベストスコア:65('21関西オープン2R)
ツアー未勝利
ABEMAツアー(チャレンジ)2勝:('14)秋田テレビ・南秋田CCチャレンジ、('17)ジャパンクリエイトチャレンジin福岡雷山
'22の主なツアー戦績:2試合
賞金と順位(△はABEMAツアーランクによる出場権獲得)

'04=0円		'15=1,207,533円154位	
'07=1,234,718円154位		'16=1,289,630円182位	
'08=0円		△'17= 400,000円232位	
'11=0円		'18= 937,500円191位	
'12=0円		'19= 471,000円160位	
'13=0円		'20-21=4,208,616円105位	
'14=0円		'22=0円	

Hiroyuki FUJITA

賞金109位＝3,718,285円　　平均S＝72.740(88位)

藤田寛之

ファイナルQT:57位
所属:葛城GC
生年月日:1969(S44).6.16
身長:168cm　体重:70kg
血液型:A型

出身地:福岡県
出身校:専修大学
趣味:釣り、アウトドア
スポーツ歴:野球
ゴルフ歴:15歳〜
プロ転向:1992年
ツアーデビュー戦:'93東建コーポレーションカップ
師弟関係:寺下郁夫
得意クラブ:パター
ベストスコア:61('09関西オープン3R、'12ゴルフ日本シリーズJTカップ1R)
プレーオフ:5勝3敗
ツアー 18勝:('97)サントリーオープン、('01)サン・クロレラクラシック、('03)2002アジア・ジャパン沖縄オープン、('04)東建ホームメイトカップ、('05)マンシングウェアオープンKSBカップ、('08)バインバレー北京オープン、('09)長嶋茂雄INVITATIONALセガサミーカップ、関西オープン、('10)つるやオープン、ゴルフ日本シリーズJTカップ、('11)ゴルフ日本シリーズJTカップ、('12)つるやオープン、

ダイヤモンドカップ、ANAオープン、ゴルフ日本シリーズJTカップ、('14)つるやオープン、アールズエバーラスティングKBCオーガスタ、アジアパシフィックダイヤモンドカップ
ABEMAツアー(チャレンジ)2勝:('97)水戸グリーンオープン、ツインフィールズカップ
シニア2勝:('22)スターツシニア、マルハンカップ太平洋クラブシニア
代表歴:ワールドカップ('97、'09)、ダンヒルカップ('98)、ダイナスティカップ('03、'05)、日韓対抗戦('04、'10、'11、'12)、ザ・ロイヤルトロフィ('13)
'22の主なツアー戦歴:17試合
日本プロ26位T
賞金と順位(◎は賞金ランクによる出場権獲得)

'93= 3,836,766円148位	◎'08= 82,420,197円 9位
'94= 234,000円292位	◎'09= 91,244,625円 5位
'95=15,393,751円 68位	◎'10=157,932,927円 2位
'96=11,330,432円 89位	◎'11= 94,355,200円 5位
◎'97=43,935,360円 18位	◎'12=175,159,972円 1位
◎'98=30,871,672円 39位	◎'13= 39,573,695円25位
◎'99=27,320,178円 36位	◎'14=116,275,130円 2位
◎'00=30,769,903円 35位	◎'15= 34,624,648円31位
◎'01=63,752,786円 12位	◎'16= 39,712,044円29位
◎'02=67,111,285円 12位	◎'17= 31,964,746円34位
◎'03=71,472,222円 7位	◎'18= 22,156,237円48位
◎'04=50,468,957円 17位	◎'19= 39,706,175円25位
◎'05=55,999,210円 16位	'20-21= 11,200,047円70位
◎'06=59,463,650円 14位	'22= 3,718,285円109位
◎'07=64,971,982円 8位	

 （縦書き）ファイナルQT

147

Adam BLAND（ブランド　アダム）　賞金78位＝8,992,125円　平均S＝72.215(70位)

A・ブランド

ファイナルQT:33位
所属:アクシネット
生年月日:1982(S57).8.26
身長:185cm　体重:95kg
出身地:オーストラリア
出身校:Aberfoyle Park High School
趣味:競馬観戦
ゴルフ歴:14歳～
プロ転向:2005年
日本でのツアーデビュー戦:'13 ～全英への道～ミズノオープン
師弟関係:Troy Lane
得意クラブ:ロブウェッジ

ベストスコア:64('15日本プロ日清カップヌードル杯1R、3R、'17三井住友VISA太平洋マスターズ4R)
アマ時代の主な戦歴:オーストラリア国内で2勝
ツアー1勝
('15)日本プロ日清カップヌードル杯
インターナショナルツアー1勝
('05)ウェスタンオーストラリアンPGAチャンピオンシップ(豪州)
'22の主なツアー戦績:17試合
ANAオープン8位T、バンテリン東海クラシック9位T
賞金と順位(◎は賞金ランク、＊はコロナ入国保障制度適用による出場権獲得)

'13= 331,650円229位	'18=0円	
◎'14=29,496,007円 38位	'19=3,780,333円106位	
◎'15=57,010,458円 17位	＊'20-'21= 109,500円226位	
◎'16=23,438,927円 49位	'22=8,992,125円 78位	
◎'17=27,184,933円 41位		

Yuki FURUKAWA　賞金93位＝7,177,278円　平均S＝72.318(76位)

古川雄大

ファイナルQT:90位
所属:フリー
生年月日:1997(H9).10.29
身長:172cm　体重:78kg
血液型:O型
出身地:福岡県
出身校:東海大学
趣味:音楽
スポーツ歴:サッカー
ゴルフ歴:11歳～
プロ転向:2019年

ツアーデビュー戦:'20フジサンケイクラシック
得意クラブ:ドライバー
ベストスコア:62('22ISPS HANDA欧州・日本1R)
アマ時代の主な戦歴:('15・'18)九州アマ優勝、('19)日本学生5位T
ツアー未勝利
'22の主なツアー戦績:22試合
ISPS HANDA欧州・日本21位T、Sansan KBCオーガスタ21位T
賞金と順位(◎は賞金ランクによる出場権獲得)

◎'20-'21=30,898,021円 30位	'22=7,177,278円 93位

Shunta MAEAWAKURA　賞金＝ナシ　平均S＝ナシ

前粟藏俊太

ファイナルQT:51位
所属:フリー
生年月日:1990(H2).4.16
身長:177cm　体重:77kg
血液型:O型
出身地:沖縄県
出身校:鹿島学園高等学校
ゴルフ歴:7歳～
プロ転向:2007年
ツアーデビュー戦:'08東建ホームメイトカップ
ベストスコア:67('09東建ホームメイトカップ2R、'13つる

やオープン1R)
ツアー未勝利
ABEMAツアー(チャレンジ)1勝:('10)SRIXONチャレンジ
'22の主なツアー戦績:0試合
賞金と順位(△はABEMAツアーランクによる出場権獲得)

'08= 279,840円248位	'12= 825,000円162位	
'09=2,785,500円113位	'13= 588,000円206位	
△'10= 288,000円202位	'15=0円	
'11=3,121,734円113位	'16=2,698,666円139位	

Seiya MAWATARI　賞金＝ナシ　平均S＝ナシ

馬渡清也

ファイナルQT:80位
所属:フリー
生年月日:1997(H9).7.26
身長:180cm　体重:102kg
血液型:AB型
出身地:宮崎県
出身校:専修大学

ゴルフ歴:10歳～
プロ転向:2020年
ツアーデビュー戦:
ベストスコア:
ツアー未勝利
'22の主なツアー戦績:0試合

Riito MIENO　賞金＝ナシ　平均S＝ナシ

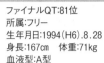

三重野里斗

ファイナルQT:81位
所属:フリー
生年月日:1994(H6).8.28
身長:167cm　体重:71kg
血液型:A型

出身地:大分県
出身校:沖学園高校
趣味:ドライブ
ゴルフ歴:10歳〜
プロ転向:2013年

ツアーデビュー戦:'13ANAオープン
ベストスコア:67('19ダンロップ・スリクソン福島オープン2R)
アマ時代の主な戦歴:('10)九州アマ優勝
ツアー未勝利
'22の主なツアー戦績:0試合
賞金と順位
'13＝258,500円240位
'14＝0円
'15＝0円
'16＝0円
'18＝0円
'19＝987,666円137位
20-21＝342,000円199位

Yuki MORI　賞金＝0円　平均S＝75.489(参考)

森　雄貴

ファイナルQT:76位
所属:グレイスヒルズCC
生年月日:1990(H2).7.4
身長:174cm　体重:77kg
血液型:A型

出身地:三重県
出身校:福井工業大学附属福井高校
ゴルフ歴:3歳〜
プロ転向:2011年
ツアーデビュー戦:'17日本プロ

ベストスコア:69('19中日クラウンズ2R,'21ダンロップ・スリクソン福島オープン2R)
ツアー未勝利
'22の主なツアー戦績:3試合
賞金と順位
'17＝0円
'18＝1,180,000円173位
'19＝270,000円183位
20-21＝109,500円226位
'22＝0円

Yuki MORI　賞金＝0円　平均S＝ナシ

森　祐紀

ファイナルQT:37位
所属:小野GC
生年月日:1992(H4).9.2
身長:174cm　体重:90kg
血液型:O型

出身地:
出身校:甲南大学
ゴルフ歴:
プロ転向:

ツアーデビュー戦:'22For The Players By The players
ベストスコア:
ツアー未勝利
'22の主なツアー戦績:1試合
賞金と順位
'22＝0円

Yu MORIMOTO　賞金169位＝629,000円　平均S＝72.651(参考)

森本　雄

ファイナルQT:41位
所属:フリー
生年月日:1990(H2).12.3
身長:170cm　体重:67kg
血液型:AB型

出身地:愛知県
出身校:東北高校
ゴルフ歴:10歳〜
プロ転向:2009年
ツアーデビュー戦:'10つるやオープン
ベストスコア:65('21ゴルフパートナー PRO-AM2R)
アマ時代の主な戦歴:('07)全国高校ゴルフ選手権優勝、中部オープン2位

ツアー未勝利
ABEMAツアー(チャレンジ)2勝:('15)グッジョブチャレンジ supported by 丸山茂樹ジュニアファンデーション、南秋田カントリークラブチャレンジ
'22の主なツアー戦績:2試合
バンテリン東海クラシック45位T
賞金と順位(△はABEMAツアーランク、□はQTランクによる出場権獲得)
'10＝0円
'11＝0円
'12＝0円
△'15＝385,500円215位
'16＝3,080,671円131位
'17＝2,916,737円123位
□'19＝ナシ
20-21＝2,587,535円121位
'22＝629,000円169位

Daisuke YASUMOTO

安本大祐

賞金102位＝5,651,980円　平均S＝72.487(82位)

ファイナルQT:23位
所属:テラモト
生年月日:1987(S62).1.20
身長:175cm　体重:55kg
血液型:A型

出身地:北海道
出身校:東北福祉大学
趣味:ダーツ
スポーツ歴:体操、野球
ゴルフ歴:10歳～
プロ転向:2008年
ツアーデビュー戦:'10サン・クロレラクラシック
師弟関係:三上幸一郎

得意クラブ:3W
ベストスコア:65('21ゴルフパートナー PRO-AM4R、'22ゴルフパートナー PRO-AM1R・4R)
アマ時代の主な戦歴:('07・'08)北海道アマ優勝
ツアー未勝利
ABEMAツアー(チャレンジ)1勝:('21)LANDIC CHALLENGE8
'22の主なツアー戦績:18試合
ゴルフパートナー PRO-AM13位T、日本プロ13位T
賞金と順位(□はQTランクによる出場権獲得)
'10=1,848,500円121位	'16=0円
'11=0円	'17=0円
'12=0円	'18= 2,916,000円122位
'13=2,523,235円126位	□'19= 1,640,500円126位
'14=0円	△'20-21=10,959,625円 71位
'15=0円	'22= 5,651,980円102位

Azuma YANO

矢野　東

賞金103位＝5,281,100円　平均S＝72.718(86位)

ファイナルQT:89位
所属:ラキール
生年月日:1977(S52).7.6
身長:176cm　体重:73kg
血液型:O型

出身地:群馬県
出身校:日本大学
趣味:スキー、スノーボード
スポーツ歴:水泳、野球、サッカー、スキー
ゴルフ歴:10歳～
プロ転向:2000年
ツアーデビュー戦:'00ダイドードリンコ静岡オープン
得意クラブ:パター
ベストスコア:63('15HONMA TOURWORLD CUP 3R)
アマ時代の主な優勝歴:('98)朝日杯日本学生、関東アマ、('98、'99)文部大臣杯全日本学生王座決定戦

ツアー 3勝:('05)アサヒ緑健よみうりメモリアル、('08)ANAオープン、ブリヂストンオープン
ABEMAツアー(チャレンジ)2勝:('01)PRGR CUP(中部)、PRGR CUP(関東)
'22の主なツアー戦績:24試合
HEIWA・PGM CHAMPIONSHIP21位T
賞金と順位(◎は賞金ランク、△はABEMAツアーランクによる出場権獲得)
'00= 1,554,000円161位	◎'12= 16,204,023円 63位
△'01= 513,000円196位	◎'13= 23,562,447円 42位
◎'02= 17,087,521円 60位	'14= 9,604,860円 85位
◎'03= 25,960,449円 45位	◎'15= 14,524,349円 64位
◎'04= 15,879,216円 70位	◎'16= 34,623,195円 34位
◎'05= 43,514,345円 26位	◇'17= 4,066,012円113位
◎'06= 57,197,766円 18位	◇'18= 795,000円202位
◎'07= 29,652,446円 30位	'19= 2,381,091円116位
◎'08=137,064,052円　2位	◎'20-21= 22,772,883円 45位
◎'09= 59,277,878円 16位	'22= 5,281,100円103位
◎'10= 23,009,156円 47位	◇は特別保障制度適用
◎'11= 30,815,609円 34位	

MORE CARBON. MORE FARGIVENESS.

どこまでも遠くへ どこまでもやさしく

カーボンウッドは、第2世代へ。

あなたは気持ちよくクラブを振り抜くだけでいい。
スイートスポットを外しても、どこまでも遠くへ。
どこまでもやさしく。それは、カーボンウッド時代
を進化させ続けるテーラーメイドのテクノロジー。
ステルスは、ステルス2へ。

あなたの目が、
ゲームだけ追えるように。

プロフェッショナルたちの神技のみを
心行くまで堪能していただくための舞台創りをお手伝いしています。

私たちは、ゴルフトーナメントを中心に
さまざまなイベントを、裏方としてがんばっています。
最高の瞬間を、最高の環境で。大宣の願いです。

株式会社 大宣

〒591-8041 大阪府堺市北区東雲東町4-4-10　TEL(072)253-5050 FAX(072)258-3399　　Daisen

株式会社 博報堂DYメディアパートナーズ

本社 /〒107-6321 東京都港区赤坂5-3-1 赤坂Bizタワー

関西支社 /〒530-0005 大阪市北区中之島2-2-7 中之島セントラルタワー

中部支社 /〒460-0008 名古屋市中区栄3-3-21 セントライズ栄

ホームページ : https://www.hakuhodody-media.co.jp

日本ゴルフツアー機構 Information

JGTO公式Instagram
https://www.instagram.com/japangolftour/

JGTO公式Facebook
https://www.facebook.com/japangolftour/

JGTO公式Twitter
https://twitter.com/JGTO_official

JGTO公式You Tube
https://www.youtube.com/user/JGTOInterview

ABEMA TOUR
ABEMAスポーツチャンネル
https://abema.tv/timetable/channels/world-sports

GOLF RESORT

森ビルゴルフリゾート株式会社
www.hillsgolf.jp

静ヒルズ
カントリークラブ

〒319-2132 茨城県常陸大宮市小場 5766

中嶋常幸プロ設計監修の雄大なリゾートコース。
併設の「静ヒルズホテル」との連携で
様々なレッスンやイベントを実施しています。

SHIZU HILLS
Country Club

中嶋常幸プロ

ようこそ、自然のヒルズへ

「日本ゴルフツアー選手権」の舞台となって20回目の宍戸ヒルズカントリークラブ 西コースと
「JLPGAステップアップツアー」を開催する同、東コース
ゆたかな自然に恵まれたゴルフリゾート、静ヒルズカントリークラブ
さらには都心に居ながら本格ゴルフレッスンを受けられる、ヒルズゴルフアカデミー
平日は「都会のヒルズ」で過ごし、週末は「自然のヒルズ」でリラックスしませんか?

宍戸ヒルズカントリークラブ

〒309-1725 茨城県笠間市南小泉 1340

自然林にセパレートされた伝統ある林間コースの東コースと、
2003年より20年間「日本ゴルフツアー選手権」の舞台である西コース。

SHISHIDO HILLS
Country Club

ヒルズゴルフアカデミー

〒105-0001 東京都港区虎ノ門 3-21-6 愛宕グリーンヒルズアネックス

ゴルフコースと一体の室内スクール!
コースとの連携で上達を実感!
ゴルフ仲間がたくさんできるのも魅力です。

HILLS GOLF
Academy

2015年　日本シニアオープンゴルフ選手権 開催
2019年　日本女子オープンゴルフ選手権 開催

COCOPA
RESORT CLUB　Hakusan Village Golf Course　三重県津市白山町川口 6262　TEL 059-262-4141
http://www.cocopa.co.jp

an invitation
to the
never before.

dentsu

行こう!ポジティブになれる場所

セントラルスポーツは、「0歳から一生涯の健康づくりに貢献する」を企業理念とし、1964年の東京オリンピック出場選手により、健康産業のパイオニアとして創業。以来50年以上の歴史とともに、オリンピック金メダリストを含む数多くのトップアスリートを輩出してきました。

世界へ通じる選手を育成した確かな指導ノウハウを持って、全国230ケ所以上でスポーツクラブを運営しています。

セントラルスポーツ

ジャパンゴルフツアー

2022年度ツアートーナメント成績
歴代優勝者

東建ホームメイトカップ

開催期日	2022年3月31日～4月3日
競技会場	東建多度CC・名古屋
トータル	7,062Y：パー71(35,36)

賞金総額	130,000,000円
出場人数	132名
天　候	曇・晴・曇・曇時々雨

1日目 杉山知靖と上井邦裕が6アンダー65で首位。香妻陣一朗ら4人が1打差で追う。**2日目** スコアを2つ伸ばした香妻が通算7アンダーで首位浮上。1打差の2位には星野陸也とこの日ベストスコアタイの67を出した時松隆光がつけた。**3日目** 香妻が6バーディ、1ボギーの66をマークして通算12アンダーで首位キープ。3打差2位には星野がつけ、67で回ったツアー2戦目の岩﨑亜久竜が通算8アン

ダーの3位に浮上した。**最終日** 5打差4位でスタートしたプロ2季目の桂川有人がインで30の猛チャージ。通算14アンダーの単独首位でホールアウトする。後半崩れて首位の座を奪われていた香妻は17、18番の連続バーディで盛り返して桂川とのプレーオフに持ち込んだ。1ホール目で香妻がバーディを奪って開幕戦制覇。2年ぶりの通算2勝目となった。また、プロデビュー戦の河本力が7位に入った。

【優勝】 香妻　陣一朗　270　66・69・66・69　26,000,000円

(プレーオフ1H目、香妻がバーディで優勝)

順位	氏　名	トータルスコア	1R	2R	3R	4R	賞金額(円)
2	桂川　有人	270	69	70	67	64	13,000,000
3	星野　陸也	271	68	68	68	67	8,840,000
4	片岡　尚之	272	66	73	68	65	6,240,000
5	岩﨑亜久竜	273	68	72	67	66	5,200,000
6	鍋谷　太一	274	68	70	68	68	4,680,000
7	河本　力	275	67	74	67	67	4,290,000
8	杉山　知靖	276	65	72	71	68	3,965,000
9	今平　周吾	277	73	71	69	64	2,904,571
	篠　優希	277	69	72	69	67	2,904,571
	中里光之介	277	76	67	66	68	2,904,571
	ショーン・ノリス	277	68	74	67	68	2,904,571
	ハン・リー	277	68	74	66	69	2,904,571
	青山　晃大	277	72	67	68	70	2,904,571
	時松　隆光	277	69	67	70	71	2,904,571
16	竹内　優騎	278	70	71	70	67	1,976,000
	植竹　勇太	278	70	73	68	67	1,976,000
	チャン・キム	278	70	70	69	69	1,976,000
19	阿久津未来也	279	73	67	71	68	1,586,000
	スンス・ハン	279	66	74	71	68	1,586,000
	比嘉　一貴	279	71	71	72	65	1,586,000
	田村　光正	279	73	69	65	72	1,586,000
23	光田　智輝	280	71	72	69	68	1,098,500
	池田　勇太	280	71	69	68	72	1,098,500
	杉本エリック	280	71	72	68	69	1,098,500
	古川　雄大	280	69	72	72	67	1,098,500
	上井　邦裕	280	65	73	72	70	1,098,500
	堀川未来夢	280	74	69	67	70	1,098,500
	片山　晋呉	280	71	73	71	65	1,098,500
	永野竜太郎	280	73	70	73	64	1,098,500
31	趙　珉珪	281	68	72	71	70	787,800
	清水　大成	281	69	71	72	69	787,800
	谷原　秀人	281	68	74	69	70	787,800
	小林伸太郎	281	75	67	72	67	787,800
	出水田大二郎	281	71	71	68	71	787,800
36	片岡　大育	282	68	76	68	70	624,000
	近藤　智弘	282	71	73	67	71	624,000

順位	氏　名	トータルスコア	1R	2R	3R	4R	賞金額(円)
	岩田　寛	282	69	73	69	71	624,000
	安本　大祐	282	73	70	70	69	624,000
	トッド・ペク	282	69	68	73	72	624,000
	幡地　隆寛	282	71	69	73	69	624,000
	宮本　勝昌	282	68	71	70	73	624,000
43	塚田　陽亮	283	72	70	73	68	520,000
44	ジェイブ・クルーガー	284	73	71	68	72	455,000
	伊藤　有志	284	70	72	68	74	455,000
	織田　信亮	284	72	72	72	68	455,000
	アンドルー・エバンス	284	73	71	73	67	455,000
48	黄　重坤	285	72	70	70	73	367,900
	大槻　智春	285	73	69	71	72	367,900
	武藤　俊憲	285	69	75	71	70	367,900
	小西　貴紀	285	71	70	75	69	367,900
52	勝俣　陵	286	71	71	72	72	329,333
	稲森　佑貴	286	69	75	73	69	329,333
	小西　健太	286	70	74	73	69	329,333
55	アンジェロ・キュー	287	69	75	69	74	312,000
	H・W・リュー	287	73	69	73	72	312,000
	ブレンダン・ジョーンズ	287	69	72	75	71	312,000
58	宮里　優作	289	69	73	73	74	300,300
	小林　正則	289	73	71	71	74	300,300
	岩井　亮磨	289	73	70	73	73	300,300
61	小鯛　竜也	291	70	74	76	71	295,100
62	松原　大輔	298	70	74	75	79	292,500

144ストローク(＋2)までの62名が予選通過

氏 名	トータルスコア	1R	2R	氏 名	トータルスコア	1R	2R	氏 名	トータルスコア	1R	2R	氏 名	トータルスコア	1R	2R
小袋 秀人	145	74	71	マシュー・グリフィン	146	70	76	成冨 晃広	149	77	72	永井 源	152	71	81
池上憲士郎	145	73	72	秋吉 翔太	146	72	74	竹谷 佳孝	149	72	77	木下 裕太	153	78	75
大内 智文	145	73	72	金子 駆大	146	70	76	谷口 徹	150	77	73	川満 歩	153	76	77
大岩 龍一	145	69	76	平田 憲聖	146	72	74	梁 文冲	150	77	73	@昌山大暉	153	76	77
久常 涼	145	69	76	西山 大広	147	76	71	宋 永漢	150	71	79	塩見 好輝	153	73	80
浅地 洋佑	145	74	71	尾崎 慶輔	147	75	72	山本 隆大	150	76	74	中川 将太	154	77	77
石川 遼	145	70	75	タンヤゴーン・クロンパ	147	75	72	中島 徹	150	72	78	高柳 直人	155	82	73
すし 石垣	145	71	74	市原 弘大	147	73	74	リチャード・ジョン	150	75	75	竹内 廉	156	73	83
永澤 翔	145	71	74	小田 孔明	147	73	74	池村 寛世	150	71	79	村上 拓海	162	82	80
海老根文博	146	77	69	石坂 友宏	147	70	77	岡田 絃希	150	72	78	倉本 昌弘	164	81	83
阿部 裕樹	146	73	73	内藤寛太郎	147	72	75	ジュビック・パグンサン	151	78	73	竹安 俊也		72	棄
ジェイ・チョイ	146	72	74	亀代 順哉	148	76	72	矢野 東	151	79	72	重永亜斗夢		69	棄
李 尚熹	146	71	75	高山 忠洋	148	76	72	額賀 辰徳	151	78	73	木下 稜介		72	失
大田和桂介	146	74	72	中西 直人	148	74	74	森 雄貴	151	71	80				
佐藤 佑樹	146	73	73	白 佳和	148	75	73	大西 魁斗	151	73	78	@はアマチュア			
坂本 雄介	146	70	76	川上 優大	148	68	80	徳光 祐哉	151	72	79	※新型コロナウイルス感染			
アンソニー・クウェイル	146	71	75	久保谷健一	148	72	76	吉永 智一	152	77	75	予防対策のため無観客試合			
藤田 寛之	146	72	74	佐藤 太地	148	70	78	アダム・ブランド	152	76	76				
貞方 章男	146	69	77	小斉平優和	149	77	72	竹山 昂成	152	76	76				

ツアー成績

【歴代優勝者】

年	優勝者	スコア	2位	差	コース	パー/ヤード
東建コーポレーションカップ						
1993	飯合 肇	276—68・70・69・69	T・ハミルトン	2	祁答院GC	72／7045Y
1994	クレイグ・ウォーレン	208—70・68・70	尾崎将司	1	祁答院GC	72／7072Y
1995	トッド・ハミルトン	281—70・71・68・72	P・シニア	1	祁答院GC	72／7097Y
1996	金子柱憲	275—69・74・67・65	B・ジョーブ	1	祁答院GC	72／7097Y
1997	尾崎将司	269—71・65・61・72	C・フランコ	1	祁答院GC	72／7115Y
1998	飯合 肇	272—70・71・67・64	尾崎将司	1	祁答院GC	72／7115Y
1999	尾崎将司	273—72・65・69・67	谷口 徹	1	祁答院GC	72／7100Y
2000	芹澤信雄	281—68・70・73・70	東聡、桑原克典	1	祁答院GC	72／7135Y
2001	片山晋呉	205—69・63・73	中嶋常幸	2	多度CC名古屋	71／6968Y
2002	谷口 徹	272—71・73・67・61	宮瀬博文	2	祁答院GC	72／7135Y
東建ホームメイトカップ						
2003	アンドレ・ストルツ	278—65・71・71・71	米山剛、高山忠洋、増田伸洋	1	東建多度CC名古屋	71／7047Y
2004	藤田寛之	281—70・68・74・69	片山晋呉、C・ウィ	2	東建多度CC名古屋	71／7083Y
2005 *高山忠洋		205—67・72・66	川原 希	0	東建多度CC名古屋	71／7083Y
2006	ウェイン・パースキー	267—64・67・69・67	上田諭尉、B・ジョーンズ	2	東建塩河CC	72／6906Y
2007	上田諭尉	276—66・65・74・71	ドンファン	1	東建多度CC名古屋	71／7081Y
2008	宮本勝昌	276—71・66・73・66	手嶋多一	1	東建多度CC名古屋	71／7062Y
2009 *小田孔明		274—69・70・67・68	金 鍾徳	0	東建多度CC名古屋	71／7081Y
2010 *小田孔明		283—74・70・68・71	広田 悟、丸山大輔	0	東建多度CC名古屋	71／7081Y
2011	高山忠洋	276—70・68・68・70	片山晋呉	2	東建多度CC名古屋	71／7081Y
2012	ブレンダン・ジョーンズ	269—68・69・70・62	小田龍一	2	東建多度CC名古屋	71／7081Y
2013	塚田好宣	275—72・71・63・69	小田孔明、上井邦浩	4	東建多度CC名古屋	71／7081Y
2014	宮里優作	270—71・66・68・65	岩田 寛	2	東建多度CC名古屋	71／7109Y
2015	マイケル・ヘンドリー	269—67・69・69・64	山下和宏	1	東建多度CC名古屋	71／7081Y
2016 *金 庚泰		271—68・67・67・69	近藤共弘	0	東建多度CC名古屋	71／7081Y
2017	梁 津萬	268—69・65・66・68	藤本佳則	2	東建多度CC名古屋	71／7081Y
2018	重永亜斗夢	272—64・72・63・73	石川 遼	1	東建多度CC名古屋	71／7081Y

2019	ブレンダン・ジョーンズ	269—65・69・71・64	M・グリフィン	1	東建多度CC 名古屋	71／7081Y
2020	〈新型コロナウイルス感染拡大のため中止〉					
2021	金谷拓実	202—67・65・70	ⓐ中島啓太	1	東建多度CC 名古屋	71／7081Y
2022＊香妻陣一朗		270—66・69・66・69	桂川有人	0	東建多度CC 名古屋	71／7062Y

＊はプレーオフ、ⓐはアマチュア

【過去の18ホール最少ストローク】

61（−11）	尾崎　将司	1997年3R	祁答院GC	PAR72/7115ヤード
61（−11）	谷口　　徹	2002年4R	祁答院GC	PAR72/7135ヤード

関西オープンゴルフ選手権競技

開催期日 2022年4月14日～17日	賞金総額 80,000,000円
競技会場 よみうりCC	出場人数 150名
トータル 7,180Y：パー71(35,36)	天候 曇・曇時々雨・晴時々曇・晴

1日目 9バーディ、1ボギーの63をマークした阿久津未来也が首位に立つ。1打差2位には東北福祉大4年のアマ蟬川泰果ら5人がつけた。**2日目** 蟬川が67で回り通算11アンダーの首位に浮上。1打差で片岡尚之、星野陸也、比嘉一貴が追う。**3日目** 冷たい北風が強くなり難易度が増した。アンダーパーで回ったのは7人。そんな中、1イーグル、6バーディ、5ボギーでスコアを3つ伸ばした比嘉が通算13アンダーで首位に立った。2打差2位は星野。首位で出た蟬川は73で4打差の3位に後退した。**最終日** 比嘉が一時差を4打に広げるが、大会連覇を狙う星野がじわりと追い上げる。16番バーディで1打差に迫るが、そこまで。比嘉が通算14アンダーで通算3勝目を挙げた。最終組で回った蟬川は77と崩れて17位に終わる。ローアマは7位に入った大阪学院大3年の宇喜多飛翔が獲得した。

【優勝】比嘉 一貴 270 65・67・68・70 16,000,000円

順位	氏名	トータルスコア	1R	2R	3R	4R	賞金額(円)
2	星野 陸也	271	65	67	70	69	8,000,000
3	ハン・リー	275	67	72	72	64	5,440,000
4	岡田 絃希	276	67	72	68	69	3,840,000
5	木下 稜介	277	65	70	74	68	3,040,000
	岩田 寛	277	65	72	70	70	3,040,000
7	小西 貴紀	278	66	72	73	67	2,445,333
	宇喜多飛翔	278	66	73	71	68	アマチュア
	阿久津未来也	278	66	72	71	69	2,445,333
	池田 勇太	278	66	69	72	71	2,445,333
11	トッド・ペク	279	72	69	70	68	1,936,000
	片山 晋呉	279	67	72	72	68	1,936,000
	平田 憲聖	279	66	70	72	70	1,936,000
14	武藤 俊憲	280	70	69	73	68	1,536,000
	貞方 章男	280	68	71	72	69	1,536,000
	津田 浩平	280	69	71	70	70	アマチュア
17	杉山 知靖	281	71	69	75	66	1,376,000
	蟬川 泰果	281	64	67	73	77	アマチュア
19	小木曽 喬	282	67	68	77	70	1,145,600
	アンドルー・エバンス	282	67	72	73	70	1,145,600
	上井 邦裕	282	70	71	74	67	1,145,600
	ブラッド・ケネディ	282	70	70	71	71	1,145,600
	塚田 陽亮	282	66	73	72	71	1,145,600
24	小袋 秀人	283	66	71	76	70	800,000
	堀川未来夢	283	70	71	71	71	800,000
	田村 光正	283	64	72	75	72	800,000
	桂川 有人	283	70	69	72	72	800,000
	幡地 隆寛	283	70	70	76	67	800,000
	芦沢 宗臣	283	64	70	75	74	800,000
30	石坂 友宏	284	72	69	73	70	608,000
	青山 晃大	284	70	70	75	69	608,000
	石川 遼	284	68	73	70	73	608,000
	佐藤 大平	284	68	70	72	74	608,000
34	趙 珉珪	285	68	71	75	71	476,000
	亀代 順哉	285	65	71	78	71	476,000
	植竹 勇太	285	70	70	72	73	476,000
	アンジェロ・キュー	285	71	69	76	69	476,000
	稲森 佑貴	285	67	70	79	69	476,000
	李 尚熹	285	67	72	71	75	476,000
40	中西 直人	286	75	66	73	72	384,000
	アンソニー・クウェイル	286	66	71	74	75	384,000
	大岩 龍一	286	70	71	75	70	384,000
	小鯛 竜也	286	69	69	73	75	384,000
	久常 涼	286	69	70	78	69	384,000
45	小田 孔明	287	70	71	72	74	320,000
	スンス・ハン	287	70	71	74	72	320,000
	宋 永漢	287	69	69	79	70	320,000
48	出水田大二郎	288	69	71	75	73	288,000
	小林 匠	288	69	69	79	71	アマチュア
50	河本 力	289	67	72	74	76	249,600
	市原 弘大	289	70	71	73	75	249,600
	片岡 尚之	289	64	68	78	79	249,600
	小林伸太郎	289	69	72	76	72	249,600
54	大槻 智春	290	66	73	78	73	217,600
	植村 晃大	290	73	67	80	70	アマチュア
	マシュー・グリフィン	290	69	72	81	68	217,600
57	杉原 大河	291	72	68	76	75	204,800
	河野 祐輝	291	67	73	77	74	204,800
59	竹谷 佳孝	292	66	69	79	79	198,400
60	宮本 勝昌	294	69	72	76	77	195,200
61	清水 大成	295	70	71	77	77	190,400
	黒岩 輝	295	69	72	77	77	190,400
63	鍋谷 太一	296	69	72	83	72	186,400
64	香妻陣一朗	297	70	69	74	84	184,800
65	高山 忠洋	299	71	70	83	75	183,200

141ストローク(-1)までの65名が予選通過

氏名	トータルスコア	1R	2R
岩崎亜久竜	142	70	72
デービッド・ブランスドン	142	70	72
岩井亮磨	142	71	71
細野勇策	142	69	73
砂川公佑	142	70	72
ジェイ・チョイ	142	69	73
安本大祐	143	68	75
秋吉翔太	143	72	71
@大嶋港	143	72	71
ショーン・フリス	143	72	71
杉本エリック	143	70	73
古川雄大	143	68	75
坂本隆一	143	70	73
古田幸希	143	69	74
ブレンダン・ジョーンズ	143	71	72
時松隆光	143	71	72
木下裕太	143	69	74
永野竜太郎	143	69	74
@松原将太	143	69	74
池上憲士郎	143	67	76
H・W・リュー	143	68	75
片岡大育	143	75	68
篠優希	143	71	72
尾崎慶輔	143	73	70
竹内優騎	144	71	73
宮里優作	144	73	71
ラヒル・ガンジー	144	70	74
横田真一	144	73	71
ジェイブ・クルーガー	144	72	72
矢野東	144	69	75
阿部裕樹	144	71	73
チャン・キム	145	70	75
@森下響	145	71	74
藤田寛之	145	70	75
@山下勝将	145	73	72
今平周吾	145	71	74
若原亮太	145	71	74
弓削淳詩	145	71	74
佐藤太地	146	70	76
近藤智弘	146	70	76
内藤寛太郎	146	71	75
谷原秀人	146	69	77
大堀裕次郎	146	73	73
坂本雄介	146	69	77
@下家秀琉	146	71	75
@香川友	146	70	76
@玉木海凪	146	74	72
@真鍋和馬	146	72	74
@大橋浩太朗	147	74	73
リチャード・ジョン	147	75	72
青山剛	147	74	73
@小寺大佑	147	75	72
アダム・ブランド	147	75	72
大内智文	148	73	75
@仲間遼真	148	74	74
池村寛世	148	74	74
川上優大	148	72	76
竹内廉	148	73	75
徳永弘樹	148	77	71
上平栄道	148	73	75
谷口徹	148	73	75
中里光之介	148	75	73
川合昇平	148	75	73
福永安伸	149	76	73
@広山雄大	149	75	74
小林丈大	149	72	77
ジュビック・パグンサン	149	77	72
浅地洋佑	150	77	73
@竹葉光希	150	75	75
松本正樹	150	71	79
梁文冲	151	75	76
小斉平優和	151	75	76
@松岡翔太郎	151	76	75
永井源	152	74	78
@鈴木混世	153	74	79
@亀山康生	154	74	80
倉本昌弘	154	77	77
池村晃稀	155	74	81
石川航	156	81	75
@細川和広	161	81	80
趙炳旻	162	84	78
@小松快聖	163	77	86
@丘尊伍	163	77	86
田中秀道		83	棄

@はアマチュア

【歴代優勝者】						
年	優勝者	スコア	2位	差	コース	パー／ヤード
1926	福井覚治	154—72・82	中上数一	8	茨木CC	
1927	中上数一	156—77・79	G・ノリス	6	鳴尾GC	
1928	宮本留吉	155—77・78	福井覚治	5	茨木CC	
1929＊	森岡二郎	156—78・78	宮本留吉	0	鳴尾GC	
1930	石角武夫	145—73・72	宮本留吉	1	茨木CC	
1931	宮本留吉	150—73・77	村木章	1	鳴尾GC	
1932	森岡二郎	160—79・81	石井治作	1	広野GC	
1933	戸田藤一郎	152—73・79	宮本留吉	1	茨木CC	
1934	森岡二郎	142—71・71	宮本留吉	5	鳴尾GC	
1935＊	森岡二郎	148—73・75	石井治作	0	鳴尾GC	
1936	上堅岩一	145—75・70	村木章	0	茨木CC	
1937	村木章	142—67・75	上田悌造	4	鳴尾GC	
1938＊	戸田藤一郎	146—76・70	小谷金孝	1	広野GC	
1939	戸田藤一郎	137—69・68	行田虎夫	7	鳴尾GC	
1940～1948〈第二次世界大戦で中止〉						
1949	戸田藤一郎	144（詳細不明）	不明		宝塚GC	
1950	宮本留吉	145（詳細不明）	不明		鳴尾GC	
1951＊	宮本留吉	151（詳細不明）	寺本金一、石井哲雄	0	宝塚GC	
1952	山田弥助	314—87・71・75・81	石井迪夫	1	広野GC	
1953	石井迪夫	296—69・71・77・79	上田悌造	2	茨木CC	
1954	木本三次	296—74・74・77・71	石井迪夫、石井哲雄	2	鳴尾GC	
1955	石井迪夫	293—76・73・69・75	島村祐正	2	広野GC	
1956	石井哲雄	301—75・78・74・74	藤井武人	5	宝塚GC	
1957	島村祐正	289—74・71・71・73	磯村行雄	6	茨木CC	
1958	橘田規	284—72・68・70・74	森岡比佐志	1	鳴尾GC	
1959	石井迪夫	289—70・66・74・79	森岡比佐志	1	愛知CC東山	
1960	新井進	285—70・71・73・71	杉原輝雄	3	奈良国際GC	
1961	石井哲雄	282—71・70・71・70	戸田藤一郎	1	名古屋GC	
1962	橘田規	284—74・70・71・69	細石憲二	4	西宮CC	
1963	橘田規	290—70・74・75・71	能田征二	7	広野GC	
1964	杉原輝雄	285—68・73・71・73	森岡比佐志	1	古賀GC	
1965	杉原輝雄	282—67・74・70・71	宮本省三、鈴村久	6	鳴尾GC	

年	優勝者	スコア	2位	差	開催コース	
1966	宮本省三	277—67・70・72・68	杉原輝雄	3	茨木CC東	
1967	鈴村照男	277—68・69・67・73	島田幸作	3	四日市CC	
1968	杉原輝雄	275—69・72・65・69	細石憲二	2	下関GC	
1969	内田 繁	280—70・71・67・72	宮本省三	8	広野GC	
1970	島田幸作	280—70・67・71・72	杉原輝雄	9	鳴尾GC	
1971	杉原輝雄	278—69・71・68・70	新井進	2	茨木CC東	
1972	吉川一雄	283—70・70・72・71	杉原輝雄、中村通	1	広野GC	
1973	杉原輝雄	273—69・68・68・68	島田幸作	2	西宮CC	72／6701Y
1974	杉原輝雄	287—70・70・75・72	島田幸作	4	奈良国際GC	72／7023Y
1975	杉原輝雄	279—69・70・71・69	山本善隆	6	小野GC	72／6970Y
1976	前田新作	273—67・69・70・67	金本章鍈	3	琵琶湖CC	72／6335m
1977	山本善隆	285—74・71・70・70	久保四郎、橘田規、入江勉	3	日野GC	72／6440m
1978＊	金本章生	284—70・73・70・71	宮本康弘	0	近江CC	72／6380m
1979	宮本康弘	283—70・74・72・67	中村 通	1	六甲国際GC	72／6465m
1980	浦西武光	284—75・71・72・66	島田幸作、中村 通	6	花屋敷GCよかわ	72／6405m
1981	金本章生	278—70・68・71・69	寺本一郎、甲斐俊光	2	名神八日市CC	71／6018m
1982	杉原輝雄	285—72・68・75・70	中村 通	4	六甲国際GC	72／6460m
1983	脇田 進	284—70・72・71・71	杉原輝雄	2	有馬ロイヤルGC	72／6437m
1984	中村 通	281—70・75・67・69	山本善隆	2	日野GC	72／6420m
1985	入江 勉	280—68・71・75・66	井上久雄、山本善隆	3	有馬ロイヤルGC	72／6452m
1986	磯村芳幸	284—69・72・69・74	前田新作、吉川一雄、市川良翁	3	六甲国際GC	72／6504m
1987	木村政信	292—72・71・74・75	中村通	2	旭国際東條CC	72／7198Y
1988	曽根保夫	286—76・70・70・70	前田新作	3	北六甲CC東	72／6974Y
1989	山本善隆	211—67・74・70	中村通、金山和雄、中川敏明	1	花屋敷GCひろの	72／6740Y
1990	杉原輝雄	282—71・67・71・73	大山雄三	1	パインレークGC	72／7034Y
1991	杉原敏一	283—72・70・69・72	杉原輝雄	3	ライオンズCC	72／6974Y
1992	木村政信	272—66・69・68・69	井戸木鴻樹	13	万壽GC	72／6976Y
1993	中瀬 壽	283—73・67・73・70	杉原敏一	3	美奈木GC	72／7057Y
1994	金山和雄	281—70・70・71・70	大條丈人	1	旭国際東條CC	72／7204Y
1995	赤澤全彦	281—73・69・69・70	高崎龍雄	2	オータニにしきCC	72／6956Y
1996	平石武則	277—71・67・72・67	高崎龍雄	10	グランデージGC	72／7079Y
1997	高崎龍雄	280—73・68・71・68	谷口 徹	4	センチュリー吉川GC	72／7038Y
1998	杉本周作	280—72・67・71・70	大井手哲	3	滋賀GC	72／6934Y
1999＊	平石武則	276—69・66・69・72	K・デュルース、谷昭範	0	小野グランドCC	72／6923Y
2000＊	山口 治	209—71・66・72	林 栄作	0	池田CC	71／6841Y
2001	星野英正	206—71・67・68	林 栄作	3	三木GC	72／6934Y
2002	上出裕也	209—68・70・71	杉原辰雄、北澤数司、星野英正	1	奈良国際GC	71／6933Y
2003	大井手哲	207—68・69・70	北澤数司、G・マイヤー、井上忠久	2	東広野GC	72／7131Y
2004	井上忠久	204—66・65・73	中川勝弥、廣田恭司	2	琵琶湖CC	72／6912Y
2005	山下和宏	207—68・70・69	上平栄道	4	城陽CC東	72／6818Y
2006	田保龍一	206—64・72・70	林 栄作	3	洲本GC	72／7002Y
2007	山本幸路	206—67・68・71	藤本博誉	1	加古川GC	72／6957Y
2008	石川 遼	276—65・70・72・69	池田勇太	4	滋賀GC	72／7080Y
2009	藤田寛之	264—69・66・61・68	平塚哲二、近藤共弘	2	宝塚GC新	71／6682Y
2010	野仲 茂	269—68・65・68・68	矢野 東	3	田辺CC	70／6810Y
2011	趙 珉珪	270—65・68・68・69	白 佳和	4	小野GC	72／6920Y
2012	武藤俊憲	266—64・65・68・69	金 亨成	1	泉ヶ丘CC	71／6929Y
2013	ブラッド・ケネディ	206—69・70・67	S・J・パク	1	オリムピックGC	72／7298Y
2014	小田孔明	273—71・66・69・67	藤本佳則	2	六甲CC	72／7037Y

関西オープンゴルフ選手権

2015	片岡大育	267—66・67・67・67	B・ケネディ	3	名神八日市CC	71／6900Y
2016	趙 炳旻	278—69・70・69・70	近藤共弘、S・ストレンジ	1	橋本CC	71／7127Y
2017	今平周吾	275—67・69・69・70	片岡大育	6	城陽CC	71／7037Y
2018	時松隆光	278—68・68・71・71	上井邦裕、今平周吾	1	小野東洋GC	72／7124Y
2019＊大槻智春		269—73・65・66・65	星野陸也	0	KOMACC	72／7043Y
2020	〈新型コロナウイルス感染拡大のため中止〉					
2021	星野陸也	270—66・67・68・69	C・キム	2	有馬ロイヤルGCロイヤル	71／7103Y
2022	比嘉一貴	270—65・67・68・70	星野陸也	1	よみうりCC	71／7180Y

＊はプレーオフ。1973年～1991年までツアー競技。2009年からツアー競技に復活。

【過去の18ホール最少ストローク】

| 61（－10） | 藤田 寛之 | 2009年3R | 宝塚GC新 | PAR71／6682ヤード |
| 61（－10） | N・ベーシック | 2011年2R | 小野GC | PAR71／6920ヤード |

ISPS HANDA 欧州・日本、とりあえず今年は日本トーナメント！

開催期日　2022年4月21日～24日	賞金総額　103,000,000円
競技会場　PGM石岡GC	出場人数　144名
トータル　7,071Y・パー71(36,35)	天候　曇・晴・晴・曇

1日目　初シードの古川雄大が9バーディ、ボギーなしの62で首位発進。1打差で前週優勝の比嘉一貴、坂本雄介、杉本エリック、宮本勝昌が続く。2日目　通算12アンダーの首位に古川、比嘉、宮本、桂川有人、出水田大二郎、星野陸也の6人が並ぶ混戦。62をマークした19歳のレフティ細野勇策が2打差9位に浮上した。3日目　65で回った桂川と64のJ・デロスサントスが通算18アンダーで首位並走。1打差の3位には比嘉、植竹勇太と62を叩き出した大西魁斗がつけた。最終日　23歳の桂川がアウト6バーディの30で抜け出し、同じ最終組で回る同学年の大西が2打差で追う展開。だが、インに入って大西がスコアを崩し、桂川は停滞。猛追してきた星野が首位を捕えた。並ばれた桂川が17番でバーディ。これが決定打となり通算24アンダーで星野を1打抑えて初優勝をつかみとった。

【優勝】桂川　有人　260　67・63・65・65　20,000,000円

順位	氏名	トータルスコア	1R	2R	3R	4R	賞金額(円)
2	星野　陸也	261	66	64	67	64	10,000,000
3	植竹　勇太	262	65	67	64	66	6,800,000
4	大西　魁斗	263	64	70	62	67	4,800,000
5	片山　晋呉	264	65	65	67	67	4,000,000
6	アンソニー・クウェイル	265	67	69	64	65	3,192,500
	稲森　佑貴	265	66	68	64	67	3,192,500
	比嘉　一貴	265	63	67	64	69	3,192,500
	ジャスティン・デロスサントス	265	66	65	65	69	3,192,500
10	マイケル・ヘンドリー	266	66	66	69	65	2,420,000
	ショーン・ノリス	266	67	70	64	65	2,420,000
	中西　直人	266	66	65	67	68	2,420,000
13	H・W・リュー	267	69	68	65	65	1,853,333
	宮本　勝昌	267	63	67	70	67	1,853,333
	小田　孔明	267	65	68	66	69	1,853,333
16	細野　勇策	268	70	62	69	67	1,432,000
	ブラッド・ケネディ	268	66	66	69	67	1,432,000
	杉本エリック	268	63	69	68	68	1,432,000
	白　佳和	268	69	65	64	70	1,432,000
	武藤　俊憲	268	68	66	64	70	1,432,000
21	タンヤゴーン・クロンパ	269	70	62	70	67	1,100,000
	古川　雄大	269	62	68	71	68	1,100,000
	永野竜太郎	269	65	69	67	68	1,100,000
24	今平　周吾	270	66	71	66	67	900,000
	河本　力	270	68	67	65	70	900,000
	田村　光正	270	64	68	67	71	900,000
27	小林伸太郎	271	66	68	69	68	740,000
	尾崎　慶輔	271	68	68	67	68	740,000
	小鯛　竜也	271	66	70	68	67	740,000
	出水田大二郎	271	66	66	69	71	740,000
	佐藤　大平	271	67	68	63	73	740,000
32	大槻　智春	272	68	69	66	69	520,909
	幡地　隆寛	272	68	68	67	69	520,909
	市原　弘大	272	67	67	69	69	520,909
	木下　稜介	272	69	67	67	69	520,909
	アンジェロ・キュー	272	70	65	67	70	520,909
	竹安　俊也	272	68	65	69	70	520,909
	ジュビック・パグンサン	272	66	70	69	67	520,909
	時松　隆光	272	66	69	71	66	520,909

順位	氏名	トータルスコア	1R	2R	3R	4R	賞金額(円)
	宮里　優作	272	67	68	66	71	520,909
	阿久津未来也	272	65	68	67	72	520,909
	堀川未来夢	272	68	66	66	72	520,909
43	上井　邦裕	273	69	66	68	70	360,000
	トッド・ペク	273	67	69	69	68	360,000
	マグリガー・ライン	273	65	69	69	68	360,000
	池田　勇太	273	65	68	67	73	360,000
	ブレンダン・ジョーンズ	273	65	68	71	66	360,000
48	小西　貴紀	274	69	67	68	70	270,285
	藤田　寛之	274	67	70	68	69	270,285
	中里光之介	274	68	68	69	69	270,285
	内藤寛太郎	274	70	66	69	69	270,285
	石原　航輝	274	68	68	70	68	270,285
	手嶋　多一	274	67	69	68	70	270,285
	塚田　陽亮	274	66	70	71	67	270,285
55	川上　優大	275	69	66	69	71	235,500
	貞方　章男	275	63	72	71	69	235,500
	坂本　雄介	275	69	72	71	69	235,500
	片岡　尚之	275	66	74	66	69	235,500
	永澤　翔	275	68	69	69	69	235,500
	岩田　寛	275	69	65	64	77	235,500
61	香妻陣一朗	276	69	66	68	73	223,000
	矢野　東	276	70	65	69	72	223,000
	竹山　昂成	276	71	66	67	72	223,000
	副田　裕斗	276	65	67	73	71	223,000
	杉原　大河	276	68	68	72	68	223,000
66	浅地　洋佑	277	69	66	69	73	219,000
	李　尚熹	277	66	71	68	72	219,000
	チャン・キム	277	68	68	66	75	219,000
	竹谷　佳孝	277	68	68	75	66	219,000
70	弓削　淳詩	278	69	67	69	73	219,000
71	杉山　知靖	279	69	67	71	72	219,000
72	織田　信亮	280	69	67	74	70	219,000
73	杉浦　斎	284	70	67	70	77	219,000
	原　敏之	284	64	72	73	75	219,000
75	高橋　慧	285	71	66	74	74	219,000

137ストローク(-5)までの75名が予選通過

氏名	トータルスコア	1R	2R
鍋谷 太一	138	70	68
ラヒル・ガンジー	138	69	69
ジェイ・チョイ	138	68	70
ガン・チャルングン	138	69	69
アダム・ブランド	138	68	70
亀代 順哉	138	67	71
田中章太郎	138	71	67
趙 珉珪	138	69	69
山浦 一希	138	69	69
岩﨑亜久竜	139	71	68
ジュビック・パグンサン	139	67	72
高橋 賢	139	67	72
遠藤 彰	139	67	72
勝俣 陵	139	71	68
金子 駆大	139	69	70
近藤 智弘	139	69	70
清水 大成	139	66	73
小袋 秀人	140	70	70

氏名	トータルスコア	1R	2R
片岡 大育	140	69	71
石坂 友宏	140	71	69
額賀 辰徳	140	73	67
中島 徹	140	71	69
大田和桂介	140	73	67
海老根文博	140	70	70
大内 智文	140	72	68
梁 文冲	140	70	70
デービッド・ブランスドン	140	73	67
高山 忠洋	140	69	71
大岩 龍一	140	71	69
平田 憲聖	140	69	71
藤本 佳則	140	66	74
村山 駿	140	76	64
池村 寛世	141	70	71
小斉平優和	141	70	71
安本 大祐	141	69	72
岩井 亮磨	141	66	75

氏名	トータルスコア	1R	2R
谷原 秀人	141	69	72
竹内 優騎	141	70	71
アンドルー・エバンス	142	77	65
池上憲士郎	142	71	71
川満 歩	142	71	71
岡田 絃希	142	69	73
木下 裕太	142	68	74
スンス・ハン	142	72	70
佐藤 太地	142	75	67
成冨 晃広	142	71	71
小西 健太	142	72	70
石川 遼	143	69	74
宋 永漢	143	71	72
永松 宏之	143	73	70
阿部 裕樹	143	71	72
上平 栄道	144	69	75
小林 正則	144	72	72
ハン・リー	144	74	70

氏名	トータルスコア	1R	2R
金 庚泰	144	72	72
金 智宇	144	71	73
すし 石垣	144	73	71
太田 直己	144	71	73
松田 一将	144	72	72
篠 優希	145	74	71
大塚 智之	145	72	73
竹内 廉	145	73	72
山本 隆大	146	73	73
リチャード・ジョン	146	73	73
中山 智	147	75	72
塩見 好輝	147	71	76
村上 拓海	147	76	71
三木 龍馬	147	70	77
金沢 隆光	154	73	81

【歴代優勝者】

年	優勝者	スコア	2位	差	コース	パー/ヤード
2022	桂川有人	260—67・63・65・65	星野陸也	1	PGM石岡GC	71/7071Y

【過去の18ホール最少ストローク】

62（-9）	古川 雄大	2022年1R	PGM石岡GC	PAR71/7071ヤード
62（-9）	細野 勇策	2022年2R	PGM石岡GC	PAR71/7071ヤード
62（-9）	T・クロンパ	2022年2R	PGM石岡GC	PAR71/7071ヤード
62（-9）	大西 魁斗	2022年3R	PGM石岡GC	PAR71/7071ヤード

中日クラウンズ

開催期日	2022年4月28日～5月1日	賞金総額	100,000,000円
競技会場	名古屋GC和合C	出場人数	105名
トータル	6,557Y：パー70(35,35)	天候	曇・雨・晴・雨

1日目 A・クウェイルが日本での自己ベストを更新する61で単独首位に立つ。2打差2位に今野大喜。**2日目** 降雨の影響でサスペンデッド。68人が終了できなかった。**3日目** 第2Rを終えて金子駆大、竹谷佳孝、B・ケネディと兵役明け2戦目の黄重坤が通算8アンダーで首位。続いて第3Rが行われ65で回った前年覇者の岩田寛が通算11アンダーで首位に出た。1打差2位に黄、2打差3位に今野、香妻陣一朗、稲森佑貴。マスターズに出場したアマの中島啓太が68で4打差6位に浮上した。**最終日** 雨の中、岩田が前半に39と崩れてしまう。首位争いは最終組の黄と1組前を行く稲森に絞られた。12番で稲森がバーディを奪ったのに対して黄がボギー。ここで差が開くと、そのまま稲森が黄を振り切り通算16アンダーで2年ぶりの3勝目を飾った。黄が3打差2位。岩田は後半盛り返すが3位に終わった。

【優勝】稲森 佑貴 264 64・71・66・63 20,000,000円

順位	氏名	トータルスコア	1R	2R	3R	4R	賞金額(円)	順位	氏名	トータルスコア	1R	2R	3R	4R	賞金額(円)
2	黄 重坤	267	65	67	68	67	10,000,000	39	片山 晋呉	279	72	66	71	70	470,000
3	岩田 寛	269	70	64	65	70	6,800,000		アンソニー・クウェイル	279	61	73	72	73	470,000
4	時松 隆光	270	69	67	68	66	4,800,000		宋 永漢	279	69	68	73	69	470,000
5	木下 稜介	271	66	72	68	65	3,800,000		マイケル・ヘンドリー	279	68	69	68	74	470,000
	今野 大喜	271	63	73	65	70	3,800,000	43	竹谷 佳孝	280	66	66	75	73	400,000
7	星野 陸也	272	69	71	69	63	2,947,500		ガン・チャルングン	280	68	68	73	71	400,000
	石川 遼	272	70	70	64	68	2,947,500		阿部 裕樹	280	71	70	70	69	400,000
	片岡 尚之	272	72	64	67	69	2,947,500		吉沢 己咲	280	70	71	71	68	アマチュア
	中島 啓太	272	69	66	68	69	アマチュア	47	ラヒル・ガンジー	281	69	71	68	73	340,000
	香妻陣一朗	272	69	68	64	71	2,947,500		武藤 俊憲	281	68	66	75	72	340,000
12	上井 邦裕	273	69	72	65	67	2,120,000		アンジェロ・キュー	281	75	65	71	70	340,000
	チャン・キム	273	69	65	72	67	2,120,000		笠原 瑛	281	67	72	72	70	アマチュア
	今平 周吾	273	70	68	67	68	2,120,000	51	永野竜太郎	282	68	71	68	75	283,000
	トッド・ペク	273	66	70	67	70	2,120,000		塚田 陽亮	282	70	68	73	71	283,000
16	比嘉 一貴	274	68	67	71	68	1,570,000		市原 弘大	282	73	67	73	69	283,000
	石坂 友宏	274	68	67	70	69	1,570,000		スンス・ハン	282	67	74	72	69	283,000
	薗田 峻輔	274	68	70	67	69	1,570,000		久常 涼	283	69	69	75	70	260,000
	アンドルー・エバンス	274	66	68	70	70	1,570,000	56	小斉平優和	284	69	72	69	74	252,000
20	小田 孔明	275	64	71	72	68	1,220,000	57	湯原 光	285	69	70	72	74	アマチュア
	内藤寛太郎	275	66	70	71	68	1,220,000		大澤 和也	285	71	70	68		248,000
	近藤 智弘	275	68	67	71	69	1,220,000	59	森本 雄	286	71	69	73	73	244,000
	金子 駆大	275	65	67	72	71	1,220,000	60	アダム・ブランド	287	68	72	74	73	240,000
24	マシリウィシ	276	68	68	71	69	908,000	61	青山 晃大	289	70	70	77	72	234,500
	張 棟圭	276	65	71	72	68	908,000		タンヤゴーン・クロンパ	289	70	70	75	74	234,500
	出水田大二郎	276	70	67	69	70	908,000	63	幡地 隆寛	291	73	67	78	73	231,000
	桂川 有人	276	65	69	69	73	908,000	64	ジェイブ・クルーガー	293	70	68	73	82	229,000
	堀川未来夢	276	70	68	65	73	908,000		ブレンダン・ジョーンズ		69	72	73	棄	
29	大槻 智春	277	71	65	71	70	702,000								
	大岩 龍一	277	66	71	71	69	702,000								
	池田 勇太	277	67	69	73	68	702,000								
	金 庚泰	277	70	70	69	68	702,000								
	植竹 勇太	277	67	68	70	72	702,000								
34	貞方 章男	278	69	70	68	71	560,000								
	矢野 東	278	67	67	73	71	560,000								
	小木曽 喬	278	68	71	68	71	560,000								
	ブラッド・ケネディ	278	66	66	73	73	560,000								
	大西 魁斗	278	68	70	74	66	560,000								

141ストローク(＋1)までの65名が予選通過

中日クラウンズ

氏名	トータルスコア	1R	2R	氏名	トータルスコア	1R	2R	氏名	トータルスコア	1R	2R	氏名	トータルスコア	1R	2R
梁 文冲	142	68	74	池村 寛世	144	74	70	杉山 知靖	146	74	72	浅地 洋佑	153	78	75
李 尚熹	142	69	73	宮里 優作	144	71	73	リチャード・ジョン	146	72	74	ⓐ原田賢彦	173	83	90
秋吉 翔太	142	72	70	阿久津未来也	144	74	70	ディネッシュ・チャンド	146	75	71	杉本エリック		75	棄
ⓐ河邊 匠	143	72	71	小鯛 竜也	144	69	75	伊藤 元気	146	71	75	ジュビック・パグンサン		77	棄
德光 祐哉	143	73	70	佐藤 大平	144	71	73	藤田 寛之	146	70	76	宮本 勝昌		72	棄
池上憲士郎	143	71	72	上田 敦士	144	66	78	中西 直人	147	75	72	谷原 秀人		71	棄
ジェイ・チョイ	143	70	73	木下 裕太	145	71	74	谷口 徹	147	70	77	佐藤 太地			失
古川 雄大	143	71	72	ジャスティン・デロスサントス	145	72	73	岩本 高志	147	72	75				
趙 珉珪	143	70	73	小林伸太郎	146	75	71	H・W・リュー	148	71	77	ⓐはアマチュア			
近藤 啓介	143	68	75	光田 智輝	146	75	71	桑原 克典	148	73	75				
デービッド・ブランスドン	143	68	75	清水 大成	146	75	71	上田 諭尉	151	74	77				

【歴代優勝者】

年	優勝者	スコア	2位	差	コース	パー／ヤード
1960	中村寅吉	277—70・69・68・70	小野光一	1	名古屋GC和合	70／6535Y
1961*	石井朝夫	280—71・71・68・70	O・ムーディー	0	名古屋GC和合	
1962	橘田 規	299—78・74・73・74	中村寅吉	1	愛知CC	74／7105Y
1963	細石憲二	290—73・67・77・73	杉原輝雄	2	三好CC	72／7020Y
1964	杉原輝雄	294—77・73・71・73	中村寅吉	1	三好CC	72／7020Y
1965	橘田 規	291—71・74・75・71	杉原輝雄	1	愛知CC	74／7105Y
1966	内田 繁	274—69・65・69・71	橘田 規、小針春芳	1	名古屋GC和合	70／6350Y
1967	謝 永郁	273—71・71・66・65	鈴村 久	1	名古屋GC和合	70／6500Y
1968*	安田春雄	278—65・72・71	鈴村 久	0	名古屋GC和合	70／6530Y
1969*	ピーター・トムソン	274—68・69・68・69	橘田 規	0	名古屋GC和合	70／6530Y
1970	安田春雄	268—68・65・62・73	鈴村照男	3	名古屋GC和合	70／6530Y
1971	呂 良煥	274—73・66・65・70	P・トムソン	3	名古屋GC和合	70／6530Y
1972	ピーター・トムソン	266—64・69・67・66	T・ケンドール	6	名古屋GC和合	70／6530Y
1973	青木 功	270—66・67・68・69	呂 良煥	1	名古屋GC和合	70／6530Y
1974	村上 隆	272—63・71・68・70	尾崎将司	6	名古屋GC和合	70／6530Y
1975	青木 功	270—68・68・68・68	杉原輝雄	1	名古屋GC和合	70／6530Y
1976	デビッド・グラハム	276—72・68・69・67	宮本康弘	1	名古屋GC和合	70／6097m
1977	グラハム・マーシュ	280—71・73・70・66	森 憲二	4	名古屋GC和合	70／6152m
1978	青木 功	270—63・67・72・68	尾崎将司	5	名古屋GC和合	70／6152m
1979	青木 功	279—67・73・69・70	中村 通、安田春雄	1	名古屋GC和合	70／6162m
1980	青木 功	280—69・68・71・72	G・マーシュ	2	名古屋GC和合	70／5936m
1981	グラハム・マーシュ	277—73・72・65・67	D・A・ワイブリング	2	名古屋GC和合	70／5936m
1982	ゲーリー・ホルバーグ	277—67・66・77・70	内田 繁	3	名古屋GC和合	70／5936m
1983*	陳 志明	280—71・67・71・71	新井規矩雄、D・イシイ	0	名古屋GC和合	70／5936m
1984*	スコット・シンプソン	275—68・73・67・67	青木 功	0	名古屋GC和合	70／5936m
1985	海老原清治	276—70・70・66・70	中島常幸	2	名古屋GC和合	70／5936m
1986	デービッド・イシイ	274—68・67・71・68	中島常幸	4	名古屋GC和合	70／5936m
1987	尾崎将司	268—69・67・66・66	倉本昌弘、青木 功、山本善隆、I・ベーカーフィンチ	6	名古屋GC和合	70／6191m
1988	スコット・シンプソン	278—71・69・71・67	D・イシイ、尾崎将司	3	名古屋GC和合	70／6491Y
1989	グレッグ・ノーマン	272—65・68・71・68	鈴木弘一、B・マカリスター	3	名古屋GC和合	70／6473Y
1990*	須貝 昇	276—68・66・67・75	S・ベイト	0	名古屋GC和合	70／6473Y
1991	セベ・バレステロス	275—67・75・64・69	R・マッカイ	1	名古屋GC和合	70／6473Y
1992	尾崎将司	270—68・69・66・67	P・シニア、B・フランクリン	4	名古屋GC和合	70／6473Y
1993	ピーター・シニア	270—68・67・69・66	尾崎将司、G・ホルバーグ	1	名古屋GC和合	70／6473Y
1994	ロジャー・マッカイ	269—64・67・67・71	尾崎直道	2	名古屋GC和合	70／6473Y
1995	尾崎将司	260—66・64・63・67	芹澤信雄	5	名古屋GC和合	70／6473Y
1996	尾崎将司	264—64・69・68・63	友利勝良	5	名古屋GC和合	70／6473Y
1997	尾崎将司	267—67・67・66・67	B・ワッツ	2	名古屋GC和合	70／6455Y
1998	デービス・ラブⅢ	269—64・71・67・67	木村政信、B・ギブソン、B・ワッツ	8	名古屋GC和合	70／6502Y
1999	今野康晴	271—73・68・65・65	尾崎直道	1	名古屋GC和合	70／6502Y
2000	田中秀道	272—69・69・67・67	日下部光隆	5	名古屋GC和合	70／6502Y
2001	ダレン・クラーク	267—66・67・67・67	深堀圭一郎、横田真一	4	名古屋GC和合	70／6511Y
2002	ジャスティン・ローズ	266—64・70・63・69	P・マークセン	5	名古屋GC和合	70／6580Y

2003	星野英正	270—69・64・70・67	伊沢利光、Z・モウ、手嶋多一	3	名古屋GC和合	70／6547Y
2004	片山晋呉	264—65・64・63・72	P・シーハン	2	名古屋GC和合	70／6547Y
2005＊尾崎道道	269—68・67・67・67	S・コンラン	0	名古屋GC和合	70／6547Y
2006	片山晋呉	262—63・67・62・70	川原 希	2	名古屋GC和合	70／6547Y
2007＊宮瀬博文	278—67・70・70・71	谷口 徹	0	名古屋GC和合	70／6514Y
2008＊近藤智弘	271—72・68・64・67	藤田寛之	0	名古屋GC和合	70／6514Y
2009	平塚哲二	263—67・66・64・66	久保谷健一	7	名古屋GC和合	70／6531Y
2010	石川 遼	267—68・70・71・58	藤田寛之、P・シーハン	5	名古屋GC和合	70／6545Y
2011＊ブレンダン・ジョーンズ	271—67・66・68・70	I・J・ジャン	0	名古屋GC和合	70／6545Y
2012	I・J・ジャン	272—71・69・66・66	S・コンラン、白 佳和	2	名古屋GC和合	70／6545Y
2013	松村道央	278—71・71・69・67	松山英樹	1	名古屋GC和合	70／6545Y
2014	金 亨成	269—64・67・70・68	I・J・ジャン	4	名古屋GC和合	70／6545Y
2015	I・J・ジャン	270—66・69・68・67	谷原秀人、山下和宏、近藤共弘	4	名古屋GC和合	70／6545Y
2016＊金 庚泰	270—69・69・65・67	片岡大育	0	名古屋GC和合	70／6545Y
2017	宮里優作	267—67・65・67・68	谷口 徹、藤本佳則	1	名古屋GC和合	70／6545Y
2018	Y・E・ヤン	268—67・67・67・67	黄重坤、A・クウェイル	4	名古屋GC和合	70／6557Y
2019	宮本勝昌	271—66・69・67・69	今平周吾	1	名古屋GC和合	70／6557Y
2020	〈新型コロナウイルス感染拡大のため中止〉					
2021	岩田 寛	198—67・68・63	宮本勝昌	3	名古屋GC和合	70／6557Y
2022	稲森佑貴	264—64・71・66・63	黄 重坤	3	名古屋GC和合	70／6557Y

＊はプレーオフ。1973年からツアー競技

【過去の18ホール最少ストローク】
58（−12） 石川 遼 2010年4R 名古屋GC和合 PAR70／6545ヤード

ツアー成績

アジアパシフィックオープンゴルフチャンピオンシップ　ダイヤモンドカップゴルフ

開催期日	2022年5月12日〜15日
競技会場	大洗GC
トータル	7,163Y：パー70(35,35)

賞金総額	100,000,000円
出場人数	144名
天　候	曇・雨・曇・曇

1日目　アジアンツアー、日本ゴルフ協会との共同主管競技。大西魁斗と岩田寛が65で首位に並ぶ。

2日目　雨の中、67で回った大西が通算8アンダーで単独首位に立つ。2打差2位には星野陸也、稲森佑貴、T・シノットの3人がつけた。

3日目　大西が1つスコアを落とし、通算7アンダーで時松隆光、B・キャンベル、桂川有人の3人と首位に並ぶ形になった。1打差5位は今平周吾と稲森。また時松と堀川未来夢がホールインワンを達成し、初日の2回と合わせて1大会4回の最多タイ記録（85年以降）となった。

最終日　桂川がスコアを2つ伸ばし通算9アンダー単独首位に立つ。だが15番パー5で4パットのダブルボギー。これで単独首位に立った今平が難しい大洗の終盤をパーでまとめ通算8アンダーで混戦を制した。1打差2位は桂川、大西、岩田と63をマークした東北福祉大4年の鈴木晃祐。

【優勝】今平　周吾　272　66・69・69・68　20,000,000円

順位	氏名	トータルスコア	1R	2R	3R	4R	賞金額(円)
2	鈴木　晃祐	273	70	70	70	63	アマチュア
	岩田　寛	273	65	74	66	68	7,900,000
	大西　魁斗	273	65	67	71	70	7,900,000
	桂川　有人	273	67	69	67	70	7,900,000
6	カズマ・コボリ	274	67	70	68	69	アマチュア
	星野　陸也	274	67	67	72	68	4,200,000
8	香妻陣一朗	275	71	67	69	68	3,033,333
	稲森　佑貴	275	70	67	67	71	3,033,333
	ベン・キャンベル	275	67	70	66	72	3,033,333
11	イティパット・ブラタナンヤラット	276	71	70	69	66	2,050,000
	時松　隆光	276	71	66	66	73	2,050,000
13	塚田　陽亮	277	70	69	72	66	1,490,000
	スティーブ・ロートン	277	70	69	73	65	1,490,000
	出水田大二郎	277	70	71	69	67	1,490,000
	久常　涼	277	69	70	71	67	1,490,000
17	アジーテシュ・サンドゥ	278	70	69	69	70	1,180,000
18	トッド・シノット	279	66	68	77	68	978,333
	大岩　龍一	279	72	69	70	68	978,333
	ガン・チャリングン	279	72	66	72	69	978,333
	野呂　涼	279	71	67	72	69	978,333
	ベリー・ヘンソン	279	66	71	72	70	978,333
	池田　勇太	279	67	72	70	70	978,333
24	堀川未来夢	280	71	71	67	71	840,000
	出利葉太一郎	280	70	73	71	66	アマチュア
26	石川　遼	281	70	67	73	71	770,000
	細野　勇策	281	73	69	68	71	770,000
	矢野　東	281	71	71	70	69	770,000
	浅地　洋佑	281	69	72	72	68	770,000
	阿部　裕樹	281	68	72	73	68	770,000
	片山　晋呉	281	70	72	67	72	770,000
32	ブロム・ミーサワット	282	68	69	74	71	672,500
	ベン・レオン	282	72	69	71	70	672,500
	ジェイブ・クルーガー	282	73	72	70	69	672,500
	佐藤　大平	282	71	68	75	68	672,500
	中島　啓太	282	67	71	70	74	アマチュア
37	岩﨑亜久竜	283	72	69	70	72	615,000
	坂本　雄介	283	71	71	69	72	615,000
	コウスケ・ハマモト	283	69	68	74	72	615,000
	比嘉　一貴	283	71	70	71	71	615,000
	市原　弘大	283	67	73	70	73	615,000
	薗田　峻輔	283	68	71	71	73	615,000
43	蟬川　泰果	284	71	69	71	73	アマチュア
	片岡　尚之	284	69	73	70	72	560,000
	ブラッディ・	284	69	74	69	72	560,000
	谷口　徹	284	72	70	71	71	560,000
	藤田　寛之	284	69	69	78	68	560,000
	米澤　蓮	284	72	71	72	69	560,000
49	植木　祥多	285	69	72	71	73	525,000
	サドム・ケーオカンジャナ	285	69	68	71	77	525,000
	ジミー・ハイズ	285	67	73	75	70	アマチュア
52	竹谷　佳孝	286	69	71	72	74	500,000
	隅内　雅人	286	76	67	69	74	アマチュア
	片岡　大育	286	71	72	70	73	500,000
	宮本　勝昌	286	71	71	72	72	500,000
56	石坂　友宏	287	67	74	72	74	480,000
57	池村　寛世	288	71	72	66	79	460,000
	大槻　智春	288	72	70	71	75	460,000
	ミゲル・カルバリョ	288	72	70	71	75	460,000
60	小斉平優和	291	71	72	76	72	430,000
	小袋　秀人	291	68	74	77	72	430,000
	杉本エリック	291	72	71	77	71	430,000
63	松村　道央	294	67	72	76	79	410,000

143ストローク（+3）までの63名が予選通過

氏　名	トータルスコア	1R	2R	氏　名	トータルスコア	1R	2R	氏　名	トータルスコア	1R	2R	氏　名	トータルスコア	1R	2R
古川　雄大	144	73	71	@古川龍之介	146	72	74	@唐下明徒	148	73	75	河合　庄司	152	76	76
@新村　駿	144	71	73	手嶋　多一	146	71	75	中里光之介	149	74	75	呂　偉智	152	77	75
ブラヤド・マークセン	144	73	71	ティラワット・ケー301バンディット	146	76	70	金　庚泰	149	72	77	パビット・タンカモルプラスート	153	76	77
小林　正則	144	73	71	深堀圭一郎	146	70	76	池上憲士郎	149	78	71	ヤンネ・カスケ	153	77	76
高柳　直人	144	73	71	内藤寛太郎	146	77	69	グラント・ゴッドフリィ	149	74	75	芹澤　慈眼	153	75	78
@アジタ・ビアルクルワニット	144	72	72	宮里　優作	147	71	76	橋爪　光彦	149	74	75	ジェイク・ヒギンボトム	154	83	71
高野　碧輝	144	68	76	ブーム・サクサンシン	147	75	72	タンヤゴーン・クロンパ	149	75	74	清水　大成	154	76	78
アンジェロ・キュー	144	73	71	上井　邦裕	147	73	74	石田鈴千代	149	75	74	関藤　直熙	154	76	78
ラヒル・ガンジー	144	75	69	生源寺龍憲	147	70	77	森　博貴	149	76	73	藤島　晴雄	155	80	75
宋　永漢	144	71	73	石渡　和輝	147	73	74	北村　晃一	149	74	75	パヌポール・ピッタヤラット	155	81	74
ジェイ・チョイ	144	72	72	平田　憲聖	147	73	74	ジャックン	150	73	76	高野　欣也	156	74	82
武藤　俊憲	144	73	71	佐藤　佑樹	147	75	72	永野竜太郎	150	73	77	友次　啓晴	157	76	81
スコット・ビンセント	145	73	72	小林伸太郎	147	70	74	和田章太郎	150	74	76	@石塚祥成	159	80	79
杉山　知靖	145	70	75	平塚　哲二	148	75	73	@鈴木隆太	151	76	75	@趙　天偉	159	81	78
中西　直人	145	70	75	小田　孔明	148	71	77	阿久津未来也	151	75	76	木下　大海	160	83	77
ポール・ピーターソン	145	70	75	@杉浦悠太	148	72	76	岩崎　誠	151	76	75	トッド・ベク		69	棄
@前田光史朗	145	74	71	富村　真治	148	75	73	幡地　隆寛	152	76	76	@岡田晃平		76	棄
@小林大河	145	67	78	秋吉　翔太	148	73	75	@大嶋　港	152	74	78	高山　忠洋		75	棄
@松井琳空海	145	75	70	@蘇　晋弘	148	75	73	遠藤　健太	152	76	76	@はアマチュア			
スラジット・ヨンチャロエンチャイ	146	70	76	谷原　秀人	148	77	71	マーダン・マット	152	73	79				
植竹　勇太	146	75	71	横田　真一	148	75	73	梁　文冲	152	74	78				

【歴代優勝者】

年	優勝者	スコア	2位	差	コース	パー/ヤード
アジアパシフィックオープン　パナソニックオープン						
2008	谷原秀人	264—66・68・64・66	矢野　東	1	茨木CC西	70/7040Y
2009	丸山大輔	276—69・66・67・74	池田勇太、W・リャン、金庚泰	4	城陽CC東/西	71/7064Y
2010	ブレンダン・ジョーンズ	207—71・70・66	小田龍一	1	六甲国際GC東	71/7255Y
2011	平塚哲二	276—72・68・67	金度勳、S・K・ホ	3	琵琶湖CC栗東・三上	71/7005Y
2012	小林正則	267—74・64・67・62	小田孔明	1	東広野GC	71/7020Y
2013	川村昌弘	275—69・68・71・67	S・J・パク	1	茨木CC西	71/7328Y
ダンロップ						
1969	河野高明	141—71・70			箕面GC	
1970	安田春雄	137—69・68	石井富士夫、村上　隆	2	箕面GC	72/6680Y
1971	ピーター・トムソン	280—71・69・72・68	安田春雄	1	箕面GC	72/6697Y
1972	グラハム・マーシュ	271—70・64・72・65	B・アルダ	5	箕面GC	72/6697Y
1973	ベン・アルダ	280—71・69・70・70	尾崎将司	4	鶴舞CC西	72/6865Y
1974	グラハム・マーシュ	272—68・67・68・69	尾崎将司、杉原輝雄	3	姉ヶ崎CC	72/6830Y
1975	鈴木規夫	278—68・73・67・70	杉原輝雄、田中文雄、M・アエ	2	能登CC	72/6983Y
1976	横島由一	274—68・71・67・68	青木　功	2	能登CC	72/6382m
三菱ギャラン						
1977	許　勝三	277—68・68・69・72	G・マーシュ、河野高明、杉原輝雄	3	能登CC	72/6382m
1978	中村　通	280—72・68・69・71	鈴木規夫、許　勝三	1	南部富士CC	72/6410m
1979	中村　通	285—74・72・72・67	草柳良夫	1	大洗GC	72/6575m
1980	中島常幸	276—65・71・72・68	G・マーシュ、岩下吉久	4	名神八日市CC	72/6176m
1981	*呂　西鈞	289—69・71・76・73	杉原輝雄、中村　通	0	大日向CC	72/6289m
1982	*グラハム・マーシュ	271—66・69・69・67	杉原輝雄	0	久米CC	71/6107m
1983	中島常幸	278—65・70・71・72	呂　西鈞	6	南部富士CC	72/6505m
1984	安田春雄	275—68・68・69・70	井上幸一、山本善隆	4	能登CC	72/6382m
1985	*ブライアン・ジョーンズ	272—67・72・63	湯原信光	0	久米CC	71/6107m
1986	中島常幸	280—73・68・69・70	陳　志明	1	大洗GC	72/6575m
1987	ブライアン・ジョーンズ	283—70・70・71・72	鈴木弘一、芹澤信雄	3	パインレークGC	72/7034Y
1988	*ブライアン・ジョーンズ	271—68・68・67・68	尾崎直道	0	大沼レイクGC	72/7000Y
1989	尾崎健夫	284—72・67・74・71	木村政信	2	熊本空港CC	72/7028Y
1990	青木　功	289—70・76・71・72	米山　剛、尾崎将司、杉原輝雄	3	ゴールデンバレーGC	72/7014Y
1991	鈴木弘一	280—73・69・70・68	青木　功、中島常幸	1	能登CC	72/7052Y

ツアー成績

アジアパシフィックオープン　ダイヤモンドカップゴルフ

年	優勝者	スコア	次点	差	コース	パー/ヤード
1992	青木　功	277—69・66・71・71	藤木三郎、陳　志忠	4	南部富士CC	72／6801Y
1993	陳　志忠	277—71・72・66・68	尾崎健夫、水巻善典、B・ジョーンズ	4	大洗GC	72／6801Y
1994	友利勝良	205—69・66・70	中島常幸	6	北海道早来CC	72／7120Y
1995	ブラント・ジョーブ	266—65・67・65・69	倉本昌弘	6	阿蘇プリンスホテルG	73／6913Y
1996＊	尾崎将司	279—72・70・73・64	T・ハミルトン	0	大洗GC	72／7190Y
1997	尾崎将司	278—70・70・70・68	東　聡、中村　通、井戸木鴻樹	2	太平洋C六甲C	72／7012Y
1998	谷口　徹	268—71・65・65・67	細川和彦	1	土佐CC	71／6692Y

三菱自動車

年	優勝者	スコア	次点	差	コース	パー/ヤード
1999＊	米山　剛	268—69・69・66・64	細川和彦	0	レイクグリーンGCレイクC	71／7044Y
2000＊	宮瀬博文	276—70・69・68・69	谷口　徹	0	蒲生GC	71／6800Y

ダイヤモンドカップ

年	優勝者	スコア	次点	差	コース	パー/ヤード
2001＊	伊沢利光	277—77・68・64・68	五十嵐雄二、藤田寛之	0	大洗GC	72／7160Y
2002	中嶋常幸	269—67・66・68・68	C・ペーニャ、近藤智弘、宮瀬博文	2	狭山GC	72／7110Y
2003	トッド・ハミルトン	276—67・72・72・65	S・コンラン	3	大洗GC	72／7200Y

三菱ダイヤモンドカップ

年	優勝者	スコア	次点	差	コース	パー/ヤード
2004	平塚哲二	275—68・70・68・69	星野英正	5	大洗GC	72／7200Y
2005	I・J・ジャン	275—74・69・64・68	川岸良兼、片山晋呉	3	東広野GC	70／7002Y
2006	横尾　要	275—71・70・68・66	川原　希、鈴木　亨	2	狭山GC	71／7118Y
2007	平塚哲二	282—71・73・71・67	広田　悟、宮里聖志	1	大洗GC	71／7156Y
2008	プラヤド・マークセン	274—70・70・66・68	甲斐慎太郎	1	東広野GC	71／7102Y
2009＊	兼本貴司	283—72・76・68・67	B・ジョーンズ	0	大洗GC	72／7190Y

ダイヤモンドカップゴルフ

年	優勝者	スコア	次点	差	コース	パー/ヤード
2010	金　庚泰	272—65・68・68・71	小田孔明	2	狭山GC	72／7159Y
2011	小田孔明	272—67・65・70・70	武藤俊憲、横尾　要	4	千葉CC梅郷C	72／7108Y
2012	藤田寛之	274—66・65・70・73	K・アフィバーンラト	3	ザ・CC・ジャパン	72／7199Y
2013	松山英樹	279—71・69・68・71	C・プラ、亨成・B・ケネディ、S・J・パク	2	大洗GC	72／7190Y

アジアパシフィックオープン　ダイヤモンドカップゴルフ

年	優勝者	スコア	次点	差	コース	パー/ヤード
2014	藤田寛之	278—69・71・73・66	K・アフィバーンラト、J・クヌートン、S・K・ホ	2	大利根CC西	71／7117Y
2015	金　庚泰	271—67・69・67・68	武藤俊憲、池田勇太	3	大利根CC西	70／7101Y
2016	詹　世昌	270—71・68・69・62	小池一平	2	茨木CC西C	70／7320Y
2017	片岡大育	272—67・69・66・70	高山忠洋、P・サクサンシン	2	カレドニアンGC	71／7100Y
2018	池田勇太	269—69・66・66・68	J・ハーディング	6	武蔵CC笹井	71／7060Y
2019	浅地洋佑	281—69・72・68・72	ⓐ米澤蓮、M・L・シン	1	総武CC総武	71／7333Y
2020	〈新型コロナウイルス感染拡大のため中止〉					
2021	星野陸也	275—72・65・69・69	J・パグンサン	4	相模原GC東	72／7298Y
2022	今平周吾	272—66・69・69・68	鈴木晃祐、岩田　寛、大西魁斗、桂川有人	1	大洗GC	70／7163Y

＊はプレーオフ。ⓐはアマチュア。1973年からツアー競技

【過去の18ホール最少ストローク】

60（−11）　藤池　昇龍　1998年1R　土佐CC　PAR71／6692ヤード

ゴルフパートナー PRO-AMトーナメント

開催期日	2022年5月19日〜22日
競技会場	取手国際GC東C、西C
トータル	東C：6,804Yパー70（35,35）
	西C：6,544Yパー70（34,36）
賞金総額	50,000,000円
出場人数	128名
天候	晴・晴時々曇・曇・晴

1日目 ツアー唯一のプロアマ形式。予選Rは東西2コースを使用し、西Cを回った池田勇太が11アンダー、59で首位に立った。2打差2位は岩井亮磨とB・ケネディ。**2日目** 63をマークしたケネディがツアータイの124（16アンダー）で首位。2打差で池田と大槻智春が追う。**3日目** 決勝Rは東Cを使用。65で回った大槻が前年自身の出した54ホール最少ストローク191（19アンダー）に並んで首位へ。2打差2位はケネディ、今平周吾、比嘉一貴。**最終日** 8打差18位の近藤智弘が59を叩き出して72ホール最少ストローク新記録となる258（22アンダー）でホールアウト。これを上回るペースだった大槻は終盤スコアを落として近藤と同スコア。今平を交えて3人のプレーオフとなった。1ホール目で大槻が脱落して2年連続プレーオフ負け。2ホール目でバーディの今平が2週連続優勝を飾った。

【優勝】今平 周吾 258 65・67・61・65 10,000,000円

(プレーオフ2H目、今平がバーディで優勝)

順位	氏名	トータルスコア	1R	2R	3R	4R	賞金額（円）
2	近藤 智弘	258	66	67	66	59	4,200,000
	大槻 智春	258	62	64	65	67	4,200,000
4	ブラッド・ケネディ	259	61	63	69	66	2,200,000
	比嘉 一貴	259	65	66	62	66	2,200,000
6	大西 魁斗	260	67	65	64	64	1,800,000
7	池田 勇太	261	65	67	72	57	1,650,000
8	清水 大成	262	65	67	64	66	1,467,500
	ガン・チャルングン	262	65	65	65	67	1,467,500
10	和田章太郎	263	66	68	64	65	1,210,000
	田村 光正	263	68	68	61	66	1,210,000
	スコット・ビンセント	263	65	64	66	68	1,210,000
13	貞方 章男	264	64	67	70	63	926,666
	安本 大祐	264	65	66	66	67	926,666
	永澤 翔	264	67	62	66	69	926,666
16	アンソニー・クウェイル	265	66	68	67	64	737,500
	桂川 有人	265	68	66	64	67	737,500
	ジェイブ・クルーガー	265	67	67	64	67	737,500
	小田 孔明	265	65	65	67	68	737,500
20	市原 弘大	266	66	67	67	66	610,000
	佐藤 大平	266	69	66	67	64	610,000
22	宋 永漢	267	64	70	66	67	447,500
	石坂 友宏	267	65	66	66	70	447,500
	ジャスティン・デロスサントス	267	65	67	67	68	447,500
	杉山 知靖	267	65	67	66	69	447,500
	関藤 直煕	267	66	66	67	68	447,500
	ブレンダン・ジョーンズ	267	70	63	69	65	447,500
	中里光之介	267	65	65	67	70	447,500
	小林伸太郎	267	68	67	68	64	447,500
30	時松 隆光	268	67	69	64	68	310,833
	阿久津未来也	268	67	66	68	67	310,833
	鍋谷 太一	268	65	68	67	67	310,833
	伊藤 有志	268	68	66	65	69	310,833
	小木曽 喬	268	63	70	67	68	310,833
	塚田 陽亮	268	68	65	69	66	310,833
36	大田和桂介	269	66	67	70	66	270,000
37	阿部 裕樹	270	67	65	68	70	245,000
	浅地 洋佑	270	65	68	66	71	245,000
	アンドルー・エバンス	270	68	66	68	68	245,000
	小林 正則	270	67	68	68	67	245,000
41	小袋 秀人	271	67	68	66	70	190,000
	岡田 絃希	271	69	64	69	69	190,000
	山本 隆大	271	65	66	71	69	190,000
	岩井 亮磨	271	61	71	70	69	190,000
	小西 貴紀	271	66	69	67	69	190,000
	植木 祥多	271	68	66	70	67	190,000
	小西 健太	271	69	67	72	63	190,000
48	長野 泰雅	272	68	67	65	72	139,200
	金 庚泰	272	68	66	69	71	139,200
	勝俣 陵	272	71	62	69	70	139,200
	内藤寛太郎	272	65	69	68	70	139,200
	藤田 寛之	272	66	70	66	70	139,200
53	中島 徹	273	68	65	72	68	125,000
	ハン・リー	273	66	69	71	67	125,000
55	ジェイ・チョイ	274	66	69	67	72	122,000
56	村上 拓海	275	67	68	70	70	119,000
	武藤 俊憲	275	66	67	72	70	119,000
58	片岡 尚之	276	68	68	70	70	115,500
	竹安 俊也	276	68	67	74	67	115,500
	白 佳和	276	66	69	72	69	115,500
61	平田 憲聖	278	68	66	72	72	113,500

136ストローク（−4）までの61名が予選通過

氏　名	トータルスコア	1R	2R	氏　名	トータルスコア	1R	2R	氏　名	トータルスコア	1R	2R	氏　名	トータルスコア	1R	2R
副田　裕斗	137	71	66	伊澤　利光	138	69	69	川満　歩	139	67	72	マイケル・ヘンドリー	142	72	70
池上憲士郎	137	70	67	横尾　要	138	67	71	古川　雄大	139	71	68	増田　伸洋	142	72	70
出水田大二郎	137	66	71	小斉平優和	138	72	66	岩﨑亜久竜	139	68	71	タンヤゴーン・クロンパ	142	71	71
金子　駆大	137	70	67	横田　真一	138	69	69	アジ リンプラクシ	139	69	70	金　智宇	142	75	67
亀代　順哉	137	65	72	原　敏之	138	67	71	篠　優希	139	68	71	小野田享也	142	70	72
成冨　晃広	137	67	70	小鯛　竜也	138	69	69	河本　力	140	70	70	すし　石垣	142	71	71
松原　大輔	137	71	66	手嶋　多一	138	71	67	塩見　好輝	140	69	71	中西　直人	143	69	74
佐藤　太地	137	70	67	池村　寛世	138	72	66	山浦　一希	140	72	68	岩本　高志	143	73	70
竹谷　佳孝	137	69	68	H・W・リュー	138	68	70	額賀　辰徳	140	68	72	倉本　昌弘	144	73	71
トッド・ペク	137	68	69	尾崎　慶輔	138	71	67	井上　信	140	69	71	竹山　昂成	145	72	73
大内　智文	137	68	69	矢野　東	139	73	66	久常　涼	140	72	68	宮里　優作	145	70	75
織田　信亮	137	68	69	デービッド・ブランスドン	139	68	71	永野竜太郎	140	70	70	堀内　大輔	147	73	74
幡地　隆寛	137	73	64	木下　裕太	139	73	66	今野　大喜	141	71	70	秋吉　翔太	149	74	75
アンジェロ・キュー	138	69	69	アダム・ブランド	139	68	71	岩田　寛	141	73	68	笠　哲郎	153	78	75
大岩　龍一	138	73	65	坂本　雄介	139	69	70	竹内　廉	141	73	68	上井　邦裕		73	棄
木村　太一	138	72	66	ディラン・ペリー	139	69	70	髙橋　竜彦	141	71	70	海老根文博		失	
竹内　優騎	138	71	67	川上　優大	139	73	66	植竹　勇太	142	70	72				

【歴代優勝者】

年	優勝者	スコア	2位	差	コース	パー／ヤード
2021＊	ショーン・ノリス	259—60・68・68・63	S・ビンセント、大槻智春	0	取手国際GC	東70／6804Y 西70／6531Y
2022＊	今平周吾	258—65・67・61・65	近藤智弘、大槻智春	0	取手国際GC	東70／6804Y 西70／6544Y
＊はプレーオフ						

【過去の18ホール最少ストローク】

58（−12）　金　成玹　2021年4R　取手国際GC東　PAR70／6804ヤード

～全英への道～ミズノオープン

開催期日	2022年5月26日～29日	賞金総額	80,000,000円
競技会場	JFE瀬戸内海GC	出場人数	144名
トータル	7,461Y：パー72(36,36)	天　候	曇・晴・曇・晴

1日目　ホールインワン含む2イーグルを奪って64をマークしたT・ペクが首位。1打差2位はA・クウェイル、2打差3位に石川遼と村上拓海がついた。2日目　強風の中65で回った大岩龍一が37position急浮上。通算9アンダーでクウェイルと並んで首位に。1打差3位は和田章太郎。3日目　クウェイルが通算12アンダーとして4打差の首位となる。2位は1パットパー9回で70にまとめた片山晋呉と小林伸太

郎、B・ケネディ、大岩の4人。最終日　上位陣が伸び悩む中、7打差11位でスタートしたS・ビンセントが1イーグル、5バーディの65をマーク。通算12アンダーにまで伸ばしてクウェイルを捕えた。プレーオフは2ホール目でクウェイルがボギー。ビンセントが通算3勝目を挙げた。また、ビンセント、クウェイル、ケネディ、J・デロスサントスの4人が全英オープン出場権を獲得した。

ツアー成績

【優勝】スコット・ビンセント　276　69・72・70・65　16,000,000円

(プレーオフ2H目、S・ビンセントがパーで優勝)

順位	氏　　名	トータルスコア	1R	2R	3R	4R	賞金額(円)	順位	氏　　名	トータルスコア	1R	2R	3R	4R	賞金額(円)
2	アンソニー・クウェイル	276	65	70	69	72	8,000,000		海老根文博	287	69	70	76	72	376,000
3	ブラッド・ケネディ	278	67	70	71	70	5,440,000		若原　亮太	287	72	69	75	71	376,000
4	ジャスティン・デロスサントス	279	71	69	71	68	3,840,000		桂川　有人	287	68	74	74	71	376,000
5	タンヤゴーン・クロンパ	280	73	68	70	69	3,200,000		手嶋　多一	287	72	71	73	71	376,000
6	清水　大成	281	68	72	70	71	2,554,000		田村　光正	287	71	72	73	71	376,000
	マイケル・ヘンドリー	281	70	69	71	71	2,554,000		市原　弘大	287	70	73	74	70	376,000
	片山　晋呉	281	67	71	70	73	2,554,000	44	石坂　友宏	288	72	71	71	74	280,000
	小林伸太郎	281	65	73	68	75	2,554,000		和田章太郎	288	69	67	77	75	280,000
10	大西　魁斗	282	71	71	73	67	1,453,090		隅内　雅人	288	69	74	72	73	アマチュア
	小田　孔明	282	67	74	73	68	1,453,090		佐藤　太地	288	68	75	74	71	280,000
	ハン・リー	282	68	73	74	67	1,453,090		鍋谷　太一	288	69	74	74	71	280,000
	竹谷　佳孝	282	71	72	70	69	1,453,090	49	ガン・チャルングン	289	72	71	73	73	235,200
	岩﨑亜久竜	282	70	70	72	70	1,453,090		石﨑　真央	289	68	73	76	72	235,200
	村上　拓海	282	66	73	73	70	1,453,090	51	H・W・リュー	290	69	71	75	75	217,600
	小西　貴紀	282	72	65	74	71	1,453,090		永澤　翔	290	67	76	73	74	217,600
	谷原　秀人	282	69	70	72	71	1,453,090	53	中山　絹也	291	69	74	78	70	204,800
	池村　寛世	282	67	72	72	71	1,453,090		内藤寛太郎	291	69	74	78	70	204,800
	ジェイブ・クルーガー	282	69	72	70	71	1,453,090	55	竹内　廉	292	72	70	74	76	193,600
	大岩　龍一	282	70	65	73	74	1,453,090		浅地　洋佑	292	68	71	77	76	193,600
21	小鯛　竜也	283	70	71	71	71	822,400		芳賀　洋平	292	70	73	74	75	193,600
	幡地　隆寛	283	70	69	72	72	822,400		織田　信亮	292	70	73	76	73	193,600
	石川　遼	283	66	72	72	73	822,400	59	貞方　章男	293	72	71	75	75	186,400
	久常　涼	283	71	68	71	73	822,400	60	秋吉　翔太	295	70	73	75	77	184,800
	トッド・ペク	283	64	75	74	70	822,400	61	成冨　晃広	296	71	72	77	76	183,200
26	比嘉　一貴	284	68	70	76	70	656,000	62	谷口　徹	301	71	72	82	76	181,600
	出水田大二郎	284	68	74	72	70	656,000								
	永野竜太郎	284	69	69	73	73	656,000								
29	木村　太一	285	69	69	75	72	560,000								
	ジェイ・チョイ	285	70	67	75	73	560,000								
	安森　一貴	285	69	72	72	72	560,000								
32	堀川未来夢	286	71	71	71	73	474,000								
	デービッド・ブランスドン	286	70	70	72	74	474,000								
	宮本　勝昌	286	70	73	73	70	474,000								
	黒川　逸輝	286	72	70	70	74	474,000								
36	宋　永漢	287	67	72	75	73	376,000								
	ブレンダン・ジョーンズ	287	70	73	72	72	376,000								

143ストローク(−1)までの62名が予選通過

氏 名	トータルスコア	1R	2R	氏 名	トータルスコア	1R	2R	氏 名	トータルスコア	1R	2R	氏 名	トータルスコア	1R	2R
矢野 東	144	74	70	今平 周吾	145	73	72	岡田 絃希	147	71	76	今野 大喜	149	71	78
大槻 智春	144	70	74	アダム・ブランド	145	72	73	すし 石垣	147	73	74	加藤龍太郎	149	70	79
佐藤 大平	144	69	75	池田 勇太	145	72	73	富本 虎希	147	73	74	池上憲士郎	150	74	76
勝俣 陵	144	71	73	大内 智文	145	72	73	塚田 陽亮	147	71	76	西脇まあく	150	74	76
山浦 一希	144	71	73	藤井 伸一	145	71	74	時松 隆光	147	72	75	木下 裕太	151	73	78
山本 隆大	144	73	71	白 佳和	146	73	73	ジュビックパグンサン	147	71	76	原 敏之	151	74	77
松田 一将	144	70	74	小林 正則	146	73	73	@中田康太郎	148	76	72	ディラン・ペリー	151	73	78
植木 祥多	144	70	74	岩井 亮磨	146	71	75	植竹 勇太	148	72	76	副田 刻矢	151	72	79
竹内 優騎	144	73	71	岩本 高志	146	73	73	中島 徹	148	73	75	三島 泰哉	151	73	78
杉山 知靖	144	72	72	アンドルー・エバンス	146	73	73	竹安 俊也	148	72	76	篠 優希	152	76	76
上井 邦裕	144	71	73	阿久津未来也	146	72	74	安本 大祐	148	75	73	松原 大輔	152	75	77
杉本エリック	144	70	74	藤田 寛之	146	74	72	大田和桂介	148	72	76	富村 真治	155	73	82
佐藤 圭介	144	73	71	小斉平優和	146	73	73	中西 直人	148	75	73	倉本 昌弘	156	73	83
@蝉川泰果	145	69	76	近藤 智弘	146	73	73	亀代 順哉	148	71	77	金 智宇	156	75	81
阿部 裕樹	145	70	75	尾崎 慶輔	146	73	73	大村 浩輔	148	73	75	伊藤 誠道	157	77	80
竹山 昂成	145	74	71	川上 優大	146	71	75	光田 智輝	149	72	77	@芳崎陽紀	162	78	84
坂本 雄介	145	73	72	小西 健太	146	67	79	大塚 智之	149	77	72	今野 匠	162	75	87
中里光之介	145	71	74	稲森 佑貴	146	73	73	田中 裕基	149	73	76	額賀 辰徳		71	棄
小袋 秀人	145	73	72	武藤 俊憲	146	73	73	片岡 尚之	149	74	75	岩田 寛			棄
金 庚泰	145	72	73	川満 歩	147	74	73	マシュー・グリフィン	149	72	77	@はアマチュア			
宮里 優作	145	69	76	平田 憲聖	147	71	76	金子 憲洋	149	73	76				

【歴代優勝者】

年	優勝者	スコア	2位	差	コース	パー/ヤード
美津濃トーナメント						
1971	山口 誠	214—108・106	榎本七郎	2	姉ヶ崎CC	72／6830Y
1972	吉川一雄	210—103・107	久保四郎	3	姉ヶ崎CC	72／6830Y
1973	榎本七郎	208—69・69・70	金本昭男	3	姉ヶ崎CC	72／6830Y
1974	内田 繁	210—71・68・71	榎本七郎	1	姉ヶ崎CC	72／6830Y
1975	内田 繁	215—74・72・69	青木 隆		姉ヶ崎CC	72／6845Y
1976	草壁政治	210—71・70・69	韓 長相、浦西武光、内田 繁	2	朱鷺の台CC	72／6116m
1977＊	草壁政治	283—69・69・72・73	内田 繁	0	朱鷺の台CC	72／6116m
1978	金本章生	276—65・70・74・67	内田 繁	1	朱鷺の台CC	72／6116m
1979	橘田光弘	272—67・70・68・67	寺本一郎、杉原輝雄	2	朱鷺の台CC	72／6161m
1980	鈴木規夫	266—64・69・68・65	横島由一	6	朱鷺の台CC	能州台71／6053m 眉丈台72／6192m
1981	新井規矩雄	274—69・65・71・69	内田 繁	2	朱鷺の台CC	能州台71／6133m 眉丈台72／6292m
1982＊	杉原輝雄	282—70・68・71・73	羽川 豊	0	朱鷺の台CC	能州台71／6262m 眉丈台72／6443m
1983	出口栄太郎	277—67・70・69・71	中島常幸、謝 敏男	3	朱鷺の台CC	72／6210m
1984	新井規矩雄	279—70・70・69・71	尾崎直道	1	朱鷺の台CC	72／6218m
美津濃オープン						
1985	尾崎健夫	205—71・69・65	※金井清一	1	朱鷺の台CC 眉丈台	72／6227m
	高橋勝成	205—67・71・67	（※は3位）			
1986	中島常幸	239—69・65・68・37	渡辺 司	6	朱鷺の台CC 眉丈台	72／6286m
ミズノオープン						
1987	デービッド・イシイ	272—67・69・69・70	陳 志明、中村 通	8	朱鷺の台CC 眉丈台	72／6804Y
1988＊	新関善美	280—69・74・68・69	金井清一	0	朱鷺の台CC 眉丈台	72／6766Y
1989	大町昭義	283—70・72・72・69	B・ジョーンズ、倉本昌弘、中島常幸、小林富士夫	2	朱鷺の台CC 眉丈台	72／6799Y
1990	ブライアン・ジョーンズ	272—73・66・66・67	中島常幸	4	朱鷺の台CC 眉丈台	72／6796Y
1991＊	ロジャー・マッカイ	207—66・70・71	東 聡	0	朱鷺の台CC 眉丈台	72／6832Y
1992	中村 通	282—70・72・72・68	B・ジョーンズ、藤木三郎	1	朱鷺の台CC 眉丈台	72／6892Y
1993	奥田靖己	280—70・68・72・70	尾崎健夫、杉原輝雄、W・グラディ	2	朱鷺の台CC 眉丈台	72／6838Y
1994＊	ブライアン・ワッツ	280—68・68・73・71	金子柱憲、鈴木弘一、E・エレラ	0	朱鷺の台CC 眉丈台	72／6829Y
1995	ブライアン・ワッツ	273—71・65・66・71	R・ギブソン	3	朱鷺の台CC 眉丈台	72／6814Y
1996	金子柱憲	270—66・71・65・68	横田真一	4	朱鷺の台CC 眉丈台	72／6814Y
1997	ブライアン・ワッツ	278—69・69・71・69	伊沢利光	2	朱鷺の台CC 眉丈台	72／6822Y

～全英への道～　ミズノオープン

1998	ブラント・ジョーブ	275—67・65・74・69	水巻善典、鈴木 亨	4	瀬戸内海GC	72／7091Y
1999	エドアルド・エレラ	274—66・69・69・70	渡辺 司	2	瀬戸内海GC	72／7118Y
2000	今野康晴	274—66・71・72・65	宮本勝昌、伊沢利光	1	瀬戸内海GC	72／7196Y
2001	田中秀道	272—66・69・68・69	エドアルド・エレラ	3	瀬戸内海GC	72／7214Y
2002	ディーン・ウィルソン	277—71・69・70・67	宮里聖志	1	瀬戸内海GC	72／7256Y
2003	トッド・ハミルトン	278—70・66・73・69	B・ジョーンズ	1	瀬戸内海GC	72／7256Y
2004 *ブレンダン・ジョーンズ		274—67・68・70・69	飯島博明	0	瀬戸内海GC	72／7256Y
2005 *クリス・キャンベル		278—68・68・71・71	D・スメイル、高山忠洋	0	JFE瀬戸内海GC	72／7293Y
2006	S・K・ホ	274—68・69・66・71	市原建彦、D・スメイル	3	JFE瀬戸内海GC	72／7287Y

～全英への道～ ミズノオープンよみうりクラシック

2007	ドンファン	204—68・68・68	谷原秀人,武藤俊憲,佐藤えいち,李 丞鎬,林 根基,富田雅哉	4	よみうりCC	72／7138Y
2008	ブラッド・マークセン	269—69・69・66・65	矢野 東	1	よみうりGウエスト	71／7142Y
2009	石川 遼	275—69・65・68・73	D・スメイル	3	よみうりCC	72／7230Y
2010	薗田峻輔	201—70・65・66	谷口 徹	3	よみうりCC	72／7230Y

～全英への道～ミズノオープン

2011	黄 重坤	275—74・67・68・66	金 庚泰	1	JFE瀬戸内海GC	72／7317Y
2012	ブラッド・ケネディ	271—72・68・65・66	武藤俊憲、谷口 徹	3	JFE瀬戸内海GC	72／7356Y
2013	ブレンダン・ジョーンズ	269—67・66・68・68	金 庚泰	3	JFE瀬戸内海GC	72／7404Y
2014	張 棟圭	273—70・67・67・69	J・パグンサン	3	JFE瀬戸内海GC	72／7382Y
2015	手嶋多一	273—69・69・66・69	S・ストレンジ	2	JFE瀬戸内海GC	72／7415Y
2016	金 庚泰	277—69・64・71・73	市原弘大、今平周吾、李 尚熹	1	JFE瀬戸内海GC	72／7415Y
2017	チャン・キム	273—68・70・67・68	M・ヘンドリー	5	JFE瀬戸内海GC	72／7404Y

～全英への道～ミズノオープン at ザ・ロイヤル ゴルフクラブ

2018	秋吉翔太	287—72・71・74・70	川村昌弘,小林正則,M・ヘンドリー	1	ザ・ロイヤルGC	72／8007Y
2019	池田勇太	281—70・74・66・71	C・キム	1	ザ・ロイヤルGC	72／8016Y
2020	〈新型コロナウイルス感染拡大のため中止〉					

～全英への道～ミズノオープン

2021	ジュビック・パグンサン	199—66・65・68	永野竜太郎	3	JFE瀬戸内海GC	72／7349Y
2022 *スコット・ビンセント		276—69・72・70・65	A・クウェイル	0	JFE瀬戸内海GC	72／7461Y

＊はプレーオフ
1983年からツアー競技。1979年～1982年は後援競技で賞金ランキング加算競技
2007年から2010年まで～全英への道～ミズノオープンよみうりクラシックとして開催

【過去の18ホール最少ストローク】

61（-11）	Z・モウ	2001年2R	瀬戸内海GC	PAR72／7214ヤード
61（-11）	S・H・キム	2013年2R	JFE瀬戸内海GC	PAR72／7404ヤード

BMW日本ゴルフツアー選手権森ビルカップ

開催期日　2022年6月2日～5日	賞金総額　150,000,000円
競技会場　宍戸ヒルズCC西C	出場人数　132名
トータル　7,387Y：パー71(36,35)	天　候　晴・曇・晴・曇

1日目　6バーディ、ボギーなしの65で回ったJ・チョイが首位発進。1打差で大学在学中の新人プロ平田憲聖が追う。2日目　雷雲接近で約3時間中断した影響で日没サスペンデッドに。39人がホールアウトできず。3日目　第2Rを終えて通算8アンダーの岩﨑亜久竜と木村太一が首位。続いて第3Rが行われ65をマークした星野陸也が通算11アンダーで2打差の首位に立つ。2位は岩﨑、3打差3位に比嘉一貴がつけた。尾崎慶輔が13番で史上3人目（記録が残る85年以降）の2週連続ホールインワンを達成。最終日　6打差8位でスタートした大槻智春が15番までに8つスコアを伸ばすが抜け出すが17番ダブルボギーで再び混戦に。星野は15番でOBを打ち脱落。大槻は通算11アンダーの首位でホールアウトし、最終組の比嘉と岩﨑も11アンダーで18番に。バーディを決めた比嘉が勝利をつかみ取った。

【優勝】比嘉 一貴　272　69・71・65・67　30,000,000円

順位	氏名	トータルスコア	1R	2R	3R	4R	賞金額(円)
2	大槻　智春	273	71	70	67	65	15,000,000
3	岩﨑亜久竜	274	70	64	70	70	10,200,000
4	アンソニー・クウェイル	275	70	66	70	69	7,200,000
5	トッド・ベク	276	70	70	69	67	6,000,000
6	朴　銀信	277	67	73	68	69	5,400,000
7	平田　憲聖	278	66	70	70	72	4,762,500
	星野　陸也	278	68	69	65	76	4,762,500
9	久常　涼	279	71	69	70	69	4,080,000
	ブラッド・ケネディ	279	69	70	70	70	4,080,000
11	出水田大二郎	280	68	72	71	69	2,683,333
	金谷　拓実	280	73	67	71	69	2,683,333
	白　佳和	280	73	69	69	69	2,683,333
	近藤　智弘	280	72	69	70	69	2,683,333
	稲森　佑貴	280	69	67	73	71	2,683,333
	貞方　章男	280	70	69	70	71	2,683,333
	幡地　隆寛	280	69	69	70	72	2,683,333
	中島　啓太	280	72	70	66	72	アマチュア
	今平　周吾	280	70	70	68	72	2,683,333
	坂本　雄介	280	67	72	68	73	2,683,333
21	ブレンダン・ジョーンズ	281	76	67	70	68	1,650,000
	池村　寛世	281	72	68	73	68	1,650,000
	木下　稜介	281	70	70	71	70	1,650,000
	田村　光正	281	71	70	69	71	1,650,000
	木村　太一	281	67	67	72	75	1,650,000
26	阿部　裕樹	282	73	70	70	69	1,320,000
	杉本エリック	282	69	71	72	70	1,320,000
28	大岩　龍一	283	69	75	72	67	1,056,428
	杉山　知靖	283	77	67	71	68	1,056,428
	堀川未来夢	283	71	72	72	68	1,056,428
	石川　遼	283	71	72	71	69	1,056,428
	篠　優希	283	71	72	70	70	1,056,428
	ジェイ・チョイ	283	65	75	74	69	1,056,428
	小田　孔明	283	71	68	69	75	1,056,428
35	金子　駆大	284	71	72	69	72	855,000
	鍋谷　太一	284	70	68	72	74	855,000
37	竹谷　佳孝	285	71	71	74	69	780,000
	大内　智文	285	70	71	72	72	780,000
	竹安　俊也	285	70	67	74	74	780,000
40	H・W・リュー	286	69	72	79	66	645,000
	塚田　陽亮	286	72	72	71	71	645,000
	中里光之介	286	74	70	71	71	645,000
	小林伸太郎	286	71	68	75	72	645,000
	ハン・リー	286	71	72	71	72	645,000
	大西　魁斗	286	72	71	70	73	645,000
46	永野竜太郎	287	71	73	73	70	495,000
	永澤　翔	287	71	68	77	71	495,000
	清水　大成	287	71	72	73	71	495,000
	尾崎　慶輔	287	74	68	68	77	495,000
50	今野　大喜	288	76	68	75	69	416,000
	村上　拓海	288	72	72	66	78	416,000
	佐藤　大平	288	71	67	71	79	416,000
53	内藤寛太郎	289	71	73	77	68	376,500
	松田　一将	289	72	72	71	74	376,500
	市原　弘大	289	71	71	73	74	376,500
	海老根文博	289	70	71	72	76	376,500
57	小鯛　竜也	290	71	70	74	75	360,000
58	竹内　優騎	291	74	70	76	71	350,000
	アンドルー・エバンス	291	72	71	74	74	350,000
	谷口　徹	291	72	71	74	74	350,000
61	すし　石垣	293	70	72	76	75	342,000
	副田　裕斗	293	72	72	74	75	342,000
63	宮本　勝昌	295	71	71	73	80	337,500
64	ジュビック・パグンサン	296	74	70	72	80	334,500
65	竹内　廉	301	76	67	79	79	331,500

144ストローク（+2）までの65名が予選通過

氏名	トータルスコア	1R	2R	氏名	トータルスコア	1R	2R	氏名	トータルスコア	1R	2R	氏名	トータルスコア	1R	2R
勝俣 陵	145	75	70	織田 信亮	146	74	72	藤田 寛之	149	77	72	木下 裕太	152	73	79
亀代 順哉	145	73	72	マイケル・ヘンドリー	147	74	73	浅地 洋佑	149	77	72	ジャスティン・デロスサントス	152	76	76
佐藤 太地	145	74	71	小西 貴紀	147	74	73	矢野 東	149	76	73	大田和桂介	152	77	75
ディラン・ペリー	145	70	75	松原 大輔	147	75	72	片岡 尚之	149	74	75	北村 晃一	153	76	77
川上 優大	145	70	75	池田 勇太	147	74	73	成冨 晃広	149	74	75	竹山 昂成	153	75	78
小林 正則	145	74	71	岩田 寛	147	71	76	山本 隆大	149	74	75	手嶋 多一	154	77	77
谷原 秀人	145	71	74	宋 永漢	147	75	72	吉田 泰基	150	78	72	ジェイブ・クルーガー	154	77	77
香妻陣一朗	145	76	69	小斉平優和	147	70	77	秋吉 翔太	150	75	75	杉原 大河	154	79	75
額賀 辰徳	146	71	75	黒川 逸輝	147	74	73	池上憲士郎	150	75	75	岡田 絃希	156	76	80
松村 大輝	146	75	71	山田 大晟	148	75	73	大塚 智之	150	72	78	塩見 好輝	156	75	81
阿久津未来也	146	73	73	岩井 亮磨	148	75	73	小袋 秀人	151	72	79	小西 健太	156	76	80
石坂 友宏	146	74	72	アダム・ブランド	148	75	73	上井 邦裕	151	73	78	中西 直人	161	84	77
武藤 俊憲	146	79	67	時松 隆光	148	75	73	原 敏之	151	73	78	デービッド・ブランスドン	162	78	84
中島 徹	146	72	74	山浦 一希	148	75	73	平本 世中	151	78	73	金 庚泰		76	棄
金 智宇	146	71	75	佐藤 圭介	148	76	72	マシュー・グリフィン	152	77	75	宮里 優作		74	棄
ガン・チャルングン	146	73	73	小泉 正樹	148	75	73	植竹 勇太	152	73	79	タンヤゴーン・クロンパ		75	棄
安本 大祐	146	74	72	川満 歩	148	75	73	桂川 有人	152	79	73				

【歴代優勝者】

年	優勝者	スコア	2位	差	コース	パー/ヤード
JGTO TPC イーヤマカップ						
2000	伊沢利光	203—63・70・70	横尾 要	3	ホウライCC	72／6865Y
日本ゴルフツアー選手権 イーヤマカップ						
2001	宮本勝昌	273—69・67・68・69	E・エレラ、J・M・シン	7	ホウライCC	72／7090Y
2002	佐藤信人	268—67・66・71・64	久保谷健一	6	ホウライCC	72／7090Y
日本ゴルフツアー選手権 宍戸ヒルズカップ						
2003	伊沢利光	270—70・63・68・69	D・スメイル、高山忠洋	1	宍戸ヒルズCC西	71／7030Y
2004＊S・K・ホ		279—70・74・67・68	近藤智弘	0	宍戸ヒルズCC西	71／7170Y
2005＊細川和彦		273—70・67・67・69	今野康晴、D・スメイル	0	宍戸ヒルズCC西	70／7147Y
UBS日本ゴルフツアー選手権 宍戸ヒルズ						
2006	髙橋竜彦	273—71・66・68・68	平塚哲二	3	宍戸ヒルズCC西	70／7179Y
2007	片山晋呉	271—69・68・67・67	竹本直哉	1	宍戸ヒルズCC西	70／7214Y
2008	星野英正	272—70・66・66・70	B・ジョーンズ、野上貴夫	5	宍戸ヒルズCC西	71／7280Y
2009	五十嵐雄二	276—67・67・72・70	鈴木 亨、I・J・ジャン、D・スメイル	1	宍戸ヒルズCC西	71／7280Y
日本ゴルフツアー選手権 Citibank Cup Shishido Hills						
2010	宮本勝昌	279—69・67・68・75	藤田寛之	3	宍戸ヒルズCC西	71／7349Y
2011	J・B・パク	278—77・68・65・68	丸山大輔	1	宍戸ヒルズCC西	71／7317Y
2012	藤本佳則	271—68・68・67・68	上平栄道	2	宍戸ヒルズCC西	71／7313Y
日本ゴルフツアー選手権 Shishido Hills						
2013	小平 智	274—70・64・70・70	S・K・ホ、K・アフィバーンラト	1	宍戸ヒルズCC西	72／7402Y
日本ゴルフツアー選手権 森ビルカップ Shishido Hills						
2014	竹谷佳孝	271—69・65・69・68	李 尚熹	2	宍戸ヒルズCC西	72／7402Y
2015	梁 津萬	270—67・68・65・70	宋 永漢、B・ケネディ、野茂竜太郎	5	宍戸ヒルズCC西	71／7326Y
2016	塚田陽亮	282—73・74・69・66	M・ヘンドリー	1	宍戸ヒルズCC西	71／7384Y
2017	ショーン・ノリス	271—67・72・68・64	S・ハン	4	宍戸ヒルズCC西	71／7384Y
2018	市原弘大	272—67・71・68・66	時松隆光	1	宍戸ヒルズCC西	71／7384Y
2019	堀川未来夢	269—66・67・68・68	今平周吾	4	宍戸ヒルズCC西	71／7387Y
2020	〈新型コロナウイルス感染拡大のため中止〉					
2021	木下稜介	273—68・67・68・68	古川雄大	5	宍戸ヒルズCC西	71／7387Y
BMW日本ゴルフツアー選手権森ビルカップ						
2022	比嘉一貴	272—69・71・65・67	大槻智春	1	宍戸ヒルズCC西	71／7387Y

＊はプレーオフ

【過去の18ホール最少ストローク】

62(−9) C・キム 2019年4R 宍戸ヒルズCC西 PAR71／7387ヤード

ツアー成績

ASO飯塚チャレンジドゴルフトーナメント

開催期日	2022年6月9日～12日	賞金総額	100,000,000円
競技会場	麻生飯塚GC	出場人数	120名
トータル	6,809Y：パー72(36,36)	天候	晴・晴・雨・曇

1日目 63をマークした池村寛世と宮里優作が首位。2打差3位にホールインワンを含む3イーグルを奪った大槻智春がつけた。2日目 池村が通算13アンダーに伸ばして単独首位に立つ。64で回ったプロ2戦目、19歳の長野泰雅がB・ケネディと共に1打差2位。3日目降雨の影響で2時間遅れのスタート。池村が66で回り通算19アンダーで2位との差を3打に広げて首位を守った。2位は時松隆光、4打差の3位に長野、ケネディ、大西魁斗の3人が並んだ。最終日 池村が7番までに1イーグル、3バーディを奪うが以降は苦戦。後続が激しく追い上げてきた。中でも3組前を回る19歳の久常涼が61を叩き出し、通算22アンダーとして一時は池村に並んだ。1組前のケネディにも並ばれた池村は17番のバーディで再び通算23アンダーの単独首位に立ち、18番をパーでまとめて新規大会初代王者となった。

【優勝】池村　寛世　265　63・68・66・68　20,000,000円

順位	氏名	トータルスコア	1R	2R	3R	4R	賞金額(円)
2	久常　涼	266	69	67	69	61	8,400,000
	ブラッド・ケネディ	266	66	66	69	65	8,400,000
4	宮里　優作	267	63	70	70	64	4,400,000
	時松　隆光	267	66	67	67	67	4,400,000
6	ジェイブ・クルーガー	268	69	66	70	63	3,316,666
	長野　泰雅	268	68	64	69	67	3,316,666
	大西　魁斗	268	65	66	69	68	3,316,666
9	桂川　有人	269	71	68	66	64	2,820,000
10	大槻　智春	270	65	71	69	65	2,520,000
	石坂　友宏	270	70	68	66	66	2,520,000
12	今平　周吾	271	70	68	69	64	2,120,000
	武藤　俊憲	271	69	67	66	69	2,120,000
14	内藤寛太郎	272	70	65	73	64	1,720,000
	永野竜太郎	272	72	68	67	65	1,720,000
	鍋谷　太一	272	68	69	69	66	1,720,000
17	阿久津未来也	273	68	68	70	67	1,426,666
	H・W・リュー	273	66	70	69	68	1,426,666
	宮本　勝昌	273	68	71	65	69	1,426,666
20	金谷　拓実	274	71	67	68	68	1,220,000
	ジュビック・パグンサン	274	69	69	67	69	1,220,000
22	小林伸太郎	275	70	67	71	67	873,333
	岩崎亜久竜	275	71	69	67	68	873,333
	小鯛　竜也	275	68	71	69	67	873,333
	幡地　隆寛	275	68	69	70	68	873,333
	トッド・ベク	275	69	68	70	68	873,333
	岩田　寛	275	69	69	72	65	873,333
	比嘉　一貴	275	67	72	72	64	873,333
	宋　永漢	275	70	68	68	69	873,333
	堀川未来夢	275	69	69	68	69	873,333
31	市原　弘大	276	68	71	69	68	584,285
	亀代　順哉	276	69	68	71	68	584,285
	平田　憲聖	276	68	69	71	68	584,285
	宇喜多飛翔	276	68	70	71	67	アマチュア
	佐藤　大平	276	69	71	69	67	584,285
	タンヤゴーン・クロンパ	276	67	67	75	67	584,285
	池田　勇太	276	68	70	69	69	584,285
	大田和桂介	276	69	73	72	62	584,285
39	上井　邦裕	277	70	69	69	69	470,000
	藤田　寛之	277	68	72	69	68	470,000
	杉本エリック	277	67	71	73	66	470,000
	植竹　勇太	277	68	69	69	71	470,000
43	竹安　俊也	278	67	67	72	72	390,000
	山本　隆大	278	70	67	74	67	390,000
	篠　優希	278	71	69	71	67	390,000
	岡村　了	278	67	68	74	69	390,000
47	貞方　章男	279	68	70	69	72	312,000
	マイケル・ヘンドリー	279	69	71	71	68	312,000
	岡田　絃希	279	70	71	70	68	312,000
	安本　大祐	279	69	68	76	66	312,000
51	田村　光正	280	67	71	71	71	268,000
	稲森　佑貴	280	71	69	71	69	268,000
	ジェイ・チョイ	280	70	70	71	69	268,000
54	岩井　亮磨	281	71	71	70	69	252,000
55	秋吉　翔太	282	67	73	73	69	246,000
	照屋佑唯智	282	70	65	78	69	246,000
57	近藤　智弘	283	67	72	73	71	238,000
	白　佳和	283	69	71	77	66	238,000
59	竹内　優騎	285	69	70	71	75	231,000
	石川　遼	285	70	69	73	73	231,000
	小西　貴紀	285	69	70	73	73	231,000
62	アダム・ブランド	290	71	69	74	76	227,000

140ストローク(−4)までの62名が予選通過

氏 名	トータルスコア	1R	2R	氏 名	トータルスコア	1R	2R	氏 名	トータルスコア	1R	2R	氏 名	トータルスコア	1R	2R
坂本 雄介	141	70	71	アンドルー・エバンス	142	70	72	竹谷 佳孝	144	73	71	中里光之介	146	74	72
浅地 洋佑	141	70	71	小田 孔明	142	70	72	@林田直也	144	73	71	竹内 廉	146	72	74
木下 裕太	141	71	70	中西 直人	142	71	71	河野 祐輝	144	71	73	金 智宇	146	69	77
清水 大成	141	70	71	伊藤 誠道	142	69	73	ハン・リー	144	72	72	池上憲士郎	147	73	74
矢野 東	141	70	71	多良間伸平	142	73	69	夏堀 裕大	144	73	71	永澤 翔	147	73	74
ガン・チャルングン	141	72	69	マシ グリィシ	142	70	72	片岡 大育	145	71	74	川満 歩	147	73	74
大内 智文	141	73	68	竹山 昂成	142	71	71	谷口 徹	145	69	76	すし 石垣	149	71	78
北村 晃一	141	69	72	佐藤 太地	143	70	73	中島 徹	145	72	73	小林 正則	149	75	74
海老根文博	141	71	70	塚田 陽亮	143	71	72	尾崎 慶輔	145	73	72	@今村大志郎	158	82	76
片岡 尚之	141	71	70	織田 信亮	143	74	69	勝俣 陵	145	73	72	関藤 直熙	158	79	79
ブレンダン・ジョーンズ	141	70	71	阿部 裕樹	143	69	74	アンソニー・クウェイル	145	72	73	片山 晋呉		71	棄
ディラン・ペリー	141	67	74	小西 健太	143	71	72	副田 裕斗	146	75	71	成冨 晃広		73	棄
大岩 龍一	141	72	69	宇佐美祐樹	143	73	70	岩本 高志	146	70	76	川上 優大			棄
藤井 勇	141	68	73	小斉平優和	144	71	73	平本 世中	146	72	74	@はアマチュア			
小林 丈大	142	67	75	村上 拓海	144	71	73	小袋 秀人	146	72	74				

【歴代優勝者】

年	優勝者	スコア	2位	差	コース	パー/ヤード
2022	池村寛世	265—63・68・66・68	久常 涼、B・ケネディ	1	麻生飯塚GC	72／6809Y

【過去の18ホール最少ストローク】

61（−11） 久常 涼 2022年4R 麻生飯塚GC PAR72／6809ヤード

ツアー成績

JAPAN PLAYERS CHAMPIONSHIP byサトウ食品

開催期日	2022年6月23日～26日	賞金総額	50,000,000円
競技会場	西那須野CC	出場人数	156名
トータル	7,036Y：パー72(36,36)	天候	雨・晴・晴・曇

1日目 佐藤大平が8アンダーの64で前年に続いて首位スタートを決めた。1打差2位は宮本勝昌と高花翔太。2日目 濃霧でスタートが2時間半遅れたため24人がホールアウトできず日没サスペンデッドとなった。3日目 第2R終了時で佐藤が通算13アンダーで首位を堅持。続く第3Rでは66をマークした49歳の宮本が通算17アンダーとして2年続けて単独首位で最終日を迎えることになった。1打差2位は佐藤と稲森佑貴、2打差4位には大西魁斗。石坂友宏が6番パー5でアルバトロスを達成した。最終日 宮本が着実にスコアを伸ばし首位を守っていた。だが、14番の3パットボギーで流れが変わり、17番のボギーで大西に首位を明け渡した。その大西を今度は稲森が17、18番の連続バーディで抜き去り、通算23アンダーでシーズン2勝目。宮本は前年逆転負けの雪辱を果たせず3位に終わった。

【優勝】稲森 佑貴　265　68・66・66・65　10,000,000円

順位	氏名	トータルスコア	1R	2R	3R	4R	賞金額(円)
2	大西 魁斗	266	67	71	63	65	5,000,000
3	池田 勇太	267	69	67	68	63	2,600,000
	桂川 有人	267	66	69	68	64	2,600,000
	宮本 勝昌	267	65	68	66	68	2,600,000
6	市原 弘大	269	72	66	66	65	1,800,000
7	小西 貴紀	270	71	69	67	63	1,650,000
8	佐藤 大平	271	64	67	69	71	1,525,000
9	阿久津未来也	272	69	67	66	64	1,410,000
10	石﨑 真央	273	67	71	70	65	1,210,000
	清水 大成	273	68	71	67	67	1,210,000
	黒﨑 蓮	273	66	68	69	70	1,210,000
13	岩﨑亜久竜	274	70	67	71	66	772,222
	勝亦 悠斗	274	67	69	72	66	772,222
	鍋谷 太一	274	70	70	68	66	772,222
	田村 光正	274	69	71	66	68	772,222
	織田 信亮	274	67	67	71	69	772,222
	星野 陸也	274	73	65	67	69	772,222
	植竹 勇太	274	73	65	67	69	772,222
	石坂 友宏	274	68	69	67	70	772,222
	久常 涼	274	69	66	68	71	772,222
22	大槻 智春	275	71	67	72	65	510,000
	永野竜太郎	275	73	67	70	65	510,000
	小林伸太郎	275	71	68	69	71	510,000
25	小鯛 竜也	276	70	70	68	68	420,000
	杉本エリック	276	72	66	70	68	420,000
	竹安 俊也	276	70	67	68	71	420,000
	今野 大喜	276	69	66	69	72	420,000
29	永澤 翔	277	67	71	71	68	341,250
	木村 太一	277	68	70	70	69	341,250
	ジャスティン・デロスサントス	277	71	66	69	71	341,250
	平田 憲聖	277	71	68	66	72	341,250
33	片岡 尚之	278	67	70	71	70	270,000
	生源寺龍憲	278	71	69	68	70	270,000
	石川 遼	278	68	70	70	70	270,000
	井上 敬太	278	72	68	70	68	270,000
	塚田 陽亮	278	71	69	69	69	270,000
	中島 徹	278	69	69	67	73	270,000
	太田 直己	278	69	69	73	67	270,000
40	佐藤 太地	279	69	68	72	70	200,000
	黒川 逸輝	279	70	68	69	72	200,000
	小袋 秀人	279	71	69	70	69	200,000
	永松 宏之	279	72	68	70	69	200,000
	徳元 中	279	71	69	70	69	200,000
	亀代 順哉	279	68	67	69	75	200,000
	平本 穏	279	67	70	67	75	200,000
47	阿部 裕樹	280	70	69	71	70	145,200
	伊藤 慎吾	280	73	66	69	72	145,200
	デービッド・オー	280	70	69	70	71	145,200
	デービッド・ブランスドン	280	68	71	71	70	145,200
	時松 隆光	280	71	69	72	68	145,200
52	アンドルー・エバンス	281	69	71	68	73	125,500
	幡地 隆寛	281	68	70	72	71	125,500
	尾崎 慶輔	281	72	67	71	71	125,500
	岩井 亮磨	281	71	69	70	71	125,500
56	川満 歩	282	70	69	72	71	119,000
	宮里 優作	282	72	67	74	69	119,000
58	村山 駿	283	71	70	75	67	115,500
	大岩 龍一	283	73	65	74	71	115,500
	中里光之介	283	73	66	74	70	115,500
61	竹内 廉	284	72	65	72	75	112,500
	浅地 洋佑	284	68	69	73	74	112,500
	竹谷 佳孝	284	71	68	72	73	112,500
64	池上憲士郎	285	73	66	74	72	110,500
65	武藤 俊憲	286	69	67	74	74	109,500
	百目鬼光紀	286	74	65	75	72	109,500
67	小田 孔明	289	71	69	74	75	109,500
68	田中章太郎	290	68	71	81	70	109,500

140ストローク（－4）までの68名が予選通過

氏名	トータルスコア	1R	2R	氏名	トータルスコア	1R	2R	氏名	トータルスコア	1R	2R	氏名	トータルスコア	1R	2R
海老根文博	141	68	73	出水田大二郎	142	69	73	岡田 絃希	144	68	76	杉山 知靖	147	74	73
岩田 寛	141	73	68	村上 拓海	142	70	72	鈴木 敬太	144	72	72	山浦 一希	147	73	74
中西 直人	141	71	70	米澤 蓮	142	69	73	比嘉 拓也	145	76	69	林 拓希	147	74	73
小斉平優和	141	70	71	岡島 功史	142	68	74	藤本 佳則	145	72	73	すし 石垣	147	71	76
長野 泰雅	141	69	72	高花 翔太	142	65	77	塩見 好輝	145	73	72	櫻井 勝之	147	74	73
坂本 雄介	141	68	73	額賀 辰徳	143	72	71	遠藤 彰	145	74	71	松田 一将	148	75	73
大内 智文	141	73	68	安本 大祐	143	73	70	光田 智輝	145	80	65	森 博貴	148	74	74
今平 周吾	141	71	70	矢野 東	143	73	70	狩俣 昇平	145	73	72	作田 大地	148	76	72
マイケル・ヘンドリー	141	74	67	大堀裕次郎	143	75	68	山岡 成稔	145	73	72	河野 祐輝	149	80	69
白 佳和	141	71	70	大塚 智之	143	74	69	高橋 賢	145	73	72	鈴木 豪	149	77	72
松原 大輔	141	73	68	佐々木 勇	143	72	71	勝俣 陵	146	74	72	藤田 寛之	149	74	75
榎本 剛志	141	69	72	金岡 奎吾	143	74	69	秋吉 翔太	146	73	73	原 敏之	150	75	75
ハン・リー	142	72	70	アダム・ブランド	143	72	71	大下 勇	146	75	71	森 雄貴	150	77	73
内藤寛太郎	142	75	67	手嶋 多一	143	70	73	夏堀 裕大	146	73	73	副田 裕斗	151	79	72
木下 裕太	142	74	68	竹田のすけ	143	74	69	伊藤 誠道	146	76	70	小西 健太	152	81	71
池村 寛世	142	73	69	大田和桂介	144	73	71	岩本 高志	146	72	74	石原 航輝	152	81	71
篠 優希	142	72	70	堀川未来夢	144	74	70	河本 力	146	72	74	池内 慧	155	81	74
平本 世中	142	67	75	山本 隆大	144	72	72	正岡 竜二	146	72	74	朝倉 駿	155	77	78
福永 安伸	142	75	67	竹山 昂成	144	71	73	金 智宇	146	70	76	小泉 正樹	156	78	78
玉城 元気	142	71	71	照屋佑唯智	144	70	74	成松 亮介	146	72	74	近藤 智弘		77	棄
竹内 優騎	142	72	70	ディラン・ペリー	144	73	71	河 尊永	146	75	71	古川 雄大		77	棄
上井 邦裕	142	74	68	成冨 晃広	144	69	75	三木 龍馬	146	78	68	小林 正則			棄

【歴代優勝者】

年	優勝者	スコア	2位	差	コース	パー/ヤード
2021	片岡尚之	273—69・68・68・68	杉本エリック、T・ペク、植竹勇太、時松隆光、宮本勝昌	1	西那須野CC	72/7036Y
2022	稲森佑貴	265—68・66・66・65	大西魁斗	1	西那須野CC	72/7036Y

【過去の18ホール最少ストローク】

63（－9）	大西 魁斗	2022年3R	西那須野CC	PAR72/7036ヤード
63（－9）	池田 勇太	2022年4R	西那須野CC	PAR72/7036ヤード
63（－9）	小西 貴紀	2022年4R	西那須野CC	PAR72/7036ヤード

ツアー成績

日本プロゴルフ選手権大会（第89回）

開催期日	2022年8月4日～7日	賞金総額	150,000,000円
競技会場	グランフィールズCC	出場人数	144名
トータル	7,219Y：パー71(36,35)	天　候	雷・曇・曇・晴

1日目 雷雲接近による2時間30分の中断があり、51人がホールアウトできず日没サスペンデッドに。 2日目 第1Rを終えて予選会から勝ち上がってきた吉田泰基が6アンダー65で首位。続いて第2Rが行われ安本大祐、出水田大二郎、堀川未来夢、嘉数光倫が通算7アンダーの首位に並ぶ。吉田は1打差5位。 3日目 8バーディ、1ボギーの64で回った堀川が通算14アンダーの単独首位に立つ。3打差の2位は嘉数。首位から5打差の3位には吉田、安本、池村寛世の3人がついた。 最終日 逃げ切りを図る堀川が通算16アンダーにまで伸ばして2位に5打差をつけて迎えた14番パー3でダブルボギー。差が縮まった。だが、追う選手たちも勝負所で苦戦してしまう。16番でバーディを奪った堀川が安全圏に突入し、通算15アンダーで大会初優勝。2位には8打差6位から追い上げた片岡尚之が入った。

【優勝】 堀川未来夢　269　66・69・64・70　30,000,000円

順位	氏名	トータルスコア	1R	2R	3R	4R	賞金額（円）	順位	氏名	トータルスコア	1R	2R	3R	4R	賞金額（円）
2	片岡 尚之	272	68	72	67	65	15,000,000		貞方 章男	284	71	71	72	70	705,000
3	吉田 泰基	273	65	71	68	69	10,200,000		松岡 啓	284	71	71	71	71	705,000
4	宇佐美祐樹	275	70	72	65	68	6,200,000		大槻 智春	284	71	72	65	76	705,000
	池村 寛世	275	66	74	64	71	6,200,000	42	杉本エリック	285	74	69	73	69	570,000
	嘉数 光倫	275	68	67	67	73	6,200,000		大岩 龍一	285	68	69	76	72	570,000
7	大西 魁斗	277	71	66	71	69	4,421,250		内藤寛太郎	285	70	69	73	73	570,000
	久常 涼	277	67	70	71	69	4,421,250		古川 雄大	285	69	72	71	73	570,000
	木下 稜介	277	70	70	68	69	4,421,250		石渡 和輝	285	71	72	68	74	570,000
	スコット・ビンセント	277	70	70	68	69	4,421,250	47	杉山 知靖	286	70	69	75	72	465,000
11	稲森 佑貴	278	69	71	73	65	3,630,000		西村 匡史	286	70	70	70	76	465,000
12	浅地 洋佑	279	72	69	69	69	3,330,000	49	宮本 勝昌	288	70	72	75	71	398,000
13	勝俣 陵	280	71	72	71	66	2,455,714		近藤 啓介	288	72	71	72	73	398,000
	坂本 雄介	280	71	72	70	67	2,455,714		トッド・ベク	288	71	70	74	73	398,000
	山田 大晟	280	70	69	70	71	2,455,714		小林 正則	288	70	69	75	74	398,000
	北村 晃一	280	68	74	67	71	2,455,714		ハン・リー	288	69	71	73	75	398,000
	田中 裕基	280	68	72	69	71	2,455,714		小田 孔明	288	74	66	72	76	398,000
	出水田大二郎	280	66	69	72	73	2,455,714	55	田村 光正	290	71	71	71	77	360,000
	安本 大祐	280	69	66	69	76	2,455,714		羽藤 勇司	290	68	75	71	76	360,000
20	星野 陸也	281	68	75	71	67	1,600,000		砂川 公佑	290	74	69	70	77	360,000
	石坂 友宏	281	71	71	71	68	1,600,000	58	齊藤 陸	291	72	70	78	71	348,000
	石川 遼	281	67	72	71	71	1,600,000		蛯名 大和	291	68	72	71	80	348,000
	池上憲士郎	281	70	70	70	71	1,600,000	60	金 亨成	292	71	72	78	71	340,500
	手嶋 多一	281	70	71	68	72	1,600,000		石塚 祥利	292	68	74	75	75	340,500
	ジュビック・パグンサン	281	66	72	70	73	1,600,000		大内 智文	292	69	73	73	77	340,500
26	小林伸太郎	282	71	72	74	65	1,140,000	63	高山 忠洋	293	70	71	79	73	334,500
	木下 裕太	282	70	68	75	69	1,140,000	64	芦沢 宗臣	296	69	73	75	79	331,500
	時松 隆光	282	67	75	70	70	1,140,000								
	比嘉 一貴	282	67	74	71	70	1,140,000								
	岩田 寛	282	71	72	67	72	1,140,000								
	藤田 寛之	282	70	69	68	75	1,140,000								
32	坂本 隆一	283	71	68	73	71	857,500								
	長澤 奨	283	69	68	74	72	857,500								
	海老根文博	283	69	73	68	73	857,500								
	市原 弘大	283	68	70	70	75	857,500								
	原田 大雅	283	66	73	69	75	857,500								
	鍋谷 太一	283	71	70	67	75	857,500								
38	桂川 有人	284	73	70	73	68	705,000								

143ストローク（＋1）までの64名が予選通過

日本プロゴルフ選手権

氏名	トータルスコア	1R	2R
照屋佑唯智	144	72	72
片岡 大育	144	72	72
大谷 俊介	144	73	71
今野 大喜	144	76	68
板東 寿匡	144	73	71
永野竜太郎	144	72	72
佐藤 大平	144	73	71
上井 邦裕	144	74	70
スンス・ハン	144	68	76
河本 力	144	72	72
矢野 東	144	74	70
澤﨑 安雄	144	72	72
櫛山 勝弘	144	70	74
阿久津未来也	145	71	74
幡地 隆寛	145	75	70
タンヤゴーン・クロンパ	145	73	72
H・W・リュー	145	75	70
弓削 淳詩	145	72	73
近藤 智弘	145	72	73
宮里 優作	145	74	71
松田 一将	145	73	72
香妻陣一朗	145	74	71
清田太一郎	146	73	73
菊田 奨	146	73	73
渡辺龍ノ介	146	72	74
尾崎 慶輔	146	74	72
岩田 大河	146	73	73
平田 憲聖	146	70	76
和田 七星	146	71	75
安森 一貴	146	72	74
ガンチャルングン	147	75	72
大関 翔	147	71	76
久保谷健一	147	70	77
植竹 勇太	147	69	78
池田 勇太	147	75	72
薗田 峻輔	147	74	73
アンジェロ・キュー	147	73	74
坂本 柊人	147	78	69
秋吉 翔太	147	74	73
増田 伸洋	147	75	72
藤島 豊和	147	73	74
榎本 剛志	148	73	75
遠藤 彰	148	72	76
上森 大輔	148	77	71
河井 博大	148	71	77
村上 拓海	148	74	74
立山 光広	148	71	77
谷口 徹	148	74	74
今平 周吾	148	74	74
金子 駆大	149	72	77
加藤 俊英	149	74	75
小木曽 喬	149	72	77
中西 直人	150	77	73
小斉平優和	150	76	74
白水 将司	150	78	72
加藤 勇希	150	74	76
竹谷 佳孝	151	75	76
櫻井 隆輔	151	74	77
比嘉 拓也	151	74	77
田中章太郎	151	71	80
小泉 正樹	151	73	78
篠崎 紀夫	151	77	74
半田 匠佳	152	75	77
倉本 昌弘	152	75	77
内山 遥人	153	74	79
ジェイ・チョイ	153	75	78
塚田 陽亮	153	81	72
山﨑帆久登	153	78	76
河野晃一郎	154	73	75
白石 大和	154	75	79
池見 和輝	156	79	77
太田 直己	156	73	83
角田 博満	156	81	75
山浦 一希	156	82	74
深堀圭一郎	157	73	84
森 正尚	158	73	85
松本 将汰		80	棄
宋 永漢		75	棄
梶村 夕貴			棄
清水 大成			棄

【歴代優勝者】

年	優勝者	スコア	2位	差	コース	パー／ヤード
日本プロゴルフ選手権大会						
1926＊	宮本留吉	161—80・81	福井覚治	0	茨木CC	
1927＊	中上数一	153—76・77	宮本留吉	0	茨木CC	
1928	浅見緑蔵	156—80・76	宮本留吉	1	鳴尾GC	
1929	宮本留吉	301—73・74・82・72	安田幸吉	11	六実G場	
1930	村木 章	304—74・79・76・75	越道政吉、陳 清水	19	宝塚GC	
1931	浅見緑蔵	6—5	陳 清水		武蔵野CC（藤ヶ谷）	
1932	ラリー・モンテス	4—3	森岡二郎		鳴尾GC	
1933	ラリー・モンテス	6—5	林 万福		藤沢GC	
1934	宮本留吉	3—1	石井治作		広野GC	
1935	戸田藤一郎	7—5	陳 清水		相模CC	
1936	宮本留吉	4—3	森岡二郎		名古屋GC和合	
1937	上堅岩一	1up	陳 清水		鷹之台CC	
1938	戸田藤一郎	7—5	井上清次		宝塚GC	
1939	戸田藤一郎	3—2	宮本留吉		川奈ホテル富士	
1940	戸田藤一郎	6—5	藤井武人		福岡CC（大保）	
1941	《中 止》					
1942	陳 清水	7—6	延 徳春		小金井CC	
1943～1948	《第二次世界大戦で中止》					
1949	林 由郎	293—74・74・71・74	小野光一	2	我孫子GC	
1950	林 由郎	9—7	小野光一		我孫子GC	
1951	石井哲雄	3—1	中村寅吉		広野GC	
1952	井上清次	5—3	陳 清水		相模CC	
1953	陳 清水	2—1	林 由郎		我孫子GC	
1954	石井 茂	7—5	小野光一		広野GC	
1955	小野光一	1up（39H）	林 由郎		相模CC	
1956	林 由郎	7—6	新井常吉		名古屋GC和合	
1957	中村寅吉	2up	栗原甲子男		程ヶ谷CC	
1958	中村寅吉	3—2	栗原甲子男		鳴尾GC	
1959	中村寅吉	5—4	小野光一		茨木CC	
1960	棚網良平	1up	細石憲二		大洗GC	72／7200Y
1961	林 由郎	286—72・72・69・73	藤井義将	2	古賀GC	72／6790Y
1962	中村寅吉	285—71・70・74・70	北本 隆、杉原輝雄	4	四日市CC	72／7255Y

年	優勝者	スコア	2位	差	コース	パー/ヤード
1963	橘田 規	285—72・71・70・72	石井朝夫	3	龍ヶ崎CC	72／7012Y
1964	橘田 規	281—71・69・72・69	石井朝夫	2	枚方CC	72／7050Y
1965	河野光隆	273—71・67・70・65	陳 清波、藤井義将	6	川越CC	72／6830Y
1966	河野光隆	271—66・73・68・64	内田 繁	3	総武CC	72／6960Y
1967	宮本省三	276—70・70・68・68	石井朝夫	1	三好CC	72／7070Y
1968	島田幸作	282—71・68・74・69	鈴村照男	1	習志野CC	72／7022Y
1969	石井裕士	277—69・69・70・69	杉原輝雄	5	春日井CC	72／6900Y
1970	佐藤精一	280—69・69・71・71	橘田光弘、金本章生	2	水海道GC	72／6900Y
1971	尾崎将司	282—71・71・70・70	杉本英世	1	フェニックスCC	72／7105Y
1972	金井清一	278—69・71・67・71	尾崎将司	2	紫CCすみれ	72／7070Y
1973	青木 功	275—64・70・68・73	安田春雄	8	岐阜関CC	72／7245Y
1974	尾崎将司	274—67・68・66・73	青木 功	4	表蔵王国際GC	72／6832Y
1975＊	村上 隆	282—69・68・70・75	山本善隆	0	倉敷CC	72／6854Y
1976＊	金井清一	273—64・70・69・70	榎本七郎、安田春雄、謝 敏男	0	球磨CC	70／6280m
1977	中島常幸	277—73・65・67・72	杉原輝雄、山本善隆	3	日本ラインGC西	72／6257m
1978＊	小林富士夫	281—69・71・74・67	中島常幸	0	小樽CC	72／6471m
1979	謝 敏男	272—67・68・66・71	杉原輝雄	1	浅見CC	72／6321m
1980	山本善隆	282—71・72・71・68	金井清一、鷹巣南雄	1	ノーザンCC赤城	71／6353m
1981	青木 功	277—72・67・70・68	中村 通	4	札幌後楽園CC	72／6372m
1982	倉本昌弘	274—67・69・69・69	謝 敏男	4	名神八日市CC	72／6338m
1983	中島常幸	279—66・72・69・72	青木 功、羽川 豊	2	紫雲GC	72／6407m
1984	中島常幸	275—68・69・67・71	金井清一、中村 通、前田新作、	2	ミナミ菊川CC	71／6247m
1985＊	尾崎健夫	288—72・71・72・73	金井清一	0	セントラルGC東	73／6640m
1986	青木 功	272—66・68・69・69	尾崎将司	4	日本ラインGC東	72／6187m
1987	デービッド・イシイ	280—73・67・69・71	金井清一、B・ジョーンズ	1	浜野GC	72／7217Y
1988	尾崎健夫	268—69・69・66・64	尾崎将司	1	愛媛GC	72／7010Y
1989	尾崎将司	278—68・68・71・71	加瀬秀樹	1	烏山城CC	71／6968Y
1990	加瀬秀樹	274—71・66・67・70	藤木三郎、倉本昌弘	5	天野山CC	72／6860Y
1991	尾崎将司	273—71・73・68・61	渡辺 司	6	プレステージCC	72／7107Y
1992＊	倉本昌弘	281—68・71・71・71	中島常幸	0	下秋間CC	72／7145Y
1993	尾崎将司	278—68・73・67・70	米山 剛	1	スポーツ振興CC	72／6840Y
1994	合田 洋	279—66・73・67・73	尾崎将司	1	レイクグリーンGC	71／7138Y
1995	佐々木久行	272—71・70・68・63	髙見和宏	4	夏泊GL	72／7058Y
1996	尾崎将司	270—68・66・67・69	丸山茂樹	8	山陽GC吉井	72／7236Y
1997	丸山茂樹	272—68・68・69・67	杉本周作	1	セントラルGC西	72／7049Y
1998＊	ブラント・ジョーブ	280—70・70・72・68	尾崎将司	0	グランデージGC	72／7082Y
1999	尾崎直道	283—70・71・73・69	尾崎将司	2	GCツインフィールズ	72／7136Y
2000	佐藤信人	280—68・71・69・72	桧垣繁正、東 聡	1	カレドニアンGC	71／6910Y
2001	ディーン・ウィルソン	281—68・68・71・74	加瀬秀樹	4	ザ・クィーンズヒルGC	71／7002Y
2002＊	久保谷健一	279—74・70・68・67	片山晋呉	0	KOMACC	72／7048Y
2003	片山晋呉	271—71・66・66・68	S・K・ホ	1	美浦GC	72／7010Y
2004	S・K・ホ	202—66・68・68	深堀圭一郎	1	Kochi黒潮CC	72／7270Y
2005	S・K・ホ	272—68・68・67・69	谷原秀人	2	玉名CC	72／7018Y
2006＊	近藤智弘	278—68・70・71・69	友利勝良	0	谷汲CC	72／7003Y
2007	伊澤利光	283—68・70・72・73	広田 悟	1	喜瀬CC	72／7193Y
2008	片山晋呉	265—67・66・65・67	W・リャン	6	レーサムG&スパリゾート	72／7127Y
2009	池田勇太	266—65・67・69・65	立山光広	7	恵庭CC	70／7134Y

日本プロゴルフ選手権大会　日清カップヌードル杯

2010	谷口 徹	270―69・68・65・68	平塚哲二	1	パサージュ琴海アイランドGC	70／7060Y
2011	河井博大	275―71・67・69・68	裵 相文	2	小野東洋GC	71／7158Y
2012	谷口 徹	284―65・70・76・73	深堀圭一郎	1	烏山城CC	72／7193Y
2013	金 亨成	279―69・70・75・65	藤本佳則、藤田寛之、松山英樹	1	総武CC総武	71／7327Y
2014	手嶋多一	279―71・68・69・71	李 京勲、小田孔明	1	ゴールデンバレーGC	72／7233Y
2015	アダム・ブランド	268―64・68・64・72	李 尚熹	3	太平洋C江南	71／7053Y
2016＊	谷原秀人	266―68・70・65・63	武藤俊憲	0	北海道クラシックGC	72／7094Y
2017	宮里優作	276―71・66・73・66	B・ケネディ	3	かねひで喜瀬CC	72／7217Y

日本プロゴルフ選手権大会

2018＊	谷口 徹	282―68・72・71・71	藤本佳則	0	房総CC房総	72／7324Y
2019＊	石川 遼	269―65・67・71・66	黄 重坤	0	いぶすきGC開聞	71／7212Y
						第3R・4Rは70／7150Y

2020	〈新型コロナウイルス感染拡大のため中止〉					
2021	金 成玹	271―66・70・67・68	池田勇太、稲森佑貴	1	日光CC	71／7236Y
2022	堀川未来夢	269―66・69・64・70	片岡尚之	3	グランフィールズCC	71／7219Y

＊はプレーオフ。1973年からツアー競技

【過去の18ホール最少ストローク】

61（－11）　尾崎 将司　1991年4R　プレステージCC　PAR72／7107ヤード

長嶋茂雄 INVITATIONALセガサミーカップゴルフトーナメント

開催期日	2022年8月18日〜21日
競技会場	ザ・ノースカントリーGC
トータル	7,178Y：パー72(36,36)
賞金総額	120,000,000円
出場人数	138名
天候	曇・晴・雨・晴

1日目 海外転戦から戻った金谷拓実が16番のホールインワンなどで66をマークして首位に立った。1打差2位は清水大成と上井邦裕。2日目 69で回った金谷が通算9アンダーとして首位を守る。1打差2位に68で回った岩田寛。竹谷佳孝と佐藤大平が2打差3位につけた。プロデビュー戦となった丸山茂樹の長男・奨王は予選通過に1打及ばなかった。3日目 6バーディ、ボギーなしの66で回った岩田が通算14アンダーで首位を奪った。前日まで首位の金谷が1打差で追う。4打差3位には大槻智春と大西魁斗が並んだ。最終日 前半、首位の岩田がスコアを伸ばす一方で2位の金谷は停滞する。この2人に1組前の大槻がアウトで6アンダーをマークして割って入った。だが、大槻は1打差に迫った14番でダブルボギー。終盤盛り返すが2打及ばず。岩田が通算19アンダーで7年ぶりの大会2勝目を飾った。

【優勝】岩田 寛 269 68・68・66・67 24,000,000円

順位	氏名	トータルスコア	1R	2R	3R	4R	賞金額(円)	順位	氏名	トータルスコア	1R	2R	3R	4R	賞金額(円)
2	大槻 智春	271	70	68	68	65	12,000,000		久常 涼	284	71	67	72	74	661,500
3	金谷 拓実	272	66	69	68	69	8,160,000	40	崔 虎星	285	74	67	72	72	516,000
4	時松 隆光	277	70	70	72	65	4,710,000		朴 相賢	285	71	71	73	70	516,000
	永野竜太郎	277	72	71	69	65	4,710,000		平田 憲聖	285	70	73	72	70	516,000
	石川 遼	277	71	68	70	68	4,710,000		池田 勇太	285	70	69	79	67	516,000
	亀代 順哉	277	71	70	67	69	4,710,000	44	上井 邦裕	286	67	74	72	73	408,000
8	竹安 俊也	278	71	68	72	67	3,522,000		片山 晋呉	286	70	73	69	74	408,000
	岩﨑亜久竜	278	71	68	72	67	3,522,000		坂本 雄介	286	69	74	71	72	408,000
10	堀川未来夢	279	70	73	68	68	2,784,000		諸藤 将次	286	69	74	72	71	408,000
	近藤 智弘	279	72	68	71	68	2,784,000		宮里 優作	286	69	74	73	70	408,000
	田村 光正	279	71	72	68	68	2,784,000	49	古川 雄大	287	72	68	72	75	327,600
	幡地 隆寛	279	72	70	69	68	2,784,000		織田 信亮	287	69	73	74	71	327,600
14	香妻陣一朗	280	72	69	72	67	1,944,000		松本 将汰	287	74	68	74	71	327,600
	佐藤 大平	280	68	69	75	68	1,944,000		小浦 和也	287	73	70	73	71	327,600
	杉山 知靖	280	72	71	70	67	1,944,000	53	木下 稜介	288	72	71	68	77	300,000
	阿久津未来也	280	69	70	73	68	1,944,000		阿部 裕樹	288	75	68	75	70	300,000
	ブラッド・ケネディ	280	69	70	71	70	1,944,000	55	ハン・リー	289	71	72	76	70	292,800
19	今平 周吾	281	68	73	72	68	1,512,000	56	井上 信	290	72	71	73	74	285,600
	竹谷 佳孝	281	70	67	73	71	1,512,000		内藤寛太郎	290	71	71	75	73	285,600
	星野 陸也	281	70	71	67	73	1,512,000	58	金 庚泰	291	73	66	75	77	278,400
22	出水田大二郎	282	68	75	70	69	1,188,000		中島 徹	291	71	69	75	76	278,400
	片岡 尚之	282	72	70	71	69	1,188,000	60	川満 歩	293	75	67	73	78	272,400
	清水 大成	282	67	72	72	73	1,188,000		大内 智文	293	72	71	74	76	272,400
	大西 魁斗	282	71	67	68	76	1,188,000		高山 忠洋	293	70	73	77	73	272,400
26	鍋谷 太一	283	71	69	74	69	912,000	63	中西 直人	297	70	73	80	74	267,600
	塚田 陽亮	283	71	70	71	71	912,000	64	武藤 和貴	300	72	70	82	76	265,200
	小西 貴紀	283	69	69	72	73	912,000								
	小林伸太郎	283	71	67	72	73	912,000								
	張 棟圭	283	71	67	71	74	912,000								
	村上 拓海	283	72	68	70	73	912,000								
32	尾崎 慶輔	284	69	71	73	71	661,500								
	ショーン・ノリス	284	73	67	73	71	661,500								
	谷原 秀人	284	72	71	71	70	661,500								
	黄 重坤	284	72	68	74	70	661,500								
	稲森 佑貴	284	73	69	70	72	661,500								
	大岩 龍一	284	72	71	68	73	661,500								
	小袋 秀人	284	68	71	72	73	661,500								

143ストローク(−1)までの64名が予選通過

氏名	トータルスコア	1R	2R
丸山 奬王	144	71	73
ディラン・ペリー	144	76	68
すし 石垣	144	75	69
小田 孔明	144	71	73
武藤 俊憲	144	74	70
篠 優希	144	71	73
黒﨑 蓮	144	73	71
トッド・ベク	144	73	71
ジュビック・パグンサン	144	70	74
西山 大広	144	72	72
山本 隆大	144	73	71
朴 銀信	144	71	73
薗田 峻輔	145	74	71
宮本 勝昌	145	73	72
竹内 廉	145	73	72
宋 永漢	145	72	73
勝俣 陵	145	70	75
小林 正則	145	71	74
藤島 晴雄	145	73	72

氏名	トータルスコア	1R	2R
杉本エリック	146	72	74
大堀裕次郎	146	73	73
生源寺龍憲	146	70	76
アダム・ブランド	146	75	71
ジェイ・チョイ	146	75	71
矢野 東	146	76	70
小鯛 竜也	146	74	72
白 佳和	146	74	72
岡田 絃希	146	74	72
増田 伸洋	146	77	69
@宇喜多飛翔	147	70	77
@小林大河	147	76	71
アンドルー・エバンス	147	73	74
桂川 有人	147	72	75
比嘉 一貴	147	76	71
副田 裕斗	147	75	72
大田和桂介	147	73	74
原 敏之	147	74	73
岩本 高志	147	73	74

氏名	トータルスコア	1R	2R
ジェイブ・クルーガー	147	74	73
李 尚熹	147	72	75
富村 真治	147	74	73
川上 優大	147	76	71
夏堀 裕大	147	72	75
ジャスティン・デロスサントス	148	73	75
海老根文博	148	73	73
池村 寛世	148	73	75
タンヤゴーン・クロンパ	148	72	76
中里光之介	148	72	76
H・W・リュー	148	72	76
ブレンダン・ジョーンズ	148	76	72
小斉平優和	149	75	74
小西 奨太	149	72	77
マイケル・ヘンドリー	150	76	74
秋吉 翔太	150	80	70
マシラーン・グリラーン	150	72	78
池上憲士郎	150	72	78
長野 泰雅	150	74	76

氏名	トータルスコア	1R	2R
岩井 亮磨	151	76	75
木下 裕太	151	77	74
谷口 徹	151	79	72
成冨 晃広	152	75	77
河野晃一郎	152	76	76
佐藤 太地	152	79	73
貞方 章男	153	79	74
植竹 勇太	153	78	75
浅地 洋佑	153	76	77
久志岡俊海	153	76	77
藤島 豊和	155	79	76
@石塚祥成	156	80	76
小西 健太	157	80	77
@小村優太	157	80	77
@増田圭介	161	77	84
増田 将光	162	82	80
市原 弘大		75	棄

@はアマチュア

ツアー成績

【歴代優勝者】

年	優勝者	スコア	2位	差	コース	パー／ヤード
セガサミーカップ						
2005	林 根基	275—69・69・69・68	真板 潔	1	ザ・ノースカントリーGC	72／7078Y
2006	葉 偉志	276—70・68・72・66	星野英正	4	ザ・ノースカントリーGC	72／7127Y
長嶋茂雄INVITATIONALセガサミーカップ						
2007	谷口 徹	276—70・70・68・68	P・ミーサワット	3	ザ・ノースカントリーGC	72／7127Y
2008	ジーブ・ミルカ・シン	275—67・74・68・66	すし石垣	2	ザ・ノースカントリーGC	72／7115Y
2009	藤田寛之	272—69・68・69・66	井戸木鴻樹	1	ザ・ノースカントリーGC	72／7115Y
2010＊	小山内護	275—70・69・67・69	薗田峻輔、趙 珉珪	0	ザ・ノースカントリーGC	72／7115Y
2011	金 庚泰	273—67・70・68・68	石川 遼	4	ザ・ノースカントリーGC	72／7115Y
2012	李 京勲	269—65・69・70・65	金 亨成	2	ザ・ノースカントリーGC	72／7127Y
2013	薗田峻輔	268—71・61・69・67	近藤共弘、河野祐輝	3	ザ・ノースカントリーGC	72／7096Y
2014＊	石川 遼	274—69・71・67・67	小田孔明	0	ザ・ノースカントリーGC	71／7050Y
2015	岩田 寛	272—70・69・67・66	今平周吾	1	ザ・ノースカントリーGC	72／7167Y
2016	谷原秀人	274—70・65・67・72	T・クロンパ	2	ザ・ノースカントリーGC	72／7167Y
2017	チャン・キム	270—67・70・67・66	黄 重坤	1	ザ・ノースカントリーGC	72／7178Y
2018	ブラッド・ケネディ	204—71・69・64	金 亨成	3	ザ・ノースカントリーGC	72／7178Y
2019	石川 遼	268—67・66・67・68	J・パグンサン	4	ザ・ノースカントリーGC	72／7178Y
2020	〈新型コロナウイルス感染拡大のため中止〉					
2021	比嘉一貴	268—68・65・67・68	上井邦裕	2	ザ・ノースカントリーGC	72／7178Y
2022	岩田 寛	269—68・68・66・67	大槻智春	2	ザ・ノースカントリーGC	72／7178Y

＊はプレーオフ

【過去の18ホール最少ストローク】

61（−11） 薗田 峻輔 2013年3R ザ・ノースカントリーGC PAR72／7096ヤード

Sansan KBCオーガスタゴルフトーナメント

開催期日　2022年8月25日〜28日	賞金総額　100,000,000円
競技会場　芥屋GC	出場人数　144名
トータル　7,191Y：パー72(36,36)	天候　晴・晴時々曇・晴・晴

1日目 地元福岡県出身の清水大成が8バーディ、1ボギーの65をマーク。前年大会に続いて初日首位発進した。1打差2位には推薦出場のルーキー河本力ら6人が並ぶ。2日目 前年まで兵役に就いていた李尚熹が65をマークして通算11アンダーの首位に浮上した。河本と19歳の長野泰雅、前年覇者のS・ビンセントも李と並んで首位。3日目 68で回った李が通算15アンダーとして単独首位に。日本初優勝に王手をかけた。1打差2位に河本、2打差3位に鍋谷太一、池村寛世、ビンセントが続く。最終日 中盤まで3つスコアを落としていた李を河本が逆転。一時は4打差をつけていた。だが、李が13番で初バーディを奪って猛反撃を開始。河本がボギーとした16番で李がバーディを決めて両者並んだ。18番、李がパーで終わった後、河本が3mを決めてバーディ。初優勝を22歳の大会最年少Vで飾った。

【優勝】河本　力　272　66・67・69・70　20,000,000円

順位	氏名	トータルスコア	1R	2R	3R	4R	賞金額(円)
2	李　尚熹	273	68	65	68	72	10,000,000
3	清水　大成	275	65	72	69	69	6,800,000
4	H・W・リュー	276	67	73	67	69	4,133,333
	小西　貴紀	276	67	70	68	71	4,133,333
	池村　寛世	276	67	68	68	73	4,133,333
7	片岡　尚之	277	67	71	70	69	3,175,000
	鍋谷　太一	277	70	67	66	74	3,175,000
9	久常　涼	278	72	64	69	73	2,620,000
	比嘉　一貴	278	68	69	68	73	2,620,000
	今平　周吾	278	68	68	68	74	2,620,000
12	織田　信亮	279	68	70	71	70	1,945,000
	出水田大二郎	279	69	72	70	68	1,945,000
	阿久津未来也	279	70	69	69	71	1,945,000
	スコット・ビンセント	279	67	66	70	76	1,945,000
16	石川　遼	280	70	69	71	70	1,432,000
	西山　大広	280	68	71	69	72	1,432,000
	木下　稜介	280	67	70	70	73	1,432,000
	時松　隆光	280	67	73	67	73	1,432,000
	稲森　佑貴	280	67	69	69	75	1,432,000
21	梅山　知宏	281	69	69	71	72	974,285
	田村　光正	281	69	72	69	71	974,285
	宮里　優作	281	68	70	71	72	974,285
	ブラッド・ケネディ	281	68	66	74	73	974,285
	平田　憲聖	281	70	69	69	73	974,285
	古川　雄大	281	66	73	69	73	974,285
	大西　魁斗	281	68	67	72	74	974,285
28	市原　弘大	282	67	70	70	75	740,000
	高山　忠洋	282	67	71	69	75	740,000
	ジェイブ・クルーガー	282	67	71	67	77	740,000
31	朴　銀信	283	68	70	70	75	617,500
	堀川未来夢	283	71	70	71	71	617,500
	小木曽　喬	283	67	71	69	76	617,500
	宮本　勝昌	283	71	69	73	70	617,500
35	長野　泰雅	284	66	67	76	75	500,000
	トッド・ベク	284	66	72	71	75	500,000
	香妻陣一朗	284	69	70	70	75	500,000
	上井　邦裕	284	71	67	70	76	500,000
	張　棟圭	284	72	66	73	73	500,000
	松本　将汰	284	67	73	72	72	500,000
	小鯛　竜也	284	67	72	74	71	500,000
42	竹谷　佳孝	285	70	70	71	74	360,000
	竹安　俊也	285	66	69	75	75	360,000
	小袋　秀人	285	69	71	72	73	360,000
	池上憲士郎	285	69	72	71	73	360,000
	塚田　陽亮	285	71	70	71	73	360,000
	谷原　秀人	285	69	72	72	72	360,000
	手嶋　多一	285	69	72	74	70	360,000
49	大内　智文	286	67	73	71	75	282,000
	岡田　絋希	286	72	69	70	75	282,000
51	北村　晃一	287	68	72	70	77	257,000
	金　庚泰	287	72	69	69	77	257,000
	ショーン・ノリス	287	70	69	68	80	257,000
	石川　航	287	70	69	76	72	257,000
55	永澤　翔	288	69	69	71	79	242,000
	小林伸太郎	288	71	69	71	77	242,000
57	アンドルー・エバンス	289	68	69	73	79	236,000
58	諸藤　将次	290	72	69	72	77	231,000
	竹山　昂成	290	72	69	72	77	231,000
	内藤寛太郎	290	69	72	74	75	231,000
61	木下　裕太	292	71	70	70	81	227,000
	林田　直也	292	71	68	75	78	アマチュア
63	小斉平優和	293	72	69	73	79	225,000
64	岩田　寛	296	68	71	79	78	221,000
	大田和桂介	296	70	70	77	79	221,000
	ジャスティン・デロスサントス	296	69	72	76	79	221,000

141ストローク（−3）までの66名が予選通過

氏　名	トータルスコア	1R	2R	氏　名	トータルスコア	1R	2R	氏　名	トータルスコア	1R	2R	氏　名	トータルスコア	1R	2R
海老根文博	142	68	74	アダム・ブランド	143	72	71	ⓐ丸尾怜央	146	71	75	ブレンダン・ジョーンズ	149	74	75
額賀　辰徳	142	66	76	石坂　友宏	143	72	71	金　智宇	146	77	69	池村　晃稀	149	76	73
崔　虎星	142	68	74	大塚　智之	143	69	74	タンヤゴーン・クロンパ	146	74	72	ⓐ村松　陸	149	76	73
植竹　勇太	142	72	70	田中　裕基	143	69	74	亀代　順哉	146	74	72	川満　歩	150	78	72
黄　重坤	142	72	70	黒木　紀至	143	70	73	浅地　洋佑	146	76	70	岩崎亜久竜	150	72	78
杉本エリック	142	69	73	佐藤　大地	144	74	70	成冨　晃広	146	73	73	中島　邦宏	150	72	78
中島　徹	142	70	72	永野竜太郎	144	71	73	中里光之介	147	75	72	ジュビック・パグンサン	151	72	79
マシューニン・グリフィン	142	69	73	ジェイ・チョイ	144	71	73	貞方　章男	147	75	72	山本　隆允	151	78	73
篠　優希	142	72	70	尾崎　慶輔	144	71	73	矢野　東	147	74	73	小西　健太	151	75	76
佐藤　大平	142	71	71	具志　武治	144	71	73	幡地　隆寛	147	73	74	石塚　祥利	151	70	81
中道　洋平	142	69	73	坂本　雄介	144	71	73	すし　石垣	147	73	73	佐藤　和紀	152	77	75
髙宮　千聖	142	71	71	竹内　廉	145	72	73	山本　隆大	147	72	75	山浦　一希	153	74	79
大岩　龍一	142	71	71	勝俣　陵	145	72	73	内山　遥人	147	71	76	ⓐ隅内雅人	153	74	79
白　佳和	142	70	72	山田　大晟	145	71	74	池田　勇太	147	73	74	中西　直人	153	76	77
マイケル・ヘンドリー	143	70	73	近藤　智弘	145	70	75	川上　優大	148	70	78	櫻井　省吾	154	78	76
杉山　知靖	143	72	71	ハン・リー	145	71	74	小林　正則	148	74	74	ⓐ上山虎雅	155	78	77
大槻　智春	143	69	74	宋　永漢	145	71	74	村上　拓海	148	74	74	ⓐ山下竜弥	161	76	85
星野　陸也	143	68	75	金谷　拓実	145	71	74	副田　裕斗	148	69	79	片山　晋呉		78	棄
武藤　俊憲	143	71	72	今野　大喜	146	73	73	原　敏之	148	71	77				
小田　孔明	143	71	72	阿部　裕樹	146	74	72	秋吉　翔太	149	70	79	ⓐはアマチュア			

ツアー成績

【歴代優勝者】

年	優勝者	スコア	2位	差	コース	パー/ヤード
KBCオーガスタ						
1973	青木　功	266—64・67・68・67	宮本康弘	13	福岡CC和白	72/6570Y
1974	中村　通	273—67・65・70・71	杉原輝雄	1	福岡CC和白	72/6572Y
1975＊	前田新作	278—69・70・73・66	石井　弘	0	福岡CC和白	72/6647Y
1976＊	グラハム・マーシュ	207—69・69・69	安部春雄	0	福岡CC和白	72/6079m
1977＊	ブライアン・ジョーンズ	278—73・72・68・65	矢部　昭	1	福岡CC和白	72/6079m
1978	山田健一	276—68・67・71・70	久保四郎、青木　功、G・リトラー、宮本康弘、B・アルダ	1	福岡CC和白	72/6079m
1979	草壁政治	240—67・71・68・34	郭　吉雄	3	福岡CC和白	72/6079m
1980	青木　功	137—68・69	田原　紘	2	福岡CC和白	72/6079m
1981＊	謝　敏男	279—69・68・73・69	陳　志忠、湯原信光	0	福岡CC和白	72/6080m
1982	陳　志明	209—68・71・70	H・サットン	1	福岡CC和白	72/6080m
1983	藤木三郎	273—69・68・68・68	尾崎将司	3	九州志摩CC芥屋	72/6515m
1984	尾崎直道	275—71・64・70・70	井上幸一、中島常幸	1	九州志摩CC芥屋	72/6515m
1985	飯合　肇	206—67・68・71	尾崎将司、青木　功、出口栄太郎、高橋五月、F・ゼラー	1	九州志摩CC芥屋	72/6515m
1986	青木　功	282—74・72・69・67	尾崎将司、倉本昌弘	2	九州志摩CC芥屋	72/6515m
1987	藤木三郎	274—67・69・70・68	尾崎健夫	2	九州志摩CC芥屋	72/7130Y
1988	倉本昌弘	276—67・71・65・73	飯合肇、湯原信光、尾崎将司	2	九州志摩CC芥屋	72/7130Y
ダイワKBCオーガスタ						
1989	杉原輝雄	281—70・72・71・68	中島常幸、G・マーシュ	2	九州志摩CC芥屋	72/7130Y
1990	尾崎将司	269—66・65・68・70	陳　志忠	10	九州志摩CC芥屋	72/7125Y
1991	レイ・フロイド	273—66・69・69・69	F・ミノザ	1	九州志摩CC芥屋	72/7125Y
1992＊	陳　志明	276—72・69・68・67	川上典一、B・ヒューズ	0	九州志摩CC芥屋	72/7129Y
1993＊	陳　志忠	277—71・69・68・69	林　吉祥	0	芥屋GC	72/7144Y
久光製薬KBCオーガスタ						
1994	ブライアン・ワッツ	271—66・67・71・67	尾崎将司	2	芥屋GC	72/7154Y
1995	細川和彦	271—69・66・67・69	丸山智弘、T・ハミルトン	1	芥屋GC	72/7154Y
1996＊	尾崎将司	273—64・70・70・69	手嶋多一	0	芥屋GC	72/7154Y
1997	尾崎将司	266—65・67・67・67	福沢孝秋、手嶋多一	12	芥屋GC	72/7154Y
1998	尾崎将司	275—66・72・65・72	桑原克典	2	芥屋GC	72/7154Y
1999	米山　剛	205—70・66・69	野上貴夫	1	芥屋GC	72/7154Y
2000	伊沢利光	270—67・65・71・67	杉本周作	4	芥屋GC	72/7154Y
2001＊	平石武則	273—67・69・68・69	加藤秀樹、桧垣繁正	0	芥屋GC	72/7154Y
2002	湯原信光	209—68・69・72	張　連偉、桧垣繁正、中島敏雅、桑原克典、C・ペーニャ	1	芥屋GC	72/7154Y
2003	田島創志	269—64・70・68・67	D・チャンド、佐々木久行	4	芥屋GC	72/7154Y

193

Sansan KBCオーガスタ

2004	スティーブン・コンラン	277—68・70・70・69	神山隆志、谷口 徹	1	芥屋GC	71／7134Y

アンダーアーマー KBCオーガスタ

2005	伊沢利光	264—67・65・67・65	小田龍一、P・マークセン	5	芥屋GC	71／7146Y
2006	手嶋多一	268—71・66・65・66	平塚哲二	1	芥屋GC	71／7125Y

KBCオーガスタ

2007	宮本勝昌	269—64・64・70・71	小田孔明、S・コンラン	1	芥屋GC	71／7142Y

バナH杯KBCオーガスタ

2008	甲斐慎太郎	278—69・70・70・69	星野英正	1	芥屋GC	72／7173Y

VanaH杯KBCオーガスタ

2009＊	池田勇太	267—69・66・69・63	今野康晴	0	芥屋GC	72／7146Y
2010	谷原秀人	266—67・66・67・66	立山光広	1	芥屋GC	72／7146Y
2011	裵 相文	266—65・64・70・67	石川 遼、近藤共弘	2	芥屋GC	72／7140Y
2012	金 亨成	270—69・64・68・69	貞方章男	1	芥屋GC	72／7146Y
2013	S・J・パク	204—67・68・69	黄 重坤	2	芥屋GC	72／7150Y

アールズエバーラスティングKBCオーガスタ

2014＊	藤田寛之	276—71・66・74・65	梁 津萬	0	芥屋GC	72／7150Y

RIZAP KBCオーガスタ

2015	池田勇太	268—66・65・71・66	小田孔明	5	芥屋GC	72／7151Y
2016	石川 遼	273—66・68・70・69	高山忠洋,M・ヘンドリー,B・ケネディ	5	芥屋GC	72／7151Y
2017	池田勇太	270—69・67・67・67	上井邦裕	3	芥屋GC	72／7151Y
2018	出水田大二郎	274—69・69・67・69	崔 虎星	1	芥屋GC	72／7151Y
2019	比嘉一貴	262—66・63・67・66	星野陸也	5	芥屋GC	72／7103Y
2020	〈新型コロナウイルス感染拡大のため中止〉					

Sansan KBCオーガスタ

2021	スコット・ビンセント	271—64・70・69・68	石川 遼	1	芥屋GC	72／7210Y
2022	河本 力	272—66・67・69・70	李 尚熹	1	芥屋GC	72／7191Y

＊はプレーオフ。1973年からツアー競技

【過去の18ホール最少ストローク】

63（−9）	中村 通	1987年4R	九州志摩CC芥屋C	PAR72／7130ヤード
63（−9）	謝 錦昇	1994年3R	芥屋GC	PAR72／7154ヤード
63（−9）	平塚 哲二	2009年2R	芥屋GC	PAR72／7146ヤード
63（−9）	池田 勇太	2009年4R	芥屋GC	PAR72／7146ヤード
63（−9）	今野 康晴	2009年4R	芥屋GC	PAR72／7146ヤード
63（−9）	K・アフィバーンラト	2009年4R	芥屋GC	PAR72／7146ヤード
63（−9）	津曲 泰弦	2010年1R	芥屋GC	PAR72／7146ヤード
63（−9）	藤本 佳則	2012年1R	芥屋GC	PAR72／7146ヤード
63（−9）	比嘉 一貴	2019年2R	芥屋GC	PAR72／7103ヤード
63（−9）	李 尚熹	2019年4R	芥屋GC	PAR72／7103ヤード
63（−8）	宮本 勝昌	2005年3R	芥屋GC	PAR71／7146ヤード
63（−8）	河井 博大	2006年2R	芥屋GC	PAR71／7125ヤード
63（−8）	増田 伸洋	2006年3R	芥屋GC	PAR71／7125ヤード
63（−8）	P・シーハン	2007年2R	芥屋GC	PAR71／7142ヤード
63（−8）	兼本 貴司	2007年4R	芥屋GC	PAR71／7142ヤード

フジサンケイクラシック

開催期日	2022年9月1日～4日	賞金総額	110,000,000円
競技会場	富士桜CC	出場人数	120名
トータル	7,541Y・パー71(35,36)	天　候	曇・雨・曇・暑

1日目 7バーディ、ボギーなしの64で回った片岡尚之が首位発進した。1打差2位には堀川未来夢と岩﨑亜久竜。マンデー首位通過の平本世中ら3人が2打差4位につけた。**2日目** 降雨のため1時間52分の中断があった影響で51人がホールアウトできず日没サスペンデッドに。**3日目** 第2Rを終えて通算8アンダーの岩﨑が首位に立つ。続いて行われた第3Rでは67で回った朴相賢が通算11アンダーの首位に。2打差2位に岩田寛、3打差3位で木下稜介と大西魁斗が続いた。**最終日** 最終組の1組前を回る大西が14番から3連続バーディを奪い、通算12アンダーとして首位の朴を捕える。大西は18番ボギーで後退するが朴もボギーで2人のプレーオフへ。1ホール目でバーディを奪った大西がツアー初優勝。子供のころに渡米して腕を磨いた23歳の若武者が50回の記念大会を制した。

【優勝】大西　魁斗　273　67・70・68・68　22,000,000円

(プレーオフ1H目、大西がバーディで優勝)

順位	氏　名	トータルスコア	1R	2R	3R	4R	賞金額(円)
2	朴　相賢	273	68	67	67	71	11,000,000
3	岩田　寛	274	68	69	67	70	7,480,000
4	堀川未来夢	275	65	76	68	66	5,280,000
5	石川　遼	276	72	68	69	67	3,996,666
	岩﨑亜久竜	276	65	69	72	70	3,996,666
	木下　稜介	276	68	70	67	71	3,996,666
8	谷原　秀人	277	68	72	72	65	3,228,500
	金谷　拓実	277	72	70	67	68	3,228,500
10	ガン・チャルングン	278	67	75	70	66	2,662,000
	市原　弘大	278	67	73	68	70	2,662,000
	佐藤　大平	278	68	71	68	71	2,662,000
13	今平　周吾	279	69	71	71	68	2,222,000
14	平田　憲聖	280	74	69	69	68	1,947,000
	植竹　勇太	280	68	71	72	69	1,947,000
16	池村　寛世	281	68	75	70	68	1,622,500
	片山　晋呉	281	70	71	72	68	1,622,500
	石坂　友宏	281	66	73	75	67	1,622,500
	出水田大二郎	281	71	70	71	69	1,622,500
20	ジェイブ・クルーガー	282	69	72	72	69	1,140,857
	坂本　雄介	282	68	75	69	70	1,140,857
	桂川　有人	282	69	73	70	70	1,140,857
	時松　隆光	282	71	70	71	70	1,140,857
	岡田　絃希	282	69	69	72	72	1,140,857
	小田　孔明	282	68	71	70	73	1,140,857
	海老根文博	282	67	71	70	74	1,140,857
27	織田　信亮	283	69	74	71	69	858,000
	張　棟圭	283	70	73	69	71	858,000
	星野　陸也	283	67	75	68	73	858,000
30	平本　世中	284	66	73	74	71	658,625
	竹安　俊也	284	71	71	71	71	658,625
	アダム・ブランド	284	70	74	70	70	658,625
	中里光之介	284	73	70	69	72	658,625
	亀代　順哉	284	69	76	70	70	658,625
	大槻　智春	284	69	73	70	72	658,625
	トッド・ペク	284	66	76	70	72	658,625
	片岡　尚之	284	64	75	71	74	658,625
38	稲森　佑貴	285	70	74	70	71	539,000
	矢野　東	285	67	77	72	69	539,000
40	小鯛　竜也	286	72	72	70	72	484,000
	上井　邦裕	286	70	74	71	71	484,000
	高山　忠洋	286	68	73	71	74	484,000
43	李　尚熹	287	72	67	74	74	418,000
	内藤寛太郎	287	71	69	72	75	418,000
	比嘉　一貴	287	71	68	72	76	418,000
46	正岡　竜二	289	71	70	75	73	374,000
47	清水　大成	290	72	70	73	75	325,600
	大岩　龍一	290	68	73	76	73	325,600
	木下　裕太	290	68	74	77	71	325,600
	塚田　陽亮	290	71	71	78	70	325,600
51	貞方　章男	291	70	72	74	75	286,000
	杉山　知靖	291	72	70	74	75	286,000
	山田　大晟	291	71	73	73	74	286,000
54	小林伸太郎	292	73	72	73	74	270,600
	小袋　秀人	292	74	71	73	74	270,600
56	小西　貴紀	293	71	70	77	75	261,800
	薗田　峻輔	293	70	74	76	73	261,800
58	マシュー・グリフィン	294	72	73	74	75	255,200
	宮本　勝昌	294	71	74	76	73	255,200
60	勝俣　陵	298	74	70	79	75	251,900
	鍋谷　太一		72	72	69	棄	

145ストローク(＋3)までの61名が予選通過

ツアー成績

195

フジサンケイクラシック

氏　名	トータルスコア	1R	2R
田村　光正	146	71	75
手嶋　多一	146	73	73
阿部　裕樹	146	72	74
白　佳和	146	71	75
久常　涼	146	75	71
竹谷　佳孝	146	70	76
ジュビック・パグンサン	146	69	77
ブラッド・ケネディ	146	71	75
川上　優大	146	72	74
マイケル・ヘンドリー	146	71	75
小斉平優和	146	75	71
浅地　洋佑	146	70	76
竹内　優騎	146	69	77
安本　大祐	146	72	74
小池　一平	147	72	75
幡地　隆寛	147	76	71
永野竜太郎	147	73	74
額賀　辰徳	147	71	76
阿久津未来也	147	75	72
ブレンダン・ジョーンズ	147	75	72
河本　力	147	67	80
宮里　優作	147	70	77
杉本エリック	147	70	77
北山　大雄	148	71	77
池上憲士郎	148	72	76
朴　銀信	148	74	74
秋吉　翔太	148	75	73
中西　直人	148	76	72
アンドルー・エバンス	148	75	73
古川　雄大	149	73	76
竹内　廉	149	73	76
中島　徹	149	74	75
金　庚泰	149	73	76
武藤　俊憲	149	75	74
宋　永漢	149	76	73
古庄　紀彦	150	72	78
黄　重坤	150	72	78
今野　匠	150	73	77
H・W・リュー	150	70	80
尾崎　慶輔	151	70	81
河野晃一郎	151	70	81
近藤　智弘	151	74	77
崔　虎星	151	71	80
横田　真一	152	71	81
今野　大喜	152	77	75
佐藤　太地	153	74	79
成冨　晃広	153	78	75
ⓐ大嶋　港	153	73	80
岩井　亮磨	154	75	79
ⓐ神田悠貴	154	78	76
岩本　一陽	155	76	79
佐藤　圭介	156	78	78
久志岡俊海	157	74	83
植竹　利明	158	82	76
井野　祐輔	162	85	77
ジェイ・チョイ		71	棄
藤田　寛之		71	棄
タンヤゴーン・クロンパ		76	棄
谷口　徹		棄	

ⓐはアマチュア

【歴代優勝者】						
年	優勝者	スコア	2位	差	コース	パー／ヤード
1973	グラハム・マーシュ	272-68・66・70・68	中村　通	1	高坂CC	72／6856Y
1974	グラハム・マーシュ	276-71・67・71・67	中村　通	1	高坂CC	72／6868Y
1975	呂　良煥	280-71・71・68・70	G・マーシュ	4	高坂CC	72／6868Y
1976＊	鈴木規夫	279-71・70・72・66	呂　良煥	0	高坂CC	72／6321m
1977	宮本康弘	287-75・70・72・70	山本善隆	1	高坂CC	72／6321m
1978	島田幸作	278-70・71・69・68	青木　功	3	高坂CC	72／6321m
1979	佐藤昌一	283-68・71・75・69	青木　功	1	東松山CC	72／6503m
1980	尾崎将司	283-72・67・71・73	G・マーシュ、竹安孝博	1	東松山CC	72／6471m
1981	川田時志春	276-69・69・69・69	青木　功	2	川奈ホテル富士C	71／6033m
1982＊	中島常幸	277-67・73・66・71	G・マーシュ	0	川奈ホテル富士C	71／6121m
1983	湯原信光	287-69・71・69・78	倉本昌弘	1	川奈ホテル富士C	71／6121m
1984＊	尾崎健夫	280-67・68・72・71	謝　敏男	0	川奈ホテル富士C	71／6121m
1985	マーク・オメーラ	273-67・67・66・73	尾崎将司	3	川奈ホテル富士C	71／6121m
1986	尾崎将司	279-65・72・71・71	D・イシイ	2	川奈ホテル富士C	71／6121m
1987	尾崎将司	275-68・72・66・69	G・マーシュ	2	川奈ホテル富士C	71／6121m
1988	白浜育男	280-71・71・70・68	湯原信光	2	川奈ホテル富士C	71／6694Y
1989	尾崎将司	282-68・68・70・76	高橋勝成	2	川奈ホテル富士C	71／6694Y
1990	尾崎将司	208-67・77・64	中村　通、山本善隆、尾崎直道、藤木三郎、木村政信	1	川奈ホテル富士C	71／6694Y
1991＊	藤木三郎	279-69・68・72・70	青木　功、加瀬秀樹、B・ジョーンズ	0	川奈ホテル富士C	71／6694Y
1992	牧野　裕	281-68・67・69・77	藤木三郎	3	川奈ホテル富士C	71／6694Y
1993	尾崎将司	270-67・67・68・68	渡辺　司、T・ハミルトン	4	川奈ホテル富士C	71／6694Y
1994	室田　淳	284-69・70・73・72	芹澤信雄	4	川奈ホテル富士C	71／6694Y
1995	中島常幸	272-66・70・70・66	倉本昌弘	2	川奈ホテル富士C	71／6694Y
1996＊	ブライアン・ワッツ	272-66・67・71・68	T・ハミルトン	0	川奈ホテル富士C	71／6694Y
1997	久保谷健一	279-68・69・73・69	尾崎将司、金子柱憲	1	川奈ホテル富士C	71／6694Y
1998	カルロス・フランコ	275-69・70・67・69	陳　志忠	1	川奈ホテル富士C	71／6694Y
1999	桧垣繁正	273-67・70・65・71	S・コンラン	2	川奈ホテル富士C	71／6694Y
2000	尾崎健夫	278-70・69・69・70	佐藤信人、葉　彰廷	1	川奈ホテル富士C	71／6694Y
2001	フランキー・ミノザ	276-71・68・71・66	渡辺　司	1	川奈ホテル富士C	71／6694Y
2002＊	佐藤信人	276-67・70・68・71	S・レイコック	0	川奈ホテル富士C	71／6694Y
2003	トッド・ハミルトン	267-67・67・65・68	平塚哲二、野仲　茂	5	川奈ホテル富士C	71／6694Y
2004	ポール・シーハン	267-68・70・62・67	立山光広、横尾　要	4	川奈ホテル富士C	71／6694Y
2005	丸山大輔	271-67・68・65・71	片山晋呉	7	富士桜CC	71／7454Y
2006	片山晋呉	274-66・71・68・69	W・リャン	3	富士桜CC	71／7496Y
2007	谷原秀人	205-67・71・67	P・マークセン	1	富士桜CC	71／7427Y
2008＊	藤島豊和	271-64・68・71・68	岩田　寛	0	富士桜CC	71／7397Y
2009	石川　遼	272-69・65・68・70	丸山大輔	5	富士桜CC	71／7397Y
2010＊	石川　遼	275-66・71・68・70	薗田峻輔	0	富士桜CC	71／7405Y
2011	諸藤将次	136-67・69	M・ママット	3	富士桜CC	71／7437Y

2012	金 庚泰	276－70・70・68・68	池田勇太	1	富士桜CC	71／7437Y
2013＊松山英樹	275－66・70・66・73	谷原秀人、S・J・パク	0	富士桜CC	71／7437Y
2014	岩田 寛	274－69・69・70・66	I・H・ホ	1	富士桜CC	71／7437Y
2015	金 庚泰	275－70・64・68・73	李 京勲	1	富士桜CC	71／7471Y
2016	趙 珉珪	277－66・71・68・72	丸山大輔、石川遼 高山忠洋、片岡大育	3	富士桜CC	71／7524Y
2017＊H・W・リュー	281－72・69・71・69	小平 智、S・ハン	0	富士桜CC	71／7566Y
2018	星野陸也	268－68・68・66・66	今平周吾	5	富士桜CC	71／7566Y
2019	朴 相賢	269－68・69・67・65	岩田 寛、崔 虎星	2	富士桜CC	71／7566Y
2020＊星野陸也	275－69・69・67・70	堀川未来夢	0	富士桜CC	71／7566Y
2021	今平周吾	272－71・69・68・64	池上憲士郎、石川 遼	4	富士桜CC	71／7566Y
2022＊大西魁斗	273－67・70・68・68	朴 相賢	0	富士桜CC	71／7541Y

＊はプレーオフ。1973年からツアー競技

【過去の18ホール最少ストローク】

| 62（－9） | P・シーハン | 2004年3R | 川奈ホテル富士C | PAR71／6694ヤード |
| 62（－9） | 崔 虎星 | 2019年2R | 富士桜CC | PAR71／7566ヤード |

ツアー成績

197

Shinhan Donghae Open

開催期日　2022年9月8日～11日	賞金総額　132,580,000円
競技会場　KOMA CC	出場人数　138名
トータル　7,065Y：パー71(35,36)	天　候　曇・曇・曇・晴

1日目　韓亜日3ツアーの共同主管競技。日本ツアーからは43人が参戦した。9アンダー62をマークしたR・T・リーが首位に立った。2日目　降雨の影響でスタートが1時間30分遅れ、33人が終了できずに日没サスペンデッドに。3日目　第2R終了時でタイのT・ケーオシリバンディットが通算14アンダーで首位に出る。続く第3Rでもケーオシリバンディットが通算19アンダーにまで伸ばして首位を守った。3打差2位には金施佑。日本選手最上位は5打差5位の木下稜介と比嘉一貴。最終日　首位のケーオシリバンディットが3番パー5でアルバトロス達成。一時差を広げたが以降は5番ダブルボギーなど苦戦する。猛追を仕掛けてきたのが比嘉。1番から3連続バーディを奪うなど首位を追いつめ、17、18番のバーディで逆転。通算20アンダーで優勝し、日本ツアー賞金ランキング1位の底力を示した。

【優勝】比嘉　一貴　264　66・63・70・65　23,864,400円

順位	氏　　名	トータルスコア	1R	2R	3R	4R	賞金額(円)	順位	氏　　名	トータルスコア	1R	2R	3R	4R	賞金額(円)
2	趙　珉珪	266	68	65	67	66	9,855,113		ブラッド・ケネディ	273	66	68	71	68	827,299
	ティラワット・ケーオシリバンディット	266	64	64	66	72	9,855,113		ベリー・ヘンソン	273	69	69	67	68	827,299
	申　容求	266	68	64	66	68	9,855,113		I・H・ホ	273	68	64	70	71	827,299
5	ジェイブ・クルーガー	267	66	69	69	63	4,219,358		金　飛鳥	273	71	67	68	67	827,299
	河本　力	267	66	65	71	65	4,219,358	43	金　東敏	274	68	69	67	70	704,883
	金　台勳	267	69	67	65	66	4,219,358		金　俊成	274	68	67	70	69	704,883
	金　施佑	267	65	65	67	70	4,219,358		ニティトン・ティポン	274	63	71	71	69	704,883
9	朴　銀信	268	69	65	67	67	2,373,182		尹　晟豪	274	67	70	68	69	704,883
	大槻　智春	268	70	66	66	66	2,373,182		金　兌昊	274	65	70	68	71	704,883
	谷原　秀人	268	69	65	67	67	2,373,182		今平　周吾	274	69	66	71	68	704,883
	李　尚熹	268	66	65	66	70	2,373,182	49	崔　鎮鎬	275	66	70	68	71	531,793
	木下　稜介	268	68	65	66	69	2,373,182		崔　虎星	275	68	68	69	70	531,793
14	張　棟圭	269	67	68	68	66	1,725,749		古川　雄大	275	65	69	71	70	531,793
	時松　隆光	269	68	68	67	66	1,725,749		阿久津未来也	275	65	69	72	69	531,793
	ダンタイ・ブーマ	269	68	68	66	67	1,725,749		大堀裕次郎	275	70	65	71	69	531,793
	徐　曜燮	269	68	67	67	67	1,725,749		パビット・タンカモルプラスート	275	70	67	69	69	531,793
	浅地　洋佑	269	67	68	67	67	1,725,749		金　賢琇	275	69	68	69	69	531,793
	トッド・ベク	269	65	68	66	70	1,725,749		ベン・レオン	275	67	68	65	75	531,793
20	武藤　俊憲	270	67	68	69	66	1,365,574		ヤン・ジホ	275	67	70	72	66	531,793
	金ハンビョル	270	67	67	69	67	1,365,574	58	コウスケ・ハマモト	276	69	68	67	72	430,885
	スンス・ハン	270	65	72	66	67	1,365,574		全　城賢	276	68	69	68	71	430,885
	文　景俊	270	68	69	68	65	1,365,574		トレバー・シムズビー	276	68	68	70	70	430,885
	星野　陸也	270	71	65	67	67	1,365,574		文　道燁	276	67	67	76	66	430,885
	近藤　智弘	270	66	67	68	69	1,365,574	62	李　東珉	277	70	67	71	69	384,482
	ボン・ソブ・キム	270	68	68	65	69	1,365,574		堀川未来夢	277	69	69	69	70	384,482
27	ニコラス・ファン	271	73	64	67	67	1,132,233		李　根鎬	277	68	70	71	68	384,482
	桂川　有人	271	67	69	68	67	1,132,233	65	リチャード・T・リー	278	62	68	71	77	357,966
	ジュビック・パグンサン	271	65	69	69	68	1,132,233	66	石坂　友宏	279	68	70	69	72	338,079
	塚田　陽亮	271	68	69	66	68	1,132,233		シーブ・カプール	279	70	69	69	71	338,079
	稲森　佑貴	271	70	62	71	68	1,132,233	68	岩田　寛	281	68	70	71	72	318,192
32	金　榮洙	272	71	66	67	68	967,834	69	上井　邦裕	282	71	67	73	71	304,934
	朴　成国	272	68	70	66	68	967,834	70	金　弘沢	283	69	68	69	77	285,047
	シディクール・ラーマン	272	66	70	68	68	967,834		ブロム・ミーサウット	283	67	68	73	75	285,047
	トラビス・スマイス	272	67	70	68	67	967,834								
	小田　孔明	272	70	68	67	67	967,834								
	李　大韓	272	68	65	68	71	967,834								
38	アジーテシュ・サンドゥ	273	68	66	70	69	827,299								

138ストローク(-4)までの71名が予選通過

198

氏名	トータルスコア	1R	2R	氏名	トータルスコア	1R	2R	氏名	トータルスコア	1R	2R	氏名	トータルスコア	1R	2R
詹 世昌	139	68	71	ウォン・ジョン・リー	140	74	66	李 政垣	142	71	71	S・H・ペク	145	72	73
市原 弘大	139	67	72	SSP・チャウラシア	140	69	71	池村 寛世	142	75	67	ミゲル・カルバリョ	145	72	73
邊 辰哉	139	69	70	高山 忠洋	140	70	70	ベン・キャンベル	142	72	70	S・H・キム	145	76	69
宮里 優作	139	68	71	玄 政協	140	71	69	朴 景南	142	69	73	張 緯綸	145	71	74
宋 永漢	139	67	72	スラジット・ヨンチャロエンチャイ	141	73	68	ブレンダン・ジョーンズ	142	70	72	田 宰翰	145	76	69
ハム・ジョンウ	139	69	70	黄 重坤	141	72	69	植竹 勇太	142	70	72	張 二根	146	72	74
片山 晋呉	139	66	73	朴 相賢	141	71	70	張 熙敏	143	70	73	高 君宅	146	75	71
パヌポール・ピッタヤラット	139	72	67	申 尚訓	141	70	71	呂 偉智	143	71	72	ジェイク・ヒギンボトム	146	74	72
ガン・チャルングン	139	70	69	ミゲル・タブエナ	141	70	71	ラタノン・ワナスリチャン	143	69	74	ダニエル・フォックス	147	75	72
香妻陣一朗	139	69	70	金 庚泰	141	68	73	金 鍾徳	143	72	71	朴 敏雄	148	77	71
李 泰熙	139	70	69	權 成烈	141	70	71	朴 政敏	143	73	70	咸 在炯	148	71	77
片岡 尚之	139	68	71	永野竜太郎	141	69	72	小斉平優和	143	72	71	姜 庚男		73	棄
大西 魁斗	140	73	67	内藤寛太郎	141	72	69	キム・ジェホ	144	72	72	金 兌祐		73	棄
ジョン・ソク・リ	140	69	71	李 亨俊	141	73	68	幡地 隆寛	144	72	72	玉 太勲		棄	
崔 ミン哲	140	68	72	ヤンキ・カスケ	141	70	71	ロリー・ヒー	144	72	72	杉山 知靖		棄	
デービッド・オー	140	69	71	トッド・シノット	142	72	70	ブーム・サクサンシン	144	73	71	ビラジ・マダッパ		失	
大岩 龍一	140	68	72	周 興喆	142	72	70								

【歴代優勝者】

年	優勝者	スコア	2位	差	コース	パー/ヤード
2019	ジェイブ・クルーガー	269—69・67・68・65	C・キム	2	Bear's Best Cheongna GC	71／7238Y
2020-21	〈新型コロナウイルス感染拡大のため中止〉					
2022	比嘉一貴	264—66・63・70・65	趙 珉珪, 申 容求, T・ケーオシリバンディット	2	KOMA CC	71／7065Y

【過去の18ホール最少ストローク】

62（−9）	R・T・リー	2022年1R	KOMA CC	PAR71／7065ヤード
62（−9）	稲森 佑貴	2022年2R	KOMA CC	PAR71／7065ヤード

ツアー成績

ANAオープンゴルフトーナメント

開催期日　2022年9月15日〜18日	賞金総額　100,000,000円
競技会場　札幌GC輪厚C	出場人数　120名
トータル　7,063Y：パー72(36,36)	天　候　晴・曇・曇・雨

1日目　亀代順哉と大会2勝の池田勇太が64で首位に並んだ。1打差3位に今平周吾ら5人。2日目　池田が1イーグル、6バーディの64をマーク。通算16アンダーの単独首位に立った。1打差2位は64で回った今平。5打差3位に亀代と堀川未来夢が続く。3日目　スコアを2つ伸ばして通算18アンダーとした池田が首位を守る。3打差2位に今平、5打差3位には大槻智春と堀川。2イーグルを含む68をマーク

した石川遼が6打差5位に浮上。J・デロスサントスが9番パー5でアルバトロスを決めた。最終日　15年の覇者・石川と大槻が追い上げ池田との三つ巴の戦いに。17番終了時で3者19アンダー並走も池田が最後ボギーとなり脱落。石川と大槻が18番パー4を使用したプレーオフに突入した。その1ホール目、大槻が131ヤードの2打目をカップイン。劇的イーグルで3年ぶりの2勝目をつかんだ。

【優勝】大槻　智春　269　68・67・68・66　20,000,000円
(プレーオフ1H目、大槻がイーグルで優勝)

順位	氏　名	トータルスコア	1R	2R	3R	4R	賞金額 (円)
2	石川　遼	269	66	70	68	65	10,000,000
3	池田　勇太	270	64	64	70	72	6,800,000
4	時松　隆光	272	65	70	69	68	4,400,000
	久常　涼	272	69	66	69	68	4,400,000
6	木村　太一	273	67	69	69	67	3,450,000
	ジャスティン・デロスサントス	273	69	68	68	68	3,450,000
8	アダム・ブランド	274	70	64	71	69	2,727,500
	張　棟圭	274	69	66	71	68	2,727,500
	竹安　俊也	274	66	72	68	68	2,727,500
	杉山　知靖	274	65	70	69	70	2,727,500
12	谷原　秀人	275	70	69	70	66	1,880,000
	池村　寛世	275	65	70	73	67	1,880,000
	木下　稜介	275	69	65	77	64	1,880,000
	堀川未来夢	275	68	64	71	72	1,880,000
	今平　周吾	275	65	64	72	74	1,880,000
17	稲森　佑貴	276	70	69	70	67	1,426,666
	片岡　尚之	276	68	69	71	68	1,426,666
	マシュー・グリフィン	276	71	68	68	69	1,426,666
20	田村　光正	277	67	69	71	70	1,100,000
	ガン・チャルングン	277	68	68	71	70	1,100,000
	小田　孔明	277	66	72	69	70	1,100,000
	比嘉　一貴	277	67	71	68	71	1,100,000
	小鯛　竜也	277	68	68	69	72	1,100,000
25	宋　永漢	278	74	65	71	68	860,000
	大西　魁斗	278	69	69	69	71	860,000
	亀代　順哉	278	64	69	72	73	860,000
28	大岩　龍一	279	67	72	74	66	760,000
	アンソニー・クウェイル	279	69	72	71	67	760,000
30	岩﨑亜久竜	280	69	71	69	71	621,666
	トッド・ペク	280	69	67	73	71	621,666
	李　尚熹	280	69	69	71	71	621,666
	佐藤　大平	280	66	74	70	70	621,666
	星野　陸也	280	70	67	75	68	621,666
	市原　弘大	280	68	68	70	74	621,666
36	平本　世中	281	71	65	73	72	520,000
	植竹　勇太	281	68	71	70	72	520,000
	小西　貴紀	281	72	69	69	71	520,000
39	勝亦　悠斗	282	73	66	71	72	430,000
	香妻陣一朗	282	70	68	73	71	430,000
	ジェイブ・クルーガー	282	70	66	75	71	430,000
	小平　智	282	71	70	70	71	430,000
	中里光之介	282	69	68	75	70	430,000
	長野　泰雅	282	65	75	72	70	430,000
45	高山　忠洋	283	69	72	71	71	360,000
46	中島　徹	284	70	65	71	74	298,666
	額賀　辰徳	284	70	66	74	74	298,666
	アンドルー・エバンス	284	73	68	69	74	298,666
	出水田大二郎	284	70	71	70	73	298,666
	今野　大喜	284	70	70	75	69	298,666
	塚田　陽亮	284	68	73	74	69	298,666
52	吉田　泰基	285	69	71	71	74	253,333
	宮里　優作	285	67	74	73	71	253,333
	H・W・リュー	285	70	70	73	72	253,333
55	永野竜太郎	286	72	68	70	76	238,250
	伊藤　誠道	286	68	68	75	75	238,250
	池上憲士郎	286	69	72	71	74	238,250
	ジュビック・パグンサン	286	72	69	72	73	238,250
59	貞方　章男	287	66	72	71	78	230,000
	秋吉　翔太	287	73	68	75	71	230,000
61	芦沢　宗臣	288	71	70	74	73	227,000
62	杉本エリック	290	69	72	76	73	225,000

141ストローク(−3)までの62名が予選通過

氏　名	トータルスコア	1R	2R	氏　名	トータルスコア	1R	2R	氏　名	トータルスコア	1R	2R	氏　名	トータルスコア	1R	2R
小袋　秀人	142	71	71	尾崎　慶輔	143	71	72	照屋佑唯智	144	70	74	近藤　智弘	149	74	75
勝俣　陵	142	72	70	海老根文博	143	71	72	織田　信亮	145	70	75	石塚　祥利	149	74	75
ブレンダン・ジョーンズ	142	72	70	大田和桂介	143	73	70	原田　大雅	145	72	73	@香川　友	149	75	74
桂川　有人	142	71	71	古川　雄大	143	72	71	阿部　裕樹	145	71	74	黒崎　蓮	150	76	74
武藤　俊憲	142	71	71	小林伸太郎	143	72	71	ハン・リー	145	72	73	北村　晃一	150	76	74
片山　晋呉	142	73	69	阿久津未来也	143	70	73	小斉平優和	146	72	74	中西　直人	150	76	74
飯田　雄介	142	72	70	石坂　友宏	143	72	71	岩田　寛	146	76	70	タンヤゴーン・クロンパ	150	77	73
マイケル・ヘンドリー	142	69	73	和田　七星	143	74	69	宇佐美祐樹	146	73	73	荒井　陸	151	74	77
木下　裕太	142	67	75	岡田　絃希	143	73	71	河本　力	147	75	72	矢野　東	153	77	76
竹谷　佳孝	142	71	71	岩井　亮磨	144	74	70	永澤　翔	147	72	75	竹内　優騎	153	72	81
ジェイ・チョイ	142	72	70	安本　大祐	144	74	70	小林　正則	147	71	76	@工藤大之進	153	75	78
内藤寛太郎	142	70	72	佐藤　圭介	144	73	71	泉川メイソン	147	73	74	菅間　隆夫	154	74	80
白　佳和	142	72	70	@小村優太	144	74	70	今村　勇貴	147	77	70	@宮本太郎	159	77	82
平田　憲聖	143	71	72	上井　邦裕	144	73	71	坂本　雄介	149	76	73	@はアマチュア			
朴　相賢	143	71	72	清水　大成	144	69	75	浅地　洋佑	149	76	73				

【歴代優勝者】

年	優勝者	スコア	2位	差	コース	パー/ヤード
全日空札幌オープン						
1973	尾崎将司	283—72・70・74・67	謝　敏男	2	札幌GC輪厚	72/7100Y
1974*	尾崎将司	282—72・73・71・66	青木　功	0	札幌GC輪厚	72/7100Y
1975	謝　永郁	277—71・70・66・70	村上　隆	2	札幌GC輪厚	72/7100Y
1976	村上　隆	285—74・68・76・67	尾崎将司	3	札幌GC輪厚	72/6490m
1977	杉原輝雄	287—72・71・72・72	宮本康弘	1	札幌GC輪厚	72/6490m
1978	杉原輝雄	284—68・72・72・72	小林富士夫	1	札幌GC輪厚	72/6490m
1979	グラハム・マーシュ	284—71・73・68・72	新井規矩雄	2	札幌GC輪厚	72/6490m
1980	杉原輝雄	283—71・71・72・69	新井規矩雄	1	札幌GC輪厚	72/6490m
1981	倉本昌弘	282—67・73・69・73	新井規矩雄	3	札幌GC輪厚	72/6490m
1982	鈴木規夫	278—74・63・69・72	青木　功	1	札幌GC輪厚	72/6490m
1983	中島常幸	282—71・70・72・69	青木　功	5	札幌GC輪厚	72/6490m
1984*	泉川ピート	280—68・68・76・68	高橋五月	0	札幌GC輪厚	72/6490m
1985	中島常幸	277—68・71・69・69	倉本昌弘	2	札幌GC輪厚	72/6490m
全日空オープン						
1986	倉本昌弘	281—73・72・66・70	青木　功	2	札幌GC輪厚	72/6490m
1987	青木　功	282—72・70・68・72	渡辺　司	1	札幌GC由仁	72/7031Y
1988*	尾崎直道	278—63・69・73・73	B・ジョーンズ	0	札幌GC由仁	72/7031Y
1989	尾崎将司	280—71・70・68・71	I・ウーズナム	6	札幌GC輪厚	72/7100Y
1990	中島常幸	277—69・70・68・70	尾崎将司	3	札幌GC輪厚	72/7063Y
1991	大町昭義	282—68・71・72・71	川岸良兼	2	札幌GC輪厚	72/7063Y
1992	尾崎将司	280—70・69・69・72	川岸良兼	4	札幌GC輪厚	72/7063Y
1993	中島常幸	274—67・67・67・73	尾崎直道、高橋勝成、P・シニア	4	札幌GC由仁	72/7009Y
1994	尾崎将司	268—68・68・63・69	室田　淳	9	札幌GC輪厚	72/7063Y
1995	尾崎将司	279—70・72・69・68	E・エルス	3	札幌GC輪厚	72/7063Y
1996	カルロス・フランコ	282—67・73・74・68	倉本昌弘	1	札幌GC輪厚	72/7063Y
1997	横田真一	273—68・65・72・68	尾崎健夫、Z・モウ	3	札幌GC輪厚	72/7063Y
1998	深堀圭一郎	279—71・71・68・69	宮本勝昌、L・ジャンセン	2	札幌GC輪厚	72/7063Y
1999	細川和彦	277—66・70・69・72	尾崎直道、友利勝良	1	札幌GC輪厚	72/7063Y
2000	佐藤信人	282—68・68・72・74	C・ペーニャ	1	札幌GC輪厚	72/7063Y
2001	林　根基	273—66・70・66・71	中嶋常幸、金城和弘	2	札幌GC輪厚	72/7063Y
2002	尾崎将司	271—67・66・69・69	藤田寛之	1	札幌GC輪厚	72/7063Y
ANAオープン						
2003	葉　偉志	277—66・72・72・72	米山　剛、尾崎将司	1	札幌GC輪厚	72/7063Y
2004	チャワリット・プラポール	271—66・65・70・70	Y・E・ヤン	1	札幌GC輪厚	72/7063Y
2005*	深堀圭一郎	274—72・62・72・68	今野康晴	0	札幌GC輪厚	72/7063Y
2006	近藤智弘	274—69・64・72・69	真板　潔、横尾　要	1	札幌GC輪厚	71/7017Y
2007*	篠崎紀夫	277—68・70・70・69	C・プラポール、今野康晴	0	札幌GC輪厚	71/7017Y

ツアー成績

2008	矢野　東	273—68・68・69・68	中嶋常幸、武藤俊憲	4	札幌GC輪厚	72／7063Y
2009	谷口　徹	272—67・67・66・72	金　庚泰、中嶋常幸、山下和宏	4	札幌GC輪厚	72／7063Y
2010	池田勇太	274—70・71・66・67	金度勲(大邱)、J・チョイ	1	札幌GC輪厚	72／7063Y
2011	カート・バーンズ	275—71・66・67・71	近藤共弘、片山晋呉、小田孔明	1	札幌GC輪厚	72／7063Y
2012	藤田寛之	272—71・68・65・68	梁　津萬、K・バーンズ、池田勇太、金　亨成	1	札幌GC輪厚	72／7063Y
2013	小田孔明	273—66・68・71・68	李　京勲、片山晋呉	4	札幌GC輪厚	72／7063Y
2014＊	宮本勝昌	270—68・67・68・67	谷原秀人	0	札幌GC輪厚	72／7063Y
2015	石川　遼	272—68・68・67・69	宮里優作	2	札幌GC輪厚	72／7063Y
2016	ブレンダン・ジョーンズ	270—66・67・67・70	池田勇太	1	札幌GC輪厚	72／7063Y
2017＊	池田勇太	275—70・69・65・71	今平周吾、時松隆光	0	札幌GC輪厚	72／7063Y
2018	（北海道胆振東部地震のため中止）					
2019＊	浅地洋佑	272—73・68・66・65	S・ノリス、嘉数光倫、S・ハン、時松隆光	0	札幌GC輪厚	72／7063Y
2020	〈新型コロナウイルス感染拡大のため中止〉					
2021	スコット・ビンセント	270—72・63・69・66	大槻智春	3	札幌GC輪厚	72／7063Y
2022	大槻智春	269—68・67・68・66	石川　遼	0	札幌GC輪厚	72／7063Y

＊はプレーオフ。1973年からツアー競技

【過去の18ホール最少ストローク】

61（－11）　小田　孔明　2015年3R　札幌GC輪厚C　PAR72／7063ヤード

パナソニックオープンゴルフチャンピオンシップ

開催期日	2022年9月22日～25日	賞金総額 100,000,000円
競技会場	小野東洋GC	出場人数 120名
トータル	7,113Y：パー72(36,36)	天候 曇・雨・晴・晴

1日目 桂川有人と今平周吾がともにボギーなしの7アンダー65で回り首位スタート。前年覇者でプロデビュー戦の中島啓太が69で19位。**2日目** 50歳の宮本勝昌が66をマークして通算11アンダーの首位に躍り出る。1打差2位に前日首位の今平、桂川ら5人が並ぶ。**3日目** 6打差33位で出た東北福祉大4年のアマ蟬川泰果が1イーグル、9バーディで大会新及びアマチュア新の61を叩き出し、通算16アンダーで首位を捕えた。同じく首位は宮本と前週優勝の大槻智春。1打差4位には岩﨑亜久竜と桂川がつける。**最終日** 首位に並ぶ最終組の3人が伸び悩み、1組前の岩﨑が単独首位に立った。だが、最終組の中で蟬川が反撃。13番から5連続バーディで岩﨑を抜き去った。18番はボギーとしたが通算22アンダーで岩﨑を1打抑えて前年の中島に続き史上6人目(73年以降)のアマチュア優勝を成し遂げた。

【優勝】蟬川　泰果　266　71・68・61・66　アマチュア

順位	氏名	トータルスコア	1R	2R	3R	4R	賞金額(円)
2	岩崎亜久竜	267	70	65	66	66	20,000,000
3	桂川　有人	269	65	69	67	68	10,000,000
4	久常　涼	270	71	66	65	68	6,800,000
5	ジュビック・パグンサン	271	71	66	66	68	4,400,000
	宮本　勝昌	271	67	66	66	71	4,400,000
7	稲森　佑貴	272	67	67	68	70	3,316,666
	ブラッド・ケネディ	272	69	68	67	68	3,316,666
	小田　孔明	272	69	68	67	68	3,316,666
10	香妻陣一朗	273	74	67	65	67	2,620,000
	小平　智	273	68	70	66	69	2,620,000
	大槻　智春	273	68	66	66	73	2,620,000
13	田村　光正	274	67	70	71	66	2,020,000
	池村　寛世	274	65	69	73	67	2,020,000
	H・W・リュー	274	69	68	69	68	2,020,000
16	今平　周吾	275	65	69	73	68	1,437,142
	河本　力	275	73	66	69	67	1,437,142
	大西　魁斗	275	69	68	70	68	1,437,142
	竹安　俊也	275	69	70	68	68	1,437,142
	マイケル・ヘンドリー	275	68	70	69	68	1,437,142
	阿久津未来也	275	68	68	70	69	1,437,142
	佐藤　大平	275	70	68	70	67	1,437,142
23	宮里　優作	276	69	67	74	66	1,020,000
	木下　裕太	276	69	66	69	72	1,020,000
	清水　大成	276	72	65	67	72	1,020,000
26	アンソニー・クウェイル	277	69	70	70	68	761,250
	平田　憲聖	277	71	69	68	69	761,250
	大岩　龍一	277	69	67	71	70	761,250
	内藤寛太郎	277	70	67	70	70	761,250
	ジャスティン・デロスサントス	277	69	70	70	68	761,250
	片山　晋呉	277	73	68	65	71	761,250
	星野　陸也	277	70	69	67	71	761,250
	アンドルー・エバンス	277	69	69	74	65	761,250
34	植竹　勇太	278	68	69	71	70	540,000
	トッド・ペク	278	71	70	67	70	540,000
	小西　貴紀	278	67	72	71	68	540,000
	永野竜太郎	278	69	72	68	69	540,000
	時松　隆光	278	71	68	68	71	540,000
	小鯛　竜也	278	71	70	70	67	540,000
	アダム・ブランド	278	69	67	69	73	540,000
41	大田和桂介	279	66	73	70	70	410,000
	織田　信亮	279	70	69	70	70	410,000
	海老根文博	279	70	69	69	71	410,000
	勝俣　陵	279	71	69	69	70	410,000
	古川龍之介	279	68	72	69	70	アマチュア
	白　佳和	279	70	69	69	69	410,000
	坂本　雄介	279	67	68	70	74	410,000
48	渡部　光洋	280	67	68	73	72	293,142
	竹谷　佳孝	280	70	70	69	71	293,142
	ジェイブ・クルーガー	280	70	71	66	73	293,142
	片岡　尚之	280	68	72	70	70	293,142
	中島　啓太	280	69	71	71	69	293,142
	木下　稜介	280	69	69	73	69	293,142
	宋　永漢	280	71	70	71	68	293,142
55	亀代　順哉	281	71	68	74	68	250,000
	中山　絹也	281	71	70	73	67	250,000
57	木村　太一	282	69	71	67	75	236,800
	杉本エリック	282	69	68	74	71	236,800
	今野　大喜	282	69	69	75	69	236,800
	ハン・リー	282	69	66	76	71	236,800
	藤田　寛之	282	71	70	72	69	236,800
62	石坂　友宏	283	68	72	70	73	227,000
	池上憲士郎	283	71	69	71	72	227,000
	金　庚泰	283	71	69	71	72	227,000
	下家　秀琉	283	74	67	71	71	アマチュア
66	ブレンダン・ジョーンズ	284	73	69	69	73	223,000
67	谷原　秀人	285	69	70	71	75	219,500
	安本　大祐	285	72	67	74	72	219,500
	杉山　知靖	285	70	71	73	71	219,500
	古田　幸希	285	70	71	72	72	219,500
71	高山　忠洋	286	71	69	69	77	219,000
	矢野　東	286	71	70	71	74	219,000
73	岩田　寛	288	71	70	70	77	219,000
74	横田　真一	293	71	70	77	75	219,000

141ストローク(-3)までの74名が予選通過

パナソニックオープンゴルフチャンピオンシップ

氏　名	トータルスコア	1R	2R	氏　名	トータルスコア	1R	2R	氏　名	トータルスコア	1R	2R	氏　名	トータルスコア	1R	2R
尾崎　慶輔	142	72	70	北村　晃一	143	72	71	上井　邦裕	145	72	73	小斉平優和	148	73	75
小林伸太郎	142	75	67	中里光之介	143	74	69	ガン・チャルングン	145	71	74	マ・シュラーングリフィン	148	81	67
張　棟圭	142	70	72	石川　遼	143	70	73	黒﨑　蓮	145	73	72	久保谷健一	149	73	76
谷本　蓮	142	72	70	堀川未来夢	143	71	72	芦沢　宗臣	146	73	73	@下家秀平	150	73	77
@髙田圭一郎	142	73	69	阿部　裕樹	143	72	71	武藤　俊憲	146	72	74	川澄　尚太	150	72	78
関藤　侑嗣	142	70	72	岡田　絃希	143	75	68	手嶋　多一	146	76	70	小袋　秀人	150	76	74
鍋谷　太一	142	73	69	深堀圭一郎	144	72	72	竹内　優騎	146	73	73	中西　直人	152	72	80
豊見里友作	142	74	68	秋吉　翔太	144	70	74	出水田大二郎	146	75	71	タンヤゴーンバクロンパ	153	75	78
三島　泰哉	142	71	71	谷口　徹	144	71	73	近藤　智弘	146	73	73	浅地　洋佑		76	棄
古川　雄大	143	69	74	@山下勝将	144	74	70	貞方　章男	147	74	73	李　尚熹			棄
市原　弘大	143	70	73	吉田　泰基	144	71	73	ジェイ・チョイ	147	76	71				
比嘉　一貴	143	72	71	塚田　陽亮	144	73	71	ガブリエレ・デバルバ	147	74	73	@はアマチュア			

【歴代優勝者】

年	優勝者	スコア	2位	差	コース	パー／ヤード
2016	池田勇太	271—67・73・66・65	金　庚泰、M・フレーザー	3	千葉CC梅郷	71／7130Y
2017*	久保谷健一	273—69・71・69・64	宮本勝昌	0	千葉CC梅郷	71／7130Y
2018	ラヒル・ガンジー	270—69・65・68・68	黄　重坤、金　亨成	1	茨木CC西	71／7343Y
2019	武藤俊憲	263—65・70・64・64	今平周吾	4	東広野GC	71／7058Y
2020	〈新型コロナウイルス感染拡大のため中止〉					
2021*	@中島啓太	270—69・68・65・68	永野竜太郎	0	城陽CC	72／6967Y
2022	@蟬川泰果	266—71・68・61・66	岩﨑亜久竜	1	小野東洋GC	72／7113Y

*はプレーオフ、@はアマチュア

【過去の18ホール最少ストローク】

61（−11）　@蟬川泰果　2022年3R　小野東洋GC　　　PAR72／7113ヤード

バンテリン東海クラシック

開催期日　2022年9月29日～10月2日	賞金総額　110,000,000円
競技会場　三好CC西C	出場人数　114名
トータル　7,300Y：パー71(35,36)	天候　曇・晴・晴・晴

1日目 ツアー2年目の25歳・岡田紘希が6バーディ、ボギーなしの65で首位発進。1打差2位にマンデー首位通過の今野大喜がつけた。**2日目** 1イーグル、6バーディの63で回った桂川有人が通算11アンダーとして7位から首位に浮上。3打差2位で岡田が続く。**3日目** 桂川は16番でダブルボギーがあったが6バーディで67をマーク。通算15アンダーで首位を守った。66で回った河本力が5位から4打差の2位に浮上。5打差3位は池田勇太。**最終日** ともに2勝目を狙う桂川と河本の争いになった。4打リードで出た桂川が前半でスコアを落として追いつかれる。15番パー5で河本がイーグルを奪い2打リード。だが、河本は16、17番ボギーとし、通算12アンダーで並んで18番を迎えた。ほぼ同じ位置からのバーディパットを先に打った桂川が外し、ラインを見た河本が見事に沈めて凱歌をあげた。

【優勝】河本　力　271　69・67・66・69　22,000,000円

順位	氏名	トータルスコア	1R	2R	3R	4R	賞金額(円)
2	桂川　有人	272	68	63	67	74	11,000,000
3	比嘉　一貴	275	69	67	69	70	6,380,000
	池田　勇太	275	70	66	67	72	6,380,000
5	小平　智	277	69	68	71	69	4,400,000
6	永野竜太郎	278	68	72	70	68	3,648,333
	稲森　佑貴	278	68	68	73	69	3,648,333
	時松　隆光	278	68	69	69	72	3,648,333
9	岩﨑亜久竜	279	73	70	70	66	2,772,000
	アダム・ブランド	279	69	68	73	69	2,772,000
	大槻　智春	279	68	70	71	70	2,772,000
	木下　裕太	279	67	73	69	70	2,772,000
13	久常　涼	280	70	72	71	67	1,974,500
	大岩　龍一	280	70	71	69	70	1,974,500
	坂本　雄介	280	70	70	69	71	1,974,500
	アンソニー・クウェイル	280	69	66	72	73	1,974,500
17	マシュー・ドリー	281	72	72	65	72	1,617,000
	金子　駆大	281	70	71	68	72	1,617,000
19	小田　孔明	282	68	70	75	69	1,216,285
	塚田　陽亮	282	71	71	71	69	1,216,285
	植竹　勇太	282	71	71	70	70	1,216,285
	トッド・ペク	282	68	70	72	72	1,216,285
	市原　弘大	282	69	71	70	72	1,216,285
	ブラッド・ケネディ	282	67	73	70	72	1,216,285
	チャン・キム	282	71	72	65	74	1,216,285
26	中島　啓太	283	67	71	73	72	924,000
	岡田　晃平	283	68	70	73	72	アマチュア
	大西　魁斗	283	69	66	73	75	924,000
29	幡地　隆寛	284	70	72	72	70	737,000
	今平　周吾	284	70	70	74	70	737,000
	マシュリ・ガン・チャルングン	284	71	71	71	71	737,000
	竹安　俊也	284	71	72	72	69	737,000
	宮里　優作	284	70	69	72	73	737,000
	今野　大喜	284	66	76	76	66	737,000
36	近藤　智弘	285	70	70	74	71	583,000
	鍋谷　太一	285	68	73	71	73	583,000
	片山　晋呉	285	68	71	72	74	583,000
	岡田　紘希	285	65	69	73	78	583,000
40	小袋　秀人	286	69	70	74	73	484,000
	高山　忠洋	286	70	71	72	73	484,000
	石坂　友宏	286	73	70	72	71	484,000
	ハン・リー	286	72	72	70	72	484,000
	堀川未来夢	286	70	70	67	79	484,000
45	青山　晃大	287	70	73	71	73	385,000
	森本　雄	287	70	70	74	73	385,000
	亀代　順哉	287	71	70	71	75	385,000
	内藤寛太郎	287	70	74	72	71	385,000
49	出水田大二郎	288	74	70	71	73	311,300
	中里光之介	288	75	69	72	72	311,300
	貞方　章男	288	71	73	73	71	311,300
	勝俣　陵	288	72	71	74	71	311,300
53	ジュビック・パグンサン	289	70	69	74	76	273,680
	H・W・リュー	289	71	67	75	76	273,680
	杉山　知靖	289	71	71	74	73	273,680
	小林伸太郎	289	72	69	76	72	273,680
	木下　稜介	289	71	71	77	70	273,680
58	ジェイブ・クルーガー	290	71	73	70	76	259,600
59	阿久津未来也	291	70	74	74	73	255,200
	池上憲士郎	291	71	73	74	73	255,200
61	杉浦　悠太	292	74	70	71	77	アマチュア
	清水　大成	292	68	70	82	72	248,600
	竹谷　佳孝	292	69	72	75	76	248,600
	古川　雄大	292	71	72	77	72	248,600
	安本　大祐	292	71	73	75	73	248,600
66	片岡　尚之	293	70	73	71	79	242,000
	吉田　泰基	293	68	76	80	69	242,000
68	香妻陣一朗	294	70	75	77	72	240,900
69	田村　光正	295	69	69	79	78	240,900
	朴　銀信	295	68	75	79	73	240,900
71	長野　泰雅	296	72	71	74	79	240,900
	ジェイ・チョイ	296	70	76	75	75	240,900
	宮本　勝昌		73	69	棄		

144ストローク(＋2)までの73名が予選通過

バンテリン東海クラシック

氏名	トータルスコア	1R	2R	氏名	トータルスコア	1R	2R	氏名	トータルスコア	1R	2R	氏名	トータルスコア	1R	2R
浅地 洋佑	145	67	78	藤田 寛之	147	74	73	髙橋 大輝	150	73	77	張 棟圭		77	棄
池村 寛世	145	74	71	矢野 東	147	74	73	徳光 祐哉	150	78	72	白 佳和		74	棄
星野 陸也	145	70	75	小鯛 竜也	147	73	74	秋吉 翔太	151	81	70	金 庚泰		74	棄
杉本エリック	145	68	77	阿部 裕樹	147	69	78	織田 信亮	151	77	74	タンヤゴーン・クロンパ		76	棄
小斉平優和	145	71	74	芦沢 宗臣	148	72	76	@笠原 瑛	151	74	77	宋 永漢		70	棄
谷口 徹	145	73	72	西原 健太	148	74	74	佐藤 大平	152	76	76	石川 遼		73	棄
小西 貴紀	145	70	75	中西 直人	148	72	76	上田 敦士	152	75	77	武藤 俊憲		79	棄
@下家秀琉	146	75	71	ブレンダン・ジョーンズ	148	72	76	伊藤雅和	157	81	76	岩田 寛			棄
平田 憲聖	146	71	75	アンドルー・エバンス	148	73	75	@今川知也	158	78	80				
ジャスティン・デロスサントス	146	75	71	@大嶋 港	149	73	76	@榊原吉規	158	78	80	@はアマチュア			
金 亨成	147	71	76	片岡 大育	149	72	77	@岡原健太郎	161	82	79				

【歴代優勝者】

年	優勝者	スコア	2位	差	コース	パー／ヤード
東海クラシック						
1970＊	石井富士夫	285—72・72・72・69	謝 敏男	0	三好CC西	72／7065Y
1971	内田 繁	283—73・69・71・70	B・キャスパー	3	三好CC西	72／7065Y
1972	新井規矩雄	275—68・68・70・69	河野高明	1	三好CC西	72／7065Y
1973	尾崎将司	277—71・65・69・72	青木 功	1	三好CC西	72／7055Y
1974	島田幸作	276—71・67・67・71	杉原輝雄	2	三好CC西	72／7065Y
1975	宮本康弘	280—71・72・67・70	新井規矩雄、山本善隆	2	三好CC西	72／7065Y
1976＊	青木 功	283—74・74・68・67	杉原輝雄、内田 繁	0	三好CC西	72／6460m
1977	尾崎将司	278—67・69・70・72	島田幸作	1	三好CC西	72／6460m
1978	草壁政治	282—75・69・66・72	島田幸作	2	三好CC西	72／6460m
1979	入江 勉	275—70・69・68・68	謝 敏男、草壁政治	5	三好CC西	72／6460m
1980	ラリー・ネルソン	274—72・69・66・67	羽川 豊	1	三好CC西	72／6460m
1981＊	倉本昌弘	209—68・71・70	小林富士夫、重信秀人、中村 通	0	三好CC西	72／6460m
1982	謝 敏男	274—64・71・72・67	L・ネルソン	5	三好CC西	72／6460m
1983	倉本昌弘	276—64・69・72・71	尾崎直道	2	三好CC西	72／6460m
1984	岩下吉久	276—71・63・71・71	倉本昌弘	2	三好CC西	72／6494m
1985	グラハム・マーシュ	278—70・71・68・69	青木 功	1	三好CC西	72／6494m
1986	倉本昌弘	271—68・69・65・69	前田新作	9	三好CC西	72／6494m
1987	中島常幸	282—71・72・73・66	尾崎将司	1	三好CC西	72／7110Y
1988	ブライアン・ジョーンズ	274—69・69・71・65	鈴木弘一	3	三好CC西	72／7110Y
1989	青木 功	275—67・69・71・68	泉川ピート	5	三好CC西	72／7089Y
1990	グラハム・マーシュ	206—70・72・64	上野忠美、藤木三郎	2	三好CC西	72／7089Y
1991	板井榮一	279—70・65・72・72	湯原信光	4	三好CC西	72／7089Y
1992	マーク・オメーラ	277—66・68・72・71	T・カイト	1	三好CC西	72／7089Y
1993	藤木三郎	274—68・70・67・69	飯合 肇	4	三好CC西	72／7089Y
1994	コーリー・ペイビン	277—68・69・68・72	謝 錦昇	1	三好CC西	72／7089Y
1995	河村雅之	285—74・73・64・74	加瀬秀樹	1	三好CC西	72／7089Y
1996	木村政信	280—68・71・71・70	丸山茂樹、細川和彦、S・ジョーンズ	1	三好CC西	72／7089Y
1997＊	ブラント・ジョーブ	278—68・72・69・69	B・ワッツ	0	三好CC西	72／7050Y
1998	伊沢利光	277—73・66・70・68	湯原信光	3	三好CC西	72／7060Y
1999	横尾 要	274—66・67・72・69	V・シン	1	三好CC西	72／7050Y
2000	宮瀬博文	276—70・70・70・66	谷口 徹	1	三好CC西	72／7060Y
ジョージア東海クラシック						
2001	伊沢利光	272—65・68・70・69	林 根基、近藤智弘	2	三好CC西	72／7075Y
2002	谷口 徹	278—72・69・69・68	川原 希、Z・モウ	2	三好CC西	72／7095Y
2003	川原 希	275—69・68・69・69	米山 剛、片山晋呉	1	三好CC西	72／7125Y
コカ・コーラ東海クラシック						
2004＊	今井克宗	210—70・68・72	細川和彦	0	三好CC西	72／7180Y
2005	Y・E・ヤン	270—66・72・65・67	手嶋多一	4	三好CC西	72／7180Y
2006	星野英正	282—70・73・72・67	宮本勝昌	2	三好CC西	71／7240Y
2007＊	カミロ・ビジェガス	282—68・72・71・71	藤島豊和	0	三好CC西	71／7240Y
2008	武藤俊憲	277—69・70・69・69	池田勇太	2	三好CC西	72／7310Y

2009	石川　遼	274—71・68・66・69	梶川剛奨	1	三好CC西	72／7310Y
2010 ＊	松村道央	280—72・68・72・68	兼本貴司、藤田寛之	0	三好CC西	72／7310Y
2011	裵　相文	281—69・67・72・73	高山忠洋	1	三好CC西	72／7310Y
2012 ＊	リュー・ヒョヌ	282—71・73・67・71	片山晋呉	0	三好CC西	72／7315Y
2013 ＊	片山晋呉	281—74・76・64・67	星野英正、冨山　聡	0	三好CC西	72／7315Y

トップ杯東海クラシック

2014	キム・スンヒョグ	281—66・73・72・70	黄　重坤、金　亨成	1	三好CC西	72／7315Y
2015 ＊	金　亨成	276—69・72・69・66	片山晋呉	0	三好CC西	72／7315Y
2016	片岡大育	272—68・67・71・66	池田勇太	1	三好CC西	72／7315Y
2017	小平　智	274—67・68・70・69	時松隆光	1	三好CC西	72／7325Y
2018	アンジェロ・キュー	271—68・69・68・66	W・J・リー、Y・E・ヤン	2	三好CC西	72／7330Y
2019	ショーン・ノリス	275—68・69・66・72	秋吉翔太、時松隆光	1	三好CC西	71／7295Y

バンテリン東海クラシック

2020	〈新型コロナウイルス感染拡大のため中止〉					
2021	チャン・キム	270—64・68・69・69	池田勇太、大槻智春、香妻陣一朗	2	三好CC西	71／7300Y
2022	河本　力	271—69・67・66・69	桂川有人	1	三好CC西	71／7300Y

＊はプレーオフ。1973年からツアー競技

【過去の18ホール最少ストローク】

63（−9）	岩下　吉久	1984年2R	三好CC西	PAR72／6494メートル
63（−9）	尾崎　将司	1986年2R	三好CC西	PAR72／6494メートル
63（−9）	金子　柱憲	1991年4R	三好CC西	PAR72／7089ヤード
63（−9）	Y・E・ヤン	2018年3R	三好CC西	PAR72／7330ヤード
63（−8）	桂川　有人	2022年2R	三好CC西	PAR72／7300ヤード

ツアー成績

For The Players By The Players

開催期日	2022年10月6日〜9日	
競技会場	THE RAYSUM	
トータル	7,137Y：パー71（35,36）	
賞金総額	50,000,000円	
出場人数	128名	
天　候	雨・雨・晴・曇	

1日目 JGTOと選手会が作った新規大会。ツアーで24年ぶりにポイント制のステーブルフォード方式が採用された。14点を獲得したH・リーと小袋秀人が首位。1点差で大岩龍一が続く。**2日目** 雨で冷え込む中、今野大喜が8バーディ、3ボギーで13点を積み上げ、通算21点で11位から首位に浮上。1点差の2位には小林伸太郎がつけた。**3日目** 7バーディ、1ボギーで13点を獲得した小林が通算33点で首位に立った。6点差の2位には大岩が7位から浮上。7点差3位には今野、片岡尚之、織田信亮の3人が並んだ。**最終日** 首位で出た小林が前半から着実にポイントを重ねる展開。9、10番のボギーからやや停滞したが16、17番でバーディを奪い通算41点。2位の大岩に5点差をつけてツアー14年目にして初優勝。生まれ育った群馬県でうれしいウォーターシャワーを浴びた。

【優勝】	小林　伸太郎	+41	+9	+11	+13	+8	10,000,000円

順位	氏　名	トータルスコア	1R	2R	3R	4R	賞金額（円）
2	大岩　龍一	+36	+13	+1	+13	+9	5,000,000
3	ジャスティン・デロスサントス	+32	+6	+6	+11	+9	3,400,000
4	小鯛　竜也	+31	+2	+12	+6	+11	2,200,000
	竹安　俊也	+31	+6	+6	+8	+11	2,200,000
6	チャン・キム	+30	+3	+3	+14	+10	1,800,000
7	片岡　尚之	+29	+7	+5	+14	+3	1,650,000
8	織田　信亮	+28	+12	+4	+10	+2	1,525,000
9	今野　大喜	+27	+8	+13	+5	+1	1,360,000
	清水　大成	+27	+9	+7	+9	+2	1,360,000
11	小平　智	+26	+1	+5	+11	+9	1,060,000
	香妻陣一朗	+26	+4	+6	+9	+7	1,060,000
	大田和桂介	+26	+6	+2	+12	+6	1,060,000
	吉田　泰基	+26	0	+9	+12	+5	1,060,000
15	杉山　知靖	+25	+8	+3	+12	+2	835,000
	ハン・リー	+25	+14	+3	+6	+2	835,000
17	塚田　陽亮	+24	+4	+2	+10	+8	735,000
	マイケル・ヘンドリー	+24	+7	−2	+8	+11	735,000
19	中山　絹也	+23	+8	+2	+4	+9	570,000
	稲森　佑貴	+23	+9	+3	+3	+8	570,000
	亀代　順哉	+23	+4	+2	+10	+7	570,000
	中島　徹	+23	+3	+8	+8	+4	570,000
	中村　匡志	+23	+3	+2	+7	+11	570,000
	H・W・リュー	+23	+7	+5	+6	+5	570,000
25	石原　航輝	+22	+7	+6	0	+9	400,000
	佐藤　大平	+22	+3	+8	+4	+7	400,000
	すし　石垣	+22	+3	+7	+9	+3	400,000
	伊藤　有志	+22	+10	0	+9	+3	400,000
	幡地　隆寛	+22	+5	+6	−3	+14	400,000
	三島　泰哉	+22	+5	+4	+11	+2	400,000
31	内藤寛太郎	+21	+4	+6	+3	+8	303,000
	阿久津未来也	+21	−1	+8	+6	+8	303,000
	長野　泰雅	+21	+10	+1	+6	+4	303,000
	額賀　辰徳	+21	+1	+9	+7	+4	303,000
	竹谷　佳孝	+21	+6	+5	−2	+12	303,000
36	竹内　優騎	+20	+4	+2	+5	+9	270,000
37	杉本エリック	+19	+6	0	+6	+7	255,000
	藤井　伸一	+19	+6	0	+4	+9	255,000

順位	氏　名	トータルスコア	1R	2R	3R	4R	賞金額（円）
39	永松　宏之	+18	+6	0	+8	+4	235,000
	小袋　秀人	+18	+14	−7	+10	+1	235,000
41	池村　寛世	+17	+1	+6	+6	+4	205,000
	坂本　雄介	+17	+8	−1	+6	+4	205,000
	松原　大輔	+17	+8	+5	+4	0	205,000
	出水田大二郎	+17	+2	+8	+2	+5	205,000
45	大槻　智春	+16	+1	+5	+7	+3	170,000
	大貫渉太朗	+16	0	+7	+8	+1	170,000
	平田　憲聖	+16	+6	+5	+1	+4	170,000
48	山本　豪	+15	+5	+1	+4	+5	150,000
49	永野竜太郎	+14	+7	0	+5	+2	141,000
	中西　直人	+14	+7	+10	−6	+3	141,000
51	池上憲士郎	+13	+4	+4	+6	−1	130,000
	高橋　慧	+13	+5	+3	+3	+2	130,000
	小斉平優和	+13	+1	+4	0	+8	130,000
54	中里光之介	+12	+6	+1	+4	+1	124,000
55	高花　翔太	+11	+6	+3	+2	0	122,000
56	矢野　東	+10	+6	+2	−1	+3	120,000
57	アンドルーエバンス	+9	+3	+2	+8	−4	117,250
	古庄　紀彦	+9	−1	+7	+5	−2	117,250
59	アンソニークウェイル	+8	+2	+9	−3	0	115,000
	井上　敬太	+8	+3	+4	0	+1	115,000
61	アシュリンアリラゥィン	+3	+7	+2	−5	−1	113,000
	貞方　章男	+3	+8	−3	−3	+1	113,000
63	竹内　廉	−2	+2	+4	−4	−4	111,500

+5までの63名が予選通過

氏 名	トータルスコア	1R	2R	氏 名	トータルスコア	1R	2R	氏 名	トータルスコア	1R	2R	氏 名	トータルスコア	1R	2R
植竹 勇太	+4	+5	−1	百目鬼光紀	+2	−2	+4	時松 隆光	−2	+1	−3	狩俣 昇平	−7	−5	−2
蛯名 大和	+4	+5	−1	上平 栄道	0	+4	−4	勝俣 陵	−2	−1	−1	永橋 宏明	−8	−4	−4
金 智宇	+4	+4	0	大下 勇	0	+1	−1	村山 駿	−2	0	−2	岡島 功史	−9	−2	−7
関藤 直熙	+4	+1	+3	小川 翔	0	0	0	和足 哲也	−2	−4	+2	竹田のすけ	−9	+2	−11
ガン・チャルングン	+4	+5	−1	成冨 晃広	0	−1	+1	大塚 智之	−2	+1	−3	三木 龍馬	−10	−2	−8
森 雄貴	+4	0	+4	小田 孔明	0	+1	−1	吉村 明恭	−2	+2	−4	夏堀 裕大	−10	−7	−3
田村 光正	+3	+1	+2	鈴木 敬太	0	+1	−1	平本 世中	−3	−1	−2	豊見里友作	−11	−1	−10
河本 力	+3	+1	+2	白 佳和	0	+5	−5	照屋佑唯智	−3	+2	−5	今野 匠	−11	0	−11
長谷川大晃	+3	0	+3	野口 裕太	0	+3	−3	南 大樹	−3	−2	−1	眞山龍太郎	−12	−1	−11
和田章太郎	+3	−1	+4	猿田 勝大	0	0	0	篠原仕師命	−3	−3	0	竹内 秀	−16	−9	−7
アダム・ブランド	+3	+1	+2	岡部 大将	0	+1	−1	大野 倖	−3	+1	−4	古川 雄大		+5	棄
市原 弘大	+3	+4	−1	高橋 賢	−1	0	−1	黒﨑 蓮	−3	−3	0	高山 忠洋		+7	棄
芦沢 宗臣	+3	0	+3	安本 大祐	−1	−3	+2	森 祐紀	−4	−5	+1	木下 裕太			棄
岡田 絃希	+2	0	+2	ミゲル・カルバリョ	−1	0	−1	権藤 紘太	−4	−2	−2	石坂 友宏			棄
小西 貴紀	+2	+4	−2	伊丹 健二	−1	−4	+3	生駒 怜児	−5	−2	−3				
宮里 優作	+2	−2	+4	大谷 俊介	−1	−4	+3	阿部 裕樹	−6	+3	−9				
山岡 成稔	+2	+4	−2	海老根文博	−1	+11	−12								

ツアー成績

【歴代優勝者】

年	優勝者	スコア	2位	差	コース	パー/ヤード
2022	小林伸太郎	+41—+9・+11・+13・+8	大岩龍一	5	THE RAYSUM	71／7137Y

【過去の18ホール最多ポイント】

+14	H・リー	2022年1R	THE RAYSUM	PAR71／7137ヤード
+14	小袋 秀人	2022年1R	THE RAYSUM	PAR71／7137ヤード
+14	片岡 尚之	2022年3R	THE RAYSUM	PAR71／7137ヤード
+14	C・キム	2022年3R	THE RAYSUM	PAR71／7137ヤード
+14	幡地 隆寛	2022年4R	THE RAYSUM	PAR71／7137ヤード

日本オープンゴルフ選手権競技（第87回）

開催期日 2022年10月20日～23日	賞金総額 210,000,000円
競技会場 三甲GCジャパンC	出場人数 120名
トータル 7,178Y：パー70(35,35)	天候 晴・晴・曇・晴

1日目 日没のため6人がホールアウトできずサスペンデッドに。暫定首位は7バーディ、1ボギーの64で回った東北福祉大4年のアマ蟬川泰果。2打差暫定2位には金谷拓実。**2日目** 第1Rを終えて蟬川の首位は変わらず。続く第2Rは蟬川パープレーで通算6アンダー。比嘉一貴と金谷が蟬川に並び首位へ。3打差4位には嘉数光倫、C・キムと日大3年のアマ杉浦悠太がついた。**3日目** 蟬川が9番パー4

で1オンのイーグルを奪うなど63をマーク。通算13アンダーとして2位の比嘉に6打差をつけた。通算4アンダーの3位には杉浦。**最終日** 蟬川が1、2番連続バーディで首位の座を盤石にする。9番でトリプルボギーを叩き以降は停滞。比嘉がじわりと追い上げるが2打差まで。蟬川が通算10アンダーで第1回大会赤星六郎以来のアマ王者に。史上初めてアマで2勝目の快挙も成し遂げた。

【優勝】蟬川 泰果 270 64・70・63・73 アマチュア

順位	氏名	トータルスコア	1R	2R	3R	4R	賞金額(円)
2	比嘉 一貴	272	68	66	69	69	42,000,000
3	長野 泰雅	276	70	69	70	67	23,100,000
	杉浦 悠太	276	71	66	69	70	アマチュア
5	金谷 拓実	279	66	68	74	71	16,100,000
6	嘉数 光倫	282	71	66	75	70	8,890,000
	アダム・スコット	282	71	72	68	71	8,890,000
	チャン・キム	282	67	70	72	73	8,890,000
9	竹安 俊也	283	71	64	79	69	5,460,000
	池田 勇太	283	68	69	74	72	5,460,000
	杉山 知靖	283	70	74	73	66	5,460,000
12	池村 寛世	284	69	74	73	72	3,661,000
	生源寺龍憲	284	72	71	69	72	3,661,000
	小平 智	284	67	75	67	75	3,661,000
15	岩﨑亜久竜	285	72	67	71	75	2,667,000
	サドム・ケーオカンジャナ	285	69	69	72	75	2,667,000
	稲森 佑貴	285	70	72	68	75	2,667,000
18	スコット・ビンセント	286	68	73	71	74	2,310,000
19	近藤 智弘	287	70	75	72	70	2,205,000
	鈴木 晃祐	287	72	74	71	72	アマチュア
21	ブラッディ・ケネディ	288	73	72	68	75	2,047,500
	桂川 有人	288	71	72	68	77	2,047,500
23	池上憲士郎	289	70	73	75	71	1,827,000
	アダム・ブランド	289	73	71	73	72	1,827,000
	幡地 隆寛	289	73	68	75	73	1,827,000
26	時松 隆光	290	71	74	74	71	1,701,000
	出水田大二郎	290	74	69	70	77	1,701,000
28	香妻陣一朗	291	75	70	73	73	1,512,000
	岡田 晃平	291	71	74	73	73	アマチュア
	宋 永漢	291	72	74	72	73	1,512,000
	中島 啓太	291	71	71	74	75	1,512,000
	大岩 龍一	291	73	71	71	76	1,512,000
	遠藤 彰	291	73	73	69	76	1,512,000
	ショーン・ノリス	291	71	71	72	77	1,512,000
	堀川未来夢	291	71	68	73	79	1,512,000
36	河本 力	292	72	74	75	71	1,323,000
	片山 晋呉	292	69	73	75	75	1,323,000
	植竹 勇太	292	70	70	76	76	1,323,000
	石原 航輝	292	71	72	73	76	1,323,000
	市原 弘大	292	69	72	72	79	1,323,000
41	小林伸太郎	293	73	73	76	71	1,186,500
	勝亦 悠斗	293	71	73	75	74	1,186,500
	岩田 大河	293	70	71	78	74	1,186,500
	永野竜太郎	293	69	75	74	75	1,186,500
	吉田 泰基	293	75	69	74	75	1,186,500
	平本 世中	293	73	71	73	76	1,186,500
	古川 雄大	293	71	74	71	77	1,186,500
	鍋谷 太一	293	70	74	69	80	1,186,500
49	遠藤 健太	294	71	72	78	73	1,060,000
	清水 大成	294	75	71	75	73	1,060,000
	小田 孔明	294	73	71	77	73	1,060,000
	小西 奨太	294	71	73	74	76	1,060,000
53	トッド・ベク	295	69	75	74	77	976,500
	今平 周吾	295	73	71	74	77	976,500
	西山 大広	295	71	75	72	77	976,500
	矢野 東	295	72	71	74	78	976,500
57	塚田 陽亮	296	73	73	77	73	913,500
	出利葉太一郎	296	69	77	75	75	アマチュア
	タンヤゴーン・クロンパ	296	75	67	76	78	913,500
60	木下 稜介	298	70	70	76	82	882,000
61	宇佐美祐樹	299	73	71	76	78	861,000
62	谷口 徹	300	71	75	76	78	840,000
63	河合 庄司	301	70	74	77	80	819,000
64	玉城 海伍	302	74	72	76	80	787,500
	岩田 寛	302	71	73	76	82	787,500
66	宮本 勝昌	303	76	70	80	77	756,000

146ストローク(+6)までの66名が予選通過

氏 名	トータルスコア	1R	2R
小浦 和也	147	70	77
石川 遼	147	73	74
大西 魁斗	147	75	72
黒木 紀至	147	72	75
内藤寛太郎	147	73	74
阿久津未来也	147	73	74
浅地 洋佑	147	73	74
大槻 智春	148	75	73
小木曽 喬	148	74	74
ジャスティン・デロスサントス	148	71	77
久常 涼	148	75	73
手嶋 多一	148	73	75
アンソニー・クウェイル	148	72	76
ガン・チャルングン	148	74	74

氏 名	トータルスコア	1R	2R
谷原 秀人	148	73	75
小林 正則	148	70	78
山内 拓也	149	73	76
金 庚泰	149	75	74
白 佳和	150	78	72
宮里 優作	150	71	79
安浦 一輝	150	78	72
岡村 了	150	78	72
杉原 大河	150	75	75
ジュビック・パグンサン	150	72	78
小斉平優和	150	74	76
田村 光正	150	74	76
S・J・パク	151	72	79
トッド・シノット	151	69	82

氏 名	トータルスコア	1R	2R
安本 大祐	151	74	77
石坂 友宏	152	76	76
@本 大志	152	71	81
加藤 俊英	153	77	76
島野 璃央	153	79	74
毛利 一成	153	73	80
長谷川大晃	153	82	71
米澤 蓮	153	77	76
呉 司聡	154	79	75
高山 忠洋	154	77	77
中山 絹也	154	78	76
百目鬼光紀	155	79	76
@ハリソン・クロウィ	155	74	81
佐藤 圭介	155	78	77

氏 名	トータルスコア	1R	2R
山浦 一希	157	74	83
@松井琳空海	157	79	78
松村 大輝	157	77	80
﨑川 将司	158	80	78
川上 猛鳴	158	77	81
ハン・リー	158	79	79
石川 裕貴	158	76	82
勝俣 陵	160	79	81
@豊島 豊	162	80	82
@工藤大之進	166	80	86
片岡 尚之		79	棄
星野 陸也		78	棄

@はアマチュア

【歴代優勝者】

年	優勝者	スコア	2位	差	コース	パー/ヤード
1927	@赤星六郎	309—79・73・79・78	浅見緑蔵	10	程ヶ谷CC	
1928	浅見緑蔵	301—78・73・78・72	安田幸吉	7	東京GC(駒沢)	
1929	宮本留吉	298—72・74・75	安田幸吉	2	茨木CC東	
1930	宮本留吉	287—71・72・72・72	安田幸吉	19	茨木CC東	
1931	浅見緑蔵	281—67・70・71・73	宮本留吉	4	程ヶ谷CC	70/6170Y
1932	宮本留吉	298—78・75・75・70	村木 章	1	茨木CC東	72/
1933	中村兼吉	294—75・73・74・71	L・モンテス、陳 清水	9	霞ヶ関CC東	74/6700Y
1934	〈関西風水害のため中止〉					
1935	宮本留吉	296—75・74・70	戸田藤一郎	8	東京GC(朝霞)	74/6700Y
1936	宮本留吉	293—68・76・76・73	陳 清水	1	鳴尾GC猪名川	70/6704Y
1937	陳 清水	284—69・77・68・70	浅見緑蔵	7	相模CC	73/6640Y
1938	林 萬福	294—69・73・79・73	戸田藤一郎	3	藤沢CC	73/
1939	戸田藤一郎	287—73・70・71・73	陳 清水	5	広野CC	72/
1940	宮本留吉	285—74・68・70・73	戸田藤一郎	2	東京GC(朝霞)	74/
1941	延 德春	290—73・72・71・74	中村寅吉	3	程ヶ谷CC	72/
1942〜1949	〈第二次世界大戦のため中止〉					
1950	林 由郎	288—72・72・74・70	島村祐正	1	我孫子GC	
1951	小野光一	288—76・70・71・71	栗原甲子男	3	鳴尾GC猪名川	72/
1952	中村寅吉	279—68・68・71・72	石井 茂	11	川奈ホテル富士	72/6691Y
1953	小野光一	291—72・73・73・73	中村寅吉	1	宝塚GC	70/6516Y
1954	林 由郎	293—71・74・70・78	小針春芳、石井迪夫	3	東京GC	72/6740Y
1955	小野光一	291—72・72・72・75	陳 清水	5	広野GC	72/6770Y
1956	中村寅吉	285—73・69・76・67	小針春芳	8	霞ヶ関CC西	72/6650Y
1957	小針春芳	288—72・71・71・74	石井朝夫	6	愛知CC(東山)	74/7055Y
1958	中村寅吉	288—74・73・72・69	林 由郎	4	鷹之台CC	72/7100Y
1959	*陳 清波	296—76・76・73・71	島村祐正	0	相模原GC東	74/7255Y
1960	小針春芳	294—70・73・75・76	松田司郎、小野光一、藤井義将、O・ムーディ	5	広野GC	72/6950Y
1961	*細石憲二	289—74・73・70・72	小野光一、謝 永郁、勝俣 陵、陳 清水	0	鷹之台CC	72/7070Y
1962	杉原輝雄	287—72・71・71・73	陳 清波	2	千葉CC梅郷	72/6940Y
1963	戸田藤一郎	283—67・75・70・71	杉原輝雄	2	四日市CC	72/6955Y
1964	杉本英世	288—71・72・69・76	陳 清波、木本挙国	1	東京CC	72/6726Y
1965	橘田 規	284—69・69・71・75	海野憲二、内田 繁、能田征二	3	三好CC	72/7030Y
1966	佐藤精一	285—70・69・73・73	橘田 規、陳 清波、宮本省三	1	袖ヶ浦CC袖ヶ浦	72/7075Y
1967	橘田 規	282—69・68・70・75	杉原輝雄、石井朝夫	3	広野GC	72/6970Y
1968	河野高明	284—67・67・73・77	B・デブリン、新井規矩雄、鷹巣南雄	1	総武CC東・中	72/7006Y
1969	杉本英世	284—73・70・74・67	内田 繁	1	小野GC	72/6980Y
1970	橘田光弘	282—70・71・71・70	青木 功	1	武蔵CC笹井	72/7010Y
1971	*藤井義将	282—71・70・72・69	杉本英世	0	愛知CC(東山)	74/7105Y
1972	韓 長相	278—68・68・71・71	尾崎将司	1	大利根CC東	72/7024Y
1973	ベン・アルダ	278—68・74・69・67	青木 功	2	茨木CC西	72/7075Y

ツアー成績

年	優勝者	スコア	次点	差	会場	PAR/距離
1974	尾崎将司	279—69・69・68・73	村上 隆	1	セントラルGC東	73／7136Y
1975	村上 隆	278—74・69・69・66	金井清一	3	春日井CC東	72／6870Y
1976	島田幸作	288—73・75・71・69	中村 通、村上 隆	1	セントラルGC東	73／6630m
1977	セベ・バレステロス	284—69・72・72・71	村上 隆	1	習志野CC	71／6507m
1978＊	セベ・バレステロス	281—68・67・71・75	G・マーシュ	0	横浜CC西	72／6332m
1979＊	郭 吉雄	285—71・70・70・74	山本善隆,青木 功,上原宏一	0	日野GCキング	72／6440m
1980	菊地勝司	296—69・73・74・80	青木 功、吉川一雄	1	相模原GC東	74／6638m
1981	羽川 豊	280—74・69・69・68	中島常幸、森 憲二	1	日本ラインGC東	70／6218m
1982	矢部 昭	277—71・70・67・69	尾崎直道,羽川 豊,白浜郁夫	5	武蔵CC豊岡	71／6106m
1983＊	青木 功	281—72・69・71・69	T・ゲール	0	六甲国際GC東・中	72／6469m
1984	上原宏一	283—71・68・70・74	鈴木弘一	2	嵐山CC	72／6405m
1985	中島常幸	285—75・68・72・70	牧野 裕	2	東名古屋CC西	72／6390m
1986	中島常幸	284—70・73・72・69	尾崎将司、青木 功	1	戸塚CC西	72／7066Y
1987	青木 功	279—70・70・69・70	中島常幸、芹澤信雄	1	有馬ロイヤルGC東	71／7034Y
1988	尾崎将司	288—67・73・75・73	中島常幸、青木 功	1	東京GC	71／6923Y
1989	尾崎将司	274—66・68・67・73	B・ジョーンズ	1	名古屋GC和合	70／6473Y
1990	中島常幸	281—68・71・73・69	尾崎将司	2	小樽CC	72／7119Y
1991＊	中島常幸	290—72・74・71・73	須貝 昇	0	下関GC	72／6910Y
1992	尾崎将司	277—64・73・71・69	倉本昌弘,B・フランクリン	5	龍ヶ崎CC	72／7012Y
1993	奥田靖己	281—69・72・71・69	尾崎将司	5	琵琶湖CC(栗東・三上)	71／6879Y
1994	尾崎将司	270—68・66・69・67	加瀬秀樹、D・イシイ	13	四日市CC	72／7275Y
1995	伊沢利光	277—67・70・70・70	細川和彦	1	霞ヶ関CC東	71／6995Y
1996	ピーター・テラベイネン	282—71・72・71・68	F・ミノザ	2	茨木CC西	71／7017Y
1997	クレイグ・パリー	286—73・73・70・70	尾崎将司,奥田靖己,F・ミノザ	1	古賀GC	71／6762Y
1998	田中秀道	283—72・70・72・69	尾崎直道	1	大洗GC	72／7160Y
1999	尾崎直道	298—80・76・76・78	湯原信光、細川和彦	2	小樽CC	72／7200Y
2000	尾崎直道	281—67・72・70・72	林 根基	3	鷹之台CC	71／7034Y
2001	手嶋多一	277—68・72・67・70	米山 剛	4	東京GC	71／6908Y
2002	デービッド・スメイル	271—71・66・67・67	金 鍾徳	4	下関GC	70／6867Y
2003	深堀圭一郎	276—66・75・71・64	今野康晴	2	日光CC	71／7027Y
2004	谷口 徹	285—68・68・75・74	D・スメイル,葉 偉志,伊沢利光	4	片山津GC白山	72／7104Y
2005	片山晋呉	282—71・73・70・68	C・パリー、川岸良兼	2	廣野GC	71／7144Y
2006	ポール・シーハン	277—68・70・68・71	矢野 東	3	霞ヶ関CC西	71／7068Y
2007	谷口 徹	283—75・70・72・66	片山晋呉	1	相模原GC東	72／7259Y
2008	片山晋呉	283—68・72・72・71	石川 遼	4	古賀GC	71／6797Y
2009＊	小田龍一	282—74・70・71・67	石川 遼、今野康晴	0	武蔵CC豊岡	72／7083Y
2010	金 庚泰	271—69・70・68・64	藤田寛之	2	愛知CC	71／7084Y
2011＊	裵 相文	282—69・74・68・71	久保谷健一	0	鷹之台CC	71／7061Y
2012	久保谷健一	292—74・73・75・70	J・パグンサン	1	那覇GC	71／7176Y
2013	小林正則	274—69・69・69・67	小田孔明	3	茨城GC	71／7320Y
2014	池田勇太	270—64・68・66・72	小平 智、片山晋呉	1	千葉CC梅郷	70／7081Y
2015	小平 智	275—71・62・70・72	池田勇太	1	六甲国際GC東	72／7394Y
2016	松山英樹	275—71・70・65・69	李 京勲、池田勇太	3	狭山GC	70／7208Y
2017	池田勇太	272—67・66・67・72	ⓐ金谷拓実	1	岐阜関CC東	70／7180Y
2018	稲森佑貴	270—68・67・67・68	S・ノリス	2	横浜CC	71／7257Y
2019	チャン・キム	285—74・69・75・67	S・ノリス,堀川未来夢	1	古賀GC	71／6817Y
2020	稲森佑貴	275—70・68・68・69	谷原秀人	1	紫CCすみれ	70／7317Y
2021	ショーン・ノリス	265—67・64・64・70	池田勇太	4	琵琶湖CC	71／6986Y
2022ⓐ	蝉川泰果	270—64・70・63・73	比嘉一貴	2	三甲GCジャパン	70／7178Y

ⓐはアマチュア、＊はプレーオフ。1973年からツアー競技

【過去の18ホール最少ストローク】

62(−10)	小平 智	2015年2R	六甲国際GC東	PAR72／7394ヤード
62(−8)	佐藤 信人	2002年1R	下関GC	PAR70／6867ヤード

HEIWA・PGM CHAMPIONSHIP

開催期日	2022年10月27日～30日	賞金総額 150,000,000円
競技会場	PGM石岡GC	出場人数 96名
トータル	7,039Y：パー70(35,35)	天候 晴・晴・晴・晴

1日目 3年ぶりの開催。星野陸也が7バーディ、ボギーなしの63で回って首位発進。1打差2位に大岩龍一とD・ベリーがつける。**2日目** 7バーディ、1ボギーの64で回った中島啓太が通算10アンダーでプロ転向後初の首位に。上がり4ホールで5アンダーなど63をマークしたB・ジョーンズも首位に並ぶ。1打差3位に星野、2打差4位は大西魁斗ら5人。**3日目** スコアを6つ伸ばして通算15アンダーとし

た星野が1打差首位へ。2位には48歳のB・ケネディがつける。開幕前日に繰り上げ出場が決まった岩﨑亜久竜が63をマークして11位から2打差3位に浮上。65で回った木下稜介も同じく3位に。**最終日** 首位の星野が1イーグル、5バーディ、ボギーなしの63という圧巻のプレーで2位に5打差の快勝。通算6勝目、地元茨城県では悲願の初優勝でうれし涙を流した。2位はC・キムと岩﨑。

【優勝】 星野 陸也 258 63・68・64・63 30,000,000円

順位	氏名	トータルスコア	1R	2R	3R	4R	賞金額(円)	順位	氏名	トータルスコア	1R	2R	3R	4R	賞金額(円)
2	チャン・キム	263	65	67	67	64	12,600,000		浅地 洋佑	274	73	64	70	67	735,000
	岩﨑亜久竜	263	69	65	63	66	12,600,000		トッド・ベク	274	66	67	69	72	735,000
4	杉本エリック	264	67	68	65	64	7,200,000	41	宋 永漢	275	71	66	67	71	600,000
5	中島 啓太	265	66	64	68	67	5,700,000		高山 忠洋	275	70	67	69	69	600,000
	ブラッド・ケネディ	265	65	67	64	69	5,700,000		織田 信亮	275	67	71	65	72	600,000
7	大西 魁斗	266	67	65	70	64	4,421,250		進藤 太雅	275	71	67	68	69	アマチュア
	片岡 尚之	266	66	70	64	66	4,421,250		ディラン・ペリー	275	64	73	70	68	600,000
	大岩 龍一	266	64	68	68	66	4,421,250		張 棟圭	275	68	70	69	68	600,000
	木下 裕太	266	66	65	69	66	4,421,250	47	河本 力	276	70	69	66	71	480,000
11	堀川未来夢	267	66	68	65	68	3,180,000		竹安 俊也	276	68	67	71	70	480,000
	嘉数 光倫	267	67	67	65	68	3,180,000		木村 太一	276	67	70	73	66	480,000
	時松 隆光	267	66	68	65	68	3,180,000	50	安本 大祐	277	72	66	68	71	409,500
	木下 稜介	267	69	63	65	70	3,180,000		内藤寛太郎	277	68	67	68	74	409,500
15	杉山 知靖	268	67	68	69	64	2,355,000		正岡 竜二	277	68	71	67	71	409,500
	岩田 寛	268	66	70	68	64	2,355,000		ジャスティン・デロスサントス	277	71	68	69	69	409,500
	池田 勇太	268	69	70	67	62	2,355,000	54	幡地 隆寛	278	67	70	70	71	369,000
	ジュビック・パグンサン	268	69	65	68	66	2,355,000		マイケル・ヘンドリー	278	67	67	73	71	369,000
19	稲森 佑貴	269	69	65	68	67	1,950,000		宮里 優作	278	68	70	70	70	369,000
	今平 周吾	269	68	68	66	67	1,950,000		中西 直人	278	68	71	69	70	369,000
21	矢野 東	270	67	67	70	66	1,590,000	58	近藤 智弘	279	67	68	70	74	350,000
	池村 寛世	270	69	68	67	66	1,590,000		崔 虎星	279	70	70	72	70	350,000
	李 尚熹	270	65	69	67	69	1,590,000		植竹 勇太	279	65	70	75	69	350,000
	比嘉 一貴	270	68	68	65	69	1,590,000	61	石坂 友宏	280	70	68	66	76	343,500
25	マシューン・グリフィン	271	68	68	68	67	1,260,000	62	アンソニー・クウェイル	281	70	68	69	74	339,000
	H・W・リュー	271	69	68	66	68	1,260,000		宮本 勝昌	281	66	73	70	72	339,000
	秋吉 翔太	271	68	69	66	68	1,260,000		市原 弘大	282	69	67	73	73	333,000
	小田 孔明	271	66	70	67	68	1,260,000		小林 正則	282	69	70	70	73	333,000
29	阿部 裕樹	272	68	70	68	66	1,023,750	66	ジェイ・チョイ	283	68	71	74	70	328,500
	石川 遼	272	67	69	67	69	1,023,750								
	ブレンダン・ジョーンズ	272	67	63	72	70	1,023,750								
	出水田大二郎	272	68	67	64	73	1,023,750								
33	大槻 智春	273	70	67	67	69	855,000								
	小斉平優和	273	70	69	66	68	855,000								
	大堀裕次郎	273	70	67	71	65	855,000								
	清水 大成	273	72	67	70	64	855,000								
37	池上憲士郎	274	70	69	65	70	735,000								
	香妻陣一朗	274	68	68	69	69	735,000								

139ストローク(-1)までの66名が予選通過

HEIWA・PGM CHAMPIONSHIP

氏　名	トータルスコア	1R	2R	氏　名	トータルスコア	1R	2R	氏　名	トータルスコア	1R	2R	氏　名	トータルスコア	1R	2R
ガン・チャルングン	140	73	67	古川 雄大	142	71	71	竹谷 佳孝	143	70	73	武藤 俊憲	147	75	72
片山 晋呉	140	71	69	金 庚泰	142	74	68	小林伸太郎	143	74	69	貞方 章男	147	73	74
永野竜太郎	141	71	70	スンス・ハン	142	73	69	片岡 大育	144	71	73	阿久津未来也	148	75	73
ジェイブ・クルーガー	141	72	69	塩見 好輝	142	74	68	タンヤゴーン・クロンパ	144	74	70	宮里 聖志	152	78	74
@佐藤快斗	141	72	69	アンドルー・エバンス	143	70	73	富村 真治	144	73	71	笠 哲郎	155	75	80
佐藤 大平	142	72	70	日高 将史	143	70	73	@本 大志	144	73	71	小平 智	棄		
小鯛 竜也	142	71	71	猿田 勝大	143	70	73	塚田 陽亮	145	75	70	@はアマチュア			
白 佳和	142	70	72	中里光之介	143	73	70	今野 大喜	146	72	74				

【歴代優勝者】

年	優勝者	スコア	2位	差	コース	パー／ヤード
HEIWA・PGM CHAMPIONSHIP in 霞ヶ浦						
2013	呉 阿順	273—67・66・65・75	金 亨成	1	美浦GC	71／6953Y
2014	近藤共弘	264—68・66・64・66	谷原秀人、H・W・リュー、藤本佳則	4	美浦GC	71／6968Y
HEIWA・PGM CHAMPIONSHIP						
2015	谷原秀人	269—67・67・66・69	藤本佳則	2	総武CC総武	70／7123Y
2016＊	谷原秀人	268—68・64・66・70	池田勇太	0	総武CC総武	70／7214Y
2017	チャン・キム	278—67・70・72・69	池田勇太、宋 永漢	1	PGMゴルフリゾート沖縄	71／7005Y
2018	ショーン・ノリス	202—68・65・69	片岡大育	2	PGMゴルフリゾート沖縄	72／7270Y
2019	崔 虎星	270—68・67・68・67	今平周吾	2	PGMゴルフリゾート沖縄	72／7226Y
2020-21	〈新型コロナウイルス感染拡大のため中止〉					
2022	星野陸也	258—63・68・64・63	C・キム、岩﨑亜久竜	5	PGM石岡GC	70／7039Y

＊はプレーオフ

【過去の18ホール最少ストローク】

62（-8）　池田　勇太　2022年4R　PGM石岡GC　PAR70／7039ヤード

マイナビABCチャンピオンシップゴルフトーナメント

開催期日	2022年11月3日～6日	賞金総額	120,000,000円
競技会場	ABCGC	出場人数	99名
トータル	7,217Y：パー72(36,36)	天　候	晴・晴・晴・晴時々曇

1日目 河本力が8バーディ、1ボギーの65をマークして首位スタート。今平周吾と比嘉一貴が1打差で追う。史上初のアマ2勝からプロ転向初戦の蟬川泰果は74で70位。**2日目** 河本が通算11アンダーとして首位を守った。65をマークした稲森佑貴が1打差で続き、2打差3位には今平。蟬川は68で回り40位で予選を通過した。**3日目** 稲森が3つスコアを伸ばし通算13アンダーとして首位に立った。8バーディ、ボギーなしの64で回った前日19位の堀川未来夢が池村寛世、出水田大二郎と並んで1打差2位に浮上。前日首位の河本は5位に後退した。**最終日** 首位で出た稲森が中盤から伸び悩み、同じ最終組の堀川がアウト32で首位に躍り出た。前で回る岩田寛、河本、出水田が通算15アンダーでホールアウト。1打リードで18番を迎えた堀川がバーディを決め、前年逆転負けの雪辱を晴らした。

ツアー成績

【優勝】 堀川 未来夢 271 69・71・64・67 24,000,000円

順位	氏 名	トータルスコア	1R	2R	3R	4R	賞金額(円)	順位	氏 名	トータルスコア	1R	2R	3R	4R	賞金額(円)
2	岩田 寛	273	69	67	70	67	8,640,000		清水 大成	283	70	71	74	68	576,000
	出水田大二郎	273	67	69	68	69	8,640,000		大槻 智春	283	72	71	72	68	576,000
	河本 力	273	65	68	72	68	8,640,000	41	竹谷 佳孝	284	70	72	68	74	516,000
5	池村 寛世	274	68	69	67	70	4,800,000		村山 駿	284	72	72	72	68	516,000
6	稲森 佑貴	275	69	65	69	72	4,320,000	43	ジュビック・パグンサン	285	69	71	72	73	420,000
7	李 尚熹	276	68	71	69	68	3,810,000		金 庚泰	285	69	71	70	75	420,000
	永野竜太郎	276	69	72	69	68	3,810,000		小斉平優和	285	73	70	70	72	420,000
9	大岩 龍一	277	71	69	70	67	3,264,000		杉本エリック	285	70	70	73	71	420,000
	H・W・リュー	277	69	71	69	68	3,264,000		吉田 泰基	285	72	71	71	71	420,000
11	ブラッド・ケネディ	278	69	71	70	68	2,448,000		池上憲士郎	285	71	67	76	71	420,000
	ジャスティン・デロスサントス	278	72	68	69	69	2,448,000	49	貞方 章男	286	71	70	71	74	345,600
	石坂 友宏	278	69	69	69	71	2,448,000	50	坂本 雄介	287	70	72	69	76	316,800
	ガン・チャルングン	278	67	69	71	71	2,448,000		片岡 尚之	287	73	70	69	75	316,800
	幡地 隆寛	278	69	71	67	71	2,448,000		池田 勇太	287	73	70	70	74	316,800
16	白 佳和	279	70	72	70	67	1,569,000		薗田 峻輔	287	75	68	72	72	316,800
	木下 稜介	279	68	70	72	69	1,569,000	54	アンジェロ・クウェイル	288	69	70	71	78	295,200
	朴 相賢	279	69	72	70	68	1,569,000		高山 忠洋	288	72	72	72	72	295,200
	今平 周吾	279	66	69	74	70	1,569,000	56	杉原 大河	289	71	69	74	75	283,600
	杉山 知靖	279	67	71	71	70	1,569,000		矢野 東	289	71	70	68	80	283,600
	平田 憲聖	279	71	70	69	70	1,569,000		武藤 俊憲	289	71	70	76	72	283,600
	トッド・ペク	279	69	72	68	70	1,569,000	59	竹安 俊也	290	69	73	71	77	277,200
	市原 弘大	279	71	68	67	73	1,569,000	60	手嶋 多一	292	69	74	76	73	274,800
24	小平 智	280	69	71	71	69	1,056,000	61	ジェイ・チョイ	293	73	70	75	75	272,400
	内藤寛太郎	280	74	69	69	68	1,056,000	62	森岡俊一郎	299	72	71	81	75	270,000
	比嘉 一貴	280	66	70	71	73	1,056,000								
	ブレンダン・ジョーンズ	280	68	69	69	74	1,056,000								

143ストローク(−1)までの62名が予選通過

28	蟬川 泰果	281	74	68	70	69	822,000
	中西 直人	281	72	70	70	70	822,000
	鍋谷 太一	281	72	70	72	70	822,000
	アンドルー・エバンス	281	72	70	71	68	822,000
	佐藤 大平	281	71	71	71	68	822,000
	植竹 勇太	281	70	71	69	71	822,000
34	片山 晋呉	282	70	68	73	71	660,000
	阿久津未来也	282	69	70	70	73	660,000
	時松 隆光	282	70	73	69	70	660,000
	塚田 陽亮	282	71	71	69	71	660,000
38	大堀裕次郎	283	72	69	71	71	576,000

マイナビABCチャンピオンシップ

氏 名	トータルスコア	1R	2R	氏 名	トータルスコア	1R	2R	氏 名	トータルスコア	1R	2R	氏 名	トータルスコア	1R	2R
秋吉 翔太	144	71	73	木村 太一	145	74	71	タンヤゴーン・クロンパ	147	74	73	小木曽 喬	150	74	76
阿部 裕樹	144	71	73	岩崎亜久竜	145	72	73	ⓐ津田浩平	147	74	73	木下 裕太	151	75	76
小西 貴紀	144	71	73	宮里 優作	145	74	71	藤田 寛之	147	73	74	ⓐ松井琳空海	151	77	74
諸藤 将次	144	75	69	張 棟圭	146	74	72	ⓐ中野麟太朗	148	74	74	井上 信	152	75	77
篠 優希	144	73	71	古川 雄大	146	74	72	ハン・リー	148	75	73	新木 豊	153	76	77
宋 永漢	144	72	72	ジェイブ・クルーガー	146	76	70	中川 勝弥	148	75	73	ⓐ大岩慶尚	158	84	74
宮本 勝昌	145	70	75	マイケル・ヘンドリー	146	75	71	ⓐ山下勝将	148	76	72	浅地 洋佑	159	79	80
谷口 徹	145	72	73	小田 孔明	146	72	74	石川 遼	149	75	74	ⓐはアマチュア			
小林伸太郎	145	75	70	小鯛 竜也	146	76	70	ⓐ林田直也	149	77	72				
ⓐ宇喜多飛翔	145	75	70	近藤 智弘	147	74	73	田村 光正	149	74	75				

【歴代優勝者】

年	優勝者	スコア	2位	差	コース	パー／ヤード
ミキ・ゴールドカップ日米対抗						
1971 個人	尾崎将司	208—67・69・72	※B・ヤンシー	2	PLCC	72／6815Y
	ビリー・キャスパー	208—70・70・68	(※は3位)			
団体	米国	1484S—1493S 日本				
ABC日米対抗						
1972 個人	トミー・アーロン	209—72・67・70	B・ヤンシー	1	池田CC	71／6689Y
団体	米国	1488S—1506S 日本				
1973 個人	アル・ガイバーガー	218—72・70・76	村上 隆	2	橋本CC	72／7200Y
団体	日本	1785S—1802S 米国				
1974 個人	杉原輝雄	209—73・68・68	H・グリーン	1	橋本CC	72／7200Y
団体	日本	1752S—1761S 米国				
1975 個人	中村 通	273—67・67・71・68	A・ガイバーガー	7	茨木国際GC	72／6830Y
団体	日本	2266S—2308S 米国				
1976 個人	トム・ワトソン	277—71・66・67・73	青木 功	3	播磨CC	72／6530m
団体	日本	2273S—2288S 米国				
1977 個人	青木 功	280—67・69・71・73	T・ワイスコフ	2	播磨CC	72／6530m
団体	日本	2079S—2081S 米国				
1978 個人	青木 功	273—71・68・64・70	島田幸作	5	播磨CC	72／6530m
団体	日本	2273S—2326S 米国				
1979 個人	トム・パーツァー	276—69・67・68・72	B・ロジャース	10	スポーツ振興CC	72／6205m
団体	日本	2306S—2311S 米国				
1980 個人	ジェリー・ペイト	276—70・69・72・65	鈴木規夫、T・パーツァー	1	スポーツ振興CC	72／6218m
団体	引き分け	2280S—2280S				
1981 個人	ボビー・クランペット	271—65・66・71・69	矢部 昭	7	スポーツ振興CC	72／6218m
団体	米国	2246S—2281S 日本				
ゴールドウィン日米ゴルフ						
1982 個人	ボブ・ギルダー	134—65・69	※C・スタドラー	4	総武CC総武	71／6554m
	カルビン・ピート	134—66・68	(※は3位)			
団体	米国	33P—15P 日本				
1983 個人	中島常幸	141—76・65	H・アーウィン	1	太平洋C六甲	72／6364m
団体	日本	29P—19P 米国				
内田洋行日米ゴルフ						
1984 個人	トム・ワトソン	135—67・68	尾崎直道、M・オメーラ	1	総武CC総武	71／6554m
団体	米国	30P—18P 日本				
ABC日米対抗						
1985 個人	尾崎健夫	276—66・73・69・68	※高橋勝成、C・ストレンジ	3	スポーツ振興CC	72／6260m
	コーリー・ペイビン	270—68・67・71	(※は3位)			
団体	日本	2557S—2559S 米国				
1986 個人	カーティス・ストレンジ	271—67・68・72・64	C・ベック	4	スポーツ振興CC	72／6822Y
団体	米国	2229S—2236S 日本				
1987 個人	アンディ・ビーン	269—64・72・68・65	倉本昌弘	5	スポーツ振興CC	72／6850Y
団体	日本	2227S—2230S 米国				
LARK CUP						
1988	高橋勝成	277—65・66・72・74	尾崎将司	1	ABCGC	72／7156Y

1989	ブライアン・ジョーンズ	280—70・69・69・72	須藤聡明	4	ABCGC	72／7156Y	
1990	川岸良兼	277—72・68・69・68	尾崎将司	2	ABCGC	72／7176Y	
1991	横島由一	280—70・71・69・70	R・マッカイ	2	ABCGC	72／7176Y	
1992	尾崎直道	279—68・68・71・72	尾崎将司	1	ABCGC	72／7176Y	
1993	飯合肇	283—73・72・68・70	尾崎直道、倉本昌弘	1	ABCGC	72／7176Y	

PHILIP MORRIS CHAMPIONSHIP

1994	ブライアン・ワッツ	276—71・66・71・68	尾崎将司、尾崎直道、D・ワルドーフ	1	ABCGC	72／7176Y	
1995	田中秀道	278—67・73・69・69	尾崎直道、湯原信光	1	ABCGC	72／7176Y	
1996	尾崎直道	278—71・70・67・70	尾崎将司、D・イシイ、R・コクラシ	4	ABCGC	72／7176Y	
1997	ブライアン・ワッツ	280—70・73・67・70	横尾要	2	ABCGC	72／7176Y	
1998	尾崎将司	275—75・68・68・64	原田三夫、C・フランコ	1	ABCGC	72／7176Y	
1999	川岸良兼	270—71・65・66・68	桑原克典	1	ABCGC	72／7176Y	
2000	谷口徹	276—68・73・68・67	田中秀道、片山晋呉	1	ABCGC	72／7176Y	

PHILIP MORRIS K.K. CHAMPIONSHIP

2001	伊沢利光	272—67・67・66・72	田中秀道、谷口徹	1	ABCGC	72／7176Y	
2002	ブレンダン・ジョーンズ	269—65・67・67・70	伊沢利光	2	ABCGC	72／7176Y	

ABCチャンピオンシップ

2003	片山晋呉	265—64・69・68・64	宮本勝昌	9	ABCGC	72／7176Y	
2004	井上信	273—69・67・66・71	鈴木亨、川岸良兼	1	ABCGC	72／7176Y	
2005	片山晋呉	274—70・65・70・69	D・チャンド	2	ABCGC	72／7217Y	
2006＊	片山晋呉	271—71・70・68・62	Y・E・ヤン	0	ABCGC	72／7217Y	
2007＊	フランキー・ミノザ	274—69・64・71・70	ドンファン	0	ABCGC	72／7217Y	

マイナビABCチャンピオンシップ

2008	石川遼	279—70・70・70・69	深堀圭一郎	1	ABCGC	72／7217Y	
2009	鈴木亨	274—70・67・66・71	兼本貴司	5	ABCGC	72／7217Y	
2010	金庚泰	275—67・70・69・69	石川遼	1	ABCGC	72／7217Y	
2011＊	河野晃一郎	273—68・69・69・67	裵相文	0	ABCGC	72／7217Y	
2012	ハン・リー	271—67・71・70・63	宮本勝昌	1	ABCGC	72／7201Y	
2013＊	池田勇太	269—63・69・70・67	S・K・ホ	0	ABCGC	71／7130Y	
2014	小田龍一	263—68・67・66・62	小田孔明、谷原秀人	5	ABCGC	71／7130Y	
2015	金庚泰	272—66・69・68・69	宮本勝昌、片岡大育、W・J・リー	2	ABCGC	71／7130Y	
2016	片山晋呉	276—67・68・73・68	小林伸太郎	1	ABCGC	72／7217Y	
2017	小鯛竜也	203—67・67・69	宮里優作、永野竜太郎、任成宰	1	ABCGC	72／7217Y	
2018＊	木下裕太	273—66・67・71・69	川村昌弘	0	ABCGC	72／7217Y	
2019	黄重坤	269—66・70・66・67	今平周吾	1	ABCGC	72／7200Y	
2020	〈新型コロナウイルス感染拡大のため中止〉						
2021	浅地洋佑	272—69・67・68・68	石坂友宏、堀川未来夢	2	ABCGC	72／7217Y	
2022	堀川未来夢	271—69・71・64・67	岩本寛、出水田大二郎、河本力	2	ABCGC	72／7217Y	

＊はプレーオフ。1973年からツアー競技

【過去の18ホール最少ストローク】

62（−10）	片山晋呉	2006年4R	ABCGC	PAR72／7217ヤード
62（−10）	小平智	2019年3R	ABCGC	PAR72／7200ヤード
62（−9）	小田龍一	2014年4R	ABCGC	PAR71／7130ヤード

三井住友VISA太平洋マスターズ

開催期日	2022年11月10日〜13日	賞金総額	200,000,000円
競技会場	太平洋C御殿場C	出場人数	90名
トータル	7,262Y：パー70(35,35)	天候	晴・晴・晴・曇

1日目 50回記念大会で入場無料を実施。6アンダー64の中西直人が首位。1打差2位にABEMAツアー賞金王の大堀裕次郎がつけた。2日目 岩田寛が66で回り通算8アンダーの首位に立つ。4バーディ、ボギーなしの66をマークした石川遼、67の蟬川泰果と勝俣陵が2打差2位に並んだ。3日目 プロ転向2戦目の蟬川が6バーディ、2ボギーの66で通算10アンダーの首位に浮上した。66で回った星野陸也が通算7アンダーで石川と並んで3打差2位へ。63をマークした河本力が初日の82位から8位にまで上昇。最終日 蟬川が1番バーディ以降はスコアを崩して後退。同じく最終組で回る石川と星野が首位を奪い合う展開となった。並んで迎えた18番は2人ともパーでプレーオフに突入。2ホール目で石川がバーディを決め3年ぶりの通算18勝目で尾崎将司、中嶋常幸らに並ぶ大会最多3勝目を挙げた。

【優勝】石川 遼 272 68・66・69・69 40,000,000円

（プレーオフ2H目、石川がバーディで優勝）

順位	氏名	トータルスコア	1R	2R	3R	4R	賞金額(円)
2	星野 陸也	272	72	65	66	69	20,000,000
3	勝俣 陵	273	67	67	70	69	11,600,000
	岩田 寛	273	66	66	72	69	11,600,000
5	河本 力	274	76	66	63	69	8,000,000
6	堀川未来夢	275	70	70	69	66	6,900,000
	チャン・キム	275	67	69	69	70	6,900,000
8	蟬川 泰果	276	67	66	69	74	6,100,000
9	大堀裕次郎	277	65	74	68	70	5,240,000
	トッド・ベク	277	68	71	68	70	5,240,000
	岩﨑亜久竜	277	69	70	66	72	5,240,000
12	大岩 龍一	278	70	71	68	69	3,760,000
	宋 永漢	278	72	67	69	70	3,760,000
	李 尚熹	278	69	70	69	70	3,760,000
	ジェイブ・クルーガー	278	73	69	65	71	3,760,000
	中西 直人	278	64	71	69	74	3,760,000
17	ブレンダン・ジョーンズ	279	69	72	70	68	2,940,000
	稲森 佑貴	279	73	68	71	67	2,940,000
19	今平 周吾	280	70	70	69	71	2,280,000
	佐藤 大平	280	68	70	70	72	2,280,000
	出利葉太一郎	280	71	71	67	71	アマチュア
	貞方 章男	280	67	72	70	71	2,280,000
	比嘉 一貴	280	69	70	69	72	2,280,000
	木下 稜介	280	68	69	69	74	2,280,000
	勝亦 悠斗	280	68	69	65	76	2,280,000
26	出水田大二郎	281	69	69	74	69	1,760,000
	池村 寛世	281	69	69	74	69	1,760,000
28	永野竜太郎	282	73	70	68	71	1,408,571
	清水 大成	282	70	71	70	71	1,408,571
	白 佳和	282	72	69	69	72	1,408,571
	谷原 秀人	282	69	70	70	73	1,408,571
	時松 隆光	282	74	69	67	72	1,408,571
	大槻 智春	282	73	69	67	73	1,408,571
	ブラッド・ケネディ	282	71	69	66	76	1,408,571
35	古川 雄大	283	69	71	72	71	1,140,000
	中島 啓太	283	70	74	70	69	1,140,000
37	張 棟圭	284	72	66	73	73	1,020,000
37	朴 相賢	284	73	70	68	73	1,020,000
	ジュビック・パグンサン	284	66	71	72	75	1,020,000
	高山 忠洋	284	69	71	73	71	1,020,000
41	アンドルー・エバンス	285	72	69	70	74	820,000
	池上憲士郎	285	69	68	73	75	820,000
	小西 貴紀	285	70	74	66	75	820,000
	幡地 隆寛	285	69	73	71	72	820,000
	金 庚泰	285	67	74	74	70	820,000
	岡田 晃平	285	71	70	75	69	アマチュア
	植竹 勇太	285	76	68	75	66	820,000
48	片山 晋呉	286	69	74	70	73	640,000
	小平 智	286	73	68	74	71	640,000
	小斉平優和	286	73	71	71	71	640,000
51	H・W・リュー	287	69	75	73	70	576,000
52	木下 裕太	288	68	70	75	75	544,000
	竹谷 佳孝	288	72	72	72	72	544,000
54	市原 弘大	289	71	72	70	76	506,666
	阿久津未来也	289	71	70	74	74	506,666
	池田 勇太	289	72	71	76	70	506,666
57	伊藤 有志	290	74	70	72	74	484,000
	武藤 俊憲	290	75	68	78	69	484,000
59	石坂 友宏	291	71	71	73	76	472,000
60	ジェイ・チョイ	292	69	73	72	78	464,000
	藤田 寛之	292	72	72	72	76	464,000
62	関藤 直熙	293	73	73	72	75	456,000
	杉本エリック	293	75	67	76	75	456,000
64	本 大志	295	74	70	74	77	アマチュア
65	塚田 陽亮	296	73	71	80	72	450,000

144ストローク(+4)までの65名が予選通過

氏 名	トータルスコア	1R	2R	氏 名	トータルスコア	1R	2R	氏 名	トータルスコア	1R	2R	氏 名	トータルスコア	1R	2R
タンヤゴーン・クロンパ	145	69	76	矢野 東	147	72	75	マイケル・ヘンドリー	148	77	71	谷口 徹	154	74	80
額賀 辰徳	145	69	76	秋吉 翔太	147	76	71	小鯛 竜也	148	75	73	片岡 尚之	155	79	76
杉原 大河	145	74	71	宮里 優作	147	73	74	小田 孔明	149	77	72	宮本 勝昌		76	棄
浅地 洋佑	146	70	76	薗田 峻輔	147	74	73	@宇喜多飛翔	149	73	76	近藤 智弘		73	棄
杉山 知靖	146	72	74	@鈴木隆太	148	68	80	亀代 順哉	150	80	70	@はアマチュア			
@森山友貴	146	75	71	内藤寛太郎	148	69	79	安本 大祐	151	73	78				
阿部 裕樹	146	74	72	小林伸太郎	148	74	74	深堀圭一郎	151	79	72				

【歴代優勝者】

年	優勝者	スコア	2位	差	コース	パー/ヤード
太平洋クラブマスターズ						
1972*	ゲイ・ブリューワー	276—67・71・67・71	D・グラハム	0	総武CC総武	71/7207Y
1973*	尾崎将司	278—71・67・71・69	B・ヤンシー	0	総武CC総武	71/7187Y
1974	ジーン・リトラー	279—71・70・69・69	B・ヤンシー	5	総武CC総武	71/7187Y
1975	ジーン・リトラー	278—69・66・73・70	尾崎将司、A・ミラー、L・エルダー、H・グリーン	1	総武CC総武	71/7187Y
1976	ジェリー・ペイト	279—70・70・68・71	青木 功	1	総武CC総武	71/6573m
1977	ビル・ロジャース	275—71・67・71・66	杉原輝雄、M・モリー	1	太平洋C御殿場	71/6426m
1978	ギル・モーガン	273—68・67・68・70	J・ペイト	3	太平洋C御殿場	71/6448m
1979	鈴木規夫	280—73・69・67・71	T・ワトソン、R・カール、B・ロジャース	2	太平洋C御殿場	72/6492m
東芝太平洋マスターズ						
1980*	鈴木規夫	282—73・68・70・71	尾崎将司	0	太平洋C御殿場	72/6505m
1981	ダニー・エドワーズ	276—67・70・69・70	T・ワトソン、J・ペイト	3	太平洋C御殿場	72/6505m
太平洋クラブマスターズ						
1982	スコット・ホーク	278—73・70・66・69	倉本昌弘	3	太平洋C御殿場	72/6505m
1983	《中止》					
1984	前田新作	275—69・68・66・72	新井規矩雄、尾崎直道	1	太平洋C御殿場	72/6492m
1985*	中島常幸	280—67・72・67・74	デビッド・グラハム	0	太平洋C御殿場	72/6492m
VISA太平洋クラブマスターズ						
1986	船渡川育宏	274—67・68・70・69	L・ネルソン	2	太平洋C御殿場	72/6469m
1987	グラハム・マーシュ	276—70・69・71・66	T・ワトソン	1	太平洋C御殿場	72/7072Y
1988	セベ・バレステロス	281—71・71・68・71	船渡川育宏	3	太平洋C御殿場	72/7072Y
1989	ホセ・マリア・オラサバル	203—66・70・67	尾崎直道、青木 功	3	太平洋C御殿場	72/7072Y
1990	ホセ・マリア・オラサバル	270—66・68・69・67	B・ランガー、尾崎将司	5	太平洋C御殿場	72/7072Y
1991	ロジャー・マッカイ	272—70・69・65・68	金子柱憲	2	太平洋C御殿場	72/7072Y
1992	尾崎将司	276—74・66・66・70	渡辺 司、倉本昌弘、B・ランガー	1	太平洋C御殿場	72/7072Y
住友VISA太平洋マスターズ						
1993	グレッグ・ノーマン	272—70・67・67・68	水巻善典	1	太平洋C御殿場	72/7072Y
1994	尾崎将司	270—66・69・68・67	B・エステス	5	太平洋C御殿場	72/7072Y
1995	東 聡	274—70・66・71・67	丸山茂樹	4	太平洋C御殿場	72/7072Y
1996*	リー・ウエストウッド	206—68・70・68	J・スルーマン、C・ロッカ	0	太平洋C御殿場	72/7072Y
1997	リー・ウエストウッド	272—68・68・65・71	尾崎将司、尾崎直道	1	太平洋C御殿場	72/7072Y
1998	リー・ウエストウッド	275—72・67・67・69	尾崎将司	2	太平洋C御殿場	72/7072Y
1999*	宮瀬博文	274—66・70・69・69	川岸良兼、D・クラーク	0	太平洋C御殿場	72/7072Y
2000	伊沢利光	274—68・69・66・71	深堀圭一郎	1	太平洋C御殿場	72/7232Y
三井住友VISA太平洋マスターズ						
2001	伊沢利光	270—66・67・68・69	野仲 茂、@宮里優作	2	太平洋C御殿場	72/7232Y
2002	中嶋常幸	272—69・66・67・70	田中秀道	1	太平洋C御殿場	72/7246Y
2003	室田 淳	272—66・71・62・73	金 鍾徳、藤田寛之、B・カーティス	6	太平洋C御殿場	72/7246Y
2004	ダレン・クラーク	266—66・65・67・68	川原 希、L・ウエストウッド	6	太平洋C御殿場	72/7246Y
2005	ダレン・クラーク	270—66・71・65・68	立山光広	3	太平洋C御殿場	72/7246Y
2006	中嶋常幸	275—71・68・71・65	谷口 徹	1	太平洋C御殿場	72/7246Y
2007	ブレンダン・ジョーンズ	274—67・68・69・70	谷口 徹	1	太平洋C御殿場	72/7246Y
2008*	片山晋呉	272—67・68・68・69	今野康晴	0	太平洋C御殿場	72/7246Y
2009	今野康晴	275—69・65・68・73	H・リー、久保谷健一	2	太平洋C御殿場	72/7246Y
2010	石川 遼	274—70・72・65・67	B・ジョーンズ	2	太平洋C御殿場	72/7246Y
2011@	松山英樹	203—71・64・68	谷口 徹	2	太平洋C御殿場	72/7246Y

三井住友VISA太平洋マスターズ

2012	石川　遼	273—67・69・69・68	松村道央	1	太平洋C御殿場	72／7246Y
2013	谷原秀人	275—66・69・67・73	近藤共弘,石川　遼,川村昌弘	1	太平洋C御殿場	72／7246Y
2014	デービッド・オー	276—70・68・68・70	武藤俊憲	1	太平洋C御殿場	72／7246Y
2015	片山晋呉	202—64・68・70	T・クロンパ	1	太平洋C御殿場	72／7246Y
2016	松山英樹	265—65・66・65・69	宋　永漢	7	太平洋C御殿場	72／7246Y
2017	小平　智	270—63・72・70・65	宮里優作	3	太平洋C御殿場	72／7246Y
2018	額賀辰徳	201—67・68・66	S・H・キム	2	太平洋C御殿場	70／7262Y
2019	ⓐ金谷拓実	267—73・66・63・65	S・ノリス	1	太平洋C御殿場	70／7262Y
2020	香妻陣一朗	272—71・65・68・68	木下稜介	1	太平洋C御殿場	70／7262Y
2021	谷原秀人	274—71・66・67・70	金谷拓実	1	太平洋C御殿場	70／7262Y
2022＊	石川　遼	272—68・66・69・69	星野陸也	0	太平洋C御殿場	70／7262Y

＊はプレーオフ、ⓐはアマチュア

1973年からツアー競技。但し、1974年は後援競技

【過去の18ホール最少ストローク】

62（−10）　室田　淳　2003年3R　太平洋C御殿場C　PAR72／7246ヤード

ダンロップフェニックストーナメント

開催期日　2022年11月17日～20日	賞金総額　200,000,000円
競技会場　フェニックスCC	出場人数　84名
トータル　7,042Y：パー71(36,35)	天　候　曇時々雨・雨・雨・曇時々雨

1日目 チリ出身の招待選手、全米プロ3位のM・ペレイラと佐藤大平が6アンダーで首位。1打差で星野陸也と岩﨑亜久竜が追う。**2日目** 前日44位の大槻智春が1イーグル、6バーディの63をマーク。通算9アンダーで佐藤と並んで首位に急浮上した。1打差3位は20歳で米2勝のT・キムと比嘉一貴、ペレイラの3人。**3日目** 雨で61分間の中断があった。比嘉が6バーディ、ボギーなしの65で回り通算14アンダーの首位に立つ。2打差2位はペレイラ、大槻、佐藤。9バーディ、ボギーなしの62を叩き出した清水大成が41位から5位に上昇した。**最終日** 比嘉が賞金1位の貫録を見せ、前半で4アンダーをマーク。追うペレイラや大槻に隙を見せない。13番パー4ではグリーン左バンカーから2打目を入れてイーグル。18番もバーディで締め大会タイの通算21アンダーで快勝。賞金王に王手をかけた。

【優勝】　比嘉　一貴　263　69・65・65・64　40,000,000円

順位	氏　名	トータルスコア	1R	2R	3R	4R	賞金額(円)	順位	氏　名	トータルスコア	1R	2R	3R	4R	賞金額(円)
2	M・ペレイラ	266	65	69	67	65	20,000,000	39	木下　裕太	280	68	72	71	69	880,000
3	大槻　智春	267	70	63	68	66	13,600,000		石川　遼	280	72	68	73	67	880,000
4	小平　智	268	68	68	68	64	8,266,666		塚田　陽亮	280	71	71	71	67	880,000
	トム・キム	268	68	66	70	64	8,266,666		蝉川　泰果	280	70	70	74	66	880,000
	清水　大成	268	67	74	62	65	8,266,666		田村　光正	280	70	71	74	65	880,000
7	スコット・ビンセント	270	69	67	69	65	6,600,000	44	浅地　洋佑	281	71	72	69	69	680,000
8	堀川未来夢	271	69	67	69	66	5,660,000		谷原　秀人	281	69	74	69	69	680,000
	星野　陸也	271	65	70	69	67	5,660,000		チャン・キム	281	68	71	75	67	680,000
	佐藤　大平	271	65	68	68	70	5,660,000		小斉平優和	281	71	72	70	68	680,000
11	コーリー・コナーズ	272	67	69	70	66	4,640,000		貞方　章男	281	69	74	71	67	680,000
	桂川　有人	272	71	67	66	68	4,640,000	49	平田　憲聖	282	70	69	74	69	564,000
13	木下　稜介	273	67	69	70	67	4,040,000		宮本　勝昌	282	69	73	75	65	564,000
14	香妻陣一朗	274	69	69	71	65	3,540,000	51	池村　寛世	283	72	71	70	70	536,000
	岩﨑亜久竜	274	66	71	69	68	3,540,000	52	河本　力	284	70	68	72	74	489,428
16	スンス・ハン	275	71	69	70	65	3,140,000		李　尚熹	284	70	71	71	72	489,428
	朴　相賢	275	69	70	72	64	3,140,000		ブレンダン・ジョーンズ	284	69	72	72	71	489,428
18	石坂　友宏	276	71	69	69	67	2,600,000		小田　孔明	284	70	71	72	71	489,428
	杉本エリック	276	69	71	68	68	2,600,000		出水田大二郎	284	68	75	71	70	489,428
	永野竜太郎	276	69	67	71	69	2,600,000		ジェイブ・クルーガー	284	69	74	71	70	489,428
	ジェイ・チョイ	276	69	68	70	69	2,600,000		張　棟圭	284	70	73	72	69	489,428
22	片山　晋呉	277	68	71	71	67	1,790,000	59	市原　弘大	285	69	72	75	69	462,000
	黄　重坤	277	68	70	72	67	1,790,000	60	植竹　勇太	287	75	64	71	73	454,000
	杉山　知靖	277	69	72	69	67	1,790,000		小木曽　喬	287	73	70	73	71	454,000
	阿久津未来也	277	69	72	67	69	1,790,000		吉田　泰基	287	72	70	75	70	454,000
	小鯛　竜也	277	68	69	71	69	1,790,000	63	谷口　徹	295	73	70	78	74	446,000
	ジュビック・パグンサン	277	68	71	69	69	1,790,000								
	大岩　龍一	277	70	73	68	69	1,790,000								
	今平　周吾	277	67	71	68	71	1,790,000								
30	池田　勇太	278	71	67	72	68	1,268,000								
	稲森　佑貴	278	69	71	70	68	1,268,000								
	竹谷　佳孝	278	68	68	73	69	1,268,000								
	大西　魁斗	278	67	71	73	67	1,268,000								
	内藤寛太郎	278	68	71	68	71	1,268,000								
35	アーロン・ワイズ	279	68	72	67	72	1,060,000								
	宮里　優作	279	68	70	70	71	1,060,000								
	武藤　俊憲	279	71	69	73	66	1,060,000								
	大堀裕次郎	279	74	67	66	72	1,060,000								

143ストローク(＋1)までの63名が予選通過

ダンロップフェニックス

氏名	トータルスコア	1R	2R	氏名	トータルスコア	1R	2R	氏名	トータルスコア	1R	2R	氏名	トータルスコア	1R	2R
トッド・ベク	144	73	71	ⓐ山下勝将	144	74	70	時松 隆光	145	73	72	近藤 智弘	148	68	80
片岡 尚之	144	73	71	小林伸太郎	144	71	73	宋 永漢	146	72	74	タンヤゴーンクロンパ	149	75	74
高山 忠洋	144	73	71	中西 直人	144	74	70	ハン・リー	147	73	74	金 庚泰		72	棄
岩田 寛	144	74	70	矢野 東	144	68	76	阿部 裕樹	147	76	71	ⓐはアマチュア			
幡地 隆寛	144	67	77	秋吉 翔太	145	74	71	古川 雄大	148	71	77				
崔 虎星	144	72	72	中島 啓太	145	74	71	池上憲士郎	148	72	76				

【歴代優勝者】

年	優勝者	スコア	2位	差	コース	パー/ヤード
ダンロップフェニックス						
1974	ジョニー・ミラー	274—69・69・69・67	呂 良煥	7	フェニックスCC	72／7012Y
1975	ヒューバート・グリーン	272—67・70・67・68	島田幸作	6	フェニックスCC	72／7012Y
1976	グラハム・マーシュ	272—66・69・65・72	M・バーバー	6	フェニックスCC	72／6410m
1977	セベ・バレステロス	282—68・70・73・71	新井規矩雄	1	フェニックスCC	72／6410m
1978	アンディ・ビーン	275—67・70・69・69	G・マーシュ	5	フェニックスCC	72／6391m
1979	ボビー・ワドキンス	284—73・67・71・73	鷹巣南雄、呂 良煥	3	フェニックスCC	72／6391m
1980	トム・ワトソン	282—68・74・73・67	M・リード	2	フェニックスCC	72／6391m
1981	セベ・バレステロス	279—72・66・69・72	中島常幸	3	フェニックスCC	72／6391m
1982	カルビン・ピート	281—73・69・67・72	S・バレステロス、L・ネルソン	3	フェニックスCC	72／6391m
1983＊	陳 志明	286—74・71・71・70	T・ワトソン	0	フェニックスCC	72／6391m
1984＊	スコット・シンプソン	282—71・71・72・68	B・ランガー	0	フェニックスCC	72／6393m
1985	中島常幸	275—67・68・70・70	陳 志忠、S・バレステロス	3	フェニックスCC	72／6393m
1986	ボビー・ワドキンス	277—69・73・67・68	G・マーシュ	1	フェニックスCC	72／6993Y
1987	クレイグ・スタドラー	277—71・65・69・72	S・ホーク	1	フェニックスCC	72／6993Y
1988	ケン・グリーン	273—70・68・64・71	F・カプルス	2	フェニックスCC	72／6993Y
1989	ラリー・マイズ	272—69・64・71・68	尾崎直道	4	フェニックスCC	72／6993Y
1990	ラリー・マイズ	274—69・65・69・71	尾崎直道	3	フェニックスCC	72／6993Y
1991＊	ラリー・ネルソン	276—70・71・67・68	青木 功、J・D・ブレイク、S・バレステロス	0	フェニックスCC	72／6993Y
1992＊	デビッド・フロスト	277—72・69・69・67	室田 淳	0	フェニックスCC	72／6993Y
1993	アーニー・エルス	271—68・69・65・69	尾崎将司、中島常幸、F・カプルス、B・レーン、V・シン	4	フェニックスCC	72／6993Y
1994	尾崎将司	201—69・69・65	T・ワトソン	1	フェニックスCC	72／6993Y
1995	尾崎将司	273—65・71・69・68	P・シニア、R・ガメス、B・ジョーブ	1	フェニックスCC	71／6798Y
1996	尾崎将司	277—68・67・69・73	尾崎直道、T・ワトソン	3	フェニックスCC	71／6803Y
1997	トム・ワトソン	275—70・65・70・70	尾崎直道	2	フェニックスCC	71／6803Y
1998	リー・ウエストウッド	271—68・67・66・70	D・クラーク	3	フェニックスCC	71／6846Y
1999＊	トーマス・ビヨン	270—69・66・68・67	S・ガルシア	0	フェニックスCC	71／6856Y
2000	片山晋呉	265—65・66・66・68	B・メイ	4	フェニックスCC	71／6856Y
2001＊	デービッド・デュバル	269—65・67・68・69	手嶋多一	0	フェニックスCC	71／6856Y
2002	横尾 要	269—66・65・69・69	S・ガルシア	1	フェニックスCC	71／6917Y
2003	トーマス・ビヨン	272—67・65・69・71	丸山大輔	2	フェニックスCC	71／6917Y
2004	タイガー・ウッズ	264—65・67・65・67	川岸良兼	8	フェニックスCC	70／6901Y
2005＊	タイガー・ウッズ	272—65・67・68・72	横尾 要	0	フェニックスCC	70／6907Y
2006＊	パドレイグ・ハリントン	271—67・66・71・67	T・ウッズ	0	フェニックスCC	70／6907Y
2007	イアン・ポールター	269—65・68・67・69	G・フェルナンデスカスタノ	3	フェニックスCC	70／6919Y
2008	プラヤド・マークセン	276—68・70・67・71	石川 遼	1	フェニックスCC	71／7010Y
2009＊	エドアルド・モリナリ	271—70・66・69・66	R・カールソン	0	フェニックスCC	71／7010Y
2010	池田勇太	269—67・66・70・66	金 庚泰	2	フェニックスCC	71／7010Y
2011	武藤俊憲	201—68・70・63	G・フェルナンデスカスタノ	4	フェニックスCC	71／7010Y
2012	ルーク・ドナルド	268—65・64・71・68	ⓐ松山英樹	5	フェニックスCC	71／7027Y
2013	ルーク・ドナルド	270—73・66・65・66	金 亨成	6	フェニックスCC	71／7027Y
2014＊	松山英樹	269—68・64・67・70	岩田 寛	0	フェニックスCC	71／7027Y
2015	宮里優作	270—67・70・64・69	松山英樹、藤本佳則	2	フェニックスCC	71／7027Y

2016	ブルックス・ケプカ	263—65・70・63・65	池田勇太	1	フェニックスCC	71／7027Y
2017	ブルックス・ケプカ	264—65・68・64・67	P・マークセン,李尚熏,X・シャウフェレ	9	フェニックスCC	71／7027Y
2018	市原弘大	269—70・68・68・63	堀川未来夢	1	フェニックスCC	71／7027Y
2019	今平周吾	203—65・72・66	黄　重坤	2	フェニックスCC	71／7027Y
2020	＊金谷拓実	271—68・66・68・69	石坂友宏	0	フェニックスCC	71／7042Y
2021	チャン・キム	267—69・69・66・63	片岡尚之、木下稜介	1	フェニックスCC	71／7042Y
2022	比嘉一貴	263—69・65・65・64	M・ペレイラ	3	フェニックスCC	71／7042Y

＊はプレーオフ、ⓐはアマチュア。1973年からツアー競技

【過去の18ホール最少ストローク】

61（−10）	丸山　茂樹	1999年3R	フェニックスCC	PAR71／6856ヤード
61（−10）	池田　勇太	2016年4R	フェニックスCC	PAR71／7027ヤード

ツアー成績

カシオワールドオープンゴルフトーナメント

開催期日　2022年11月24日〜27日	賞金総額　200,000,000円
競技会場　Kochi黒潮CC	出場人数　108名
トータル　7,335Y：パー72(36,36)	天　候　晴・晴・曇時々晴・晴

1日目 C・キムが1イーグル、7バーディ、1ボギーの64をマークして首位スタート。2打差2位に岩崎亜久竜、3打差3位には星野陸也ら14人がついた。2日目 キムが6つスコアを伸ばし通算18アンダーとして首位を守った。2打差2位は岩崎。3打差3位には65をマークしたB・ジョーンズ、大西魁斗ら3人が並んだ。3日目 キムが8バーディ、ボギーなしの64で通算22アンダーに伸ばせば岩崎が9バーディ、ボギーなしの63で1打差に迫る。4打差3位には共に64で回った池田勇太と小平智がついた。最終日 キムがアウトで32をマークして後続に差をつける。インではさらに勢いが増して6バーディ奪取。計10バーディの62を叩き出し、岩崎に6打差をつけて22年初勝利を飾った。通算32アンダー、256は最多アンダー、最少ストロークともにツアー新記録。また、比嘉一貴の賞金王が決定した。

【優勝】チャン・キム 256 64・66・64・62 40,000,000円

順位	氏名	トータルスコア	1R	2R	3R	4R	賞金額(円)
2	岩崎亜久竜	262	66	66	63	67	20,000,000
3	池田 勇太	264	68	66	64	66	13,600,000
4	朴 相賢	265	68	67	66	64	9,600,000
5	小平 智	266	67	67	64	68	8,000,000
6	今平 周吾	267	70	66	66	65	6,900,000
	宋 永漢	267	67	66	66	68	6,900,000
8	清水 大成	269	72	66	66	65	5,252,000
	星野 陸也	269	67	68	68	66	5,252,000
	ジャスティン・デロスサントス	269	67	69	66	67	5,252,000
	中島 啓太	269	68	67	69	65	5,252,000
	堀川未来夢	269	69	68	67	65	5,252,000
13	張 棟圭	270	67	69	63	71	4,040,000
14	植竹 勇太	271	69	71	66	65	3,540,000
	木下 稜介	271	68	68	68	67	3,540,000
16	河本 力	272	72	69	64	67	3,140,000
	大西 魁斗	272	68	65	70	69	3,140,000
	佐藤 快斗	272	67	71	64	70	アマチュア
19	ブレンダン・ジョーンズ	273	68	65	72	68	2,520,000
	永野竜太郎	273	67	71	68	67	2,520,000
	谷原 秀人	273	69	71	68	65	2,520,000
	中里光之介	273	67	69	68	69	2,520,000
	小斉平優和	273	67	69	67	70	2,520,000
24	高山 忠洋	274	71	68	68	67	1,690,000
	岡田 絃希	274	70	67	70	67	1,690,000
	阿部 裕樹	274	72	69	67	66	1,690,000
	竹安 俊也	274	70	71	66	67	1,690,000
	石川 遼	274	69	68	67	70	1,690,000
	片岡 大育	274	68	70	66	70	1,690,000
	黄 重坤	274	67	69	68	70	1,690,000
	宮里 優作	274	71	70	69	64	1,690,000
32	鍋谷 太一	275	69	69	69	68	1,212,000
	大岩 龍一	275	70	69	68	68	1,212,000
	竹谷 佳孝	275	70	69	65	71	1,212,000
	出水田大二郎	275	71	69	69	66	1,212,000
	近藤 智弘	275	70	71	68	66	1,212,000
37	木村 太一	276	69	69	68	70	900,000
	片山 晋呉	276	68	71	68	69	900,000
	大槻 智春	276	68	67	70	71	900,000
	岡田 晃平	276	68	71	69	68	アマチュア
	小鯛 竜也	276	68	69	68	71	900,000
	比嘉 一貴	276	72	66	67	71	900,000
	平田 憲聖	276	74	66	68	68	900,000
	時松 隆光	276	68	67	69	72	900,000
	ジェイ・チョイ	276	67	70	67	72	900,000
	トッド・ペク	276	68	68	72	68	900,000
	スンス・ハン	276	71	70	69	66	900,000
48	岩田 寛	277	71	66	69	71	680,000
49	市原 弘大	278	72	68	67	71	620,000
	宇佐美祐樹	278	69	71	68	70	620,000
51	片岡 尚之	279	71	68	70	70	554,666
	杉山 知靖	279	68	69	71	71	554,666
	勝俣 陵	279	71	71	70	66	554,666
54	白 佳和	280	69	69	71	71	493,333
	H・W・リュー	280	72	69	69	70	493,333
	秋吉 翔太	280	72	67	72	69	493,333
	ガンチャルングン	280	71	70	71	68	493,333
	ジュビック・パグンサン	280	68	72	72	68	493,333
	池村 寛世	280	71	68	74	67	493,333
60	坂本 雄介	281	72	69	65	75	456,000
	谷口 徹	281	71	70	67	73	456,000
	マイケル・ヘンドリー	281	70	71	68	72	456,000
	吉田 泰基	281	70	69	71	71	456,000
	織田 信亮	281	69	70	72	70	456,000
	安本 大祐	281	70	71	71	69	456,000
66	額賀 辰徳	282	69	70	73	71	440,000
	タンヤゴーン・クロンパ	282	67	74	74	67	440,000
68	藤田 寛之	283	72	68	68	75	438,000
	中西 直人	284	69	71	69	75	438,000

141ストローク(−3)までの69名が予選通過

氏　名	トータルスコア	1R	2R	氏　名	トータルスコア	1R	2R	氏　名	トータルスコア	1R	2R	氏　名	トータルスコア	1R	2R
杉本エリック	142	71	71	弘井　太郎	142	73	69	香妻陣一朗	144	69	75	東　大智	147	76	71
佐藤　大平	142	72	70	嘉数　光倫	142	69	73	阿久津未来也	145	74	71	貞方　章男	148	75	73
武藤　俊憲	142	75	67	石坂　友宏	143	71	72	塚田　陽亮	145	73	72	朴　銀信	149	73	76
浅地　洋佑	142	72	70	小西　貴紀	143	72	71	大堀裕次郎	145	75	70	幡地　隆寛	149	73	76
手嶋　多一	142	69	73	小林伸太郎	143	73	70	李　尚熹	146	73	73	木下　裕太	150	75	75
小田　孔明	142	69	73	崔　虎星	143	73	70	内藤寛太郎	146	74	72	前田　紘成	150	78	72
桂川　有人	142	72	70	比嘉　拓也	143	73	70	@中野麟太朗	146	72	74	@岩元光太	153	75	78
亀代　順哉	142	70	72	@香川凜央	143	73	70	ガブリエレ・デバルバ	147	74	73	@松井琳空海	156	78	78
田村　光正	142	67	75	古川　雄大	144	76	68	稲森　佑貴	147	71	76	池上憲士郎		72	失
ハン・リー	142	68	74	矢野　東	144	71	73	今野　大喜	147	73	74	@はアマチュア			

【歴代優勝者】

年	優勝者	スコア	2位	差	コース	パー／ヤード
1981	リー・トレビノ	275—68・67・71・69	青木　功	4	指宿GC	72／6270m
1982	スコット・ホーク	282—72・71・69・70	中島常幸	1	指宿GC	72／6370m
1983	ベルンハルト・ランガー	287—68・74・74・71	中島常幸	2	指宿GC	72／6370m
1984＊	サンディ・ライル	279—68・69・71・71	G・コーク	0	指宿GC	72／6413m
1985＊	ヒューバート・グリーン	289—72・76・67・74	S・ホーク、湯原信光、W・グラディ	0	指宿GC	72／6388m
1986	スコット・ホーク	276—67・72・68・69	J・M・オラサバル	6	指宿GC	72／6985m
1987	デービッド・イシイ	276—69・73・67	S・トーランス	2	指宿GC	72／6985Y
1988	ラリー・マイズ	284—72・71・68・73	尾崎将司	1	指宿GC	72／6985Y
1989	青木　功	274—70・70・65・69	L・マイズ	1	指宿GC	72／7014Y
1990	マイク・リード	274—69・70・65・70	金子柱憲	2	指宿GC	72／7014Y
1991	尾崎直道	270—71・67・64・68	飯合　肇	2	指宿GC	72／7014Y
1992	青木　功	277—76・66・64・71	陳　志明	2	指宿GC	72／7014Y
1993	トム・リーマン	274—69・69・67・69	P・ミケルソン	1	指宿GC	72／7014Y
1994	ロバート・ガメス	271—68・66・68・69	S・ホーク	4	いぶすきGC	72／7014Y
1995	奥田靖己	274—69・72・69・64	尾崎将司	1	いぶすきGC	72／7028Y
1996＊	ポール・スタンコウスキー	277—69・69・71・68	D・イシイ	0	いぶすきGC	72／7056Y
1997	日下部光隆	278—69・68・71・70	尾崎直道、宮瀬博文、深堀圭一郎	1	いぶすきGC	72／7056Y
1998＊	ブライアン・ワッツ	274—69・70・67・68	伊沢利光	0	いぶすきGC	72／7105Y
1999	米山　剛	274—70・71・68・65	手嶋多一	1	いぶすきGC	72／7105Y
2000	鈴木　亨	267—68・67・65・67	尾崎将司	1	いぶすきGC	72／7105Y
2001	室田　淳	264—65・68・63・68	D・チャンド	2	いぶすきGC	72／7105Y
2002	デービッド・スメイル	200—68・68・64	B・ジョーンズ	2	いぶすきGC	72／7151Y
2003	今井克宗	264—65・65・67・67	B・ジョーンズ、片山晋呉	7	いぶすきGC	72／7151Y
2004	デービッド・スメイル	276—70・66・69・71	H・メイハン	1	いぶすきGC	72／7151Y
2005	谷口　徹	277—70・70・68・69	金　鍾徳	2	Kochi黒潮CC	72／7220Y
2006	ジーブ・ミルカ・シン	272—66・69・69・68	D・スメイル	2	Kochi黒潮CC	72／7235Y
2007	手嶋多一	275—69・68・73・65	C・キャンベル	1	Kochi黒潮CC	72／7250Y
2008	小田孔明	277—66・67・72・72	久保谷健一	3	Kochi黒潮CC	72／7300Y
2009	小田孔明	267—67・65・70・65	石川　遼	3	Kochi黒潮CC	72／7300Y
2010＊	松村道央	275—68・72・67・68	金度勲（大邱）	0	Kochi黒潮CC	72／7300Y
2011	高山忠洋	273—67・68・70・68	宮里優作	2	Kochi黒潮CC	72／7280Y
2012	黄　重坤	269—65・70・68・66	上井邦浩	3	Kochi黒潮CC	72／7300Y
2013	松山英樹	276—72・66・68・70	池田勇太	1	Kochi黒潮CC	72／7316Y
2014	片山晋呉	271—70・64・72・65	冨山　聡	3	Kochi黒潮CC	72／7315Y
2015	黄　重坤	273—70・67・70・66	石川　遼	1	Kochi黒潮CC	72／7315Y

ツアー成績

カシオワールドオープン

2016	池田勇太	203—72・64・67	正岡竜二	1	Kochi黒潮CC	72／7315Y
2017	スンス・ハン	275—71・73・65・66	B・ジョーンズ、石川遼、金庚泰、時松隆光	1	Kochi黒潮CC	72／7315Y
2018	崔 虎星	273—67・70・69・67	B・ジョーンズ	1	Kochi黒潮CC	72／7335Y
2019	金 庚泰	268—70・68・66・64	S・ノリス	2	Kochi黒潮CC	72／7335Y
2020	〈新型コロナウイルス感染拡大のため中止〉					
2021	堀川 未来夢	269—64・65・73・67	宮里優作、今平周吾	2	Kochi黒潮CC	72／7335Y
2022	チャン・キム	256—64・66・64・62	岩﨑亜久竜	6	Kochi黒潮CC	72／7335Y

＊はプレーオフ
1982年からツアー競技。但し、1981年は後援競技で賞金ランキング加算競技

【過去の18ホール最少ストローク】

62（−10） C・キム 2022年4R Kochi黒潮CC PAR72／7335ヤード

ゴルフ日本シリーズJTカップ

開催期日	2022年12月1日～4日
競技会場	東京よみうりCC
トータル	7,023Y：パー70(35,35)

賞金総額	130,000,000円
出場人数	30名
天 候	曇・晴・晴・晴

1日目 稲森佑貴、C・キム、岩崎亜久竜の3人が65で首位に並ぶ。1打差4位には前年覇者の谷原秀人、小平智、出水田大二郎、B・ケネディの4人がついた。**2日目** 66で回ったケネディと小平が4位から首位に浮上。谷原と岩崎が1打差3位、岩田寛と稲森が2打差5位で続く。**3日目** 4年ぶりの大会2勝目を狙う小平が4バーディ、1ボギーの67をマークし、通算11アンダーで単独首位に出た。2打差2位は出水田とケネディ。岩崎が3打差4位、4打差5位には谷原ら3人がついた。**最終日** 小平が苦戦しながらも中盤まで首位を守っていた。だが2組前を回る谷原が14番のバーディで小平を捕え、17番バーディで通算12アンダーとして一歩前へ出た。谷原は難関18番でパーセーブし、小平は17番痛恨のボギーで後退。1打差で谷原を追う岩田、キム、出水田は18番パーで谷原が大会連覇を飾った。

【優勝】 谷原 秀人 268 66・67・70・65 40,000,000円

順位	氏 名	トータルスコア	1R	2R	3R	4R	賞金額(円)
2	岩田 寛	269	68	66	70	65	10,403,864
	チャン・キム	269	65	72	67	65	10,403,864
	出水田大二郎	269	66	70	65	68	10,403,864
5	石川 遼	270	68	68	69	65	4,911,593
	小平 智	270	66	66	67	71	4,911,593
7	星野 陸也	271	67	69	67	68	4,261,593
8	桂川 有人	272	67	69	70	66	3,517,343
	蟬川 泰果	272	70	67	69	66	3,517,343
	稲森 佑貴	272	65	69	70	68	3,517,343
	ブラッド・ケネディ	272	66	66	69	71	3,517,343
12	木下 稜介	273	69	70	67	67	2,597,593
	岩﨑亜久竜	273	65	68	69	71	2,597,593
	河本 力	273	68	67	68	70	2,597,593
15	長野 泰雅	274	67	70	72	65	2,207,593
16	大西 魁斗	275	72	70	65	68	2,077,593
17	池田 勇太	276	71	67	70	68	1,947,593
18	アンソニー・クウェイル	277	71	72	68	66	1,765,593
	大槻 智春	277	70	72	66	69	1,765,593
20	時松 隆光	278	69	71	69	69	1,557,592
	比嘉 一貴	278	69	69	70	70	1,557,592
22	今平 周吾	279	71	72	70	66	1,349,592
	大岩 龍一	279	67	70	71	71	1,349,592
24	香妻陣一朗	280	72	70	68	70	1,167,592
	池村 寛世	280	73	67	69	71	1,167,592
26	堀川未来夢	282	68	72	71	71	1,089,592
27	清水 大成	283	78	69	67	69	985,592
	トッド・ベク	283	76	70	66	71	985,592
	小林伸太郎	283	71	68	71	73	985,592
30	片岡 尚之	286	72	71	70	73	881,592

【歴代優勝者】

年	優勝者	スコア	2位	差	コース	パー/ヤード
ゴルフ日本シリーズ						
1963	石井朝夫	288—80・68・70・70	小野光一	8	大阪よみうりCC 紫CCすみれ	73/7180Y 72/7070Y
1964	陳 清波	284—75・68・69・72	杉本英世	2	大阪・東京よみうりCC	(大)73/7180Y (東)72/6962Y
1965	杉原輝雄	284—70・71・70・73	橘田 規	11	大阪・東京よみうりCC	(大)73/7180Y (東)72/6962Y
1966	《中 止》					
1967	河野高明	281—67・70・72・72	佐藤精一、橘田 規	11	大阪・東京よみうりCC	(大)73/7180Y (東)72/7027Y
1968	河野高明	283—71・70・71・71	松田司郎	3	大阪・東京よみうりCC	(大)73/6563m (東)72/6441m
1969	杉本英世	291—71・75・69・76	内田 繁、安田春雄	1	大阪・東京よみうりCC	(大)73/6563m (東)72/7052Y
1970	杉原輝雄	284—69・73・69・73	島田幸作	3	大阪・東京よみうりCC	(大)73/6563m (東)72/7052Y
1971	尾崎将司	284—70・72・72・70	杉原輝雄	1	大阪・東京よみうりCC	(大)73/7180Y (東)72/7017Y
1972*	尾崎将司	287—71・73・73・70	杉原輝雄	0	大阪・東京よみうりCC	(大)73/7168Y (東)72/7017Y
1973	杉原輝雄	276—71・70・67・68	安田春雄	2	大阪・東京よみうりCC	(大)73/7168Y (東)72/7017Y
1974	尾崎将司	280—73・69・70・68	村上 隆	4	大阪・東京よみうりCC	(大)73/7168Y (東)72/7017Y
1975	村上 隆	283—70・72・71・70	島田幸作、金井清一	1	大阪・東京よみうりCC	(大)73/7168Y (東)72/7017Y
1976	前田新作	285—72・70・72・71	安田春雄	3	大阪・東京よみうりCC	(大)73/6554m (東)72/6416m
1977	尾崎将司	275—74・66・68・67	青木 功	4	大阪・東京よみうりCC	(大)73/6568m (東)72/6416m
1978	青木 功	282—69・69・73・71	安田春雄	1	大阪・東京よみうりCC	(大)73/6568m (東)72/6416m
1979	青木 功	276—68・71・66・71	新井規矩雄、中村 通	13	大阪・東京よみうりCC	(大)73/6568m (東)72/6416m
1980	尾崎将司	283—72・72・71・68	青木 功	2	大阪・東京よみうりCC	(大)73/6486m (東)72/6416m
1981*	羽川 豊	135—70・65	青木 功	0	東京よみうりCC	72/6416m
1982	中島常幸	283—72・72・66・73	小林富士夫	2	大阪・東京よみうりCC	(大)73/6473m (東)72/6416m
1983	青木 功	281—70・71・66・74	倉本昌弘	1	大阪・東京よみうりCC	(大)73/6460m (東)72/6416m
1984	中村 通	267—66・66・67・68	倉本昌弘	7	大阪・東京よみうりCC	(大)73/6472m (東)72/6416m
1985	尾崎健夫	279—72・69・67・71	倉本昌弘	2	大阪・東京よみうりCC	(大)73/6472m (東)72/6416m
1986	中村 通	275—70・70・66・69	青木 功	2	大阪・東京よみうりCC	(大)73/7077Y (東)72/7017Y
1987	デービッド・イシイ 青木 功	138—69・69 138—67・71	※尾崎将司、B・ジョーンズ、山本善隆 （上記は3位タイ）	1	大阪・東京よみうりCC	(大)73/7077Y (東)72/7017m
ゴルフ日本シリーズ日立カップ						
1988	尾崎直道	275—69・70・68・68	青木 功	5	大阪・東京よみうりCC	(大)72/7030Y (東)72/7017Y
1989	大町昭義	278—70・73・69・66	友利勝良、中島常幸	2	大阪・東京よみうりCC	(大)72/7039Y (東)72/7017Y
1990*	尾崎直道	275—71・69・64・71	中島常幸	0	大阪・東京よみうりCC	(大)72/7039Y (東)72/7017Y
1991	尾崎直道	268—71・65・66・66	湯原信光、中島常幸	8	東京よみうりCC	72/7017Y
1992	陳 志明	280—72・70・66・72	T・ハミルトン	1	読売GメンバーC	72/7017Y
1993	中島常幸	270—69・65・69・67	丸山茂樹	3	東京よみうりCC	72/7022Y
1994	佐々木久行	270—68・66・70・66	尾崎直道	1	読売GメンバーC	71/7002Y
1995	尾崎将司	272—66・67・71・68	中島常幸、森 茂則	2	東京よみうりCC	72/7022Y
1996	尾崎将司	262—62・68・65・67	丸山茂樹	4	東京よみうりCC	72/7022Y
1997	丸山茂樹	268—70・63・68・67	尾崎健夫	2	東京よみうりCC	71/6983Y
ゴルフ日本シリーズJTカップ						
1998*	宮本勝昌	275—64・67・75・69	尾崎将司	0	東京よみうりCC	70/6960Y
1999	細川和彦	270—63・74・69・64	伊沢利光	2	東京よみうりCC	70/6958Y
2000	片山晋呉	271—69・67・67・68	宮瀬博文	3	東京よみうりCC	70/6958Y
2001	宮本勝昌	268—72・64・66・66	中島常幸、伊沢利光	1	東京よみうりCC	70/6958Y
2002	片山晋呉	261—62・66・66・67	D・スメイル	9	東京よみうりCC	70/6961Y
2003	平塚哲二	264—66・68・63・67	伊沢利光	3	東京よみうりCC	70/6961Y
2004	ポール・シーハン	266—69・65・66・66	Y・E・ヤン、宮本勝昌	4	東京よみうりCC	70/6961Y
2005	今野康晴	269—72・67・63・67	横田真一	2	東京よみうりCC	70/6961Y
2006	ジーブ・ミルカ・シン	269—67・65・67・70	増田伸洋	1	東京よみうりCC	70/7016Y
2007	ブレンダン・ジョーンズ	269—70・70・68・61	谷口徹	1	東京よみうりCC	70/7016Y
2008	ジーブ・ミルカ・シン	268—64・70・68・66	B・ジョーンズ、D・スメイル、手嶋多一	2	東京よみうりCC	70/7016Y
2009*	丸山茂樹	271—70・67・70・64	金 庚泰	0	東京よみうりCC	70/7016Y

2010	藤田寛之	265—65・70・64・66	谷口　徹	1	東京よみうりCC	70/7016Y
2011＊	藤田寛之	200—66・70・64	谷口　徹	0	東京よみうりCC	70/7016Y
2012	藤田寛之	262—61・66・68・67	武藤俊憲、H・リー	5	東京よみうりCC	70/7023Y
2013	宮里優作	267—66・66・64・71	呉　阿順	3	東京よみうりCC	70/7023Y
2014	宮本勝昌	271—68・68・64・71	P・マークセン	1	東京よみうりCC	70/7023Y
2015	石川　遼	266—68・68・63・67	藤本佳則、小田孔明	5	東京よみうりCC	70/7023Y
2016	朴　相賢	267—66・65・71・65	金　庚泰、池田勇太、小平　智	1	東京よみうりCC	70/7023Y
2017	宮里優作	265—69・69・65・62	S・ノリス	6	東京よみうりCC	70/7023Y
2018＊	小平　智	272—66・74・68・64	石川　遼、黄　重坤	0	東京よみうりＣＣ	70/7023Y
2019＊	石川　遼	272—68・70・68・66	B・ケネディ	0	東京よみうりCC	70/7023Y
2020	チャン・キム	272—66・66・73・67	大槻智春、岩田　寛、谷原秀人	1	東京よみうりCC	70/7023Y
2021	谷原秀人	268—68・67・64・69	宮里優作	2	東京よみうりCC	70/7023Y
2022	谷原秀人	268—66・67・70・65	出水田大二郎、C・キム、岩男　寛	1	東京よみうりCC	70/7023Y

＊はプレーオフ。1974年からツアー競技

【過去の18ホール最少ストローク】

61（−9）	B・ジョーンズ	2007年4R	東京よみうりCC	PAR70／7016ヤード
61（−9）	谷口　徹	2010年4R	東京よみうりCC	PAR70／7016ヤード
61（−9）	藤田　寛之	2012年1R	東京よみうりCC	PAR70／7023ヤード
61（−9）	山下　和宏	2013年3R	東京よみうりCC	PAR70／7023ヤード

ツアー成績

2022年度

ツアーデータ

選手別競技成績早見表
賞金ランキング
部門別ランキング
トーナメント記録
生涯獲得賞金ランキング

賞金ランキング		東建ホームメイトカップ	関西オープンゴルフ	ISPS HANDA 欧州・日本	中日クラウンズ	ダイヤモンドカップゴルフ	ゴルフパートナー PRO-AM	全英への道ミズノオープン	日本ゴルフツアー選手権	ASO飯塚チャレンジドゴルフ	JPC by サトウ食品	日本プロゴルフ選手権大会
1	比嘉　一貴	19T	優勝	6T	16T	37T	4T	26T	優勝	22T	—	26T
2	星野　陸也	3	2	2	7T	6T	—	—	7T	—	13T	20T
3	岩﨑亜久竜	5	予落	予落	—	37T	予落	10T	3	22T	13T	—
4	堀川未来夢	23T	24T	32T	24T	24T	—	32T	28T	22T	予落	優勝
5	桂川　有人	2	24T	優勝	24T	2T	16T	36T	予落	9	3T	38T
6	岩田　寛	36T	5T	55T	3	2T	予落	棄権	予落	22T	予落	26T
7	C・キム	16T	予落	66T	12T	—	—	—	—	—	—	—
8	大槻　智春	48T	54T	32T	29T	57T	2T	予落	2	10T	22T	38T
9	河本　力	7	50T	24T	—	—	予落	—	—	—	予落	予落
10	石川　遼	予落	30T	予落	7T	26T	—	21T	28T	59T	33T	20T
11	稲森　佑貴	52T	34T	6T	優勝	8T	—	予落	11T	51T	優勝	11
12	今平　周吾	9T	予落	24T	12T	優勝	優勝	予落	11T	12T	予落	予落
13	大西　魁斗	予落	—	4	34T	2T	6	10T	40T	6T	2	7T
14	谷原　秀人	31T	予落	予落	棄権	予落	—	10T	予落	—	—	—
15	池村　寛世	予落	予落	予落	予落	57T	予落	10T	21T	優勝	予落	4T
16	B・ケネディ	—	19T	16T	34T	43T	4T	3	9T	2T	—	—
17	池田　勇太	23T	7T	43T	29T	18T	7	予落	予落	31T	3T	予落
18	香妻陣一朗	優勝	64	61T	7T	8T	—	—	予落	—	—	予落
19	A・クウェイル	予落	40T	6T	39T	—	16T	2	4	予落	—	—
20	時松　隆光	9T	予落	32T	4	11T	30T	予落	予落	4T	47T	26T
21	木下　稜介	失格	5T	32T	5T	—	—	—	21T	—	—	7T
22	出水田大二郎	31T	48T	27T	24T	13T	予落	26T	11T	—	予落	13T
23	片岡　尚之	4	50T	55T	7T	43T	58T	予落	予落	予落	33T	2
24	久常　涼	予落	40T	—	55	13T	予落	21T	9T	2T	13T	7T
25	清水　大成	31T	61T	予落	予落	予落	8T	6T	46T	予落	10T	棄権
26	小平　智	—	—	—	—	—	—	—	—	—	—	—
27	S・ビンセント	—	—	—	—	予落	10T	優勝	—	—	—	7T
28	大岩　龍一	予落	40T	予落	29T	18T	予落	10T	28T	予落	58T	42T
29	金谷　拓実	—	—	—	—	—	—	—	11T	20T	—	—
30	長野　泰雅	—	—	—	—	—	48T	—	—	6T	予落	—
31	T・ペク	36T	11T	43T	12T	棄権	予落	21T	5	22T	—	49T
32	J・デロスサントス	—	—	6T	予落	—	22T	4	予落	—	29T	—
33	朴　相賢	—	—	—	—	—	—	—	—	—	—	—
34	永野竜太郎	23T	予落	21T	51T	予落	予落	26T	46T	14T	22T	予落
35	杉山　知靖	8	17T	71	予落	予落	22T	予落	28T	—	予落	47T

セガサミーカップゴルフ	Sansan KBC オーガスタ	フジサンケイクラシック	Shinhan Donghae Open	ANAオープン	パナソニックオープン	バンテリン東海クラシック	For The Players By The Players	日本オープンゴルフ選手権競技	HEIWA・PGM CHAMPIONSHIP	マイナビABC	三井住友VISA太平洋	ダンロップフェニックス	カシオワールドオープン	ゴルフ日本シリーズJTカップ
予落	9T	43T	優勝	20T	予落	3T	—	2	21T	24T	19T	優勝	37T	20T
19T	予落	27T	20T	30T	26T	予落	—	棄権	優勝	—	2	8T	8T	7
8T	予落	5T	—	30T	2	9T	—	15T	2T	予落	9T	14T	2	12T
10T	31T	4	62T	12T	予落	40T	—	28T	11T	優勝	6T	8T	8T	26
予落	—	20T	27T	予落	3	2	—	21T	—	—	11T	予落	—	8T
優勝	64T	3	68	予落	73	棄権	—	64T	15T	2T	3T	予落	48	2T
—	—	—	—	—	—	19T	6	6T	2T	—	6T	44T	優勝	2T
2	予落	30T	9T	優勝	10T	9T	45T	予落	33T	38T	28T	3	37T	18T
—	優勝	予落	5T	予落	16T	優勝	予落	36T	47T	2T	5	52T	16T	12T
4T	16T	5T	—	2	予落	棄権	—	予落	29T	予落	優勝	39T	24T	5T
32T	16T	38T	27T	17T	7T	6T	19T	15T	19T	6	17T	30T	予落	8T
19T	9T	13	43T	12T	16T	29T	—	53T	19T	16T	19T	22T	6T	22T
22T	21T	優勝	予落	25T	16T	26T	—	予落	7T	—	—	30T	16T	16
32T	42T	8T	9T	12T	67T	—	—	予落	—	—	28T	44T	19T	優勝
予落	4T	16T	予落	12T	13T	予落	41T	12T	21T	5	26T	51	54T	24T
14T	21T	予落	38T	—	7T	19T	—	21T	5T	11T	28T	—	—	8T
40T	予落	—	—	3	—	3T	—	9T	15T	50T	54T	30T	3	17
14T	35T	—	予落	39T	10T	68	11T	28T	37T	—	—	14T	予落	24T
—	—	—	—	28T	26T	13T	59T	予落	62T	54T	—	—	—	18T
4T	16T	20T	14T	4T	34T	6T	予落	26T	11T	34T	28T	予落	37T	20T
53T	16T	5T	9T	12T	48T	53T	—	60	11T	16T	19T	13	14T	12T
22T	12T	16T	—	46T	予落	49T	41T	26T	29T	2T	26T	52T	32T	2T
22T	7T	30T	予落	17T	48T	66T	7	棄権	7T	50T	予落	予落	51T	30
32T	9T	予落	—	4T	4	13T	—	予落	—	—	—	—	—	—
22T	3	47T	—	予落	23T	61T	9T	49T	33T	38T	28T	4T	8T	27T
—	—	—	—	39T	10T	5	11T	12T	棄権	24T	48T	4T	5	5T
—	12T	—	—	—	—	—	—	18	—	—	—	7	—	—
32T	予落	47T	予落	28T	26T	13T	2	28T	7T	9T	12T	22T	32T	22T
3	予落	8T	—	—	—	—	—	5	—	—	—	—	—	—
予落	35T	—	—	39T	—	71T	31T	3T	—	—	—	—	—	15
予落	35T	30T	14T	30T	34T	19T	—	53T	37T	16T	9T	予落	37T	27T
予落	64T	—	—	6T	26T	予落	3	予落	50T	11T	—	—	8T	—
40T	—	2	予落	予落	—	—	—	—	—	16T	37T	16T	4	—
4T	予落	予落	予落	55T	34T	6T	49T	41T	予落	7T	28T	18T	19T	—
14T	予落	51T	棄権	8T	67T	53T	15T	9T	15T	16T	予落	22T	51T	—

賞金ランキング		東建ホームメイトカップ	関西オープンゴルフ	ISPS HANDA 欧州・日本	中日クラウンズ	ダイヤモンドカップゴルフ	ゴルフパートナー PRO-AM	全英への道ミズノオープン	日本ゴルフツアー選手権	ASO飯塚チャレンジドゴルフ	JPC by サトウ食品	日本プロゴルフ選手権大会
36	李　　尚熹	予落	34T	66T	予落	—	—	—	—	—	—	—
37	植竹　勇太	16T	34T	3	29T	予落	予落	予落	予落	39T	13T	予落
38	小林伸太郎	31T	50T	27T	予落	予落	22T	6T	40T	22T	22T	26T
39	竹安　俊也	棄権	—	32T	—	—	58T	予落	37T	43T	25T	—
40	佐藤　大平	—	30T	27T	予落	32T	20T	予落	50T	31T	8	予落
41	片山　晋呉	23T	11T	5	39T	26T	—	6T	—	棄権	—	—
42	J・クルーガー	44T	予落	32T	64	32T	16T	10T	予落	6T	—	—
43	嘉数　光倫	—	—	—	—	—	—	—	—	—	—	4T
44	小田　孔明	予落	45T	13T	20T	予落	16T	10T	28T	予落	67	49T
45	鍋谷　太一	6	63	予落	—	—	30T	44T	35T	14T	13T	32T
46	近藤　智弘	36T	予落	予落	20T	—	2T	予落	11T	57T	棄権	予落
47	H・W・リュー	55T	予落	13T	予落	—	予落	51T	40T	17T	—	予落
48	杉本エリック	23T	予落	16T	棄権	60T	—	予落	26T	39T	25T	42T
49	阿久津未来也	19T	7T	32T	予落	予落	30T	予落	予落	17T	9	予落
50	石坂　友宏	予落	30T	予落	16T	56	22T	44T	予落	10T	13T	20T
51	宋　　永漢	予落	45T	予落	39T	予落	22T	36T	予落	22T	—	棄権
52	市原　弘大	予落	50T	32T	51T	37T	20T	36T	53T	31T	6	32T
53	幡地　隆寛	36T	24T	32T	63	予落	予落	21T	11T	22T	52T	予落
54	勝俣　　陵	52T	—	予落	—	—	48T	予落	予落	予落	予落	13T
55	田村　光正	19T	24T	24T	—	—	10T	36T	21T	51T	13T	55T
56	宮本　勝昌	36T	60	13T	棄権	52T	—	32T	63	17T	3T	49T
57	J・パグンサン	予落	予落	予落	棄権	—	—	予落	64	20T	—	20T
58	平田　憲聖	予落	11T	予落	—	予落	61	予落	7T	31T	29T	予落
59	中島　啓太	—	—	—	—	—	—	—	—	—	—	—
60	黄　　重坤	48T	—	—	2	—	—	—	—	—	—	—
61	吉田　泰基	—	—	—	—	—	—	—	予落	—	—	3
62	小西　貴紀	48T	7T	48T	—	—	41T	10T	予落	59T	7	
63	張　　棟圭	—	—	—	24T	—	—	—	—	—	—	—
64	塚田　陽亮	43	19T	48T	51T	13T	30T	予落	40T	予落	33T	予落
65	H・リー	9T	3	予落	—	—	53T	10T	40T	予落	予落	49T
66	宮里　優作	58T	予落	32T	予落	予落	予落	予落	棄権	4T	56T	予落
67	小鯛　竜也	61	40T	27T	予落	—	予落	21T	57	22T	25T	—
68	B・ジョーンズ	55T	予落	43T	棄権	—	22T	36T	21T	予落	—	—
69	貞方　章男	予落	14T	55T	34T	—	13T	59	11T	47T	—	38T
70	木下　裕太	予落	予落	予落	予落	—	予落	予落	予落	予落	予落	26T

セガサミーカップゴルフ	Sansan KBC オーガスタ	フジサンケイクラシック	Shinhan Donghae Open	ANAオープン	パナソニックオープン	バンテリン東海クラシック	For The Players By The Players	日本オープンゴルフ選手権競技	HEIWA・PGM CHAMPIONSHIP	マイナビABC	三井住友VISA太平洋	ダンロップフェニックス	カシオワールドオープン	ゴルフ日本シリーズJTカップ
予落	2	43T	9T	30T	棄権	—	—	—	21T	7T	12T	52T	予落	—
予落	予落	14T	予落	36T	34T	19T	予落	36T	58T	28T	41T	60T	14T	—
26T	55T	54T	—	予落	予落	53T	優勝	41T	予落	予落	予落	予落	予落	27T
8T	42T	30T	—	8T	16T	29T	4T	9T	47T	59	—	—	24T	
14T	予落	10T	—	30T	16T	予落	25T	—		28T	19T	8T	予落	
44T	棄権	16T	—	予落	26T	36T	—	36T	予落	34T	48T	22T	37T	
予落	28T	20T	5T	39T	48T	58	—		予落	予落	12T	52T	—	
—	—	—	—	—	—	—	—	6T	11T	—	—	—	予落	—
予落	予落	20T	32T	20T	7T	19T	予落	49T	25T	予落	予落	52T	予落	
26T	7T	棄権	—	—	予落	36T	—	41T	—	28T	—	—	32T	
10T	予落	予落	20T	予落	予落	36T	—	19T	58T	予落	棄権	予落	32T	
予落	4T	予落	—	52T	13T	53T	19T	—	25T	9T	51	—	54T	
予落	予落	予落	—	62	57T	予落	37T	—	4	43T	62T	18T	予落	
14T	12T	予落	49T	予落	16T	59T	31T	予落	予落	34T	54T	22T	予落	
—	予落	16T	66T	予落	62T	40T	棄権	予落	61	11T	59	18T	予落	
予落	予落	予落	予落	25T	48T	棄権	—	28T	41T	予落	12T	予落	6T	
棄権	28T	10T	予落	30T	予落	19T	予落	36T	64T	16T	54T	59	49T	
10T	予落	予落	予落	—	—	29T	25T	23T	54T	11T	41T	予落	予落	
予落	予落	60	—	予落	41T	49T	予落	予落	—	—	3T	—	51T	
10T	21T	予落	—	20T	13T	69T	予落	予落	—	予落	—	39T	予落	
予落	31T	58T	—	—	5T	棄権	—	66	62T	予落	棄権	49T	—	
予落	予落	予落	27T	55T	5T	53T	—	予落	15T	43T	37T	22T	54T	
40T	21T	14T	—	予落	26T	予落	45T	—	—	16T	—	49T	37T	
—	—	—	—	—	48T	26T	—	28T	5T	—	35T	予落	8T	—
32T	予落	予落	予落									22T	24T	
—	—	—	—	52T	予落	66T	11T	41T	—	43T	—	60T	60T	
26T	4T	56T	—	36T	34T	予落	予落	—	予落	41T	—	予落		
26T	35T	27T	14T	8T	予落	棄権		—	41T	予落	37T	52T	13	
26T	42T	47T	27T	46T	予落	19T	17T	57T	予落	34T	65	39T	予落	
55	予落	—	—	予落	57T	40T	15T	予落	—	予落	—	予落	予落	
44T	21T	予落	予落	52T	23T	29T	予落	予落	54T	予落	予落	35T	24T	
予落	35T	40T	—	20T	34T	予落	4T	—	予落	予落	予落	22T	37T	
予落	予落	予落	予落	予落	66	予落	—		29T	24T	17T	52T	19T	
予落	予落	51T	—	59T	予落	49T	61T	—	予落	49	19T	44T	予落	
予落	61T	47T	—	予落	23T	9T	棄権	—	7T	予落	52T	39T	予落	

22年のデータ

賞金ランキング		東建ホームメイトカップ	関西オープンゴルフ	ISPS HANDA 欧州・日本	中日クラウンズ	ダイヤモンドカップゴルフ	ゴルフパートナー PRO-AM	全英への道ミズノオープン	日本ゴルフツアー選手権	ASO飯塚チャレンジドゴルフ	JPC by サトウ食品	日本プロゴルフ選手権大会
71	蟬川　泰果	—	—	—	—	—	—	—	—	—	—	—
72	坂本　雄介	予落	予落	55T	—	37T	予落	予落	11T	予落	予落	13T
73	G・チャルングン	—	—	予落	43T	18T	8T	49T	予落	予落	—	予落
74	M・ヘンドリー	—	—	10T	39T	—	予落	6T	予落	47T	予落	—
75	竹谷　佳孝	予落	59	66T	43T	52T	予落	10T	37T	予落	61T	予落
76	内藤寛太郎	予落	予落	48T	20T	予落	48T	53T	53T	14T	予落	42T
77	武藤　俊憲	48T	14T	16T	47T	予落	56T	予落	予落	12T	65T	—
78	A・ブランド	予落	予落	予落	60	—	予落	予落	予落	62	予落	—
79	亀代　順哉	予落	34T	予落	—	—	予落	予落	予落	31T	40T	—
80	朴　銀信	—	—	—	—	—	—	—	6	—	—	—
81	中西　直人	予落	40T	10T	予落	予落	予落	予落	予落	予落	予落	予落
82	中里光之介	9T	予落	48T	—	予落	22T	予落	40T	予落	58T	—
83	白　佳和	予落	—	16T	—	—	58T	予落	11T	57T	予落	—
84	大堀裕次郎	—	予落	—	—	—	—	—	—	—	予落	—
85	岡田　絃希	予落	4	予落	—	—	41T	予落	予落	47T	予落	—
86	浅地　洋佑	予落	予落	66T	予落	26T	37T	55T	予落	予落	61T	12
87	織田　信亮	44T	—	72	—	—	予落	55T	予落	予落	13T	—
88	S・ノリス	9T	予落	10T	—	—	—	—	—	—	—	—
89	宇佐美祐樹	—	—	—	—	—	—	—	—	予落	—	4T
90	木村　太一	—	—	—	—	—	予落	29T	21T	—	29T	—
91	S・ハン	19T	45T	予落	51T	—	—	—	—	—	—	予落
92	今野　大喜	—	—	—	5T	—	予落	予落	50T	—	25T	予落
93	古川　雄大	23T	予落	21T	予落	予落	予落	—	—	—	棄権	42T
94	A・エバンス	44T	19T	予落	16T	—	37T	予落	58T	予落	52T	—
95	上井　邦裕	23T	19T	43T	12T	予落	棄権	予落	予落	39T	予落	予落
96	J・チョイ	予落	予落	予落	予落	予落	55	29T	28T	51T	—	予落
97	池上憲士郎	予落	予落	予落	予落	予落	予落	予落	予落	予落	64	20T
98	高山　忠洋	予落	65	予落	—	棄権	—	—	—	—	—	63
99	T・クロンパ	予落	予落	21T	61T	予落	予落	5	棄権	31T	—	予落
100	小斉平優和	予落	予落	予落	56	60T	予落	予落	予落	予落	予落	予落

セガサミーカップゴルフ	Sansan KBC オーガスタ	フジサンケイクラシック	Shinhan Donghae Open	ANAオープン	パナソニックオープン	バンテリン東海クラシック	For The Players By The Players	日本オープンゴルフ選手権競技	HEIWA・PGM CHAMPIONSHIP	マイナビABC	三井住友VISA太平洋	ダンロップフェニックス	カシオワールドオープン	ゴルフ日本シリーズJTカップ
—	—	—	—	—	—	—	—	—	—	28T	8	39T	—	8T
44T	予落	20T	—	予落	41T	13T	41T	—	—	50T	—	—	60T	—
—	—	10T	予落	20T	予落	29T	予落	予落	予落	11T	—	—	54T	—
予落	予落	予落	—	予落	16T	17T	17T	—	54T	予落	予落	—	60T	—
19T	42T	予落	—	予落	48T	61T	31T	—	予落	41T	52T	30T	32T	—
56T	58T	43T	予落	予落	26T	45T	31T	予落	50T	24T	予落	30T	予落	—
予落	予落	予落	20T	予落	予落	棄権	—	—	予落	56T	57T	35T	予落	—
予落	予落	30T	—	8T	34T	9T	予落	23T	—	—	—	—	—	—
4T	予落	30T	—	25T	55T	45T	19T	—	—	—	予落	—	予落	—
予落	31T	予落	9T	—	—	69T	—	—	—	—	—	—	予落	—
63	予落	予落	—	予落	予落	予落	49T	—	54T	28T	12T	予落	68T	—
予落	予落	30T	—	39T	予落	49T	54	—	予落	—	—	—	19T	—
予落	予落	予落	—	予落	41T	棄権	予落	予落	予落	16T	28T	—	54T	—
予落	—	—	49T	—	—	—	—	—	33T	38T	9T	35T	予落	—
予落	49T	20T	—	予落	予落	36T	予落	—	—	—	—	—	—	24T
予落	予落	予落	14T	予落	棄権	予落	—	予落	—	37T	予落	予落	44T	予落
49T	12T	27T	—	予落	41T	予落	8	—	41T	—	—	—	60T	—
32T	51T	—	—	—	—	—	—	28T	—	—	—	—	—	—
—	—	—	—	予落	—	—	—	61	—	—	—	—	—	49T
—	—	—	—	6T	57T	—	—	—	47T	予落	—	—	—	37T
—	—	—	20T	—	—	—	—	—	—	予落	—	—	16T	37T
—	予落	予落	—	46T	57T	29T	9T	—	予落	—	—	—	—	—
49T	21T	予落	49T	予落	予落	61T	棄権	41T	予落	予落	35T	予落	予落	—
予落	57	予落	—	46T	26T	予落	57T	—	予落	28T	41T	—	—	—
44T	35T	40T	69	予落	予落	—	—	—	—	—	—	—	—	—
予落	予落	棄権	—	予落	予落	71T	—	—	66	61	60T	18T	37T	—
予落	42T	予落	—	55T	62T	59T	51T	23T	37T	43T	41T	予落	失格	—
60T	28T	40T	予落	45	71T	40T	棄権	予落	41T	54T	37T	予落	24T	—
予落	予落	棄権	—	予落	予落	棄権	—	57T	予落	予落	予落	予落	66T	—
予落	63	予落	予落	予落	予落	予落	51T	予落	33T	43T	48T	44T	19T	—

2022年度賞金ランキング

海外メジャー（マスターズ、全米オープン、全英オープン、全米プロ）で獲得した賞金額をツアートーナメント賞金ランキングに加算する。
但し、加算するためには当該年度開催されるツアートーナメントの競技数の50％（小数点以下切り上げ）以上（海外メジャー・チーム戦を除くＷＧＣの出場競技数を含む）に出場しなければならない。

順位	氏名	獲得賞金(円)(海外加算)	国内獲得賞金(円)	国内競技数	海外獲得賞金(円)	海外競技数
1	比嘉　一貴	181,598,825	181,598,825	24	0	1
2	星野　陸也	114,404,050	111,414,305	21	2,989,745	3
3	岩﨑亜久竜	96,670,570	96,670,570	22	0	0
4	堀川未来夢	95,594,744	95,594,744	24	0	0
5	桂川　有人	87,970,697	83,324,433	21	4,646,264	1
6	岩田　寛	87,317,389	87,317,389	25	0	0
7	Ｃ・キム	86,805,149	86,805,149	12	0	3
8	大槻　智春	84,902,380	84,902,380	26	0	0
9	河本　力	77,766,121	77,766,121	20	0	0
10	石川　遼	76,949,337	76,949,337	23	0	0
11	稲森　佑貴	73,001,240	73,001,240	25	0	1
12	今平　周吾	68,656,021	68,656,021	25	0	1
13	大西　魁斗	68,186,276	68,186,276	22	0	0
14	谷原　秀人	55,572,143	55,572,143	18	0	0
15	池村　寛世	53,631,848	53,631,848	26	0	0
16	Ｂ・ケネディ	51,298,021	47,217,549	19	4,080,472	1
17	池田　勇太	49,568,510	49,568,510	22	0	0
18	香妻陣一朗	46,138,125	46,138,125	19	0	2
19	Ａ・クウェイル	44,943,861	25,994,543	16	18,949,318	1
20	時松　隆光	43,275,615	43,275,615	26	0	0
21	木下　稜介	42,069,422	42,069,422	20	0	1
22	出水田大二郎	40,809,355	40,809,355	24	0	0
23	片岡　尚之	40,425,841	40,425,841	26	0	0
24	久常　涼	37,085,872	37,085,872	17	0	0
25	清水　大成	36,051,229	36,051,229	25	0	0
26	小平　智	35,045,259	35,045,259	11	0	1
27	※Ｓ・ビンセント	32,486,250	32,486,250	7	0	1
28	大岩　龍一	32,051,043	32,051,043	26	0	0
29	※金谷拓実	31,461,833	31,461,833	6	0	4
30	長野　泰雅	30,237,359	30,237,359	10	0	0
31	Ｔ・ペク	28,802,150	28,802,150	24	0	0
32	Ｊ・デロスサントス	27,397,957	23,763,000	16	3,634,957	1
33	※朴　相賢	26,845,000	26,845,000	8	0	0
34	永野竜太郎	26,665,154	26,665,154	25	0	0
35	杉山　知靖	25,543,274	25,543,274	24	0	1
36	李　尚熹	23,757,276	23,757,276	15	0	0
37	植竹　勇太	22,728,507	22,728,507	25	0	0
38	小林伸太郎	21,817,605	21,817,605	25	0	0
39	竹安　俊也	21,775,876	21,775,876	18	0	0
40	佐藤　大平	20,982,593	20,982,593	22	0	0
41	片山　晋呉	19,516,250	19,516,250	20	0	0
42	Ｊ・クルーガー	18,717,050	18,717,050	20	0	0
43	嘉数　光倫	18,270,000	18,270,000	4	0	0
44	小田　孔明	17,699,421	17,699,421	25	0	0

順位	氏名	獲得賞金(円) (海外加算)	国内獲得賞金(円)	国内競技数	海外獲得賞金(円)	海外競技数
45	鍋谷 太一	17,552,455	17,552,455	17	0	0
46	近藤 智弘	17,464,907	17,464,907	23	0	0
47	H・W・リュー	17,298,278	17,298,278	20	0	0
48	杉本エリック	17,133,300	17,133,300	22	0	0
49	阿久津未来也	17,072,542	17,072,542	25	0	0
50	石坂 友宏	16,812,801	16,812,801	24	0	0
51	宋 永漢	16,411,975	16,411,975	23	0	0
52	市原 弘大	16,326,411	16,326,411	25	0	0
53	幡地 隆寛	16,065,475	16,065,475	23	0	0
54	勝俣 陵	16,052,113	16,052,113	18	0	0
55	田村 光正	15,921,407	15,921,407	20	0	0
56	宮本 勝昌	15,340,399	15,340,399	20	0	0
57	J・パグンサン	15,276,996	15,276,996	21	0	0
58	平田 憲聖	15,139,070	15,139,070	20	0	0
59	※中島啓太	14,821,142	14,821,142	7	0	0
60	※黄 重坤	14,509,400	14,509,400	8	0	0
61	吉田 泰基	14,271,833	14,271,833	10	0	0
62	小西 貴紀	13,794,741	13,794,741	18	0	0
63	張 棟圭	13,780,677	13,780,677	13	0	0
64	塚田 陽亮	12,818,002	12,818,002	25	0	0
65	H・リー	12,814,261	12,814,261	19	0	0
66	宮里 優作	11,851,827	11,851,827	25	0	0
67	小鯛 竜也	11,408,833	11,408,833	21	0	0
68	B・ジョーンズ	11,397,678	11,397,678	20	0	0
69	貞方 章男	11,390,799	11,390,799	21	0	0
70	木下 裕太	11,329,850	11,329,850	22	0	0

※印を除く上位70位までの65名が2023年度の1年間シード資格を獲得

順位	氏名	獲得賞金(円) (海外加算)	順位	氏名	獲得賞金(円) (海外加算)	順位	氏名	獲得賞金(円) (海外加算)
71	蝉川 泰果	11,319,343	92	今野 大喜	7,268,466	113	小木曽 喬	3,087,933
72	坂本 雄介	10,900,704	93	古川 雄大	7,177,278	114	村上 拓海	2,900,090
73	G・チャルングン	10,521,366	94	A・エバンス	6,946,266	115	手嶋 多一	2,881,085
74	M・ヘンドリー	10,370,142	95	上井 邦裕	6,891,034	116	金 庚泰	2,843,600
75	竹谷 佳孝	9,919,732	96	J・チョイ	6,812,228	117	谷口 徹	2,833,600
76	内藤寛太郎	9,618,135	97	池上憲士郎	6,722,950	118	竹内 優騎	2,827,000
77	武藤 俊憲	9,217,574	98	高山 忠洋	6,682,300	119	片岡 大育	2,814,000
78	A・ブランド	8,992,125	99	T・クロンパ	6,472,285	120	薗田 峻輔	2,763,600
79	亀代 順哉	8,693,910	100	小斉平優和	6,152,000	121	山田 大晟	2,741,714
80	朴 銀信	8,631,582	101	阿部 裕樹	5,893,950	122	北村 晃一	2,712,714
81	中西 直人	8,601,600	102	安本 大祐	5,651,980	123	大田和桂介	2,545,285
82	中里光之介	8,426,781	103	矢野 東	5,281,100	124	永澤 翔	2,458,016
83	白 佳和	8,349,737	104	M・グリフィン	5,277,466	125	田中 裕基	2,455,714
84	大堀裕次郎	8,262,793	105	勝亦 悠斗	4,668,722	126	秋吉 翔太	2,414,133
85	岡田 絃希	8,037,857	106	篠 優希	4,350,999	127	西山 大広	2,408,500
86	浅地 洋佑	8,010,849	107	青山 晃大	4,132,071	128	平本 世中	2,365,125
87	織田 信亮	7,761,422	108	生源寺龍憲	3,931,000	129	細野 勇策	2,202,000
88	S・ノリス	7,755,071	109	藤田 寛之	3,718,285	130	尾崎 慶輔	2,022,000
89	宇佐美祐樹	7,681,000	110	金子 駆大	3,692,000	131	石原 航輝	1,993,285
90	木村 太一	7,618,050	111	小袋 秀人	3,631,100	132	大内 智文	1,674,900
91	S・ハン	7,594,574	112	海老根文博	3,160,857	133	伊藤 有志	1,649,833

順位	氏名	獲得賞金(円)(海外加算)	順位	氏名	獲得賞金(円)(海外加算)	順位	氏名	獲得賞金(円)(海外加算)
134	A・キュー	1,648,909	166	黒川 逸輝	674,000		金 亨成	340,500
135	中島 徹	1,542,066	167	諸藤 将次	639,000	199	小浦 和也	327,600
136	遠藤 彰	1,512,000	168	村山 駿	631,500	200	井上 信	285,600
137	和田章太郎	1,490,000	169	森本 雄	629,000	201	太田 直己	270,000
138	石﨑 真央	1,445,200	170	D・ブランスドン	619,200		森岡俊一郎	270,000
139	崔 虎星	1,397,793	171	山本 隆大	580,000	203	武藤 和貴	265,200
140	芦沢 宗臣	1,358,500	172	中村 匡志	570,000	204	石川 航	257,000
141	小林 正則	1,276,300		石渡 和輝	570,000	205	藤井 伸一	255,000
142	黒﨑 蓮	1,210,000	174	副田 裕斗	565,000	206	大澤 和也	248,000
143	岩田 大河	1,186,500	175	米澤 蓮	560,000	207	照屋佑唯智	246,000
144	光田 智輝	1,098,500		安森 一貴	560,000	208	伊藤 誠道	238,250
145	小西 奨太	1,060,500	177	小西 健太	519,333	209	川上 優大	235,500
	遠藤 健太	1,060,500	178	松原 大輔	497,500	210	古田 幸希	219,500
147	額賀 辰徳	1,041,666	179	佐藤 太地	480,000	211	横田 真一	219,000
148	中山 絹也	1,024,800	180	西村 匡史	465,000		杉浦 斎	219,000
149	T・シノット	978,333	181	M・カルバリョ	460,000		弓削 淳詩	219,000
	野呂 涼	978,333	182	竹山 昂成	454,000		原 敏之	219,000
151	梅山 知宏	974,285	183	永松 宏之	435,000	215	河野 祐輝	204,800
152	関藤 直熙	903,500	184	松村 道央	410,000	216	平本 穏	200,000
153	岩井 亮磨	867,800	185	三島 泰哉	400,000		徳元 中	200,000
154	長澤 奨	857,500	186	近藤 啓介	398,000	218	芳賀 洋平	193,600
	坂本 隆一	857,500	187	川満 歩	391,400	219	黒岩 輝	190,400
	原田 大雅	857,500	188	岡村 了	390,000	220	成冨 晃広	183,200
157	松本 将汰	827,600	189	井上 敬太	385,000	221	大貫渉太朗	170,000
158	河合 庄司	819,000	190	松田 一将	376,500	222	山本 豪	150,000
159	玉城 海伍	787,500	191	若原 亮太	376,000	223	D・オー	145,200
160	正岡 竜二	783,500	192	羽藤 勇司	360,000		伊藤 慎吾	145,200
161	竹内 廉	749,100		砂川 公佑	360,000	225	高花 翔太	122,000
162	すし 石垣	742,000	194	高橋 慧	349,000	226	古庄 紀彦	117,250
163	植木 祥多	715,000	195	齊藤 陸	348,000	227	百目鬼光紀	109,500
164	杉原 大河	711,400		蛯名 大和	348,000		田中章太郎	109,500
165	松岡 啓	705,000	197	石塚 祥利	340,500			

2022年度メルセデス・ベンツ トータルポイントランキング

総合的に優れたプレーヤーを選出することを目的に9部門の順位をポイント換算した順位

2022年のデータ

順位	氏名	ポイント	ストローク平均	パット平均	パーキープ率	パーオン率	バーディ率	イーグル率	飛距離 ドライバー	フェアウェイキープ率	サンドセーブ率
1	星野 陸也	77	69.975 (1位)	1.7203 (5位)	88.456 (3位)	70.274 (14位)	4.753 (1位)	5.923 (2位)	294.97 (14位)	57.169 (36位)	68.421 (1位)
2	大西 魁斗	156	70.369 (8位)	1.7107 (4位)	86.653 (18位)	69.986 (15位)	4.646 (4位)	6.833 (7位)	291.88 (23位)	52.931 (63位)	58.163 (14位)
3	今平 周吾	160	70.649 (12位)	1.7261 (8位)	87.440 (9位)	69.686 (18位)	4.239 (11位)	7.077 (10位)	287.24 (37位)	58.067 (29位)	54.369 (26位)
4	岩﨑 亜久竜	163	70.315 (5位)	1.7213 (6位)	85.613 (29位)	70.299 (13位)	4.692 (2位)	7.091 (11位)	299.32 (9位)	56.026 (42位)	51.136 (46位)
5	大槻 智春	164	70.688 (14位)	1.7754 (56位)	86.820 (16位)	70.508 (10位)	4.191 (15位)	6.714 (6位)	290.70 (25位)	60.412 (17位)	61.905 (5位)
6	比嘉 一貴	165	70.123 (2位)	1.7506 (21位)	88.949 (1位)	71.014 (8位)	4.217 (12位)	8.364 (18位)	285.71 (46位)	58.846 (22位)	53.211 (35位)
7	C・キム	192	70.221 (3位)	1.6996 (1位)	86.243 (22位)	69.709 (17位)	4.250 (10位)	10.500 (33位)	297.44 (12位)	54.762 (47位)	46.512 (70位)
8	小平 智	205	70.348 (6位)	1.7553 (27位)	87.963 (7位)	72.685 (3位)	4.667 (3位)	7.200 (12位)	285.13 (49位)	58.929 (21位)	50.000 (54位)
9	池田 勇太	216	70.771 (15位)	1.7303 (10位)	85.694 (26位)	67.083 (39位)	4.325 (8位)	6.154 (3位)	288.02 (34位)	58.266 (27位)	50.505 (53位)
10	木下 稜介	217	70.664 (13位)	1.7623 (38位)	86.652 (19位)	72.222 (4位)	4.195 (13位)	7.000 (8位)	288.71 (31位)	56.704 (38位)	52.222 (40位)
11	河本 力	225	70.925 (17位)	1.7512 (22位)	85.859 (25位)	71.801 (5位)	4.485 (5位)	11.000 (35位)	315.74 (1位)	51.249 (75位)	46.269 (71位)
12	桂川 有人	242	70.268 (4位)	1.7737 (53位)	88.231 (4位)	75.585 (1位)	4.342 (7位)	19.000 (67位)	289.27 (28位)	62.795 (7位)	57.025 (18位)
13	B・ケネディ	245	70.360 (7位)	1.7092 (3位)	87.988 (6位)	67.192 (37位)	4.068 (19位)	18.500 (66位)	272.98 (85位)	64.860 (4位)	52.033 (42位)
14	堀川 未来夢	249	70.619 (11位)	1.7430 (14位)	86.957 (13位)	69.082 (21位)	4.033 (22位)	10.222 (29位)	272.13 (89位)	62.539 (8位)	55.263 (23位)
15	佐藤 大平	256	71.201 (24位)	1.7660 (43位)	87.222 (11位)	70.794 (11位)	3.857 (31位)	10.000 (28位)	276.96 (76位)	61.641 (11位)	53.636 (33位)
16	時松 隆光	269	70.796 (16位)	1.7446 (15位)	88.043 (5位)	67.331 (36位)	3.848 (32位)	10.222 (29位)	272.18 (88位)	60.561 (15位)	45.902 (73位)
17	久常 涼	274	70.485 (10位)	1.7949 (80位)	86.667 (17位)	73.519 (2位)	3.900 (29位)	5.000 (1位)	295.59 (13位)	54.600 (49位)	52.830 (36位)
18	石川 遼	280	70.944 (18位)	1.7714 (49位)	86.568 (21位)	69.058 (22位)	3.797 (35位)	8.778 (22位)	293.25 (20位)	53.993 (57位)	49.612 (56位)
19	岩田 寛	292	71.103 (20位)	1.7271 (9位)	86.179 (23位)	65.854 (57位)	4.171 (16位)	13.667 (54位)	293.75 (17位)	56.343 (40位)	48.276 (63位)
20	稲森 佑貴	304	70.463 (9位)	1.7399 (13位)	88.708 (2位)	71.618 (6位)	3.935 (25位)	46.000 (90位)	262.06 (95位)	78.660 (1位)	60.000 (9位)
21	池村 寛世	305	71.262 (25位)	1.7451 (16位)	84.146 (55位)	66.328 (52位)	4.195 (13位)	11.714 (39位)	298.21 (11位)	49.519 (85位)	52.427 (38位)
22	T・ペク	307	71.151 (22位)	1.7763 (58位)	87.101 (12位)	70.307 (12位)	3.598 (53位)	9.667 (26位)	275.24 (81位)	64.716 (3位)	50.704 (44位)
23	鍋谷 太一	324	71.116 (21位)	1.7451 (16位)	84.480 (48位)	68.078 (26位)	4.111 (18位)	15.750 (60位)	280.05 (62位)	58.542 (24位)	51.648 (44位)
24	大岩 龍一	325	71.270 (26位)	1.7712 (48位)	84.975 (42位)	69.949 (16位)	3.932 (26位)	14.667 (57位)	289.22 (29位)	56.968 (37位)	55.294 (22位)
25	田村 光正	326	71.363 (31位)	1.7354 (11位)	85.539 (30位)	67.157 (38位)	3.985 (23位)	17.000 (63位)	279.97 (63位)	55.005 (45位)	51.240 (45位)
26	永野 竜太郎	327	71.377 (32位)	1.7680 (47位)	86.597 (20位)	67.500 (35位)	3.650 (45位)	6.667 (5位)	301.20 (5位)	46.464 (93位)	53.750 (31位)
	A・クウェイル	327	71.187 (23位)	1.7361 (12位)	83.642 (70位)	64.918 (68位)	4.278 (9位)	7.714 (14位)	301.44 (4位)	41.987 (96位)	
28	小西 貴紀	341	71.504 (38位)	1.7612 (35位)	86.944 (14位)	66.019 (54位)	3.733 (39位)	20.000 (71位)	281.49 (57位)	59.162 (20位)	58.974 (13位)
29	竹安 俊也	346	71.307 (28位)	1.7454 (18位)	87.478 (8位)	67.549 (33位)	3.905 (24位)	63.000 (91位)	280.77 (60位)	51.539 (72位)	60.241 (8位)

30	出水田大二郎	349	71.053 (19位)	1.7725 (50位)	85.142 (38位)	67.700 (31位)	3.930 (27位)	21.500 (74位)	291.68 (24位)	55.713 (43位)	51.724 (43位)
31	J・デロサントス	363	71.487 (36位)	1.7591 (31位)	84.111 (57位)	70.333 (11位)	4.420 (6位)	12.500 (44位)	287.12 (39位)	53.791 (59位)	44.444 (80位)
32	張 棟圭	369	71.466 (34位)	1.7743 (54位)	85.679 (27位)	71.481 (7位)	3.867 (30位)	11.250 (36位)	278.15 (70位)	58.307 (25位)	42.593 (86位)
33	G・チャルングン	376	71.466 (34位)	1.7597 (32位)	85.363 (34位)	66.346 (49位)	3.731 (40位)	26.000 (81位)	293.35 (18位)	50.484 (81位)	60.606 (7位)
34	杉山 知靖	381	71.493 (37位)	1.7773 (61位)	84.284 (50位)	67.763 (30位)	3.829 (34位)	19.000 (67位)	286.34 (44位)	56.657 (39位)	56.364 (19位)
35	片岡 尚之	386	71.764 (47位)	1.7071 (2位)	84.183 (53位)	61.569 (85位)	4.047 (20位)	12.143 (40位)	283.69 (51位)	48.945 (86位)	64.394 (2位)
36	幡地 隆寛	392	71.910 (54位)	1.7845 (68位)	83.102 (79位)	66.590 (45位)	3.667 (43位)	8.000 (16位)	301.75 (3位)	53.831 (58位)	54.369 (26位)
36	谷原 秀人	392	71.359 (29位)	1.7977 (83位)	87.288 (10位)	66.478 (48位)	3.407 (75位)	9.833 (27位)	277.32 (74位)	57.786 (31位)	58.065 (15位)
38	香妻陣一朗	403	71.406 (33位)	1.7237 (7位)	85.417 (33位)	64.497 (72位)	3.781 (37位)	21.333 (73位)	286.96 (41位)	47.656 (90位)	57.447 (17位)
39	清水 大成	404	71.545 (40位)	1.7538 (24位)	83.130 (78位)	66.802 (43位)	4.134 (17位)	10.250 (31位)	302.72 (2位)	46.282 (94位)	45.714 (75位)
39	李 尚薫	404	71.360 (30位)	1.7542 (25位)	85.185 (36位)	68.866 (23位)	4.042 (21位)	24.000 (80位)	287.05 (40位)	52.395 (66位)	43.902 (83位)
41	内藤寛太郎	408	72.096 (63位)	1.7661 (45位)	83.333 (73位)	65.385 (63位)	3.795 (36位)	7.800 (15位)	298.71 (10位)	51.794 (69位)	53.333 (34位)
42	小田 孔明	418	71.557 (41位)	1.7471 (19位)	83.958 (63位)	65.556 (62位)	3.838 (33位)	13.333 (51位)	281.29 (58位)	54.170 (54位)	52.778 (37位)
42	J・クルーガー	418	71.703 (44位)	1.7784 (62位)	85.159 (37位)	67.857 (28位)	3.586 (54位)	17.500 (64位)	282.51 (53位)	59.692 (18位)	48.958 (58位)
44	H・W・リュー	425	71.786 (48位)	1.7725 (50位)	85.503 (31位)	67.535 (34位)	3.578 (55位)	64.000 (92位)	283.18 (52位)	61.478 (12位)	50.617 (51位)
45	平田 憲聖	427	71.535 (39位)	1.7613 (36位)	86.828 (15位)	65.950 (55位)	3.532 (62位)	20.667 (72位)	280.74 (61位)	58.285 (26位)	48.387 (61位)
46	石坂 友宏	428	71.704 (45位)	1.7672 (46位)	85.256 (35位)	64.387 (73位)	3.551 (59位)	15.600 (59位)	279.27 (66位)	59.430 (19位)	54.369 (26位)
47	織田 信亮	430	72.097 (64位)	1.8049 (89位)	84.111 (57位)	68.000 (27位)	3.740 (38位)	6.250 (4位)	299.71 (8位)	54.245 (52位)	41.667 (91位)
48	植竹 勇太	432	71.736 (46位)	1.7839 (67位)	84.444 (49位)	69.375 (20位)	3.600 (52位)	11.429 (37位)	276.36 (77位)	68.430 (2位)	44.304 (82位)
49	阿久津未来也	437	71.690 (43位)	1.7486 (20位)	85.015 (40位)	65.205 (65位)	3.645 (46位)	10.857 (34位)	274.12 (82位)	57.681 (33位)	45.833 (74位)
50	杉本エリック	438	71.903 (53位)	1.7610 (34位)	85.075 (39位)	66.335 (50位)	3.657 (44位)	67.000 (93位)	276.27 (78位)	56.303 (41位)	61.039 (6位)
51	市原 弘大	443	71.587 (42位)	1.7823 (65位)	85.441 (32位)	64.559 (70位)	3.414 (74位)	12.429 (43位)	278.34 (69位)	50.626 (78位)	53.719 (32位)
52	B・ジョーンズ	445	72.057 (61位)	1.7989 (86位)	84.832 (44位)	66.931 (41位)	3.429 (71位)	7.000 (8位)	289.74 (26位)	58.755 (23位)	53.846 (30位)
53	片山 晋呉	447	71.272 (27位)	1.7608 (33位)	85.621 (28位)	65.931 (51位)	3.559 (58位)	34.000 (87位)	273.57 (87位)	50.490 (80位)	50.538 (52位)
54	小鯛 竜也	450	71.901 (52位)	1.7621 (37位)	84.933 (43位)	64.005 (79位)	3.712 (41位)	13.200 (49位)	288.25 (32位)	49.925 (83位)	47.959 (65位)
55	亀代 順哉	460	71.969 (56位)	1.7514 (23位)	82.755 (81位)	64.134 (77位)	3.958 (24位)	16.000 (61位)	293.35 (19位)	55.485 (44位)	52.239 (39位)
56	宮本 勝昌	461	71.794 (49位)	1.7548 (26位)	83.905 (65位)	65.079 (66位)	3.574 (57位)	13.600 (53位)	278.12 (71位)	50.834 (77位)	59.259 (12位)
57	坂本 雄介	470	72.006 (58位)	1.7645 (41位)	84.028 (61位)	67.045 (40位)	3.625 (48位)	9.333 (25位)	294.04 (16位)	51.363 (74位)	42.105 (87位)
58	M・ヘンドリー	473	72.155 (67位)	1.7660 (43位)	85.000 (41位)	69.444 (19位)	3.700 (42位)	16.667 (62位)	286.33 (45位)	57.610 (34位)	41.791 (89位)
59	岡田 絃希	483	72.155 (67位)	1.7797 (64位)	84.596 (46位)	67.045 (40位)	3.500 (63位)	44.000 (88位)	277.59 (72位)	65.823 (3位)	60.000 (9位)
60	白 佳和	496	72.079 (62位)	1.7863 (73位)	86.057 (24位)	66.776 (44位)	3.314 (78位)	12.750 (47位)	264.74 (93位)	51.766 (70位)	46.032 (72位)
61	宮里 優作	500	72.122 (66位)	1.7836 (66位)	84.116 (56位)	68.779 (24位)	3.606 (50位)	14.200 (56位)	279.88 (64位)	51.766 (70位)	50.962 (48位)
62	塚田 陽亮	505	72.011 (59位)	1.8095 (93位)	84.259 (51位)	68.585 (25位)	3.333 (77位)	14.000 (55位)	300.21 (7位)	50.555 (79位)	48.515 (59位)
63	上井 邦裕	511	71.933 (55位)	1.7787 (63位)	84.641 (45位)	66.558 (46位)	3.471 (66位)	8.500 (19位)	281.28 (59位)	47.532 (91位)	47.368 (67位)
64	安本 大祐	526	72.487 (82位)	1.7912 (76位)	82.667 (82位)	66.111 (53位)	3.460 (68位)	12.500 (44位)	294.05 (15位)	57.963 (30位)	45.455 (76位)

順位	No.	選手名									
65	528	A・エバンス	72.111 (65位)	1.7570 (29位)	84.004 (62位)	61.877 (84位)	3.431 (69位)	—	267.70 (92位)	60.692 (13位)	56.180 (20位)
66	529	勝呉 智弘	72.423 (80位)	1.8234 (94位)	81.444 (87位)	67.778 (29位)	3.540 (60位)	8.333 (17位)	300.97 (6位)	53.669 (60位)	29.577 (96位)
67	530	近藤 智弘	72.003 (57位)	1.7736 (52位)	84.596 (46位)	65.067 (67位)	3.424 (72位)	33.000 (86位)	277.04 (75位)		51.000 (47位)
69	532	M・グリフィン	72.357 (69位)	1.7981 (84位)	82.828 (80位)	65.657 (60位)	3.500 (63位)	22.000 (77位)	293.19 (21位)	54.337 (28位)	57.627 (16位)
70	549	中里光之介	72.190 (69位)	1.7870 (74位)	83.868 (67位)	64.530 (71位)	3.538 (61位)	7.429 (13位)	292.12 (22位)	54.337 (51位)	42.029 (88位)
71	556	竹谷 佳孝	72.171 (68位)	1.7969 (81位)	84.084 (59位)	64.189 (76位)	3.270 (81位)	12.333 (42位)	278.53 (68位)	52.282 (67位)	55.556 (21位)
72	561	今野 大喜	72.465 (81位)	1.7765 (59位)	82.310 (84位)	62.427 (82位)	3.500 (63位)	12.667 (46位)	287.13 (38位)	54.211 (53位)	59.701 (11位)
73	564	武藤 俊憲	72.316 (75位)	1.7928 (79位)	83.761 (68位)	66.838 (42位)	3.631 (47位)	21.667 (75位)	286.96 (42位)	52.811 (65位)	46.667 (68位)
74	566	宋 永漢	71.830 (50位)	1.7759 (57位)	84.175 (54位)	65.825 (58位)	3.470 (67位)	13.200 (49位)	273.12 (84位)	54.397 (50位)	33.333 (95位)
75	573	J・パグンサン	72.272 (73位)	1.7859 (71位)	83.162 (76位)	64.615 (69位)	3.615 (49位)	13.000 (48位)	279.36 (65位)	57.379 (35位)	44.444 (80位)
76	584	J・チョイ	72.729 (87位)	1.8234 (94位)	83.151 (77位)	63.297 (80位)	3.180 (87位)	8.714 (21位)	281.53 (55位)	54.971 (46位)	55.102 (24位)
77	588	藤田 寛之	72.740 (88位)	1.8073 (90位)	83.673 (69位)	59.524 (91位)	3.122 (90位)	12.250 (41位)	270.91 (90位)	62.082 (10位)	54.237 (29位)
78	591	木下 裕太	72.762 (89位)	1.8362 (96位)	80.556 (90位)	65.709 (59位)	3.431 (69位)	19.333 (69位)	288.11 (33位)	62.196 (9位)	44.737 (79位)
79	594	貞方 章男	72.259 (71位)	1.7912 (76位)	83.905 (65位)	66.503 (47位)	3.147 (89位)	22.667 (78位)	272.55 (86位)	60.569 (14位)	50.685 (50位)
80	596	阿部 裕樹	72.290 (74位)	1.7995 (87位)	84.195 (52位)	67.625 (32位)	3.276 (80位)	29.000 (82位)	268.85 (91位)	52.894 (64位)	40.845 (93位)
80	596	尾崎 慶輔	72.356 (77位)	1.7853 (69位)	83.179 (75位)	64.198 (75位)	3.417 (73位)	9.000 (24位)	287.44 (36位)	51.702 (71位)	42.857 (85位)
82	601	小林伸太郎	72.023 (60位)	1.7899 (75位)	82.550 (83位)	64.103 (78位)	3.603 (51位)	19.500 (70位)	285.31 (48位)	53.377 (61位)	47.414 (66位)
83	611	H・リー	72.265 (72位)	1.7975 (82位)	84.053 (60位)	61.420 (86位)	3.148 (88位)	13.500 (52位)	285.45 (47位)	51.448 (32位)	48.454 (60位)
84	614	矢野 東	72.718 (86位)	1.8081 (92位)	80.287 (91位)	65.233 (64位)	3.306 (79位)	10.333 (43位)	286.46 (43位)	57.685 (32位)	48.387 (61位)
84	614	手嶋 多一	72.511 (83位)	1.7768 (60位)	83.488 (71位)	61.420 (86位)	2.833 (94位)	18.000 (65位)	272.32 (87位)	54.070 (56位)	62.222 (4位)
86	615	古川 雄大	72.318 (76位)	1.7566 (28位)	81.073 (89位)	64.218 (74位)	3.576 (56位)	29.500 (83位)	288.82 (30位)	54.135 (55位)	41.758 (90位)
87	630	浅地 洋佑	72.952 (91位)	1.7658 (42位)	82.137 (85位)	61.111 (89位)	3.246 (84位)	21.667 (75位)	278.67 (67位)	51.946 (68位)	52.041 (41位)
88	647	高山 忠洋	72.675 (84位)	1.7624 (39位)	81.921 (86位)	61.299 (88位)	3.119 (91位)	14.750 (58位)	281.51 (56位)	48.455 (88位)	49.533 (57位)
89	648	中西 直人	73.421 (94位)	1.7749 (55位)	79.885 (93位)	58.238 (93位)	3.379 (76位)	11.600 (38位)	284.97 (50位)	47.862 (89位)	45.455 (76位)
89	648	秋吉 翔太	73.537 (95位)	1.7585 (30位)	79.274 (95位)	62.286 (83位)	3.250 (83位)	8.667 (20位)	287.89 (35位)	53.208 (62位)	40.580 (94位)
91		A・ブランド	72.215 (70位)	1.7985 (85位)	83.454 (72位)	60.507 (90位)	3.239 (86位)	—	276.02 (80位)	44.121 (95位)	48.101 (64位)
92	670	小斉平優和	73.067 (92位)	1.7916 (78位)	81.424 (88位)	59.115 (92位)	3.250 (82位)	32.000 (84位)	289.32 (27位)	62.845 (6位)	54.902 (25位)
93	676	池上憲士郎	72.715 (85位)	1.8041 (79位)	79.915 (81位)	62.735 (81位)	3.246 (84位)	32.500 (85位)	277.39 (73位)	50.078 (82位)	41.000 (92位)
94	686	小袋 秀人	72.397 (79位)	1.7856 (70位)	83.333 (73位)	65.580 (61位)	3.065 (92位)	23.000 (79位)	282.32 (54位)	49.601 (84位)	44.928 (78位)
95	688	金 庚泰	72.806 (90位)	1.7859 (71位)	83.951 (64位)	56.420 (94位)	2.756 (95位)	—	263.51 (94位)	48.649 (87位)	64.103 (3位)
96	704	T・クロンパ	73.352 (93位)	1.7859 (71位)	79.560 (94位)	54.927 (95位)	2.981 (93位)	8.833 (23位)	276.12 (79位)	51.136 (76位)	46.535 (69位)
96	819	谷口 徹	74.015 (96位)	1.8075 (91位)	77.778 (96位)	53.914 (96位)	2.568 (96位)	44.000 (88位)	259.98 (96位)		43.421 (84位)

2022年度平均ストロークランキング

1ラウンド当たりの平均ストローク数（コース調整値を加味）

Avg. 71.733

順位	氏名	平均ストローク	競技数	ラウンド数	順位	氏名	平均ストローク	競技数	ラウンド数	順位	氏名	平均ストローク	競技数	ラウンド数
1	星野 陸也	69.975	21	77	33	香妻陣一朗	71.406	19	64	65	A・エバンス	72.111	19	58
2	比嘉 一貴	70.123	24	92	34	張 棟圭	71.466	13	45	66	宮里 優作	72.122	25	71
3	C・キム	70.221	12	42	34	G・チャルングン	71.466	18	52	67	岡田 絃希	72.155	16	44
4	桂川 有人	70.268	21	76	36	J・デロスサントス	71.487	16	50	68	竹谷 佳孝	72.171	23	74
5	岩﨑亜久竜	70.315	22	78	37	杉山 知靖	71.493	24	76	69	中里光之介	72.190	18	52
6	小平 智	70.348	11	36	38	小西 貴紀	71.504	18	60	70	A・ブランド	72.215	17	46
7	B・ケネディ	70.360	19	74	39	平田 憲聖	71.535	20	62	71	貞方 章男	72.259	21	68
8	大西 魁斗	70.369	22	82	40	清水 大成	71.545	25	82	72	H・リー	72.265	19	54
9	稲森 佑貴	70.463	25	92	41	小田 孔明	71.557	25	80	73	J・パグンサン	72.272	21	65
10	久常 涼	70.485	17	60	42	市原 弘大	71.587	25	87	74	阿部 裕樹	72.290	22	58
11	堀川未来夢	70.619	24	92	43	阿久津未来也	71.690	25	76	75	武藤 俊憲	72.316	22	65
12	今平 周吾	70.649	25	92	44	J・クルーガー	71.703	20	70	76	古川 雄大	72.318	22	59
13	木下 稜介	70.664	20	77	45	石坂 友宏	71.704	24	78	77	尾崎 慶輔	72.356	14	36
14	大槻 智春	70.688	26	94	46	植竹 勇太	71.736	25	80	78	M・グリフィン	72.357	16	44
15	池田 勇太	70.771	22	80	47	片岡 尚之	71.764	26	85	79	小袋 秀人	72.397	16	46
16	時松 隆光	70.796	26	92	48	H・W・リュー	71.786	20	64	80	勝俣 陵	72.423	18	50
17	河本 力	70.925	20	66	49	坂本 雄介	71.794	19	56	81	今野 大喜	72.465	14	38
18	石川 遼	70.944	23	79	50	宋 永漢	71.830	23	66	82	安本 大祐	72.487	18	50
19	出水田大二郎	71.053	24	86	51	亀代 順哉	71.851	17	48	83	手嶋 多一	72.511	13	36
20	岩田 寛	71.103	25	82	52	小鯛 竜也	71.901	21	66	84	高山 忠洋	72.675	19	59
21	鍋谷 太一	71.116	17	63	53	杉本エリック	71.903	22	67	85	池上憲士郎	72.715	24	65
22	T・ペク	71.151	24	87	54	幡地 隆寛	71.910	23	72	86	矢野 東	72.718	24	62
23	A・クウェイル	71.187	16	54	55	上井 邦裕	71.933	17	51	87	J・チョイ	72.729	21	61
24	佐藤 大平	71.201	22	70	56	宮本 勝昌	71.969	20	68	88	藤田 寛之	72.740	17	49
25	池村 寛世	71.262	26	82	57	近藤 智弘	72.003	23	66	89	木下 裕太	72.762	22	58
26	大岩 龍一	71.270	26	88	58	M・ヘンドリー	72.006	18	50	90	金 庚泰	72.806	17	45
27	片山 晋呉	71.272	20	68	59	塚田 陽亮	72.011	25	84	91	浅地 洋佑	72.952	24	65
28	竹安 俊也	71.307	18	63	60	小林伸太郎	72.023	25	78	92	小斉平優和	73.067	25	64
29	谷原 秀人	71.359	18	59	61	B・ジョーンズ	72.057	20	63	93	T・クロンパ	73.352	22	53
30	李 尚熹	71.360	15	48	62	白 佳和	72.079	19	51	94	中西 直人	73.421	23	58
31	田村 光正	71.363	20	68	63	内藤寛太郎	72.096	25	78	95	秋吉 翔太	73.537	21	52
32	永野竜太郎	71.377	25	80	64	織田 信亮	72.097	16	50	96	谷口 徹	74.015	17	44

2022年度平均パットランキング

1ホール当たりの平均パット数（パーオンホールのみ対象）

Avg. 1.7689

順位	氏名	平均パット	競技数	ラウンド数	順位	氏名	平均パット	競技数	ラウンド数	順位	氏名	平均パット	競技数	ラウンド数
1	C・キム	1.6996	12	42	33	片山 晋呉	1.7608	20	68	65	市原 弘大	1.7823	25	87
2	片岡 尚之	1.7071	26	85	34	杉本エリック	1.7610	22	67	66	宮里 優作	1.7836	25	71
3	B・ケネディ	1.7092	19	74	35	小西 貴紀	1.7612	18	60	67	植竹 勇太	1.7839	25	80
4	大西 魁斗	1.7107	22	82	36	平田 憲聖	1.7613	20	62	68	幡地 隆寛	1.7845	23	72
5	星野 陸也	1.7203	21	77	37	小鯛 竜也	1.7621	21	66	69	小林伸太郎	1.7853	25	78
6	岩﨑亜久竜	1.7213	22	78	38	木下 稜介	1.7623	20	77	70	金 庚泰	1.7856	17	45
7	香妻陣一朗	1.7237	19	64	39	中西 直人	1.7624	23	58	71	T・クロンパ	1.7859	22	53
8	今平 周吾	1.7261	25	92	40	藤田 寛之	1.7629	17	49	71	J・パグンサン	1.7859	21	65
9	岩田 寛	1.7271	25	82	41	坂本 雄介	1.7645	19	56	73	白 佳和	1.7863	19	51
10	池田 勇太	1.7303	22	80	42	高山 忠洋	1.7658	19	59	74	中里光之介	1.7870	18	52
11	田村 光正	1.7354	20	68	43	佐藤 大平	1.7660	22	70	75	H・リー	1.7899	19	54
12	A・クウェイル	1.7361	16	54	43	M・ヘンドリー	1.7660	18	50	76	阿部 裕樹	1.7912	22	58
13	稲森 佑貴	1.7399	25	92	45	内藤寛太郎	1.7661	25	78	76	安本 大祐	1.7912	18	50
14	堀川未来夢	1.7430	24	92	46	石坂 友宏	1.7672	25	80	78	池上憲士郎	1.7916	24	65
15	時松 隆光	1.7446	26	92	47	永野竜太郎	1.7680	25	80	79	武藤 俊憲	1.7928	22	65
16	池村 寛世	1.7451	26	82	48	大岩 龍一	1.7712	26	82	80	久常 涼	1.7949	17	60
16	鍋谷 太一	1.7451	17	63	49	石川 遼	1.7714	23	79	81	竹谷 佳孝	1.7969	23	74
18	竹安 俊也	1.7454	18	63	50	出水田大二郎	1.7725	24	86	82	矢野 東	1.7975	24	62
19	小田 孔明	1.7471	25	80	50	H・W・リュー	1.7725	20	64	83	谷原 秀人	1.7977	18	59
20	阿久津未来也	1.7486	25	76	52	近藤 智弘	1.7736	23	66	84	M・グリフィン	1.7981	16	44
21	比嘉 一貴	1.7506	24	92	53	桂川 有人	1.7737	21	76	85	小斉平優和	1.7985	25	64
22	河本 力	1.7512	20	66	54	張 棟圭	1.7743	13	45	86	B・ジョーンズ	1.7989	20	63
23	亀代 順哉	1.7514	17	48	55	秋吉 翔太	1.7749	21	52	87	尾崎 慶輔	1.7995	14	36
24	清水 大成	1.7538	25	82	56	大槻 智春	1.7754	26	94	88	小袋 秀人	1.8041	16	46
25	李 尚熹	1.7542	15	48	57	宋 永漢	1.7759	23	66	89	織田 信亮	1.8049	16	50
26	宮本 勝昌	1.7548	20	68	58	T・ペク	1.7763	24	87	90	木下 裕太	1.8073	22	58
27	小平 智	1.7553	11	36	59	今野 大喜	1.7765	14	38	91	谷口 徹	1.8075	17	44
28	浅地 洋佑	1.7566	24	65	60	古川 雄大	1.7768	22	59	92	手嶋 多一	1.8081	13	36
29	A・エバンス	1.7570	19	58	61	杉山 知靖	1.7773	24	76	93	塚田 陽亮	1.8095	25	84
30	A・ブランド	1.7585	17	46	62	J・クルーガー	1.7784	20	70	94	勝俣 陵	1.8234	18	50
31	J・デロスサントス	1.7591	16	50	63	上井 邦裕	1.7787	17	51	94	J・チョイ	1.8234	21	61
32	G・チャルングン	1.7597	18	52	64	岡田 絃希	1.7797	16	44	96	貞方 章男	1.8362	21	68

22年のデータ

2022年度パーキープ率ランキング

パーかそれより良いスコアを獲得する率

Avg. 84.533

順位	氏名	パーキープ率	競技数	ラウンド数	順位	氏名	パーキープ率	競技数	ラウンド数	順位	氏名	パーキープ率	競技数	ラウンド数
1	比嘉 一貴	88.949	24	92	33	香妻陣一朗	85.417	19	64	65	貞方 章男	83.905	21	68
2	稲森 佑貴	88.708	25	92	34	G・チャルングン	85.363	18	52	65	宮本 勝昌	83.905	20	68
3	星野 陸也	88.456	21	77	35	石坂 友宏	85.256	24	78	67	中里光之介	83.868	18	52
4	桂川 有人	88.231	21	76	36	李 尚熹	85.185	15	48	68	武藤 俊憲	83.761	22	65
5	時松 隆光	88.043	26	92	37	J・クルーガー	85.159	20	70	69	藤田 寛之	83.673	17	49
6	B・ケネディ	87.988	19	74	38	出水田大二郎	85.142	24	86	70	A・クウェイル	83.642	16	54
7	小平 智	87.963	11	36	39	杉本エリック	85.075	22	67	71	手嶋 多一	83.488	13	36
8	竹安 俊也	87.478	18	63	40	阿久津未来也	85.015	25	76	72	A・ブランド	83.454	17	46
9	今平 周吾	87.440	25	92	41	M・ヘンドリー	85.000	18	50	73	小袋 秀人	83.333	16	46
10	谷原 秀人	87.288	18	59	42	大岩 龍一	84.975	26	88	73	内藤寛太郎	83.333	25	78
11	佐藤 大平	87.222	22	70	43	小鯛 竜也	84.933	21	66	75	尾崎 慶輔	83.179	14	36
12	T・ペク	87.101	24	87	44	B・ジョーンズ	84.832	20	63	76	J・パグンサン	83.162	21	65
13	堀川未来夢	86.957	24	92	45	上井 邦裕	84.641	17	51	77	J・チョイ	83.151	21	61
14	小西 貴紀	86.944	18	60	46	岡田 絃希	84.596	16	44	78	清水 大成	83.130	25	72
15	平田 憲聖	86.828	20	62	46	近藤 智弘	84.596	23	66	79	幡地 隆寛	83.102	23	72
16	大槻 智春	86.820	26	94	48	鍋谷 太一	84.480	17	63	80	M・グリフィン	82.828	16	44
17	久常 涼	86.667	17	60	49	植竹 勇太	84.444	25	80	81	亀代 順哉	82.755	17	48
18	大西 魁斗	86.653	22	82	50	杉山 知靖	84.284	24	76	82	安本 大祐	82.667	18	50
19	木下 稜介	86.652	20	77	51	塚田 陽亮	84.259	25	84	83	小林伸太郎	82.550	25	78
20	永野竜太郎	86.597	25	80	52	阿部 裕樹	84.195	22	58	84	今野 大喜	82.310	14	38
21	石川 遼	86.568	23	79	53	片岡 尚之	84.183	26	84	85	浅地 洋佑	82.137	24	65
22	C・キム	86.243	12	42	54	宋 永漢	84.175	23	66	86	高山 忠洋	81.921	19	59
23	岩田 寛	86.179	25	82	55	池村 寛世	84.146	26	82	87	勝俣 陵	81.444	18	50
24	白 佳和	86.057	19	51	56	宮里 優作	84.116	25	71	88	小斉平優和	81.424	25	64
25	河本 力	85.859	20	66	57	織田 信亮	84.111	16	50	89	古川 雄大	81.073	22	59
26	池田 勇太	85.694	22	80	57	J・デロスサントス	84.111	16	50	90	木下 裕太	80.556	22	58
27	張 棟圭	85.679	13	45	59	竹谷 佳孝	84.084	23	74	91	矢野 東	80.287	24	62
28	片山 晋呉	85.621	20	68	60	H・リー	84.053	19	54	92	池上憲士郎	79.915	24	65
29	岩﨑亜久竜	85.613	22	78	61	坂本 雄介	84.028	19	56	93	中西 直人	79.885	23	58
30	田村 光正	85.539	20	68	62	A・エバンス	84.004	19	58	94	T・クロンパ	79.560	22	53
31	H・W・リュー	85.503	20	64	63	小田 孔明	83.958	25	80	95	秋吉 翔太	79.274	21	52
32	市原 弘大	85.441	25	87	64	金 庚泰	83.951	17	45	96	谷口 徹	77.778	17	44

2022年度パーオン率ランキング

パーオンする率（パー4での1オン、パー5での2オンを含む）

Avg. 66.203

順位	氏名	パーオン率	競技数	ラウンド数	順位	氏名	パーオン率	競技数	ラウンド数	順位	氏名	パーオン率	競技数	ラウンド数
1	桂川 有人	75.585	21	76	33	竹安 俊也	67.549	18	63	65	阿久津未来也	65.205	25	76
2	久常 涼	73.519	17	60	34	H・W・リュー	67.535	20	64	66	坂本 雄介	65.079	19	56
3	小平 智	72.685	11	36	35	永野竜太郎	67.500	25	80	67	近藤 智弘	65.067	23	66
4	木下 稜介	72.222	20	77	36	時松 隆光	67.331	26	92	68	A・クウェイル	64.918	16	54
5	河本 力	71.801	20	66	37	B・ケネディ	67.192	19	74	69	J・パグンサン	64.615	21	65
6	稲森 佑貴	71.618	25	92	38	田村 光正	67.157	20	68	70	市原 弘大	64.559	25	87
7	張 棟圭	71.481	13	45	39	池田 勇太	67.083	22	80	71	中里 光之介	64.530	18	52
8	比嘉 一貴	71.014	24	92	40	岡田 絃希	67.045	16	44	72	香妻陣一朗	64.497	19	64
9	佐藤 大平	70.794	22	70	41	B・ジョーンズ	66.931	20	63	73	石坂 友宏	64.387	24	78
10	大槻 智春	70.508	26	94	42	武藤 俊憲	66.838	22	65	74	古川 雄大	64.218	22	59
11	J・デロスサントス	70.333	16	50	43	清水 大成	66.802	25	82	75	尾崎 慶輔	64.198	14	36
12	T・ペク	70.307	24	87	44	白 佳和	66.776	19	51	76	竹谷 佳孝	64.189	23	74
13	岩﨑亜久竜	70.299	22	78	45	幡地 隆寛	66.590	23	72	77	宮本 勝昌	64.134	20	68
14	星野 陸也	70.274	21	77	46	上井 邦裕	66.558	17	51	78	小林伸太郎	64.103	25	78
15	大西 魁斗	69.986	22	82	47	貞方 章男	66.503	21	68	79	亀代 順哉	64.005	17	48
16	大岩 龍一	69.949	26	88	48	谷原 秀人	66.478	18	59	80	J・チョイ	63.297	21	61
17	C・キム	69.709	12	42	49	G・チャルングン	66.346	18	52	81	池上憲士郎	62.735	24	65
18	今平 周吾	69.686	25	92	50	杉本エリック	66.335	22	67	82	今野 大喜	62.427	14	38
19	M・ヘンドリー	69.444	18	50	51	小鯛 竜也	66.330	21	66	83	秋吉 翔太	62.286	21	52
20	植竹 勇太	69.375	25	80	52	池村 寛世	66.328	26	82	84	A・エバンス	61.877	19	58
21	堀川未来夢	69.082	24	92	53	安本 大祐	66.111	19	60	85	片岡 尚之	61.569	26	85
22	石川 遼	69.058	23	79	54	小西 貴紀	66.019	18	60	86	手嶋 多一	61.420	13	36
23	李 尚熹	68.866	15	48	55	平田 憲聖	65.950	20	62	86	H・リー	61.420	19	54
24	宮里 優作	68.779	25	71	56	片山 晋呉	65.931	20	68	88	高山 忠洋	61.299	19	59
25	塚田 陽亮	68.585	25	84	57	岩田 寛	65.854	25	82	89	浅地 洋佑	61.111	24	65
26	鍋谷 太一	68.078	17	63	58	宋 永漢	65.825	23	66	90	A・ブランド	60.507	17	46
27	織田 信亮	68.000	16	50	59	木下 裕太	65.709	22	58	91	藤田 寛之	59.524	17	49
28	J・クルーガー	67.857	20	70	60	M・グリフィン	65.657	16	44	92	小斉平優和	59.115	25	64
29	勝俣 陵	67.778	18	50	61	小袋 秀人	65.580	16	46	93	中西 直人	58.238	23	58
30	杉山 知靖	67.763	24	76	62	小田 孔明	65.556	25	80	94	金 庚泰	56.420	17	45
31	出水田大二郎	67.700	24	86	63	内藤寛太郎	65.385	25	78	95	T・クロンパ	54.927	22	53
32	阿部 裕樹	67.625	22	58	64	矢野 東	65.233	24	62	96	谷口 徹	53.914	17	44

22年のデータ

247

2022年度バーディ率ランキング

１ラウンド当たりのバーディ獲得率

Avg. 3.688

順位	氏名	バーディ率	競技数	ラウンド数
1	星野　陸也	4.753	21	77
2	岩﨑亜久竜	4.692	22	78
3	C・キム	4.667	12	42
4	大西　魁斗	4.646	22	82
5	河本　力	4.485	20	66
6	J・デロスサントス	4.420	16	50
7	桂川　有人	4.342	21	76
8	池田　勇太	4.325	22	80
9	A・クウェイル	4.278	16	54
10	小平　智	4.250	11	36
11	今平　周吾	4.239	25	92
12	比嘉　一貴	4.217	24	92
13	池村　寛世	4.195	26	82
13	木下　稜介	4.195	20	77
15	大槻　智春	4.191	26	94
16	岩田　寛	4.171	25	82
17	清水　大成	4.134	25	82
18	鍋谷　太一	4.111	17	63
19	B・ケネディ	4.068	19	74
20	片岡　尚之	4.047	26	85
21	李　尚熹	4.042	15	48
22	堀川未来夢	4.033	24	92
23	田村　光正	3.985	20	68
24	亀代　順哉	3.958	17	48
25	稲森　佑貴	3.935	25	92
26	大岩　龍一	3.932	26	88
27	出水田大二郎	3.930	24	86
28	竹安　俊也	3.905	18	63
29	久常　涼	3.900	17	60
30	張　棟圭	3.867	13	45
31	佐藤　大平	3.857	22	70
32	時松　隆光	3.848	26	92
33	小田　孔明	3.838	25	80
34	杉山　知靖	3.829	24	76
35	石川　遼	3.797	23	79
36	内藤寛太郎	3.795	25	78
37	香妻陣一朗	3.781	19	64
38	織田　信亮	3.740	16	50
39	小西　貴紀	3.733	18	60
40	G・チャルングン	3.731	18	52
41	小鯛　竜也	3.712	21	66
42	M・ヘンドリー	3.700	18	50
43	幡地　隆寛	3.667	23	72
44	杉本エリック	3.657	22	67
45	永野竜太郎	3.650	25	80
46	阿久津未来也	3.645	25	80
47	武藤　俊憲	3.631	22	65
48	坂本　雄介	3.625	19	56
49	J・パグンサン	3.615	21	65
50	宮里　優作	3.606	25	71
51	小林伸太郎	3.603	25	78
52	植竹　勇太	3.600	25	80
53	T・ペク	3.598	24	87
54	J・クルーガー	3.586	20	70
55	H・W・リュー	3.578	20	64
56	古川　雄大	3.576	22	59
57	宮本　勝昌	3.574	20	68
58	片山　晋呉	3.559	20	68
59	石坂　友宏	3.551	24	78
60	勝俣　陵	3.540	18	50
61	中里光之介	3.538	18	52
62	平田　憲聖	3.532	20	62
63	今野　大喜	3.500	14	38
63	岡田　絃希	3.500	16	44
63	M・グリフィン	3.500	16	44
66	上井　邦裕	3.471	17	51
67	宋　永漢	3.470	23	66
68	安本　大祐	3.460	18	50
69	A・エバンス	3.431	19	58
69	木下　裕太	3.431	22	58
71	B・ジョーンズ	3.429	20	63
72	近藤　智弘	3.424	23	66
73	尾崎　慶輔	3.417	14	36
74	市原　弘大	3.414	25	87
75	谷原　秀人	3.407	18	59
76	中西　直人	3.379	23	58
77	塚田　陽亮	3.333	25	84
78	白　佳和	3.314	19	51
79	矢野　東	3.306	24	62
80	阿部　裕樹	3.276	22	58
81	竹谷　佳孝	3.270	23	74
82	秋吉　翔太	3.250	21	52
82	小斉平優和	3.250	25	64
84	浅地　洋佑	3.246	24	65
84	池上憲士郎	3.246	24	65
86	A・ブランド	3.239	17	46
87	J・チョイ	3.180	21	61
88	H・リー	3.148	19	54
89	貞方　章男	3.147	21	68
90	藤田　寛之	3.122	17	49
91	高山　忠洋	3.119	19	59
92	小袋　秀人	3.065	16	46
93	T・クロンパ	2.981	22	53
94	手嶋　多一	2.833	13	36
95	金　庚泰	2.756	17	45
96	谷口　徹	2.568	17	44

2022年度イーグル率ランキング

1イーグルを獲得するために要するラウンド数

Avg. 16.798

順位	氏名	イーグル率	競技数	ラウンド数	順位	氏名	イーグル率	競技数	ラウンド数	順位	氏名	イーグル率	競技数	ラウンド数
1	久常　涼	5.000	17	60	32	矢野　東	10.333	24	62	63	田村　光正	17.000	20	68
2	星野　陸也	5.923	21	77	33	C・キム	10.500	12	42	64	J・クルーガー	17.500	20	70
3	池田　勇太	6.154	22	80	34	阿久津未来也	10.857	25	76	65	手嶋　多一	18.000	13	36
4	織田　信亮	6.250	16	50	35	河本　力	11.000	20	66	66	B・ケネディ	18.500	19	74
5	永野竜太郎	6.667	25	80	36	張　棟圭	11.250	13	45	67	桂川　有人	19.000	21	76
6	大槻　智春	6.714	26	94	37	植竹　勇太	11.429	25	80	67	杉山　知靖	19.000	24	76
7	大西　魁斗	6.833	22	82	38	中西　直人	11.600	23	58	69	木下　裕太	19.333	22	58
8	木下　稜介	7.000	20	77	39	池村　寛世	11.714	25	82	70	小林伸太郎	19.500	23	78
8	B・ジョーンズ	7.000	20	63	40	片岡　尚之	12.143	26	85	71	小西　貴紀	20.000	18	60
10	今平　周吾	7.077	25	92	41	藤田　寛之	12.250	17	49	72	平田　憲聖	20.667	20	62
11	岩﨑亜久竜	7.091	22	78	42	竹谷　佳孝	12.333	23	74	73	香妻陣一朗	21.333	19	64
12	小平　智	7.200	11	36	43	市原　弘大	12.429	25	87	74	出水田大二郎	21.500	24	86
13	中里光之介	7.429	18	52	44	J・デロスサントス	12.500	16	50	75	浅地　洋佑	21.667	24	65
14	A・クウェイル	7.714	16	54	44	安本　大祐	12.500	18	50	75	武藤　俊憲	21.667	22	65
15	内藤寛太郎	7.800	25	78	46	今野　大喜	12.667	14	38	77	M・グリフィン	22.000	16	44
16	幡地　隆寛	8.000	23	72	47	白　佳和	12.750	19	51	78	貞方　章男	22.667	21	68
17	勝俣　陵	8.333	18	50	48	J・パグンサン	13.000	21	65	79	小袋　秀人	23.000	16	46
18	比嘉　一貴	8.364	24	92	49	小鯛　竜也	13.200	21	66	80	李　尚熹	24.000	15	48
19	上井　邦裕	8.500	17	51	49	宋　永漢	13.200	23	66	81	G・チャルングン	26.000	18	52
20	秋吉　翔太	8.667	21	52	51	小田　孔明	13.333	25	80	82	阿部　裕樹	29.000	22	58
21	J・チョイ	8.714	21	61	52	H・リー	13.500	19	54	83	古川　雄大	29.500	22	59
22	石川　遼	8.778	23	79	53	宮本　勝昌	13.600	20	68	84	小斉平優和	32.000	25	64
23	T・クロンパ	8.833	22	53	54	岩田　寛	13.667	23	82	85	池上憲士郎	32.500	23	65
24	尾崎　慶輔	9.000	14	36	55	塚田　陽亮	14.000	25	84	86	近藤　智弘	33.000	23	66
25	坂本　雄介	9.333	19	50	56	宮里　優作	14.200	25	71	87	片山　晋呉	34.000	20	68
26	T・ペク	9.667	24	87	57	大岩　龍一	14.667	26	88	88	岡田　絃希	44.000	16	44
27	谷原　秀人	9.833	18	59	58	高山　忠洋	14.750	19	59	88	谷口　徹	44.000	17	44
28	佐藤　大平	10.000	22	70	59	石坂　友宏	15.600	24	78	90	稲森　佑貴	46.000	25	92
29	時松　隆光	10.222	26	92	60	鍋谷　太一	15.750	17	63	91	竹安　俊也	63.000	18	63
29	堀川未来夢	10.222	24	92	61	亀代　順哉	16.000	17	48	92	H・W・リュー	64.000	20	64
31	清水　大成	10.250	25	82	62	M・ヘンドリー	16.667	18	50	93	杉本エリック	67.000	22	67

22年のデータ

249

2022年度ドライビングディスタンスランキング

ティショットの平均飛距離（18ホール中2ホールで計測）

Avg. 284.473

順位	氏名	平均ヤード	競技数	ラウンド数	順位	氏名	平均ヤード	競技数	ラウンド数	順位	氏名	平均ヤード	競技数	ラウンド数
1	河本　力	315.73	20	66	33	木下　裕太	288.11	22	58	65	J・パグンサン	279.35	21	65
2	清水　大成	302.71	25	82	34	池田　勇太	288.02	22	80	66	石坂　友宏	279.26	24	78
3	幡地　隆寛	301.74	23	72	35	秋吉　翔太	287.89	21	52	67	浅地　洋佑	278.67	24	65
4	A・クウェイル	301.44	16	54	36	尾崎　慶輔	287.43	14	36	68	竹谷　佳孝	278.52	23	74
5	永野竜太郎	301.20	25	80	37	今平　周吾	287.24	25	92	69	市原　弘大	278.34	25	87
6	勝俣　陵	300.96	18	50	38	今野　大喜	287.12	14	38	70	張　棟圭	278.15	13	45
7	塚田　陽亮	300.21	25	84	39	J・デロスサントス	287.11	16	50	71	宮本　勝昌	278.11	20	68
8	織田　信亮	299.71	16	50	40	李　尚熹	287.04	15	48	72	岡田　絃希	277.59	16	44
9	岩﨑亜久竜	299.31	22	78	41	香妻陣一朗	286.96	19	64	73	池上憲士郎	277.39	24	65
10	内藤寛太郎	298.70	25	78	42	武藤　俊憲	286.95	22	65	74	谷原　秀人	277.32	18	59
11	池村　寛世	298.21	26	82	43	矢野　東	286.46	24	62	75	近藤　智弘	277.04	23	66
12	C・キム	297.43	12	42	44	杉山　知靖	286.34	24	76	76	佐藤　大平	276.95	22	70
13	久常　涼	295.58	17	60	45	M・ヘンドリー	286.33	18	50	77	植竹　勇太	276.36	25	80
14	星野　陸也	294.96	21	77	46	比嘉　一貴	285.71	24	92	78	杉本エリック	276.26	22	67
15	安本　大祐	294.05	18	50	47	H・リー	285.44	19	54	79	T・クロンパ	276.11	22	53
16	坂本　雄介	294.04	19	56	48	小林伸太郎	285.31	25	78	80	A・ブランド	276.01	17	46
17	岩田　寛	293.75	25	82	49	小平　智	285.12	11	36	81	T・ペク	275.23	24	87
18	亀代　順哉	293.34	17	48	50	中西　直人	284.97	23	58	82	阿久津未来也	274.11	25	76
18	G・チャルングン	293.34	18	52	51	片岡　尚之	283.69	26	85	83	片山　晋呉	273.56	20	68
20	石川　遼	293.24	23	79	52	H・W・リュー	283.17	20	64	84	宋　永漢	273.12	23	66
21	M・グリフィン	293.19	16	44	53	J・クルーガー	282.50	20	51	85	B・ケネディ	272.97	19	74
22	中里光之介	292.11	18	52	54	小袋　秀人	282.31	16	46	86	貞方　章男	272.55	21	68
23	大西　魁斗	291.88	22	82	55	J・チョイ	281.52	21	61	87	手嶋　多一	272.31	13	36
24	出水田大二郎	291.68	24	86	56	高山　忠洋	281.51	19	59	88	時松　隆光	272.17	26	92
25	大槻　智春	290.69	26	94	57	小西　貴紀	281.48	18	60	89	堀川未来夢	272.12	24	92
26	B・ジョーンズ	289.73	20	63	58	小田　孔明	281.28	25	80	90	藤田　寛之	270.90	17	49
27	小斉平優和	289.31	25	64	58	上井　邦裕	281.28	17	51	91	阿部　裕樹	268.85	22	58
28	桂川　有人	289.27	21	76	60	竹安　俊也	280.77	18	63	92	A・エバンス	267.69	19	58
29	大岩　龍一	289.21	26	88	61	平田　憲聖	280.73	20	62	93	白　佳和	264.74	19	51
30	古川　雄大	288.81	22	59	62	鍋谷　太一	280.04	17	63	94	金　庚泰	263.50	17	45
31	木下　稜介	288.71	20	77	63	田村　光正	279.97	20	68	95	稲森　佑貴	262.06	25	92
32	小鯛　竜也	288.25	21	66	64	宮里　優作	279.87	25	71	96	谷口　徹	259.98	17	44

2022年度フェアウェイキープ率ランキング

ティショットがフェアウェイを捕らえた率（パー3を除く全てのホールで計測）

Avg. 55.299

順位	氏名	フェアウェイキープ率	競技数	ラウンド数	順位	氏名	フェアウェイキープ率	競技数	ラウンド数	順位	氏名	フェアウェイキープ率	競技数	ラウンド数
1	稲森 佑貴	78.660	25	92	33	阿久津未来也	57.681	25	76	65	武藤 俊憲	52.811	22	65
2	植竹 勇太	68.430	25	80	34	岡田 絃希	57.610	16	44	66	李 尚熹	52.395	15	48
3	白 佳和	65.823	19	51	35	J・パグンサン	57.379	21	65	67	中里光之介	52.282	18	52
4	B・ケネディ	64.860	19	74	36	星野 陸也	57.169	21	77	68	高山 忠洋	51.946	19	59
5	T・ペク	64.716	24	87	37	大岩 龍一	56.968	26	88	69	内藤寛太郎	51.794	25	78
6	池上憲士郎	62.845	24	65	38	木下 稜介	56.704	20	77	70	宮里 優作	51.766	25	71
7	桂川 有人	62.795	21	76	39	杉山 知靖	56.657	24	76	71	小林伸太郎	51.702	25	78
8	堀川未来夢	62.539	24	92	40	岩田 寛	56.343	25	82	72	竹安 俊也	51.539	18	63
9	貞方 章男	62.196	21	68	41	杉本エリック	56.303	22	67	73	矢野 東	51.448	24	62
10	木下 裕太	62.082	22	58	42	岩﨑亜久竜	56.026	22	78	74	M・ヘンドリー	51.363	18	50
11	佐藤 大平	61.641	22	70	43	出水田大二郎	55.713	24	86	75	河本 力	51.249	20	66
12	H・W・リュー	61.478	20	64	44	宮本 勝昌	55.485	20	68	76	谷口 徹	51.136	17	44
13	A・エバンス	60.692	19	58	45	田村 光正	55.005	20	68	77	坂本 雄介	50.834	19	56
14	阿部 裕樹	60.569	22	58	46	藤田 寛之	54.971	17	49	78	B・ジョーンズ	50.626	20	63
15	時松 隆光	60.561	26	92	47	C・キム	54.762	12	42	79	塚田 陽亮	50.555	25	84
16	市原 弘大	60.429	25	87	48	J・チョイ	54.695	21	61	80	小鯛 竜也	50.490	21	66
17	大槻 智春	60.412	26	94	49	久常 涼	54.600	17	60	81	G・チャルングン	50.484	18	52
18	J・クルーガー	59.692	20	70	50	宋 永漢	54.397	23	66	82	小袋 秀人	50.078	16	46
19	石坂 友宏	59.430	24	78	51	M・グリフィン	54.337	16	44	83	亀代 順哉	49.925	17	48
20	小西 貴紀	59.162	18	60	52	織田 信亮	54.245	16	50	84	金 庚泰	49.601	17	45
21	小平 智	58.929	11	36	53	竹谷 佳孝	54.211	23	74	85	池村 寛世	49.519	26	82
22	比嘉 一貴	58.846	24	92	54	小田 孔明	54.170	25	80	86	片岡 尚之	48.945	26	85
23	片山 晋呉	58.755	20	68	55	浅地 洋佑	54.135	24	65	87	T・クロンパ	48.649	22	53
24	鍋谷 太一	58.542	17	63	56	古川 雄大	54.070	22	59	88	中西 直人	48.455	23	58
25	張 棟圭	58.307	13	45	57	石川 遼	53.993	23	79	89	秋吉 翔太	47.862	21	52
26	平田 憲聖	58.285	20	62	58	幡地 隆寛	53.831	23	72	90	香妻陣一朗	47.656	19	64
27	池田 勇太	58.266	22	80	59	J・デロスサントス	53.791	16	50	91	上井 邦裕	47.532	17	51
28	近藤 智弘	58.198	23	66	60	勝俣 陵	53.669	18	50	92	今野 大喜	47.259	14	38
29	今平 周吾	58.067	25	92	61	H・リー	53.377	19	54	93	永野 竜太郎	46.464	25	80
30	安本 大祐	57.963	18	50	62	A・ブランド	53.208	17	46	94	清水 大成	46.282	25	82
31	谷原 秀人	57.786	18	59	63	大西 魁斗	52.931	22	82	95	小斉平優和	44.121	25	64
32	手嶋 多一	57.685	13	36	64	尾崎 慶輔	52.894	14	36	96	A・クウェイル	41.987	16	54

22年のデータ

2022年度サンドセーブ率ランキング

グリーンサイドのバンカーに入ってから、2打かそれより少ない打数でカップインする確率

Avg. 50.788

順位	氏名	サンドセーブ率	競技数	ラウンド数	順位	氏名	サンドセーブ率	競技数	ラウンド数	順位	氏名	サンドセーブ率	競技数	ラウンド数
1	星野 陸也	68.421	21	77	33	時松 隆光	53.636	26	92	65	小鯛 竜也	47.959	21	66
2	片岡 尚之	64.394	26	85	34	内藤寬太郎	53.333	25	78	66	小林伸太郎	47.414	25	78
3	金 庚泰	64.103	17	45	35	比嘉 一貴	53.211	24	92	67	上井 邦裕	47.368	17	51
4	手嶋 多一	62.222	13	36	36	石川 遼	52.830	23	79	68	武藤 俊憲	46.667	22	65
5	大槻 智春	61.905	26	94	37	小田 孔明	52.778	25	80	69	T・クロンパ	46.535	22	53
6	杉本エリック	61.039	22	67	38	T・ペク	52.427	24	87	70	小平 智	46.512	11	30
7	G・チャルングン	60.606	18	52	39	亀代 順哉	52.239	17	48	71	桂川 有人	46.269	21	76
8	竹安 俊也	60.241	18	63	40	河本 力	52.222	20	66	72	白 佳和	46.032	19	51
9	池村 寛世	60.000	26	82	41	浅地 洋佑	52.041	24	65	73	久常 涼	45.902	17	60
9	岡田 絃希	60.000	16	44	42	堀川未来夢	52.033	24	92	74	阿久津未来也	45.833	25	76
11	今野 大喜	59.701	14	38	43	出水田大二郎	51.724	24	86	75	清水 大成	45.714	25	82
12	宮本 昌	59.259	20	68	44	大岩 龍一	51.648	26	88	76	中西 直人	45.455	23	58
13	小西 貴紀	58.974	18	60	45	永野竜太郎	51.240	25	80	76	安本 大祐	45.455	18	50
14	大西 魁斗	58.163	22	82	46	岩﨑亜久竜	51.136	22	78	78	小袋 秀人	44.928	16	46
15	谷原 秀人	58.065	18	59	47	近藤 智弘	51.000	23	66	79	木下 裕太	44.737	22	58
16	M・グリフィン	57.627	16	44	48	宮里 優作	50.962	25	71	80	J・デロスサントス	44.444	16	50
17	香妻陣一朗	57.447	19	64	49	鍋谷 太一	50.704	17	63	80	J・パグンサン	44.444	21	65
18	B・ケネディ	57.025	19	74	50	貞方 章男	50.685	21	68	82	植竹 勇太	44.304	25	80
19	杉山 知靖	56.364	24	76	51	H・W・リュー	50.617	20	64	83	李 尚熹	43.902	15	48
20	A・エバンス	56.180	19	58	52	片山 晋呉	50.538	20	64	84	谷口 徹	43.421	17	44
21	竹谷 佳孝	55.556	23	74	53	木下 稜介	50.505	22	80	85	尾崎 慶輔	42.857	14	36
22	田村 光正	55.294	20	68	54	池田 勇太	50.000	22	80	86	張 棟圭	42.593	13	45
23	佐藤 大平	55.263	22	70	54	C・キム	50.000	12	42	87	坂本 雄介	42.105	19	56
24	J・チョイ	55.102	21	61	56	岩田 寛	49.612	25	82	88	中里光之介	42.029	18	52
25	小斉平優和	54.902	25	64	57	高山 忠洋	49.533	19	59	89	M・ヘンドリー	41.791	18	50
26	石坂 友宏	54.369	24	78	58	J・クルーガー	48.958	20	70	90	古川 雄大	41.758	22	59
26	今平 周吾	54.369	25	92	59	塚田 陽亮	48.515	25	84	91	織田 信亮	41.667	16	50
26	幡地 隆寛	54.369	23	72	60	H・リー	48.454	19	54	92	池上憲士郎	41.000	24	65
29	藤田 寛之	54.237	17	49	61	平田 憲聖	48.387	20	62	93	阿部 裕樹	40.845	22	58
30	B・ジョーンズ	53.846	20	63	61	矢野 東	48.387	24	62	94	秋吉 翔太	40.580	21	52
31	A・クウェイル	53.750	16	54	63	稲森 佑貴	48.276	25	92	95	宋 永漢	33.333	23	66
32	市原 弘大	53.719	25	87	64	A・ブランド	48.101	17	46	96	勝俣 陵	29.577	18	50

2022年度トータルドライビングランキング

ドライビングディスタンスとフェアウェイキープ率をポイント換算した順位

Avg. 96.979

順位	氏名	ポイント	競技数	ラウンド数	順位	氏名	ポイント	競技数	ラウンド数	順位	氏名	ポイント	競技数	ラウンド数
1	桂川 有人	35	21	76	32	塚田 陽亮	86	25	84	63	片山 晋呉	106	20	68
2	大槻 智春	42	26	94	32	鍋谷 太一	86	17	63	66	武藤 俊憲	107	22	65
3	木下 裕太	43	22	58	32	古川 雄大	86	22	59	67	田村 光正	108	20	68
4	安本 大祐	45	18	50	32	T・ペク	86	24	87	67	H・リー	108	19	54
5	星野 陸也	50	21	77	37	佐藤 大平	87	22	70	69	小田 孔明	112	25	80
6	岩崎亜久竜	51	22	78	37	平田 憲聖	87	20	62	69	小鯛 竜也	112	21	66
7	岩田 寛	57	25	82	39	B・ケネディ	89	19	74	71	阿久津未来也	115	25	76
8	C・キム	59	12	42	39	中里光之介	89	18	52	71	宮本 勝昌	115	20	68
9	織田 信亮	60	16	50	41	坂本 雄介	93	19	56	73	矢野 東	116	24	62
10	池田 勇太	61	22	80	42	貞方 章男	95	21	68	74	小林伸太郎	119	25	78
10	幡地 隆寛	61	23	72	42	張 棟圭	95	13	45	74	杉本エリック	119	22	67
12	久常 涼	62	17	60	44	池村 寛世	96	26	82	74	手嶋 多一	119	13	36
13	H・W・リュー	64	20	64	44	稲森 佑貴	96	25	92	74	M・ヘンドリー	119	18	50
14	今平 周吾	66	25	92	44	清水 大成	96	25	82	78	竹谷 佳孝	121	23	74
14	大岩 龍一	66	26	88	44	白 佳和	96	19	51	79	浅地 洋佑	122	24	65
14	勝俣 陵	66	18	50	48	堀川未来夢	97	24	92	79	小斉平優和	122	25	64
17	出水田大二郎	67	24	86	49	J・デロスサントス	98	16	50	81	秋吉 翔太	124	21	52
18	比嘉 一貴	68	24	92	49	永野竜太郎	98	25	80	81	高山 忠洋	124	19	59
19	木下 稜介	69	20	77	51	G・チャルングン	99	18	52	83	今野 大喜	130	14	38
20	小平 智	70	11	36	52	尾崎 慶輔	100	14	36	84	香妻陣一朗	131	19	64
21	J・クルーガー	71	20	70	52	A・クウェイル	100	16	54	85	竹安 俊也	132	17	63
22	M・グリフィン	72	16	44	52	J・パグンサン	100	21	65	86	宋 永漢	134	23	66
23	河本 力	76	20	66	55	亀代 順哉	101	17	48	86	宮里 優作	134	25	71
24	石川 遼	77	23	79	56	近藤 智弘	103	23	66	88	小袋 秀人	136	16	46
24	小西 貴紀	77	18	60	56	J・チョイ	103	21	61	88	藤田 寛之	136	17	49
26	池上憲士郎	79	24	65	56	時松 隆光	103	26	92	90	片岡 尚之	137	26	85
26	植竹 勇太	79	25	80	59	B・ジョーンズ	104	20	63	91	中西 直人	138	23	58
26	内藤寛太郎	79	25	78	60	阿部 裕樹	105	22	58	92	A・ブランド	142	17	46
29	杉山 知靖	83	24	76	60	A・エバンス	105	19	58	93	上井 邦裕	149	17	51
30	石坂 友宏	85	24	78	60	谷原 秀人	105	18	59	94	T・クロンパ	166	22	53
30	市原 弘大	85	25	87	63	李 尚熹	106	15	48	95	谷口 徹	172	17	44
32	大西 魁斗	86	22	82	63	岡田 絃希	106	16	44	96	金 庚泰	178	17	45

生涯獲得賞金ランキング1〜100位

1973〜2022年

順位	氏名	獲得賞金（円）	順位	氏名	獲得賞金（円）
1	尾崎 将司	2,688,836,653	51	山本 善隆	627,215,929
2	片山 晋呉	2,271,794,752	52	佐藤 信人	606,760,518
3	谷口 徹	1,665,040,819	53	B・ワッツ	593,194,439
4	中嶋 常幸	1,664,953,541	54	髙橋 勝成	591,310,072
5	尾崎 直道	1,545,609,713	55	友利 勝良	589,365,213
6	藤田 寛之	1,536,976,082	56	小平 智	588,072,262
7	池田 勇太	1,319,209,579	57	米山 剛	579,725,848
8	谷原 秀人	1,247,714,376	58	田中 秀道	577,070,603
9	宮本 勝昌	1,182,321,990	59	矢野 東	575,340,398
10	石川 遼	1,144,615,850	60	陳 志忠	558,328,835
11	B・ジョーンズ	1,105,590,088	61	丸山 大輔	557,331,267
12	手嶋 多一	1,044,027,591	62	G・マーシュ	553,811,477
13	倉本 昌弘	1,019,915,189	63	金子 柱憲	548,170,165
14	伊澤 利光	1,008,305,886	64	桑原 克典	530,311,004
15	小田 孔明	1,002,015,088	65	金 亨成	528,962,662
16	青木 功	980,652,048	66	黄 重坤	522,218,886
17	金 庚泰	948,298,751	67	水巻 善典	519,687,853
18	近藤 智弘	938,396,041	68	横田 真一	502,036,388
19	宮里 優作	891,277,493	69	星野 英正	499,937,224
20	深堀圭一郎	824,593,980	70	真板 潔	498,217,607
21	鈴木 亨	822,179,801	71	陳 志明	494,521,476
22	D・イシイ	814,695,905	72	藤本 佳則	491,588,819
23	飯合 肇	814,330,660	73	B・ケネディ	481,444,927
24	丸山 茂樹	805,095,921	74	奥田 靖己	481,260,725
25	渡辺 司	783,507,861	75	牧野 裕	478,229,379
26	平塚 哲二	782,459,386	76	C・キム	471,978,614
27	室田 淳	780,771,686	77	S・コンラン	471,023,313
28	尾崎 健夫	772,435,399	78	ブライアン・ジョーンズ	469,505,781
29	中村 通	755,580,792	79	佐々木久行	465,484,577
30	横尾 要	747,605,523	80	松村 道央	458,793,325
31	宮瀬 博文	741,489,829	81	S・ノリス	447,217,751
32	D・スメイル	737,733,818	82	小田 龍一	439,249,627
33	P・マークセン	732,327,758	83	小山内 護	435,119,148
34	久保谷健一	724,332,848	84	井戸木鴻樹	416,231,831
35	S・K・ホ	709,097,060	85	I・J・ジャン	413,910,416
36	武藤 俊憲	706,979,580	86	松山 英樹	411,712,261
37	湯原 信光	703,957,263	87	金井 清一	408,617,941
38	細川 和彦	692,932,548	88	稲森 佑貴	408,495,280
39	高山 忠洋	684,390,744	89	R・マッカイ	403,302,130
40	F・ミノザ	680,377,753	90	新井規矩雄	397,177,899
41	今平 周吾	671,704,621	91	星野 陸也	396,903,941
42	加瀬 秀樹	664,157,397	92	木村 政信	391,018,282
43	芹澤 信雄	661,022,945	93	E・エレラ	390,042,692
44	藤木 三郎	660,536,413	94	堀川未来夢	381,135,016
45	川岸 良兼	657,272,397	95	Y・E・ヤン	376,542,426
46	今野 康晴	656,037,315	96	兼本 貴司	375,933,054
47	岩田 寛	651,148,197	97	梁 文冲	373,886,695
48	杉原 輝雄	633,188,689	98	河村 雅之	368,171,735
49	東 聡	631,369,341	99	金 鍾徳	364,475,072
50	T・ハミルトン	631,351,667	100	D・チャンド	362,637,488

過去のツアーデータ

トーナメント記録
歴代賞金王と年間最多勝利選手
プレーオフレコード
ジャパンゴルフツアー年間表彰
1973〜2020・21年度賞金シード
その他競技歴代優勝者
過去のトーナメント歴代優勝者

【9ホール最少ストローク】

28（-8）	金子　柱憲	'94日経カップ	3R	IN	三井観光苫小牧GC
28（-8）	河村　雅之	'95ジーン・サラゼン　ジュンクラシック	3R	IN	ジュンクラシックCC
28（-8）	米山　剛	'98札幌とうきゅうオープン	1R	IN	札幌国際CC島松C
28（-8）	伊沢　利光	'00JGTO TPCイーヤマカップ	1R	IN	ホウライCC
28（-8）	谷原　秀人	'04サン・クロレラ　クラシック	1R	OUT	小樽CC
28（-8）	M・グリフィン	'13タイランドオープン	4R	OUT	Thana City G&Sports C
28（-8）	清水　大成	'21ダンロップ・スリクソン福島オープン	3R	OUT	グランディ那須白河GC
28（-8）	J・デロサントス	'21パナソニックオープン	3R	IN	城陽CC
28（-7）	D・チャンド	'05ダンロップフェニックストーナメント	2R	IN	フェニックスCC
28（-7）	谷原　秀人	'08フジサンケイクラシック	3R	OUT	富士桜CC
28（-7）	石川　遼	'10中日クラウンズ	4R	OUT	名古屋GC和合C
28（-7）	小林　正則	'12アジアパシフィックパナソニックオープン	4R	OUT	東広野GC
28（-7）	宮本　勝昌	'17HEIWA・PGM CHAMPIONSHIP	4R	OUT	PGMゴルフリゾート沖縄
28（-7）	B・ジョーンズ	'18ゴルフ日本シリーズJTカップ	3R	OUT	東京よみうりCC
28（-7）	M・グリフィン	'19中日クラウンズ	2R	IN	名古屋GC和合C
28（-7）	金　成玟	'21ゴルフパートナー PRO-AM	4R	東IN	取手国際GC
28（-7）	竹谷　佳孝	'21日本ゴルフツアー選手権	1R	IN	宍戸ヒルズCC西C
28（-7）	近藤　智弘	'22ゴルフパートナー PRO-AM	4R	東IN	取手国際GC
28（-7）	貞方　章男	'22ゴルフパートナー PRO-AM	4R	東OUT	取手国際GC
28（-6）	杉本エリック	'21ゴルフパートナー PRO-AM	1R	西OUT	取手国際GC
28（-6）	R・ジョン	'21ゴルフパートナー PRO-AM	1R	西OUT	取手国際GC
28（-6）	宋　永漢	'21ゴルフパートナー PRO-AM	2R	西OUT	取手国際GC
28（-6）	S・ストレンジ	'21ゴルフパートナー PRO-AM	2R	西OUT	取手国際GC
28（-6）	池田　勇太	'22ゴルフパートナー PRO-AM	1R	西OUT	取手国際GC
※27（-8）	友利　勝良	'88第一不動産カップ	3R	IN	宮崎国際GC

※は賞金ランキング対象外競技

【18ホール最少ストローク】

58（-12）	石川　遼	'10中日クラウンズ	4R	名古屋GC和合C
58（-12）	金　成玟	'21ゴルフパートナー PRO-AM	4R	取手国際GC東C

【36ホール最少ストローク】

・1R～2R

124（-16）	大槻　智春	'21ゴルフパートナー PRO-AM	60・64	取手国際GC
124（-16）	B・ケネディ	'22ゴルフパートナー PRO-AM	61・63	取手国際GC

・2R～3R

126（-18）	尾崎　将司	'97東建コーポレーションカップ	65・61	祁答院GC

・3R～4R

125（-15）	S・ビンセント	'21ゴルフパートナー PRO-AM	63・62	取手国際GC東C
125（-15）	近藤　智弘	'22ゴルフパートナー PRO-AM	66・59	取手国際GC東C

【54ホール最少ストローク】

・1R～3R

191（-19）	大槻　智春	'21ゴルフパートナー PRO-AM	60・64・67	取手国際GC
191（-19）	大槻　智春	'22ゴルフパートナー PRO-AM	62・64・65	取手国際GC

・2R～4R

192（-24）	C・キム	'22カシオワールドオープン	66・64・62	Kochi黒潮CC
192（-18）	S・ビンセント	'21ゴルフパートナー PRO-AM	67・63・62	取手国際GC
192（-18）	近藤　智弘	'22ゴルフパートナー PRO-AM	67・66・59	取手国際GC

【72ホール最少ストローク】
256（−32）　C・キム　　　　　　'22カシオワールドオープン　　　　　　　　64・66・64・62　Kochi黒潮CC

【72ホール最多アンダーパー】
256（−32）　C・キム　　　　　　'22カシオワールドオープン　　　　　　　　64・66・64・62　Kochi黒潮CC

【1ホール最多ストローク】
※42（パー4）　鈴木　規夫　　　'87東海クラシック　　　　　　　　　　　2R 9H　　　三好CC西C
　19（パー3）　立山　光広　　　'06アコムインターナショナル　　　　　　1R 8H　　　石岡GC
　　※スコア誤記による最多記録

【18ホール最多バーディ（バーディ以上）】
　12　　Z・モウ　　　　　'01ミズノオープン　　　　　　　　　　　　2R　　　　　瀬戸内海GC
　12　　倉本　昌弘　　　　'03アコムインターナショナル　　　　　　　1R　　　　　石岡GC
　12　　石川　遼　　　　　'10中日クラウンズ　　　　　　　　　　　　4R　　　　　名古屋GC和合C
　12　　香妻陣一朗　　　　'18ダンロップ・スリクソン福島オープン　　3R　　　　　グランディ那須白河GC
※12　　友利　勝良　　　　'88第一不動産カップ　　　　　　　　　　　3R　　　　　宮崎国際GC
　　※は賞金ランキング対象外競技

【18ホール最多イーグル（イーグル以上）】
　3　　J・ラトリッジ　　'86ダンロップ国際オープン　　　　　　　　1R　　　　茨城GC東C
　3　　西川　哲　　　　　'94PGAフィランスロピー　　　　　　　　　2R　　　　ゴールデンバレー GC
　3　　稲垣　太成　　　　'97宇部興産オープン　　　　　　　　　　　1R　　　　宇部CC万年池西C
　3　　D・チャンド　　　'04マンダムルシードよみうりオープン　　　4R　　　　よみうりCC
　3　　蘇　東　　　　　　'13タイランドオープン　　　　　　　　　　1R　　　　Thana City G&Sports C
　3　　K・バーンズ　　　'17ダンロップフェニックストーナメント　　2R　　　　フェニックスCC
　3　　大槻　智春　　　　'22ASO飯塚チャレンジドゴルフ　　　　　　1R　　　　麻生飯塚GC

【9ホール最少パット】ⓐはアマチュア
　7　　小山　秋秀　　　　'85よみうりサッポロビールオープン　　　　2R OUT　　よみうりCC
　7　　飯合　肇　　　　　'90第一不動産カップ　　　　　　　　　　　1R OUT　　宮崎国際CC
　7　　T・ハミルトン　　'00東建コーポレーションカップ　　　　　　2R OUT　　祁答院GC
　7　　岩田　寛　　　　　'10トーシントーナメントINレイクウッド　2R OUT　　TOSHIN Lake WoodGC
　7　　平塚　哲二　　　　'11ダイヤモンドカップ　　　　　　　　　　4R OUT　　千葉CC梅郷C
　7　　崔　虎星　　　　　'18ダンロップフェニックストーナメント　　2R OUT　　フェニックスCC
　7　　宮本　勝昌　　　　'19パナソニックオープン　　　　　　　　　4R IN　　　東広野GC
　　※参考（1985年以前）
　7　　大場　勲　　　　　'79静岡オープン　　　　　　　　　　　　　1R OUT　　静岡CC浜岡C
　7　ⓐ長田　敬市　　　　'84ダンロップ国際　　　　　　　　　　　　3R OUT　　茨城GC西C

【18ホール最少パット】
　18　　藤木　三郎　　　　'95PHILIP MORRIS CHAMPIONSHIP　4R　　　　ABCGC
　18　　葉　彰廷　　　　　'99ブリヂストンオープン　　　　　　　　　2R　　　　袖ヶ浦CC袖ヶ浦C

【1ホール最多パット】
　9　　比嘉　勉　　　　　'91ヨネックスオープン広島　　　　　　　　2R 8H　　　広島CC西条C

【連続バーディの記録】同一ラウンドでの記録に限る
8連続　菊池　純　　　　'11サン・クロレラクラシック　　　　　　　2R 7〜14H　小樽CC
8連続　M・グリフィン　'13タイランドオープン　　　　　　　　　　4R 2〜9H　　Thana City G&Sports C

【連続ノーボギー記録】
85ホール　稲森　佑貴　　'22ANAオープン3R・INスタート18H 〜
　　　　　　　　　　　　　パナソニックオープン4R3H（連続パー以上）

【連続トップ10記録】
14試合	尾崎　将司	'97日経カップ〜'98中日クラウンズ（翌年も出場した試合で連続トップ10入り）
11試合	尾崎　将司	'97日経カップ〜カシオワールドオープン（年内に出場した試合で連続トップ10入り）
10試合	矢野　東	'08バナH杯KBCオーガスタ〜レクサス選手権（年内に連続出場した試合でトップ10入り）

【連続試合出場】
| 151試合 | 宮本　勝昌 | '06アジア・ジャパン沖縄オープン2005〜'11カシオワールドオープン |

【同一トーナメント最多出場】
| 51回 | 杉原　輝雄 | '60〜'10中日クラウンズ（第1回大会から連続出場） |

◆世界最多連続出場記録

【最多ホールインワン】
7回	羽川　豊	'89関東プロ、'91ペプシ宇部興産、'92デサントクラシック、
		'92ヨネックスオープン広島、'93JCBクラシック仙台、'94マルマンオープン、
		'96ジーン・サラゼンジュンクラシック
7回	井戸木鴻樹	'93ペプシ宇部興産、'95ペプシ宇部興産、'97よみうりオープン、
		'98つるやオープン、'03三井住友VISA太平洋マスターズ、
		'04中日クラウンズ、'09フジサンケイクラシック

【同一トーナメント同一ホールでのホールインワン】
| 2回 | 上井　邦浩 | '10VanaH杯KBCオーガスタ | 1R 8H・3R 8H | 芥屋GC |

【同一トーナメント同日同ホールでのホールインワン最多人数】（1985年以降）
3人		'96ノベルKSBオープン	1R 15H	鬼ノ城GC
		'96PGAフィランスロピートーナメント	1R 3H	オークモントGC
		'98よみうりオープン	1R 17H	よみうりCC
		'01マンシングウェアオープンKSBカップ	1R 6H	六甲国際GC

【2週連続ホールインワン】
	菊池　純	'02サントリーオープン2R16H　全日空オープン2R16H
	福永　和宏	'05アイフルカップ3R8H　サンクロレラクラシック2R7H
	尾崎　慶輔	'22ミズノオープン1R16H　日本ゴルフツアー選手権3R13H

【最多ホールインワントーナメント】
| '00JGTO TPCイーヤマカップ | 4回（1R12H・1R17H・2R3H・3R12H） | ホウライCC |
| '22アジアパシフィックダイヤモンドカップ | 4回（1R4H・1R14H・3R4H・3R8H） | 大洗GC |

【最年長ホールインワン】
| 57歳134日 | 尾崎　将司 | '04JCBクラシック仙台 | 4R 17H | 表蔵王国際GC |

【最年少ホールインワン】@はアマチュア
| 16歳365日 | @隅内雅人 | '21日本オープン | 2R 2H | 琵琶湖CC |
| 19歳8日 | 石川　遼 | '10アジアパシフィックパナソニックオープン | 2R 6H | 六甲国際GC東C |

【アルバトロス】※はパー4、その他はパー5
D・イシイ	'86三菱ギャラントーナメント	3R 10H	大洗GC
飯合　肇	'86サントリーオープン	3R 4H	習志野CC
中尾　豊健	'89三菱ギャラントーナメント	1R 18H	熊本空港CC
新井規矩雄	'89三菱ギャラントーナメント	1R 18H	熊本空港CC
新井規矩雄	'89NST新潟オープン	4R 9H	大新潟CC
佐藤　英之	'90ヨネックスオープン広島	1R 8H	広島CC八本松C
倉本　昌弘	'92三菱ギャラントーナメント	3R 14H	南部富士CC
伊沢　利光	'94KBCオーガスタ	2R 9H	芥屋GC
加瀬　秀樹	'94住友VISA太平洋マスターズ	3R 3H	太平洋C御殿場C

横田　真一	'96つるやオープン	3R 15H	スポーツ振興CC
西野　琢仁	'96アコムインターナショナル	2R 3H	セベバレステロスGC泉C
髙見　和宏	'97PGAフィランスロピー	2R 18H	メイプルポイントGC
※中島　常幸	'98中日クラウンズ	2R 1H	名古屋GC和合C
藤木　三郎	'98PGAフィランスロピー	1R 7H	白水GC
D・スメイル	'98日経カップ	1R 9H	富士C出島C
冨永　浩	'99全日空オープン	2R 9H	札幌GC輪厚C
日下部光隆	'00ミズノオープン	1R 6H	瀬戸内海GC
桑原　克典	'03フジサンケイクラシック	2R 16H	川奈ホテルGC
細川　和彦	'03サトウ食品NST新潟オープン	4R 16H	中峰CC
J・ランダワ	'03三井住友VISA太平洋マスターズ	4R 6H	太平洋C御殿場C
伊沢　利光	'04アサヒ緑健よみうりメモリアル	1R 17H	麻生飯塚GC
定延　一平	'05マンダムルシードよみうりオープン	3R 18H	よみうりCC
宮里　優作	'05日本ゴルフツアー選手権宍戸ヒルズ	4R 6H	宍戸ヒルズCC西C
宮本　勝昌	'06サン・クロレラ　クラシック	4R 9H	小樽CC
上田　諭尉	'06アンダーアーマー KBCオーガスタ	1R 18H	芥屋GC
平塚　哲二	'07ゴルフ日本シリーズJTカップ	2R 6H	東京よみうりCC
谷原　秀人	'08日本プロ	3R 17H	レーサムG＆スパリゾート
D・スメイル	'09つるやオープン	2R 15H	山の原GC山の原C
宮里　優作	'09カシオワールドオープン	4R 18H	Kochi黒潮CC
谷口　徹	'12とおとうみ浜松オープン	2R 13H	グランディ浜名湖GC
上井　邦浩	'13東建ホームメイトカップ	3R 17H	東建多度CC・名古屋
嘉数　光倫	'14日本ゴルフツアー選手権森ビルカップ宍戸	2R 10H	宍戸ヒルズCC西C
岩田　寛	'14日本ゴルフツアー選手権森ビルカップ宍戸	3R 6H	宍戸ヒルズCC西C
M・ヘンドリー	'15ミュゼプラチナムオープン	2R 12H	ジャパンメモリアルGC
矢野　東	'16レオパレス21ミャンマーオープン	3R 14H	ロイヤルミンガラドンゴルフ＆CC
宮本　勝昌	'16ISPSハンダグローバルカップ	1R 16H	朱鷺の台CC
武藤　俊憲	'16ISPSハンダグローバルカップ	3R 16H	朱鷺の台CC
武藤　俊憲	'16日本プロ 日清カップヌードル杯	2R 8H	北海道クラシックGC
杉山　知靖	'18日本オープン	1R 14H	横浜CC
文　道燁	'19SMBCシンガポールオープン	2R 4H	セントーサGCセラポンC
木下　稜介	'19～全英への道～ミズノオープン	1R 3H	ザ・ロイヤルGC
秋吉　翔太	'21Sansan KBCオーガスタ	2R 9H	芥屋GC
J・チョイ	'21ダンロップフェニックス	4R 18H	フェニックスCC
石坂　友宏	'22JPC by サトウ食品	3R6H	西那須野CC
T・ケーオシリバンディット	'22Shinhan Donghae Open	4R3H	KOMA CC
J・デロスサントス	'22ANAオープン	3R9H	札幌GC輪厚C

【エージシュート】

62（－9）	66歳	尾崎　将司	'13つるやオープン1R	山の原GC山の原C
70（－1）	70歳	尾崎　将司	'17HONMA TOURWORLD CUP 2R	京和CC

【最多優勝スコア】（ストローク）

298（＋10）	尾崎　直道	'99日本オープン　68・76・76・78	小樽CC

【最少予選カットスコア】（ストローク）

136（－4）	'21ゴルフパートナー PRO－AM	取手国際GC
136（－4）	'22ゴルフパートナー PRO－AM	取手国際GC

【最多予選カットスコア】

168（＋24）	'87北海道オープン	小樽CC

【年間最多優勝】
8勝　　　中島　常幸　　　1983年
8勝　　　尾崎　将司　　　1996年

【優勝回数・10勝以上】
94勝　　　尾崎　将司
51勝　　　青木　功
48勝　　　中嶋　常幸
32勝　　　尾崎　直道
31勝　　　片山　晋呉
30勝　　　倉本　昌弘
28勝　　　杉原　輝雄
21勝　　　池田　勇太
20勝　　　G・マーシュ、中村　通、谷口　徹
18勝　　　藤田　寛之、石川　遼
17勝　　　谷原　秀人
16勝　　　鈴木　規夫、伊澤　利光
15勝　　　尾崎　健夫、B・ジョーンズ
14勝　　　藤木三郎、 D・イシイ、金　庚泰
13勝　　　山本　善隆
12勝　　　B・ワッツ、宮本　勝昌
11勝　　　村上　隆、謝　敏男、金井　清一、Br・ジョーンズ、飯合　肇、T・ハミルトン
10勝　　　髙橋　勝成、田中　秀道、丸山　茂樹

【毎年優勝】
15年連続　尾崎　将司　　　1986～2000年　期間内66勝

【プロ1年目の年間最多優勝回数】
4勝　　　倉本　昌弘　　　1981年
4勝　　　松山　英樹　　　2013年

【連続優勝記録】
3週連続　　　G・マーシュ　'74フジサンケイクラシック、ダンロップトーナメント、ペプシトーナメント
3週連続　　　謝　　敏男　'82東海クラシック、ゴルフダイジェストトーナメント、ブリヂストントーナメント
3週連続　　　尾崎　将司　'88日本オープン、ゴルフダイジェスト、ブリヂストントーナメント
3週連続　　　尾崎　将司　'94ダイワインターナショナル、住友VISA太平洋マスターズ、ダンロップフェニックス
3試合連続　　片山　晋呉　'00日本シリーズJTカップ、ファンケルオープン沖縄、'01東建コーポレーションカップ
出場3試合連続　青木　　功　'86日本プロ、KBCオーガスタ、関東オープン
出場3試合連続　尾崎　将司　'89仙台放送クラシック、ヨネックスオープン広島、日本プロ
出場3試合連続　尾崎　将司　'90ヨネックスオープン広島、マルマンオープン、ダイワKBCオーガスタ
出場3試合連続　尾崎　将司　'96日本プロ、三菱ギャラントーナメント、JCBクラシック仙台

【同一トーナメント最多優勝】
9勝　　　尾崎　将司　　　ウッドワンオープン広島（'76・'78・'84・'89・'90・'94・'95・'98・'99）
※9勝　　杉原　輝雄　　　関西オープン（'64・'65・'68・'71・'73・'74・'75・'82・'90）
※9勝　　杉原　輝雄　　　関西プロ（'64・'65・'67・'70・'72・'78・'80・'84・'86）
　※参考記録（1972年以前はツアー制度施行前）

【同一トーナメント連続優勝】
5年連続　　　鈴木　規夫　　　九州オープン（'74～'78）
※5年連続　　倉本　昌弘　　　中四国オープン（'80～'84　'81～'83は大会名が中国オープン）
　※1980年優勝時はアマチュア

【日本タイトル獲得数】

			日本オープン	日本プロ	マッチプレー	日本シリーズ	ツアー選手権
19回	尾崎	将司	'74 '88 '89 '92 '94	'71 '74 '89 '91 '93 '96	'89	'71 '72 '74 '77 '80 '95 '96	
13回	青木	功	'83 '87	'73 '81 '86	'78 '79 '81 '82	'78 '79 '83 '87	
12回	中嶋	常幸	'85 '86 '90 '91	'77 '83 '84	'83 '86 '92	'82 '93	
10回	宮本	留吉	'29 '30 '32 '35 '36 '40	'26 '29 '34 '36			
7回	中村	寅吉	'52 '56 '58	'57 '58 '59 '62			
7回	尾崎	直道	'99 '00	'99	'90	'88 '90 '91	
7回	片山	晋呉	'05 '08	'03 '08		'00 '02	'07

【初出場のツアー競技で優勝】ⓐはアマチュア。招待外国人選手を除く

重信 秀人	'79中四国オープン	周南CC
渋谷 稔也	'84九州オープン	熊本空港CC
ⓐ石川 遼	'07マンシングウェアオープンKSBカップ	東児が丘マリンヒルズGC
趙 炳旻	'16関西オープン	橋本CC

【初優勝から連続優勝】ⓐはアマチュア

2週連続	J・M・シン	'06カシオワールドオープン、日本シリーズJTカップ
2試合連続	P・マークセン	'08三菱ダイヤモンドカップ、～全英への道～ミズノオープンよみうりクラシック
2試合連続	木下 稜介	'21日本ゴルフツアー選手権、ダンロップ・スリクソン福島オープン
2試合連続	ⓐ蟬川泰果	'22パナソニックオープン、日本オープン

【マンデートーナメントからの優勝】

佐藤 昌一	'79フジサンケイクラシック	東松山CC
※三上 法夫	'79日本国土計画サマーズ	白鷺CC
Br・ジョーンズ	'85三菱ギャラントーナメント	久米CC
井上 信	'04ABCチャンピオンシップ	ABCGC
小山内 護	'10長嶋茂雄INVITATIONALセガサミーカップ	ザ・ノースカントリー GC
浅地 洋佑	'19ダイヤモンドカップゴルフ	総武CC総武C

※は賞金ランキング対象の後援競技

【優勝者の72ホール連続ノーボギー】

宮里 優作	'17HONMA TOURWORLD CUP	京和CC

【逆転優勝の最多スコア差】

※9打差	船渡川育宏	'80日本国土計画サマーズ	ニュー蓼科CC
9打差	中島 常幸	'83ゴールドウィンカップ日米ゴルフ	太平洋C六甲C
9打差	金 亨成	'13日本プロ 日清カップヌードル杯	総武CC総武C

※は賞金ランキング対象の後援競技

【優勝と2位の最多スコア差】

15打差	尾崎 将司	'94ダイワインターナショナル	鳩山CC

【予選最下位からの優勝】（参考記録）

青木 功	'76東海クラシック	三好CC西C
S・ギムソン	'93日経カップ	三井観光苫小牧GC
伊沢 利光	'01ダイヤモンドカップ	大洗GC

【優勝から次の優勝までの最長年数】

13年82日	長谷川勝治	'80静岡オープン～'93よみうりサッポロビールオープン

【最年長優勝者】
55歳241日　　尾崎　将司　　'02全日空オープン　　　　　　　　　　札幌GC輪厚C

【最年長初優勝者】
46歳135日　　S・ジン　　'95ゴルフダイジェストトーナメント　　東名CC
45歳108日　　井上　久雄　　'92アコムインターナショナル　　　　信楽CC田代C
※48歳362日　　R・フロイド　　'91ダイワKBCオーガスタ　　　　　　九州志摩CC芥屋
　※参考記録（招待選手）

【最年少優勝者】ⓐはアマチュア
15歳245日　　ⓐ石川　遼　　'07マンシングウェアオープンKSBカップ　　東児が丘マリンヒルズGC
17歳46日　　石川　遼　　'08マイナビABCチャンピオンシップ　　　　ABCGC

【最年少年間複数優勝者】
17歳319日　　石川　遼　　'09ミズノオープンよみうりクラシック、サン・クロレラクラシック、
　　　　　　　　　　　　　　フジサンケイクラシック、コカ・コーラ東海クラシック

【最年少ツアー通算10勝】
21歳55日　　石川　遼　　'07マンシングウェアオープンKSBカップ（アマチュア時代）、
　　　　　　　　　　　　　　'08マイナビABCチャンピオンシップ、'09ミズノオープンよみうり
　　　　　　　　　　　　　　クラシック、サン・クロレラクラシック、フジサンケイクラシック、
　　　　　　　　　　　　　　コカ・コーラ東海クラシック、'10中日クラウンズ、フジサンケイ
　　　　　　　　　　　　　　クラシック、'10・'12三井住友VISA太平洋マスターズ

【アマチュア優勝者】
倉本　昌弘　　　　'80中四国オープン　　　　　　　　　　　　福山CC
石川　遼　　　　'07マンシングウェアオープンKSBカップ　　東児が丘マリンヒルズGC
松山　英樹　　　　'11三井住友VISA太平洋マスターズ　　　　太平洋C御殿場C
金谷　拓実　　　　'19三井住友VISA太平洋マスターズ　　　　太平洋C御殿場C
中島　啓太　　　　'21パナソニックオープン　　　　　　　　城陽CC
蟬川　泰果　　　　'22パナソニックオープン　　　　　　　　小野東洋GC
蟬川　泰果　　　　'22日本オープン　　　　　　　　　　　　三甲GCジャパンコース
※赤星　六郎　　　　1927日本オープン　　　　　　　　　　　　程ヶ谷CC
※中部銀次郎　　　　1967西日本オープン　　　　　　　　　　　門司GC
　※参考記録（1972年以前はツアー制度施行前）

【最長プレーオフ】
14ホール　　P・トムソン　　'76ペプシウイルソン　　宇部CC万年池C

選手＼パー	3	4	3	4	3	4	3	4	3	4	4	4	4	
P・トムソン	−	−	−	−	−	−	−	5	−	−	−	−	−	
G・マーシュ	−	−	−	−	−	−	−	5	−	−	−	−	5	−はパー
Br・ジョーンズ	−	−	−	6										
宮本　省三	4													

2日間9ホール　池田勇太、宋永漢　'16HONMA TOURWORLD CUP AT TROPHIA GOLF　石岡GC
（4ホール目終了後、日没のため翌日に持ち越し）

【最多人数によるプレーオフ】
5人　　浅地　洋佑　　'19ANAオープン（時松隆光／S・ノリス／嘉数光倫／S・ハン）

【プロ最年少ツアー出場】
15歳300日　　J・ジェーンワタナノンド　　'11アジアパシフィックパナソニックオープン　　琵琶湖CC栗東・三上C

【アマチュア最年少ツアー出場】
12歳99日　　　　伊藤　涼太　　'02ジョージア東海クラシック　　　　　三好CC西C

【最年長ツアー出場の主な記録】
74歳239日　　　　青木　　功　　'17中日クラウンズ　　　　　　　　名古屋GC和合C

【最年長予選通過者】
68歳311日　　　　杉原　輝雄　　'06つるやオープン　　　　　　　　山の原GC山の原C

【プロ最年少予選通過者】
15歳301日　　　J・ジェーンワタナノンド　'11アジアパシフィックパナソニックオープン　琵琶湖CC栗東・三上C

【アマチュア最年少予選通過者】
14歳21日　　　　伊藤　誠道　　'09VanaH杯KBCオーガスタ　　　　　芥屋GC

【アマチュア最年少トップ10入り】
15歳56日　　　　伊藤　涼太　　'05アンダーアーマー KBCオーガスタ6位　芥屋GC
15歳98日　　　　伊藤　誠道　　'10三井住友VISA太平洋マスターズ10位　太平洋C御殿場C

【アマチュアの18ホール最少ストローク】
61（－11）　　　蝉川　泰果　　'22パナソニックオープン3R　　　　小野東洋GC

【最年少ツアー出場有資格者】
16歳　　　　　　石川　　遼　　2008年度　'07マンシングウェアオープンKSBカップ優勝

【最年少賞金シード獲得】
17歳　　　　　　石川　　遼　　'08ツアー賞金ランキング5位

【最年長賞金シード獲得】
59歳　　　　　　室田　　淳　　'14ツアー賞金ランキング73位

【最年長初賞金シード獲得】
45歳　　　　　　井上　久雄　　'92ツアー賞金ランキング29位
45歳　　　　　　S・ジン　　　'94ツアー賞金ランキング41位

【連続賞金シード獲得】（1973年以降）
32年連続　　　　尾崎　将司　　1973年〜 2004年

【年間最多獲得賞金額】
217,934,583円　伊沢　利光　　2001年

【年間獲得賞金1億円突破最速試合数】
8試合　　　　　　尾崎　将司　　1996年（国内賞金のみ）久光製薬KBCオーガスタで達成

【年間獲得賞金2億円突破最速試合数】
16試合　　　　　松山　英樹　　2013年（海外3試合を含む）カシオワールドオープンで達成

【最年少年間獲得賞金額1億円突破】
17歳　　　　　　石川　　遼　　2008年　106,318,166円

【年間獲得賞金連続1億円突破】
10年連続　　　　片山　晋呉　　2000〜2009年

【最多賞金王】
12回　　　　　尾崎　将司　　'73・'74・'77・'88・'89・'90・'92・'94・'95・'96・'97・'98

【連続賞金王】
5年連続　　　尾崎　将司　　1994〜1998年

【最速賞金王】
プロ転向1年目　松山　英樹　　2013年4月プロ転向。海外3試合を含む16試合に出場しツアー4勝

【最年少賞金王】
18歳80日　　　石川　遼　　　2009年（ゴルフ日本シリーズJTカップ終了後）

【きょうだいで男女ツアー優勝】
中嶋常幸と中島エリカ
宮里聖志、優作と藍
香妻陣一朗と琴乃
C・キャンベルとニッキー
河本　力と結

【ツアー25勝（永久シード）達成年齢】
31歳210日　　　中島　常幸　　'86日本プロマッチプレー
35歳224日　　　尾崎　将司　　'82関東オープン
35歳262日　　　片山　晋呉　　'08日本オープン
37歳46日　　　　倉本　昌弘　　'92ブリヂストンオープン
37歳247日　　　青木　功　　　'80中日クラウンズ
41歳56日　　　　尾崎　直道　　'97ヨネックスオープン広島
52歳74日　　　　杉原　輝雄　　'89ダイワKBCオーガスタ
※倉本昌弘アマチュア時代の優勝は除く

【最年少生涯獲得賞金10億円突破】（WGC、海外メジャー競技の賞金は時系列順に加算）
28歳82日　　　石川　遼　　　'19日本シリーズJTカップ

【ツアー最長コース】
8,016ヤード　　ザ・ロイヤルGC　'19〜全英への道〜ミズノオープン at ザ・ロイヤル ゴルフクラブ（パー72）

【36ホールで競技が成立したトーナメント】（1978年以降）
'80KBCオーガスタ　　　　　　初日1Rサスペンデッド／2日目1R／3日目中止／4日目2R
'81ゴルフ日本シリーズ　　　　初日中止／2日目中止／3日目1R／4日目2R
'87ゴルフ日本シリーズ　　　　初日中止／2日目1R／3日目2R／4日目中止
'91ブリヂストンオープン　　　初日1R／2日目中止／3日目2R／4日目中止
'98よみうりオープン　　　　　初日1R／2日目中止／3日目2R／4日目中止
'11フジサンケイクラシック　　初日中止／2日目1Rサスペンデッド／3日目1R＋2Rサスペンデッド
　　　　　　　　　　　　　　　／4日目2R
'17ブリヂストンオープン　　　初日中止／2日目1R／3日目2R／4日目中止
'19ブリヂストンオープン　　　初日1R／2日目2R／3日目中止／4日目中止
※後援競技（賞金加算対象競技含む）は除く

【女子プロのツアー参戦】
　　　　　　　S・グスタフソン　'03カシオワールドオープン
　　　　　　　M・ウィー　　　　'05・'06カシオワールドオープン
　　　　　　　宮里　藍　　　　　'06アジア・ジャパン沖縄オープン2005

【日本人選手の世界ランキング最高順位】（1987年以降）

2位	松山　英樹	2017年6月18日（第24週）～ 7月9日（第27週）
		2017年8月13日（第32週）
4位	中島　常幸	1987年1月11日（第2週）～ 4月26日（第17週）
		1987年5月10日（第19週）～ 7月12日（第28週）
5位	尾崎　将司	1996年9月1日（第35週）
		1997年11月2日（第43週）～（第45週）
8位	青木　　功	1987年6月7日（第23週）

【歴代選手会長】

杉原　輝雄	1984 ～ 1988年
鷹巣　南雄	1989 ～ 1991年
倉本　昌弘	1992 ～ 1999年、2012年
湯原　信光	2000年
片山　晋呉	2001年
伊澤　利光	2002年
佐藤　信人	2003年
手嶋　多一	2004年
横田　真一	2005 ～ 2006年
深堀圭一郎	2007年、2010年
宮本　勝昌	2008 ～ 2009年、2011年
池田　勇太	2013 ～ 2015年
宮里　優作	2016 ～ 2017年
石川　　遼	2018 ～ 2019年（最年少26歳110日で就任）
時松　隆光	2020 ～ 2021年
谷原　秀人	2022年～

過去のデータ

ツアー歴代賞金王と年間最多勝利選手

1973～2022年

年度	賞金ランキング第1位	獲得賞金額（円）	年間勝利数	年間最多勝利選手（タイ含む）
1973	尾崎 将司	43,814,000	5勝	5勝＝尾崎将司、青木功
1974	尾崎 将司	41,846,908	6勝	6勝＝尾崎将司
1975	村上 隆	38,705,551	4勝	4勝＝村上 隆
1976	青木 功	40,985,801	1勝	3勝＝尾崎将司、G・マーシュ、鈴木規夫、村上 隆、前田新作
1977	尾崎 将司	35,932,608	4勝	4勝＝尾崎将司
1978	青木 功	62,987,200	6勝	6勝＝青木 功
1979	青木 功	45,554,211	4勝	4勝＝青木 功
1980	青木 功	60,532,660	5勝	5勝＝青木 功
1981	青木 功	57,262,941	3勝	4勝＝倉本昌弘
1982	中島 常幸	68,220,640	5勝	5勝＝中島常幸
1983	中島 常幸	85,514,183	8勝	8勝＝中島常幸
1984	前田 新作	57,040,357	3勝	4勝＝中村 通
1985	中島 常幸	101,609,333	6勝	6勝＝中島常幸
1986	中島 常幸	90,202,066	6勝	6勝＝中島常幸
1987	D・イシイ	86,554,421	6勝	6勝＝D・イシイ
1988	尾崎 将司	125,162,540	6勝	6勝＝尾崎将司
1989	尾崎 将司	108,715,733	7勝	7勝＝尾崎将司
1990	尾崎 将司	129,060,500	4勝	4勝＝尾崎将司
1991	尾崎 直道	119,507,974	4勝	4勝＝尾崎直道
1992	尾崎 将司	186,816,466	6勝	6勝＝尾崎将司
1993	飯合 肇	148,718,200	3勝	3勝＝飯合 肇、尾崎将司
1994	尾崎 将司	215,468,000	7勝	7勝＝尾崎将司
1995	尾崎 将司	192,319,800	5勝	5勝＝尾崎将司
1996	尾崎 将司	209,646,746	8勝	8勝＝尾崎将司
1997	尾崎 将司	170,847,633	5勝	5勝＝尾崎将司
1998	尾崎 将司	179,627,400	3勝	3勝＝尾崎将司、田中秀道、B・ジョーブ
1999	尾崎 直道	137,641,796	3勝	3勝＝尾崎直道、米山 剛
2000	片山 晋呉	177,116,489	5勝	5勝＝片山晋呉
2001	伊沢 利光	217,934,583	5勝	5勝＝伊沢利光
2002	谷口 徹	145,440,341	4勝	4勝＝谷口 徹
2003	伊沢 利光	135,454,300	2勝	4勝＝T・ハミルトン
2004	片山 晋呉	119,512,374	2勝	2勝＝片山晋呉、谷口 徹、S・K・ホ、B・ジョーンズ、Y・E・ヤン、P・シーハン
2005	片山 晋呉	134,075,280	2勝	2勝＝片山晋呉、尾崎直道、深堀圭一郎、S・K・ホ、今野康晴、D・スメイル
2006	片山 晋呉	178,402,190	3勝	3勝＝片山晋呉
2007	谷口 徹	171,744,498	3勝	3勝＝谷口 徹、B・ジョーンズ
2008	片山 晋呉	180,094,895	3勝	3勝＝片山晋呉、P・マークセン
2009	石川 遼	183,524,051	4勝	4勝＝石川 遼、池田勇太
2010	金 庚泰	181,103,799	3勝	4勝＝池田勇太
2011	裵 相文	151,078,958	3勝	3勝＝裵 相文
2012	藤田 寛之	175,159,972	4勝	4勝＝藤田寛之
2013	松山 英樹	201,076,781	4勝	4勝＝松山英樹
2014	小田 孔明	137,318,693	2勝	3勝＝藤田寛之
2015	金 庚泰	165,981,625	5勝	5勝＝金 庚泰
2016	池田 勇太	207,901,567	3勝	3勝＝池田勇太、谷原秀人、金 庚泰
2017	宮里 優作	182,831,982	4勝	4勝＝宮里優作
2018	今平 周吾	139,119,332	1勝	2勝＝秋吉翔太、市原弘大
2019	今平 周吾	168,049,312	2勝	3勝＝石川 遼
'20-'21	C・キム	127,599,803	3勝	3勝＝C・キム、星野陸也
2022	比嘉 一貴	181,598,825	4勝	4勝＝比嘉一貴

ツアー競技プレーオフ記録（1973年～）

氏 名	勝敗	トーナメント名（勝・負、※は後援競技でツアー賞金ランキングに加算された競技）
青 木 功	4－9	勝○1973年ペプシトーナメント（島田幸作）、1976年東海クラシック（杉原輝雄／内田繁）、1981年静岡オープン（矢部昭）、1983年日本オープン（T・ゲール） 負●1973年ワールドフレンドシップ（呂良煥）、1974年全日空札幌オープン（尾崎将司）、1979年日本オープン（郭吉雄）、1981年日本シリーズ（羽川豊）、1983年※新潟オープン（重信秀人）、1984年中日クラウンズ（S・シンプソン）、1986年サントリーオープン（G・マーシュ）、1991年フジサンケイクラシック（藤木三郎）、1991年ダンロップフェニックス（L・ネルソン）
浅 地 洋 佑	1－0	勝○2019年ANAオープン（嘉数光倫／時松隆光／S・ノリス／S・ハン）
天 野 勝	0－1	負●1982年※富山県オープン（内田繁）
新 井 規 矩 雄	1－4	勝○1983年※くずは国際（杉原輝雄／D・イシイ） 負●1982年ブリヂストントーナメント（謝敏男）、1983年中日クラウンズ（陳志明）、1983年関東オープン（藤木三郎）、1986年大京オープン（尾崎健夫）
飯 島 宏 明	0－1	負●2004年ミズノオープン（B・ジョーンズ）
五 十 嵐 雄 二	0－1	負●2001年ダイヤモンドカップ（伊沢利光）
池 田 勇 太	4－2	勝○2009年VanaH杯KBCオーガスタ（今野康晴）、2013年マイナビABCチャンピオンシップ（S・K・ホ）、2016年HONMA TOURWORLD CUP（宋永漢）、2017年ANAオープン（今平周吾／時松隆光） 負●2012年トーシントーナメントIN涼仙（呉阿順）、2016年HEIWA・PGM CHAMPIONSHIP（谷原秀人）
伊 澤 利 光	2－1	勝○2001年ダイヤモンドカップ（五十嵐雄二／藤田寛之）、2003年ウッドワンオープン広島（室田淳） 負●1998年カシオワールド（B・ワッツ）
D・イシイ	3－5	勝○1987年ブリヂストントーナメント（芹澤信雄／牧野裕）、1994年マルマンオープン（芹澤信雄／宮瀬博文）、1994年サントリーオープン（佐々木久行） 負●1983年※くずは国際（新井規矩雄）、1983年中日クラウンズ（陳志明）、1986年ゴルフダイジェスト（中島常幸）、1996年JCBクラシック仙台（尾崎将司）、1996年カシオワールド（P・スタンコウスキー）
石 井 裕 士	1－1	勝○1975年中部オープン（豊田明夫） 負●1975年KBCオーガスタ（前田新作）
石 川 遼	5－4	勝○2010年フジサンケイクラシック（薗田峻輔）、2014年長嶋茂雄セガサミーカップ（小田孔明）、2019年日本プロ（黄重坤）、2019年日本シリーズJTカップ（B・ケネディ）、2022年三井住友VISA太平洋マスターズ（星野陸也） 負●2009年日本オープン（小田龍一）、2011年とおとうみ浜松オープン（小林正則）、2018年ゴルフ日本シリーズJTカップ（小平智）、2022年ANAオープン（大槻智春）
石 坂 友 宏	0－1	負●2020年ダンロップフェニックス（金谷拓実）
泉 川 ピート	2－0	勝○1984年関東プロ（藤木三郎）、1984年全日空札幌オープン（高橋五月）
磯 村 芳 幸	0－1	負●1987年ポカリスエットオープン（吉村金八）
板 井 榮 一	0－1	負●1991年日経カップ（尾崎直道）
今 井 克 宗	1－0	勝○2004年コカ・コーラ東海クラシック（細川和彦）
今 野 康 晴	0－6	負●2005年日本ゴルフツアー選手権宍戸ヒルズカップ（細川和彦）、2005年ANAオープン（深堀圭一郎）、2007年ANAオープン（篠崎紀夫）、2008年三井住友VISA太平洋マスターズ（片山晋呉）、2009年VanaH杯KBCオーガスタ（池田勇太）、日本オープン（小田龍一）
今 平 周 吾	1－1	勝○2022年ゴルフパートナー PRO-AM（近藤智弘／大槻智春） 負●2017年ANAオープン（池田勇太）
岩 下 吉 久	0－2	負●1984年ブリヂストントーナメント（倉本昌弘）、1985年NST新潟オープン（謝敏男）
岩 田 寛	0－2	負●2008年フジサンケイクラシック（藤島豊和）、2014年ダンロップフェニックス（松山英樹）
L・ウエストウッド	1－0	勝○1996年住友VISA太平洋マスターズ（J・スルーマン／C・ロッカ）
上 野 忠 美	1－1	勝○1978年※阿蘇ナショナルパークオープン（鈴村照男／藤間達雄） 負●1983年ブリヂストン阿蘇（小林富士夫）

氏　　名	勝敗	トーナメント名（勝・負、※は後援競技でツアー賞金ランキングに加算された競技）
上原　宏一	0－1	負●1979年日本オープン（郭吉雄）
内田裂裟彦	1－0	勝○1978年※ジュンクラシック（長谷川勝治／菊地勝司）
内田　　繁	1－1	勝○1982年※富山県オープン（天野勝）
		負●1976年東海クラシック（青木功）
T・ウッズ	1－1	勝○2005年ダンロップフェニックス（横尾要）
		負●2006年ダンロップフェニックス（P・ハリントン）
榎本　七郎	0－1	負●1976年日本プロ（金井清一）
海老原清治	0－1	負●1987年大京オープン（杉田勇）
E・エレラ	0－2	負●1994年ミズノオープン（B・ワッツ）、1997年アコムインターナショナル（金山和雄）
大槻　智春	2－2	勝○2019年関西オープン（星野陸也）、2022年ANAオープン（石川遼）
		負●2021年ゴルフパートナー PRO-AM（S・ノリス）、2022年ゴルフパートナー PRO-AM（今平周吾）
大西　魁斗	1－0	勝○2022年フジサンケイクラシック（朴相賢）
大場　　勲	0－1	負●1975年中部オープン（野口英雄）
大町　昭義	1－0	勝○1986年静岡オープン（杉原輝雄）
奥田　靖己	1－1	勝○1990年中四国オープン（河村雅之／渡辺司（西））
		負●1999年ファンケル沖縄オープン（手嶋多一）
尾崎　健夫	5－3	勝○1984年フジサンケイクラシック（謝敏男）、1985年日本プロ（金井清一）、1985年サントリーオープン（L・ネルソン）、1986年大京オープン（新井規矩雄）、1989年ジュンクラシック（尾崎直道）
		負●1983年広島オープン（髙橋勝成）、1991年マルマンオープン（西川哲）、1998年ブリヂストンオープン（佐藤信人）
尾崎　直道	5－3	勝○1988年全日空オープン（Br・ジョーンズ）、1990年日本シリーズ（中島常幸）、1991年日経カップ（板井榮一）、2003年ブリヂストンオープン（P・シーハン）、2005年中日クラウンズ（S・コンラン）
		負●1988年三菱ギャラン（Br・ジョーンズ）、1989年ジュンクラシック（尾崎健夫）、2002年サン・クロレラクラシック（C・ペーニャ）
尾崎　将司	12－8	勝○1973年太平洋クラブマスターズ（B・ヤンシー）、1974年全日空札幌オープン（青木功）、1978年広島オープン（杉本英世）、1983年ジュンクラシック（倉本昌弘）、1988ゴルフダイジェスト（Br・ジョーンズ）、1991年ジュンクラシック（川岸良兼）、1992年ダンロップオープン（B・フランクリン）、1996年三菱ギャラン（T・ハミルトン）、1996年JCBクラシック仙台（D・イシイ）、1996年久光製薬KBCオーガスタ（手嶋多一）、1999年ヨネックスオープン広島（桧垣繁正）、2000年サン・クロレラクラシック（山本昭一）
		負●1979年※よみうりオープン（杉原輝雄）、1980年東芝太平洋マスターズ（鈴木規夫）、1983年関東オープン（藤木三郎）、1992年ジュンクラシック（陳志忠）、1998年日本プロ（B・ジョーブ）、1998年日本シリーズJTカップ（宮本勝昌）、2001年住建産業オープン広島（深堀圭一郎）、2003年アコムインターナショナル（倉本昌弘）
小山内　護	2－0	勝○2006年アコムインターナショナル（手嶋多一）、2010年長嶋茂雄セガサミーカップ（趙珉珪／薗田峻輔）
小田　孔明	2－1	勝○2009年東建ホームメイトカップ（金鍾德）、2010年東建ホームメイトカップ（丸山大輔／広田悟）
		負●2014長嶋茂雄セガサミーカップ（石川遼）
小田　龍一	1－0	勝○2009年日本オープン（石川遼／今野康晴）
小達　敏昭	1－0	勝○1993年ヨネックスオープン広島（W・レビ）
R・カールソン	0－1	負●2009年ダンロップフェニックス（E・モリナリ）
甲斐　俊光	1－0	勝○1988年静岡オープン（丸山智弘）
嘉数　光倫	0－1	負●2019年ANAオープン（浅地洋佑）
郭　　吉雄	2－0	勝○1979年※ジュンクラシック（船渡川育宏）、1979年日本オープン（山本善隆／青木功／上原宏一）
加瀬　秀樹	0－2	負●1991年フジサンケイ（藤木三郎）、2001年久光製薬KBCオーガスタ（平石武則）
片岡　大育	0－1	負●2016年中日クラウンズ（金庚泰）

氏　　名	勝敗	トーナメント名（勝・負、※は後援競技でツアー賞金ランキングに加算された競技）
片 山 晋 呉	5−3	勝○1998年サンコーグランドサマー（細川和彦）、1999年JCBクラシック仙台（桧垣繁正）、2006年ABCチャンピオンシップ（Y・E・ヤン）、2008年三井住友VISA太平洋マスターズ（今野康晴）、2013年コカ・コーラ東海クラシック（冨山聡／星野英正） 負●2002年日本プロ（久保谷健一）、2012年コカ・コーラ東海クラシック（H・W・リュー）、2015年トップ杯東海クラシック（金亨成）
桂 川 有 人	0−1	負●2022年東建ホームメイトカップ（香妻陣一朗）
金 井 清 一	4−2	勝○1976年日本プロ（榎本七郎／安田春雄／謝敏男）、1978年関東オープン（謝敏男／日吉稔）、1981年関東プロ（羽川豊）、1981年広島オープン（呂西鈞） 負●1985年日本プロ（尾崎健夫）、1988年ミズノオープン（新関善美）
金 谷 拓 実	1−0	勝○2020年ダンロップフェニックス（石坂友宏）
金 本 章 生	1−1	勝○1978年関西オープン（宮本康弘） 負●1980年関西プロ（杉原輝雄）
金 山 和 雄	1−0	勝○1997年アコムインターナショナル（E・エレラ）
金 子 柱 憲	0−1	負●1994年ミズノオープン（B・ワッツ）
兼 本 貴 司	1−2	勝○2009年三菱ダイヤモンドカップ（B・ジョーンズ） 負●2003年つるやオープン（宮瀬博文）、2010年コカ・コーラ東海クラシック（松村道央）
神 山 隆 志	1−0	勝○2004年JCBクラシック仙台（中嶋常幸／近藤智弘）
S・ガルシア	0−1	負●1999年ダンロップフェニックス（T・ビヨン）
川 上 典 一	0−1	負●1992年ダイワKBCオーガスタ（陳志明）
川 岸 良 兼	0−2	負●1991年ジュンクラシック（尾崎将司）、1999年住友VISA太平洋マスターズ（宮瀬博文）
河 野 晃一郎	1−0	勝○2011年マイナビABCチャンピオンシップ（裵相文）
川 原 　 希	0−1	負●2005年東建ホームメイトカップ（高山忠洋）
川 村 昌 弘	0−1	負●2018年マイナビABCチャンピオンシップ（木下裕太）
河 村 雅 之	1−1	勝○1999年デサントクラシック（米山剛／細川和彦） 負●1990年中四国オープン（奥田靖己）
菊 地 勝 司	0−1	負●1978年※ジュンクラシック（内田袈裟彦）
菊 池 　 純	1−0	勝○2007年サン・クロレラクラシック（鈴木亨）
木 下 裕 太	1−0	勝○2018年マイナビABCチャンピオンシップ（川村昌弘）
木 下 稜 介	1−0	勝○2021年ダンロップ・スリクソン福島オープン（時松隆光）
R・ギブソン	1−0	勝○1991年札幌とうきゅう（前田新作／倉本昌弘）
金 　 康 泰	2−1	勝○2016年東建ホームメイトカップ（近藤共弘）、2016年中日クラウンズ（片岡大育） 負●2009年日本シリーズJTカップ（丸山茂樹）
金 　 鍾 徳	0−1	負●2009年東建ホームメイトカップ（小田孔明）
金 　 度 勲	0−1	負●2010年カシオワールドオープン（松村道央）
金 　 亨 成	1−0	勝○2015年トップ杯東海クラシック（片山晋呉）
C・キャンベル	1−0	勝○2005年ミズノオープン（D・スメイル／高山忠洋）
A・キュー	0−1	負●2015年ISPSハンダグローバルカップ（武藤俊憲）
A・クウェイル	0−1	負●2022年ミズノオープン（S・ビンセント）
草 壁 政 治	0−1	負●1976年ブリヂストントーナメント（村上隆）
草 柳 良 夫	0−1	負●1973年関東オープン（栗原孝）
久保谷健一	3−1	勝○2002年日本プロ（片山晋呉）、2002年マンシングウェアKSBカップ（T・ハミルトン／福澤義光）、2017年パナソニックオープン（宮本勝昌） 負●2011年日本オープン（裵相文）
D・クラーク	0−1	負●1999年住友VISA太平洋マスターズ（宮瀬博文）
蔵 岡 伸 二	1−0	勝○1989年九州オープン（友利勝良）
W・グラディ	0−1	負●1985年カシオワールド（H・グリーン）
D・グラハム	0−1	負●1985年太平洋クラブマスターズ（中島常幸）
倉 本 昌 弘	6−4	勝○1981年東海クラシック（小林富士夫／重信秀人／中村通）、1984年中四国オープン（重信秀人）、1984年ブリヂストントーナメント（陳志忠／S・トーランス／岩下吉久）、1992年日本プロ（中島常幸）、1992年ブリヂストンオープン（西川哲）、2003年アコムインターナショナル（宮本勝昌／尾崎将司） 負●1983年ジュンクラシック（尾崎将司）、1985年ブリヂストン阿蘇（謝敏男）、1991年札幌とうきゅう（R・ギブソン）、1992年日経カップ（室田淳）

氏　　名	勝敗	トーナメント名（勝・負、※は後援競技でツアー賞金ランキングに加算された競技）
H・グリーン	1－0	勝○1985年カシオワールド（S・ホーク／湯原信光／W・グラディ）
E・グリジョ	0－1	負●2016年ISPSハンダグローバルカップ（朴ジュンウォン）
栗原　孝	2－0	勝○1973年関東オープン（草柳良夫／田中文雄）、○1979年※阿蘇ナショナルパークオープン（前田新作／安田春雄）
T・ゲール	0－1	負●1983年日本オープン（青木功）
B・ケネディ	0－1	負●2019年日本シリーズJTカップ（石川遼）
呉　阿順	1－0	勝○2012年トーシントーナメントIN涼仙（池田勇太）
G・コーク	0－1	負●1984年カシオワールド（S・ライル）
香妻陣一朗	1－0	勝○2022年東建ホームメイトカップ（桂川有人）
小島昭彦	1－0	勝○1987年北海道オープン（鷹巣南雄）
小平　智	1－1	勝○2018年ゴルフ日本シリーズJTカップ（石川遼／黄重坤） 負●2017年フジサンケイクラシック（H・W・リュー）
小林富士夫	2－1	勝○1978年日本プロ（中島常幸）、1983年ブリヂストン阿蘇（上野忠美） 負●1981年東海クラシック（倉本昌弘）
小林正則	1－0	勝○2011年とおとうみ浜松オープン（石川遼）
近藤智弘	2－5	勝○2006年日本プロ（友利勝良）、2008年中日クラウンズ（藤田寛之） 負●2004年JCBクラシック仙台（神山隆志）、2004年日本ゴルフツアー選手権宍戸ヒルズカップ（S・K・ホ）、2006年ザ・ゴルフトーナメントin御前崎（谷口徹） 2016年東建ホームメイトカップ（金庚泰）、2022年ゴルフパートナー PRO-AM（今平周吾）
S・コンラン	0－1	負●2005年中日クラウンズ（尾崎直道）
坂本義一	1－0	勝○1996年ダイドー静岡オープン（芹澤信雄／C・フランコ）
佐々木久行	0－2	負●1994年サントリーオープン（D・イシイ）、2003年つるやオープン（宮瀬博文）
佐藤信人	2－0	勝○1998年ブリヂストンオープン（尾崎健夫）、2002年フジサンケイクラシック（S・レイコック）
P・シーハン	0－1	負●2003年ブリヂストンオープン（尾崎直道）
重信秀人	2－3	勝○1983年※新潟オープン（青木功／髙橋勝成）、1984年ブリヂストン阿蘇オープン（長谷川勝治／矢部昭） 負●1981年東海クラシック（倉本昌弘）、1984年中四国オープン（倉本昌弘）、1990年インペリアル（中村通）
篠崎紀夫	1－0	勝○2007年ANAオープン（今野康晴／C・プラポール）
柴田　猛	0－1	負●1979年中部オープン（松岡金市）
島田幸作	1－2	勝○1977年関西プロ（前田新作） 負●1973年ペプシトーナメント（青木功）、1975年広島オープン（呂良煥）
島田正士	1－0	勝○2000年PGAフィランスロピー（三橋達也／髙橋竜彦）
謝　永郁	0－2	負●1974年ペプシトーナメント（G・マーシュ）、1981年※よみうりオープン（鷹巣南雄）
謝　敏男	4－7	勝○1981年KBCオーガスタ（陳志忠／湯原信光）、1982年ブリヂストントーナメント（新井規矩雄）、1985年ブリヂストン阿蘇（倉本昌弘）、1985年NST新潟（岩下吉久） 負●1976年日本プロ（金井清一）、1976年ブリヂストントーナメント（村上隆）、1978年関東オープン（金井清一）、1979年東北クラシック（中村通）、1980年※日本国土計画サマーズ（船渡川育宏）、1982年※新潟オープン（山本善隆）、1984年フジサンケイクラシック（尾崎健夫）
I・J・ジャン	0－1	負●2011年中日クラウンズ（B・ジョーンズ）
B・ジョーブ	3－0	勝○1997年東海クラシック（B・ワッツ）、1997年ゴルフダイジェスト（鈴木亨）、1998年日本プロ（尾崎将司）
ブライアン・ジョーンズ （Br・ジョーンズ）	3－4	勝○1977年KBCオーガスタ（矢部昭）、1985年三菱ギャラン（湯原信光）、1988年三菱ギャラン（尾崎直道） 負●1976年ペプシウイルソン（P・トムソン）、1988年全日空オープン（尾崎直道）、1988年ゴルフダイジェスト（尾崎将司）、1991年フジサンケイ（藤木三郎）
ブレンダン・ジョーンズ （B・ジョーンズ）	3－2	勝○2003年サン・クロレラクラシック（手嶋多一／丸山大輔）、2004年ミズノオープン（飯島博明）、2011年中日クラウンズ（I・J・ジャン） 負●2002年サン・クロレラクラシック（C・ペーニャ）、2009年三菱ダイヤモンドカップ（兼本貴司）

氏　　名	勝敗	トーナメント名（勝・負、※は後援競技でツアー賞金ランキングに加算された競技）
Ｊ・Ｍ・シン	0−1	負●1999年キリンオープン（崔京周）
Ｓ・シンプソン	2−0	勝○1984年中日クラウンズ（青木功）、1984年ダンロップフェニックス（Ｂ・ランガー）
須 貝　　昇	1−1	勝○1990年中日クラウンズ（Ｓ・ベイト）
		負●1991年日本オープン（中島常幸）
杉 田　　勇	1−0	勝○1987年大京オープン（牧野裕／海老原清治）
杉 原 輝 雄	4−6	勝○1979年※よみうりオープン（尾崎将司）、1980年関西プロ（金本章生）、1982年※美津濃トーナメント（羽川豊）、1985年札幌とうきゅうオープン（吉村金八）
		負●1976年東海クラシック（青木功）、1981年三菱ギャラン（呂西鈞）、1982年三菱ギャラン（Ｇ・マーシュ）、1983年※くずは国際（新井規矩雄）、1986年静岡オープン（大町昭義）、1990年ダンロップオープン（Ｆ・ミノザ）
杉 本 英 世	0−1	負●1978年広島オープン（尾崎将司）
鈴 木 弘 一	0−1	負●1994年ミズノオープン（Ｂ・ワッツ）
鈴 木　　亨	1−4	勝○2002年JCBクラシック仙台（中嶋常幸）
		負●1997年ゴルフダイジェスト（Ｂ・ジョーブ）、2001年タマノイ酢よみうりオープン（福澤義光）、2001年アイフルカップ（林根基）、2007年サン・クロレラクラシック（菊池純）
鈴 木 規 夫	3−0	勝○1976年フジサンケイクラシック（呂良煥）、1976年九州オープン（柳田勝司）、1980年東芝太平洋マスターズ（尾崎将司）
鈴 村 照 男	1−2	勝○1984年中部オープン（坂東治彦）
		負●1978年※阿蘇ナショナルパーク（上野忠美）、1983年中部オープン（中村輝夫）
Ｐ・スタンコウスキー	1−0	勝○1996年カシオワールド（Ｄ・イシイ）
Ｄ・スメイル	0−2	負●2005年ミズノオープン（Ｃ・キャンベル）、2005年日本ゴルフツアー選手権宍戸ヒルズカップ（細川和彦）
Ｊ・スルーマン	0−1	負●1996年住友VISA太平洋マスターズ（Ｌ・ウエストウッド）
芹 澤 信 雄	0−4	負●1987年ブリヂストントーナメント（Ｄ・イシイ）、1992年札幌とうきゅう（湯原信光）、1994年マルマンオープン（Ｄ・イシイ）、1996年ダイドー静岡オープン（坂本義一）
十 亀 賢 二	1−0	勝○1983年※KSB瀬戸内海オープン（安田春雄）
薗 田 峻 輔	0−2	負●2010年長嶋茂雄セガサミーカップ（小山内護）、フジサンケイクラシック（石川遼）
宋 　永 漢	0−1	負●2016年HONMA TOURWORLD CUP（池田勇太）
鷹 巣 南 雄	1−1	勝○1981年※よみうりオープン（謝永郁）
		負●1987年北海道オープン（小島昭彦）
髙 橋 勝 成	1−5	勝○1983年広島オープン（尾崎健夫）
		負●1981年※群馬県オープン（高橋五月）、1983年※新潟オープン（重信秀人）、1988年北海道オープン（高橋完）、1989年北海道オープン（高橋完）、1995年PGAフィランスロピー（髙見和宏）
高 橋 五 月	1−1	勝○1981年※群馬県オープン（髙橋勝成）
		負●1984年全日空札幌オープン（泉川ピート）
髙 橋 竜 彦	0−1	負●2000年PGAフィランスロピー（島田正士）
高 橋　　完	2−0	勝○1988年北海道オープン（髙橋勝成）、1989年北海道オープン（髙橋勝成）
髙 見 和 宏	1−1	勝○1995年PGAフィランスロピー（高橋勝成／Ｂ・ワッツ）
		負●1992年札幌とうきゅう（湯原信光）
高 山 忠 洋	2−1	勝○2005年東建ホームメイトカップ（川原希）、2006年アジア・ジャパン沖縄オープン（宮里聖志）
		負●2005年ミズノオープン（Ｃ・キャンベル）
田 中 秀 道	0−1	負●2000年つるやオープン（Ｒ・バックウェル）
田 中 文 雄	0−2	負●1973年関東オープン（栗原孝）、1976年東北クラシック（安田春雄）
谷 口　　徹	3−4	勝○2006年ザ・ゴルフトーナメントin御前崎（近藤智弘／Ｓ・Ｋ・ホ）、2007年ウッドワンオープン広島（Ｐ・マークセン）、2018年日本プロ（藤本佳則）
		負●2000年三菱自動車（宮瀬博文）、2007年中日クラウンズ（宮瀬博文）、2010年つるやオープン（藤田寛之）、2011年ゴルフ日本シリーズJTカップ（藤田寛之）
谷 原 秀 人	2−2	勝○2016年日本プロ（武藤俊憲）、2016年HEIWA・PGM CHAMPIONSHIP（池田勇太）
		負●2013年フジサンケイクラシック（松山英樹）、2014年ＡＮＡオープン（宮本勝昌）

氏　　名	勝敗	トーナメント名（勝・負、※は後援競技でツアー賞金ランキングに加算された競技）
崔　京周	1−0	勝○1999年キリンオープン（J・M・シン）
趙　珉珪	0−1	負●2010年長嶋茂雄セガサミーカップ（小山内護）
陳　志忠	2−3	勝○1992年ジュンクラシック（尾崎将司）、1993年ダイワKBCオーガスタ（林吉祥） 負●1981年KBCオーガスタ（謝敏男）、1984年ブリヂストントーナメント（倉本昌弘）、1993年マルマンオープン（F・ミノザ）
陳　志明	4−0	勝○1983年中日クラウンズ（新井規矩雄／D・イシイ）、1983年ダンロップフェニックス（T・ワトソン）、1987年ペプシ宇部（牧野裕）、1992年ダイワKBCオーガスタ（川上典一／B・ヒューズ）
手嶋多一	2−4	勝○1999年ファンケル沖縄オープン（奥田靖己）、2003年アイフルカップ（宮本勝昌） 負●1996年久光製薬KBCオーガスタ（尾崎将司）、2001年ダンロップフェニックス（D・デュバル）、2003年サン・クロレラクラシック（B・ジョーンズ）、2006年アコムインターナショナル（小山内護）
D・デュバル	1−2	勝○2001年ダンロップフェニックス（手嶋多一）
P・トムソン	1−0	勝○1976年ペプシウイルソン（G・マーシュ／Br・ジョーンズ／宮本省三）
S・トーランス	0−1	負●1984年ブリヂストントーナメント（倉本昌弘）
時松隆光	0−3	負●2017年ANAオープン（池田勇太）、2019年ANAオープン（浅地洋佑）、2021年ダンロップ・スリクソン福島オープン（木下稜介）
冨山　聡	0−1	負●2013年コカ・コーラ東海クラシック（片山晋呉）
友利勝良	0−3	負●1989年九州オープン（蔵岡伸二）、2001年サン・クロレラクラシック（藤田寛之）、2006年日本プロ（近藤智弘）
豊田明夫	0−1	負●1973年中部オープン（石井裕士）
ドンファン	0−1	負●2007年ABCチャンピオンシップ（F・ミノザ）
中尾豊健	1−0	勝○1981年ゴルフダイジェスト（中島常幸）
ⓐ中島啓太	1−0	勝○2021年パナソニックオープン（永野竜太郎）
中嶋常幸	7−6	勝○1982年フジサンケイ（G・マーシュ）、1983年東西対抗（藤木三郎）、1985年太平洋クラブマスターズ（D・グラハム）、1986年ゴルフダイジェスト（D・イシイ）、1991年日本オープン（須貝昇）、1994年ダイドー静岡オープン（中村通）、1994年つるやオープン（比嘉勉） 負●1978年日本プロ（小林富士夫）、1981年ゴルフダイジェスト（中尾豊健）、1990年日本シリーズ（尾崎直道）、1992年日本プロ（倉本昌弘）、2002年JCBクラシック仙台（鈴木亨）、2004年JCBクラシック仙台（神山隆志）
永野竜太郎	0−1	負●2021年パナソニックオープン（ⓐ中島啓太）
中村輝夫	1−0	勝○1983年中部オープン（鈴村照男）
中村　通	3−5	勝○1979年東北クラシック（謝敏男）、1986年広島オープン（藤木三郎）、1990年インペリアル（重信秀人） 負●1975年広島オープン（呂良煥）、1981年三菱ギャラン（呂西鈞）、1981年東海クラシック（倉本昌弘）、1983年よみうりオープン（G・マーシュ）、1994年ダイドー静岡オープン（中島常幸）
新関善美	2−1	勝○1988年ミズノオープン（金井清一）、1989年日経カップ（藤木三郎） 負●1989年ペプシ宇部興産（横山明仁）
西川　哲	1−1	勝○1991年マルマンオープン（尾崎健夫） 負●1992年ブリヂストンオープン（倉本昌弘）
L・ネルソン	2−1	勝○1989年サントリーオープン（藤木三郎）、1991年ダンロップフェニックス（青木功／J・D・ブレイク／S・バレステロス） 負●1985年サントリーオープン（尾崎健夫）
野口英雄	1−0	勝○1975年中部オープン（大場勲）
S・ノリス	1−1	勝○2021年ゴルフパートナー PRO-AM（S・ビンセント、大槻智春） 負●2019年ANAオープン（浅地洋佑）
羽川　豊	1−2	勝○1981年日本シリーズ（青木功） 負●1981年関東プロ（金井清一）、1982年※美津濃トーナメント（杉原輝雄）
S・J・パク	0−1	負●2013年フジサンケイクラシック（松山英樹）
朴　相賢	0−2	負●2014つるやオープン（藤田寛之）、2022年フジサンケイクラシック（大西魁斗）
朴ジュンウォン	1−0	勝○2016年ISPSハンダグローバルカップ（E・グリジョ）

氏　　名	勝敗	トーナメント名（勝・負、※は後援競技でツアー賞金ランキングに加算された競技）
長谷川勝治	1－2	勝○1993年よみうりサッポロビールオープン（飯合肇） 負●1978年※ジュンクラシック（内田袈裟彦）、1984年ブリヂストン阿蘇（重信秀人）
R・バックウェル	1－0	勝○2000年つるやオープン（田中秀道）
T・ハミルトン	1－4	勝○1994年PGAフィランスロピー（溝口英二） 負●1996年フジサンケイクラシック（B・ワッツ）、1996年三菱ギャラン（尾崎将司）、1996年ポカリスエットよみうりオープン（福永和宏）、2002年マンシングウェアKSBカップ（久保谷健一）
P・ハリントン	1－0	勝○2006年ダンロップフェニックス（T・ウッズ）
S・バレステロス	1－1	勝○1978年日本オープン（G・マーシュ） 負●1991年ダンロップフェニックス（L・ネルソン）
黄　　重坤	0－2	負●2018年日本シリーズJTカップ（小平智）、2019年日本プロ（石川遼）
S・ハン	0－2	負●2017年フジサンケイクラシック（H・W・リュー）、2019年ANAオープン（浅地洋佑）
坂東治彦	0－1	負●1984年中部オープン（鈴木照男）
桧垣繁正	0－3	負●1999年JCBクラシック仙台（片山晋呉）、1999年ヨネックスオープン広島（尾崎将司）、2001年久光製薬KBCオーガスタ（平石武則）
東　　聡	0－1	負●1991年ミズノオープン（R・マッカイ）
比嘉　勉	0－1	負●1994年つるやオープン（中島常幸）
C・ビジェガス	1－0	勝○2007年コカ・コーラ東海クラシック（藤島豊和）
B・ヒューズ	0－1	負●1992年ダイワKBCオーガスタ（陳志明）
日吉　稔	0－1	負●1978年関東オープン（金井清一）
T・ビヨン	1－0	勝○1999年ダンロップフェニックス（S・ガルシア）
平石武則	1－0	勝○2001年久光製薬KBCオーガスタ（加瀬秀樹／桧垣繁正）
広田　悟	0－1	負●2010年東建ホームメイトカップ（小田孔明）
S・ビンセント	1－1	勝○2022年ミズノオープン（A・クウェイル） 負●2021年ゴルフパートナー PRO-AM（S・ノリス）
深堀圭一郎	2－0	勝○2001年住建産業オープン広島（尾崎将司）、2005年ANAオープン（今野康晴）
福澤義光	1－1	勝○2001年タマノイ酢よみうりオープン（鈴木亨） 負●2002年マンシングウェアKSBカップ（久保谷健一）
福永和宏	1－0	勝○1996年ポカリスエットよみうりオープン（T・ハミルトン）
藤木三郎	3－6	勝○1983年関東オープン（新井規矩雄／尾崎将司）、1990年ブリヂストントーナメント（横山明仁）、1991年フジサンケイ（青木功／加瀬秀樹／Br・ジョーンズ） 負●1983年ポカリスエット白竜湖オープン（牧野裕）、1983年東西対抗（中島常幸）、1984年関東プロ（泉川ピート）、1986年広島オープン（中村通）、1989年日経カップ（新関善美）、1989年サントリーオープン（L・ネルソン）
藤島豊和	1－1	勝○2008年フジサンケイクラシック（岩田寛） 負●2007年コカ・コーラ東海クラシック（C・ビジェガス）
藤田寛之	5－3	勝○2001年サン・クロレラクラシック（友利勝良）、2010年つるやオープン（谷口徹）、2011年ゴルフ日本シリーズJTカップ（谷口徹）、2014年つるやオープン（朴相賢）、アールズエバーラスティングKBCオーガスタ（梁津萬） 負●2001年ダイヤモンドカップ（伊沢利光）、2008年中日クラウンズ（近藤智弘）、2010年コカ・コーラ東海クラシック（松村道央）
藤間達雄	0－1	負●1978年※阿蘇ナショナルパークオープン（上野忠美）
藤本佳則	0－1	負●2018年日本プロ（谷口徹）
船渡川育宏	1－1	勝○1980年※日本国土計画サマーズ（謝敏男） 負●1979年※ジュンクラシック（郭吉雄）
C・プラポール	0－1	負●2007年ANAオープン（篠崎紀夫）
B・フランクリン	0－1	負●1992年ダンロップオープン（尾崎将司）
C・フランコ	0－1	負●1996年ダイドー静岡オープン（坂本義一）
J・D・ブレイク	0－1	負●1991年ダンロップフェニックス（L・ネルソン）
D・フロスト	1－0	勝○1992年ダンロップフェニックス（室田淳）
裵　相文	1－1	勝○2011年日本オープン（久保谷健一） 負●2011年マイナビABCチャンピオンシップ（河野晃一郎）
C・ペーニャ	1－0	勝○2002年サン・クロレラクラシック（B・ジョーンズ／尾崎直道）

氏　　名	勝敗	トーナメント名（勝・負、※は後援競技でツアー賞金ランキングに加算された競技）
S・ベイト	0－1	負●1990年中日クラウンズ（須貝昇）
S・K・ホ	1－2	勝○2004年日本ゴルフツアー選手権宍戸ヒルズカップ（近藤智弘）
		負●2006年ザ・ゴルフトーナメントin御前崎（谷口徹）、2013年マイナビABCチャンピオンシップ（池田勇太）
S・ホーク	0－1	負●1985年カシオワールド（H・グリーン）
星野英正	0－1	負●2013年コカ・コーラ東海クラシック（片山晋呉）
星野陸也	1－2	勝○2020年フジサンケイクラシック（堀川未来夢）
		負●2019年関西オープン（大槻智春）、2022年三井住友VISA太平洋マスターズ（石川遼）
細川和彦	1－4	勝○2005年日本ゴルフツアー選手権宍戸ヒルズカップ（今野康晴／D・スメイル）
		負●1998年サンコーグランドサマー（片山晋呉）、1999年デサントクラシック（河村雅之）、1999年三菱自動車（米山剛）、2004年コカ・コーラ東海クラシック（今井克宗）
堀川未来夢	0－1	負●2020年フジサンケイクラシック（星野陸也）
P・マークセン	0－1	負●2007年ウッドワンオープン広島（谷口徹）
G・マーシュ	5－5	勝○1974年ペプシトーナメント（謝永郁）、1976年KBCオーガスタ（安田春雄）、1982年三菱ギャラン（杉原輝雄）、1983年よみうりオープン（中村通）、1986年サントリーオープン（青木功）
		負●1973年ワールドフレンドシップ（呂良煥）、1976年ペプシウイルソン（P・トムソン）、1978年日本オープン（S・バレステロス）、1982年フジサンケイ（中島常幸）、1983年ポカリスエット白竜湖オープン（牧野裕）
前田新作	1－4	勝○1975年KBCオーガスタ（石井裕士）
		負●1977年関西プロ（島田幸作）、1979年※阿蘇ナショナルパークオープン（栗原孝）、1983年ポカリスエット白竜湖オープン（牧野裕）、1991年札幌とうきゅう（R・ギブソン）
牧野　裕	1－3	勝○1983年ポカリスエット白竜湖オープン（G・マーシュ／藤木三郎／前田新作）
		負●1987年ペプシ宇部（陳志明）、1987年ブリヂストントーナメント（D・イシイ）、1987年大京オープン（杉田勇）
松岡金市	1－0	勝○1979年中部オープン（柴田猛）
R・マッカイ	1－0	勝○1991年ミズノオープン（東聡）
松村道央	2－0	勝○2010年コカ・コーラ東海クラシック（藤田寛之／兼本貴司）、カシオワールドオープン（金度勳・大邱）
松山英樹	2－0	勝○2013年フジサンケイクラシック（S・J・パク／谷原秀人）、2014年ダンロップフェニックス（岩田寛）
丸山茂樹	1－0	勝○2009年日本シリーズJTカップ（金庚泰）
丸山大輔	0－2	負●2003年サン・クロレラクラシック（B・ジョーンズ）、2010年東建ホームメイトカップ（小田孔明）
丸山智弘	0－1	負●1988年静岡オープン（甲斐俊光）
水巻善典	1－0	勝○1993年JCBクラシック仙台（飯合肇／渡辺司（東））
溝口英二	1－1	勝○2001年ダイドー静岡オープン（F・ミノザ）
		負●1994年PGAフィランスロピー（T・ハミルトン）
三橋達也	0－1	負●2000年PGAフィランスロピー（島田正士）
F・ミノザ	3－1	勝○1990年ダンロップオープン（杉原輝雄）、1993年マルマンオープン（陳志忠）、2007年ABCチャンピオンシップ（ドンファン）
		負●2001年ダイドー静岡オープン（溝口英二）
宮里聖志	0－1	負●2006年アジア・ジャパン沖縄オープン（高山忠洋）
宮瀬博文	4－2	勝○1999年住友VISA太平洋マスターズ（川岸良兼／D・クラーク）、2000年三菱自動車（谷口徹）、2003年つるやオープン（佐々木久行／兼本貴司）、2007年中日クラウンズ（谷口徹）
		負●1994年マルマンオープン（D・イシイ）、1999年ジュンクラシック（飯合肇）
宮本勝昌	2－3	勝○1998年日本シリーズJTカップ（尾崎将司）、2014年ANAオープン（谷原秀人）
		負●2003年アイフルカップ（手嶋多一）、2003年アコムインターナショナル（倉本昌弘）、2017年パナソニックオープン（久保谷健一）
宮本省三	0－1	負●1976年ペプシウイルソン（P・トムソン）
宮本康弘	0－2	負●1977年静岡オープン（呂良煥）、1978年関西オープン（金本章生）

氏　　名	勝敗	トーナメント名（勝・負、※は後援競技でツアー賞金ランキングに加算された競技）
武藤 俊憲	1-1	勝○2015年ISPSハンダグローバルカップ（A・キュー） 負●2016年日本プロ（谷原秀人）
村上　隆	2-1	勝○1975年日本プロ（山本善隆）、1976年ブリヂストントーナメント（草壁政治／謝敏男） 負●1974年東京チャリティクラシック（安田春雄）
室田　淳	1-2	勝○1992年日経カップ（倉本昌弘） 負●1992年ダンロップフェニックス（D・フロスト）、2003年ウッドワンオープン広島（伊沢利光）
飯合　肇	1-2	勝○1999年ジュンクラシック（宮瀬博文） 負●1993年JCBクラシック仙台（水巻善典）、1993年よみうりサッポロビールオープン（長谷川勝治）
E・モリナリ	1-0	勝○2009年ダンロップフェニックス（R・カールソン）
安田 春雄	2-4	勝○1974年東京チャリティクラシック（村上隆）、1976年東北クラシック（田中文雄） 負●1976年KBCオーガスタ（G・マーシュ）、1976年日本プロ（金井清一）、1979年※阿蘇ナショナルパークオープン（栗原孝）、1983年※KSB瀬戸内海オープン（十亀賢二）
柳田 勝司	0-1	負●1976年九州オープン（鈴木規夫）
矢部　昭	0-3	負●1977年KBCオーガスタ（Br・ジョーンズ）、1981年静岡オープン（青木功）、1984年ブリヂストン阿蘇（重信秀人）
山本 昭一	0-1	負●2000年サン・クロレラクラシック（尾崎将司）
山本 善隆	1-2	勝○1982年※新潟オープン（謝敏男） 負●1975年日本プロ（村上隆）、1979年日本オープン（郭吉雄）
Y・E・ヤン	0-1	負●2006年ABCチャンピオンシップ（片山晋呉）
B・ヤンシー	0-1	負●1973年太平洋クラブマスターズ（尾崎将司）
湯原 信光	1-3	勝○1992年札幌とうきゅう（芹澤信雄／髙見和宏） 負●1981年KBCオーガスタ（謝敏男）、1985年三菱ギャラン（Br・ジョーンズ）、1985年カシオワールド（H・グリーン）
葉　彰廷	1-0	勝○1997年日経カップ（渡辺司（東））
横尾　要	0-1	負●2005年ダンロップフェニックス（T・ウッズ）
横山 明仁	1-1	勝○1989年ペプシ宇部（新関善美） 負●1990年ブリヂストントーナメント（藤木三郎）
吉村 金八	1-1	勝○1987年ポカリスエットオープン（磯村芳幸） 負●1985年札幌とうきゅう（杉原輝雄）
米山　剛	1-1	勝○1999年三菱自動車（細川和彦） 負●1999年デサントクラシック（河村雅之）
S・ライル	1-0	勝○1984年カシオワールド（G・コーク）
B・ランガー	0-1	負●1984ダンロップフェニックス（S・シンプソン）
梁　津萬	0-1	負●2014年アールズエバーラスティングKBCオーガスタ（藤田寛之）
H・W・リュー	2-0	勝○2012年コカ・コーラ東海クラシック（片山晋呉）、2017年フジサンケイクラシック（小平智／S・ハン）
林　吉祥	0-1	負●1993年ダイワKBCオーガスタ（陳志忠）
林　根基	1-0	勝○2001年アイフルカップ（鈴木亨）
S・レイコック	0-1	負●2002年フジサンケイクラシック（佐藤信人）
W・レビ	0-1	負●1993年ヨネックスオープン広島（小達敏昭）
呂　西鈞	1-1	勝○1981年三菱ギャラン（杉原輝雄／中村通） 負●1981年広島オープン（金井清一）
呂　良煥	3-1	勝○1973年ワールドフレンドシップ（G・マーシュ／青木功）、1975年広島オープン（島田幸作／中村通）、1977年静岡オープン（宮本康弘） 負●1976年フジサンケイクラシック（鈴木規夫）
C・ロッカ	0-1	負●1996年住友VISA太平洋マスターズ（L・ウエストウッド）
渡辺司（東）	0-2	負●1993年JCBクラシック仙台（水巻善典）、1997年日経カップ（葉彰廷）
渡辺司（西）	0-1	負●1990年中四国オープン（奥田靖己）
B・ワッツ	3-2	勝○1994年ミズノオープン（金子柱憲／鈴木弘一／E・エレラ）、1996年フジサンケイクラシック（T・ハミルトン）、1998年カシオワールド（伊沢利光） 負●1995年PGAフィランスロピー（髙見和宏）、1997年東海クラシック（B・ジョーブ）
T・ワトソン	0-1	負●1983年ダンロップフェニックス（陳志明）

ジャパンゴルフツアー年間表彰

［最優秀選手賞］

①ＪＧＴツアートーナメントの成績順位、②賞金ランキング、③平均ストローク、④海外４大メジャー成績順位の４部門に係る合計ポイントにより選出。①日本ゴルフツアー選手権、日本プロゴルフ選手権、日本オープンゴルフ選手権は１位＝20ポイント、２位＝15、３位＝10、４位＝5、５位＝2。ゴルフ日本シリーズは１位＝15ポイント、２位＝10、３位＝5、４位＝2。その他ツアートーナメントは１位＝10ポイント、２位＝5、３位＝2。②賞金ランキングは１位＝40ポイント、２位＝30、３位＝20、４位＝18…10位＝6、11位＝4、12位＝2。③平均ストロークは１位＝20ポイント、２位＝16、３位＝12、４位＝10…10位＝1。④海外４大メジャー成績は１位＝20ポイント、２位＝18、３位＝16、４位＝14…10位＝2。

1985年	中島　常幸	1995年	尾崎　将司	2005年	片山　晋呉	2015年	金　　庚泰
1986年	中島　常幸	1996年	尾崎　将司	2006年	片山　晋呉	2016年	池田　勇太
1987年	Ｄ・イシイ	1997年	丸山　茂樹	2007年	谷口　　徹	2017年	宮里　優作
1988年	尾崎　将司	1998年	尾崎　将司	2008年	片山　晋呉	2018年	今平　周吾
1989年	尾崎　将司	1999年	尾崎　直道	2009年	石川　　遼	2019年	今平　周吾
1990年	尾崎　将司	2000年	片山　晋呉	2010年	藤田　寛之	'20-'21年	Ｃ・キム
1991年	尾崎　直道	2001年	伊沢　利光	2011年	裵　　相文	2022年	比嘉　一貴
1992年	尾崎　将司	2002年	谷口　　徹	2012年	藤田　寛之		
1993年	尾崎　将司	2003年	伊沢　利光	2013年	松山　英樹		
1994年	尾崎　将司	2004年	谷口　　徹	2014年	小田　孔明		

［賞金ランキング賞］

1985年 中島常幸…101,609,333円	1998年 尾崎将司…179,627,400円	2011年 裵　相文…151,078,958円
1986年 中島常幸… 90,202,066円	1999年 尾崎直道…137,641,796円	2012年 藤田寛之…175,159,972円
1987年 Ｄ・イシイ… 86,554,421円	2000年 片山晋呉…177,116,489円	2013年 松山英樹…201,076,781円
1988年 尾崎将司…125,162,540円	2001年 伊沢利光…217,934,583円	2014年 小田孔明…137,318,693円
1989年 尾崎将司…108,715,733円	2002年 谷口　徹…145,440,341円	2015年 金　庚泰…165,981,625円
1990年 尾崎将司…129,060,500円	2003年 伊沢利光…135,454,300円	2016年 池田勇太…207,901,567円
1991年 尾崎直道…119,507,974円	2004年 片山晋呉…119,512,374円	2017年 宮里優作…182,831,982円
1992年 尾崎将司…186,816,466円	2005年 片山晋呉…134,075,280円	2018年 今平周吾…139,119,332円
1993年 飯合　肇…148,718,200円	2006年 片山晋呉…178,402,190円	2019年 今平周吾…168,049,312円
1994年 尾崎将司…215,468,000円	2007年 谷口　徹…171,744,498円	'20-'21年 Ｃ・キム…127,599,803円
1995年 尾崎将司…192,319,800円	2008年 片山晋呉…180,094,895円	2022年 比嘉一貴…181,598,825円
1996年 尾崎将司…209,646,746円	2009年 石川　遼…183,524,051円	
1997年 尾崎将司…170,847,633円	2010年 金　庚泰…181,103,799円	

［メルセデス・ベンツ　トータルポイントランキング賞］

総合的に優れたプレーヤーを選出することを目的に、平均ストローク、平均パット、パーキープ率、パーオン率、バーディ率、イーグル率、ドライビングディスタンス、フェアウェイキープ率、サンドセーブ率の９部門の順位をポイント換算し、そのポイントの合計により順位を決定する。

1999年 伊沢　利光… 36ポイント	2007年 Ｐ・マークセン…100ポイント	2015年 宮里　優作…131ポイント
2000年 伊沢　利光… 21ポイント	2008年 Ｐ・マークセン…131ポイント	2016年 谷原　秀人… 94ポイント
2001年 伊沢　利光… 56ポイント	2009年 石川　　遼…150ポイント	2017年 小平　　智…109ポイント
2002年 片山　晋呉…145ポイント	2010年 石川　　遼…113ポイント	2018年 池田　勇太…123ポイント
2003年 伊沢　利光… 95ポイント	2011年 藤田　寛之…150ポイント	2019年 今平　周吾…142ポイント
2004年 片山　晋呉…111ポイント	2012年 藤田　寛之…137ポイント	'20-'21年 大槻　智春… 88ポイント
2005年 片山　晋呉…147ポイント	2013年 松山　英樹…119ポイント	2022年 星野　陸也… 77ポイント
2006年 片山　晋呉… 92ポイント	2014年 梁　　津萬…150ポイント	

※1999年はポイントランキング賞、2000年〜2017年はUnisysポイントランキング賞、2018年はトータルポイントランキング賞

ツアープレーヤーに転向して３年以内の者、またはツアー競技出場が通算30競技未満の者を対象とし、前項の最優秀選手賞と同様の①②③④の４部門に係る合計ポイントにより選出する。ポイントがタイの場合は最終賞金ランキング上位者が選出される。尚、過去に最優秀新人賞を受賞した者は除く。

1985年 塩田 昌宏	1995年 田中 秀道	2005年 I・J・ジャン	2015年 宋 永漢
1986年 大町 昭義	1996年 細川 和彦	2006年 ドンファン	2016年 S・ノリス
1987年 木村 政信	1997年 久保谷健一	2007年 李 丞鎬	2017年 C・キム
1988年 横山 明仁	1998年 宮本 勝昌	2008年 石川 遼	2018年 星野 陸也
1989年 水巻 善典	1999年 横尾 要	2009年 池田 勇太	2019年 J・ジェーンワタナンド
1990年 川岸 良兼	2000年 D・ウィルソン	2010年 薗田 峻輔	'20-'21年 金谷 拓実
1991年 西川 哲	2001年 S・レイコック	2011年 J・B・パク	2022年 桂川 有人
1992年 宮瀬 博文	2002年 B・ジョーンズ	2012年 藤本 佳則	
1993年 丸山 茂樹	2003年 谷原 秀人	2013年 松山 英樹	
1994年 C・ウォーレン	2004年 谷口 拓也	2014年 キム・スンヒョク	

2007年 松村道央… 6,685,183円	2012年 河野祐輝… 4,607,237円	2017年 大槻智春… 3,787,591円
2008年 上平栄道… 6,329,033円	2013年 K・T・ゴン… 5,326,885円	2018年 佐藤大平… 7,256,163円
2009年 C・キャンベル… 6,136,154円	2014年 今平周吾… 7,444,288円	2019年 白 佳和… 6,797,444円
2010年 D・チャンド… 4,780,625円	2015年 森本 雄… 4,479,531円	'20-'21年 久常 涼…10,922,467円
2011年 額賀辰徳… 5,846,275円	2016年 塚田好宣… 5,509,115円	2022年 大堀裕次郎… 7,798,551円

1985年 中島 常幸…70.52	1998年 尾崎 将司…69.20	2011年 金 庚泰…69.65
1986年 青木 功…70.23	1999年 尾崎 直道…69.26	2012年 藤田 寛之…70.03
1987年 尾崎 将司…70.68	2000年 佐藤 信人…69.68	2013年 松山 英樹…69.32
1988年 尾崎 将司…70.53	2001年 伊沢 利光…69.35	2014年 小田 孔明…70.08
1989年 尾崎 将司…70.49	2002年 谷口 徹…69.24	2015年 金 庚泰…69.83
1990年 尾崎 将司…69.90	2003年 伊沢 利光…69.88	2016年 池田 勇太…69.62
1991年 尾崎 将司…70.50	2004年 片山 晋呉…69.56	2017年 宮里 優作…70.16
1992年 尾崎 将司…70.09	2005年 片山 晋呉…69.66	2018年 今平 周吾…69.92
1993年 尾崎 将司…70.27	2006年 *J・M・シン…69.72	2019年 G・チャルングン…70.12
1994年 尾崎 将司…69.16	2007年 谷口 徹…69.85	'20-'21年 金谷 拓実…69.73
1995年 尾崎 将司…68.92	2008年 片山 晋呉…69.57	2022年 比嘉 一貴…70.123
1996年 尾崎 将司…68.94	2009年 石川 遼…69.93	
1997年 尾崎 将司…68.94	2010年 金 庚泰…69.41	

※2006年平均ストローク1位の片山晋呉は途中棄権ラウンドがあり対象外
※2017年平均ストローク1位の小平智は途中棄権ラウンドがあり対象外
※2019年平均ストローク1位の今平周吾は途中棄権ラウンドがあり対象外
※2022年平均ストローク1位の星野陸也は途中棄権ラウンドがあり対象外

過去のデータ

[平均パット賞]

年	選手		年	選手		年	選手	
1985年	杉原　輝雄	…28.99	1998年	尾崎　将司	…1.7598	2011年	石川　　遼	…1.7072
1986年	鈴木　規夫	…28.25	1999年	尾崎　直道	…1.7329	2012年	谷原　秀人	…1.7280
1987年	尾崎　将司	…28.45	2000年	谷口　　徹	…1.7322	2013年	谷原　秀人	…1.7345
1988年	杉原　輝雄	…28.70	2001年	片山　晋呉	…1.7119	2014年	谷原　秀人	…1.7383
1989年	鈴木　弘一	…28.75	2002年	谷口　　徹	…1.7247	2015年	谷口　　徹	…1.7295
1990年	T・ゲール	…28.58	2003年	T・ハミルトン	…1.7462	2016年	池田　勇太	…1.7249
1991年	杉原　輝雄	…28.26	2004年	T・スリロット	…1.7337	2017年	宮里　優作	…1.7420
1992年	尾崎　将司	…1.7168	2005年	S・K・ホ	…1.7412	2018年	今平　周吾	…1.7333
1993年	尾崎　将司	…1.7290	2006年	谷口　　徹	…1.7236	2019年	S・ノリス	…1.7324
1994年	尾崎　将司	…1.7316	2007年	岩田　　寛	…1.7527	'20-'21年	片岡　尚之	…1.7349
1995年	尾崎　将司	…1.7480	2008年	小田　孔明	…1.7573	2022年	C・キム	…1.6996
1996年	金子　柱憲	…1.7536	2009年	石川　　遼	…1.7235			
1997年	尾崎　将司	…1.7487	2010年	池田　勇太	…1.7345			

※1985年～1991年までは1ラウンドに要する平均パット。1992年からは1ホール当たりの平均パット（パーオンホールのみ対象）

[パーキープ率賞]

年	選手		年	選手		年	選手	
1985年	中島　常幸	…85.90	1998年	B・ワッツ	…88.47	2011年	金　庚泰	…87.90
1986年	青木　　功	…88.36	1999年	尾崎　直道	…86.98	2012年	金　庚泰	…88.33
1987年	D・イシイ	…88.12	2000年	佐藤　信人	…85.62	2013年	松山　英樹	…87.89
1988年	D・イシイ	…87.45	2001年	伊沢　利光	…88.26	2014年	A・ブランド	…88.52
1989年	D・イシイ	…85.93	2002年	谷口　　徹	…90.06	2015年	金　庚泰	…89.10
1990年	D・イシイ	…87.21	2003年	平塚　哲二	…87.42	2016年	金　庚泰	…88.11
1991年	中島　常幸	…87.16	2004年	片山　晋呉	…88.16	2017年	S・ハン	…87.90
1992年	尾崎　将司	…86.64	2005年	S・K・ホ	…88.10	2018年	稲森　佑貴	…88.47
1993年	中島　常幸	…86.68	2006年	片山　晋呉	…88.52	2019年	今平　周吾	…88.16
1994年	尾崎　将司	…89.21	2007年	谷口　　徹	…85.73	'20-'21年	金谷　拓実	…89.32
1995年	尾崎　将司	…89.38	2008年	片山　晋呉	…89.29	2022年	比嘉　一貴	…88.949
1996年	B・ワッツ	…89.48	2009年	藤田　寛之	…87.98			
1997年	尾崎　将司	…88.29	2010年	金　庚泰	…88.69			

[パーオン率賞]

年	選手		年	選手		年	選手	
1985年	D・イシイ	…68.61	1998年	湯原　信光	…73.02	2011年	河井　博大	…69.48
1986年	D・イシイ	…71.62	1999年	尾崎　直道	…72.04	2012年	B・ジョーンズ	…70.88
1987年	D・イシイ	…71.62	2000年	湯原　信光	…69.78	2013年	梁　津萬	…72.73
1988年	D・イシイ	…69.91	2001年	湯原　信光	…71.07	2014年	藤本　佳則	…71.46
1989年	上野　忠美	…68.45	2002年	谷口　　徹	…73.32	2015年	金　庚泰	…70.28
1990年	G・マーシュ	…70.90	2003年	D・スメイル	…73.40	2016年	川村　昌弘	…68.87
1991年	R・マッカイ	…71.89	2004年	D・チャンド	…70.18	2017年	小平　　智	…70.67
1992年	尾崎　直道	…70.78	2005年	今野　康晴	…71.40	2018年	姜　庚男	…70.79
1993年	尾崎　直道	…70.40	2006年	河井　博大	…69.81	2019年	G・チャルングン	…73.63
1994年	尾崎　将司	…73.33	2007年	D・スメイル	…69.03	'20-'21年	阿部　裕樹	…72.81
1995年	倉本　昌弘	…72.32	2008年	D・スメイル	…68.90	2022年	桂川　有人	…75.585
1996年	B・ワッツ	…72.75	2009年	B・ジョーンズ	…70.26			
1997年	B・ワッツ	…72.65	2010年	金　庚泰	…72.43			

[バーディ率賞]

1985年 倉本 昌弘…433	1998年 横尾 要…407	2011年 石川 遼…4.13
1986年 尾崎 将司…413	1999年 尾崎 直道…4.16	2012年 池田 勇太…4.22
1987年 飯合 肇…423	2000年 伊沢 利光…4.15	2013年 松山 英樹…4.18
1988年 尾崎 直道…424	2001年 片山 晋呉…4.25	2014年 近藤 共弘…4.17
1989年 飯合 肇…354	2002年 谷口 徹…4.38	2015年 岩田 寛…4.04
1990年 加瀬 秀樹…453	2003年 伊沢 利光…4.36	2016年 池田 勇太…4.33
1991年 金子 柱憲…412	2004年 谷原 秀人…3.95	2017年 小平 智…4.23
1992年 奥田 靖己…412	2005年 Y・E・ヤン…3.96	2018年 今平 周吾…4.13
1993年 室田 淳…422	2006年 J・M・シン…4.16	2019年 石川 遼…4.55
1994年 金子 柱憲…406	2007年 B・ジョーンズ…3.75	'20-'21年 C・キム…4.37
1995年 東 聡…475	2008年 ブレンダン・ジョーンズ…4.08	2022年 星野 陸也…4.753
1996年 金子 柱憲…436	2009年 石川 遼…4.42	
1997年 鈴木 亨…413	2010年 石川 遼…4.32	

※1985年～1998年まではバーディの獲得数。1999年からは1ラウンド当たりのバーディ獲得率

[イーグル率賞]

1985年 飯合 肇…13	1996年 田中 秀道…14	2010年 朴 星俊…5.57
1986年 尾崎 将司…13	1997年 F・ミノザ…15	2011年 高山 忠洋…6.50
1987年 倉本 昌弘…14	1998年 手嶋 多一…16	2012年 金 度勲…5.56
1988年 鈴木 弘一…11	1999年 高橋 正博…6.00	2013年 黄 重坤…6.70
1989年 尾崎 将司…13	2000年 伊沢 利光…4.93	2014年 梁 津萬…5.78
1990年 渡辺 司…11	2001年 伊沢 利光…6.20	2015年 金 度勲…5.50
川岸 良兼…11	2002年 桑原 克典…6.40	2016年 C・キム…6.50
金子 柱憲…11	2003年 立山 光広…5.19	2017年 C・キム…5.82
1991年 加瀬 秀樹…12	2004年 小山内 護…6.00	2018年 W・J・リー…5.73
板井 榮一…12	2005年 宮本 勝昌…6.21	2019年 C・キム…5.54
1992年 横島 由…10	2006年 深堀圭一郎…7.27	'20-'21年 大槻 智春…5.05
1993年 渡辺 司…14	2007年 P・マークセン…7.14	2022年 久常 涼…5.000
1994年 河村 雅之…13	2008年 金 庚泰…7.67	
1995年 丸山 茂樹…14	2009年 額賀 辰徳…5.33	

※1985年～1998年まではイーグルの獲得数。1999年からは1イーグルを獲得するために要するラウンド数

[ドライビングディスタンス賞]

1999年 D・チャンド…286.84Y	2007年 佐藤えいち…300.22Y	2015年 額賀 辰徳…298.92Y
2000年 小山内 護…293.47Y	2008年 津曲 泰弦…296.08Y	2016年 C・キム…311.29Y
2001年 B・ジョーンズ…300.76Y	2009年 額賀 辰徳…302.79Y	2017年 C・キム…314.24Y
2002年 小田 龍一…300.45Y	2010年 額賀 辰徳…304.28Y	2018年 額賀 辰徳…302.93Y
2003年 小田 龍一…303.53Y	2011年 K・バーンズ…299.16Y	2019年 C・キム…315.83Y
2004年 小山内 護…306.82Y	2012年 額賀 辰徳…305.86Y	'20-'21年 幡地 隆寛…313.04Y
2005年 小山内 護…302.99Y	2013年 B・ジョーンズ…298.31Y	2022年 河本 力…315.74Y
2006年 小山内 護…299.46Y	2014年 ホ・インヘ…299.16Y	

[フェアウェイキープ率賞]

2001年 平石 武則…67.36	2008年 白 佳和…64.19	2015年 稲森 佑貴…69.61
2002年 井戸木鴻樹…66.58	2009年 金 亨成…66.11	2016年 稲森 佑貴…71.66
2003年 井戸木鴻樹…69.83	2010年 井戸木鴻樹…66.48	2017年 稲森 佑貴…70.83
2004年 平石 武則…65.13	2011年 井戸木鴻樹…68.67	2018年 稲森 佑貴…73.69
2005年 井戸木鴻樹…70.32	2012年 河野 祐輝…65.97	2019年 稲森 佑貴…69.39
2006年 井戸木鴻樹…68.93	2013年 川村 昌弘…63.75	'20-'21年 稲森 佑貴…77.63
2007年 井戸木鴻樹…68.21	2014年 時松 隆光…69.00	2022年 稲森 佑貴…78.660

過去のデータ

[サンドセーブ率賞]

2002年	張　連偉…60.00	2009年	梶川　剛奨…64.81	2016年	谷原　秀人…64.21
2003年	上出　裕也…59.26	2010年	河野晃一郎…60.34	2017年	宋　永漢…64.04
2004年	平石　武則…58.77	2011年	S・コンラン…63.51	2018年	野仲　茂…61.82
2005年	中嶋　常幸…57.53	2012年	岩田　寛…61.68	2019年	正岡　竜二…66.00
2006年	片山　晋呉…62.50	2013年	松山　英樹…64.06	'20-'21年	時松　隆光…61.74
2007年	深堀圭一郎…57.28	2014年	平塚　哲二…65.63	2022年	星野　陸也…68.421
2008年	藤田　寛之…61.95	2015年	M・グリフィン…65.93		

[トータルドライビング賞]

ドライビングディスタンスとフェアウェイキープ率の順位をポイント換算

2008年	武藤　俊憲…23ポイント	2013年	甲斐慎太郎…44ポイント	2017年	小平　智…15ポイント
2009年	武藤　俊憲…25ポイント	2013年	黄　重坤…44ポイント	2018年	池田　勇太…28ポイント
2010年	松村　道央…37ポイント	2014年	藤本　佳則…36ポイント	2019年	T・ペク…34ポイント
2011年	武藤　俊憲…44ポイント	2015年	宮里　優作…36ポイント	'20-'21年	大槻　智春…37ポイント
2012年	梁　津萬…17ポイント	2016年	秋吉　翔太…28ポイント	2022年	桂川　有人…35ポイント

[ゴルフ記者賞]

ワーキングプレスカード保持者および東京・関西運動記者クラブゴルフ分科会加盟者による投票によって選出する。

1985年	尾崎　健夫	1995年	東　聡	2005年	片山　晋呉	2015年	金　庚泰
1986年	尾崎　将司	1996年	尾崎　将司	2006年	谷原　秀人	2016年	池田　勇太
1987年	該当者なし	1997年	丸山　茂樹	2007年	石川　遼	2017年	宮里　優作
1988年	尾崎　直道	1998年	田中　秀道	2008年	石川　遼	2018年	今平　周吾
1989年	杉原　輝雄	1999年	尾崎　直道	2009年	石川　遼	2019年	石川　遼
1990年	川岸　良兼	2000年	片山　晋呉	2010年	池田　勇太	'20-'21年	金谷　拓実
1991年	尾崎　直道	2001年	伊沢　利光	2011年	松山　英樹	2022年	比嘉　一貴
1992年	尾崎　将司	2002年	谷口　徹	2012年	藤田　寛之		
1993年	飯合　肇	2003年	伊沢　利光	2013年	松山　英樹		
1994年	尾崎　将司	2004年	谷口　徹	2014年	小田　孔明		

［特別賞］

常設された賞ではなく、シーズン中特筆すべき内容に適ったものを審議し決定。

2001年	丸山　茂樹	USPGAツアー「グレーター・ミルウォーキー・オープン」優勝
2002年	丸山　茂樹	USPGAツアー「バイロン・ネルソン・クラシック」優勝
	湯原　信光	10年ぶりツアー優勝でカムバック
	中嶋　常幸	シーズン2勝を飾りカムバック
2003年	倉本　昌弘	8年ぶりツアー優勝でカムバックし、ツアー記録「59」をマーク
	丸山　茂樹	USPGAツアー「クライスラークラシック」優勝 2002年度ワールドカップ優勝
	伊沢　利光	2002年度ワールドカップ優勝
2004年	トッド・ハミルトン	全英オープン優勝
2005年	横田　真一	選手会長としてファンサービスや社会活動に貢献
2006年	宮里　優作	USPGAツアー「リノタホ・オープン」2R目に2度のホールインワンを達成
	ジーブ・ミルカ・シン	国内2勝の他、欧州ツアー「ボルボマスターズ」、アジアンツアー「ボルボ・チャイナ・オープン」に優勝。'06アジアンツアー賞金王
2007年	青木　功	「日本シニアオープン」最終日、65のエージシュートを達成して史上最多の5度目の優勝
	石川　遼	「マンシングウェアオープンKSBカップ」で、アマチュア選手として、なおかつ15歳245日のツアー最年少優勝を達成
2008年	ジーブ・ミルカ・シン	国内2勝の他、欧州ツアー「バンクオーストリアゴルフオープン」、アジアンツアー「バークレイズシンガポールオープン」に優勝。'08アジアンツアー賞金王
2009年	片山　晋呉	「マスターズ」で日本人最高位となる首位と2打差の単独4位
	石川　遼	初出場の「プレジデンツカップ」で世界選抜チーム最多の3勝
2010年	杉原　輝雄	「中日クラウンズ」連続51回出場
	尾崎　将司	日本人として4人目の世界ゴルフ殿堂入り
	池田　勇太	13年ぶりツアー史上4人目となる2年連続4勝を記録
	石川　遼	「中日クラウンズ」最終日に世界最少記録"58ストローク"をマーク
2011年	宮本　勝昌	'06「アジア・ジャパン沖縄オープン2005」から'11「カシオワールドオープン」まで151試合連続出場を記録
	松山　英樹	「三井住友VISA太平洋マスターズ」で、アマチュア選手として史上3人目となるツアー優勝。「マスターズ」では日本人初のローアマチュアに輝いた
2012年	石川　遼	「三井住友VISA太平洋マスターズ」でツアー史上最年少となる21歳55日でツアー通算10勝目を達成
2013年	尾崎　将司	「つるやオープン」1R（66歳時）に"62ストローク"をマーク。年齢以下のストロークでプレーするエージシュートを達成
2018年	小平　智	USPGAツアー「RBCヘリテージ」優勝
2019年	金谷　拓実	「三井住友VISA太平洋マスターズ」で、アマチュア選手として史上4人目となるツアー優勝
'20-'21年	松山　英樹	2021年「マスターズ」においてアジア人初となる優勝
	中島　啓太	2021年「パナソニックオープン」で、アマチュア選手として史上5人目となるツアー優勝
2022年	蟬川　泰果	アマチュアで「パナソニックオープン」、「日本オープン」とツアー2勝を挙げたほかABEMAツアーでも1勝と大活躍

過去のデータ

[MIP（Most Impressive Player）賞]

「シーズンで一番印象の強い選手」に贈られる。2001〜2015年はファン投票、2016年はJGTO会長による選出。

2001年	伊沢 利光	2007年	石川 遼	2013年	石川 遼
2002年	中嶋 常幸	2008年	石川 遼	2014年	石川 遼
2003年	伊沢 利光	2009年	石川 遼	2015年	石川 遼
2004年	谷口 徹	2010年	石川 遼	2016年	池田 勇太
2005年	片山 晋呉	2011年	石川 遼	※2017年より中止	
2006年	中嶋 常幸	2012年	石川 遼		

[JGTOゴルフトーナメント功労賞]

ゴルフジャーナリストの方々やゴルフファン等の協力を得て、わが国のプロゴルフ（トーナメント）界の発展に多大なる貢献をした方を表彰し、その功績を永く称える事を趣旨として、2001年に設定された顕彰制度。

2001年	中村 寅吉	2004年	戸田藤一郎	2006年	浅見 緑蔵
2002年	宮本 留吉	2004年	陳 清波	2007年	福井 覚治
2003年	林 由郎	2005年	小野 光一	2008年	古賀春之輔

[パーブレーク率賞]

1995年	尾崎 将司…23.94	1997年	尾崎 将司…24.17
1996年	尾崎 将司…24.13	1998年	尾崎 将司…23.37 ※1999年より中止

年度別獲得賞金ランキング

1973年度

ツアー競技31試合
賞金総額471,000,000円
上位30位までの27名が1974年度
のシード選手

順位	氏 名	獲得額（円）
1	尾崎 将司	43,814,000
2	青木 功	31,595,926
3	杉原 輝雄	13,965,796
4	中村 通	13,806,190
5	島田 幸作	13,518,570
6	杉本 英世	12,037,462
7	石井 裕士	10,452,423
8	河野 高明	9,539,800
9	謝 敏男	9,191,133
10	村上 隆	8,960,807
11	宮本 康弘	8,495,854
12	安田 春雄	8,416,248
13	鷹巣 南雄	7,382,460
14	田中 文雄	7,039,518
15	新井規矩雄	4,945,787
16	吉川 一雄	4,646,059
17	大場 勲	4,368,723
18	内田 繁	4,344,756
19	謝 永郁	4,274,700
20	金井 清一	4,058,652
21	陳 健忠	3,678,503
22	今井 昌雪	3,636,570
23	山本 善隆	3,606,241
24	栗原 孝	3,442,100
25	松田 司郎	3,129,001
26	西田 升平	2,965,746
27	石井富士夫	2,933,705

1974年度

ツアー競技31試合
賞金総額596,290,000円
※印を除く上位30位までの27名
が1975年度のシード選手

順位	氏 名	獲得額（円）
1	尾崎 将司	41,846,908
2	村上 隆	31,603,626
3	杉原 輝雄	21,121,901
4	青木 功	20,711,666
5	中村 通	20,079,777
6	島田 幸作	18,363,166
7	安田 春雄	18,345,166
8	宮本 省三	12,635,027
9	山本 善隆	10,889,659
10	謝 永郁	9,599,669
11	金井 清一	9,261,168
12	謝 敏男	7,999,211
13	前田 新作	7,788,833
14	杉本 英世	7,197,026
15	陳 健忠	6,726,402
16	沼沢 聖一	6,143,500
17	新井規矩雄	5,895,643
18	栗原 孝	5,747,713
19	河野 高明	5,647,338
20	橘田 規	5,583,713
21	内田 繁	5,383,499
22	鷹巣 南雄	5,344,999
23	宮本 康弘	5,211,261
24	日吉 定雄	5,114,737
25	田中 文雄	4,951,908
26	関水 利晃	4,657,046
27	※川田時志春	3,911,864
28	※金本 章生	3,789,999
29	吉川 一雄	3,787,000
30	※陳 清波	3,693,458

1975年度

ツアー競技33試合
賞金総額801,115,000円
上位30位までの30名が1976年度
のシード選手

順位	氏 名	獲得額（円）
1	村上 隆	38,705,551
2	尾崎 将司	27,658,148
3	山本 善隆	26,954,176
4	青木 功	26,375,833
5	島田 幸作	21,431,599
6	杉原 輝雄	20,119,102
7	中村 通	19,924,126
8	宮本 康弘	19,602,304
9	金井 清一	16,032,402
10	鈴木 規夫	15,452,150
11	謝 永郁	14,995,386
12	謝 敏男	12,892,486
13	石井 裕士	12,086,868
14	草壁 政治	11,984,135
15	前田 新作	11,632,350
16	宮本 省三	10,662,349
17	森 憲二	10,561,955
18	山田 健一	10,187,163
19	鷹巣 南雄	9,445,171
20	安田 春雄	9,320,700
21	新井規矩雄	9,055,400
22	杉本 英世	7,741,108
23	小林富士夫	7,246,113
24	吉川 一雄	7,105,050
25	陳 健忠	7,051,904
26	関水 利晃	5,398,094
27	矢部 昭	5,265,333
28	高橋 信雄	5,145,417
29	大場 勲	5,067,148
30	今井 昌雪	4,682,799

過去のデータ

1976年度

ツアー競技32試合
賞金総額839,300,000円
上位30位までの30名が1977年度
のシード選手
ランキングはワールドシリー
ズ、ワールドカップで獲得した
賞金を含む

順位	氏 名	獲得額(円)
1	青木 功	40,985,801
2	村上 隆	36,469,936
3	尾崎 将司	24,608,872
4	島田 幸作	21,824,670
5	山本 善隆	21,816,308
6	安田 春雄	21,772,532
7	鈴木 規夫	19,483,293
8	宮本 康弘	19,176,592
9	謝 敏男	18,216,842
10	新井規矩雄	17,453,639
11	吉川 一雄	16,991,479
12	前田 新作	15,855,858
13	杉原 輝雄	13,774,716
14	草壁 政治	13,202,734
15	石井 裕士	12,722,206
16	金井 清一	11,526,755
17	中島 常幸	10,678,928
18	中村 通	10,125,068
19	内田 繁	9,947,865
20	謝 永郁	9,190,669
21	金本 章生	8,021,026
22	小林富士夫	7,960,370
23	田中 文雄	7,222,833
24	横島 由一	6,984,086
25	森 憲二	6,925,919
26	宮本 省三	6,615,606
27	橘田 規	5,941,800
28	鷹巣 南雄	5,511,286
29	山田 健一	4,990,561
30	川田時志春	4,938,000

1977年度

ツアー競技32試合
賞金総額859,290,000円
上位30位までの30名が1978年度
のシード選手
ランキングはワールドシリー
ズ、ワールドカップで獲得した
賞金を含む

順位	氏 名	獲得額(円)
1	尾崎 将司	35,932,608
2	青木 功	31,425,073
3	杉原 輝雄	28,135,386
4	宮本 康弘	27,027,699
5	中島 常幸	24,440,839
6	村上 隆	21,974,228
7	山本 善隆	20,795,339
8	小林富士夫	20,750,270
9	中村 通	19,018,779
10	鈴木 規夫	19,010,143
11	草壁 政治	18,932,744
12	島田 幸作	17,639,953
13	森 憲二	15,461,028
14	安田 春雄	14,624,031
15	新井規矩雄	14,492,590
16	謝 敏男	13,314,332
17	橘田 規	12,574,442
18	謝 永郁	12,273,186
19	前田 新作	12,170,861
20	内田 繁	11,757,087
21	金井 清一	9,529,698
22	陳 健忠	9,295,714
23	矢部 昭	7,567,221
24	吉川 一雄	6,607,308
25	川田時志春	6,600,257
26	上原 宏一	6,568,309
27	上野 忠美	5,789,285
28	河野 高明	5,733,172
29	金本 章生	5,111,383
30	田中 文雄	4,940,620

1978年度

ツアー競技37試合
(後援競技5試合含む)
賞金総額942,940,000円
上位30位までの30名が1979年度
のシード選手。ランキングはワ
ールドシリーズ、ワールドカッ
プで獲得した賞金を含む

順位	氏 名	獲得額(円)
1	青木 功	62,987,200
2	尾崎 将司	29,017,286
3	島田 幸作	28,217,542
4	山本 善隆	26,850,810
5	中村 通	25,102,008
6	杉原 輝雄	23,740,063
7	小林富士夫	21,116,002
8	中島 常幸	20,439,005
9	安田 春雄	18,299,205
10	金本 章生	18,254,793
11	草壁 政治	18,080,584
12	宮本 康弘	17,784,540
13	金井 清一	16,415,499
14	前田 新作	16,404,577
15	謝 敏男	16,093,974
16	新井規矩雄	12,801,497
17	謝 永郁	12,565,728
18	上野 忠美	12,560,479
19	石井 裕士	11,521,067
20	矢部 昭	10,532,840
21	内田 繁	10,367,028
22	鈴木 規夫	10,358,813
23	山田 健一	9,384,384
24	内田袈裟彦	8,919,808
25	横島 由一	8,916,721
26	森 憲二	8,622,533
27	上原 宏一	8,492,915
28	井上 幸一	7,658,254
29	鷹巣 南雄	7,420,800
30	村上 隆	7,180,704

	1979年度		

ツアー競技37試合
（後援競技6試合含む）
賞金総額979,830,000円
上位30位までの30名が1980年度
のシード選手
ランキングはワールドシリー
ズ、ワールドカップで獲得した
賞金を含む

順位	氏 名	獲得額(円)
1	青木 功	45,554,211
2	中村 通	34,707,816
3	草壁 政治	30,521,932
4	鈴木 規夫	29,258,974
5	謝 敏男	23,471,810
6	杉原 輝雄	22,490,204
7	山本 善隆	20,691,644
8	尾崎 将司	20,134,693
9	安田 春雄	20,073,691
10	石井 裕士	19,441,223
11	小林富士夫	19,091,905
12	新井規矩雄	16,945,284
13	宮本 康弘	16,921,107
14	中島 常幸	14,166,735
15	鷹巣 南雄	13,744,576
16	森 憲二	13,116,860
17	横島 由一	11,954,848
18	島田 幸作	11,866,434
19	上原 宏一	11,508,187
20	内田 繁	11,462,335
21	矢部 昭	11,298,959
22	入江 勉	10,761,833
23	金井 清一	9,866,368
24	吉川 一雄	9,423,320
25	佐藤 正一	9,397,666
26	天野 勝	9,030,257
27	前田 新作	8,785,899
28	井上 幸一	8,510,099
29	謝 永郁	7,828,866
30	船渡川育宏	7,612,249

	1980年度		

ツアー競技38試合
（後援競技7試合含む）
賞金総額1,039,700,000円
上位30位までの30名が1981年度
のシード選手
ランキングはワールドシリー
ズ、ワールドカップで獲得した
賞金を含む

順位	氏 名	獲得額(円)
1	青木 功	60,532,660
2	鈴木 規夫	48,132,102
3	尾崎 将司	35,415,876
4	安田 春雄	30,141,305
5	杉原 輝雄	28,196,856
6	矢部 昭	22,973,777
7	謝 敏男	21,503,752
8	鷹巣 南雄	18,945,277
9	草壁 政治	18,134,558
10	中島 常幸	17,069,408
11	前田 新作	16,688,277
12	長谷川勝治	16,256,369
13	新井規矩雄	15,458,422
14	島田 幸作	14,178,103
15	山本 善隆	14,052,840
16	吉川 一雄	12,754,461
17	中村 通	11,745,463
18	船渡川育宏	11,632,341
19	内田 繁	11,442,834
20	横島 由一	11,295,860
21	川田時志春	11,261,139
22	井上 幸一	10,899,460
23	菊地 勝司	10,484,000
24	金井 清一	9,828,837
25	小林富士夫	9,468,927
26	宮本 康弘	9,071,957
27	謝 永郁	8,756,361
28	森 憲二	7,570,027
29	入江 勉	7,286,552
30	藤木 三郎	7,224,754

	1981年度		

ツアー競技42試合
（後援競技11試合含む）
賞金総額1,235,000,000円
上位30位までの30名が1982年度
のシード選手
ランキングはワールドシリー
ズ、ワールドカップで獲得した
賞金を含む

順位	氏 名	獲得額(円)
1	青木 功	57,262,941
2	倉本 昌弘	32,345,130
3	中島 常幸	29,600,960
4	中村 通	29,412,852
5	湯原 信光	26,534,162
6	新井規矩雄	26,373,244
7	鈴木 規夫	26,345,558
8	羽川 豊	24,242,973
9	藤木 三郎	23,696,158
10	矢部 昭	23,500,973
11	謝 敏男	21,073,485
12	鷹巣 南雄	19,276,786
13	島田 幸作	18,559,943
14	川田時志春	18,442,950
15	長谷川勝治	18,365,773
16	杉原 輝雄	17,450,583
17	金井 清一	15,483,171
18	内田 繁	14,929,056
19	草壁 政治	13,007,173
20	金本 章生	11,909,505
21	高橋 五月	11,688,138
22	尾崎 直道	11,624,218
23	小林富士夫	10,799,068
24	安田 春雄	10,643,825
25	横島 由一	10,287,032
26	上原 宏一	10,240,336
27	船渡川育宏	9,871,917
28	尾崎 将司	9,722,902
29	重信 秀人	9,556,399
30	井上 幸一	9,522,677

過去のデータ

1982年度

ツアー競技45試合
（後援競技9試合含む）
賞金総額1,429,300,000円
上位30位までの30名が1983年度
のシード選手

順位	氏　　　名	獲得額（円）
1	中島　常幸	68,220,640
2	青木　功	45,659,150
3	謝　敏男	45,617,930
4	新井規矩雄	43,827,155
5	杉原　輝雄	43,673,380
6	倉本　昌弘	37,151,927
7	鈴木　規夫	35,249,581
8	中村　通	32,521,560
9	羽川　豊	31,445,352
10	藤木　三郎	27,250,522
11	矢部　昭	24,260,428
12	内田　繁	23,261,003
13	尾崎　直道	22,979,527
14	前田　新作	20,663,470
15	小林富士夫	20,180,293
16	尾崎　将司	16,699,314
17	尾崎　健夫	16,677,243
18	青木　基正	16,267,292
19	鷹巣　南雄	16,007,347
20	湯原　信光	15,937,208
21	山本　善隆	15,820,378
22	泉川ピート	15,178,795
23	金井　清一	15,071,167
24	栗原　孝	13,162,223
25	井上　幸一	13,053,099
26	船渡川育宏	12,982,118
27	出口栄太郎	12,678,791
28	重信　秀人	11,606,400
29	鈴村　照男	10,975,883
30	上原　宏一	10,711,596

1983年度

ツアー競技46試合
（後援競技8試合含む）
賞金総額1,534,900,000円
上位40位までの40名が1984年度
のシード選手

順位	氏　　　名	獲得額（円）
1	中島　常幸	85,514,183
2	青木　功	58,508,614
3	倉本　昌弘	49,247,776
4	新井規矩雄	41,782,074
5	藤木　三郎	39,038,137
6	尾崎　将司	31,129,261
7	出口栄太郎	28,993,844
8	謝　敏男	28,761,447
9	湯原　信光	28,295,676
10	杉原　輝雄	28,152,969
11	金井　清一	27,955,927
12	中村　通	26,968,422
13	尾崎　直道	22,550,418
14	羽川　豊	22,334,109
15	尾崎　健夫	21,231,065
16	山本　善隆	18,158,044
17	井上　幸一	17,798,396
18	草壁　政治	16,622,692
19	重信　秀人	15,684,142
20	内田　繁	15,399,005
21	小林富士夫	15,269,055
22	高橋　勝成	15,160,304
23	牧野　裕	13,858,394
24	長谷川勝治	13,207,073
25	安田　春雄	13,161,925
26	栗原　孝	11,677,616
27	高橋　五月	11,393,218
28	泉川ピート	11,221,749
29	鷹巣　南雄	11,181,808
30	豊田　明夫	11,610,967
31	前田　新作	10,052,847
32	矢部　昭	9,986,410
33	上原　宏一	9,609,799
34	青木　基正	9,108,812
35	鈴村　照男	9,085,057
36	島田　幸作	8,785,362
37	森　憲二	8,661,960
38	宮本　省三	8,294,296
39	上野　忠美	8,225,624
40	秋富由利夫	7,880,307

1984年度

ツアー競技39試合
賞金総額1,604,750,000円
上位40位までの40名が1985年度
のシード選手

順位	氏　　　名	獲得額（円）
1	前田　新作	57,040,357
2	尾崎　直道	53,717,214
3	尾崎　健夫	43,846,788
4	新井規矩雄	42,449,869
5	中村　通	41,543,634
6	倉本　昌弘	41,252,311
7	中島　常幸	40,145,992
8	青木　功	36,851,411
9	藤木　三郎	35,464,238
10	井上　幸一	30,105,239
11	矢部　昭	23,744,477
12	安田　春雄	23,614,328
13	山本　善隆	23,067,542
14	草壁　政治	22,401,094
15	謝　敏男	21,345,203
16	高橋　勝成	20,086,917
17	岩下　吉久	20,056,858
18	泉川ピート	19,826,297
19	尾崎　将司	19,541,606
20	金井　清一	19,497,549
21	上原　宏一	19,381,949
22	栗原　孝	18,509,333
23	高橋　五月	18,372,106
24	海老原清治	16,544,202
25	重信　秀人	16,525,534
26	杉原　輝雄	16,439,293
27	船渡川育宏	14,448,399
28	長谷川勝治	14,424,467
29	鈴木　弘一	14,370,428
30	牧野　裕	13,815,599
31	出口栄太郎	11,270,743
32	鷹巣　南雄	11,111,960
33	石井　裕士	10,816,463
34	三上　法夫	10,626,765
35	湯原　信光	10,065,510
36	新関　善美	9,032,637
37	鈴村　照男	8,752,266
38	磯崎　功	8,626,475
39	鈴木　規夫	7,942,388
40	飯合　肇	7,666,318

1985年度

ツアー競技40試合
賞金総額1,753,000,000円
上位40位までの40名が1986年度
のシード選手

順位	氏 名	獲得額（円）
1	中島 常幸	101,609,333
2	倉本 昌弘	58,767,582
3	尾崎 健夫	42,782,235
4	金井 清一	41,341,664
5	杉原 輝雄	39,703,266
6	青木 功	38,638,332
7	高橋 勝成	36,707,001
8	尾崎 直道	36,390,695
9	尾崎 将司	33,389,931
10	中村 通	32,637,389
11	湯原 信光	31,800,188
12	新井規矩雄	27,150,162
13	山本 善隆	26,177,003
14	謝 敏男	25,283,750
15	海老原清治	22,568,716
16	長谷川勝治	21,703,179
17	矢部 昭	19,972,757
18	岩下 吉久	19,603,812
19	飯合 肇	17,711,000
20	青木 基正	17,636,255
21	鈴木 弘一	17,114,000
22	上原 宏一	15,927,169
23	井上 幸一	15,481,750
24	牧野 裕	15,435,364
25	出口栄太郎	14,931,360
26	船渡川育弘	14,915,844
27	入江 勉	14,122,495
28	重信 秀人	13,992,155
29	草壁 政治	13,146,427
30	吉村 金八	12,725,400
31	鈴村 照男	12,702,420
32	渡辺 司	12,677,922
33	宮本 康弘	12,297,700
34	前田 新作	12,232,752
35	藤木 三郎	12,010,531
36	小林富士夫	11,962,833
37	磯崎 功	11,727,662
38	石井 裕士	10,889,608
39	鷹巣 南雄	10,599,642
40	須貝 昇	10,457,065

1986年度

ツアー競技40試合
賞金総額1,874,000,000円
上位40位までの40名が1987年度
のシード選手

順位	氏 名	獲得額（円）
1	中島 常幸	90,202,066
2	尾崎 将司	80,356,632
3	青木 功	78,341,666
4	倉本 昌弘	53,812,650
5	尾崎 健夫	47,941,825
6	尾崎 直道	42,304,700
7	中村 通	33,748,806
8	鈴木 弘一	29,274,750
9	杉原 輝雄	29,259,586
10	湯原 信光	28,630,256
11	新井規矩雄	28,137,980
12	藤木 三郎	26,445,966
13	高橋 勝成	24,344,296
14	前田 新作	22,844,493
15	船渡川育宏	22,598,626
16	岩下 吉久	20,286,331
17	飯合 肇	19,925,386
18	重信 秀人	19,692,663
19	新関 善美	19,660,765
20	金井 清一	19,317,337
21	石井 裕士	18,464,056
22	牧野 裕	18,078,504
23	大町 昭義	17,686,550
24	出口栄太郎	17,237,492
25	渡辺 司	17,086,848
26	山本 善隆	16,818,016
27	謝 敏男	16,655,638
28	鷹巣 南雄	15,209,092
29	海老原清治	14,837,272
30	白浜 育男	14,301,575
31	吉村 金八	14,213,879
32	長谷川勝治	13,948,587
33	河野 和重	13,391,000
34	草壁 政治	13,287,166
35	青木 基正	12,403,133
36	磯村 芳幸	11,593,512
37	入野 太	11,176,265
38	入江 勉	11,158,146
39	須貝 昇	10,886,133
40	上野 忠美	10,561,325

1987年度

ツアー競技40試合
賞金総額1,994,000,000円
※印を除く上位60位までの57名
が1988年度のシード選手

順位	氏 名	獲得額（円）
1	D・イシイ	86,554,421
2	尾崎 将司	76,981,199
3	飯合 肇	49,854,133
4	倉本 昌弘	49,171,300
5	青木 功	47,939,450
6	G・マーシュ	47,544,374
7	Br・ジョーンズ	40,499,254
8	牧野 裕	39,483,753
9	芹沢 信雄	39,117,977
10	山本 善隆	39,107,390
11	金井 清一	37,343,929
12	尾崎 直道	35,581,791
13	中島 常幸	34,366,716
14	陳 志明	31,705,617
15	高橋 勝成	30,411,916
16	中村 通	29,719,910
17	※C・スタドラー	29,700,000
18	中村 忠夫	29,499,755
19	藤木 三郎	23,278,245
20	須貝 昇	22,639,659
21	渡辺 司	22,412,263
22	横島 由一	21,865,923
23	尾崎 健夫	21,536,093
24	I・ベーカーフィンチ	21,298,000
25	鈴木 弘一	20,213,783
26	吉村 金八	19,836,175
27	木村 政信	19,572,471
28	海老原清治	19,378,625
29	杉田 勇	18,035,533
30	謝 敏男	17,825,698
31	呂 良煥	17,055,906
32	湯原 信光	16,319,450
33	T・ゲール	16,229,933
34	中村 輝夫	16,163,937
35	※S・ホーク	15,759,500
36	鷹巣 南雄	15,662,570
37	磯村 芳幸	15,382,253
38	新井規矩雄	15,201,432
39	安田 春雄	14,029,187
40	上野 忠美	13,788,060
41	友利 勝良	13,719,451
42	河野 和重	13,689,537
43	三上 法夫	13,549,256
44	草壁 政治	13,495,756
45	新関 善美	13,294,231
46	東 聡	12,888,546
47	重信 秀人	12,869,801
48	入江 勉	12,755,690
49	長谷川勝治	12,672,864
50	川俣 茂	11,974,943

順位	氏　　名	獲得額(円)
51	入野　太	11,905,956
52	陳　志忠	11,795,280
53	石井　裕士	10,926,029
54	金山　和男	10,633,016
55	杉原　輝雄	10,561,000
56	田中泰二郎	10,163,552
57	出口栄太郎	10,134,609
58	※S・バレステロス	10,025,000
59	白浜　育男	9,527,441
60	上原　宏一	9,096,516

1988年度

ツアー競技40試合
賞金総額2,286,000,000円
※印を除く上位70位までの60名
が1989年度のシード選手

順位	氏　　名	獲得額(円)
1	尾崎　将司	125,162,540
2	尾崎　直道	83,782,697
3	D・イシイ	71,372,048
4	倉本　昌弘	63,329,816
5	Br・ジョーンズ	57,196,366
6	高橋　勝成	55,096,859
7	尾崎　健夫	49,586,244
8	中村　通	45,619,844
9	新関　善美	43,252,638
10	飯合　肇	39,339,543
11	白浜　育男	35,406,962
12	Ⅰ・ベーカーフィンチ	35,282,600
13	青木　功	34,009,853
14	鈴木　弘一	29,365,253
15	横島　由一	29,234,930
16	※K・グリーン	28,935,000
17	丸山　智弘	28,654,499
18	金井　清一	28,265,456
19	※S・シンプソン	27,063,000
20	※中島　常幸	26,771,355
21	藤木　三郎	26,761,851
22	芹沢　信雄	26,416,057
23	湯原　信光	25,980,094
24	※S・バレステロス	25,200,000
25	渡辺　司	24,832,270
26	牧野　裕	24,609,433
27	友利　勝良	23,879,161
28	G・マーシュ	23,667,550
29	上野　忠美	23,506,974
30	※L・マイズ	21,520,666
31	羽川　豊	21,243,305
32	陳　志明	20,986,679
33	磯村　芳幸	19,963,372
34	甲斐　俊光	19,758,471
35	山本　善隆	19,271,551
36	吉村　金八	19,074,383
37	安田　春雄	18,904,219
38	杉原　輝雄	17,996,750
39	木村　政信	17,345,138
40	長谷川勝治	17,243,258
41	中村　輝夫	16,128,651
42	※F・カプルス	15,882,000
43	※陳　志忠	15,608,726
44	須貝　昇	15,334,550
45	中村　忠夫	15,071,478
46	船渡川育宏	14,758,893
47	川俣　茂	14,668,818
48	入野　太	14,568,633
49	海老原清治	14,200,838
50	前田　新作	13,627,838
51	出口栄太郎	13,441,580
52	横山　明仁	13,384,232
53	※J・M・オラサバル	13,084,000
54	鷹巣　南雄	12,452,499
55	東　聡	11,864,744
56	謝　敏男	11,727,961
57	三上　法夫	10,998,720
58	田中泰二郎	10,926,854
59	室田　淳	10,843,292
60	※C・パリー	10,741,875
61	※J・スルーマン	10,650,000
62	青木　基正	10,609,866
63	杉田　勇	10,594,616
64	泉川ピート	9,803,200
65	R・マッケイ	9,769,660
66	新井規矩雄	9,519,696
67	金子　柱憲	9,383,826
68	T・ゲール	8,957,316
69	金山　和男	8,894,973
70	草壁　政治	8,854,812

1989年度

ツアー競技41試合
賞金総額2,600,000,000円
※印を除く上位69位までの60名
が1990年度のシード選手

順位	氏　　名	獲得額(円)
1	尾崎　将司	108,715,733
2	尾崎　直道	79,690,766
3	Br・ジョーンズ	70,061,826
4	※青木　功	53,125,400
5	G・マーシュ	52,601,000
6	芹沢　信雄	50,697,499
7	尾崎　健夫	50,045,314
8	横島　由一	47,795,371
9	中島　常幸	46,807,186
10	大町　昭義	45,793,100
11	藤木　三郎	44,502,436
12	鈴木　弘一	43,404,933
13	新関　善美	41,507,392
14	※L・マイズ	38,800,000
15	山本　善隆	38,022,071
16	杉原　輝雄	33,391,800
17	R・マッケイ	33,257,870
18	D・イシイ	33,211,060
19	中村　通	32,423,523
20	牧野　裕	32,331,737
21	友利　勝良	31,719,026
22	横山　明仁	31,656,418
23	飯合　肇	29,244,815
24	長谷川勝治	26,458,000
25	中村　忠夫	26,270,317
26	須藤　聡明	25,361,561
27	倉本　昌弘	25,059,860
28	湯原　信光	25,059,459
29	金井　清一	24,127,446
30	木村　政信	23,862,429
31	渡辺　司	23,627,584
32	陳　志忠	23,606,120
33	T・ゲール	23,541,516
34	上野　忠美	23,362,327
35	※L・ネルソン	23,058,000
36	室田　淳	22,912,116
37	陳　志明	22,240,498
38	※B・マカリスター	22,200,000
39	金子　柱憲	21,500,900
40	須貝　昇	21,186,830
41	高橋　勝成	20,480,584
42	海老原清治	20,342,360
43	東　聡	18,944,366
44	泉川ピート	18,389,803
45	磯村　芳幸	18,318,985
46	羽川　豊	18,242,388
47	白浜　育男	18,241,035
48	※G・ノーマン	18,000,000
49	安田　春雄	17,978,761
50	加瀬　秀樹	17,653,848
51	出口栄太郎	17,650,140
52	丸山　智弘	16,307,870
53	※J・M・オラサバル	16,200,000
54	米山　剛	16,083,453
55	甲斐　俊光	15,591,422
56	吉村　金八	14,635,690
57	水巻　善典	14,286,600
58	川俣　茂	13,986,321
59	松井　一	13,732,670
60	小林富士夫	13,120,533
61	※C・パリー	13,110,900
62	入野　太	12,962,217
63	草壁　政治	12,720,297
64	川上　典一	12,712,333
65	三上　法夫	11,715,575
66	※M・リード	11,437,600
67	E・エレラ	11,331,347
68	※J・スルーマン	11,270,000
69	柴田　猛	11,207,312

1990年度

ツアー競技44試合
賞金総額3,290,000,000円
※印を除く上位64位までの60名
が1991年度のシード選手

順位	氏　名	獲得額（円）
1	尾崎　将司	129,060,500
2	中島　常幸	96,979,100
3	川岸　良兼	87,350,200
4	尾崎　直道	85,060,727
5	藤木　三郎	79,143,626
6	須貝　昇	70,983,050
7	杉原　輝雄	64,245,358
8	加瀬　秀樹	64,070,457
9	Br・ジョーンズ	62,093,226
10	中村　通	61,600,633
11	倉本　昌弘	58,206,633
12	G・マーシュ	57,457,167
13	金子　柱憲	53,098,924
14	D・イシイ	52,068,791
15	芹沢　信雄	51,945,753
16	※L・マイズ	47,536,000
17	牧野　裕	42,484,026
18	湯原　信光	41,309,750
19	中村　忠夫	40,377,619
20	渡辺　司	39,548,325
21	青木　功	36,648,500
22	東　聡	36,161,090
23	陳　志忠	34,310,000
24	R・マッケイ	32,803,142
25	川俣　茂	32,625,843
26	金井　清一	31,811,516
27	丸山　智弘	31,669,018
28	横山　明仁	30,680,297
29	高橋　勝成	30,671,400
30	陳　志明	29,916,091
31	室田　淳	29,408,342
32	山本　善隆	28,310,899
33	木村　政信	28,085,785
34	長谷川勝治	27,614,319
35	水巻　善典	27,273,459
36	※J・M・オラサバル	26,808,000
37	奥田　靖己	25,143,142
38	※M・リード	25,008,000
39	友利　勝良	24,881,340
40	上野　忠美	22,960,225
41	尾崎　健夫	22,890,766
42	米山　剛	22,825,026
43	井戸木鴻樹	22,787,194
44	鈴木　弘一	22,690,133
45	磯村　芳幸	22,558,996
46	飯合　肇	21,179,106
47	F・ミノザ	21,160,325
48	羽川　豊	20,900,528
49	大町　昭義	20,847,728
50	E・エレラ	20,813,625
51	前田　新作	20,585,458
52	真板　潔	19,823,893
53	白浜　育男	18,631,175
54	T・ゲール	18,323,200
55	板井　榮一	18,225,532
56	重信　秀人	18,212,298
57	泉川ピート	17,173,027
58	海老原清治	16,602,212
59	※L・ネルソン	15,956,000
60	野口嘉樹夫	15,873,110
61	甲斐　俊光	15,791,960
62	稲垣　太成	15,682,528
63	入野　太	15,349,725
64	A・ギリガン	14,783,275

1991年度

ツアー競技43試合
賞金総額3,652,500,000円
※印を除く上位63位までの60名
が1992年度のシード選手

順位	氏　名	獲得額（円）
1	尾崎　直道	119,507,974
2	R・マッケイ	113,137,135
3	中島　常幸	111,639,213
4	尾崎　将司	99,060,539
5	青木　功	74,237,850
6	牧野　裕	66,358,936
7	金子　柱憲	66,191,764
8	羽川　豊	62,590,240
9	鈴木　弘一	61,745,366
10	藤木　三郎	61,638,328
11	横島　由一	60,376,966
12	陳　志忠	58,197,066
13	板井　榮一	56,887,708
14	湯原　信光	56,828,734
15	倉本　昌弘	53,755,585
16	渡辺　司	51,830,865
17	水巻　善典	50,893,966
18	浜野　治光	48,725,715
19	※L・ネルソン	46,594,000
20	加瀬　秀樹	43,376,116
21	尾崎　健夫	43,260,597
22	※S・バレステロス	42,800,000
23	須貝　昇	42,581,640
24	川岸　良兼	41,659,492
25	杉原　輝雄	39,581,499
26	B・フランクリン	39,311,301
27	Br・ジョーンズ	38,833,278
28	大町　昭義	37,967,348
29	西川　哲	37,263,642
30	芹沢　信雄	35,902,740
31	中村　通	35,739,866
32	山本　善隆	35,383,516
33	R・ギブソン	35,161,416
34	東　聡	35,028,233
35	高橋　勝成	34,326,506
36	室田　淳	34,309,249
37	G・マーシュ	33,238,817
38	上野　忠美	31,615,156
39	横山　明仁	30,742,916
40	奥田　靖己	29,690,733
41	米山　剛	29,226,600
42	飯合　肇	28,584,328
43	陳　志明	28,261,861
44	佐藤　英之	28,237,047
45	木村　政信	28,056,193
46	F・ミノザ	27,487,721
47	吉村　金八	26,055,692
48	D・イシイ	25,056,350
49	丸山　智弘	24,036,897
50	重信　秀人	22,431,027
51	白石　達哉	19,614,338
52	前田　新作	19,077,548
53	川俣　茂	18,957,254
54	白浜　育男	18,936,099
55	磯村　芳幸	18,930,339
56	金井　清一	18,636,059
57	真板　潔	18,579,458
58	泉川ピート	18,229,002
59	※R・フロイド	18,000,000
60	長谷川勝治	17,891,660
61	中村　輝夫	17,658,531
62	稲垣　太成	17,565,582
63	井戸木鴻樹	16,754,043

1992年度

ツアー競技38試合
賞金総額3,890,000,000円
※印を除く上位63位までの60名
が1993年度シード選手

順位	氏　名	獲得額（円）
1	尾崎　将司	186,816,466
2	尾崎　直道	130,880,179
3	陳　志明	122,317,851
4	倉本　昌弘	116,361,950
5	中島　常幸	108,674,116
6	室田　淳	98,958,726
7	奥田　靖己	88,944,972
8	湯原　信光	87,420,199
9	牧野　裕	80,972,661
10	※青木　功	71,009,733
11	藤木　三郎	70,297,628
12	D・イシイ	63,273,449
13	T・ハミルトン	62,866,532
14	陳　志忠	61,678,945
15	渡辺　司	59,721,432
16	中村　通	57,262,408
17	金子　柱憲	57,230,188

過去のデータ

289

順位	氏　　名	獲得額（円）
18	R・マッケイ	55,838,229
19	B・フランクリン	53,855,926
20	西川　哲	51,735,257
21	Br・ジョーンズ	46,220,857
22	P・シニア	43,592,342
23	高橋　勝成	41,060,932
24	宮瀬　博文	40,059,573
25	水巻　善典	38,132,987
26	重信　秀人	37,282,743
27	※D・フロスト	36,000,000
28	横島　由一	35,546,857
29	井上　久雄	35,326,992
30	F・ミノザ	34,343,866
31	木村　政信	33,360,108
32	尾崎　健夫	32,999,653
33	R・ギブソン	32,917,657
34	芹沢　信雄	32,342,028
35	川俣　茂	32,026,414
36	米山　剛	31,538,524
37	山本　善隆	30,549,956
38	大町　昭義	29,023,176
39	鈴木　弘一	28,181,625
40	横山　明仁	28,027,727
41	髙見　和宏	27,860,366
42	東　聡	27,635,000
43	飯合　肇	26,975,527
44	加瀬　秀樹	26,972,891
45	森　茂則	26,767,150
46	杉原　輝雄	25,910,046
47	井戸木鴻樹	25,674,354
48	川岸　良兼	23,512,059
49	稲田　太成	23,499,137
50	板井　榮一	22,899,622
51	中村　輝夫	22,063,245
52	友利　勝良	21,268,237
53	丸山　智弘	21,051,916
54	上野　忠美	20,958,787
55	※M・オメーラ	19,800,000
56	須貝　昇	19,343,155
57	羽川　豊	19,171,472
58	海老原清治	18,488,523
59	塩田　昌宏	18,316,313
60	G・マーシュ	18,100,908
61	P・ホード	17,948,923
62	真板　潔	17,862,344
63	佐藤　英之	17,645,306

1993年度

ツアー競技39試合
賞金総額4,185,000,000円
※印を除く上位65位までの60名
が1994年度のシード選手

順位	氏　　名	獲得額（円）
1	飯合　肇	148,718,200
2	尾崎　将司	144,597,000
3	中島　常幸	130,842,771
4	陳　志忠	112,427,166
5	渡辺　司	103,774,100
6	T・ハミルトン	91,494,648
7	高橋　勝成	89,106,132
8	水巻　善典	68,390,437
9	奥田　靖己	65,208,042
10	D・イシイ	63,720,330
11	尾崎　直道	60,073,657
12	山本　善隆	59,539,159
13	板井　榮一	57,599,264
14	F・ミノザ	56,725,252
15	室田　淳	56,207,044
16	丸山　智弘	53,713,491
17	牧野　裕	53,550,249
18	芹澤　信雄	52,940,794
19	川岸　良兼	49,680,518
20	丸山　茂樹	49,295,306
21	Br・ジョーンズ	48,702,546
22	宮瀬　博文	46,767,415
23	P・シニア	45,165,768
24	鈴木　亨	42,982,188
25	※倉本　昌弘	41,725,036
26	友利　勝良	41,323,083
27	藤木　三郎	41,256,969
28	尾崎　健夫	40,451,780
29	大町　昭義	39,137,571
30	西川　哲	38,644,754
31	池内　信治	37,838,273
32	鈴木　弘一	37,782,360
33	井戸木鴻樹	37,138,653
34	※E・エルス	36,000,000
35	川俣　茂	35,757,028
36	米山　剛	35,341,466
37	白浜　育男	35,203,433
38	R・マッケイ	34,778,377
39	S・ギムソン	34,673,682
40	髙見　和宏	34,075,366
41	佐々木久行	33,042,168
42	東　聡	32,852,507
43	小達　敏昭	31,949,160
44	須貝　昇	31,787,600
45	R・ギブソン	31,353,876
46	木村　政信	31,166,547
47	※T・リーマン	30,680,000
48	長谷川勝治	30,391,773
49	中村　通	30,106,883
50	B・フランクリン	28,232,563

順位	氏　　名	獲得額（円）
51	佐藤　英之	28,128,688
52	※G・ノーマン	27,894,000
53	B・ワッツ	26,769,642
54	林　吉祥	26,632,380
55	森　茂則	26,604,735
56	湯原　信光	24,477,294
57	E・エレラ	24,056,466
58	※P・ミケルソン	23,850,000
59	陳　志明	23,837,681
60	河村　雅之	23,757,614
61	重信　秀人	23,254,456
62	P・マックウィニー	22,778,385
63	中村　輝夫	22,658,321
64	杉原　輝雄	22,126,266
65	金子　柱憲	21,358,137

1994年度

ツアー競技38試合
賞金総額4,150,000,000円
※印を除く上位62位までの60名
が1995年度のシード選手

順位	氏　　名	獲得額（円）
1	尾崎　将司	215,468,000
2	B・ワッツ	139,052,710
3	中島　常幸	115,771,280
4	尾崎　直道	91,685,057
5	D・イシイ	87,271,410
6	T・ハミルトン	86,960,890
7	溝口　英二	79,917,083
8	佐々木久行	77,077,194
9	芹澤　信雄	69,619,200
10	渡辺　司	65,455,698
11	室田　淳	63,222,505
12	倉本　昌弘	62,655,316
13	加瀬　秀樹	59,781,084
14	水巻　善典	56,076,556
15	友利　勝良	54,921,414
16	金子　柱憲	53,695,686
17	河村　雅之	52,867,173
18	R・マッケイ	49,896,904
19	謝　錦昇	49,243,852
20	植田　浩史	44,524,800
21	高橋　勝成	43,758,546
22	E・エレラ	41,859,820
23	C・ウォーレン	41,457,390
24	丸山　茂樹	39,530,386
25	東　聡	39,496,345
26	髙見　和宏	38,174,738
27	C・フランコ	38,089,617
28	F・ミノザ	37,621,951
29	杉原　輝雄	37,503,966
30	木村　政信	36,530,079
31	宮瀬　博文	34,998,699
32	陳　志明	34,384,376

順位	氏　　名	獲得額(円)
33	海老原清治	34,053,417
34	P・シニア	33,822,523
35	山本 善隆	32,718,993
36	A・ギリガン	32,278,986
37	鈴木 亨	31,342,446
38	真板 潔	31,084,986
39	合田 洋	30,115,228
40	白浜 育男	29,331,343
41	S・ジン	29,075,904
42	R・ギブソン	28,306,011
43	藤木 三郎	28,252,694
44	米山 剛	28,068,449
45	R・バックウェル	27,737,041
46	※R・ガメス	27,000,000
47	川岸 良兼	26,843,813
48	芹沢 大介	26,291,174
49	陳 志忠	25,985,358
50	大町 昭義	25,573,190
51	丸山 智弘	25,518,392
52	S・ギムソン	25,362,599
53	湯原 信光	25,337,969
54	小達 敏昭	24,710,587
55	楠本 研	24,611,983
56	森 茂則	24,421,517
57	重信 秀人	24,128,985
58	井戸木鴻樹	24,110,460
59	林 吉祥	23,693,383
60	泉川ピート	23,121,100
61	※S・ホーク	22,800,000
62	上出 裕也	21,919,587

1995年度

ツアー競技37試合
賞金総額4,020,000,000円
※印を除く上位62位までの60名
が1996年度のシード選手

順位	氏　　名	獲得額(円)
1	尾崎 将司	192,319,800
2	東 聡	136,854,183
3	丸山 茂樹	103,209,036
4	倉本 昌弘	88,227,209
5	友利 勝良	86,693,831
6	田中 秀道	78,815,775
7	B・ワッツ	78,284,433
8	F・ミノザ	72,781,575
9	丸山 智弘	72,535,319
10	佐々木久行	69,777,275
11	中島 常幸	66,872,554
12	P・シニア	65,173,114
13	髙見 和宏	63,008,593
14	鈴木 亨	61,617,084
15	加瀬 秀樹	59,144,532
16	R・ギブソン	58,445,281
17	森 茂則	55,378,250

順位	氏　　名	獲得額(円)
18	芹澤 信雄	55,357,687
19	T・ハミルトン	54,302,567
20	湯原 信光	53,793,714
21	桑原 克典	52,128,201
22	河村 雅之	50,577,317
23	渡辺 司	49,552,188
24	C・フランコ	49,460,343
25	B・ジョーブ	48,530,000
26	細川 和彦	48,008,882
27	奥田 靖己	46,927,299
28	川岸 良兼	46,469,212
29	井戸木鴻樹	43,499,528
30	E・エレラ	43,248,463
31	飯合 肇	42,024,908
32	真板 潔	41,975,487
33	伊沢 利光	41,848,343
34	S・ジン	37,526,267
35	水巻 善典	36,879,982
36	金子 柱憲	33,528,164
37	横田 真一	33,235,627
38	高橋 勝成	33,048,599
39	木村 政信	31,929,939
40	福沢 孝秋	30,210,861
41	中村 通	30,125,635
42	池内 信治	30,049,950
43	※尾崎 直道	29,470,550
44	日下部光隆	29,174,620
45	D・イシイ	27,434,332
46	藤木 三郎	25,576,995
47	宮瀬 博文	25,083,582
48	室田 淳	24,660,570
49	楠本 研	23,728,899
50	高崎 龍雄	23,344,775
51	※R・ガメス	22,917,600
52	R・マッカイ	22,502,133
53	林 吉祥	22,354,232
54	白浜 育男	22,285,652
55	西川 哲	21,831,546
56	溝口 英二	19,323,100
57	比嘉 勉	18,351,820
58	米山 剛	18,016,130
59	大町 昭義	17,894,102
60	A・ギリガン	17,732,464
61	尾崎 健夫	17,692,343
62	坂本 義一	17,293,814

1996年度

ツアー競技36試合
賞金総額3,910,000,000円
※印を除く上位63位までの60名
が1997年度のシード選手

順位	氏　　名	獲得額(円)
1	尾崎 将司	209,646,746
2	金子 柱憲	117,697,448
3	B・ワッツ	89,346,882
4	細川 和彦	79,510,295
5	丸山 茂樹	75,961,133
6	尾崎 直道	70,651,005
7	木村 政信	70,635,215
8	D・イシイ	65,732,373
9	芹澤 信雄	64,076,788
10	T・ハミルトン	63,073,138
11	F・ミノザ	60,429,470
12	飯合 肇	57,958,922
13	C・フランコ	53,287,568
14	E・エレラ	49,591,020
15	友利 勝良	48,264,714
16	田中 秀道	46,165,295
17	P・シニア	46,130,061
18	中島 常幸	45,939,531
19	佐藤 英之	43,862,503
20	B・ジョーブ	42,940,828
21	桑原 克典	42,595,984
22	加瀬 秀樹	41,104,490
23	渡辺 司	39,513,160
24	桑原 将一	39,033,530
25	鈴木 亨	38,084,251
26	倉本 昌弘	37,115,572
27	佐々木久行	35,710,520
28	水巻 善典	34,919,501
29	P・マックウィニー	32,916,658
30	横尾 要	31,950,101
31	真板 潔	31,934,930
32	川岸 良兼	31,529,886
33	坂本 義一	30,962,566
34	福永 和宏	30,387,891
35	横田 真一	29,886,817
36	東 聡	29,125,806
37	※P・テラベイネン	28,490,000
38	宮瀬 博文	28,055,626
39	米山 剛	28,016,933
40	陳 志忠	27,528,643
41	奥田 靖己	27,326,040
42	福沢 孝秋	27,167,159
43	※P・スタンコウスキー	27,000,000
44	※L・ウエストウッド	26,370,000
45	伊沢 利光	26,102,473
46	深堀圭一郎	25,768,074
47	手嶋 多一	25,560,848
48	河村 雅之	24,754,745
49	R・ギブソン	24,260,664
50	湯原 信光	24,053,080

過去のデータ

順位	氏名	獲得額(円)
51	髙見 和宏	23,655,910
52	丸山 智弘	22,776,066
53	福澤 義光	22,545,618
54	尾崎 健夫	21,998,187
55	高橋 勝成	21,488,697
56	佐藤 剛平	20,506,194
57	比嘉 勉	19,763,935
58	R・マッカイ	19,230,340
59	Z・モウ	19,229,913
60	S・ジン	19,182,458
61	溝口 英二	18,865,360
62	林 根基	18,825,315
63	森 茂則	18,616,823

1997年度

ツアー競技36試合
賞金総額3,930,000,000円
※印を除く上位66位までの60名
が1998年度のシード選手

順位	氏名	獲得額(円)
1	尾崎 将司	170,847,633
2	丸山 茂樹	152,774,420
3	B・ワッツ	111,153,198
4	※尾崎 直道	96,994,361
5	尾崎 健夫	77,555,311
6	B・ジョーブ	69,759,886
7	桑原 将一	60,413,113
8	C・フランコ	56,321,628
9	宮瀬 博文	55,764,409
10	F・ミノザ	54,192,571
11	鈴木 亨	51,444,184
12	深堀圭一郎	51,427,473
13	E・エレラ	51,050,800
14	久保谷健一	50,740,711
15	飯合 肇	44,547,120
16	溝口 英二	44,409,460
17	渡辺 司	44,302,747
18	藤田 寛之	43,935,360
19	日下部光隆	43,303,400
20	桧垣 繁正	42,539,160
21	※C・パリー	42,340,000
22	原田 三夫	42,020,640
23	P・テラベイネン	39,921,168
24	横田 真一	39,038,496
25	横尾 要	38,027,502
26	桑原 克典	37,970,159
27	佐藤 信人	37,518,614
28	細川 和彦	36,862,380
29	D・イシイ	36,700,346
30	小達 敏昭	36,595,294
31	手嶋 多一	36,327,734
32	※T・ワトソン	36,000,000
33	中村 通	34,586,294
34	東 聡	34,177,481

順位	氏名	獲得額(円)
35	森 茂則	32,924,420
36	葉 彰廷	32,801,860
37	T・ハミルトン	32,554,520
38	水巻 善典	31,839,730
39	奥田 靖己	31,798,632
40	金子 柱憲	30,834,774
41	真板 潔	30,298,222
42	佐々木久行	30,040,980
43	中島 常幸	29,983,700
44	田中 秀道	29,357,393
45	金 鍾徳	28,685,960
46	S・ジン	28,668,220
47	※L・ウエストウッド	28,605,600
48	金山 和雄	28,352,700
49	米山 剛	28,025,186
50	※伊沢 利光	25,855,454
51	井戸木鴻樹	24,041,714
52	Z・モウ	23,792,840
53	宮本 勝昌	22,396,448
54	川岸 良兼	22,183,454
55	片山 晋呉	21,910,072
56	河村 雅之	21,593,388
57	木村 政信	21,244,325
58	湯原 信光	21,050,550
59	谷口 徹	20,558,070
60	杉本 周作	20,305,838
61	佐藤 英之	19,618,680
62	髙見 和宏	19,585,928
63	芹沢 大介	19,290,120
64	※R・マッカイ	19,066,500
65	福沢 孝秋	18,854,620
66	高橋 勝成	18,638,190

1998年度

ツアー競技36試合
賞金総額4,070,000,000円
※印を除く上位64位までの60名
が1999年度のシード選手
ランキングは海外4大メジャー
競技で獲得した賞金を含む

順位	氏名	獲得額(円)
1	尾崎 将司	179,627,400
2	B・ワッツ	132,014,990
3	田中 秀道	103,941,437
4	B・ジョーブ	97,566,406
5	宮本 勝昌	93,580,618
6	C・フランコ	92,569,038
7	丸山 茂樹	86,422,421
8	F・ミノザ	74,102,769
9	横尾 要	74,090,419
10	※L・ウエストウッド	72,000,000
11	伊沢 利光	63,295,563
12	鈴木 亨	63,252,358
13	桑原 克典	62,661,761

順位	氏名	獲得額(円)
14	細川 和彦	58,472,304
15	深堀圭一郎	56,220,182
16	飯合 肇	54,866,597
17	※尾崎 直道	53,853,954
18	谷口 徹	49,515,691
19	佐藤 信人	48,045,128
20	E・エレラ	47,809,590
21	水巻 善典	44,989,934
22	片山 晋呉	44,807,900
23	湯原 信光	43,993,660
24	東 聡	42,367,831
25	尾崎 健夫	40,661,307
26	小山内 護	39,500,720
27	米山 剛	39,082,691
28	T・ハミルトン	36,998,300
29	D・イシイ	35,051,790
30	陳 志忠	34,226,961
31	渡辺 司	34,213,727
32	加瀬 秀樹	33,436,931
33	今野 康晴	32,245,340
34	横田 真一	32,216,710
35	河村 雅之	32,089,093
36	日下部光隆	32,065,251
37	川岸 良兼	32,056,237
38	藤木 三郎	31,852,554
39	藤田 寛之	30,871,672
40	奥田 靖己	29,903,308
41	髙見 和宏	29,889,742
42	D・チャンド	29,536,240
43	P・マックウィニー	29,303,000
44	Z・モウ	28,598,538
45	高崎 龍雄	28,504,520
46	原田 三夫	28,118,887
47	杉本 周作	26,995,555
48	中島 常幸	26,650,404
49	桑原 将一	24,875,760
50	手嶋 多一	24,411,715
51	※D・クラーク	23,994,000
52	D・スメイル	23,711,800
53	井戸木鴻樹	23,428,877
54	S・コンラン	23,170,937
55	葉 彰廷	23,102,955
56	桧垣 繁正	22,671,186
57	金子 柱憲	21,621,240
58	※D・ラブⅢ	21,600,000
59	金 鍾徳	21,277,041
60	真板 潔	21,217,522
61	小達 敏昭	20,955,420
62	S・ジン	20,685,132
63	宮瀬 博文	20,522,265
64	木村 政信	20,310,029

1999年度

ツアー競技32試合
賞金総額3,360,000,000円
※印を除く上位68位までの61名
が2000年度のシード選手
ランキングは海外4大メジャー
競技及びチーム戦を除くWGC3
競技で獲得した賞金を含む

順位	氏 名	獲得額（円）
1	尾崎　直道	137,641,796
2	細川　和彦	129,058,283
3	丸山　茂樹	114,958,525
4	伊沢　利光	110,927,044
5	米山　剛	106,872,033
6	尾崎　将司	83,517,969
7	手嶋　多一	81,901,760
8	片山　晋呉	76,114,008
9	横尾　要	73,465,103
10	川岸　良兼	72,829,630
11	谷口　徹	69,837,799
12	田中　秀道	68,819,716
13	宮瀬　博文	64,795,851
14	桧垣　繁正	61,604,400
15	桑原　克典	59,461,521
16	金　鍾徳	56,023,333
17	飯合　肇	55,724,333
18	小山内　護	48,581,275
19	渡辺　司	47,999,950
20	今野　康晴	47,634,321
21	崔　京周	47,455,000
22	東　聡	46,175,166
23	奥田　靖己	45,829,210
24	D・イシイ	43,101,875
25	深堀圭一郎	42,908,810
26	原田　三夫	40,949,500
27	※T・ビョン	40,000,000
28	鈴木　亨	38,517,236
29	加瀬　秀樹	38,295,382
30	E・エレラ	37,390,350
31	尾崎　健夫	36,443,790
32	河村　雅之	35,406,423
33	☆湯原　信光	33,977,034
34	F・ミノザ	28,679,011
35	金子　柱憲	27,651,032
36	藤田　寛之	27,320,178
37	葉　彰廷	27,118,079
38	溝口　英二	26,263,128
39	佐々木久行	26,233,719
40	D・スメイル	25,765,618
41	※B・ジョーブ	25,564,000
42	杉本　周作	25,529,024
43	髙見　和宏	24,258,070
44	R・バックウェル	24,173,165
45	陳　志忠	23,236,253
46	佐藤　信人	23,083,803
47	T・ハミルトン	22,975,600
48	S・ジン	22,485,272
49	小達　敏昭	21,176,374
50	林　根基	20,810,562
51	※友利　勝良	20,525,300
52	※S・ガルシア	20,331,520
53	倉本　昌弘	20,005,409
54	Z・モウ	19,350,584
55	横田　真一	19,245,925
56	S・コンラン	18,876,796
57	※N・プライス	18,000,000
58	野上　貴夫	17,565,315
59	白浜　育男	17,213,733
60	芹澤　信雄	16,387,064
61	真板　潔	16,297,650
62	D・チャンド	15,528,357
63	※D・クラーク	14,900,000
64	室田　淳	13,582,661
65	井田　安則	13,532,591
66	謝　錦昇	13,127,000
67	※L・ウエストウッド	13,096,666
68	兼本　貴司	12,931,650

☆は特別保障制度適用により義務
試合数免除。

2000年度

ツアー競技33試合
賞金総額3,530,000,000円
※印を除く上位72位までの70名
が2001年度のシード選手
ランキングは海外4大メジャー
競技及びチーム戦を除くWGC3
競技で獲得した賞金を含む

順位	氏 名	獲得額（円）
1	片山　晋呉	177,116,489
2	谷口　徹	175,829,742
3	佐藤　信人	155,246,900
4	伊沢　利光	120,316,633
5	田中　秀道	108,807,851
6	宮瀬　博文	106,622,452
7	尾崎　将司	88,940,087
8	深堀圭一郎	81,471,008
9	鈴木　亨	77,513,374
10	横尾　要	76,634,601
11	今野　康晴	62,025,183
12	宮本　勝昌	61,921,383
13	真板　潔	52,757,978
14	佐々木久行	52,347,113
15	水巻　善典	49,593,600
16	東　聡	49,244,807
17	※尾崎　直道	45,805,100
18	R・バックウェル	43,542,107
19	飯合　肇	43,518,307
20	溝口　英二	42,811,715
21	桑原　克典	41,028,877
22	手嶋　多一	40,968,733
23	芹澤　信雄	40,221,223
24	久保谷健一	39,994,613
25	桧垣　繁正	37,084,656
26	林　根基	35,231,364
27	室田　淳	34,955,433
28	白潟　英純	34,411,620
29	尾崎　健夫	34,070,466
30	米山　剛	33,359,159
31	日下部光隆	31,334,700
32	D・ウィルソン	31,121,744
33	細川　和彦	31,034,933
34	小達　敏昭	30,951,374
35	藤田　寛之	30,769,903
36	小山内　護	30,642,860
37	F・ミノザ	30,433,359
38	葉　彰廷	28,522,361
39	牧坂　考作	27,567,338
40	※B・メイ	26,720,000
41	S・コンラン	26,471,500
42	白浜　育男	26,107,055
43	金　鍾徳	26,045,427
44	渡辺　司	25,651,042
45	奥田　靖己	25,333,388
46	湯原　信光	25,286,404
47	S・レイコック	24,297,943
48	加瀬　秀樹	24,144,938
49	友利　勝良	23,754,330
50	川岸　良兼	23,679,570
51	白石　達哉	23,273,425
52	D・スメイル	22,575,010
53	平塚　哲二	20,454,343
54	髙見　和宏	19,992,986
55	河村　雅之	19,109,273
56	兼本　貴司	18,573,016
57	横田　真一	17,003,146
58	C・ペーニャ	16,952,375
59	原田　三夫	16,852,877
60	井戸木鴻樹	16,737,395
61	杉本　周作	16,537,988
62	原口　鉄也	15,859,657
63	謝　錦昇	15,745,626
64	金子　柱憲	15,510,383
65	山本　昭一	14,916,280
66	立山　光広	14,820,159
67	川原　希	13,475,396
68	G・ノークイスト	13,409,728
69	A・ギリガン	13,325,833
70	今井　克宗	13,241,328
71	合田　洋	12,558,121
72	河井　博大	12,377,277

2001年度

ツアー競技31試合
賞金総額3,430,000,000円
※印を除く上位73名までの70名
が2002年度のシード選手
ランキングは海外4大メジャー
競技及びチーム戦を除くWGC3
競技で獲得した賞金を含む

順位	氏　名	獲得額（円）
1	伊沢　利光	217,934,583
2	片山　晋呉	133,434,850
3	D・ウィルソン	118,571,075
4	手嶋　多一	112,356,544
5	谷口　徹	111,686,284
6	林　根基	96,713,000
7	田中　秀道	95,185,544
8	宮本　勝昌	87,455,177
9	中嶋　常幸	68,378,345
10	深堀圭一郎	65,182,064
11	尾崎　将司	64,570,178
12	藤田　寛之	63,752,786
13	室田　淳	61,578,997
14	S・レイコック	57,498,275
15	D・チャンド	57,473,400
16	飯合　肇	56,396,914
17	F・ミノザ	54,791,875
18	佐藤　信人	48,250,113
19	友利　勝良	47,169,752
20	横田　真一	43,595,302
21	平石　武則	42,444,749
22	渡辺　司	41,342,503
23	鈴木　亨	41,271,841
24	※D・デュバル	40,000,000
25	細川　和彦	38,498,083
26	E・エレラ	37,335,750
27	D・スメイル	36,653,683
28	溝口　英二	36,586,266
29	久保谷健一	35,646,841
30	近藤　智弘	35,312,706
31	加瀬　秀樹	32,553,066
32	平塚　哲二	32,275,580
33	桧垣　繁正	32,072,256
34	J・M・シン	30,314,325
35	※D・クラーク	28,480,000
36	米山　剛	28,181,700
37	今井　克宗	28,027,865
38	真板　潔	27,302,830
39	葉　彰廷	26,815,247
40	芹澤　信雄	26,181,597
41	小達　敏昭	25,404,950
42	東　聡	25,216,017
43	Z・モウ	25,088,411
44	T・ハミルトン	24,695,582
45	野仲　茂	24,167,100
46	福澤　義光	23,390,069
47	宮瀬　博文	23,009,458
48	桧垣　豪	22,412,266

順位	氏　名	獲得額（円）
49	桑原　克典	21,974,000
50	B・ジョーンズ	20,950,501
51	河村　雅之	20,106,590
52	金城　和弘	19,877,871
53	P・マークセン	18,777,425
54	日下部光隆	17,950,179
55	牧坂　考作	17,732,562
56	川原　希	17,660,183
57	A・ギリガン	17,627,008
58	C・ペーニャ	17,523,795
59	※尾崎　直道	17,475,250
60	倉本　昌弘	17,132,444
61	原田　三夫	17,120,490
62	白潟　英純	16,987,824
63	謝　錦昇	16,556,264
64	堺谷　和将	16,525,890
65	宮里　聖志	16,226,903
66	小山内　護	15,851,012
67	金　鍾徳	15,426,785
68	杉本　周作	15,106,499
69	水巻　善典	14,984,921
70	山本　昭一	14,916,332
71	S・コンラン	14,432,590
72	兼本　貴司	14,242,286
73	井戸木鴻樹	14,089,925

2002年度

ツアー競技29試合
賞金総額3,320,000,000円
※印を除く上位75位までの70名
が2003年度のツアー出場資格を
獲得
ランキングは海外4大メジャー
競技及びチーム戦を除くWGC3
競技で獲得した賞金を含む

順位	氏　名	獲得額（円）
1	谷口　徹	145,440,341
2	佐藤　信人	130,825,969
3	片山　晋呉	129,258,019
4	D・ウィルソン	97,116,100
5	D・スメイル	94,103,576
6	中嶋　常幸	89,788,484
7	久保谷健一	83,664,013
8	B・ジョーンズ	80,771,735
9	今野　康晴	76,309,705
10	伊沢　利光	75,906,757
11	尾崎　将司	67,821,342
12	藤田　寛之	67,111,285
13	S・レイコック	64,241,099
14	桑原　克典	59,581,317
15	宮瀬　博文	53,267,105
16	尾崎　直道	52,931,571
17	S・K・ホ	52,340,564
18	近藤　智弘	51,121,536

順位	氏　名	獲得額（円）
19	金　鍾徳	49,477,216
20	鈴木　亨	45,646,852
21	C・ペーニャ	44,852,366
22	張　連偉	44,214,466
23	※横尾　要	43,509,000
24	宮本　勝昌	41,590,894
25	※J・ローズ	39,400,000
26	室田　淳	39,063,571
27	宮里　聖志	37,096,000
28	平塚　哲二	36,929,311
29	手嶋　多一	34,264,987
30	P・マークセン	33,506,766
31	横田　真一	30,969,250
32	Z・モウ	30,833,425
33	林　根基	30,687,083
34	桧垣　繁正	30,334,194
35	湯原　信光	29,020,800
36	尾崎　健夫	28,210,265
37	渡辺　司	26,858,128
38	飯合　肇	26,569,174
39	井戸木鴻樹	26,422,409
40	小山内　護	26,263,201
41	加瀬　秀樹	25,649,071
42	T・ハミルトン	25,471,318
43	丸山　大輔	24,249,626
44	細川　和彦	23,803,901
45	謝　錦昇	21,447,736
46	川原　希	21,391,000
47	G・マイヤー	20,828,316
48	友利　勝良	20,267,471
49	D・チャンド	20,050,807
50	※S・ガルシア	20,000,000
51	深堀圭一郎	19,742,830
52	星野　英正	19,717,506
53	平石　武則	19,393,660
54	高山　忠洋	19,095,804
55	※田中　秀道	18,540,000
56	今井　克宗	18,429,223
57	野仲　茂	17,902,098
58	菊池　純	17,479,050
59	陳　志忠	17,447,184
60	矢野　東	17,087,521
61	米山　剛	16,379,810
62	小林　正則	15,647,781
63	福澤　義光	14,805,235
64	兼本　貴司	14,074,713
65	水巻　善典	13,921,771
66	※崔　京周	13,600,000
67	S・コンラン	13,070,906
68	立山　光広	13,010,306
69	国吉　博一	12,831,733
70	J・M・シン	12,807,668
71	中川　勝弥	12,313,400
72	堺谷　和将	12,264,207
73	上田　諭尉	11,852,931
74	R・リー	11,559,650
75	広田　悟	11,165,800

2003年度

ツアー競技29試合
賞金総額3,250,000,000円
※印を除く上位71位までの70名が2004年度のツアー出場資格を獲得
ランキングは海外4大メジャー競技及びチーム戦を除くWGC3競技で獲得した賞金を含む

順位	氏　名	獲得額(円)
1	伊沢 利光	135,454,300
2	平塚 哲二	122,227,033
3	T・ハミルトン	117,547,151
4	片山 晋呉	117,192,413
5	手嶋 多一	93,688,731
6	B・ジョーンズ	79,221,561
7	藤田 寛之	71,472,222
8	丸山 大輔	69,476,769
9	宮瀬 博文	65,631,986
10	室田 淳	65,545,006
11	宮本 勝昌	60,574,671
12	米山 剛	59,017,060
13	深堀圭一郎	52,465,199
14	今井 克宗	51,517,731
15	尾崎 将司	50,460,916
16	谷原 秀人	47,746,180
17	尾崎 直道	45,996,492
18	D・スメイル	45,774,114
19	田島 創志	45,521,336
20	P・シーハン	45,272,232
21	星野 英正	44,771,042
22	S・コンラン	43,226,757
23	※T・ビヨン	40,000,000
24	友利 勝良	39,617,637
25	S・K・ホ	39,286,969
26	J・ランダワ	39,194,603
27	川原 希	38,783,447
28	P・マークセン	35,958,795
29	倉本 昌弘	35,868,656
30	葉 偉志	35,556,266
31	D・チャンド	35,464,711
32	佐藤 信人	35,271,441
33	高山 忠洋	34,611,694
34	谷口 徹	34,483,800
35	加瀬 秀樹	33,143,106
36	兼本 貴司	32,830,600
37	張 連偉	32,566,251
38	金 鍾徳	32,493,208
39	渡辺 司	31,692,810
40	桧垣 繁正	30,936,954
41	近藤 智弘	30,628,557
42	鈴木 亨	29,395,476
43	細川 和彦	29,305,849
44	横田 真一	26,187,479
45	矢野 東	25,960,449
46	真板 潔	25,678,424
47	立山 光広	25,285,451
48	A・ストルツ	22,990,400
49	佐々木久行	22,588,958
50	増田 伸洋	22,284,900
51	桧垣 豪	21,499,833
52	林 根基	19,694,900
53	今野 康晴	19,604,300
54	宮里 優作	18,970,000
55	Z・モウ	18,789,275
56	野仲 茂	18,741,010
57	井戸木鴻樹	18,410,983
58	川岸 良兼	17,778,466
59	小林 正則	17,541,549
60	桑原 克典	17,092,199
61	中嶋 常幸	17,064,886
62	小山内 護	16,517,266
63	中川 勝弥	15,990,280
64	飯合 肇	15,906,413
65	真野 佳晃	15,846,279
66	菊池 純	14,858,216
67	谷口 拓也	14,681,000
68	F・ミノザ	13,681,677
69	河村 雅之	13,066,265
70	金城 和弘	12,749,950
71	平石 武則	12,077,391

2004年度

ツアー競技29試合
賞金総額3,270,000,000円
※印を除く上位72位までの70名が2005年度のツアー出場資格を獲得
ランキングは海外4大メジャー競技及びチーム戦を除くWGC3競技で獲得した賞金を含む

順位	氏　名	獲得額(円)
1	片山 晋呉	119,512,374
2	谷口 徹	101,773,301
3	Y・E・ヤン	99,540,333
4	S・K・ホ	90,176,104
5	P・シーハン	85,020,125
6	D・スメイル	74,357,866
7	谷原 秀人	70,854,178
8	神山 隆志	62,232,651
9	加瀬 秀樹	60,245,467
10	深堀圭一郎	58,944,553
11	B・ジョーンズ	58,119,000
12	S・コンラン	58,113,133
13	近藤 智弘	54,420,941
14	平塚 哲二	53,658,599
15	川岸 良兼	51,522,408
16	鈴木 亨	51,415,145
17	藤田 寛之	50,468,957
18	D・チャンド	48,202,608
19	宮本 勝昌	48,191,300
20	谷口 拓也	42,212,228
21	横尾 要	41,893,454
22	三橋 達也	40,684,974
23	星野 英正	40,048,449
24	※T・ウッズ	40,000,000
25	葉 偉志	39,398,503
26	伊沢 利光	36,300,450
27	今井 克宗	35,771,123
28	米山 剛	35,259,413
29	増田 伸洋	34,559,630
30	手嶋 多一	33,995,275
31	井上 信	33,521,392
32	佐々木久行	33,233,066
33	今野 康晴	31,670,647
34	金 鍾徳	30,923,751
35	※D・クラーク	30,000,000
36	横田 真一	29,838,999
37	真板 潔	29,362,077
38	高山 忠洋	29,132,882
39	C・プラポール	28,175,416
40	川原 希	28,142,618
41	小田 龍一	27,695,883
42	桑原 克典	27,306,326
43	J・ランダワ	25,727,760
44	室田 淳	25,686,775
45	細川 和彦	25,500,080
46	J・M・シン	24,789,788
47	P・マークセン	24,649,770
48	丸山 大輔	24,464,147
49	C・ペーニャ	24,189,479
50	宮里 優作	23,904,829
51	兼本 貴司	22,517,692
52	尾崎 直道	21,856,416
53	W・リャン	21,309,186
54	真野 佳晃	20,168,459
55	尾崎 将司	19,833,670
56	小山内 護	19,760,266
57	T・スリロット	19,495,791
58	河村 雅之	19,389,885
59	中嶋 常幸	19,043,000
60	菊池 純	18,981,026
61	S・レイコック	18,223,999
62	立山 光広	18,126,385
63	井戸木鴻樹	17,755,667
64	広田 悟	17,448,345
65	平石 武則	17,348,575
66	林 根基	17,157,960
67	桧垣 繁正	16,971,018
68	合田 洋	16,648,741
69	野仲 茂	16,633,686
70	矢野 東	15,879,216
71	中川 勝弥	15,323,216
72	髙見 和宏	15,278,824

ツアー競技29試合
賞金総額3,380,000,000円
※印を除く上位74位までの70名が2006年度のツアー出場資格を獲得
ランキングは海外4大メジャー競技及びチーム戦を除くWGC3競技で獲得した賞金を含む

順位	氏　名	獲得額（円）
1	片山　晋呉	134,075,280
2	今野　康晴	118,543,753
3	深堀圭一郎	93,595,937
4	S・K・ホ	91,548,268
5	D・スメイル	78,870,984
6	丸山　大輔	74,160,817
7	谷口　徹	64,907,775
8	高山　忠洋	64,426,535
9	D・チャンド	63,409,935
10	Y・E・ヤン	63,346,608
11	伊澤　利光	62,832,150
12	星野　英正	60,153,666
13	川岸　良兼	59,572,772
14	横田　真一	57,919,014
15	細川　和彦	56,466,074
16	藤田　寛之	55,999,210
17	横尾　要	55,936,085
18	尾崎　直道	54,909,332
19	手嶋　多一	54,163,490
20	P・シーハン	51,740,935
21	S・コンラン	51,384,073
22	I・J・ジャン	50,138,248
23	林　根基	49,153,457
24	平塚　哲二	48,615,817
25	髙橋　竜彦	46,858,399
26	矢野　東	43,514,345
27	宮里　聖志	42,866,951
28	小田　龍一	42,274,712
29	谷口　拓也	41,579,321
30	広田　悟	41,329,133
31	※T・ウッズ	40,000,000
32	宮本　勝昌	39,260,320
33	近藤　智弘	38,945,605
34	川原　希	37,681,899
35	P・マークセン	37,194,449
36	C・キャンベル	36,267,200
37	真板　潔	36,147,443
38	金　鍾徳	35,357,266
39	鈴木　亨	30,676,485
40	小山内　護	30,317,388
41	※D・クラーク	30,000,000
42	※谷原　秀人	29,653,800
43	宮里　優作	29,511,667
44	立山　光広	29,263,116
45	加瀬　秀樹	27,650,774
46	野上　貴夫	25,163,133
47	菊池　純	24,923,245
48	今井　克宗	24,681,316
49	W・リャン	24,145,020
50	葉　偉志	24,097,213
51	J・M・シン	23,615,666
52	井上　信	23,391,920
53	S・レイコック	23,280,923
54	田島　創志	23,114,401
55	兼本　貴司	22,701,403
56	C・ジョーンズ	22,247,583
57	G・マイヤー	22,006,380
58	秋葉　真一	21,981,885
59	増田　伸洋	21,463,685
60	佐々木久行	20,246,033
61	佐藤　信人	19,785,600
62	白　佳和	18,427,817
63	室田　淳	17,780,800
64	C・プラポール	17,268,028
65	塚田　好宣	16,710,200
66	堀之内　豊	16,688,492
67	野仲　茂	16,566,766
68	友利　勝良	15,066,900
69	桑原　克典	14,022,342
70	T・スリロット	13,732,273
71	※J・フューリク	13,600,000
72	高島　康彰	13,419,766
73	久保谷健一	13,178,849
74	中川　勝弥	12,553,237

ツアー競技29試合
賞金総額3,500,000,000円
※印を除く上位73位までの70名が2007年度のツアー出場資格を獲得
ランキングは海外4大メジャー競技及びチーム戦を除くWGC3競技で獲得した賞金を含む

順位	氏　名	獲得額（円）
1	片山　晋呉	178,402,190
2	谷原　秀人	119,888,517
3	J・M・シン	113,538,173
4	谷口　徹	113,468,445
5	手嶋　多一	96,488,270
6	平塚　哲二	95,734,882
7	S・K・ホ	95,580,550
8	星野　英正	85,236,370
9	Y・E・ヤン	75,710,084
10	近藤　智弘	75,490,851
11	P・シーハン	63,735,333
12	横尾　要	62,490,386
13	増田　伸洋	61,932,103
14	藤田　寛之	59,463,650
15	小山内　護	58,864,050
16	宮本　勝昌	58,294,663
17	武藤　俊憲	57,672,877
18	矢野　東	57,197,766
19	深堀圭一郎	54,477,516
20	D・スメイル	53,442,964
21	W・リャン	50,663,094
22	葉　偉志	49,626,000
23	髙橋　竜彦	48,177,563
24	真板　潔	47,740,331
25	※中嶋　常幸	46,881,260
26	P・マークセン	44,298,951
27	宮里　優作	42,624,094
28	市原　建彦	41,460,029
29	B・ジョーンズ	40,786,839
30	谷口　拓也	40,151,500
31	高山　忠洋	40,145,566
32	※P・ハリントン	40,000,000
33	川原　希	38,266,312
34	富田　雅哉	35,066,732
35	W・パースキー	33,411,578
36	小田　龍一	32,187,890
37	白　佳和	30,401,032
38	川岸　良兼	29,863,437
39	鈴木　亨	28,608,299
40	林　根基	28,502,070
41	井上　信	27,476,018
42	室田　淳	25,916,117
43	ドンファン	25,464,166
44	原口　鉄也	25,191,394
45	佐々木久行	24,614,159
46	G・マイヤー	24,419,855
47	広田　悟	23,315,212
48	今井　克宗	22,784,865
49	久保谷健一	22,601,333
50	加瀬　秀樹	21,175,349
51	上田　諭尉	20,763,548
52	友利　勝良	20,355,000
53	F・ミノザ	20,279,437
54	※T・ウッズ	20,000,000
55	I・J・ジャン	19,966,118
56	立山　光広	19,764,674
57	河井　博大	19,720,951
58	S・コンラン	18,238,100
59	宮里　聖志	17,682,600
60	金　鍾徳	17,638,733
61	秋葉　真一	17,554,416
62	岩田　寛	17,530,649
63	すし　石垣	16,364,346
64	T・スリロット	16,344,442
65	白潟　英純	16,340,623
66	溝口　英二	16,248,000
67	菊池　純	16,167,203
68	S・レイコック	15,697,857
69	井手口正一	15,551,233
70	井戸木鴻樹	15,295,942
71	野仲　茂	14,874,373
72	C・プラポール	14,759,712
73	塚田　好宣	14,735,297

2007年度

ツアー 24試合
賞金総額3,040,000,000円
※印を除く上位75位までの70名が2008年度のツアー出場資格を獲得
ランキングは海外4大メジャー競技及びWGC3競技で獲得した賞金を含む

順位	氏　名	獲得額(円)
1	谷口　徹	171,744,498
2	片山　晋呉	141,053,934
3	B・ジョーンズ	115,531,323
4	谷原　秀人	77,622,976
5	近藤　智弘	74,841,936
6	ドンファン	69,803,156
7	宮本　勝昌	65,295,008
8	藤田　寛之	64,971,982
9	小田　孔明	60,509,893
10	P・マークセン	56,076,178
11	深堀圭一郎	51,312,001
12	平塚　哲二	51,267,532
13	伊澤　利光	48,350,082
14	宮里　優作	48,310,583
15	D・スメイル	46,634,668
16	岩田　寛	43,912,967
17	F・ミノザ	43,743,675
18	宮瀬　博文	41,109,208
19	上田　諭尉	40,031,996
20	※I・ポールター	40,000,000
21	S・コンラン	39,801,750
22	菊池　純	38,954,854
23	横尾　要	38,180,144
24	広田　悟	33,799,459
25	今野　康晴	33,690,016
26	篠崎　紀夫	32,908,989
27	手嶋　多一	32,455,350
28	宮里　聖志	32,129,850
29	竹本　直哉	30,715,415
30	矢野　東	29,652,446
31	李　丞鎬	28,463,750
32	金　鍾徳	26,622,660
33	C・キャンベル	26,266,893
34	富田　雅哉	26,066,234
35	藤島　豊和	25,126,500
36	鈴木　亨	24,972,751
37	G・マイヤー	24,967,994
38	小山内　護	24,844,251
39	※C・ビジェガス	24,000,000
40	久保谷健一	23,957,493
41	谷口　拓也	23,046,301
42	W・パースキー	22,711,466
43	I・J・ジャン	21,940,333
44	高山　忠洋	21,895,259
45	P・ミーサワット	21,847,098
46	星野　英正	21,817,209
47	S・K・ホ	21,770,659
48	佐藤　信人	21,242,083
49	C・プラポール	20,801,666
50	武藤　俊憲	20,717,750
51	立山　光広	20,020,284
52	※G・フェルナンデスカスタノ	20,000,000
53	小田　龍一	19,412,125
54	原口　鉄也	19,174,384
55	細川　和彦	18,630,069
56	C・パリー	18,514,196
57	髙橋　竜彦	18,094,525
58	丸山　大輔	16,763,333
59	室田　淳	16,520,545
60	すし　石垣	16,147,233
61	井上　信	15,672,766
62	佐々木久行	14,779,380
63	野上　貴夫	14,459,594
64	S・レイコック	14,160,009
65	兼本　貴司	14,142,100
66	白　佳和	13,793,521
67	尾崎　健夫	13,217,916
68	井手口正一	12,988,653
69	増田　伸洋	12,401,400
70	J・M・シン	12,248,333
71	※B・スネデカー	12,069,500
72	井上　忠久	11,941,332
73	※L・ドナルド	11,600,000
74	林　根基	10,756,550
75	W・リャン	10,597,300

2008年度

ツアー 25試合
賞金総額3,620,000,000円
※印を除く上位73位までの70名が2009年度のツアー出場資格を獲得
ランキングは海外4大メジャー競技及びWGC3競技で獲得した賞金を含む

順位	氏　名	獲得額(円)
1	片山　晋呉	180,094,895
2	矢野　東	137,064,052
3	P・マークセン	126,430,825
4	谷原　秀人	110,414,719
5	石川　遼	106,318,166
6	S・K・ホ	98,009,498
7	B・ジョーンズ	93,613,324
8	甲斐慎太郎	89,110,256
9	藤田　寛之	82,420,197
10	武藤　俊憲	78,382,804
11	星野　英正	69,122,727
12	久保谷健一	67,286,498
13	小田　孔明	66,853,285
14	井上　信	64,954,469
15	J・M・シン	64,140,000
16	宮本　勝昌	61,996,691
17	手嶋　多一	61,749,416
18	近藤　智弘	60,044,383
19	ドンファン	57,565,700
20	D・スメイル	56,748,194
21	岩田　寛	54,245,020
22	今野　康晴	51,112,400
23	野上　貴夫	50,697,190
24	横尾　要	49,804,949
25	丸山　大輔	48,411,875
26	谷口　徹	48,231,595
27	深堀圭一郎	47,725,012
28	松村　道央	43,529,814
29	S・コンラン	42,278,971
30	藤島　豊和	41,015,404
31	W・リャン	39,443,000
32	宮里　聖志	38,904,142
33	宮里　優作	38,197,866
34	谷口　拓也	37,210,771
35	貞方　章男	31,851,140
36	鈴木　亨	31,615,290
37	すし　石垣	31,203,090
38	※丸山　茂樹	30,762,142
39	富田　雅哉	29,953,704
40	広田　悟	29,522,000
41	小山内　護	29,170,156
42	山下　和宏	28,468,958
43	佐藤　信人	27,446,104
44	原口　鉄也	26,413,533
45	上田　諭尉	24,839,473
46	高山　忠洋	23,624,233
47	D・チャンド	23,571,480
48	C・パリー	23,175,965
49	金　庚泰	21,992,250
50	宮瀬　博文	21,947,603
51	上井　邦浩	21,744,167
52	池田　勇太	20,824,400
53	細川　和彦	20,462,321
54	篠崎　紀夫	20,287,292
55	横田　真一	19,244,687
56	平塚　哲二	19,170,112
57	C・プラポール	19,079,457
58	※中嶋　常幸	18,710,000
59	桑原　克典	18,656,931
60	兼本　貴司	18,512,820
61	小田　龍一	17,100,380
62	P・シーハン	16,695,790
63	前田　雄大	16,560,146
64	E・リー	16,440,055
65	※B・ジョーブ	16,217,500
66	W・パースキー	16,045,125
67	H・リー	15,859,066
68	中島　雅生	15,440,068
69	川岸　良兼	15,399,671
70	増田　伸洋	14,864,352
71	竹本　直哉	14,139,655
72	F・ミノザ	12,316,933
73	津曲　泰弦	11,773,933

2009年度

ツアー 24試合
賞金総額3,340,000,000円
※印を除く上位73位までの70名が2010年度のツアー出場資格を獲得
ランキングは海外4大メジャー競技及びWGC4競技で獲得した賞金を含む

順位	氏 名	獲得額(円)
1	石川 遼	183,524,051
2	池田 勇太	158,556,695
3	小田 孔明	118,774,176
4	片山 晋呉	113,678,535
5	藤田 寛之	91,244,625
6	小田 龍一	89,068,777
7	久保谷健一	83,370,089
8	丸山 茂樹	82,883,082
9	金 庚泰	77,399,270
10	B・ジョーンズ	76,167,351
11	丸山 大輔	75,120,111
12	鈴木 亨	71,647,215
13	今野 康晴	70,878,149
14	近藤 共弘	69,605,178
15	平塚 哲二	61,713,808
16	矢野 東	59,277,878
17	D・スメイル	57,570,209
18	山下 和宏	56,563,652
19	武藤 俊憲	55,621,648
20	谷口 徹	54,841,100
21	横尾 要	53,069,138
22	兼本 貴司	52,167,356
23	P・マークセン	50,875,051
24	富田 雅哉	48,798,266
25	宮瀬 博文	43,148,820
26	五十嵐雄二	42,571,147
27	宮本 勝昌	42,366,555
28	※E・モリナリ	40,000,000
29	谷原 秀人	39,623,446
30	H・リー	37,633,279
31	宮里 優作	36,239,021
32	金 亨成	36,043,650
33	手嶋 多一	32,168,499
34	松村 道央	31,949,428
35	高山 忠洋	29,793,637
36	原口 鉄也	29,225,982
37	S・コンラン	27,670,343
38	星野 英正	26,413,207
39	岩田 寛	25,627,985
40	立山 光広	25,297,303
41	上井 邦浩	24,845,683
42	津曲 泰弦	23,585,128
43	E・リー	23,337,902
44	甲斐慎太郎	22,736,075
45	K・アフィバーンラト	22,240,356
46	I・J・ジャン	22,040,748
47	井戸木鴻樹	21,833,750
48	梶川 剛奨	20,103,916
49	※R・カールソン	20,000,000
50	野仲 茂	19,293,102
51	井上 信	19,268,896
52	前田 雄大	18,560,883
53	増田 伸洋	18,532,852
54	額賀 辰徳	17,425,250
55	B・ジョーブ	17,273,285
56	貞方 章男	16,921,820
57	W・リャン	16,690,300
58	S・K・ホ	16,339,373
59	金 鍾徳	16,249,500
60	広田 悟	16,081,166
61	藤島 豊和	15,617,090
62	篠崎 紀夫	15,288,553
63	宮里 聖志	15,285,824
64	河井 博大	14,580,665
65	W・パースキー	14,337,565
66	H・T・キム	14,260,692
67	室田 淳	14,184,448
68	※中嶋 常幸	13,192,285
69	桑原 克典	12,866,183
70	上田 諭尉	12,654,124
71	細川 和彦	12,333,145
72	塚田 好宣	11,906,485
73	横田 真一	11,757,208

2010年度

ツアー 25試合
賞金総額3,350,000,000円
上位70位までの70名が2011年度のツアー出場資格を獲得
ランキングは海外4大メジャー競技で獲得した賞金を含む

順位	氏 名	獲得額(円)
1	金 庚泰	181,103,799
2	藤田 寛之	157,932,927
3	石川 遼	151,461,479
4	池田 勇太	145,043,030
5	松村 道央	108,908,063
6	谷口 徹	103,020,730
7	B・ジョーンズ	82,359,438
8	兼本 貴司	79,422,113
9	宮本 勝昌	74,248,316
10	薗田 峻輔	69,854,664
11	金度勲(大邱)	65,800,949
12	小田 孔明	65,125,901
13	平塚 哲二	61,733,487
14	高山 忠洋	61,626,320
15	丸山 大輔	52,394,316
16	片山 晋呉	49,191,763
17	J・チョイ	44,284,895
18	谷原 秀人	43,886,755
19	H・リー	43,152,532
20	横田 真一	40,126,910
21	小田 龍一	38,983,464
22	丸山 茂樹	37,908,185
23	富田 雅哉	37,555,243
24	小山内 護	37,332,212
25	原口 鉄也	36,888,166
26	上井 邦浩	36,730,879
27	趙 珉珪	32,841,000
28	K・アフィバーンラト	31,280,653
29	裵 相文	29,474,083
30	岩田 寛	28,939,299
31	久保谷健一	28,904,208
32	井上 信	28,371,138
33	手嶋 多一	28,358,009
34	H・T・キム	27,888,751
35	D・チャンド	27,743,337
36	甲斐慎太郎	26,918,101
37	増田 伸洋	26,482,635
38	細川 和彦	26,062,986
39	山下 和宏	25,087,653
40	S・K・ホ	24,880,021
41	白 佳和	24,621,190
42	河井 博大	24,586,541
43	近藤 共弘	24,451,886
44	横尾 要	23,946,466
45	立山 光広	23,575,384
46	宮瀬 博文	23,142,234
47	矢野 東	23,009,156
48	谷口 拓也	22,574,098
49	朴 宰範	22,450,800
50	野仲 茂	21,700,112
51	I・J・ジャン	21,264,056
52	武藤 俊憲	20,281,530
53	宮里 聖志	20,113,266
54	貞方 章男	20,106,214
55	宮里 優作	19,653,816
56	D・スメイル	19,151,530
57	鈴木 亨	18,704,725
58	市原 弘大	18,566,998
59	広田 悟	18,206,600
60	金 亨成	18,101,250
61	上平 栄道	18,060,666
62	P・シーハン	18,059,799
63	W・リャン	17,223,250
64	C・キャンベル	14,609,580
65	上田 諭尉	14,488,326
66	許 仁會	13,497,916
67	河野晃一郎	12,739,454
68	藤島 豊和	12,173,068
69	岡茂 洋雄	11,912,254
70	谷 昭範	11,286,921

298

2011年度

ツアー 25試合
賞金総額3,330,000,000円
※印を除く上位71位までの70名が2012年度のツアー出場資格を獲得
ランキングは海外4大メジャー競技で獲得した賞金を含む

順位	氏名	獲得額（円）
1	裵相文	151,078,958
2	高山忠洋	98,718,202
3	石川遼	98,282,603
4	谷口徹	96,888,944
5	藤田寛之	94,355,200
6	小田孔明	92,046,659
7	近藤共弘	78,374,189
8	武藤俊憲	77,694,778
9	平塚哲二	73,482,234
10	久保谷健一	72,934,339
11	池田勇太	71,703,534
12	金庚泰	71,052,720
13	片山晋呉	63,637,028
14	河井博大	57,746,680
15	B・ジョーンズ	55,031,144
16	河野晃一郎	51,219,668
17	松村道央	47,094,056
18	金度勲	45,138,205
19	J・B・パク	44,454,660
20	ドンファン	42,602,606
21	宮里優作	42,540,169
22	S・K・ホ	42,271,541
23	丸山大輔	40,889,034
24	小林正則	38,546,037
25	趙珉珪	37,718,219
26	K・バーンズ	36,104,469
27	黄重坤	35,774,105
28	J・チョイ	33,947,483
29	B・ケネディ	33,781,510
30	薗田峻輔	33,499,666
31	H・T・キム	33,243,333
32	増田伸洋	31,595,993
33	上井邦浩	30,880,790
34	矢野東	30,815,609
35	諸藤将次	29,372,077
36	上田諭尉	28,852,010
37	宮里聖志	27,098,932
38	P・シーハン	26,162,869
39	P・マークセン	24,751,417
40	朴星俊	23,434,332
41	I・J・ジャン	23,128,408
42	小田龍一	22,418,994
43	C・プラポール	22,283,266
44	宮本勝昌	22,168,925
45	金亨成	21,635,673
46	S・コンラン	21,377,471
47	小山内護	21,192,804
48	N・ベーシック	20,747,733
49	冨山聡	20,627,660
50	岩田寛	20,598,566
51	山下和宏	20,585,659
52	手嶋多一	20,497,539
53	星野英正	20,408,754
54	H・リー	19,476,725
55	白佳和	19,304,726
56	原口鉄也	18,947,426
57	D・スメイル	18,675,736
58	小泉洋人	18,265,500
59	立山光広	18,196,863
60	市原弘大	18,064,751
61	横尾要	17,966,611
62	K・アフィバーンラト	17,689,235
63	すし石垣	17,541,896
64	谷昭範	17,307,486
65	谷原秀人	15,717,489
66	河瀬賢史	15,622,316
67	佐藤信人	15,400,000
68	上平栄道	15,319,522
69	※G・フェルナンデスカスタノ	15,000,000
70	津曲泰弦	14,914,170
71	金聖潤	14,798,510

2012年度

ツアー 25試合
賞金総額3,360,000,000円
※印を除く上位71位までの70名が2013年度のツアー出場資格を獲得
ランキングは海外4大メジャー競技で獲得した賞金を含む

順位	氏名	獲得額（円）
1	藤田寛之	175,159,972
2	谷口徹	102,686,994
3	B・ジョーンズ	92,078,892
4	池田勇太	88,948,069
5	藤本佳則	88,659,122
6	黄重坤	84,348,350
7	石川遼	78,178,145
8	金亨成	76,660,630
9	金庚泰	76,570,535
10	李京勲	73,411,694
11	小田孔明	72,340,492
12	武藤俊憲	68,680,607
13	谷原秀人	67,020,505
14	H・リー	66,277,742
15	久保谷健一	66,100,828
16	上平栄道	63,101,010
17	I・J・ジャン	62,493,702
18	片山晋呉	53,921,858
19	上井邦浩	52,893,647
20	金度勲	49,343,219
21	H・W・リュー	49,296,011
22	山下和宏	46,195,203
23	B・ケネディ	44,330,044
24	近藤共弘	44,009,377
25	小林正則	43,704,828
26	小田龍一	41,572,349
27	J・パグンサン	40,868,107
28	呉阿順	40,675,310
29	※L・ドナルド	40,000,000
30	宮里優作	38,716,099
31	J・チョイ	38,490,240
32	川村昌弘	34,220,932
33	手嶋多一	33,665,900
34	ドンファン	33,195,666
35	宮本勝昌	31,394,233
36	P・マークセン	31,246,832
37	S・K・ホ	30,545,738
38	兼本貴司	28,953,486
39	平塚哲二	28,798,933
40	K・バーンズ	28,370,794
41	K・アフィバーンラト	27,838,833
42	薗田峻輔	27,586,816
43	深堀圭一郎	26,059,199
44	上田諭尉	25,634,366
45	松村道央	24,735,457
46	横尾要	24,032,876
47	宮里聖志	23,740,875
48	今野康晴	23,472,847
49	すし石垣	23,387,832
50	D・スメイル	22,159,537
51	趙珉珪	21,690,558
52	S・コンラン	21,234,594
53	塚田好宣	21,140,421
54	李丞鎬	20,535,791
55	篠崎紀夫	20,444,942
56	梁津萬	19,632,814
57	丸山大輔	19,391,953
58	貞方章男	18,759,000
59	岩田寛	18,323,527
60	白佳和	18,003,957
61	金聖潤	17,116,842
62	永野竜太郎	16,481,404
63	矢野東	16,204,023
64	朴銀信	16,050,597
65	野仲茂	15,745,265
66	高山忠洋	15,501,100
67	浅地洋佑	15,253,865
68	小山内護	15,115,261
69	細川和彦	14,148,280
70	白潟英純	13,873,542
71	原口鉄也	13,660,377

過去のデータ

ツアー 25試合
賞金総額3,354,140,000円
※印を除く上位72位までの70名
が2014年度のツアー出場資格を
獲得
ランキングは海外4大メジャー
競技で獲得した賞金を含む

順位	氏　　名	獲得額（円）
1	松山　英樹	201,076,781
2	金　亨成	125,824,405
3	片山　晋呉	112,557,810
4	小田　孔明	112,506,906
5	S・J・パク	93,402,445
6	谷原　秀人	91,134,436
7	宮里　優作	78,688,291
8	呉　阿順	78,347,975
9	池田　勇太	78,056,124
10	藤本　佳則	69,598,515
11	川村　昌弘	66,566,788
12	小平　智	62,034,804
13	李　京勲	60,445,317
14	小林　正則	55,811,378
15	薗田　峻輔	55,508,856
16	山下　和宏	54,961,615
17	近藤　共弘	53,783,167
18	B・ケネディ	52,835,054
19	S・K・ホ	51,959,448
20	金　庚泰	51,656,204
21	塚田　好宣	46,076,809
22	松村　道央	41,310,205
23	P・マークセン	41,015,121
24	※L・ドナルド	40,000,000
25	藤田　寛之	39,573,695
26	平塚　哲二	39,242,177
27	上井　邦浩	36,405,673
28	丸山　大輔	36,335,474
29	※B・ジョーンズ	36,252,699
30	I・J・ジャン	35,960,383
31	D・オー	34,048,570
32	武藤　俊憲	31,471,393
33	河野　祐輝	30,707,856
34	崔　虎星	30,692,108
35	H・リー	29,648,934
36	黄　重坤	29,400,632
37	J・パグンサン	29,312,118
38	谷口　徹	28,773,520
39	冨山　聡	27,787,445
40	高山　忠洋	24,962,216
41	星野　英正	24,801,423
42	矢野　東	23,562,447
43	岩田　寛	22,946,899
44	深堀圭一郎	22,015,961
45	河井　博大	21,492,116
46	宮本　勝昌	20,862,314
47	片岡　大育	20,791,678
48	D・スメイル	19,868,468

順位	氏　　名	獲得額（円）
49	S・ストレンジ	19,653,546
50	梁　津萬	19,408,446
51	趙　珉珪	18,655,742
52	野仲　茂	18,302,121
53	K・バーンズ	18,212,584
54	今野　康晴	18,060,499
55	S・コンラン	17,687,683
56	上平　栄道	17,419,976
57	横尾　要	17,341,688
58	塚田　陽亮	17,107,142
59	貞方　章男	16,819,650
60	金　聖潤	16,376,054
61	宋　永漢	16,228,130
62	K・アフィバーンラト	15,977,593
63	永野竜太郎	15,671,850
64	井上　信	15,389,292
65	石川　遼	14,920,000
66	J・チョイ	14,784,633
67	白　佳和	14,573,358
68	金　度勲	14,500,703
69	李　尚暑	14,212,802
70	手嶋　多一	13,787,693
71	M・ヘンドリー	12,874,929
72	久保谷健一	12,814,083

ツアー 24試合
賞金総額3,253,640,000円
※印を除く上位61位までの60名
が2015年度ツアー出場資格、62
位から78位までの15名がフォー
ルシャッフル対象のツアー出場
資格を獲得
ランキングは海外4大メジャー
競技で獲得した賞金を含む

順位	氏　　名	獲得額（円）
1	小田　孔明	137,318,693
2	藤田　寛之	116,275,130
3	近藤　共弘	107,089,056
4	岩田　寛	97,794,191
5	宮本　勝昌	91,048,150
6	片山　晋呉	85,535,243
7	池田　勇太	77,552,862
8	谷原　秀人	77,492,097
9	金　亨成	73,696,675
10	竹谷　佳孝	64,538,290
11	宮里　優作	64,299,792
12	藤本　佳則	61,285,279
13	張　棟圭	58,753,618
14	手嶋　多一	58,703,792
15	I・H・ホ	56,913,416
16	S・H・キム	55,392,226
17	P・マークセン	54,807,380
18	D・オー	53,076,501

順位	氏　　名	獲得額（円）
19	石川　遼	52,856,504
20	武藤　俊憲	48,180,455
21	小平　智	47,914,628
22	I・J・ジャン	46,388,089
23	小田　龍一	46,084,125
24	李　京勲	43,500,608
25	松村　道央	43,097,968
26	※松山　英樹	42,770,000
27	高山　忠洋	42,232,041
28	李　尚暑	40,609,395
29	B・ケネディ	39,134,534
30	山下　和宏	36,174,377
31	H・W・リュー	35,494,392
32	梁　津萬	33,071,750
33	J・パグンサン	32,191,873
34	黄　重坤	31,453,889
35	金　庚泰	30,814,350
36	冨山　聡	30,252,637
37	B・ジョーンズ	30,143,617
38	A・ブランド	29,496,007
39	K・T・ゴン	29,465,715
40	趙　珉珪	28,397,436
41	朴　相賢	28,132,644
42	塚田　陽亮	27,590,393
43	S・K・ホ	26,512,000
44	H・リー	26,428,990
45	薗田　峻輔	25,369,942
46	呉　阿順	24,473,373
47	谷口　徹	24,262,860
48	星野　英正	23,541,764
49	宋　永漢	22,922,807
50	今野　康晴	22,267,700
51	M・ヘンドリー	21,306,402
52	増田　伸洋	21,066,199
53	片岡　大育	20,025,649
54	貞方　章男	19,484,657
55	河井　博大	19,085,828
56	正岡　竜二	18,374,182
57	市原　弘大	17,105,442
58	K・アフィバーンラト	16,975,000
59	T・クロンパ	16,207,666
60	金　亨泰	16,205,000
61	塚田　好宣	16,092,039
62	永野竜太郎	15,816,847
63	S・ストレンジ	15,757,180
64	S・コンラン	15,215,523
65	重永亜斗夢	14,993,377
66	丸山　大輔	14,047,770
67	塩地　好輝	13,963,649
68	平本　穏	13,084,777
69	上井　邦裕	12,688,707
70	J・B・パク	12,552,900
71	崔　虎星	12,546,153
72	K・バーンズ	12,028,965
73	室田　淳	12,012,500
74	※J・クヌートン	11,850,000
75	稲森　佑貴	11,734,857

順位	氏名	獲得額(円)
76	D・スメイル	11,617,566
77	※J・スピース	11,600,000
78	深堀圭一郎	11,014,957

2015年度

ツアー 25試合
賞金総額3,309,340,000円
※印を除く上位62位までの60名が2016年度ツアー出場資格、63位から78位までの15名がフォールシャッフル対象のツアー出場資格を獲得
ランキングは海外4大メジャー競技で獲得した賞金を含む

順位	氏名	獲得額(円)
1	金 庚泰	165,981,625
2	宮里 優作	103,999,119
3	池田 勇太	99,380,317
4	藤本 佳則	98,642,449
5	片山 晋呉	90,577,641
6	石川 遼	87,788,433
7	谷原 秀人	87,208,490
8	黄 重坤	81,159,441
9	小平 智	66,776,437
10	小田 孔明	63,701,077
11	松村 道央	62,546,865
12	I・J・ジャン	61,387,417
13	李 京勲	61,162,727
14	岩田 寛	60,229,333
15	宋 永漢	59,972,148
16	金 亨成	59,321,180
17	A・ブランド	57,010,458
18	片岡 大育	56,492,942
19	武藤 俊憲	56,005,368
20	P・マークセン	50,384,742
21	B・ケネディ	49,582,075
22	永野竜太郎	48,904,833
23	手嶋 多一	48,850,267
24	今平 周吾	45,257,908
25	宮本 勝昌	44,424,966
26	H・W・リュー	41,506,218
27	※梁 津萬	40,598,600
28	近藤 共弘	39,773,618
29	稲森 佑貴	37,256,211
30	M・ヘンドリー	35,697,800
31	藤田 寛之	34,624,648
32	高山 忠洋	34,061,558
33	朴 相賢	32,065,462
34	山下 和宏	31,419,220
35	W・J・リー	31,105,380
36	小田 龍一	27,531,057
37	張 棟圭	27,424,629
38	趙 珉珪	27,091,442
39	T・クロンパ	26,206,500
40	J・B・パク	25,960,850
41	堀川未来夢	24,995,207
42	川村 昌弘	24,898,699
43	竹谷 佳孝	24,662,451
44	呉 阿順	24,608,877
45	崔 虎星	23,836,674
46	重永亜斗夢	23,736,250
47	谷口 徹	23,639,788
48	市原 弘大	23,244,476
49	B・ジョーンズ	23,002,533
50	李 尚熹	22,900,447
51	S・ストレンジ	22,087,528
52	薗田 峻輔	22,054,940
53	貞方 章男	21,767,685
54	冨山 聡	20,348,992
55	D・オー	19,515,031
56	塚田 陽亮	19,469,361
57	小池 一平	18,683,116
58	K・バーンズ	18,660,581
59	※松山 英樹	18,160,000
60	S・K・ホ	16,779,357
61	額賀 辰徳	15,784,000
62	A・キュー	15,762,075
63	小林伸太郎	15,533,438
64	矢野 東	14,524,349
65	深堀圭一郎	14,262,919
66	星野 英正	13,959,336
67	K・T・ゴン	13,836,575
68	M・グリフィン	12,787,897
69	※王 情訓	12,530,700
70	横田 真一	12,161,173
71	平本 穏	11,603,397
72	J・パグンサン	11,541,375
73	増田 伸洋	10,998,110
74	富村 真治	10,589,583
75	文 景俊	10,310,801
76	河井 博大	10,105,622
77	正岡 竜二	10,004,177
78	S・H・キム	9,935,254

2016年度

ツアー 26試合
賞金総額3,488,915,000円
※印を除く上位63位までの60名が2017年度ツアー出場資格、64位から82位までの15名がフォールシャッフル対象のツアー出場資格を獲得
ランキングは海外4大メジャー競技で獲得した賞金を含む

順位	氏名	獲得額(円)
1	池田 勇太	207,901,567
2	谷原 秀人	171,902,867
3	金 庚泰	113,714,688
4	宋 永漢	91,562,130
5	片岡 大育	86,019,113
6	小平 智	83,674,671
7	※松山 英樹	80,000,000
8	朴 相賢	77,961,852
9	片山 晋呉	63,219,233
10	今平 周吾	61,603,069
11	B・ケネディ	55,524,605
12	M・ヘンドリー	54,054,728
13	武藤 俊憲	51,292,990
14	宮本 勝昌	48,093,082
15	藤本 佳則	47,059,237
16	高山 忠洋	46,976,486
17	李 京勲	46,039,800
18	永野竜太郎	45,927,502
19	石川 遼	44,371,593
20	宮里 優作	44,166,769
21	H・W・リュー	43,942,039
22	小田 孔明	43,654,025
23	B・ジョーンズ	43,580,309
24	朴ジュンウォン	41,200,815
25	※B・ケプカ	40,000,000
26	稲森 佑貴	39,956,809
27	小池 一平	39,879,943
28	塚田 陽亮	39,816,934
29	藤田 寛之	39,712,044
30	金 亨成	38,323,830
31	黄 重坤	35,509,333
32	近藤 共弘	34,850,307
33	市原 弘大	34,644,807
34	矢野 東	34,623,195
35	※詹 世昌	34,099,093
36	小林伸太郎	33,431,975
37	T・クロンパ	33,350,885
38	趙 珉珪	32,563,056
39	山下 和宏	31,919,125
40	重永亜斗夢	30,413,880
41	大堀裕次郎	29,976,937
42	薗田 峻輔	29,862,563
43	S・ノリス	29,534,371
44	S・H・キム	28,626,130
45	W・J・リー	27,610,093
46	崔 虎星	26,153,285
47	S・ハン	24,237,716
48	趙 炳旻	23,898,663
49	A・ブランド	23,438,927
50	手嶋 多一	23,376,839
51	正岡 竜二	22,751,200
52	小田 孔明	21,012,871
53	J・パグンサン	20,982,425
54	時松 隆光	20,980,449
55	K・バーンズ	20,506,328
56	川村 昌弘	19,719,551
57	姜 庚男	19,249,671
58	竹谷 佳孝	19,163,200
59	任 成宰	18,291,100
60	梁 津萬	18,028,440

順位	氏　　　名	獲得額(円)
61	I・J・ジャン	18,008,137
62	香妻陣一朗	17,035,322
63	A・キュー	16,684,548
64	李　　尚熹	16,466,713
65	岩本　高志	15,992,175
66	H・リー	15,783,104
67	S・ストレンジ	15,218,135
68	P・マークセン	14,213,252
69	C・キム	14,090,942
70	松村　道央	14,070,951
71	D・オー	13,807,800
72	※J・スピース	13,131,800
73	※E・グリジョ	12,950,000
74	※王　情訓	12,740,592
75	C・ニラト	12,659,371
76	※M・フレーザー	12,600,000
77	星野　英正	12,493,875
78	J・B・パク	11,192,300
79	M・グリフィン	11,048,981
80	谷口　徹	10,921,900
81	増田　伸洋	10,427,034
82	平塚　哲二	10,133,947

2017年度

ツアー 26試合
賞金総額3,594,680,000円
※印を除く上位62位までの61名が2018年度ツアー出場資格、63位から79位までの15名がフォールシャッフル対象の出場資格を獲得
ランキングは海外4大メジャー競技で獲得した賞金を含む

順位	氏　　　名	獲得額(円)
1	宮里　優作	182,831,982
2	小平　智	161,463,405
3	C・キム	132,326,556
4	池田　勇太	126,240,438
5	S・ハン	112,798,464
6	今平　周吾	101,483,329
7	S・ノリス	85,128,663
8	片山　晋呉	81,289,975
9	H・W・リュー	80,824,002
10	宋　永漢	69,269,309
11	時松　隆光	67,509,563
12	任　成宰	62,441,879
13	金　庚泰	60,537,587
14	片岡　大育	59,158,027
15	宮本　勝昌	54,438,564
16	高山　忠洋	54,091,093
17	M・ヘンドリー	51,138,926
18	P・マークセン	50,389,244
19	黄　重坤	49,386,868
20	稲森　佑貴	49,209,462

順位	氏　　　名	獲得額(円)
21	B・ケネディ	47,063,090
22	久保谷健一	46,960,480
23	李　尚熹	46,796,649
24	藤本　佳則	46,035,278
25	小田　孔明	42,589,504
26	※B・ケプカ	40,000,000
27	小鯛　竜也	39,580,855
28	B・ジョーンズ	37,568,322
29	朴　相賢	35,468,068
30	大堀裕次郎	35,145,092
31	星野　陸也	33,116,035
32	谷口　徹	32,364,700
33	武藤　俊憲	32,296,438
34	藤田　寛之	31,964,746
35	姜　庚男	31,640,659
36	梁　津萬	31,372,707
37	J・パグンサン	30,491,615
38	永野竜太郎	30,338,582
39	D・オー	29,265,266
40	A・キュー	27,803,035
41	A・ブランド	27,184,933
42	岩田　寛	27,114,280
43	秋吉　翔太	26,704,356
44	金　亨成	24,900,856
45	香妻陣一朗	22,919,437
46	S・H・キム	22,205,911
47	手嶋　多一	22,128,596
48	松村　道央	21,290,968
49	重永亜斗夢	20,971,166
50	T・シノット	20,497,288
51	堀川未来夢	20,481,606
52	M・グリフィン	20,039,302
53	上井　邦裕	19,637,050
54	趙　炳旻	19,424,272
55	谷原　秀人	18,746,636
56	I・J・ジャン	18,220,377
57	竹安　俊也	16,860,881
58	塚田　陽亮	16,848,572
59	山下　和宏	16,043,963
60	T・クロンパ	15,716,525
61	ドンファン	15,600,046
62	崔　虎星	15,311,921
63	I・H・ホ	14,887,484
64	※P・サクサンシン	14,421,000
65	※X・シャウフェレ	14,400,000
66	出水田大二郎	14,386,479
67	薗田　峻輔	14,195,743
68	石川　遼	14,148,888
69	朴ジュンウォン	13,650,237
70	正岡　竜二	13,455,196
71	川村　昌弘	13,051,054
72	北村　晃一	12,462,318
73	W・J・リー	12,348,000
74	池村　寛世	11,841,432
75	日高　将史	11,016,500
76	丸山　大輔	10,924,662
77	浅地　洋佑	10,898,808

順位	氏　　　名	獲得額(円)
78	D・ブランスドン	10,769,474
79	趙　珉珪	10,612,774

2018年度

ツアー 24試合
賞金総額3,395,562,500円
※印を除く上位69位までの66名が2019年度ツアー出場資格を獲得
ランキングは海外4大メジャー競技で獲得した賞金を含む

順位	氏　　　名	獲得額(円)
1	今平　周吾	139,119,332
2	S・ノリス	103,942,450
3	稲森　佑貴	85,301,742
4	市原　弘大	82,245,918
5	池田　勇太	79,671,825
6	小平　智	75,982,987
7	星野　陸也	73,583,921
8	B・ジョーンズ	72,983,596
9	時松　隆光	69,530,017
10	崔　虎星	69,483,731
11	T・クロンパ	65,783,282
12	黄　重坤	65,691,041
13	Y・E・ヤン	63,650,559
14	秋吉　翔太	61,522,806
15	川村　昌弘	58,362,896
16	藤本　佳則	56,614,551
17	重永亜斗夢	55,374,842
18	木下　裕太	55,347,688
19	堀川未来夢	54,119,271
20	B・ケネディ	53,308,681
21	岩田　寛	50,847,216
22	石川　遼	47,692,054
23	李　尚熹	46,259,489
24	金　亨成	44,071,763
25	A・キュー	44,068,682
26	谷口　徹	40,216,992
27	額賀　辰徳	38,051,192
28	出水田大二郎	34,767,846
29	S・ハン	34,553,437
30	M・グリフィン	33,910,957
31	R・ガンジー	33,806,958
32	H・W・リュー	32,831,380
33	武藤　俊憲	32,804,339
34	片岡　大育	32,466,212
35	S・H・キム	31,126,979
36	姜　庚男	30,298,881
37	金　庚泰	27,819,500
38	朴　相賢	26,942,164
39	池村　寛世	24,902,163
40	大槻　智春	24,650,775
41	W・J・リー	24,443,904
42	R・ワナスリチャン	24,264,475

順位	氏 名	獲得額（円）
43	大堀裕次郎	24,041,362
44	小田 孔明	23,432,121
45	嘉数 光倫	23,352,000
46	片山 晋呉	22,669,138
47	宋 永漢	22,528,081
48	藤田 寛之	22,156,237
49	竹安 俊也	21,639,458
50	J・パグンサン	21,535,714
51	張 棟圭	21,525,399
52	上井 邦裕	20,994,945
53	※S・ガルシア	20,115,000
54	木下 稜介	19,198,487
55	趙 珉珪	18,951,175
56	浅地 洋佑	18,794,166
57	A・クウェイル	18,489,240
58	D・オー	17,768,539
59	正岡 竜二	17,069,878
60	比嘉 一貴	16,868,209
61	M・ヘンドリー	16,837,671
62	小鯛 竜也	16,779,938
63	※J・ハーディング	16,500,000
64	宮里 優作	16,237,450
65	P・マークセン	15,954,606
66	近藤 智弘	15,899,188
67	D・ブランスドン	15,550,497
68	※P・ピーターソン	15,086,250
69	詹 世昌	14,748,289

2019年度

ツアー 25試合
賞金総額3,274,090,000円
上位65名が2020年度ツアー出場
資格を獲得
ランキングは海外4大メジャー
競技で獲得した賞金を含む

順位	氏 名	獲得額（円）
1	今平 周吾	168,049,312
2	S・ノリス	145,044,149
3	石川 遼	132,812,990
4	C・キム	105,880,318
5	黄 重坤	94,985,827
6	堀川未来夢	84,790,750
7	J・ジェーンワタナンド	80,432,742
8	朴 相賢	71,453,921
9	浅地 洋佑	69,797,845
10	崔 虎星	67,083,026
11	星野 陸也	66,313,846
12	金 庚泰	64,692,615
13	時松 隆光	57,748,084
14	比嘉 一貴	57,401,190
15	S・ビンセント	56,823,626
16	B・ジョーンズ	55,290,226
17	池田 勇太	53,870,134
18	B・ケネディ	52,039,313

19	武藤 俊憲	51,204,475
20	宮本 勝昌	50,403,092
21	G・チャルングン	50,273,898
22	S・ハン	47,858,105
23	Y・E・ヤン	42,888,013
24	大槻 智春	40,072,989
25	藤田 寛之	39,706,175
26	秋吉 翔太	39,398,756
27	M・グリフィン	38,393,733
28	J・クルーガー	34,028,792
29	A・クウェイル	32,925,863
30	片山 晋呉	30,536,757
31	小田 孔明	28,464,750
32	岩田 寛	28,457,981
33	香妻陣一朗	26,786,215
34	木下 稜介	25,482,410
35	李 尚熹	25,320,318
36	D・ペリー	23,998,300
37	姜 庚男	23,842,999
38	藤本 佳則	23,694,388
39	出水田大二郎	23,274,912
40	J・パグンサン	23,157,765
41	正岡 竜二	21,111,426
42	池村 寛世	20,895,766
43	貞方 章男	20,200,499
44	R・ジョン	20,132,000
45	小平 智	19,936,729
46	A・キュー	19,878,811
47	張 棟圭	19,073,022
48	重永亜斗夢	18,525,821
49	稲森 佑貴	17,356,426
50	W・J・リー	17,088,775
51	D・ブランスドン	16,854,358
52	H・W・リュー	16,274,130
53	永野竜太郎	16,134,380
54	佐藤 大平	15,696,477
55	P・ピーターソン	14,061,372
56	T・ペク	14,039,071
57	小鯛 竜也	13,792,719
58	M・ヘンドリー	13,686,024
59	金 成玹	13,429,531
60	市原 弘大	13,102,632
61	梁 津萬	13,063,230
62	塚田 陽亮	12,817,324
63	塩見 好輝	12,642,900
64	中西 直人	12,586,730
65	竹谷 佳孝	12,564,132

2020-21年度

ツアー 30試合
賞金総額3,337,610,000円
上位65名が2022年度ツアー出場
資格を獲得
ランキングは海外4大メジャー
競技で獲得した賞金を含む

順位	氏 名	獲得額（円）
1	C・キム	127,599,803
2	金谷 拓実	119,803,605
3	木下 稜介	115,001,239
4	谷原 秀人	111,599,542
5	星野 陸也	107,341,089
6	稲森 佑貴	93,271,283
7	堀川未来夢	91,677,199
8	香妻陣一朗	83,284,384
9	今平 周吾	81,377,658
10	大槻 智春	81,375,042
11	S・ビンセント	79,989,781
12	S・ノリス	75,813,047
13	比嘉 一貴	70,043,096
14	浅地 洋佑	65,094,311
15	池田 勇太	61,892,074
16	岩田 寛	59,463,592
17	石坂 友宏	56,204,216
18	石川 遼	55,311,607
19	片岡 尚之	52,292,225
20	宮里 優作	48,840,596
21	永野竜太郎	47,680,258
22	池村 寛世	45,078,559
23	大岩 龍一	44,376,742
24	杉山 知靖	43,877,089
25	時松 隆光	41,722,720
26	T・ペク	41,657,016
27	阿久津未来也	34,501,853
28	上井 邦裕	34,395,570
29	片山 晋呉	32,491,097
30	古川 雄大	30,898,021
31	J・パグンサン	28,987,943
32	金成玹(キムソンヒョン)	28,107,600
33	塚田 陽亮	27,746,961
34	高山 忠洋	27,667,368
35	宮本 勝昌	26,769,766
36	小田 孔明	26,611,979
37	小斉平優和	26,239,135
38	植竹 勇太	25,934,883
39	幡地 隆寛	25,205,231
40	内藤寛太郎	24,815,657
41	出水田大二郎	24,637,553
42	佐藤 大平	23,241,866
43	J・チョイ	23,227,800
44	宋永漢(ソンヨンハン)	22,929,517
45	矢野 東	22,772,883
46	中西 直人	21,355,790
47	杉本エリック	21,345,427
48	T・クロンパ	19,330,925

303

49	小林伸太郎	18,869,999
50	久常　　涼	18,599,070
51	秋吉　翔太	17,469,017
52	重永亜斗夢	17,054,879
53	清水　大成	16,796,499
54	竹谷　佳孝	16,624,573
55	市原　弘大	16,532,270
56	池上憲士郎	16,421,160
57	貞方　章男	16,260,884
58	S・ハン	15,993,877
59	小平　　智	15,796,146
60	木下　裕太	15,588,034
61	H・W・リュー	15,524,783
62	阿部　裕樹	14,708,552
63	近藤　智弘	14,172,880
64	張棟圭(ジャンドンキュ)	13,556,109
65	小鯛　竜也	13,316,436

年度	試合数	賞金総額（円）
1973年	31	471,000,000
1974年	31	596,290,000
1975年	33	801,115,000
1976年	32	839,300,000
1977年	32	859,290,000
1978年	37	942,940,000
1979年	37	979,830,000
1980年	38	1,039,700,000
1981年	42	1,235,000,000
1982年	45	1,429,300,000
1983年	46	1,534,900,000
1984年	39	1,604,750,000
1985年	40	1,753,000,000
1986年	40	1,874,000,000
1987年	40	1,994,000,000
1988年	40	2,286,000,000
1989年	41	2,600,000,000
1990年	44	3,290,000,000
1991年	43	3,652,500,000
1992年	38	3,890,000,000
1993年	39	4,185,000,000
1994年	38	4,150,000,000
1995年	37	4,020,000,000
1996年	36	3,910,000,000
1997年	36	3,930,000,000
1998年	36	4,070,000,000
1999年	32	3,360,000,000
2000年	33	3,530,000,000
2001年	31	3,430,000,000
2002年	29	3,320,000,000
2003年	29	3,250,000,000
2004年	29	3,270,000,000
2005年	29	3,380,000,000
2006年	29	3,500,000,000
2007年	24	3,040,000,000
2008年	25	3,620,000,000
2009年	24	3,340,000,000
2010年	25	3,350,000,000
2011年	25	3,330,000,000
2012年	25	3,360,000,000
2013年	25	3,354,140,000
2014年	24	3,253,640,000
2015年	25	3,309,340,000
2016年	26	3,488,915,000
2017年	26	3,594,680,000
2018年	24	3,395,562,500
2019年	25	4,360,080,000
'20-'21年	30	3,337,610,000
2022年	27	※3,125,580,000

過去のデータ

※2022年の賞金総額は「SMBCシンガポールオープン」を除く

●Hitachi 3Tours Championship

年度	氏名	記録	開催コース
2005	JGTOチーム34.5P		千葉・梅郷
2006	LPGAチーム37P		キングフィールズ
2007	JGTOチーム26P		キングフィールズ
2008	JGTOチーム24.5P		キングフィールズ
2009	PGAチーム17.5P		キングフィールズ
2010	JGTOチーム23P		キングフィールズ
2011	LPGAチーム24.5P		キングフィールズ
2012	PGAチーム19.5P		平川
2013	JGTOチーム21.5P		平川
2014	LPGAチーム 21.5P		平川
2015	LPGAチーム 10P		グリッサンド
2016	JGTOチーム 13.5P		グリッサンド
2017	JGTOチーム 11.5P		グリッサンド
2018	PGAチーム10.0P		グリッサンド
2019	LPGAチーム 12.0P		グリッサンド
2020	〈新型コロナウイルス感染拡大のため中止〉		
2021	LPGAチーム 24P		大栄
2022	JGTOチーム 21P		大栄

●岐阜オープンクラシック

年度	氏名	記録	開催コース
1991	宮下 稔	132-66·66	各務原
1992	デビッド・イシイ	133-68·65	各務原
1993	平野 浩作	132-68·64	各務原
1994	菅原 洋一	135-69·66	各務原
1995	長田 力	134-69·70	各務原
1996	木村 政信	130-66·64	各務原
1997	井戸木鴻樹	132-66·66	各務原
1998	桑原 克典	130-65·65	各務原
1999	桑原 克典	132-68·64	各務原
2000	野上 貴夫	139-68·71	各務原
2001	原田 三夫	135-66·69	各務原
2002	横田 真一	133-65·68	各務原
2003	桑原 克典	64-64	各務原
2004	小林 正則	134-67·67	各務原
2005	堀之内 豊	134-68·66	各務原
2006	河村 雅之	141-70·71	各務原
2007	桑原 克典	137-68·69	各務原
2008	伊藤 正己	136-69·67	各務原
2009	藤田 寛之	134-67·67	各務原
2010	尾崎 直道	136-70·66	各務原
2011	宮瀬 博文	134-65·69	各務原
2012	井戸木鴻樹	139-70·69	各務原
2013	リチャード・テイト	134-67·67	各務原
2014	上平 栄道	136-69·67	各務原
2015	谷口 徹	133-67·66	各務原
2016	上田 諭尉	133-66·67	各務原
2017	谷口 徹	131-66·65	各務原
2018	石川 遼	137-69·68	各務原
2019※	織田 信亮	135-66·69	各務原
2020	〈新型コロナウイルス感染拡大のため中止〉		
2021	竹谷 佳孝	137-66·71	各務原
2022	澤崎 安雄	135-66·69	各務原

※はアマチュア

●北陸オープン

富山県オープン

年度	氏名	記録	開催コース
1979	豊田 明夫	211-67·75·69	呉羽・日本海
1980	井上 幸一	142-72·70	呉羽・日本海
1981	松井 利樹	140-73·67	呉羽・日本海
☆1982	内田 繁	136-69·67	呉羽・日本海
☆1983	新井規矩雄	135-65·70	呉羽・日本海
1984	今井 昌雪	140-71·69	呉羽・日本海
1985	鷹巣 南雄	137-68·69	呉羽・日本海
1986	芹沢 信雄	138-66·72	呉羽・日本海
1987	芹沢 信雄	133-66·67	呉羽・日本海
1988	横島 由一	139-67·72	呉羽・日本海
1989	横島 由一	130-68·72	呉羽・日本海
1990	三上 法夫	140-72·68	呉羽・日本海
1991	横島 由一	141-71·70	呉羽・日本海
1992	中村 輝夫	139-68·71	呉羽・日本海
1993	中村 輝夫	140-68·72	呉羽・日本海
1994	河村 雅之	138-68·70	呉羽・日本海
1995	丸山 智弘	139-67·72	呉羽・日本海
1996	高崎 龍雄	136-68·68	呉羽・日本海
1997	藤田 寛之	132-68·64	呉羽・日本海
1998	室田 淳	136-68·68	呉羽・日本海

北陸オープン

年度	氏名	記録	開催コース
1999	佐藤 剛平	137-68·69	呉羽・日本海
2000	宮本 勝昌	135-71·64	呉羽・日本海
2001	野仲 茂	139-71·68	呉羽・日本海
2002	藤田 寛之	134-64·70	呉羽・日本海
2003	平塚 哲二	133-64·69	呉羽・日本海
2004	小山内 護	135-67·68	呉羽・日本海
2005	小田 龍一	129-67·62	呉羽・日本海
2006	すし 石垣	135-69·66	呉羽・日本海
2007	室田 淳	137-69·68	呉羽・日本海
2008	中川 勝弥	134-68·66	呉羽・日本海
2009	山下 和宏	133-66·67	呉羽・日本海
2010	平塚 哲二	133-68·65	呉羽・日本海
2011	岡茂 洋雄	136-71·65	呉羽・日本海
2012	鈴木 康正	135-64·71	呉羽・日本海
2013	小田 孔明	134-65·69	呉羽・日本海
2014	遠藤 彰	133-65·68	呉羽・日本海
2015	宮本 勝昌	133-72·61	呉羽・日本海
2016	片山 晋呉	134-68·66	呉羽・日本海
2017	小田 龍一	136-68·68	呉羽・日本海
2018	北村 晃一	135-71·64	呉羽・日本海
2019	池村 寛世	135-66·69	呉羽・日本海
2020	〈新型コロナウイルス感染拡大のため中止〉		
2021	高山 忠洋	135-67·68	呉羽・日本海
2022	H・リー	133-67·66	呉羽・日本海

●中部オープン

年度	氏名	記録	開催コース
1971	内田 繁	289-70·75·73·71	桑名
1972	橘田 規	282-70·73·67·72	浜名湖
◎1973	石井 裕士	287-71·71·75·70	愛岐
◎1974	橘田 規	282-70·75·65·72	貞宝
◎1975	陳 健振	284-70·68·72·74	伊勢
◎1976	陳 健振	278-67·72·72·67	芦原
◎1977	石井 裕士	286-71·70·73·72	東名古屋
◎1978	井上 幸一	277-66·67·74·70	四日市
◎1979	松岡 金市	290-73·74·74·69	岐阜竜城
◎1980	鈴村 久	278-65·69·72·72	さなげ
◎1981	内田 繁	278-71·72·65·70	名古屋
◎1982	内田 繁	282-69·68·75·70	片山津・白山
◎1983	中村 輝夫	279-73·63·70·73	富士C可児
◎1984	鈴村 照男	280-71·71·69·69	春日井
◎1985	塩田 昌宏	282-69·73·69·71	中日
◎1986	出口栄太郎	281-71·68·71·71	南山
◎1987	出口栄太郎	274-71·67·66·70	愛岐
◎1988	中村 輝夫	279-66·72·69·72	三好・西

年	優勝者	スコア	コース
◎1989	中村 忠夫	210-72・68・70	……スリーレイクス
◎1990	坂井 初敏	284-70・73・69・72	………能登C
◎1991	中村 輝夫	279-73・69・68・69	…………額田
1992	杉山 直也	278-68・73・71・66	…レイクグリーン
1993	川瀬 順次	290-73・69・74・74	…セントクリーク
1994	溝口 英二	285-69・76・69・71	…………新陽
1995	川瀬 順次	280-69・71・70・70	…………知多
1996	山本 昭一	275-67・74・63・71	…ライオンズ
1997	川瀬 順次	283-67・71・73・72	………南愛知
1998	尾崎 智勇	282-75・70・69・68	……白山・泉水
1999	溝口 英二	277-69・69・72・67	…日本ライン・西
2000	山本 昭一	138-70・68	………多度・名古屋
2001	島田 正士	138-69・69	…………春日井・西
2002	柴田 猛	135-67・68	…スプリングフィールド
2003	中田慶史郎	137-66・71	………呉羽・日本海
2004	浦口 裕介	203-69・67・67	…………愛岐
2005	沢田 尚	207-67・71・69	…………四日市
2006	浦口 裕介	213-68・72・73	………東名古屋
2007	青山 浩嗣	215-71・74・70	………片山津・白山
2008	上井 邦浩	206-67・67・72	……レイクグリーン
2009	高山 準平	207-68・74・75	…………愛知
2010	梶本康太郎	212-75・70・67	…………桑名
2011	谷岡 達弥	207-68・72・67	………岐阜関
2012※	小野田享也	202-67・65・70	…………南山
2013	近藤 啓介	207-69・70・68	………朱鷺の台
2014	岸本 翔太	209-73・67・69	…………四日市
2015※	今野 大喜	206-70・66・74	………東名古屋・西
2016	近藤 啓介	206-71・67・68	………岐阜関・東
2017	藤島 征次	204-70・66・68	………愛知・東山
2018※	今野 大喜	204-68・64・72	…………桑名
2019	石渡 和輝	207-69・66・72	………片山津・白山
2020	〈新型コロナウイルス感染拡大のため中止〉		
2021	上井 邦裕	201-68・65・68	……名古屋・和合
2022	田村 光正	200-67・64・69	…………愛岐

※はアマチュア

●中四国オープン

中四国オープン

年	優勝者	スコア	コース
1971	下山 祐助	285-69・68・73・75	…………志度
1972	細石 憲二	216-73・74・69	…………宇部
◎1973	増田 光彦	281-139・142	…………下関
◎1974	増田 光彦	280-138・142	…………松永
◎1975	上野 忠美	279-73・69・70・67	…………周南
◎1976	上野 忠美	281-64・74・72・71	…広島・西条
◎1977	上野 忠美	290-71・76・74・69	…………賀茂
◎1978	片山 征治	278-72・70・68・68	…広島・西条
◎1979	重信 秀人	283-68・72・69・74	…………周南
◎1980※	倉本 昌弘	281-69・70・68・74	…………福山

中国オープン

年	優勝者	スコア	コース
◎1981	倉本 昌弘	213-70・76・67	…………大山平原
◎1982	倉本 昌弘	278-67・70・73・68	………白竜湖
◎1983	倉本 昌弘	272-70・66・70・66	…………赤坂

中四国オープン

年	優勝者	スコア	コース
◎1984	倉本 昌弘	289-68・73・72・76	…………下関
◎1985	冨田三十士	281-71・70・71・69	…広島・西条
◎1986	上野 忠美	275-67・71・68・69	…宇部・万年池北
◎1987	倉本 昌弘	280-71・70・70・69	…………倉敷
◎1988	倉本 昌弘	266-67・63・65・71	………白竜湖
◎1989	上野 忠美	283-69・69・71・74	…………賀茂
◎1990	奥田 靖己	283-71・70・71・71	…………周南
◎1991	宮田 幸斉	284-69・70・68・77	…………愛媛
1992	河村 雅之	283-68・68・75・72	…………山陽
1993	坂本 義一	218-79・69・72	…………大山
1994	白潟 英純	279-73・67・69・70	…………賀茂
1995	坂本 義一	277-69・69・69・70	…下関ゴールデン
1996	田丸 洋介	291-71・70・80・70	…松山シーサイド
1997	白潟 英純	246-69・85・34	…備中高原北房
1998	坂本 義一	287-73・73・71・70	…………鷹の巣

年	優勝者	スコア	コース
1999	吉川 弘起	279-69・71・71・68	…………周南
2000	兼本 貴司	139-68・71	……リージャスクレスト
2001	兼本 貴司	135-69・66	……リージャスクレスト
2002	岡茂 洋雄	138-67・71	……リージャスクレスト
2003	堀川 昌利	135-65・70	……リージャスクレスト
2004	張本 茂	136-69・67	……リージャスクレスト
2005	末岡 誠	134-67・67	……リージャスクレスト
2006	安川 剛志	136-68・68	……リージャスクレスト
2007※	片岡 大育	137-69・68	……リージャスクレスト
2008	吉川 弘起	132-66・66	……リージャスクレスト
2009	河村 雅之	68-68	……リージャスクレスト
2010	砂入 雅之	137-70・67	……リージャスクレスト
2011※	加藤龍太郎	69-69	…………賀茂
2012	河村 雅之	133-67・66	…………白竜湖
2013	広田 悟	135-65・68	…………白竜湖
2014	大宮 正幸	203-70・64・69	…………白竜湖
2015※	石徳 俊樹	202-67・72・63	…………白竜湖
2016	兼本 貴司	206-70・67・69	…………鷹の巣
2017	弘井 太郎	208-71・69・68	…………鷹の巣
2018	河野 祐輝	204-70・67・67	…………鷹の巣
2019	平本 穏	200-67・67・66	…………鷹の巣
2020	沖野 克文	201-68・66・67	…………鷹の巣
2021	石川 裕貴	133-67・66	…グリーンバーズ
2022	﨑川 将司	201-71・67・63	…グリーンバーズ

※はアマチュア

●九州オープン

年	優勝者	スコア	コース
1971	柳田 勝司	224-73・74・77	…………阿蘇
1972	柴田 昇	283-73・74・68・68	………南九州
◎1973	小池 国夫	287-141・146	…………福岡
◎1974	鈴木 規夫	290-74・69・73・74	…長崎国際
◎1975	鈴木 規夫	283-70・70・73	…………門司
◎1976	鈴木 規夫	285-74・72・71・68	…………福岡
◎1977	鈴木 規夫	284-71・71・68・74	…………太宰府
◎1978	鈴木 規夫	293-71・73・78・71	…………小倉
◎1979	秋富由利夫	283-71・70・73・69	…長崎国際
◎1980	秋富由利夫	283-69・72・72・70	…………太宰府
◎1981	秋富由利夫	289-71・75・71・72	…………玄海
◎1982	鈴木 規夫	291-71・72・77・71	…九州志摩
◎1983	藤池 昇	288-74・72・71・71	…………若松
◎1984	渋谷 稔也	288-73・71・69・75	…熊本空港
◎1985	吉村 金八	283-73・71・69・70	…夜須高原
◎1986	吉村 金八	281-68・73・70・70	…かごしま空港36
◎1987	友利 勝良	288-70・73・75・70	…麻生飯塚
◎1988	友利 勝良	283-71・70・70・72	…大分・月形
◎1989	蔵岡 伸二	287-69・76・71・71	…熊本中央
◎1990	友利 勝良	277-69・69・67・72	…………太宰府
◎1991	友利 勝良	290-76・69・73・72	…………霧島
1992	川上 典一	283-72・70・70・71	…熊本空港
1993	友利 勝良	281-73・70・70・68	…………玉名
1994	日下部光隆	281-69・68・72・72	…………西日本
1995	友利 勝良	245-68・69・71・37	…………若木
1996	酒井 孝正	281-67・70・71・73	…………伊都
1997	藤池 昇龍	206-68・69・69	…………唐津
1998	山本 恒久	290-74・70・71・75	…熊本中央
1999	金城 和弘	281-70・69・70・72	…JR内青
2000	野上 貴夫	140-70・70	…………熊本空港
2001	日下部光隆	140-67・73	…………若松
2002	金城 和弘	139-68・71	…………島津
2003	日潟 英純	205-66・67・72	………大分東急
2004	堀之内 豊	209-68・68・73	………佐賀ロイヤル
2005※	大倉 清	210-71・72・67	………長崎国際
2006	白潟 英純	205-70・71・64	…………玉名
2007	木村 忠昭	208-68・69・71	…………UMK
2008※	尾方 友彦	205-65・71・69	………夜須高原
2009	木村 忠昭	206-66・72・68	………南九州
2010	高松 竜也	201-70・66・65	…ザ・クラシック
2011	福永 光伸	215-71・75・69	………大分・月形

歴代優勝者

2012	米倉健太郎	207-70・69・68	…佐賀クラシック
2013	宮里　優作	269-65・69・68・67	パサージュ琴海アイランド
2014	北村　晃一	277-70・64・75・68	………喜瀬
2015	和田章太郎	211-67・73・71	………阿蘇大津
2016	小田　龍一	272-63・71・67・71	…宮崎レイクサイド
2017	北村　晃一	267-68・67・64・68	………小郡
2018	比嘉　一貴	270-66・68・66・70	…鹿児島高牧
2019	手嶋　多一	272-72・65・66・69	………西日本
2020	秋吉　翔太	197-66・66・65	………大分東急
2021	香妻陣一朗	271-68・69・67・67	…佐賀クラシック
2022	黒木　紀至	208-69・70・69	…PGMゴルフリゾート沖縄

※はアマチュア

●北海道オープン

1967	野辺地　純	152-78・74	………………樽前
1968	窪田　清水	298-72・74・72・80	………釧路
1969	竹田　賢治	302-75・71・83・73	……旭川国際
1970	野辺地　純	292-73・72・75・72	………札幌
1971	野辺地　鼎	299-73・77・77・72	……北海道
1972	竹田　賢治	292-72・76・72・72	………帯広
1973	山田　雅明	142-70・72	…………定山渓
1974	竹田　賢治	290-75・73・72・70	…旭川国際
1975	野辺地　鼎	150-76・74	…………室蘭
1976	上原　宏一	292-72・70・76・74	・札幌後楽園
◎1977	上原　宏一	288-73・68・74・73	………釧路
◎1978	上原　宏一	286-72・67・71・76	……クラーク
◎1979	佐藤　正一	279-71・72・69・67	…三井苫小牧
◎1980	上原　宏一	292-72・72・73・75	…千歳空港
◎1981	後藤　満吉	212-73・69・70	………大雪山
◎1982	上原　宏一	289-71・72・76・70	……大沼国際
◎1983	高橋　勝成	281-68・71・74・68	………石狩
◎1984	上原　宏一	279-70・70・68・71	…札幌・ユニ
◎1985	高橋　勝成	282-71・69・74・68	…札幌芙蓉
◎1986	高橋　勝成	276-72・69・65・70	…石狩川江別
◎1987	小島　昭彦	292-71・76・72・73	………小樽
◎1988	高橋　　完	271-70・71・67	…札幌エルム・西
◎1989	高橋　　完	285-67・78・71・69	………茨戸
◎1990	高橋　勝成	278-69・68・73・68	………登別
◎1991	高橋　勝成	281-69・66・76・70	…グリーンヒル
1992	髙見　和宏	298-77・69・80・72	………樽前
1993	上原　宏一	283-72・69・73・69	…札幌エルム・西
1994	大山　　健	284-72・72・73・67	………エムズ
1995	大森　美幸	281-69・69・72・71	…帯広国際
1996	宝力　寿教	293-77・70・75・71	………小樽
1997	田中　文雄	287-71・71・73・72	…札幌・由仁
1998	具　　滋勲	280-73・71・67・69	……大雪山
1999	大川　尚弥	139-70・69	…………札幌ベイ
2000	上原　宏一	142-69・73	…………札幌芙蓉
2001	久保　超路	140-68・72	…………ユニ東武
2002	佐々木久行	209-69・69・71	………小樽
2003	増田　伸洋	213-72・69・72	………小樽
2004	増田　伸洋	285-70・74・73・68	………小樽
2005	佐藤えいち	288-71・67・73・77	………小樽
2006	井上　清孝	277-68・70・71・68	…札幌・由仁
2007	額賀　辰徳	199-68・65・66	…………新千歳
2008	前田　雄大	208-69・70・69	………ツキサップ
2009	桑原　克典	206-70・67・69	…ANAダイヤモンド
2010	上田　成人	201-67・70・64	…ザ・ノースカントリー
2011	溝口　英二	209-72・68・69	…………エミナ
2012	崎山　武志	201-67・68・66	……札幌芙蓉
2013	嘉数　光倫	211-68・72・71	…北海道ブルックス
2014	加瀬　秀樹	214-71・73・70	…北海道ブルックス
2015	上田　成人	212-68・72・72	…北海道ブルックス
2016	大谷　俊介	210-71・67・72	…北海道ブルックス
2017	岡島　功史	210-69・69・72	…………………桂
2018	大谷　俊介	207-67・68・72	…………………桂
2019	近藤　龍一	201-68・68・65	……GOLF5C美唄
2020	〈新型コロナウイルス感染拡大のため中止〉		

2021	海老根文博	197-63・68・66	………エミナ南
2022※	工藤大之進	206-67・68・71	…………御前水

※はアマチュア

●日本プロゴルフ新人選手権大会

1999	坂本　圭治	142-71・71	…アカデミアヒルズ
2001	高山　忠洋	145-73・72	…オークビレッヂ
	谷原　秀人	141-68・73	…オークビレッヂ
2002	杉本　英樹	141-74・67	………六甲国際
2003	大塚　泰三	144-72・72	…ザ・クィーンズヒル
2004	岩田　　寛	138-66・72	…ザ・クラシック
2005	佐藤　達也	141-72・69	………烏山城
2006	竹谷　佳孝	138-70・68	……森永高滝
2007	宮澤　卓也	139-72・67	……森永高滝
2008	芳賀　洋平	138-68・70	…………玉名
2009	塚田　陽亮	128-63・65	………鬼ノ城
2010	小林伸太郎	137-69・68	………鬼ノ城
2011	稲森　佑貴	139-69・70	…………谷汲
2012	小西　貴紀	139-68・71	…………谷汲
2013	副田　裕斗	142-72・70	…………谷汲
2014	成松　亮介	137-70・67	…………谷汲
2015	伊藤　誠道	140-68・72	…………谷汲
2016	黒木　紀至	142-71・71	…………房総
2017	阿久津未来也	141-71・70	…房総・房総・東
2018	上村　竜太	138-68・70	…房総・房総・東
2019	青木　　尉	139-70・69	…房総・房総・東
2020	古川　雄大	137-71・66	…富士可児・志野
2021	山浦　一希	138-68・70	…富士可児・志野
2022	鈴木　大哉	106-69・37	…富士可児・志野

ランキング対象トーナメント

◎はツアー競技、☆は賞金ランキング対象競技

年度	氏名	記録	開催コース

●ISPS HANDA ガツーンと飛ばせ

ISPSハンダグローバルカップ

◎2015	武藤　俊憲	270-68・68・66・68	…ヴィンテージ
◎2016	朴ジュンウォン	267-66・67・68・66	…朱鷺の台

ISPSハンダマッチプレー選手権

| ◎2017 | 片山　晋呉 | 3＆2 H・W・リュー | ………浜野 |
| ◎2018 | タンヤゴーン・クロンパ | 2＆1 今平　周吾 | ………鳩山 |

ISPS HANDA ガツーンと飛ばせ

| ◎2021 | 池村　寛世 | 267-68・66・68・65 | ………美浦 |

●アコムインターナショナル

アコムダブルス

◎1983	呂　良煥-呂　西鈞	261-64・66・66・65	…信楽・田代
1984	島田幸作-磯崎　功	256-64・64・62・66	…信楽・田代
1985	ブライアン・ジョーンズ- マイク・ファーガソン	263-66・63・65・69	…信楽・田代
1986	飯合　肇-東　聡	257-62・66・64・65	…信楽・田代
1987	芹沢信雄-丸山智弘	258-63・65・62・68	…信楽・田代
1988	ダグ・ツール-ボブ・ギルダー	256-63・66・61・66	…千葉スプリングス
1989	須藤聡明-青柳公也	255-66・65・65・59	…千葉スプリングス

アコムP. T.

| ◎1990 | ボブ・ギルダー | 115P-38P・39P・38P | …ジャパンクラシック |

アコムインターナショナル

◎1991	倉本　昌弘	32P-7P・7P・18P	…成田スプリングス
◎1992	井上　久雄	41P-12P・7P・14P・8P	…信楽・田代
◎1993	トッド・ハミルトン	40P-15P・3P・15P・7P	…セベ・バレステロス
◎1994	尾崎　直道	41P-14P・2P・12P・13P	…セベ・バレステロス
◎1995	桑原　克典	46P-6P・13P・15P・12P	…セベ・バレステロス
◎1996	細川　和彦	51P-8P・18P・14P・11P	…セベ・バレステロス・泉
◎1997	金山　和雄	41P-12P・11P・9P・9P	…セベ・バレステロス・泉
◎1998	横尾　要	46P-17P・5P・14P・10P	…セベ・バレステロス・泉
◎1999	田中　秀道	269-66・69・66・68	………石岡
◎2000	谷口　徹	266-69・68・65・64	………石岡
◎2001	細川　和彦	267-68・63・65・71	………石岡
◎2002	谷口　徹	197-64・63・70	………石岡
◎2003	倉本　昌弘	271-59・66・70・73	………石岡
◎2004	鈴木　亨	200-72・65・63	………石岡
◎2005	デービッド・スメイル	271-64・65・69・73	………石岡
◎2006	小山内　護	270-65・63・74・68	………石岡

1983～1989年はダブルス戦、1990年～1998年はステーブルフォード競技、1999年からはストロークプレー

●アサヒ緑健よみうり・麻生飯塚メモリアルオープン

◎2004	Y・E・ヤン	271-69・68・69・65	……麻生飯塚
◎2005	矢野　東	270-69・67・67・67	……麻生飯塚
◎2006	市原　建彦	270-69・66・68・67	……麻生飯塚

●アジア・ジャパン沖縄オープン

◎2003	藤田　寛之	202-67・68・67	…ザ・サザンリンクス
◎2004	谷原　秀人	279-66・76・68・69	…ザ・サザンリンクス
◎2005	宮里　聖志	270-68・70・68・64	………那覇
◎2006	高山　忠洋	276-70・68・68・70	………那覇

大会は前年度の12月に行われ、賞金は翌シーズンに加算

●Indonesia PGA Championship

◎2013	崔　虎星	269-67・70・65・67	……Emeralda
◎2014	松村　道央	267-65・67・67・68	…Damai Indah・Bumi Serpong Damai
2015	中止		

●インペリアルトーナメント

1987	高見　和宏	137-69・68	…千葉スプリングス
1988	長谷川勝治	143-68・75	…セベ・バレステロス
1989	尾崎　直道	278-69・70・70・69	…セベ・バレステロス
◎1990	中村　通	285-69・72・73・71	…セベ・バレステロス
◎1991	羽川　豊	282-70・72・66・74	…セベ・バレステロス
◎1992	尾崎　直道	280-71・68・71・70	…セベ・バレステロス
◎1993	芹澤　信雄	212-71・73・68	……カレドニアン

●ウッドワンオープン広島

広島オープン

1972	謝　永郁	202-65・68・69	……広島・八本松
◎1973	中村　通	269-67・64・68・70	…広島・八本松
◎1974	呂　良煥	272-68・68・67・69	…広島・八本松
◎1975	呂　良煥	273-66・72・72	…広島・八本松
◎1976	尾崎　将司	200-66・66・68	…広島・西条
◎1977	宮本　康弘	275-67・67・70・71	…広島・八本松
◎1978	尾崎　将司	273-69・66・67・71	…広島・八本松
◎1979	山本　善隆	270-67・70・67・66	…広島・八本松
◎1980	鈴木　規夫	276-71・69・68・68	………賀茂
◎1981	金井　清一	202-66・69・67	…広島・西条
◎1982	栗原　孝	272-69・67・70・66	…広島・西条
◎1983	高橋　勝成	273-67・68・66・72	…広島・八本松
◎1984	尾崎　将司	269-65・66・70・68	…広島・西条
◎1985	山本　善隆	277-69・71・69・68	…広島・八本松
◎1986	中村　通	275-68・68・71・65	…広島・西条
◎1987	飯合　肇	275-68・69・72・66	…広島・西条
◎1988	松井　一	274-69・71・66・68	…広島・八本松

ヨネックスオープン広島

◎1989	尾崎　将司	270-69・67・68・66	…広島・八本松
◎1990	尾崎　将司	278-69・73・71・65	…広島・八本松
◎1991	板井　榮一	272-67・69・71・65	…広島・西条
◎1992	湯原　信光	275-71・67・69・68	…広島・西条
◎1993	小達　敏昭	275-67・66・74・68	…広島・西条
◎1994	尾崎　将司	274-68・74・67・65	…広島・八本松
◎1995	尾崎　将司	207-73・68・66	…広島・八本松
◎1996	佐藤　英之	273-67・67・67・72	…広島・八本松
◎1997	尾崎　直道	276-69・71・68・68	…ヨネックス
◎1998	尾崎　将司	270-68・70・66・66	…広島・八本松
◎1999	尾崎　将司	273-73・69・67・64	…広島・八本松

住建産業オープン広島

◎2000	深堀圭一郎	275-67・67・70・71	…広島・八本松
◎2001	深堀圭一郎	203-67・67・69	…広島・八本松
◎2002	S・K・ホ	274-64・70・71・69	…広島・八本松

ウッドワンオープン広島

◎2003	伊沢　利光	275-66・68・69・72	…広島・八本松
◎2004	片山　晋呉	266-70・63・70・63	…広島・八本松
◎2005	野上　貴夫	270-68・67・67・68	…広島・八本松

◎2006 平塚 哲二 265-68・65・64・68…広島・八本松
◎2007 谷口 徹 269-67・64・68・70…広島・八本松

●宇部興産オープン

ペプシ
1972 ピーター・トムソン 279-72・67・72・68………横浜・西
◎1973 青木 功 281-67・65・72・77………横浜・西
◎1974 グラハム・マーシュ 284-71・74・72・67…片山津・白山
ペプシウイルソン
1975 謝 永郁 283-72・75・66・70………横浜・西
◎1976 ピーター・トムソン 211-71・72・68……宇部・万年池
◎1977 尾崎 将司 274-69・67・72・66………横浜・西
◎1978 尾崎 将司 275-67・74・65・69…宇部・万年池北
◎1979 ミヤ・アエ 274-64・70・67・73………八戸
◎1980 鈴木 規夫 276-68・68・71・69…宇部・万年池西
◎1981 グラハム・マーシュ 270-70・68・66・66…宇部・万年池西
ペプシ宇部
◎1982 新井規矩雄 277-67・68・70・72…宇部・万年池西
◎1983 金井 清一 274-68・70・68・68…宇部・万年池西
◎1984 船渡川育宏 272-68・68・70・66…宇部・万年池西
◎1985 陳 志明 268-65・71・66・66…宇部・万年池西
◎1986 尾崎 直道 276-71・69・68・68…宇部・万年池北
◎1987 陳 志明 278-69・72・70・67…宇部・万年池北
◎1988 近藤 守 169-67・68・34 ……宇部・万年池東
ペプシ宇部興産
◎1989 横山 明仁 203-67・69・67…宇部・万年池東
◎1990 中村 忠夫 203-67・70・66…宇部・万年池東
◎1991 陳 志忠 274-69・74・66・65…宇部・万年池西
◎1992 中島 常幸 275-67・72・64・72…宇部・万年池北
◎1993 丸山 茂樹 264-63・72・63・66…宇部・万年池西
◎1994 中島 常幸 268-65・67・67・69…宇部・万年池西
◎1995 日下部光隆 206-70・70・66…宇部・万年池東
◎1996 田中 秀道 264-68・64・65・67…宇部・万年池西
宇部興産
◎1997 森 茂則 267-67・64・68・68…宇部・万年池西
◎1998 ブラント・ジョブ 271-69・64・68・70…宇部・万年池東
◎1999 崔 京周 272-69・65・66・72…宇部・万年池東
◎2000 深堀圭一郎 276-70・72・69・65…宇部72・江畑池
◎2001 ディーン・ウィルソン 267-65・67・68・67…宇部72・江畑池

●関西プロ

1931 森岡 二郎 8-7 柏木 健一 …………茨木
1932 宮本 留吉 1up 37H 村木 章………茨木
1933 宮本 留吉 10-9 森岡 二郎………宝塚
1934 戸田藤一郎 4-3 石井 治作………広野
1935 石井 治作 4-3 戸田藤一郎………宝塚
1936 戸田藤一郎 7-5 上田 悌造………宝塚
1937 村木 章 1up 37H 石井 治作………茨木
1938 戸田藤一郎 10-9 行田 虎夫………宝塚
1939 戸田藤一郎 5-4 宮本 留吉………大阪
1940 戸田藤一郎 5-4 森岡 二郎………名古屋
1941 宮本 留吉 3-2 森岡 二郎………鳴尾
1942 宮本 留吉 3-2 山田 弥助………大阪
1943～1948〈第二次世界大戦で中止〉
1949 寺本 金一 8-7 上田 悌造………広野
1950 石井 治作 8-7 柏木 健一………京都
1951 西村 譲 2-1 宮本 留吉………鳴尾
1952 上田 悌造 5-4 石井 治作………京都
1953 島村 祐正 2-1 石井 哲雄………名古屋
1954 島村 祐正 8-7 西村 譲………広野
1955 島村 祐正 1up 37H 赤松 数一………宝塚
1956 石井 哲雄 3-2 森岡比佐士………鳴尾
1957 橘田 規 2up 石井 哲雄………愛知

1958 木本 三次 7-5 藤井 義将 ………門司
1959 木本 三次 1up 39H 石井 哲雄…広野
1960 島村 祐正 1up 37H 橘田 規……宝塚
1961 松田 司郎 278-68・71・69・70………鳴尾
1962 宮本 省三 283-71・69・74・69………茨木・西
1963 新井 進 283-75・70・67・71………奈良国際
1964 杉原 輝雄 278-72・68・67・71………小倉
1965 杉原 輝雄 285-72・71・72・70…片山津・日本海
1966 橘田 規 266-66・64・67・69………玄海
1967 杉原 輝雄 273-66・67・68・72………東名古屋
1968 松田 司郎 285-72・74・66・73………伏尾
1969 戸田藤一郎 274-76・67・67・64…広島・八本松
1970 杉原 輝雄 283-72・70・72・69………岐阜関
1971 戸田藤一郎 273-68・68・68・69………箕面
1972 杉原 輝雄 283-72・70・72・69……名張
◎1973 島田 幸作 272-66・70・67・69…ブリヂストン
◎1974 島田 幸作 280-69・69・70・72…茨木高原
◎1975 石井 裕士 283-72・74・70・67…旭国際東條
◎1976 前田 新作 266-62・67・72・65………高松
◎1977 島田 幸作 280-69・70・73・68………中須
◎1978 杉原 輝雄 285-71・73・69・72………きさいち
◎1979 中村 通 273-69・66・68・70………朱鷺の台
◎1980 杉原 輝雄 290-75・70・74・71………周防灘
◎1981 鈴木 規夫 278-64・69・73・72………白竜湖
◎1982 重信 秀人 277-68・70・68・71………小郡
◎1983 山本 善隆 267-70・66・65・66………能勢
◎1984 杉原 輝雄 271-65・66・71・69………青山台
◎1985 小林 恵一 277-71・71・65・70………天野山
◎1986 杉原 輝雄 203-68・68・67………吉備
◎1987 山本 善隆 274-70・70・66………土佐
◎1988 倉本 昌弘 276-71・69・68・68…スポーツ振興
◎1989 松井 一 276-70・68・70・68…山口・長門豊田湖
◎1990 井戸木鴻樹 279-69・71・67・72………大山平原

●関東オープン

1950 中村 寅吉 292-71・73・71・77………霞ヶ関
1951 中村 寅吉 290(詳細不明)………小金井
1952 中村 寅吉 299-73・72・77・77………霞ヶ関
1953 中村 寅吉 286-73・70・70・73………那須
1954 栗原甲子男 298-71・76・75・76………我孫子
1955 林 由郎 291-74・72・73・72………鷹之台
1956 中村 寅吉 291-73・71・77・71………相模
1957 中村 寅吉 294-72・74・72・76………東京
1958 中村 寅吉 298-76・73・73・76………相模原
1959 小針 春芳 294-72・73・74・75………鷹之台
1960 林 由郎 283-67・70・74・72………霞ヶ関
1961 小針 春芳 290-73・74・70・73………相模
1962 陳 清波 281-73・71・68・69………我孫子
1963 石井 朝夫 281-69・72・70・70………大利根
1964 森 泉 286-75・74・69・68………袖ヶ浦
1965 石井 朝夫 283-72・69・74・68…相模原・東
1966 原 孝男 280-69・71・70・70………船橋
1967 河野 高明 279-73・69・68・69………龍ヶ崎
1968 謝 敏男 278-72・70・70・66…袖ヶ浦・新袖
1969 謝 永郁 287-73・70・71・73………我孫子
1970 謝 永郁 284-71・69・71・73………中山
1971 謝 永郁 274-67・71・67・69………習志野
1972 尾崎 将司 273-68・70・68・67………袖ヶ浦
◎1973 栗原 孝 284-72・69・73・70…武蔵・豊岡
◎1974 青木 功 271-65・65・71・70…茨城・東
◎1975 青木 功 280-72・72・69・67………姉ヶ崎
◎1976 尾崎 将司 282-69・68・76・69………嵐山
◎1977 尾崎 将司 277-73・71・67・66…朝霧ジャンボリー

◎1978	金井　清一	285-70·72·74·69	……フォレスト・東
◎1979	天野　勝	278-68·76·69·65	…………伊香保
◎1980	青木　功	290-71·71·75·73	…岡部チサン・美里
◎1981	湯原　信光	282-70·72·68·72	…………烏山城
◎1982	尾崎　将司	290-73·72·73·72	…………富士小山
◎1983	藤木　三郎	286-71·71·74·70	……………穂高
◎1984	中島　常幸	276-73·69·65·69	…………宍戸国際
◎1985	金井　清一	277-70·69·70·68	……………飯能
◎1986	青木　功	279-72·69·70·68	…セントラル・東
◎1987	横島　由一	212-68·73·72	……総武・総武
◎1988	横山　明仁	278-70·66·67·75	……………江戸崎
◎1989	水巻　善典	281-68·69·74·70	……………日高
◎1990	川岸　良兼	273-66·64·73·70	……………東ノ宮
◎1991	金子　柱憲	202-69·69·64	……………横浜・西
1992	白石　達哉	273-71·69·71·62	……茨城・東
1993	福沢　孝秋	280-68·69·71·72	……………浜野
1994	佐々木久行	277-72·70·67·68	……………都賀
1995	羽川　豊	281-67·70·70·74	……………鷹之台
1996	深堀圭一郎	280-66·69·70·75	…フォレスト
1997	横島　明仁	277-69·70·71·67	…水戸グリーン・山方
1998	葉　彰廷	274-67·67·71·69	…伊香保国際
1999	佐々木久行	278-68·75·67·68	……………長野

●関東プロ

1931	浅見　緑蔵	11-10　安田　幸吉	……程ヶ谷
1932	中村　兼吉	2-1　陳　清水	…………藤沢
1933	中村　兼吉	6-4　村上　義一	……我孫子
1934	陳　清水	5-3　藤井　武人	…………相模
1935	陳　清水	9-8　安田　幸吉	…………相模
1936	浅見　緑蔵	6-5　花島　洋	…………鷹之台
1937	林　万福	2-1　安田　幸吉	…………霞ヶ関
1938	川井　誠作	3-2　浅見　緑蔵	……我孫子
1939	林　万福	3-2　陳　清水	…………霞ヶ関
1940	林　万福	3-2　陳　清水	…………小金井
1941	藤井　武人	1up　関　新三	…………鷹之台
1942	井上　清次	3-2　陳　清水	…………小金井
1943	小池国喜代	4-3　寺島　繁蔵	…霞ヶ関・東
1944～1947〈第二次世界大戦で中止〉			
1948	林　由郎	146(詳細不明)	…………東京
1949	小野　光一	（記録不明）	…………程ヶ谷
1950	棚網　良平	6-5　中村　寅吉	…………相模
1951	井上　清次	2up　中村　寅吉	…………相模
1952	三田　鶴三	3-2　関　新三	…………我孫子
1953	林　由郎	6-5　石井　朝夫	…………東京
1954	栗原甲子男	1up　中村　寅吉	…………霞ヶ関
1955	小針　春芳	4-3　中村　寅吉	…………我孫子
1956	陳　清水	3-1　栗原甲子男	…………鷹之台
1957	小針　春芳	1up　石井　朝夫	…………川崎国際
1958	小野　光一	4-3　石井　朝夫	…………大洗
1959	小野　光一	2-1　小針　春芳	…………我孫子
1960	中村　寅吉	281-67·72·69·73	…………程ヶ谷
1961	中村　寅吉	284-72·71·71·70	……千葉・梅郷
1962	小野　光一	286-72·71·70·73	…………相模原
1963	小野　光一	293-70·75·76·72	…………札幌
1964	陳　清波	274-68·69·69·68	…………浮間
1965	石井富士夫	289-72·73·72·72	…………戸塚
1966	杉本　英世	276-67·70·70·69	…………大宮
1967	佐藤　精一	278-70·66·67·75	…………錦ヶ原
1968	中村　寅吉	274-69·70·68·67	…サザンクロス
1969	安田　春雄	287-70·71·73·73	…………府中
1970	石井富士夫	285-68·73·75·69	…………南軽井沢
1971	青木　功	273-69·66·66·72	…………横浜・西
1972	青木　功	197-65·67·65	…………磯子

◎1973	尾崎　将司	279-69·68·72·70	………習志野
◎1974	青木　功	267-67·66·68·66	…………筑波
◎1975	謝　敏男	274-65·71·67·71	…………千歳空港
◎1976	村上　隆	270-67·66·70·67	…………男鹿
◎1977	森　憲二	275-68·71·69·67	…………烏山城
◎1978	青木　功	274-69·69·68·68	…………新千葉
◎1979	青木　功	279-68·66·72·73	…………東筑波
◎1980	矢部　昭	274-68·68·66·72	…あさひヶ丘
◎1981	金井　清一	208-71·68·69	…………沼津
◎1982	青木　基正	274-65·67·65·72	…………広陵
◎1983	青木　功	242-69·68·70·35	…伊香保国際
◎1984	泉川ピート	208-66·70·72	…………加茂
◎1985	中島　常幸	274-68·70·69·67	…伊豆にらやま
◎1986	中島　常幸	269-68·69·65·67	…………宮城野
◎1987	尾崎　直道	212-68·72·72	…………下秋間
◎1988	丸山　智弘	278-68·66·73·71	…成田スプリングス
◎1989	藤木　三郎	277-69·68·70·70	…プレステージ
◎1990	中島　常幸	271-67·67·68·69	…ロイヤルメドウ

●キヤノンオープン

◎2008	井上　信	275-70·71·69·65	………戸塚・西
◎2009	池田　勇太	200-64·72·64	………戸塚・西
◎2010	横田　真一	274-69·68·70·67	………戸塚・西
◎2011	久保谷健一	274-68·67·70·69	………戸塚・西
◎2012	池田　勇太	271-66·68·68·69	………戸塚・西

●キリンオープン

読売プロゴルフ選手権

1952	林　由郎	296-72·78·71·75	………程ヶ谷
1953	石井　朝夫	307-74·77·76·80	…………広野
1954	栗原甲子男	287-75·71·71·70	…………相模
1955	林　由郎	290-72·74·72·72	…………鷹之台
1956	中村　寅吉	295-74·71·74·76	…………茨木・東
1957	小野　光一	286-70·72·71·73	…………小金井
1958	ジャック・バークJr.	289-73·71·73·72	…東京,相模原
1959	島村　祐正	285-74·76·74·71	…………西宮
1960	橘田　規	293-71·71·75·76	…………鷹之台
1961	ゲーリー・プレーヤー	289-75·72·72·70	…読売パブリック

読売国際オープン

1962	ピーター・トムソン	278-72·68·64·74	…読売パブリック
1963	ダグ・サンダース	289-68·77·71·73	…読売パブリック
	〈降雪のため中止〉大阪大会		…………読売
1964	〈開催中止〉		
1965	フランク・フィリップス	288-72·73·74·69	…………読売
1966	ヒュー・ボイル	286-68·71·71·76	…………読売
1967	河野　光隆	282-73·70·64·75	…………読売
1968	陳　清波	283-68·75·68·72	…東京よみうり
1969	ガイ・ウォルステンホルム	288-71·72·76·69	…東京よみうり
1970	デビッド・グラハム	286-71·71·75·69	…東京よみうり
1971	安田　春雄	282-71·66·72·73	…東京よみうり

総武国際オープン

1972	謝　敏男	279-71·72·72·64	…総武・総武
1973	内田　繁	279-70·66·69·74	…総武・総武
◎1974	呂　良煥	280-71·71·68·70	…………中山
◎1975	杉原　輝雄	282-71·74·69·68	…総武・総武
◎1976	ベン・アルダ	277-69·68·70·70	…総武・総武

ダンロップ国際オープン

◎1977	ベン・アルダ	282-72·71·67·72	…………茨城・西
◎1978	郭　吉雄	265-69·66·64·66	…………茨城・東
◎1979	石井　裕士	278-70·68·70·70	…………茨城・西
◎1980	尾崎　将司	277-68·70·69·70	…………茨城・東
◎1981	島田　幸作	286-67·73·74·72	…………茨城・西
◎1982	中島　常幸	276-71·66·68·71	…………茨城・西

◎1983　ラリー・ネルソン　201-67・65・69 ………茨城・東
◎1984　ジョン・ジェイコブス　283-73・69・69・72……茨城・西
◎1985　陳　志忠　277-64・73・72・68……茨城・西
◎1986　重信　秀人　281-74・67・68・72……茨城・西
◎1987　青木　功　277-69・67・69・72……茨城・西
ダンロップオープン
◎1988　尾崎　将司　278-69・70・69・70……茨城・東
◎1989　テリー・ゲール　284-73・74・68・69……茨城・西
◎1990　フランキー・ミノザ　205-70・68・67 ……茨城・東
◎1991　ロジャー・マッカイ　272-69・68・67・68……茨城・西
◎1992　尾崎　将司　286-69・76・72・69……茨城・東
◎1993　飯合　肇　275-69・68・69・69……茨城・西
◎1994　尾崎　将司　274-67・68・70・69……茨城・東
◎1995　ピーター・シニア　279-69・70・67・73……茨城・東
キリンオープン
◎1996　金子　柱憲　278-68・71・69・70……茨城・東
◎1997　金　鍾徳　278-69・73・68・68……茨城・西
◎1998　フランキー・ミノザ　279-71・66・69・73……茨城・東
◎1999　崔　京周　204-65・68・71 ……茨城・西
◎2000　片山　晋呉　280-70・70・70・70……茨城・西
◎2001　片山　晋呉　271-64・70・70・67……茨城・東

●くずは国際トーナメント
関西有名プロゴルフ競技会
　1965　戸田康一郎・杉原輝雄　65…………樟葉パブリック
　1966　橘田　規　65………………樟葉パブリック
全日本トッププロ招待トーナメント
　1967　杉原　輝雄　136-68・68 ……樟葉パブリック
　1968　宮本　省三　134-65・69 ……樟葉パブリック
くずはトーナメント
　1969　橘田　規　136-72・64 ……樟葉パブリック
　1970　杉本　英世　145-71・74 ……樟葉パブリック
　1971　ガイ・ウォルステンホルム　139-71・68 ……樟葉パブリック
くずは国際トーナメント
　1972　呂　良煥　107-34・37・36…樟葉パブリック
　1973　韓　長相　102-32・35・35…樟葉パブリック
　1974　鷹巣　南雄　131-65・66 ……樟葉パブリック
　1975　鈴木　規夫　133-62・71 ……樟葉パブリック
　1976　小林富士夫　133-68・65 ……樟葉パブリック
　1977　グレッグ・ノーマン　135-69・66 ……樟葉パブリック
☆1978　矢部　昭　135-65・70 ……樟葉パブリック
☆1979　謝　敏男　134-68・66 ……樟葉パブリック
☆1980　横島　由一　134-64・70 ……樟葉パブリック
☆1981　島田　幸作　133-68・65 ……樟葉パブリック
☆1982　鷹巣　南雄　102-35・67 ……樟葉パブリック
☆1983　新井規矩雄　138-69・69 ……樟葉パブリック
　1984　鈴木　規夫　133-66・67 ……樟葉パブリック
　1985　入江　勉　129-59・70 ……樟葉パブリック
　1986　山本　善隆　137-65・72 ……樟葉パブリック
　1987　高橋　勝成　131-65・66 ……樟葉パブリック
　1988　ウエイン・スミス　131-65・66 ……樟葉パブリック
　1989　中村　通　133-68・65 ……樟葉パブリック
　1990　新関　善美　132-69・63 ……樟葉パブリック

●ゴルフダイジェスト
ゴルフダイジェスト
　1971　尾崎　将司　278-71・66・69・72 ……東名
　1972　安田　春雄　204-70・69・65………………東名
◎1973　杉原　輝雄　274-69・68・66・71 ……東名
◎1974　村上　隆　271-66・67・70・68 ……東名
◎1975　山田　健一　240-67・73・67・33 ……東名
◎1976　中島　常幸　279-68・73・67・71 ……東名
◎1977　村上　隆　275-70・66・67・72 ……東名

◎1978　天野　勝　280-66・69・74・71 ……東名
◎1979　郭　吉雄　206-69・68・69……………東名
◎1980　杉原　輝雄　275-67・66・70・72 ……東名
◎1981　中尾　豊健　278-71・70・67・70 ……東名
◎1982　謝　敏男　274-64・70・65・75 ……東名
◎1983　金井　清一　276-69・70・69・68 ……東名
◎1984　前田　新作　274-72・71・65・66 ……東名
ポラロイド杯ゴルフダイジェスト
◎1985　D・A・ワイブリング　268-66・72・65・65 ……東名
◎1986　中島　常幸　275-68・68・67・72 ……東名
◎1987　イアン・ベーカーフィンチ　275-74・67・68・66 ……東名
◎1988　尾崎　将司　272-69・72・69・62 ……東名
◎1989　横島　由一　268-67・67・65・69 ……東名
アサヒビールゴルフダイジェスト
◎1990　須貝　昇　274-72・68・62……東名
◎1991　浜野　治光　273-69・68・71・65 ……東名
◎1992　奥田　靖己　272-72・64・68・68 ……東名
◎1993　尾崎　将司　268-68・67・66・67 ……東名
◎1994　溝口　英二　265-70・68・64・63 ……東名
ゴルフダイジェスト
◎1995　スチュワート・ジン　267-70・69・64・64 ……東名
◎1996　水巻　善典　273-66・67・68・72 ……東名
◎1997　ブラント・ジョーブ　267-68・69・63・67 ……東名

●ザ・ゴルフトーナメントin御前崎
アイフルカップ
◎1998　田中　秀道　273-68・70・69・66 ……青森
◎1999　伊沢　利光　274-67・72・68・67 ……鰺ヶ沢高原
◎2000　ディーン・ウィルソン　271-67・69・69・66 …鰺ヶ沢高原
◎2001　林　根基　270-68・67・67・68 …鰺ヶ沢高原
◎2002　今野　康晴　268-64・66・66・72…GCツインフィールズ
◎2003　手嶋　多一　269-67・64・70・68…GCツインフィールズ
◎2004　谷口　拓也　270-68・67・66・69 …大山アーク
◎2005　髙橋　竜彦　268-69・64・66・69 …大山アーク
ザ・ゴルフトーナメントin御前崎
◎2006　谷口　徹　273-69・70・66・68 …静岡C浜岡

●THE SINGHA CORPORATION THAILAND OPEN
Thailand Open
◎2013　P・マークセン　264-68・67・65・64 …Thana City G&Sports
◎2014　中止
THE SINGHA CORPORATION THAILAND OPEN
◎2015　金　庚泰　267-71・64・67・65 …Siam・Plantation

●The Championship by LEXUS
◎2008　S・K・ホ　269-68・68・65・70 …大利根・東
◎2009　武藤　俊憲　268-68・65・71・64 ……大利根・東
◎2010　兼本　貴司　270-70・66・68・66 ……大利根・東

●札幌とうきゅうオープン
◎1973　青木　功　281-69・71・67・74 ……千歳空港
◎1974　中村　通　278-71・67・71・69 ……真駒内
◎1975　グラハム・マーシュ　280-71・71・71・67 …札幌国際・島松
◎1976　ビリー・ダンク　278-72・67・69・70 …札幌国際・島松
◎1977　宮本　康弘　283-68・70・74・71 …札幌国際・島松
◎1978　青木　功　278-70・69・67・72 …札幌国際・島松
◎1979　宮本　康弘　280-69・67・71・73 …札幌国際・島松
◎1980　謝　敏男　282-74・70・68・70 …札幌国際・島松
◎1981　陳　志忠　279-70・66・74・69 …札幌国際・島松
◎1982　船渡川育宏　275-68・69・67・72 …札幌国際・島松
◎1983　青木　功　274-72・65・71・66 …札幌国際・島松
◎1984　尾崎　直道　280-71・69・69・71 …札幌国際・島松
◎1985　杉原　輝雄　280-70・65・70・75 …札幌国際・島松

◎1986	青木　功	273-65・67・72・69	…札幌国際・島松
◎1987	デビッド・イシイ	276-67・68・70・71	…札幌国際・島松
◎1988	尾崎　直道	279-70・74・64・71	…札幌国際・島松
◎1989	グラハム・マーシュ	282-71・65・76・70	…札幌国際・島松
◎1990	中村　忠夫	278-67・75・67・69	…札幌国際・島松
◎1991	リック・ギブソン	280-71・71・68・70	…札幌国際・島松
◎1992	湯原　信光	281-73・68・72・68	…札幌国際・島松
◎1993	ブライアン・ジョーンズ	274-69・67・69・69	…札幌国際・島松
◎1994	水巻　善典	277-65・70・68・74	…札幌国際・島松
◎1995	カルロス・フランコ	278-60・69・69・72	…札幌国際・島松
◎1996	飯合　肇	279-70・64・72・73	…札幌国際・島松
◎1997	宮瀬　博文	275-67・70・66・72	…札幌国際・島松
◎1998	鈴木　亨	272-65・69・69・69	…札幌国際・島松

●サトウ食品NST新潟オープン
新潟県オープン

1977	上原　宏一	140-69・71	………………大新潟
1978	中止		
1979	上原　宏一	106-72・34	………………長岡
1980	石井　秀夫	134-66・68	…………………日本海
☆1981	竹安　孝博	139-72・67	……フォレスト・東

新潟オープン

☆1982	山本　善隆	138-69・69	………………大新潟
☆1983	重信　秀人	136-67・69	……上越国際・十日町

NST新潟オープン

◎1984	藤木　三郎	271-67・68・68・68	…フォレスト・東
1985	謝　敏男	272-65・70・68・69	………………紫雲
◎1986	デービッド・イシイ	276-68・70・66・72	…………長岡
◎1987	中村　忠夫	276-67・71・67・71	…フォレスト・東
◎1988	尾崎　直道	277-70・66・69・72	…新潟サンライズ
◎1989	友利　勝良	288-71・70・76・71	…大新潟・三条
◎1990	金井　清一	278-70・72・67・69	…フォレスト・西
◎1991	横山　明仁	278-73・67・69・69	…上越国際・十日町
◎1992	中島　常幸	275-70・68・67・70	…フォレスト・東
◎1993	井戸木鴻樹	275-69・64・68・74	…………長岡
◎1994	泉川ピート	276-67・70・69・70	…フォレスト・東
◎1995	丸山　智弘	274-69・70・69・66	…新潟サンライズ
◎1996	堀川　昌利	268-70・67・64・67	…………日本海
◎1997	細川　和彦	277-71・68・67・71	…フォレスト・東
◎1998	河村　雅之	268-69・69・67・63	…フォレスト・東
◎1999	伊沢　利光	269-64・67・68・70	…フォレスト・東
◎2000	白潟　英純	269-66・70・66・67	…フォレスト・東
◎2001	桧垣　豪	264-66・67・65・66	…………中条

サトウ食品NST新潟オープン

◎2002	今野　康晴	270-70・64・70・66	…………中峰
◎2003	宮本　勝昌	271-65・71・69・66	…………中峰
◎2004	金　鍾徳	263-64・67・65・67	…フォレスト・東

●サン・クロレラ　クラシック

◎2000	尾崎　将司	276-74・68・66・68	…札幌国際・島松
◎2001	藤田　寛之	283-71・73・71・68	……札幌ベイ
◎2002	クリスチャン・ペーニャ	269-67・67・66・69	……札幌ベイ
◎2003	ブレンダン・ジョーンズ	280-71・73・68・68	……札幌ベイ
◎2004	Ｙ・Ｅ・ヤン	275-67・70・69・69	………小樽
◎2005	深堀圭一郎	273-67・70・70・66	………小樽
◎2006	谷原　秀人	283-70・74・67・72	………小樽
◎2007	菊池　純	269-63・73・73・68	………小樽
◎2008	谷口　拓也	284-70・72・74・68	………小樽
◎2009	石川　遼	271-65・68・71・67	………小樽
◎2010	高山　忠洋	271-66・71・64・70	………小樽
◎2011	池田　勇太	274-66・72・64・72	………小樽
◎2012	ブレンダン・ジョーンズ	273-69・66・68・70	………小樽

●サンケイスポーツ近畿オープン
大阪オープン

1982	杉原　輝雄	68	………………茨木高原
☆1983	杉原　輝雄	131-64・67	………………東城陽
1984	中川　敏明	140-68・72	………………東城陽
1985	吉川　一雄	135-69・66	…………………田辺
1986	中川　敏明	137-69・68	………………東城陽
1987	井上　智夫	138-66・72	………………東城陽
1988	山本　洋一	136-71・65	………………東城陽
1989	中川　敏明	136-69・67	………………東城陽
1990	上出　裕也	135-66・69	………………東城陽
1991	中尾　豊健	135-70・65	………………東城陽
1992	奥田　靖己	137-70・67	………………泉佐野
1993	中尾　豊健	137-68・69	………………泉佐野

近畿オープン

1994	宮本　康弘	135-69・66	……アートレイク
1995	平石　武則	140-68・72	……キングスロード
1996	小山栄治郎	137-68・69	……キングスロード
1997	小山栄治郎	136-67・69	……キングスロード
1998	古村　誠	143-70・73	……キングスロード
1999	田保　龍一	139-68・71	……キングスロード
2000	西野　琢仁	68	……キングスロード

サンケイスポーツ近畿オープン

2001	北澤　数司	68	……キングスロード
2002	高山　忠洋	66	……キングスロード
2003	石丸　昌史	66	……キングスロード

●サンコーグランドサマー

1990	加瀬　秀樹	135-66・69	………サンコー
1991	海老原清治	209-73・64・72	………サンコー
1992	尾崎　将司	204-66・69・69	………サンコー
1993	渡辺司(東)	211-67・71・73	…サンコー72
1994	鈴木　亨	272-65・69・70・68	…サンコー72
◎1995	フランキー・ミノザ	267-68・68・67・64	…サンコー72
◎1996	細川　和彦	272-68・66・68・70	…サンコー72
◎1997	桑原　将一	271-70・71・64・66	…サンコー72
◎1998	片山　晋呉	274-67・66・68・73	…サンコー72

●サントリーオープン

◎1973	杉本　英世	270-66・69・70・65	…愛鷹シックスハンドレッド
◎1974	尾崎　将司	266-69・66・71	………習志野
◎1975	山本　善隆	268-70・67・65・66	………習志野
◎1976	グラハム・マーシュ	273-66・68・66・73	………習志野
◎1977	草壁　政治	279-66・70・72・71	………習志野
◎1978	金本　章生	281-68・71・72・70	………習志野
◎1979	草壁　政治	277-66・73・69・69	………習志野
◎1980	ビル・ロジャース	270-68・65・68・69	………習志野
◎1981	ビル・ロジャース	270-68・65・68・69	………習志野
◎1982	泉川ピート	207-67・68・72	………習志野
◎1983	中島　常幸	274-66・73・67・68	………習志野
◎1984	栗原　孝	271-64・69・67・71	………習志野
◎1985	尾崎　健夫	275-67・71・70・67	………習志野
◎1986	グラハム・マーシュ	275-67・69・67・72	………習志野
◎1987	須貝　昇	278-67・71・72・68	………習志野
◎1988	尾崎　健夫	274-67・71・68・68	………習志野
◎1989	ラリー・ネルソン	276-69・67・70・70	………習志野
◎1990	中村　通	271-65・65・69・72	………習志野
◎1991	尾崎　直道	276-67・69・72・68	………習志野
◎1992	尾崎　直道	279-72・67・67・73	………習志野
◎1993	板井　榮一	282-73・70・70・69	………習志野
◎1994	デービッド・イシイ	277-72・68・69・68	………習志野
◎1995	倉本　昌弘	273-67・64・71・71	………習志野
◎1996	飯合　肇	272-68・69・66・69	………習志野

◎1997	藤田　寛之	274-68・68・66・72	………習志野
◎1998	小山内　護	274-71・68・66・69	…総武・総武
◎1999	ニック・プライス	276-67・71・70・68	…総武・総武
◎2000	真板　潔	273-66・68・68・71	…総武・総武
◎2001	片山　晋呉	268-66・68・68・66	…総武・総武
◎2002	片山　晋呉	269-68・68・68・65	…総武・総武
◎2003	ジョティ・ランダワ	276-68・68・71・69	…総武・総武
◎2004	加瀬　秀樹	267-69・67・66・65	…総武・総武
◎2005	今野　康晴	267-65・64・70・68	…総武・総武
◎2006	Y・E・ヤン	266-67・68・68・63	…総武・総武
◎2007	谷原　秀人	202-65・71・66	…総武・総武

●産報クラシック

1972	安田　春雄	273-67・65・73・68	…千葉アサヒ
◎1973	鷹巣　南雄	269-69・68・62・70	…千葉アサヒ
◎1974	青木　功	276-69・65・68・74	…千葉アサヒ
◎1975	ビリー・ダンク	273-67・69・69・68	…千葉アサヒ
◎1976	尾崎　将司	272-72・63・65・72	…千葉アサヒ
◎1977	内田　繁	281-70・72・70・69	…千葉アサヒ
◎1978	上原　宏一	274-67・69・68・70	…千葉アサヒ

●ジーン・サラゼンジュンクラシック

1977	青木　功	277-66・69・71・71	…ジュンクラシック
☆1978	内田袈裟彦	281-70・71・69・71	…ジュンクラシック
☆1979	郭　吉雄	248-68・73・69・38	…ジュンクラシック
☆1980	青木　功	277-68・67・70・72	…ジュンクラシック
☆1981	湯原　信光	284-71・70・73・70	…ジュンクラシック
◎1982	杉原　輝雄	275-69・70・70・66	…ジュンクラシック
◎1983	尾崎　将司	288-72・69・72・75	…ジュンクラシック
◎1984	前田　新作	280-68・69・70・71	…ジュンクラシック
◎1985	倉本　昌弘	209-66・72・71	…ジュンクラシック
	河野　和重	209-70・67・72	
	ペイン・スチュワート	209-69・70・70	
◎1986	尾崎　将司	279-69・72・68・70	…ジュンクラシック
◎1987	尾崎　将司	204-68・69・67	…ジュンクラシック
◎1988	中村　通	240-68・68・69・35	…ジュンクラシック
◎1989	尾崎　健夫	279-73・70・70・66	…ジュンクラシック
◎1990	尾崎　直道	273-68・66・69・70	………ロペ
◎1991	尾崎　将司	277-69・68・70・70	………ロペ
◎1992	陳　志忠	277-68・71・67・71	………ロペ
◎1993	鈴木　亨	276-71・71・69・65	………ロペ
◎1994	カルロス・フランコ	272-65・67・68・72	………ロペ
◎1995	東　聡	270-68・69・65・68	…ジュンクラシック
◎1996	尾崎　将司	197-68・64・65	…ジュンクラシック
◎1997	エドアルド・エレラ	276-71・66・69・70	………ロペ
◎1998	トッド・ハミルトン	270-71・66・68・65	………ロペ
◎1999	飯合　肇	277-71・66・70・70	…ジュンクラシック

●JCBクラシック

東北クラシック

1972	村上　隆	283-68・69・72・74	………西仙台
◎1973	尾崎　将司	273-65・68・67・73	………西仙台
◎1974	尾崎　将司	280-71・70・71・68	………西仙台
◎1975	尾崎　将司	278-70・69・67・72	………西仙台
◎1976	安田　春雄	277-74・69・67・67	………西仙台
◎1977	青木　功	278-71・67・72・68	………西仙台
◎1978	安田　春雄	283-73・66・73・71	………西仙台
◎1979	中村　通	278-73・67・69・69	………西仙台
◎1980	安田　春雄	273-66・70・71・66	………西仙台
◎1981	杉原　輝雄	281-70・69・71・71	………西仙台
◎1982	前田　新作	208-72・70・66	………西仙台
◎1983	羽川　豊	277-70・69・67・71	………西仙台
◎1984	井上　幸一	276-70・67・67・72	………西仙台

◎1985	デービッド・イシイ	275-72・63・68・72	………西仙台
◎1986	杉原　輝雄	280-70・69・70・71	………西仙台
◎1987	金井　清一	275-71・69・70・65	………西仙台

仙台放送クラシック

| ◎1988 | 倉本　昌弘 | 204-67・67・70 | …表蔵王国際 |
| ◎1989 | 尾崎　将司 | 272-70・65・71・66 | …表蔵王国際 |

JCBクラシック仙台

◎1990	ロジャー・マッカイ	269-73・64・66・66	…表蔵王国際
◎1991	上野　忠美	271-66・72・66・67	…表蔵王国際
◎1992	ロジャー・マッカイ	271-71・64・71・65	…表蔵王国際
◎1993	水巻　善典	273-70・64・69・70	…表蔵王国際
◎1994	倉本　昌弘	271-71・65・67・68	…表蔵王国際
◎1995	川岸　良兼	271-71・68・64・68	…表蔵王国際
◎1996	尾崎　将司	277-69・69・67・72	…表蔵王国際
◎1997	佐藤　信人	267-68・65・64・70	…表蔵王国際
◎1998	水巻　善典	270-68・66・68・68	…表蔵王国際
◎1999	片山　晋呉	268-69・63・69・67	…表蔵王国際
◎2000	佐藤　信人	271-68・65・67・71	…表蔵王国際
◎2001	小達　敏昭	275-67・69・68・71	…表蔵王国際
◎2002	鈴木　亨	271-69・67・65・70	…表蔵王国際
◎2003	友利　勝良	264-64・68・64・68	…表蔵王国際
◎2004	神山　隆志	271-68・69・67・67	…表蔵王国際
◎2005	S・K・ホ	265-63・67・66・69	…表蔵王国際
◎2006	谷原　秀人	266-67・69・63・67	…表蔵王国際

JCBクラシック

| ◎2007 | 近藤　智弘 | 271-68・66・68・69 | ………花の杜 |

●CITICORPオープン

群馬オープン

1977	草壁　政治	135-64・71	………………伊香保
1978	新井規矩雄	140-69・71	………赤城国際
1979	高橋　勝成	140-68・72	………美野原
1980	新井規矩雄	138-65・73	………上毛森林
☆1981	高橋　五月	208-70・68・70	………太田双葉
☆1982	小林富士夫	211-68・68・75	………伊香保国際
☆1983	天野　勝	214-72・68・74	………美野原
1984	新井規矩雄	138-70・68	………伊香保国際

伊香保国際オープン

1985	小林富士夫	68	………伊香保国際
1986	天野　勝	139-71・68	………伊香保国際
1987	金谷多一郎	133-67・66	………伊香保国際

CITICORPオープン

| 1988 | 白浜　育男 | 136-68・68 | ………伊香保国際 |
| 1989 | 板井　榮一 | 101-66・35 | ………伊香保国際 |

●スポーツ振興インターナショナル

| ◎1974 | 宮本　省三 | 289-71・73・72・73 | ………山の原 |
| ◎1975 | 宮本　康弘 | 280-69・68・73・70 | ………山の原 |

●～全英への道～ミズノオープンよみうりクラシック

ウイザード

1970	謝　永郁	146-71・75	………………橋本
1971	ピーター・トムソン	143-73・70	………………橋本
1972	尾崎　将司	144-67・77	………………橋本
1973	山本　善隆	106-38・68	………………橋本
1974	杉原　輝雄	146-73・73	………………橋本
1975	グラハム・マーシュ	141-73・68	………………橋本
1976	グラハム・マーシュ	212-71・69・72	………………橋本
1977	グラハム・マーシュ	220-78・71・71	………………橋本
☆1978	中村　通	214-73・70・71	………………橋本

よみうりオープン

| ☆1979 | 杉原　輝雄 | 287-72・71・71・73 | ……よみうり |
| ☆1980 | 青木　功 | 283-70・72・71・70 | ……よみうり |

☆1981 鷹巣 南雄 285-68・70・72・75 ……よみうり
◎1982 テリー・ゲール 276-70・70・68・68 ……よみうり
◎1983 グラハム・マーシュ 280-72・71・67・70 ……よみうり
◎1984 藤木 三郎 281-69・71・70・71 ……よみうり
よみうりサッポロビールオープン
◎1985 中島 常幸 275-65・71・67・72 ……よみうり
◎1986 鈴木 弘一 273-68・69・67・69 ……よみうり
◎1987 東 聡 280-68・67・70・75 ……よみうり
◎1988 倉本 昌弘 277-68・66・74・69 ……よみうり
◎1989 飯合 肇 205-64・71・70……よみうり
◎1990 藤木 三郎 205-71・68・66……よみうり
◎1991 中島 常幸 272-65・65・71・71 ……読売Gメンバー
◎1992 デービッド・イシイ 278-69・68・71・70 ……読売Gメンバー
◎1993 長谷川勝治 203-65・70・68 ……読売Gメンバー
よみうりオープン
◎1994 渡辺 司 270-68・64・67・71 ……読売Gメンバー
ポカリスエットよみうりオープン
◎1995 エドアルド・エレラ 272-70・67・68・67 ……よみうり
よみうりオープン
◎1996 福永 和宏 266-68・67・64・67 ……若洲
よみうりオープン
◎1997 丸山 茂樹 267-67・68・66・66 …よみうり
◎1998 ブライアン・ワッツ 134-66・68 …………よみうり
スーパーマリオよみうりオープン
◎1999 金 鍾徳 270-69・65・68・68 ……よみうり
タマノイ酢よみうりオープン
◎2000 水巻 善典 271-66・68・70・67 ……よみうり
◎2001 福澤 義光 272-64・70・70・68 ……よみうり
◎2002 谷口 徹 270-65・69・67・69 ……よみうり
マンダムルシードよみうりオープン
◎2003 谷原 秀人 200-65・71・64……よみうり
◎2004 ディネッシュ・チャンド 268-66・68・68・66 ……よみうり
◎2005 広田 悟 270-69・69・69・67 ……よみうり
◎2006 増田 伸洋 274-69・70・67・68 ……よみうり
～全英への道～ミズノオープンよみうりクラシック
◎2007 ドンファン 204-68・68・68……よみうり
◎2008 ブラッド・マークセン 269-69・66・69・65 ……よみうりGウエスト
◎2009 石川 遼 270-69・65・68・73 ……よみうり
◎2010 薗田 峻輔 201-70・65・66……よみうり

●全日空フェニックス
1972 能田 征二 289-69・77・73・70 …フェニックス
◎1973 宮本 康弘 288-72・74・71・71 …フェニックス

●全日本ダブルス
1969 杉本英世・村上 隆 4-2 …………札幌国際・島松
1970 杉本英世・村上 隆 1up細石憲二・松田司郎 〃
1971 内田 繁・石井裕士 196-63・65・68 …札幌国際・島松
1972 尾崎将司・村上 隆 266-101・98・67 …札幌国際・島松
◎1973 杉本英世・村上 隆 262-100・101・61 …札幌国際・島松

●ソニーチャリティ
エアロマスターズ
◎1973 田中 文雄 274-71・70・63・70 ……府中
東京チャリティ
◎1974 安田 春雄 275-69・68・69・69 ……習志野
ソニーチャリティ
◎1975 草壁 政治 209-69・70・70 ………横浜
◎1976 山本 善隆 282-70・67・72・73 ……横浜

●第一カップ
第一不動産カップ
1988 中島 和也 276-66・73・65・72 ……宮崎国際
1989 尾崎 直道 278-70・71・68・69 ……宮崎国際

◎1990 ブライアン・ジョーンズ 275-71・66・70・68 ……宮崎国際
◎1991 藤木 三郎 271-68・71・67・65…ハイビスカス
第一カップ
◎1992 陳 志明 277-66・71・70・70 …ハイビスカス

●ダイドードリンコ静岡オープン
静岡オープン
1972 安田 春雄 141-70・71 …………静岡C浜岡
1973 坂下 定夫 135-68・67 …………静岡C島田
1974 栗原 孝 287-71・71・69・76 …静岡C浜岡
1975 ミヤ・アエ 276-68・69・70・69 …静岡C浜岡
1976 鈴木 規夫 277-71・72・67・67 …静岡C浜岡
1977 呂 良煥 281-68・71・72・70 …静岡C浜岡
1978 謝 敏男 280-68・68・74・70 …静岡C浜岡
1979 矢部 昭 217-71・75・71 ……静岡C浜岡
1980 長谷川勝治 283-74・65・73 …静岡C浜岡
1981 青木 功 279-74・69・64・72 …静岡C浜岡
1982 出口栄太郎 282-74・69・71・68 …静岡C浜岡
1983 中島 常幸 283-72・72・68・71 …静岡C浜岡
1984 尾崎 直道 286-71・70・75・70 …静岡C浜岡
1985 金井 清一 284-71・70・71・72 …静岡C浜岡
1986 大町 昭義 254-71・71・76・36 …静岡C浜岡
1987 呂 良煥 280-71・74・69・66 …静岡C浜岡
1988 甲斐 俊光 283-71・72・72・68 …静岡C浜岡
1989 鈴木 弘一 285-67・78・69・71 …静岡C浜岡
1990 川岸 良兼 280-73・73・66・68 …静岡C浜岡
ダイドードリンコ静岡オープン
1991 羽川 豊 278-70・72・69・67 …静岡C浜岡
◎1992 牧野 裕 276-67・68・70・71 …静岡C浜岡
◎1993 デービッド・イシイ 275-68・71・71・65 …静岡C浜岡
◎1994 中島 常幸 280-71・71・69・69 …静岡C浜岡
◎1995 ブライアン・ワッツ 280-69・72・71・68 …静岡C浜岡
◎1996 坂本 義一 211-71・72・68 …静岡C浜岡
◎1997 佐々木久行 274-71・67・68・68 …静岡C浜岡
◎1998 エドアルド・エレラ 203-66・69・68 …静岡C浜岡
◎1999 金 鍾徳 277-65・68・72・72 …静岡C浜岡
◎2000 田中 秀道 274-68・70・70・68 …静岡C浜岡
◎2001 溝口 英二 279-68・68・66・77 …静岡C浜岡
◎2002 室田 淳 276-67・68・72・69 …静岡C浜岡

●ダイワインターナショナル
◎1993 渡辺司(東) 274-68・72・64・70 ……東筑波
◎1994 尾崎 将司 270-65・72・70・63 ……鳩山
◎1995 森 茂則 280-71・67・69・73 …ダイワヴィンテージ

●ダンロップ・スリクソン福島オープン
◎2014 小平 智 272-72・68・64・68 …グランディ那須白河
◎2015 ブラッド・マークセン 264-69・65・67・63 …グランディ那須白河
◎2016 時松 隆光 263-65・67・63・68 …グランディ那須白河
◎2017 宮本 勝昌 266-66・68・69・63 …グランディ那須白河
◎2018 秋吉 翔太 268-67・71・66・64 …グランディ那須白河
◎2019 星野 陸也 263-67・67・64・65 …グランディ那須白河
◎2020〈新型コロナウイルス感染拡大のため中止〉
◎2021＊木下 稜介 263-70・68・65・62 …グランディ那須白河

●つるやオープン
◎1994 中島 常幸 279-68・70・70・71 …スポーツ振興・山の原
◎1995 東 聡 279-69・74・66・70 …スポーツ振興・山の原
◎1996 ピーター・マックウィニー 276-70・72・68・66 …スポーツ振興・山の原
◎1997 原田 三夫 279-72・67・72・68 …スポーツ振興・山の原
◎1998 宮本 勝昌 271-69・65・69・68 …スポーツ振興・山の原
◎1999 尾崎 直道 273-65・70・66・72 …スポーツ振興・山の原
◎2000 リチャード・バックウェル 278-73・65・71・69 …スポーツ振興・山の原

◎2001　田中　秀道　274-71・69・68・66…スポーツ振興・山の原
◎2002　ディーン・ウィルソン　273-69・67・69・68…スポーツ振興・山の原
◎2003　宮瀬　博文　270-68・62・70・70…スポーツ振興・山の原
◎2004　ブレンダン・ジョーンズ　275-64・73・69・69…スポーツ振興・山の原
◎2005　尾崎　直道　271-67・69・67・68…山の原・山の原
◎2006　ブレンダン・ジョーンズ　273-70・68・66・69…山の原・山の原
◎2007　ブレンダン・ジョーンズ　268-67・65・68・68…山の原・山の原
◎2008　Ｓ・Ｋ・ホ　272-70・69・65・68…山の原・山の原
◎2009　富田　雅哉　198-68・66・64…山の原・山の原
◎2010　藤田　寛之　199-66・66・67…山の原・山の原
◎2011　近藤　共弘　265-65・63・70・66…山の原・山の原
◎2012　藤田　寛之　269-68・66・68・67…山の原・山の原
◎2013　松山　英樹　266-69・63・68・66…山の原・山の原
◎2014　藤田　寛之　271-66・72・66・67…山の原・山の原

●TOSHIN GOLF TOURNAMENT IN Central

TOSHIN GOLF TOURNAMENT IN Lake Wood
◎2010　池田　勇太　271-68・66・64・73…TOSHIN Lake Wood
◎2011　ドンファン　268-65・67・67・69…TOSHIN Lake Wood
TOSHIN GOLF TOURNAMENT IN 涼仙
◎2012　呉　　阿順　198-65・66・67…涼仙
TOSHIN GOLF TOURNAMENT IN Central
◎2013　藤本　佳則　264-63・64・70・67…TOSHIN・Central
◎2014　ホ・インヘ　260-64・63・66・67…TOSHIN・Central

●とおとうみ浜松オープン

◎2011　小林　正則　268-69・66・68・65…グランディ浜名湖
◎2012　J・チョイ　272-68・71・68・65…グランディ浜名湖

●長野県オープン

1970　河野　光隆　211-70・69・72…諏訪湖
1971　石井　朝夫　139-68・71…諏訪湖
1972　村上　　隆　207-69・69・69…諏訪湖
1973　村上　　隆　208-70・69・69…諏訪湖
1974　阿部　竹雄　178-69・75・34…諏訪湖
1975　金井　清一　140-71・69…諏訪湖
1976　新井規矩雄　140-69・71…諏訪湖
1977　森　　憲二　141-69・72…諏訪湖
1978　矢部　　昭　140-70・70…諏訪湖
1979　小林富士夫　140-74・66…諏訪湖
1980　川田時志春　67…諏訪湖
☆1981　草壁　政治　138-67・71…諏訪湖
　　　　小林富士夫　138-69・69
☆1982　中島　常幸　137-70・67…諏訪湖

●日経カップ中村寅吉メモリアル

◎1985　尾崎　直道　270-66・68・68・68…川越
◎1986　尾崎　将司　268-68・66・68・66…蒲生G
◎1987　芹沢　信雄　277-70・70・71・66…岐阜関
◎1988　尾崎　将司　283-72・71・72・68…山陽・吉井
◎1989　新関　善美　271-66・69・68・68…伊豆にらやま
◎1990　東　　聡　282-70・74・64・74…三井観光苫小牧
◎1991　尾崎　直道　203-67・66・70…夜須高原
◎1992　室田　　淳　280-71・69・70・70…三井観光苫小牧
◎1993　サムソン・ギムソン　276-72・73・64・67…三井観光苫小牧
◎1994　鈴木　　亨　268-72・67・65・64…三井観光苫小牧
◎1995　西川　　哲　269-65・67・69・68…富士・出島
◎1996　加瀬　秀樹　271-69・71・69・63…富士・出島
◎1997　葉　　彰廷　272-67・70・67・68…富士・出島
◎1998　日下部光隆　280-75・68・68・69…富士・出島

●日本国土計画サマーズ

1977　中島　常幸　209-70・71・68…白鷺

☆1978　山本　善隆　279-68・71・72・68…白鷺
☆1979　三上　法夫　279-73・70・66・70…白鷺
☆1980　船渡川育宏　206-68・70・68…ニュー蓼科
☆1981　倉本　昌弘　280-65・72・72・71…武道
☆1982　杉原　輝雄　275-65・69・70・71…武道

●日本プロゴルフマッチプレー選手権

◎1975　村上　　隆　2UP　鷹巣南雄…戸塚・西
◎1976　吉川一雄　2-1　新井規矩雄…戸塚・西
◎1977　橘田　規　1UP　中村　通…戸塚・西
◎1978　青木　功　2-1　竹安孝博…戸塚・西
◎1979　青木　功　1UP　謝　敏男…戸塚・西
◎1980　安田春雄　2-1　中島常幸…戸塚・西
◎1981　青木　功　1UP38H　長谷川勝治…戸塚・西
◎1982　青木　功　4-2　羽川　豊…戸塚・西
◎1983　中島常幸　1UP38H　重信秀人…水戸
◎1984　中村　通　4-3　井上幸一…水戸
◎1985　高橋勝成　2-1　矢部　昭…水戸
◎1986　中島常幸　6-5　小林恵一…水戸
◎1987　高橋勝成　1UP37H　尾崎将司…水戸
◎1988　デービッド・イシイ　6-5　須貝　昇…グリーンアカデミー
日本プロゴルフマッチプレー選手権ユニス杯
◎1989　尾崎将司　3-2　牧野　裕…グリーンアカデミー
◎1990　尾崎直道　6-5　ブライアンジョーンズ…グリーンアカデミー
◎1991　東　　聡　2UP　中島常幸…新陽
◎1992　中島常幸　3-1　尾崎直道…プレステージ
◎1993　山本善隆　3-2　鈴木弘一…東ノ宮
日本プロゴルフマッチプレー選手権
◎1994　トッド・ハミルトン　8-7　白浜育男…ニドムクラシック
日本プロゴルフマッチプレー選手権プロミス杯
◎1995　友利勝良　2-1　丸山茂樹…ニドムクラシック
◎1996　芹澤信雄　1UP　ブラント・ジョーブ…ニドムクラシック
◎1997　丸山茂樹　3-2　ピーター・テラベイネン…ニドムクラシック
◎1998　桑原克典　1UP38H　横田真一…ニドムクラシック
◎1999　小山内護　4-3　谷口　徹…ニドムクラシック
◎2000　横尾　要　3-2　谷口　徹…ニドムクラシック
◎2001　ディーン・ウィルソン　2-1　林　根基…ニドムクラシック
◎2002　佐藤信人　5-4　近藤智弘…ニドムクラシック
日本プロゴルフマッチプレー選手権
◎2003　トッド・ハミルトン　3-2　デービッド・スマイル…ニドムクラシック

●日本プロ東西対抗

1950　東　　軍　8-7…我孫子
1951　東　　軍　9-6…広野
1952　東　　軍　8-7…川奈
1953　東　　軍　10-5…宝塚
1954　東　　軍　10.5-4.5…霞ヶ関
1955　東　　軍　8-7…広野
1956　東　　軍　8.5-6.5…霞ヶ関
1957　東　　軍　9-6…愛知
1958　東　　軍　9.5-5.5…鷹之台
1959　東　　軍　9-6…相模原
1960　東　　軍　8-7…大洗
1961　東　　軍　11.5-3.5…古賀
1962　東　　軍　11.5-3.5…四日市
1963　東　　軍　8.5-6.5…龍ヶ崎
1964　東　　軍　8-7…枚方
1965　引　分　け　2.5-2.5…日高
1966　西　　軍　10-5…赤城国際
1967　西　　軍　8-7…茨木国際
1968　西　　軍　9-6…浜名湖
1969　西　　軍　11.5-3.5…茨木国際
1970　西　　軍　9.5-5.5…久山

| 1971 | 東 | 軍 | 15-10 | …………………伏尾 |

```
  1971  東  軍  15-10 …………………伏尾
  1972  東  軍  12-3…………………習志野
◎1973  西  軍  9.5-5.5 …………旭国際東條
◎1974  東  軍  1,433-1,468 …………沖縄国際
◎1975  東  軍  1,477-1,492 …………沖縄国際
◎1976  東  軍  19-17 …………プリンスランド
◎1977  東  軍  17-13 …………秋田椿台
◎1978  東  軍  20-10 …………………皐月
◎1979  西  軍  1,373-1,415 …………三本木
◎1980  西  軍  34-14 …………仙台中山
◎1981  西  軍  27-21 …………………名四
◎1982  西  軍  26-22 …………あさひケ丘
◎1983  東  軍  27-21 …………………長太郎
◎1984  西  軍  25-23 …………赤城国際
  ※戦前は東軍の6勝3敗1引分け
```

●パインバレー北京オープン
```
◎2008  藤田 寛之  276-67・65・72・72…パインバレーGリゾート
```

●PGAフィランスロピー
```
◎1991  浜野 治光  273-65・67・70・71 …ザ・CCグレンモア
◎1992  尾崎 将司  270-69・64・70・67 …カレドニアン
◎1993  ロジャー・マッカイ  278-71・71・68・68 …アーレックス
◎1994  トッド・ハミルトン  278-74・69・68・67 …ゴールデンバレー
◎1995  髙見 和宏  277-69・71・68・69 …GCツインフィールズ
◎1996  トッド・ハミルトン  275-69・69・68・69 …オークモント
◎1997  尾崎 直道  267-66・64・68・69 …メイプルポイント
◎1998  丸山 茂樹  264-65・66・64・69 ……………白水
◎1999  中止
◎2000  島田 正士  201-66・68・67…………奈良若草
```

●ファーストフライト
```
  1972  尾崎 将司  135-69・66 …………富士平原
◎1973  河野 高明  198-65・68・65…………富士平原
```

●ファンケルオープンin沖縄
大京オープン
```
☆1983  草壁 政治  278-69・70・69・70 …………大京
☆1984  石井 裕士  281-68・71・71・71 …………大京
◎1985  金井 清一  274-67・66・70・71 …………大京
◎1986  尾崎 健夫  277-69・69・69・70 …………大京
◎1987  杉田 勇    277-65・73・70・69 …………大京
◎1988  藤木 三郎  274-66・72・66・70 …………大京
◎1989  芹沢 信雄  271-67・67・67・70 …………大京
◎1990  杉原 輝雄  273-67・68・69・69 …………大京
◎1991  牧野 裕    276-69・70・67・70 …………大京
◎1992  倉本 昌弘  271-66・73・67・65 …………大京
◎1993  丸山 智弘  269-69・67・65・68 …………大京
◎1994  加瀬 秀樹  268-69・66・66・67 …………大京
◎1995  フランキー・ミノザ  273-68・67・67・71 …………大京
◎1996  エドアルド・エレラ  272-67・69・68・68 …………大京
◎1997  久保谷健一  263-66・64・68・65 …………大京
```
DDIグループ沖縄オープン
```
◎1998  田中 秀道  273-70・67・69・67 …………大京
```
ファンケル沖縄オープン
```
◎1999  手嶋 多一  271-68・69・68・66 …………大京
```
ファンケルオープンin沖縄
```
◎2000  片山 晋呉  277-66・69・69・73…パームヒルズ
```

●ブリヂストン阿蘇オープン
阿蘇ナショナルオープン
```
  1976  鈴木 規夫  138-68・70 …………………阿蘇
  1977  野口裕樹夫  213-70・73・70…………………阿蘇
☆1978  上野 忠美  143-74・69 …………………阿蘇
☆1979  栗原 孝    149-73・76 …………………阿蘇
☆1980  草壁 政治  109-72・37 …………………阿蘇
☆1981  藤木 三郎  213-75・67・71 …………………阿蘇
```
ブリヂストン阿蘇オープン
```
☆1982  中村 通    283-74・72・68・69 …………阿蘇
◎1983  小林富士夫  213-73・69・71 …………………阿蘇
◎1984  重信 秀人  283-69・71・72・71 …………阿蘇
◎1985  謝 敏男    280-66・70・71・73 …………阿蘇
◎1986  ブライアン・ジョーンズ  240-70・69・67・34 …………阿蘇
◎1987  三上 法夫  280-69・67・74・70 …………阿蘇
◎1988  イアン・ベーカーフィンチ  282-75・73・68・66 …………阿蘇
◎1989  クレイグ・パリー  272-67・69・70・66 …………阿蘇
◎1990  杉原 輝雄  213-68・71・74 …………………阿蘇
◎1991  室田 淳    280-68・72・68……………阿蘇
◎1992  ピーター・シニア  281-70・70・71・70 …………阿蘇
◎1993  川俣 茂    276-68・70・68・70 …………阿蘇
```

●ブリヂストンオープン
ブリヂストントーナメント(契約プロ競技)
```
  1970  ケン・エルスワース  278-70・65・72・71…ブリヂストン
  1971  能田 征二  285-70・71・72・72…ブリヂストン
```
ブリヂストントーナメント
```
  1972  謝 敏男    276-71・70・68・67 ………水海道
◎1973  石井 裕士  275-69・66・70・70…東京よみうり
◎1974  グラハム・マーシュ  278-67・75・67・69 …袖ヶ浦・袖ヶ浦
◎1975  山本 善隆  283-68・74・69・72 …袖ヶ浦・袖ヶ浦
◎1976  村上 隆    282-71・75・67・69 …袖ヶ浦・袖ヶ浦
◎1977  小林富士夫  278-71・69・68・70 …袖ヶ浦・袖ヶ浦
◎1978  石井 裕士  280-68・75・69・68 …袖ヶ浦・袖ヶ浦
◎1979  ラニー・ワドキンス  277-66・71・69・71 …袖ヶ浦・袖ヶ浦
◎1980  ボブ・ギルダー  283-71・70・72・70 …袖ヶ浦・袖ヶ浦
◎1981  ヘイル・アーウィン  275-70・65・72・68 …袖ヶ浦・袖ヶ浦
◎1982  謝 敏男    279-64・70・71・74 …袖ヶ浦・袖ヶ浦
◎1983  出口栄太郎  274-70・67・69・68 …袖ヶ浦・袖ヶ浦
◎1984  倉本 昌弘  279-67・74・67・71 …袖ヶ浦・袖ヶ浦
◎1985  倉本 昌弘  273-71・65・69・68 …袖ヶ浦・袖ヶ浦
◎1986  尾崎 健夫  276-71・67・68・70 …袖ヶ浦・袖ヶ浦
◎1987  デービッド・イシイ  282-69・71・72・70 …袖ヶ浦・袖ヶ浦
◎1988  尾崎 将司  273-72・64・68・69 …袖ヶ浦・袖ヶ浦
◎1989  ロジャー・マッカイ  277-66・70・68・73 …袖ヶ浦・袖ヶ浦
◎1990  藤木 三郎  274-67・72・66・69 …袖ヶ浦・袖ヶ浦
```
◎ブリヂストンオープン
```
◎1991  青木 功    134-71・63 …袖ヶ浦・袖ヶ浦
◎1992  倉本 昌弘  271-68・67・70・66 …袖ヶ浦・袖ヶ浦
◎1993  白浜 育男  271-68・69・69・65 …袖ヶ浦・袖ヶ浦
◎1994  ブライアン・ワッツ  274-68・67・67・72 …袖ヶ浦・袖ヶ浦
◎1995  丸山 茂樹  274-66・70・67・71 …袖ヶ浦・袖ヶ浦
◎1996  丸山 茂樹  272-67・67・67・71 …袖ヶ浦・袖ヶ浦
◎1997  尾崎 将司  273-66・70・71・66 …袖ヶ浦・袖ヶ浦
◎1998  佐藤 信人  275-69・69・67・70 …袖ヶ浦・袖ヶ浦
◎1999  丸山 茂樹  268-66・68・66・68 …袖ヶ浦・袖ヶ浦
◎2000  佐藤 信人  272-70・66・69・67 …袖ヶ浦・袖ヶ浦
◎2001  伊沢 利光  274-71・67・67・69 …袖ヶ浦・袖ヶ浦
◎2002  スコット・レイコック  272-66・66・69・71 …袖ヶ浦・袖ヶ浦
◎2003  尾崎 直道  267-66・69・67・65 …袖ヶ浦・袖ヶ浦
◎2004  谷口 徹    272-71・67・66・68 …袖ヶ浦・袖ヶ浦
◎2005  デービッド・スメイル  272-66・72・67・67 …袖ヶ浦・袖ヶ浦
◎2006  手嶋 多一  266-70・65・63・68 …袖ヶ浦・袖ヶ浦
◎2007  片山 晋呉  270-68・67・67・68 …袖ヶ浦・袖ヶ浦
◎2008  矢野 東    267-65・66・69・67 …袖ヶ浦・袖ヶ浦
◎2009  池田 勇太  270-67・67・71・65 …袖ヶ浦・袖ヶ浦
◎2010  池田 勇太  265-67・71・65・62 …袖ヶ浦・袖ヶ浦
```

歴代優勝者

◎2011　谷口　徹　269-69・67・68・65　…袖ヶ浦・袖ヶ浦
◎2012　谷口　徹　272-66・71・69・66　…袖ヶ浦・袖ヶ浦
◎2013　丸山　大輔　203-68・67・68　………袖ヶ浦・袖ヶ浦
◎2014　小田　孔明　269-67・65・69・68　…袖ヶ浦・袖ヶ浦
◎2015　松村　道央　275-69・68・71・67　…袖ヶ浦・袖ヶ浦
◎2016　小平　智　270-75・66・62・67　…袖ヶ浦・袖ヶ浦
◎2017　時松　隆光　133-69・64　……袖ヶ浦・袖ヶ浦
◎2018　今平　周吾　268-70・65・67・66　…袖ヶ浦・袖ヶ浦
◎2019　今平　周吾　131-64・67　……袖ヶ浦・袖ヶ浦
◎2020〈新型コロナウイルス感染拡大のため中止〉
◎2021　杉山　知靖　265-70・68・62・66　…袖ヶ浦・袖ヶ浦

●ポカリスエットオープン
白竜湖オープン
　1979　尾崎　健夫　136-69・67　………白竜湖
　1980　新井規矩雄　208-66・69・73　………白竜湖
　1981　　　　〈中　　　止〉
☆1982　甲斐　俊光　283-73・66・74・70　………白竜湖

ポカリスエット白竜湖オープン
◎1983　牧野　裕　207-69・71・67　………白竜湖
◎1984　尾崎　健夫　277-68・75・65・69　………白竜湖
ポカリスエットオープン
◎1985　青木　基正　211-74・71・66　………白竜湖
◎1986　飯合　肇　277-71・68・73・65　………白竜湖
◎1987　吉村　金八　274-68・68・68・70　………白竜湖
◎1988　イアン・ベーカーフィンチ　277-73・68・66・70　………白竜湖
◎1989　横島　由一　274-67・68・69・70　………白竜湖
◎1990　湯原　信光　277-69・70・71・67　………白竜湖
◎1991　川岸　良兼　199-67・66・66　………白竜湖
◎1992　陳　志明　270-69・67・66　………白竜湖
◎1993　池内　信治　274-66・68・70・70　………白竜湖
◎1994　水巻　善典　203-72・65・66　………白竜湖

●HONMA TOURWORLD CUP
HONMA TOURWORLD CUP AT TROPHIA GOLF
◎2015　李　京勲　268-69・65・67　………石岡
◎2016　池田　勇太　270-68・67・69・66　………石岡
HONMA TOURWORLD CUP
◎2017　宮里　優作　262-61・68・65・68　…………京和

●マルマンオープン
デサントカップ北国オープン
☆1980　矢部　昭　278-71・69・69・69　…片山津・白山
☆1981　藤木　三郎　282-67・68・74・73　………片山津
◎1982　新井規矩雄　276-71・67・71・67　………片山津
◎1983　宮本　省三　283-69・72・69・73　………片山津
マルマン北国オープン
　1984　前田　新作　279-70・71・71・67　………片山津
マルマン日本海オープン
◎1985　ブライアン・ジョーンズ　279-70・70・70・69　………片山津
◎1986　尾崎　将司　276-64・72・70・70　………片山津
マルマンオープン
◎1987　倉本　昌弘　264-64・62・67・71　………東松山
◎1988　尾崎　将司　207-73・65・69　………東松山
◎1989　鈴木　弘一　278-70・63・71・74　………鳩山
◎1990　尾崎　将司　274-68・70・66・68　………鳩山
◎1991　西川　哲　274-68・70・66・70　………鳩山
◎1992　トッド・ハミルトン　272-65・67・67・73　………鳩山
◎1993　フランキー・ミノザ　272-66・71・66・69　………鳩山
◎1994　デビッド・イシイ　279-69・71・67・72　…成田スプリングス

●マンシングウェアオープンKSBカップ
KSB香川オープン
　1981　甲斐　俊光　141-74・67　…………志度
　1982　内田　繁　139-68・71　…………志度
KSB瀬戸内海オープン
☆1983　十亀　賢二　140-66・74　…………志度
　1984　佐野　修一　136-69・67　…………志度
　1985　倉本　昌弘　139-70・69　…………志度
　1986　中村　稔　138-67・71　…………志度
　1987　高橋　勝成　140-69・71　…………志度
テーラーメイド瀬戸内海オープン
　1988　ウエイン・スミス　213-71・73・69　…………志度
◎1989　尾崎　直道　282-68・74・69・71　…………志度
◎1990　倉本　昌弘　295-75・67・78・75　……山陽・吉井
テーラーメイドKSBオープン
◎1991　木村　政信　273-69・66・69・69　…………志度
◎1992　奥田　靖己　210-74・70・66　……山陽・吉井
◎1993　尾崎　健夫　276-68・67・70・71　……山陽・吉井
ユナイテッド航空KSBオープン
◎1994　髙見　和宏　281-70・71・67・73　…………鬼ノ城
ノベルKSBオープン
◎1995　リック・ギブソン　271-65・67・71・68　…………鬼ノ城
◎1996　鈴木　亨　275-68・72・68・67　…………鬼ノ城
ジャストシステムKSBオープン
◎1997　深堀圭一郎　276-69・64・69・74　…………鬼ノ城
◎1998　カルロス・フランコ　267-70・65・67・65　…………鮎滝
ジョージアKSBオープン
◎1999　金子　柱憲　275-65・67・71・72　…東児が丘マリンヒルズ

デサントクラシックマンシングウェアカップ
◎1992　金子　柱憲　279-66・70・71・72　…センチュリー吉川
◎1993　西川　哲　281-70・74・69・68　…センチュリー三木
◎1994　ブライアン・ワッツ　280-67・71・69・73　…センチュリー三木
◎1995　東　聡　282-72・68・69・73　…センチュリー三木
◎1996　木村　政信　273-69・66・69・69　…………江戸崎
◎1997　ピーター・テラベイネン　270-67・67・67・69　…………江戸崎
◎1998　ディネッシュ・チャンド　271-71・66・66・68　…太平洋・市原
◎1999　河村　雅之　205-69・69・67　……太平洋・市原

マンシングウェアオープンKSBカップ
◎2000　片山　晋呉　272-68・65・66・73　…東児が丘マリンヒルズ
◎2001　ディネッシュ・チャンド　271-69・68・67・67　……六甲国際
◎2002　久保谷健一　273-66・70・68・69　…………鮎滝
◎2003　宮瀬　博文　275-67・71・69・68　……六甲国際
◎2004　三橋　達也　270-66・71・66・67　…東児が丘マリンヒルズ
◎2005　藤田　寛之　270-63・66・72・69　…東児が丘マリンヒルズ
◎2006　武藤　俊憲　274-68・69・73・64　…東児が丘マリンヒルズ
◎2007※石川　遼　270-72・69・69・66　…東児が丘マリンヒルズ
◎2008　谷原　秀人　270-65・67・65・73　…東児が丘マリンヒルズ
※はアマチュア

●ミュゼプラチナムオープン
◎2015　金　庚泰　264-68・67・63・66　…ジャパンメモリアル

●よこはまオープン
かながわオープン
　1979　森　憲二　143-75・68　…………横浜・西
　1980　矢部　昭　135-68・67　…………川崎国際
　1981　泉川ピート　135-70・65　…………横浜・西
☆1982　豊田　明夫　140-72・68　…………横浜・西
☆1983　河野　高明　136-64・72　…………横浜・西
　1984　尾崎　将司　135-69・66　…………横浜・西

```
1985  尾崎  将司  131-67・64……………横浜・西
1986  稲垣  太成  139-69・70 ……………大厚木
1987  真板    潔  141-70・71……………横浜・西
1988  山本己沙雄  140-68・72……………横浜・西
1989  大町  昭義  137-67・70……………横浜・西
```
よこはまオープン
```
1990  須貝    昇  272-70・71・63・68………横浜・西
1991  芹沢  信雄  275-73・65・70・67………横浜・西
1992  丸山  智弘  271-69・66・69・67………横浜・西
```

●レオパレス21ミャンマーオープン

```
◎2016  ショーン・ノリス  264-66・66・61・71…ロイヤルミンガラドン
◎2017  トッド・シノット  270-72・69・64・65 …バンライン
◎2018  ポール・ピーターソン  271-68・66・71・66 …バンライン
```

●ワールドフレンド・シップ

```
1972  謝    永郁  279-70・72・66・71 ………法隆寺
◎1973  呂    良煥  276-69・73・65・69 ………法隆寺
```

歴代優勝者

ランキング対象外トーナメント

後援、協力、その他の競技

年度	氏名	記録	開催コース

●旭硝子ゴルフ世界選手権
ニッサンカップゴルフ世界選手権
1984	ラニー・ワドキンス	266-69・64・70・63	オークヒルズ
1985	アメリカ(団体)		
	サンディ・ライル(個人)	267-68・67・68・64	ハワイ・カバルア
1986	日本(団体)		
	中島 常幸(個人)	270-68・68・66・68	東京よみうり

キリンカップゴルフ世界選手権
| 1987 | アメリカ(団体) | | 東京よみうり |
| 1988 | アメリカ(団体) | | ハワイ・カバルア |

旭硝子ゴルフ世界選手権
1989	アメリカ(団体)		東京よみうり
1990	オーストラリア(団体)		東京よみうり
1991	ヨーロッパ(団体)		ロイヤル・アデレード(豪州)

●旭国際トーナメント
| 1971 | 内田 繁 | 67 | 旭国際 |
| 1972 | 尾崎 将司 | 63 | 旭国際 |

●アサヒビール大橋巨泉ゴルフ
1977	金井 清一	70	横浜
1978	新井規矩雄	69	横浜
1979	島田 幸作	70	横浜
1980	横島 由一	71	横浜・西
1981	中島 常幸	65	サザンクロス
1982	中村 通	69	横浜
1983	倉本 昌弘	71	横浜・西
1984	前田 新作	66	横浜
1985	吉川 一雄	70	横浜・西
1986	新井規矩雄	136-69・67	ワイレア
1987	デビッド・イシイ	138-68・70	ワイレア
1988	須貝 昇	135-66・69	ワイレア
1989	デビッド・イシイ	134-67・67	ワイレア
1990	芹沢 信雄	141-71・70	ワイレア
1992	デビッド・イシイ	138-70・68	ワイレア
1993	飯合 肇	137-68・69	ワイレア

※1986年から1990年まで翌年に当該年度競技として開催

●愛鷹オープン
| 1969 | 杉本 英世 | 273 | 愛鷹600 |

●アンダーセン世界チャンピオン戦
1995	バリー・レーン	2UP	グレイホーク
1996	グレッグ・ノーマン	1UP	グレイホーク
1997	コリン・モンゴメリー	2UP	グレイホーク

●茨城オープン
1984	金子登喜夫	132-64・68	筑波
1985	中川 泰一	136-69・67	筑波
1986	高橋 勝成	136-70・66	筑波
1987	近藤 守	138-71・67	江戸崎
1988	中村 忠夫	141-69・72	江戸崎
1989	長谷川勝治	137-68・69	江戸崎
1990	浜野 治光	135-69・66	富士・笠間
1991	中山 徹	135-69・66	富士・笠間
1992	加藤 仁	136-66・70	水戸グリーン・山方
1993	アンソニー・ギリガン	137-69・68	水戸グリーン・山方
1994	草壁 政治	136-69・67	水戸グリーン・山方
1995	佐藤 剛平	138-69・69	茨城ロイヤル
1996	細川 和彦	133-70・63	茨城ロイヤル
1997	高崎 龍雄	134-69・65	茨城ロイヤル
1998	堺谷 和将	135-68・67	茨城ロイヤル
1999	山内 正和	136-68・68	茨城ロイヤル

●エキスポカップ
| 1975 | 山本 善隆 | 284-72・72・71・69 | 沖縄国際 |

●NGAオープン
1987	上原 忠helm郎	141-69・72	フォレスト
1988	池内 信治	137-68・69	大新潟・出雲崎
1989	川俣 明	137-67・70	新潟
1990	大塚 敏彦	143-72・71	笹神五頭
1991	増田 都彦	138-69・69	中条
1992	古木 譲二	138-66・72	糸魚川
1993	金子 達也	141-70・71	レイクビュー
1994	小川 聡	135-69・66	イーストヒル
1995	小川 卓也	139-72・67	妙高サンシャイン
1996	檜垣 繁正	134-64・70	上越国際
1997	並木 一雄	139-72・67	フォレスト
1998	五十嵐雄二	132-64・68	新潟
1999	丸山 大輔	136-69・67	中峰
2000	天内 一君	136-69・67	松ヶ峰

●オールスター
1968	中村 寅吉	284-66・71・74・73	茨木・西
1969	内田 繁	274-70・69・70・65	戸塚・西
1970	謝 永郁	100-33・34・33	池田
1971	村上 隆	138-69・69	池田
1972	村上 隆	103-37・34・32	池田
1973	吉川 一雄	102-68・34	宝塚
1974	村上 隆	97-33・32・32	宝塚
1975	杉原 輝雄	101-32・33・36	宝塚
1976	中村 通	103-35・35・33	神有
1977	中村 通	137-67・70	神有
1978	内田 繁	141-70・71	神有

●沖縄クラシック
沖縄オープン
1972	中村 寅吉	210-105・105	大京
1973	中村 通	268-95・104・69	大京
1974	謝 敏男	273-66・72・65・70	大京

沖縄クラシック
| 1975 | 沼沢 聖一 | 282-71・70・69・72 | 大京 |

●表蔵王国際東北オープン
1978	松田 司郎	205-71・63・71	表蔵王国際
1979	石井 秀夫	215-69・73・73	表蔵王国際
1980	吉武 恵治	175-69・36・70	表蔵王国際

●岐阜関チェリーカップ
| 1980 | ミヤ・アエ | 210-68・69・73 | 岐阜関 |

●京都・滋賀オープン
1982	中村 通	70	琵琶湖
1983	金本 章生	67	琵琶湖
1984	中村 通	65	宇治
1985	松井 一	66	日野
1986	中尾 豊健	69	城陽・東
1987	中上 達夫	67	琵琶湖
1988	中瀬 壽	69	宇治

1989	長田　敬市	69·················日野
1990	北代　武史	68·················田辺
1991	白石　昌昭	68·················近江
1992	中瀬　壽	68·················城陽
1993	OUT ※川口文雄	34·················近江
	IN　　金山和男	33·················近江
1994	西野　琢仁	68·················宇治田原
1995	北澤　数司	67·················ビッグワン
1996	平塚　哲二	70·················田辺
1997	平塚　哲二	67·················信楽・田代
1998	平塚　哲二	70·················城陽

※はアマチュア

●クイリマ＆高山クラシック
| 1975 | 鈴村　照男 | 574 | 281-68・72・71・70…クイリマ |
| | 鈴村　　久 | | 293-78・72・72・71 |

●グランドモナーク
1965	杉本　英世	282-139・143·········茨木・鳴尾
1966	陳　　清波	286-68・69・77・72·····鳴尾・茨木
1967	村上　　隆	279-76・68・70・65·····西宮・宝塚
1968	島田　幸作	281-70・70・72・69·····久邇・相模
1969	松田　司郎	281-70・70・72・68·····宝塚・茨木
1970	河野　高明	279-68・70・71・70·····茨木・茨木国際
1971	河野　高明	276-133・143·········宝塚・西宮
1972	尾崎　将司	137-68・69·········伏尾
1973	韓　　長相	142-69・73·········伏尾
1974	杉原　輝雄	141-72・69·········伏尾

●クレインカップ真庭オープン
1992	加藤　公徳	139-68・71·········真庭
1993	川上　典一	136-67・69·········真庭
1994	秋富由利夫	133-67・66·········真庭
1995	江本　　光	138-69・69·········真庭
1996	平石　武則	134-67・67·········真庭

●KSDチャリティプロアマ
1990	加瀬　秀樹	31·············総武・総武・東
	中村　忠夫	33·············総武・総武・中
1991	室田　　淳	68·············総武・総武

●KPGA協力鳳凰インビテイション
| 1989 | 石原　　明 | 137-69・68··········鳳凰 |

●KPGAトーナメント
1986	春・森　静雄	138-69・69···成田スプリングス
	秋・石原　明	138-68・70···········東京湾
1987	春・渡辺三男	141-72・69···千葉スプリングス
	秋・高橋　完	136-68・68···妙義スプリングス
1988	春・野口裕樹夫	137-68・69···········東京湾
	秋・浜野治光	138-71・67···三島スプリングス
1989	春・上原泰典	143-70・73···千葉スプリングス
	夏・菱沼孝至	137-68・69···山形スプリングス
	秋・白石達哉	134-65・69···児玉スプリングス
1990	春・若木進一	140-68・72···妙義スプリングス
	夏・渡辺三男	138-68・70···山形スプリングス
	秋・浜野治光	134-65・69···········上毛高原
1991	春・佐藤剛平	137-71・66···妙義スプリングス
	秋・長竹寿士	138-70・68···山形スプリングス

●ゴールデンマッチ
1963	小野　光一	＋13（参考：143ストローク）···狭山
1964	橘田　　規	＋12（144）··········西宮
1965	橘田　　規	＋9（138）···········大宮
1966	杉本　英世	＋5（149）···········池田

1967	石井　朝夫	＋5 ·················小倉
1968	石井　朝夫	＋8（145）··········三好
1969	杉本　英世	＋3 ·················東名
1970	河野　高明	＋12··············東名

（競技はラウンドロビン方式による）

●コールドベック
| 1973 | 青木　　功 | 143-73・70·········大厚木 |

●ゴルフ東西対抗
雲仙普賢岳被災者救災プロアマチャリティ
| 1991 | 加瀬秀樹チーム··········カレドニアン |

「ガン撲滅基金」ゴルフ東西対抗
1994	東　軍	20ポイント·····季美の森
1995	東　軍	16ポイント·········浜野
1996	西　軍	14ポイント·········浜野
1997	東　軍	16ポイント·········相模原
1998	東　軍	14ポイント·········大厚木
1999	東　軍	20ポイント·········横浜
2000	東　軍	13ポイント···サンコー72
2001	西　軍	12ポイント···富士C市原
2002	東　軍	20ポイント···太平洋C＆アソシエイツ江南
2003	東　軍	14ポイント·········琉珠
2005	西　軍	13ポイント·········若洲
2006	東　軍	14ポイント···イーグルポイント

●埼玉オープン
1982	新井規矩雄	139-72・67·····霞ケ関・西
1983	白浜　敏司	138-70・68·········日高
1984	小川　清二	136-68・68·········寄居
1985	水巻　善典	136-68・68·········高根
1986	駒崎　誠	137-72・65·····武蔵・豊岡
1987	友利　勝良	132-64・68·········越生
1988	森　　憲二	140-67・73·········越生
1989	植田　浩史	135-66・69·········越生

●札幌オープン
| 1971 | 陳　　健忠 | 280-66・71・74・69·····札幌・輪厚 |
| 1972 | 尾崎　将司 | 282-72・69・70・71·····札幌・輪厚 |

●札幌オープン
| 1997 | 横島　由一 | 143-74・69·······スコットヒル |
| 1998 | 谷口　　徹 | 136-66・70···三井観光アイリス |

●ザ・ロイヤルトロフィ
2006	ヨーロッパ	9－7	アジア···アマタスプリング(タイ)
2007	ヨーロッパ	12.5-3.5	アジア···アマタスプリング(タイ)
2009	アジア	10－6	ヨーロッパ···アマタスプリング(タイ)
2010	ヨーロッパ	8.5-7.5	アジア···アマタスプリング(タイ)
2011	ヨーロッパ	9－7	アジア···ブラックマウンテン(タイ)
2012	アジア	8－8	ヨーロッパ···エンパイアホテル&CC(ブルネイ)
	（プレーオフでアジアが優勝）		
2013	ヨーロッパ	8.5-7.5	アジア···ドラゴンレイク(中国)

〈2007年は非公認競技〉

●産経プロ選手権
| 1957 | 中村　寅吉 | 291-140・151·········鷹之台 |
| 1958 | 中村　寅吉 | 284-139・145·········相模 |

●産報チャンピオンズ
| 1975 | 内田　　繁 | 141-69・72·········札幌アサヒ |
| 1976 | 呂　　良煥 | 140-69・71·········札幌アサヒ |

●JALオープン
| 1971 | デビッド・グラハム | 277-70・67・72・68·········府中 |

●瀬戸内海サーキット（続き）

| 1972 | ゲーリー・プレーヤー | 280-67・71・72・70 | ……… 習志野 |

●ジャパンプロアマチャリティ
| 1975 | 安田 春雄 | 137-70・67 | ……………… 橋本 |

●瀬戸内海サーキット
1965	記録不明		
1966	(松山)石井 迪夫	106-37・33・36	……… 松山・道後
	(広島)松田 司郎	102-33・34・35	……… 広島・八本松
	(松永)内田 繁	104-37・32・35	……………… 松永
	(倉敷)内田 繁	146-36・39・35・36	……………… 倉敷
	(総合)内田 繁	461-107・104・104・146	
1967	(高松)内田 繁	104-36・36・32	……… 高松・城山
	(広島)宮本 省三	106-38・33・35	……… 広島・西条
	(宇部)内田 繁	104-37・35・32	……… 宇部・万年池
	(岡山)杉原 輝雄	105-35・36・34	……… 岡山・帯江
	(総合)内田 繁	430-104・108・104・114	
1968	(松山)島田 幸作	140-69・71	……………… 松山・道後
	(広島)杉原 輝雄	140-72・68	……… 広島・八本松
	(岡山)石井富士夫	143-72・71	……… 岡山・桃の郷
	(総合)杉原 輝雄	425-142-140-143	
1969	(広島)杉原 輝雄	136-69・67	……… 広島・西条
	(香川)杉原 輝雄	135-68・67	……… 香川・志度
	(岡山)杉原 輝雄	139-69・70	……… 岡山・玉野
1970	(倉敷)杉原 輝雄	277	……………… 倉敷
1971	(広島)尾崎 将司	265-134・131	……… 広島・八本松
1972	(岡山)山本 善隆	139-71・68	……………… 岡山

●全日本ミックスダブルス
| 1975 | 石井富士男・鈴木美重子 | 139-69・70 | …… プリンスランド |

●ゼンリン福岡オープン
ゼンリン・フクニチオープン
| 1988 | 岩下 吉久 | 141-70・71 | ……… 麻生飯塚 |

ゼンリン福岡オープン
1989	松永 一成	140-71・69	……… 麻生飯塚
1990	伊藤 明嵩	141-72・69	……… 麻生飯塚
1991	阪東 礼治	136-67・69	……… 麻生飯塚
1992	鈴木 亨	142-70・72	……… 麻生飯塚
1993	芹沢 大介	134-68・66	……… 麻生飯塚
1994	原田 三夫	139-68・71	……… 麻生飯塚
1995	杉原 敏一	136-68・68	……… JR内野
1996	宮本 勝昌	133-69・64	……… 麻生飯塚

●ダイナスティカップ
| 2003 | アジア | 16.5-日本7.5 | …ミッションヒルズ(中国) |
| 2005 | アジア | 14.5-日本9.5 | …ミッションヒルズ(中国) |

●武富士サイパン
| 1983 | 青木 基正 | 138-70・68 | …サイパン・マリアナ |

●WPGA主催テーラーメイド杯関西プロU40トーナメント
| 1989 | 北代 武史 | 67 | ……………… 松永 |
| 1990 | 井上 智夫 | 68 | ……………… 松永 |

●千葉オープン
千葉オープン
1971	草壁 政治	138-70・68	……… 袖ヶ浦
1972	尾崎 将司	138-68・70	……… 袖ヶ浦
1973	草壁 政治	215-69・74・72	……… 袖ヶ浦
1974	地引 良吉	211-72・67・72	……… 袖ヶ浦
1975	上原 忠明	210-68・69・73	……… 袖ヶ浦
1976	尾崎 将司	134-67・67	……… 袖ヶ浦
1977	横島 由一	135-65・70	……… 袖ヶ浦
1978	上原 忠明	140-68・72	……… 袖ヶ浦
1979	長谷川勝治	135-69・66	……… 袖ヶ浦
1980	草壁 政治	140-69・71	……… 袖ヶ浦
1981	白石 勝昭	141-70・71	……… 袖ヶ浦
1982	海老原清治	142-74・68	……… 袖ヶ浦
1983	中止		
1984	泉川ピート	138-69・69	……… 新千葉
1985	長谷川勝治	145-71・74	……… 新千葉
1986	牧野 裕	138-67・71	……… 袖ヶ浦・新袖
1987	牧野 裕	137-72・65	……… 袖ヶ浦・新袖
1988	牧野 裕	133-67・66	……… 袖ヶ浦・新袖

サッポロビール千葉オープン
1989	真板 潔	136-70・66	……… 袖ヶ浦・新袖
1990	西川 哲	137-65・72	……… 袖ヶ浦・新袖
1991	楠本 明仁	137-69・67	……… 袖ヶ浦・新袖
1992	平石 武則	135-69・66	……… 袖ヶ浦・新袖

千葉オープン
1993	グレゴリー・マイヤー	137-66・71	……… 袖ヶ浦・新袖
1994	牧野 裕	135-68・67	……… 袖ヶ浦・新袖
1995	楠本 研	138-68・70	……… 袖ヶ浦・新袖
1996	平石 武則	138-69・69	……… 袖ヶ浦・新袖
1997	山本 昭一	136-68・68	……… 袖ヶ浦・袖ヶ浦
1998	宮本 勝昌	141-72・69	…真名・ゲーリー・プレーヤー
1999	田口 康祐	136-66・70	……… 袖ヶ浦・新袖
	堺谷 和将	136-66・70	
2000	丸山 大輔	138-68・70	……… 袖ヶ浦・新袖

●チャンピオンズトーナメント
1964	陳 清波	273-66・69・69・68	……… 六郷
1965	陳 清波	272-66・68・72・66	……… 横浜・東
1966	陳 清波	281-66・71・70・74	……… 浮間
1967	細石 憲二	265-63・68・69・65	…川越グリーンクロス
1968	宮本 省三	279-140・69・70	……… 水戸
1969	河野 光隆	274-72・64・72・66	……… 水戸
1970	河野 高明	275-70・68・68・69	……… 水戸
1971	河野 高明	271-65・65・74・67	……… 水戸
1972	河野 高明	272-70・67・70・65	……… 水戸
1973	河野 高明	134-68・66	……… 水戸

●デュプロカップ和歌山オープン
和歌山オープン
1979	浦西 武光	140-69・71	……… 国木原
1980	北代 武史	139-66・73	……… 国木原
1981	倉本 昌弘	137-68・69	……… 国木原
1982	鍛治 恒	138-69・69	……… 国木原
1983	小川 清二	139-67・72	……… 国木原
1984	入野 太	141-71・70	……… 国木原
1985	加瀬 秀樹	136-67・69	……… 国木原
1986	甲斐 俊光	136-71・65	……… 国木原
1987	古木 讓二	137-66・71	……… 国木原
1988	中村 忠夫	139-70・69	……… 国木原

デュプロカップ和歌山オープン
| 1989 | 芹沢 大介 | 142-69・73 | ……… 国木原 |
| 1990 | 前田 新作 | 138-68・70 | ……… 国木原 |

●東武プロアマゴルフ
1978	杉本 英世	73	……………… パレス
1979	石井 裕士	68	……………… サザンクロス
1980	Aの1位 内田久寿雄	72	……… 高根
	Bの1位 佐藤 正一	73	
	Cの1位 地引日出男	77	

●東北オープン
1993	加藤 仁	216-70・72・74	……………… 西仙台
1994	新関 善美	276-69・71・68・68	…グリーンアカデミー
1995	板井 榮一	289-72・69・76・72	……… 南部富士

1996 菊池　　純 275-71・67・68・69 …………利府
1997 稗田美佐男 283-67・72・75・69 ………会津磐梯
1998 堺谷 和将 283-73・71・71・68 …十和田国際
1999 松高 史明 275-68・69・71・67 …ブラッサムガーデン

●栃木オープン
1983 宇野 富男 142-72・70 …………………塩原
1984 町野　　治 143-74・69 …………………塩原
1985 森　　文雄 138-68・70 …………………塩原
1986 高橋 五月 143-72・71 …………………塩原
1987 小泉 清一 142-72・70 …………………塩原
1988 高橋　　完 141-70・71 …………………塩原
1989 植田 浩史 141-70・71 …………………塩原
1990 稲垣 太成 140-71・69 …………………塩原
1991 初見 充宣 69 ………………………塩原
1992 室田　　淳 139-66・73 …………………塩原
1993 板井 榮一 140-70・70 …………………塩原
1994 入野　　太 137-68・69 …………………塩原
1995 野口裕樹夫 139-68・71 …………………塩原
1996 芹澤 信雄 132-65・67 …………………塩原

●習志野ミリオン
1966 石井富士夫 141-68・73 …………………習志野
1967 陳　　清波 281-141・69・71 …………………習志野

●西日本オープン
1966 藤井 義将 216…………………福岡・和白
1967 ※中部銀次郎 282 ………………………門司
1968 細石 憲二 275-137・138 …………………福岡
1969 細石 憲二 285-141・144 …………………福岡
1970 藤井 義将 289 …………………福岡・和白
1971 上田 鉄弘 287-147・140 …………………福岡・和白
※はアマチュア

●西日本サーキット
1968 (宇部シリーズ)中村 寅吉 281-137・144………………宇部
　　　(下関シリーズ)橘田　規 272-136・136………………下関
　　　(BSシリーズ)細石 憲二 286-149・137…福岡ブリヂストン
　　　(長崎シリーズ)内田　繁 283-140・143………長崎国際
　　　(総　合)橘田　規 1131-285・272・287・287
1969 (宇部シリーズ)謝　永郁 283-142・141…宇部・万年池
　　　(下関シリーズ)細石 憲二 290-139・151………………下関
　　　(長崎シリーズ)石井 朝夫 284-144・140…長崎国際
　　　(BSシリーズ)謝　敏男 281-144・137 ………………BS
　　　(総　合)内田　繁 1147-283・292・286・286
1970 (宇部シリーズ)内田　繁 281………………長崎国際
　　　(宇部シリーズ)松田 司郎 274-136・138…宇部・万年池
　　　(下関シリーズ)河野 高明 287………………下関
　　　(総　合)村上　隆 857
1971 (宇部シリーズ)村上　隆 281-141・140………………宇部
　　　(下関シリーズ)河野 高明 274-135・139………………下関

●日英対抗
1974 (個人)青木　功 211-73・69・69 ……………神有
　　　モーリス・ベンブリッジ 211-70・70・71
　　　ピーター・タウンゼント 211-69・68・74
　　　(団体)英　国 27-21　日本
1975 (個人)島田 幸作 208-71・69・68………相模原・東
　　　(団体)日　本 28-20　英国

●日豪対抗
1971 (個人)デビッド・グラハム 353-69・75・69・70・70
　　　…鳴門・志度・福岡国際・熊本中央・フェニックス
　　　(団体)豪　州 1065-1074

1973 (個人)グラハム・マーシュ 209-73・69・67
　　　……土佐・片山津白山・大雪山
　　　(団体)日　本 652-657
1975 (個人)スチュワート・ジン 140-71・69 ……南部富士・椿台
　　　(団体)豪　州 583-596

●日豪親善ゴルフ
1978 豪州チーム 49-31 ………ビクトリアGC
1979 日本チーム 53-27…スリーハンドレッド
1980 豪州チーム 42-38…ロイヤルキャンベラ
1981 日本チーム 44-36…スリーハンドレッド
1982 豪州チーム 18-6 …オーストラリアンGC

●日刊スポーツチャリティ
1988 河野 和重 65 ………………レイクウッド
1989 丸山 智弘 67 ………………レイクウッド
1990 須貝　　昇 66 ………………レイクウッド
1991 小林富士夫 68 ………………レイクウッド
1992 小林富士夫 70 ………………レイクウッド
1993 1月・入野　太 71 ………………レイクウッド
　　　12月・白浜育男 67 ………………………武蔵丘
1994 植田 浩史 68 ………………レイクウッド
　　　板井 榮一 68
1995 丸山 智弘 66 ………………レイクウッド
1996 丸山 智弘 67 ………………レイクウッド
1997 芹澤 信雄 66 ………………レイクウッド
　　　深堀圭一郎 66
1998 田中 秀道 71 ………………レイクウッド

●日本アジア航空
1984 呂　　良煥 286-72・70・75・69……台湾・高雄

●日本プロゴルフベスト10
1968 杉原 輝雄 136-66・70 …………………太閤坦

●Handa Cup プロミシングゴルファーズ～アンダー30～
2010 木村 彰吾 214-71・70・73　スカイウェイ

●ビッグ4トーナメント
1963 (個人)杉原 輝雄………………………六郷
　　　(団体)関　東 145-146　関　西

●平尾昌晃プロアマ
1984 金海 成雄 66………………新千歳
1985 鈴木 弘一 69
　　　滝　 安史 69
1986 デビッド・イシイ 70………………新千歳
1987 尾崎 直道 66………………新千歳
　　　鈴木 弘一 66
1988 金子 柱憲 66………………新千葉
1989 加瀬 秀樹 66………………新千葉
1990 加瀬 秀樹 66………………新千葉
1991 飯合　　肇 69………………新千葉
　　　白石 達哉 69
1992 西川　　哲 69………………新千葉
1993 青木 基正 69………………新千葉
1994 金子 柱憲 66………………新千葉
1995 加瀬 秀樹 68………………新千葉
　　　中山　　徹 68
　　　細川 和彦 68
1996 田中 秀道 66………………新千葉
1997 室田　　淳 67………………新千葉
1998 田中 秀道 65………………新千葉
1999 金子 竜也 29P………………新千葉
2000 加瀬 秀樹 32P………………新千葉

左段

2001	小山内　護	63…………………………新千葉
2002	ﾃﾞｨﾈｯｼｭ･ﾁｬﾝﾄﾞ	17P…………………………新千葉
2003	室田　　淳	30P…………………………新千葉
2004	室田　　淳	37P…………………………新千葉
2005	ﾃﾞｨﾈｯｼｭ･ﾁｬﾝﾄﾞ	33P…………………………新千葉
2006	室田　　淳	30P…………………………新千葉
2007	宮瀬　博文	33P…………………………新千葉
2008	ﾃﾞｨﾈｯｼｭ･ﾁｬﾝﾄﾞ	31P…………………………新千葉
2009	横尾　　要	29P…………………………新千葉

●報知プロ新人
1959	勝俣　　功	147-75・72 ………………相模原
1960	今井慶之助	290-142・148……………武蔵・豊岡
1961	勝俣　　功	297-145・152…………紫・すみれ
1962	宮本　省三	293-151・142…………紫・すみれ
1963	石井富士夫	295-153・142 ………………読売

●北陸クラシック
| 1973 | 呂　　良煥 | 207-67・71・69……………呉羽 |

●ホワイトベア杯
1960	陳　　清波	141-69・72………………霞ヶ関
1961	小針　春芳	149-76・73…………………西宮
1962	陳　　清波	137-67・70………………霞ヶ関
1963	加藤　辰芳	139-71・68…………………宝塚
1964	藤井　義将	140 ………………………霞ヶ関

●マスターズGCクラシック
| 2007 | 竹本　直哉 | 204-70・69・65 …マスターズGC |

●丸善建設カップ・サイパン
| 1991 | 小林富士夫 | 142-68・74 ……コーラルオーシャンポイント |
| 1992 | ラリー・ネルソン | 213-70・70・73 ……コーラルオーシャンポイント |

●マンシングウェアクラシック
| 1983 | 草壁　政治 | 280-71・71・70・68 ………新千葉 |

●ミズノTOKYOオープン
1989	渡辺　　修	208-71・68・69…………東京国際
1990	天野　　勝	207-76・66・65…………東京国際
1991	井上　久雄	209-74・66・69…………東京国際
1992	合田　　洋	208-70・71・67…………東京国際
1993	中尾　豊健	205-70・68・67…………東京国際
1994	高崎　龍雄	205-66・67・72…………東京国際
1995	南條　勝美	204-70・65・69…………東京国際
1996	伊藤　正己	202-66・69・67…………東京国際

●ミズノプロ新人
1965	川井　健司	147-72・75……………大利根・東
1966	永田　悦彦	142………………………霞ヶ関・東
1967	松井　一敏	146………………………霞ヶ関・東
1968	草壁　政治	149-76・73…………紫・すみれ
1969	小池　国夫	142…………………………小金井
1970	松尾　茂年	144-72・72…………………狭山
1971	前田　新作	141-73・68…………………我孫子
1972	片山　　康	142…………………………我孫子
1973	鈴木　規夫	142-75・67…………………我孫子
1974	村田　岸雄	139-69・70…………………我孫子
1975	久保　三郎	138-66・72…………………我孫子
1976	中島　常幸	141-71・70…………………我孫子
1977	中山　　徹	139-69・70…………………我孫子
1978	渡辺　三男	138-69・69…………………我孫子
1979	甲斐　俊光	139-69・70…………………我孫子
1980	中島　秀徳	140-70・70…………………我孫子
1981	中川　敏明	142-75・67…………………我孫子

右段

1982	上西　博昭	139-71・68…………………我孫子
1983	加瀬　秀樹	109-71・38…………………我孫子
1984	浅尾　琢己	144-69・75………………………桜
1985	和田　　力	140-74・66………………………桜
1986	高見　和宏	145-70・75………………………桜
1987	田中泰二郎	146-70・76………………………桜
1988	平山　徳男	138-69・69………………………桜
1989	金田　秀龍	72………………………………桜
1990	①宮瀬博文	140-68・72………………………桜
	②金子達也	137-68・69
1991	林　　陳漢	143-72・71………………………桜
1992	リチャード・バックウェル	135-66・69………………………桜

●MILLION YARD CUP
日韓男子ゴルフ対抗戦
2004	韓国　20−20　日本…ヨンピョンリゾート(韓国)
	（プレーオフで韓国が優勝）
2006	中止

現代キャピタル招待　韓日プロゴルフ対抗戦
| 2010 | 日本　10.5−9.5　韓国　………ヘビチ(韓国) |

MILLIONYARD CUP
| 2011 | 韓国　11.5−8.5　日本　…ジョンサン(韓国) |
| 2012 | 韓国　12−8　日本…パサージュ琴海アイランド(日本) |

●名球会チャリティ
1983	中島　常幸	64…………………………千葉廣済堂
1984	新井規矩雄	66…………………………千葉廣済堂
1985	新井規矩雄	65…………………………千葉廣済堂
1986	中島　常幸	65…………………………千葉廣済堂
1987	中島　常幸	68…………………………千葉廣済堂
1988	泉川ピート	67…………………………千葉廣済堂
1989	中島　常幸	66…………………………千葉廣済堂
1990	鈴木　弘一	66…………………………千葉廣済堂
1991	芹沢　信雄	65…………………………千葉廣済堂
1992	中島　常幸	63…………………………千葉廣済堂
1993	新井規矩雄	66…………………………千葉廣済堂
1994	青木　基正	67…………………………千葉廣済堂
	東　　聡	67

●森進一・港建設カップ
| 1990 | 室田　　淳 | 69 …………………………紫・すみれ |
| 1991 | 泉川ピート | 67 …………………………紫・あやめ |

●山口オープン
1988	末村　敦男	134-65・69………………宇部・北
1989	木原　　徹	136-70・66………………宇部・北
1990	松永　一成	136-65・71………………宇部・北
1991	吉村　金八	65………………………宇部・西
1992	重信　秀人	133-71・62………………宇部・北
1993	松永　一成	133-71・69………………宇部・西

●山梨プロアマ
1978	中村　　稔	142-71・71 ……グリーンバレイ
1979	榎本　七郎	142-70・72 ……グリーンバレイ
1980	金井　清一	139-69・70 ……グリーンバレイ

●ヤングライオンズ
1975	中村　　通	215-74・71・70………………川辺
1976	中島　常幸	206-71・69・66………………川辺
1977	中島　常幸	207-70・69・68………………川辺

●ザ・レジェンド・チャリティプロアマ

2009	手嶋　多一	132-67・65	麻倉
2010	久保谷健一	131-65・66	麻倉
2011	室田　　淳	131-68・63	麻倉
2012	池田　勇太	134-69・65	麻倉
2013	池田　勇太	132-65・67	麻倉
2014	倉本　昌弘	134-67・67	麻倉
2015	奥田　靖己	130-65・65	麻倉
2016	片山　晋呉	132-63・69	麻倉
2017	横尾　　要	135-69-66	麻倉
2018	今平　周吾	130-64・66	麻倉

●ロレックス

1968	村上　　隆	137-67・70	川崎国際
1969	杉本　英世	140-70・70	東京よみうり
1970	河野　高明	138-69・69	川崎国際
1971	橘田　　規	142-70・72	川崎国際
1972	森　　憲二	139-67・72	川崎国際
1973	日吉　定雄	138-70・68	川崎国際

●ロレックスワールドミックス

1978	メキシコ	274	川崎国際

（エルネスト・アコスタ＆ナンシー・ロペス）

歴代優勝者

ABEMAツアー

2022年度ABEMAツアー成績
賞金ランキング
ABEMAツアー記録
歴代賞金王と年間最多勝利選手
過去のトーナメント歴代優勝者

Novil Cup

開催期日	2022年4月6日〜8日	賞金総額	15,000,000円
競技会場	Jクラシック GC	出場人数	152名
トータル	7,221Y：パー72(36,36)	天候	晴・晴・晴

1日目 6アンダー66で回った今野大喜と副田裕斗が首位発進。2打差3位に10人がつける混戦模様。2日目 1イーグル、7バーディ、1ボギーの64をマークした勝俣陵が通算12アンダーで3位から首位浮上。1打差2位は副田と原敏之。2日間ボギーなしで回った安森一貴が3打差4位につけた。最終日 6バーディ、2ボギーの68で回った副田が通算15アンダーとして逆転。プロデビュー10年目で初優勝を飾った。1打差2位は原。首位にいた勝俣は3位に終わった。

【優勝】副田　裕斗　201　66・67・68　2,700,000円

順位	氏名	トータルスコア	1R	2R	3R	4R	賞金額(円)	順位	氏名	トータルスコア	1R	2R	3R	4R	賞金額(円)
2	原　敏之	202	68	65	69	1,350,000		正岡　竜二	215	73	70	72	91,020
3	小西　貴紀	203	69	69	65	877,500		岡田　絃希	215	72	72	71	91,020
	勝俣　陵	203	68	64	71	877,500	47	松原　大輔	216	68	73	75	81,450
5	古川龍之介	206	68	71	67	アマチュア		園田　峻輔	216	74	69	73	81,450
	安森　一貴	206	68	67	71	637,500		平本　穏	216	71	72	73	81,450
7	篠　優希	207	70	70	67	487,500		米澤　蓮	216	71	73	72	81,450
	日高　将史	207	68	71	68	487,500	51	小西　奨太	217	75	68	74	72,540
9	伊藤　有志	208	71	69	68	335,000		岩本　高志	217	73	70	74	72,540
	黒川　逸輝	208	68	71	69	335,000		今野　大喜	217	66	73	78	72,540
	遠藤　健太	208	71	68	69	335,000		黒岩　輝	217	71	73	73	72,540
12	遠藤　彰	209	75	68	66	255,000		香川　凜央	217	70	68	79	アマチュア
	小林　正則	209	69	70	70	255,000		増田　伸洋	217	73	71	73	72,540
14	白　佳和	210	73	69	68	211,875	57	芹澤　慈眼	218	74	68	76	66,000
	成松　亮介	210	68	72	70	211,875		三木　龍馬	218	71	71	76	66,000
	若原　亮太	210	69	70	71	211,875		黒川　航輝	218	71	72	75	66,000
	中里光之介	210	68	70	72	211,875		高橋　慧	218	70	73	75	66,000
18	小木曽　喬	211	73	68	70	165,535		川上　優大	218	72	71	75	66,000
	金子　駆大	211	74	69	68	165,535		塩見　好輝	218	70	74	74	66,000
	岩﨑亜久竜	211	70	70	71	165,535	63	馬渡　清也	219	72	71	76	62,925
	坂本　雄介	211	73	70	68	165,535		光田　智輝	219	74	69	76	62,925
	木村　太一	211	70	73	68	165,535		アンジェロ・キュー	219	73	71	75	62,925
	田村　光正	211	72	71	68	165,535		亀代　順哉	219	71	73	75	62,925
	西山　大広	211	71	67	73	165,535	67	永澤　翔	220	70	69	81	61,950
25	岩井　亮磨	212	70	72	70	127,850		太田　直己	220	72	72	76	61,950
	片岡　大育	212	69	71	72	127,850	69	ハン・リー	221	70	70	81	61,350
	杉原　大河	212	73	68	71	127,850		﨑川　将司	221	73	71	77	61,350
	砂川　公佑	212	71	70	71	127,850	71	岩元　洋祐	228	71	71	86	60,900
	山田　大晟	212	74	69	69	127,850							
	大堀裕次郎	212	77	66	69	127,850							
	高柳　直人	212	70	70	72	127,850							
	竹内　廉	212	72	71	69	127,850							
	中島　徹	212	69	70	73	127,850							
34	出利葉太一郎	213	75	67	71	アマチュア							
	小袋　秀人	213	74	66	73	107,850							
	尾崎　慶輔	213	70	73	70	107,850							
	織田　信亮	213	68	70	75	107,850							
	古瀬幸一朗	213	74	70	69	アマチュア							
	長澤　奨	213	71	73	69	107,850							
40	伊藤　慎吾	214	69	71	74	99,750							
	小西　健太	214	73	66	75	99,750							
42	金岡　奎吾	215	70	72	73	91,020							
	芦沢　宗臣	215	72	69	74	91,020							
	北村　晃一	215	71	70	74	91,020							

144(±0)までの71名が予選通過
※新型コロナウイルス感染予防対策のため無観客試合

氏　名	トータルスコア	1R	2R	氏　名	トータルスコア	1R	2R	氏　名	トータルスコア	1R	2R	氏　名	トータルスコア	1R	2R
蛭川　隆	145	73	72	比嘉　拓也	146	76	70	アダム・バーデット	148	71	77	富村　真治	151	77	74
額賀　辰徳	145	71	74	ジャスティン・デロスサントス	146	77	69	河野晃一郎	148	77	71	福原　翔太	151	81	70
生源寺龍憲	145	75	70	河野　祐輝	146	76	70	金　智宇	148	74	74	村上　拓海	151	75	76
三田　真弘	145	73	72	ⓐ濱渕裕生	146	73	73	井上　敬太	148	73	75	山本　隆大	152	75	77
竹内　優騎	145	73	72	山浦　一希	147	72	75	海老根文博	149	77	72	鈴木　慶太	152	74	78
ガブリエレ・デバルバ	145	74	71	岩崎　誠	147	74	73	山本　太郎	149	76	73	三島　泰哉	152	78	74
藤本　佳則	145	72	73	安本　大祐	147	73	74	成冨　晃広	149	77	72	すし　石垣	152	77	75
原田　凌	145	72	73	白石　大和	147	73	74	竹内　秀	149	74	75	和田章太郎	152	77	75
岩田　大河	146	71	75	照屋佑唯智	147	75	72	富本　虎希	150	77	73	川満　歩	153	77	76
伊藤　誠道	146	72	74	諸藤　将次	147	76	71	大塚　智之	150	79	71	松村　大輝	153	78	75
上森　大輔	146	73	73	鈴木　之人	147	74	73	竹山　昂成	150	76	74	黒﨑　蓮	154	78	76
勝亦　悠斗	146	72	74	小泉　正樹	147	74	73	渡辺龍ノ介	150	76	74	大貫渉太朗	155	75	80
石原　航輝	146	72	74	菊池　純	147	73	74	池田　浩二	150	70	80	河　尊永	156	77	79
小川　翔	146	75	71	松田　一将	148	79	69	吉田　泰基	150	76	74	ⓐ谷本伊知郎	156	76	80
平田　憲聖	146	72	74	皆本　祐介	148	77	71	中川　勝弥	150	72	78	ⓐ中澤大樹	156	80	76
葛城　史馬	146	76	70	ⓐ古川惣一朗	148	72	76	大田和桂介	150	75	75	大内　智文	159	79	80
大塚　大樹	146	76	70	徳元　中	148	74	74	高野　碧輝	150	77	73	関藤　直熙	161	82	79
久保田皓也	146	73	73	大西　魁斗	148	74	74	新田　哲大	151	78	73	鈴木　敬太		78	棄
アーノンド・ウォンワニ	146	74	72	河本　力	148	75	73	大谷　俊介	151	78	73	ⓐはアマチュア			
山岡　成稔	146	73	73	平本　世中	148	75	73	高橋　賢	151	74	77				
原田　大雅	146	71	75	梶村　夕貴	148	75	73	西村　匡史	151	76	75				

【歴代優勝者】

年	優勝者	スコア	2位	差	コース	パー／ヤード
シンクスNovilカップ						
2007　兼本貴司	134—68・66		大島靖生、杉原敏一、谷　昭範、岩崎幸司	1	JクラシックGC	72／7093Y
Novilカップ						
2008　清田太一郎	198—69・64・65		山本健太郎	2	JクラシックGC	72／7104Y
Novil Cup						
2009＊佐藤えいち	205—66・69・70		前粟蔵俊太	0	JクラシックGC	72／7104Y
2010　田島創志	207—70・71・66		三橋達也	2	JクラシックGC	72／7221Y
2011＊額賀辰徳	205—67・70・68		小林正則	0	JクラシックGC	72／7221Y
2012　ヤン・ジホ	212—69・76・67		岡茂洋雄	2	JクラシックGC	72／7221Y
2013＊張　棟圭	216—65・74・77		J・マクリーン	0	JクラシックGC	72／7221Y
2014　田島創志	213—77・67・69		井上忠久	1	JクラシックGC	72／7206Y
2015　朴　一丸	201—64・70・67		矢野　東	1	JクラシックGC	72／7206Y
2016　小鯛竜也	204—70・67・67		趙　炳旻、前粟蔵俊太、北村晃一	6	JクラシックGC	72／7206Y
2017　星野陸也	205—71・68・66		櫻井勝之、上井邦裕	1	JクラシックGC	72／7206Y
2018　パクベジョン	206—68・68・68		梅山知宏、金　鎮成	1	JクラシックGC	72／7206Y
2019　朴ジュンウォン	206—70・68・68		杉本エリック	2	JクラシックGC	72／7206Y
2020 2021	〈新型コロナウイルス感染拡大のため中止〉					
2022　副田裕斗	201—66・67・68		原　敏之	1	JクラシックGC	72／7221Y

＊はプレーオフ

ABEMAツアー

i Golf Shaper Challenge in 筑紫ヶ丘

開催期日　2022年4月20日〜22日	賞金総額　15,000,000円
競技会場　筑紫ヶ丘GC	出場人数　153名
トータル　7,101Y：パー72(36,36)	天　候　晴・雨・晴

1日目　ABEMAツアー初出場の19歳田中裕基が大会タイ記録の64をマーク。2位に4打差をつけて首位スタートを切った。2日目　田中が1イーグル、4バーディ、2ボギー、1ダブルボギーと出入りの激しい内容ながら通算10アンダーに伸ばして首位を守った。4打差の2位に大谷俊介と日大3年で大会会場のメンバーでもある出利葉太一郎がつけた。最終日　田中が苦戦しながらも首位を守る。最後は1打リードの18番で5mのパーパットを決めて初出場で優勝を飾った。

【優勝】田中　裕基　206　64・70・72　2,700,000円

順位	氏名	トータルスコア	1R	2R	3R	4R	賞金額(円)	順位	氏名	トータルスコア	1R	2R	3R	4R	賞金額(円)
2	大塚　大樹	207	74	68	65		1,035,000		上森　大輔	215	71	70	74		98,727
	岡村　了	207	69	70	68		1,035,000		芹澤　慈眼	215	74	72	69		98,727
	若原　亮太	207	70	69	68		1,035,000	47	平本　穏	216	71	73	72		76,500
5	芦沢　宗臣	208	68	72	68		537,500		大貫渉太朗	216	71	73	72		76,500
	高柳　直人	208	69	71	68		537,500		関　将太	216	71	74	71		76,500
	出利葉太一郎	208	68	70	70		アマチュア		北村　晃一	216	72	73	71		76,500
	大谷　俊介	208	70	68	70		537,500		伊藤　慎吾	216	72	73	71		76,500
9	吉田　泰基	209	69	73	67		356,250		岡部　大将	216	69	76	71		76,500
	菊池　純	209	71	69	69		356,250		山本　太郎	216	72	68	76		76,500
11	岩田　大河	210	70	71	69		292,500		前川　太治	216	71	75	70		76,500
12	小木曽　喬	211	72	72	67		232,500		I・J・ジャン	216	74	72	70		76,500
	日高　将史	211	73	70	68		232,500	56	芳賀　洋平	217	69	73	75		66,360
	西山　大広	211	72	70	69		232,500		吉村　明恭	217	71	74	72		66,360
	平本　世中	211	71	71	69		232,500		小林　忍	217	73	73	71		66,360
	伊藤　有志	211	68	72	71		232,500		石塚　祥利	217	73	73	71		66,360
	杉浦　悠太	211	71	68	72		アマチュア		梅山　知宏	217	73	73	71		66,360
18	大堀裕次郎	212	69	74	69		180,000	61	河野　祐輝	218	70	74	74		63,180
	上村　竜太	212	70	73	69		180,000		砂川　公佑	218	73	70	75		63,180
	長野　泰雅	212	72	73	67		180,000		諸藤　将次	218	69	73	76		63,180
	杉下　圭史	212	70	72	70		180,000		照屋佑唯智	218	74	72	72		63,180
	藤島　征次	212	70	72	70		180,000		久保田皓也	218	75	71	72		63,180
23	南　大樹	213	71	72	70		143,035	66	徳元　中	219	77	68	74		61,500
	蛭川　隆	213	73	70	70		143,035		藤島　豊和	219	69	76	74		61,500
	森　博貴	213	73	70	70		143,035		並河　利隆	219	73	73	73		61,500
	中村　匡志	213	69	73	71		143,035		野呂　涼	219	69	77	73		61,500
	福永　安伸	213	74	72	67		143,035		黒木　紀至	219	73	73	73		61,500
	井上　信	213	70	70	73		143,035	71	長谷川大晃	220	74	69	77		60,300
	比嘉　拓也	213	72	68	73		143,035		小泉　正樹	220	70	73	77		60,300
30	和田章太郎	214	72	72	70		120,630		伊藤　誠道	220	75	71	74		60,300
	山本　豪	214	71	72	71		120,630	74	山形　陵馬	221	74	72	75		60,000
	中道　洋平	214	71	71	72		120,630	75	富本　虎希	222	74	72	76		60,000
	松村　大輝	214	71	71	72		120,630	76	石川　裕貴	223	71	74	78		60,000
	安森　一貴	214	72	67	75		120,630		金岡　奎吾	223	69	77	77		60,000
	新村　駿	214	75	71	68		アマチュア								
36	ミゲル・カルバリョ	215	71	73	71		98,727								
	櫛山　勝弘	215	70	74	71		98,727								
	高花　翔太	215	72	72	71		98,727								
	永橋　宏明	215	75	69	71		98,727								
	光田　智輝	215	74	68	73		98,727								
	山岡　成稔	215	71	74	70		98,727								
	S・J・パク	215	73	72	70		98,727								
	古庄　紀彦	215	75	71	69		98,727								
	鈴木　敬太	215	71	71	73		98,727								

146(＋2)までの77名が予選通過

氏名	トータルスコア	1R	2R
アーノンド・ウォンウニ	147	74	73
友次 啓晴	147	73	74
小西 奨太	147	76	71
野口 裕太	147	75	72
福原 翔太	147	73	74
生源寺龍憲	147	75	72
森 雄貴	147	75	72
山田 大晟	147	74	73
富村 真治	147	74	73
嘉数 光倫	147	73	74
木村 太一	147	73	74
成松 亮介	148	74	74
松本 将汰	148	73	75
岩崎 誠	148	75	73
鈴木 之人	148	73	75
遠藤 健太	148	76	72
夏堀 裕大	148	72	76
玉城 海伍	148	75	73
林 拓希	148	73	75
百目鬼光紀	148	73	75

氏名	トータルスコア	1R	2R
高野 碧輝	148	71	77
正岡 竜二	148	72	76
関藤 直熙	148	78	70
山路 幹	148	71	77
薗田 峻輔	148	75	73
石﨑 真央	148	73	75
今野 大喜	148	71	77
ダニー・チア	149	72	77
アダム・バーデット	149	73	76
長澤 奨	149	74	75
作田 大地	149	75	74
井上 敬太	149	78	71
黒岩 輝	149	73	76
堺 永遠	149	76	73
石川 航	149	78	71
北川 祐生	149	72	77
太田 祐一	150	76	74
髙橋 竜彦	150	76	74
竹田のすけ	150	75	75
山本 隆允	150	77	73

氏名	トータルスコア	1R	2R
狩俣 昇平	150	70	80
伊藤 誠道	150	74	76
増田 伸洋	150	71	79
木下 康平	150	75	75
藤島 晴雄	150	75	75
蛯名 大和	150	75	75
大澤 和也	151	74	77
山浦 太希	151	77	74
黒﨑 蓮	151	76	75
森 正尚	151	76	75
米澤 蓮	151	75	76
権藤 紘太	151	78	73
小池 一平	152	77	75
河 尊永	152	77	75
藤井 想大	152	73	79
岩元 洋祐	153	78	75
渡辺龍ノ介	153	77	76
寺岡 颯太	153	76	77
豊見里友作	153	75	78
小浦 和也	154	77	77

氏名	トータルスコア	1R	2R
岡島 功史	155	80	75
わたり哲也	155	82	73
稗田 基樹	156	73	83
玉城 元気	156	78	78
竹内 大	157	78	79
竹内 秀	157	78	79
猿田 勝大	157	76	81
津曲 泰弦	159	76	83
篠原仕師命	160	81	79
馬渡 清也	162	85	77
大下 勇	164	80	84
ガブリエレ・デバルバ	165	79	86
内山 遥人	166	84	82
岩本 高志		76	棄
小川 翔		79	棄
安倍 寛章	棄		

ⓐはアマチュア

	【歴代優勝者】					
年	優勝者	スコア	2位	差	コース	パー／ヤード
2018	高柳直人	202—65・66・71	杉山知靖	2	筑紫ヶ丘GC	72／7101Y
2019	ダンタイ・ブーマ	206—66・71・69	植竹勇太、伊藤有志、北村晃一	2	筑紫ヶ丘GC	72／7101Y
2020	〈新型コロナウイルス感染拡大のため中止〉					
2021	川満 歩	207—67・68・72	D・チア、佐藤太地、太田祐一	2	筑紫ヶ丘GC	72／7101Y
2022	田中裕基	206—64・70・72	大塚大樹、岡村 了、若原亮太	1	筑紫ヶ丘GC	72／7101Y

太平洋クラブチャレンジトーナメント

開催期日	2022年5月25日〜27日
競技会場	太平洋クラブ江南C
トータル	7,053Y：パー71(36,35)

賞金総額	15,000,000円
出場人数	148名
天候	晴・晴・曇

1日目 6バーディ、ボギーなしの65で回った櫛山勝弘が首位。1打差2位には日高将史、吉田泰基、山田大晟が並ぶ。2日目 66をマークした山田が通算10アンダーで櫛山と並んで首位に。2打差3位は河野祐輝。最終日 降雨で1時間47分の中断。首位で出た2人の争いは堅実にスコアを伸ばした山田に対し櫛山は前半苦戦。後半盛り返した櫛山に3打差をつけて山田が初優勝を飾った。インでABEMAタイ記録の28を出した久保田晧也が3位に入った。

【優勝】山田 大晟 198 66・66・66 2,700,000円

順位	氏名	トータルスコア	1R	2R	3R	4R	賞金額(円)	順位	氏名	トータルスコア	1R	2R	3R	4R	賞金額(円)
2	櫛山 勝弘	201	65	67	69		1,350,000		北川 祐生	211	69	69	73		82,500
3	久保田晧也	202	69	66	67		975,000		米澤 蓮	211	75	66	70		82,500
4	吉田 泰基	203	66	70	67		780,000		永松 宏之	211	68	69	74		82,500
5	小西 奨太	204	69	68	67		581,250		増田 伸洋	211	69	72	70		82,500
	河野 祐輝	204	67	67	70		581,250		井上 信	211	69	72	70		82,500
7	北村 晃一	205	67	69	69		387,500	50	大貫渉太朗	212	72	67	73		69,728
	河本 力	205	67	68	70		387,500		金子 駆大	212	72	68	72		69,728
	日高 将史	205	66	69	70		387,500		福原 翔太	212	69	71	72		69,728
10	大堀裕次郎	206	70	70	66		258,750		I・J・ジャン	212	71	70	71		69,728
	小木曽 喬	206	68	72	66		258,750		荒井 陸	212	71	67	74		69,728
	村山 駿	206	71	67	68		258,750		大下 勇	212	71	70	71		69,728
	竹内 大	206	69	69	68		258,750		高橋 賢	212	71	70	71		69,728
14	本 大志	207	70	68	69		アマチュア	57	太田 祐一	213	72	68	73		64,200
	大嶋 炎	207	70	67	70		196,500		横尾 要	213	72	68	73		64,200
	平本 穏	207	67	70	70		196,500		遠藤 彰	213	69	72	72		64,200
	山本 豪	207	67	70	70		196,500		金岡 奎吾	213	70	71	72		64,200
	生源寺龍憲	207	68	69	70		196,500		百目鬼光紀	213	72	69	72		64,200
	嘉数 光倫	207	70	66	71		196,500		小林 翔音	213	73	68	72		アマチュア
20	長野 泰雅	208	68	71	69		150,937	63	石田鈴千代	215	70	70	75		62,250
	小野田享也	208	69	69	70		150,937		松村 道央	215	67	73	75		62,250
	細野 勇策	208	67	71	70		150,937		稲田 愛篤	215	71	70	74		62,250
	高野 碧輝	208	70	71	67		150,937		加藤 俊英	215	70	71	74		62,250
	森 祐紀	208	70	68	70		150,937	67	杉原 大河	216	71	69	76		61,500
	比嘉 拓也	208	71	70	67		150,937	68	山岡 成稔	217	72	68	77		61,050
	伊藤 有志	208	68	73	67		150,937		寺岡 颯太	217	71	70	76		61,050
	西山 大広	208	69	72	67		150,937	70	勝亦 悠斗	220	71	69	80		60,600
28	梅山 知宏	209	68	71	70		118,000		141(−1)までの70名が予選通過						
	藤本 佳則	209	67	72	70		118,000								
	増田 将光	209	67	73	69		118,000								
	鈴木 敬太	209	70	69	70		118,000								
	岡村 了	209	72	67	70		118,000								
	砂川 公佑	209	70	71	68		118,000								
	野呂 涼	209	73	68	68		118,000								
	狩俣 昇平	209	68	69	72		118,000								
	諸藤 将次	209	70	71	68		118,000								
37	宇佐美祐樹	210	68	72	70		97,150								
	伊藤 誠道	210	72	67	71		97,150								
	関 将太	210	69	70	71		97,150								
	岩崎 誠	210	68	72	70		97,150								
	黒木 紀至	210	71	70	69		97,150								
	上森 大輔	210	71	70	69		97,150								
43	S・J・パク	211	70	70	71		82,500								
	伊藤 慎吾	211	68	71	72		82,500								

氏　名	トータルスコア	1R	2R	氏　名	トータルスコア	1R	2R	氏　名	トータルスコア	1R	2R	氏　名	トータルスコア	1R	2R
岡部　大将	142	75	67	照屋佑唯智	143	71	72	石川　航	145	74	71	森　博貴	149	73	76
成松　亮介	142	73	69	久米　朗文	143	71	72	アンジェロ・キュー	145	72	73	鈴木　之人	149	76	73
アーノンド・ウォンワニ	142	72	70	渡辺龍ノ介	143	71	72	夏堀　裕大	146	73	73	田中　雄貴	149	73	76
芹澤　慈眼	142	73	69	菊池　純	143	72	71	高橋　慧	146	75	71	大関　翔	150	76	74
平本　世中	142	70	72	伊澤　利光	143	68	75	岩田　大河	146	73	73	竹内　秀	150	71	79
ミゲル・カルバリョ	142	69	73	石原　航輝	144	73	71	佐藤えいち	146	75	71	アダム・バーデット	150	73	77
芦沢　宗臣	142	71	71	林　拓希	144	70	74	河野晃一郎	147	73	74	豊見里友作	150	75	75
中村　匡志	142	72	70	大塚　大樹	144	72	72	山下　和宏	147	76	71	森　雄貴	151	75	76
藤島　豊和	142	70	72	長澤　奨	144	73	71	馬渡　清也	147	70	77	山本　太郎	152	78	74
近藤　啓介	142	73	69	塩見　好輝	144	73	71	藤島　晴雄	147	72	75	松村　大輝	152	78	74
小浦　和也	142	73	69	田中章太郎	144	73	71	河　尊永	147	75	72	ガブリエレ・デバルバ	153	77	76
高花　翔太	143	74	69	杉下　圭史	144	75	69	竹田のすけ	147	73	74	笹村　心	154	77	77
原田　大雅	143	68	75	井上　敬太	145	73	72	徳元　中	147	71	76	関藤　直熙	155	71	84
古庄　紀彦	143	74	69	蛭川　隆	145	71	74	松本　雄友	148	73	75	今井　健	156	78	78
玉城　元気	143	74	69	黒岩　輝	145	77	68	太田　直己	148	73	75	菅原　大地	156	83	73
遠藤　健太	143	69	74	ⓐ和田　歩	145	75	70	猿田　勝大	148	76	72	藤田　雄紀	158	84	74
徳永　弘樹	143	70	73	高柳　直人	145	73	72	正岡　竜二	148	71	77	岡島　功史		80	棄
黒﨑　蓮	143	72	71	わたり哲也	145	67	78	野口　裕太	148	74	74	片岡　大育		75	棄
岩元　洋祐	143	70	73	アジーテシュ・サンドゥ	145	72	73	小泉　正樹	149	74	75	ⓐはアマチュア			
薗田　峻輔	143	71	72	伊藤　元気	145	70	75	小川　翔	149	72	77				

【歴代優勝者】

年	優勝者	スコア	2位	差	コース	パー／ヤード
2014＊	服部リチャード	131—66・65	河合庄司	0	太平洋C美野里	71／6940Y
2015	平井宏昌	134—66・68	金度勲、朴一丸、近藤啓介	1	太平洋C美野里	71／6940Y
2016	丸山大輔	134—68・66	塚田好宣、木下康平	1	太平洋C江南	71／7053Y
2017＊	アジーテシュ・サンドゥ	136—65・71	中里光之介	0	太平洋C江南	71／7053Y
2018＊	梅山知宏	198—64・66・68	J・チョイ	0	太平洋C江南	71／7053Y
2019＊	白　佳和	203—70・64・69	大岩龍一	0	太平洋C江南	71／7053Y
2020	〈新型コロナウイルス感染拡大のため中止〉					
2021＊	伊藤慎吾	203—69・66・68	岩﨑亜久竜	0	太平洋C江南	71／7053Y
2022	山田大晟	198—66・66・66	櫛山勝弘	3	太平洋C江南	71／7053Y

＊はプレーオフ

LANDIC CHALLENGE 9

開催期日　2022年6月8日～10日	賞金総額　15,000,000円
競技会場　芥屋GC	出場人数　153名
トータル　7,125Y：パー72(36,36)	天　候　晴・晴・晴

1日目　西山大広が5バーディ、ボギーなしの67をマークして前年に続いて首位発進をした。1打差2位は山本太郎、蛭川隆、岡島功史。
2日目　西山が70で回り通算7アンダーとして首位を守る。2打差2位には66をマークした野呂涼が36位から浮上。藤島征次と金岡奎吾が3打差3位につける。**最終日**　上位陣が伸び悩む中、首位の西山が3バーディ、ボギーなしの安定したゴルフを展開。通算10アンダー、2位に6打差をつけてABEMAツアー初優勝を飾った。

【優勝】西山　大広　206　67・70・69　2,700,000円

順位	氏　名	トータルスコア	1R	2R	3R	4R	賞金額(円)	順位	氏　名	トータルスコア	1R	2R	3R	4R	賞金額(円)
2	原　敏之	212	73	71	68		1,035,000		藤島　豊和	219	74	73	72		88,885
	長澤　奨	212	74	73	65		1,035,000		手嶋　多一	219	75	72	72		88,885
	野呂　涼	212	73	66	73		1,035,000	47	藤本　佳則	220	76	69	75		74,485
5	黒岩　輝	213	72	73	68		537,500		ミゲル・カルバリョ	220	72	74	74		74,485
	小野田享也	213	71	75	67		537,500		黒﨑　蓮	220	71	73	76		74,485
	出利葉太一郎	213	71	71	71		アマチュア		中道　洋平	220	72	75	73		74,485
	若原　亮太	213	73	70	70		537,500		横尾　要	220	74	73	73		74,485
9	山田　大晟	214	75	71	68		248,181		高柳　直人	220	75	72	73		74,485
	松田　一将	214	73	72	69		248,181		蛭川　隆	220	68	79	73		74,485
	山本　豪	214	76	69	69		248,181	54	額賀　辰徳	221	73	72	76		67,200
	生源寺龍憲	214	74	70	70		248,181		竹内　大	221	72	75	74		67,200
	金子　駆大	214	77	67	70		248,181		近藤　啓介	221	70	77	74		67,200
	馬渡　清也	214	75	72	67		248,181	57	I・J・ジャン	222	74	72	76		64,800
	砂川　公佑	214	73	69	72		248,181		安河内　蓮	222	72	73	77		64,800
	高橋　慧	214	73	69	72		248,181		アダム・バーデット	222	71	73	78		64,800
	金岡　奎吾	214	71	69	74		248,181	60	内山　遥人	223	76	70	77		63,300
	比嘉　拓也	214	71	70	73		248,181		田中　裕基	223	76	71	76		63,300
	藤島　征次	214	70	70	74		248,181	62	石川　航	224	73	74	77		62,700
20	伊藤　有志	215	73	69	73		172,500								
21	芹澤　慈眼	216	69	76	71		147,857		147（+3）までの62名が予選通過						
	諸藤　将次	216	71	74	71		147,857								
	デービッド・ブランスドン	216	73	72	71		147,857								
	高野　碧輝	216	71	75	70		147,857								
	関　将太	216	74	72	70		147,857								
	増田裕太郎	216	74	73	69		147,857								
	日高　将史	216	69	78	69		147,857								
28	梅山　知宏	217	74	71	72		120,900								
	伊藤　慎吾	217	73	71	73		120,900								
	猪川　頌生	217	73	71	73		120,900								
	薗田　峻輔	217	72	71	74		120,900								
	S・J・パク	217	72	72	73		120,900								
	高花　翔太	217	74	73	70		120,900								
	岡島　功史	217	68	75	74		120,900								
35	岩田　大河	218	70	76	72		103,800								
	永松　宏之	218	73	70	75		103,800								
	山本　太郎	218	68	75	75		103,800								
	上森　大輔	218	75	68	75		103,800								
	太田　直己	218	74	68	76		103,800								
40	平本　穏	219	76	69	74		88,885								
	山岡　成稔	219	75	71	73		88,885								
	黒川　逸輝	219	77	70	72		88,885								
	わたり哲也	219	74	73	72		88,885								
	寺岡　颯太	219	75	72	72		88,885								

氏 名	トータルスコア	1R	2R	氏 名	トータルスコア	1R	2R	氏 名	トータルスコア	1R	2R	氏 名	トータルスコア	1R	2R
三木 龍馬	148	75	73	増田 伸洋	149	73	76	大塚 大樹	150	72	78	杉下 圭史	155	77	78
池田 力	148	78	70	成松 亮介	149	77	72	竹内 秀	150	74	76	井上 信	155	79	76
林 拓希	148	76	72	黒木 紀至	149	75	74	嘉数 光倫	151	79	72	鈴木 優大	155	78	77
山本 隆允	148	71	77	和田章太郎	149	75	74	@前田光史朗	151	78	73	石川 裕貴	155	75	80
今野 大喜	148	74	74	杉原 大河	149	73	76	徳元 中	151	76	75	豊見里友作	155	78	77
大堀裕次郎	148	76	72	@下家秀琉	149	77	72	作田 大地	151	72	79	大塚 智之	155	77	78
石﨑 真央	148	73	75	渡辺龍ノ介	150	79	71	アンドルー・ウォンワニ	151	77	74	富本 虎希	155	82	73
河本 力	148	72	76	森 正尚	150	80	70	岩元 洋祐	151	74	77	井上 敬太	156	82	74
正岡 竜二	148	71	77	河 尊永	150	76	74	猿田 勝大	151	81	70	森 博貴	156	75	81
玉城 元気	148	75	73	狩俣 昇平	150	77	73	中村 匡志	152	77	75	田中章太郎	156	82	74
菊池 純	148	77	71	甲斐慎太郎	150	77	73	村山 駿	152	80	72	篠原仕師命	157	81	76
福永 安伸	148	72	76	小西 奨太	150	78	72	秀島 寛臣	152	78	74	竹田のすけ	157	79	78
鈴木 敬太	148	71	77	百目鬼光紀	150	78	72	遠藤 健太	152	74	78	小泉 正樹	157	78	79
髙橋 竜彦	148	70	78	吉田 泰基	150	78	72	古庄 紀彦	152	74	78	佐藤 佑樹	158	77	81
北川 祐生	148	75	73	小木曽 喬	150	78	72	福原 翔太	152	76	76	塩見 好輝	158	85	73
高橋 賢	149	77	72	櫛山 勝弘	150	74	76	富村 真治	152	77	75	@山本力輝	158	82	76
大嶋 炎	149	74	75	細野 勇策	150	74	76	並河 利隆	153	80	73	小川 翔	158	82	76
石塚 祥利	149	76	73	石原 航輝	150	74	76	太田 祐一	153	77	76	佐久間隼人	158	80	78
山浦 一希	149	74	75	岩崎 誠	150	80	70	大下 勇	153	71	82	光田 智輝	160	86	74
木村 太一	149	75	74	松原 大輔	150	75	75	ガブリエレ・デバルバ	153	80	73	朝倉 駿	160	78	82
久保田皓也	149	77	72	小浦 和也	150	75	75	大貫渉太朗	153	77	76	松村 大輝	160	82	78
森 祐紀	149	74	75	鈴木 之人	150	72	78	堺 永遠	154	80	74	藤島 晴雄		83	棄
木下 康平	149	71	78	遠藤 彰	150	76	74	藤本 直樹	154	77	77				

@はアマチュア

【歴代優勝者】

年	優勝者	スコア	2位	差	コース	パー／ヤード
LANDIC Vana H杯KBCオーガスタ・チャレンジ						
2013	K・T・ゴン	138—69・69	近藤啓介、正岡竜二、藤島豊和、稲森佑貴、髙橋竜彦	1	芥屋GC	72／7166Y
LANDICゴルフトーナメント2014アソシアマンションメモリアル						
2014	甲斐慎太郎	132—69・63	渡部光洋	1	芥屋GC	72／7149Y
LANDIC CHALLENGE 2015 ASSOCIA MANSION GOLF TOURNAMENT						
2015	池村寛世	132—64・68	浅地洋佑	5	芥屋GC	72／7161Y
LANDIC CHALLENGE 2016 DEUX・RESIA MANSION GOLF TOURNAMENT						
2016	和田章太郎	137—68・69	近藤龍一	1	芥屋GC	72／7161Y
LANDIC CHALLENGE 2017 THE 5th ASSOCIA MANSION GOLF TOURNAMENT						
2017＊梅山知宏		134—68・66	宮瀬博文	0	芥屋GC	72／7161Y
LANDIC CHALLENGE 6						
2018	佐藤大平	199—62・67・70	小野田享也	2	芥屋GC	72／7073Y
LANDIC CHALLENGE 7						
2019	スコット・ビンセント	200—66・65・69	杉山知靖	5	芥屋GC	72／7162Y
2020	〈新型コロナウイルス感染拡大のため中止〉					
LANDIC CHALLENGE 8						
2021	安本大祐	205—67・70・68	古川雄大、副田裕斗	2	芥屋GC	72／7186Y
LANDIC CHALLENGE 9						
2022	西山大広	206—67・70・69	原 敏之、長澤 奨、野呂 涼	6	芥屋GC	72／7125Y

＊はプレーオフ

ABEMAツアー

ジャパンクリエイトチャレンジ in 福岡雷山

開催期日　2022年6月15日〜17日	賞金総額　15,000,000円
競技会場　福岡雷山GC	出場人数　153名
トータル　6,905Y：パー71(36,35)	天　候　曇・晴・晴

1日目　1イーグル、6バーディの63をマークした山浦一希が首位発進。1打差で蛭川隆と大塚大樹が追う。2日目　通算11アンダーとした大内智文と砂川公佑が首位に立つ。1打差3位に日高将史。2打差4位には66で回り15位から浮上

した東北福祉大4年のアマ蟬川泰果ら7人が並んだ。最終日　最終組の2つ前で蟬川がバーディを量産して首位に躍り出る。17、18番もバーディで通算17アンダーとしてABEMAツアー史上5人目のアマチュア優勝をつかみ取った。

【優勝】蟬川　泰果　196　67・66・63　アマチュア

順位	氏　名	トータルスコア	1R	2R	3R	4R	賞金額(円)
2	大内　智文	198	66	65	67		2,700,000
3	河本　力	199	68	67	64		1,350,000
4	安本　大祐	200	70	68	62		877,500
	日高　将史	200	65	67	68		877,500
6	竹内　優騎	201	67	68	66		498,750
	大塚　大樹	201	64	71	66		498,750
	山浦　一希	201	63	70	68		498,750
	砂川　公佑	201	65	66	70		498,750
10	織田　信亮	202	67	70	65		255,000
	芹澤　慈眼	202	67	70	65		255,000
	嘉数　光倫	202	68	68	66		255,000
	岩本　高志	202	66	69	67		255,000
	中里光之介	202	65	68	69		255,000
	竹安　俊也	202	65	68	69		255,000
	若原　亮太	202	67	66	69		255,000
17	河野　祐輝	203	68	69	66		169,218
	遠藤　健太	203	68	70	65		169,218
	平田　憲聖	203	70	67	66		169,218
	藤島　豊和	203	67	69	67		169,218
	芦沢　宗臣	203	68	67	68		169,218
	片岡　大育	203	69	66	68		169,218
	和田章太郎	203	66	72	65		169,218
	小西　健太	203	68	65	70		169,218
25	黒川　逸輝	204	69	69	66		138,750
	小西　奨太	204	68	67	69		138,750
	木下　康平	204	69	64	71		138,750
28	白　佳和	205	67	70	68		118,000
	伊藤　有志	205	69	67	69		118,000
	蛭川　隆	205	64	74	67		118,000
	富本　虎希	205	65	69	71		118,000
	吉田　泰基	205	68	66	71		118,000
	ハン・リー	205	68	66	71		118,000
	坂本　雄介	205	68	71	66		118,000
	永澤　翔	205	70	69	66		118,000
	長野　泰雅	205	67	72	66		118,000
37	岡村　了	206	68	67	71		102,450
	出利葉太一郎	206	69	70	67		アマチュア
	徳元　中	206	67	72	67		102,450
40	S・J・パク	207	70	67	70		90,075
	高柳　直人	207	71	65	71		90,075
	原　敏之	207	68	68	71		90,075
	松田　一将	207	69	69	69		90,075
	山本　隆大	207	69	69	69		90,075
	勝俣　陵	207	71	67	69		90,075
	岩井　亮磨	207	66	68	73		90,075
	富村　真治	207	66	68	73		90,075
48	内山　遥人	208	70	68	70		75,300
	山本　太郎	208	69	66	73		75,300
	岩崎　誠	208	68	71	69		75,300
	藤島　征次	208	69	70	69		75,300
	福原　翔太	208	67	67	74		75,300
	すし　石垣	208	68	71	69		75,300
54	久保田皓也	209	72	64	73		67,320
	田中　裕基	209	68	68	73		67,320
	副田　裕斗	209	69	69	71		67,320
	大堀裕次郎	209	70	65	74		67,320
	成松　亮介	209	68	71	70		67,320
59	今野　大喜	210	66	72	72		64,200
	北村　晃一	210	71	67	72		64,200
	アーノルド・ウォンワニ	210	68	71	71		64,200
62	大田和桂介	211	68	69	74		62,700
	わたり哲也	211	69	70	72		62,700
	デービッド・ブランスドン	211	69	70	72		62,700
65	生源寺龍憲	212	70	69	73		62,100
66	杉原　大河	213	70	69	74		61,800

139(−3)までの66名が予選通過

氏　名	トータルスコア	1R	2R	氏　名	トータルスコア	1R	2R	氏　名	トータルスコア	1R	2R	氏　名	トータルスコア	1R	2R
光田　智輝	140	73	67	川満　歩	142	69	73	海老根文博	143	71	72	野呂　涼	146	75	71
黒岩　輝	140	70	70	アダム・バーデット	142	74	68	上森　大輔	143	73	70	薗田　峻輔	146	76	70
山本　隆允	140	70	70	梅山　知宏	142	71	71	小西　貴紀	143	72	71	森　正尚	146	74	72
ⓐ宇喜多飛翔	140	70	70	金　智宇	142	69	73	竹山　昂成	144	72	72	高野　碧輝	147	70	77
西山　大広	140	71	69	平本　世中	142	70	72	菊池　純	144	75	69	石原　航輝	147	77	70
杉本スティーブ	140	72	68	尾崎　慶輔	142	70	72	小林　正則	144	74	70	金岡　奎吾	147	76	71
織田　信亮	140	71	69	山下　和宏	142	70	72	伊藤　誠道	144	70	74	増田　伸洋	147	75	72
米澤　蓮	140	69	71	正岡　竜二	142	70	72	大貫渉太朗	144	73	71	皆本　祐介	147	73	74
木村　太一	140	69	71	ガブリエレ・デバルバ	142	68	74	髙橋　竜彦	144	73	71	ⓐ山下竜弥	147	68	79
石塚　祥利	140	67	73	松村　大輝	143	70	73	大塚　智之	144	72	72	長澤　奨	148	75	73
山本　豪	141	69	72	額賀　辰徳	143	72	71	平本　穏	144	75	69	藤本　佳則	149	75	74
横尾　要	141	73	68	北川　祐生	143	73	70	ジャスティン・デロスサントス	144	72	72	太田　直己	150	76	74
山田　大晟	141	70	71	馬渡　清也	143	71	72	小袋　秀人	144	71	73	成冨　晃広	150	76	74
高橋　賢	141	71	70	比嘉　拓也	143	70	73	高橋　慧	145	78	67	平山　壮大	150	76	74
伊藤　慎吾	141	69	72	諸藤　将次	143	71	72	中島　徹	145	72	73	谷　大	152	76	76
小木曽　喬	141	72	69	村上　拓海	143	70	73	小泉　正樹	145	69	76	塩見　好輝	152	73	79
黒﨑　蓮	141	70	71	岩田　大河	143	71	72	佐藤　太地	145	76	69	石川　裕貴	153	74	79
岩元　洋祐	141	67	74	中道　洋平	143	69	74	小川　翔	145	73	72	堺　永遠	153	78	75
並河　利隆	141	69	72	河　尊永	143	72	71	甲斐慎太郎	145	77	68	安河内　蓮	158	81	77
篠　優希	141	69	72	鈴木　敬太	143	70	73	篠原仕師命	145	73	72	竹内　廉		70	棄
竹内　秀	142	73	69	松本　将汰	143	72	71	亀代　順哉	145	73	72	鈴木　之人		75	失
小野田享也	142	74	68	遠藤　彰	143	71	72	金子　駆大	146	75	71	ⓐはアマチュア			

【歴代優勝者】

年	優勝者	スコア	2位	差	コース	パー／ヤード
ロイズコーポレーションカップin福岡雷山						
2013＊K・T・ゴン		130—65・65	森本　雄	0	福岡雷山GC	72／6905Y
プラスワン・福岡雷山チャレンジ						
2014　ピーター・ウィルソン		136—70・66	塩見好輝	1	福岡雷山GC	72／6905Y
ジャパンクリエイト チャレンジトーナメント in 福岡雷山						
2015＊日髙将史		134—66・68	髙松瑠偉、副田裕斗	0	福岡雷山GC	72／6905Y
ジャパンクリエイトチャレンジin福岡雷山						
2016＊時松隆光		135—65・70	副田裕斗、權　成烈	0	福岡雷山GC	72／6905Y
2017　福永安伸		130—64・66	成松亮介	3	福岡雷山GC	72／6905Y
2018　河合庄司		203—67・66・70	すし石垣	1	福岡雷山GC	72／6905Y
2019＊ジャスティン・デロスサントス		205—68・71・66	中島　徹	0	福岡雷山GC	72／6905Y
2020　〈新型コロナウイルス感染拡大のため中止〉						
2021　久常　涼		194—66・61・67	幡地隆寛	4	福岡雷山GC	72／6905Y
2022　ⓐ蟬川泰果		196—66・66・63	大内智文	2	福岡雷山GC	71／6905Y

＊はプレーオフ。ⓐはアマチュア

大山どりカップ

開催期日	2022年6月23日〜25日	賞金総額	18,000,000円
競技会場	グリーンパーク大山GC	出場人数	156名
トータル	6,766Y：パー71(36,35)	天候	曇・曇・晴

1日目 木下康平が8バーディ、1ボギーの64で回り首位。1打差2位で19歳の金子駆大が続く。2日目 金子が2つスコアを伸ばし通算8アンダーで木下と首位に並ぶ。1打差3位は4番ホールインワンなど67をマークした松本将汰。最終日

1打リードで18番パー4を迎えた最終組の金子は2オンしながら3パットで痛恨のボギー。勝負は通算8アンダーで並んだ松本、嘉数光倫とのプレーオフへ持ち越され、2ホール目でバーディを奪った松本が初優勝を飾った。

【優勝】松本　将汰　205　68・67・70　3,240,000円

（プレーオフ2H目、松本がバーディで優勝）

順位	氏名	トータルスコア	1R	2R	3R	4R	賞金額(円)	順位	氏名	トータルスコア	1R	2R	3R	4R	賞金額(円)
2	嘉数 光倫	205	66	71	68		1,395,000		松村 本盛	213	71	74	68		109,388
	金子 駆大	205	65	69	71		1,395,000	45	小浦 和也	214	67	76	71		95,220
4	高野 碧輝	206	70	72	64		777,000		徳永 弘樹	214	68	75	71		95,220
	坂本 柊人	206	69	67	70		777,000		中山 絹也	214	69	75	70		95,220
	野呂 涼	206	66	72	68		777,000		永橋 宏明	214	74	71	69		95,220
7	若原 亮太	207	70	73	64		436,500	49	谷川 泰輔	215	72	71	72		82,440
	岩田 大河	207	72	70	65		436,500		砂川 公佑	215	75	70	70		82,440
	伊藤 有志	207	69	72	66		436,500		福岡 大河	215	72	73	70		82,440
	細野 勇策	207	69	71	67		436,500		石田鈴千代	215	70	75	70		82,440
11	小木曽 喬	208	67	73	68		288,000		黒木 紀至	215	68	72	75		82,440
	森本 雄	208	69	71	68		288,000		蛭川 隆	215	68	77	70		82,440
	長谷川大晃	208	70	69	69		288,000		梅山 知宏	215	70	75	70		82,440
	木下 康平	208	64	70	74		288,000		S・J・パク	215	69	76	70		82,440
15	藤井 伸一	209	66	77	66		229,500		小西 奨太	215	71	74	70		82,440
	杉原 大河	209	72	70	67		229,500	58	諸藤 将次	216	72	71	73		75,816
	福原 翔太	209	74	68	67		229,500		渡辺龍ノ介	216	70	74	72		75,816
	金子 敬一	209	66	74	69		229,500		大貫渉太朗	216	69	72	75		75,816
19	梶村 夕貴	210	71	72	67		183,857		馬渡 清也	216	70	75	71		75,816
	山本 豪	210	74	69	67		183,857		樫原 大貴	216	69	76	71		75,816
	日高 将史	210	68	74	68		183,857	63	菊池 純	218	69	76	73		73,800
	上森 大輔	210	72	72	66		183,857		安森 一貴	218	67	75	76		73,800
	大嶋 宝	210	71	71	68		183,857		富田 雅哉	218	73	72	73		73,800
	田中 裕基	210	69	72	69		183,857		野口 裕太	218	70	70	78		73,800
	遠藤 健太	210	68	73	69		183,857		山田 大晟	218	72	73	73		73,800
26	内山 遥人	211	73	67	71		157,500	68	久保田皓也	220	71	74	75		72,720
	片岡 大育	211	71	70	70		157,500	69	杉下 圭史	222	72	73	77		72,180
	芦沢 宗臣	211	66	74	71		157,500		原田 大雅	222	74	71	77		72,180
29	薗田 峻輔	212	68	75	69		134,420								
	石過功一郎	212	72	70	70		134,420								
	石塚 祥利	212	74	69	69		134,420								
	三島 泰哉	212	73	69	70		134,420								
	河合 庄司	212	72	72	68		134,420								
	富本 虎希	212	66	78	68		134,420								
	富村 真治	212	77	68	67		134,420								
	仲村 譲二	212	70	69	73		134,420								
	中村 匡志	212	74	71	67		134,420								
38	石川 裕貴	213	73	71	69		109,388								
	松原 裕人	213	72	72	69		109,388								
	和田章太郎	213	71	74	68		109,388								
	大関 翔	213	68	73	72		109,388								
	宇佐美祐樹	213	71	74	68		109,388								
	原田 大介	213	72	73	68		109,388								

145（＋3）までの70名が予選通過

※新型コロナウイルス感染予防対策のため無観客試合

氏 名	トータルスコア	1R	2R
吉田 泰基	146	74	72
芹澤 慈眼	146	72	74
寺岡 颯太	146	70	76
吉田 隼人	146	78	68
池村 晃稀	146	71	75
森 祐紀	146	75	71
松村 道央	146	70	76
岩崎 誠	146	76	70
上平 栄道	146	69	77
石渡 和輝	146	70	76
皆本 祐介	146	76	70
黒岩 輝	146	71	75
村上 由眞	146	73	73
西山 大広	146	70	76
吉村 明恭	147	72	75
甲斐慎太郎	147	73	74
増田 伸洋	147	74	73
橋爪 光彦	147	75	72
岡村 了	147	76	71
豊見里友作	147	71	76
加藤 将明	147	73	74
松本 正樹	147	71	76
山本 太郎	147	69	78
新田 哲大	147	73	74
山本 隆允	148	72	76
蛯名 大和	148	72	76
古庄 紀彦	148	75	73
櫛山 勝弘	148	70	78
長谷川祥平	148	73	75
松本 成玄	148	74	74
竹内 大	148	77	71
多良間伸平	148	72	76
竹内 秀	149	71	78
中川 勝弥	149	71	78
権藤 紘太	149	74	75
横山 翔伍	149	72	77
ガブリエレ・デバルバ	149	74	75
わたり哲也	150	75	75
小野田享也	150	79	71
高柳 直人	150	78	72
南 大樹	150	76	74
立川 佑太	151	73	78
森 正尚	151	74	77
新木 豊	151	72	79
前川 太治	151	72	79
北村 晃一	151	77	74
久志岡 亮	151	71	80
生駒 怜児	151	70	81
小川 翔	151	72	79
北川 祐生	151	72	79
鈴木 慶太	151	71	80
伊丹 健二	152	74	78
髙橋 大輝	152	77	75
山ノ口章大	152	72	80
長澤 奨	152	81	71
野澤 竜次	152	75	77
猿田 勝大	153	73	80
篠原仕師命	153	71	82
岡部 大将	153	78	75
グラント・ゴッドフリィ	153	79	74
松村 大輝	154	74	80
今野 匠	154	75	79
鈴木 之人	154	74	80
秋元 幸広	154	75	79
関 将太	154	75	79
大塚 大樹	155	76	79
纐纈 悠太	155	76	79
笠井 優希	155	70	85
@鈴木千貴	156	77	79
寺田 天我	156	75	81
酒匂 雅崇	156	74	82
上野 慎平	157	76	81
高橋 慧	157	77	80
織掛 和郎	158	77	81
堺 永遠	160	76	84
中山 智	161	80	81
髙根 隆佑	162	74	88
山形 陵馬	162	79	83
植竹 利明	163	77	86
@遠藤 正	171	88	83
友次 啓晴		84	棄
藤島 豊和		78	棄
小池 一平		70	棄
藤島 征次		72	棄
永井 哲平		73	失
太田 祐一			棄

@はアマチュア

【歴代優勝者】						
年	優勝者	スコア	2位	差	コース	パー／ヤード
2019	杉本エリック	200—65・69・66	S・ストレンジ	1	グリーンパーク大山GC	71／6744Y
2020	〈新型コロナウイルス感染拡大のため中止〉					
2021	成冨晃広	199—66・67・66	山田大晟	1	グリーンパーク大山GC	71／6766Y
2022＊	松本将汰	205—68・67・70	嘉数光倫、金子駆大	0	グリーンパーク大山GC	71／6766Y

＊はプレーオフ

JAPAN PLAYERS CHAMPIONSHIP CHALLENGE in FUKUI

開催期日	2022年7月21日～23日	賞金総額 15,000,000円
競技会場	越前CC	出場人数 150名
トータル	6,625Y：パー70(35,35)	天 候 曇・晴・晴

1日目 選手会主催大会。大会運営にクラウドファンディングを取り入れ548万5000円の支援が集まった。降雨により27人が終了できずサスペンデッド。福井工大2年のアマ髙宮千聖が8アンダー62で暫定首位。2日目 降雨による中断があり50人を残して再びサスペンデッドに。通算13アンダーとした髙宮が暫定首位。嘉数光倫が3打差で暫定2位につける。最終日 3打差首位で出た髙宮が嘉数の追い上げを1打抑えてABEMAツアー史上6人目のアマ優勝。

【優勝】髙宮 千聖 196 62・65・69 アマチュア

順位	氏名	トータルスコア	1R	2R	3R	4R	賞金額(円)	順位	氏名	トータルスコア	1R	2R	3R	4R	賞金額(円)
2	嘉数 光倫	197	63	67	67		2,700,000	45	正岡 竜二	209	70	69	70		77,362
3	木村 太一	200	65	71	64		1,350,000		川上 優大	209	67	72	70		77,362
4	竹山 大	201	66	70	65		797,500		岩田 大河	209	68	72	69		77,362
	河本 力	201	68	67	66		797,500		山田 大晟	209	66	74	69		77,362
	西山 大広	201	65	70	66		797,500		岡田 絃希	209	67	69	73		77,362
7	小木曽 喬	202	66	69	67		452,500		岩本 高志	209	74	67	68		77,362
	久保田皓也	202	65	70	67		452,500		杉原 大河	209	74	67	68		77,362
	吉田 泰基	202	68	66	68		452,500		石原 航輝	209	70	71	68		77,362
10	勝俣 陵	203	67	72	64		263,750	53	増田 伸洋	210	65	74	71		66,900
	伊藤 誠道	203	69	69	65		263,750		金岡 奎吾	210	67	72	71		66,900
	篠 優希	203	64	74	65		263,750		野呂 涼	210	71	69	70		66,900
	河 尊永	203	68	69	66		263,750		高野 碧輝	210	66	70	74		66,900
	高橋 慧	203	68	68	67		263,750		伊藤 有志	210	72	69	69		66,900
	呉 司聡	203	66	68	69		263,750		細野 勇策	210	69	72	69		66,900
16	光田 智輝	204	68	68	68		202,500	59	海老根文博	211	66	73	72		63,600
17	小林 正則	205	68	70	67		172,500		小西 奨太	211	70	70	71		63,600
	原 敏之	205	69	70	66		172,500		竹山 昂成	211	69	72	70		63,600
	大塚 大樹	205	69	71	65		172,500	62	S・J・パク	212	67	72	73		62,100
	大堀裕次郎	205	67	70	68		172,500		日高 将史	212	68	72	72		62,100
	森本 雄	205	65	71	69		172,500		大田和桂介	212	69	68	75		62,100
	小袋 秀人	205	68	67	70		172,500		平本 世中	212	68	72	72		62,100
	生源寺龍憲	205	66	69	70		172,500		川満 歩	212	69	72	71		62,100
24	北村 晃一	206	68	70	68		133,125	67	比嘉 拓也	213	71	67	75		60,900
	織田 信亮	206	73	67	66		133,125		松原 大輔	213	66	74	73		60,900
	金子 駆大	206	73	67	66		133,125		林 拓希	213	69	72	72		60,900
	竹安 俊也	206	67	69	70		133,125	70	芹澤 慈眼	214	66	74	74		60,300
	竹内 優騎	206	67	68	71		133,125	71	山浦 一希	215	70	71	74		60,000
	河野 祐輝	206	70	64	72		133,125	72	豊見里友作	216	68	72	76		60,000
	渡辺龍ノ介	206	66	68	72		133,125	73	福原 翔太	217	68	73	76		60,000
	玉城 元気	206	64	68	74		133,125	74	成松 亮介	220	65	75	80		60,000
32	諸藤 将次	207	71	68	68		107,850								
	梅山 知宏	207	66	71	70		107,850								
	松本 将汰	207	68	69	70		107,850								
	坂本 柊人	207	66	70	71		107,850								
	尾崎 慶輔	207	69	72	66		107,850								
	遠藤 彰	207	68	73	66		107,850								
	大谷 俊介	207	67	67	73		107,850								
	岩井 亮磨	207	68	73	66		107,850								
40	高柳 直人	208	70	69	69		91,020								
	太田 直己	208	69	70	69		91,020								
	北川 祐生	208	68	72	68		91,020								
	小野田享也	208	68	72	68		91,020								
	金子 敬一	208	70	71	67		91,020								

141(＋1)までの74名が予選通過
※新型コロナウイルス感染予防対策のため無観客試合。
ただし最終日はクラウドファンディングの支援者のみ観戦

氏名	トータルスコア	1R	2R	氏名	トータルスコア	1R	2R	氏名	トータルスコア	1R	2R	氏名	トータルスコア	1R	2R
富本 虎希	142	70	72	わたり哲也	143	70	73	小泉 正樹	146	67	79	岩崎 誠	159	74	85
上森 大輔	142	71	71	岡島 功史	144	70	74	伊藤 慎吾	146	73	73	ⓐ井上笑慈	160	77	83
太田 祐一	142	70	72	ガブリエレ デバルバ	144	73	71	中島 徹	146	73	73	鈴木 敬太		73	棄
松村 大輝	142	70	72	平本 穏	144	74	70	若原 亮太	146	74	72	木下 康平		74	棄
小西 貴紀	142	67	75	関 将太	144	73	71	作田 大地	146	72	74	中村 匡志		73	棄
藤井 伸一	142	72	70	芦沢 宗臣	144	73	71	長谷川大晃	146	77	69	成冨 晃広		70	棄
蛭川 隆	142	70	72	ⓐ下家秀平	144	71	73	ⓐ土肥龍星	146	74	72	徳元 中		75	棄
田中 裕基	142	68	74	山本 豪	144	71	73	竹田のすけ	146	72	74	竹内 廉		75	棄
北國讓斗志	142	67	75	手嶋 多一	144	70	74	森 雄貴	146	73	73	永澤 翔		72	棄
平田 憲聖	142	67	75	櫛山 勝弘	144	73	71	森 博貴	147	70	77	小川 翔		68	棄
松田 一将	143	68	75	馬渡 清也	144	71	73	黒﨑 蓮	147	75	72	額賀 辰徳		73	棄
鈴木 之人	143	72	71	薗田 峻輔	144	72	72	杉下 圭史	147	72	75	今野 大喜		73	棄
小浦 和也	143	72	71	菊池 純	144	71	73	高橋 賢	148	70	78	藤本 佳則		77	棄
塩見 好輝	143	71	72	山岡 成稔	144	69	75	長澤 奨	148	72	76	副田 裕斗		73	棄
坂本 雄介	143	72	71	大塚 智之	144	73	71	大貫渉太朗	148	74	74	村山 駿			棄
井上 敬太	143	75	68	亀代 順哉	144	68	76	富村 真治	149	73	76	佐藤 太地			棄
安本 大祐	143	72	71	砂川 公佑	145	70	75	藤島 晴雄	149	72	77				
大内 智文	143	69	74	山本 隆大	145	74	71	金 智宇	149	73	76				
すし 石垣	143	70	73	大下 勇	145	72	73	竹内 秀	150	76	74				
黒川 逸輝	143	71	72	山本 太郎	145	73	72	狩俣 昇平	152	73	79				

ⓐはアマチュア

【歴代優勝者】						
年	優勝者	スコア	2位	差	コース	パー/ヤード
JAPAN PLAYERS CHAMPIONSHIP CHALLENGEI						
2021	杉山知靖	202—67・68・67	久常 涼	1	きたかみCC	72／7090Y
JAPAN PLAYERS CHAMPIONSHIP CHALLENGE in FUKUI						
2022	ⓐ髙宮千聖	196—62・65・69	嘉数光倫	1	越前CC	70／6625Y

ⓐはアマチュア

南秋田CCみちのくチャレンジトーナメント

開催期日	2022年7月27日～29日
競技会場	南秋田CC
トータル	7,029Y：パー71(36,35)

賞金総額	15,000,000円
出場人数	156名
天　候	晴・晴・晴

1日目 7アンダー64をマークした織田信亮と小木曽喬が首位。1打差で河野祐輝ら3人が追う。2日目 64で回った木下康平と田村光正、65の河本力が通算11アンダーの首位に浮上。小木曽が2打差4位で続く。最終日 7位から出た高柳直

人が66で回り通算12アンダーでホールアウト。1打差を追う小木曽が18番パー5でバーディを奪い、プレーオフへ持ち込んだ。その1ホール目18番で2オンに成功した小木曽がバーディとして6年ぶりの2勝目を挙げた。

【優勝】 小木曽　喬　201　64・69・68　2,700,000円

（プレーオフ1H目、小木曽がバーディで優勝）

順位	氏　　名	トータルスコア	1R	2R	3R	4R	賞金額(円)	順位	氏　　名	トータルスコア	1R	2R	3R	4R	賞金額(円)
2	高柳　直人	201	67	68	66		1,350,000		杉原　大河	209	68	68	73		82,500
3	呉　　司聡	202	66	70	66		877,500		S・J・パク	209	72	68	69		82,500
	岡田　絃希	202	66	69	67		877,500		田中　裕基	209	65	70	74		82,500
5	遠藤　健太	203	68	69	66		581,250		大堀裕次郎	209	73	67	69		82,500
	木下　康平	203	67	64	72		581,250	48	作田　大地	210	72	67	71		71,850
7	篠　　優希	204	67	71	66		363,750		松原　大輔	210	71	68	71		71,850
	富本　虎希	204	69	67	68		363,750		安本　大祐	210	72	65	73		71,850
	小林　正則	204	69	65	70		363,750		小浦　和也	210	68	72	70		71,850
	田村　光正	204	67	64	73		363,750		竹内　大	210	70	70	70		71,850
11	平本　世中	205	67	71	67		226,250		荒井　陸	210	71	65	74		71,850
	藤島　晴雄	205	68	69	68		226,250	54	高橋　賢	211	71	67	73		65,850
	増田　伸洋	205	69	70	66		226,250		遠藤　彰	211	69	70	72		65,850
	若原　亮太	205	69	68	68		226,250		古田　幸希	211	68	71	72		65,850
	河野　祐輝	205	65	71	69		226,250		上村　竜太	211	69	71	71		65,850
	永澤　翔	205	68	67	70		226,250	58	杉下　圭史	212	71	68	73		63,000
17	川満　歩	206	70	68	68		160,000		徳元　中	212	70	69	73		63,000
	久保田皓也	206	70	69	67		160,000		森井　晶紀	212	68	68	76		63,000
	正岡　竜二	206	70	67	69		160,000		水田　竜昇	212	70	70	72		63,000
	岩井　亮磨	206	68	71	67		160,000		山岡　成稔	212	69	71	72		63,000
	小西　貴紀	206	70	67	69		160,000		金　　智宇	212	67	73	72		63,000
	芹澤　慈眼	206	71	69	66		160,000	64	大谷　俊介	213	69	70	74		61,800
	玉城　元気	206	69	71	66		160,000	65	平本　穏	214	69	70	75		61,200
	手嶋　多一	206	71	63	72		160,000		大田和桂介	214	70	70	74		61,200
	河本　力	206	66	65	75		160,000		中島　徹	214	71	69	74		61,200
26	白　　佳和	207	70	68	69		119,700	68	中里光之介	215	73	67	75		60,600
	河　　尊永	207	68	71	68		119,700	69	馬渡　清也	216	72	68	76		60,300
	竹安　俊也	207	70	69	68		119,700	70	金岡　奎吾	217	71	67	79		60,000
	竹山　昂成	207	71	66	70		119,700								
	長澤　奨	207	69	72	68		119,700								
	木村　太一	207	68	68	71		119,700								
	織田　信亮	207	64	72	71		119,700								
	生源寺龍憲	207	70	65	72		119,700								
	宇佐美祐樹	207	66	69	72		119,700								
	坂本　雄介	207	70	70	67		119,700								
36	海老根文博	208	67	71	70		95,957								
	西山　大広	208	69	70	69		95,957								
	松村　大輝	208	68	72	68		95,957								
	村上　拓海	208	67	69	72		95,957								
	伊藤　慎吾	208	68	72	68		95,957								
	金子　駆大	208	71	69	68		95,957								
	山田　大晟	208	69	71	68		95,957								
43	井上　敬太	209	69	68	72		82,500								

140(−2)までの70名が予選通過

氏　　名	トータルスコア	1R	2R	氏　　名	トータルスコア	1R	2R	氏　　名	トータルスコア	1R	2R	氏　　名	トータルスコア	1R	2R
黒川　逸輝	141	69	72	前粟藏俊太	142	73	69	岩男　健一	144	71	73	大内　智文	148	73	75
野呂　涼	141	70	71	石﨑　真央	142	74	68	塩田　好輝	144	75	69	北川　祐生	148	75	73
大塚　智之	141	69	72	すし　石垣	142	71	71	太田　直己	145	71	74	中道　洋平	148	72	76
砂川　公佑	141	65	76	櫛山　勝弘	142	69	73	渡辺龍ノ介	145	74	71	豊見里友作	149	71	78
小袋　秀人	141	70	71	三木　龍馬	142	70	72	わたり哲也	145	74	71	岩本　健太	150	75	75
勝俣　陵	141	71	70	副田　裕斗	142	72	70	大塚　大樹	145	70	75	深沢　尚人	150	77	73
大下　勇	141	69	72	黒﨑　蓮	142	69	73	狩俣　昇平	145	75	70	亀代　順哉	152	77	75
松本　将汰	141	69	72	長野　泰雅	142	68	74	菊池　純	145	75	70	伊藤　誠道	154	74	80
大貴渉太朗	141	71	70	岩本　高志	143	74	69	光田　智輝	146	73	73	佐久間秀也	155	78	77
原　敏之	141	69	72	上森　大輔	143	69	74	小西　健太	146	71	75	池田　力	155	74	81
関　将太	141	68	73	竹内　優騎	143	71	72	徳永　弘樹	146	73	73	ⓐ村田靖司	156	82	74
岩田　大河	142	72	70	弓削　淳詩	143	72	71	蛭川　隆	146	72	74	森本　雄也	156	79	77
藤本　佳則	142	73	69	森本　雄	143	73	70	梅山　知宏	146	71	75	森　博貴	157	76	81
山本　太郎	142	70	72	中村　匡志	144	71	73	森　雄貴	147	73	74	佐藤　佑樹	158	82	76
山浦　一希	142	75	67	今野　匠	144	71	73	成松　亮介	147	73	74	東家　賢政	159	80	79
坂本　柊人	142	75	67	林　拓希	144	75	69	石塚　祥利	147	74	73	佐藤　和夫	160	79	81
高橋　慧	142	72	70	吉田　泰基	144	71	73	山本　豪	147	74	73	小野田享也		72	棄
北村　晃一	142	72	70	横田　真一	144	75	69	比嘉　拓也	147	75	72	諸藤　将次		76	棄
嘉数　光倫	142	68	74	石原　航輝	144	72	72	太田　祐一	147	70	77	尾崎　慶輔		70	失
福原　翔太	142	72	70	石過功一郎	144	76	68	鈴木　之人	147	72	75	富村　真治	棄		
川上　優大	142	73	69	小川　翔	144	69	75	竹内　秀	147	71	76	ⓐはアマチュア			
ガブリエレ・デバルバ	142	71	71	高野　碧輝	144	66	78	竹内　廉	147	73	74				

【歴代優勝者】						
年	優勝者	スコア	2位	差	コース	パー／ヤード
PGAカップチャレンジ						
2001	丸山大輔	136—69・67	篠崎紀夫、高橋竜彦、土山陽源	1	リージャスクレストGC	72／7026Y
2002	大山雄三	130—67・63	T・プライス	3	リージャスクレストGC	71／6756Y
2003	日置豊一	134—64・70	横山明仁、土山陽源	3	鷹の巣GC	72／7070Y
2004	原田三夫	132—66・66	姜　志満	4	水戸GC	72／6836Y
PGA・JGTOチャレンジⅠ						
2005	比嘉　勉	134—66・68	岡茂洋雄	1	たけべの森GC	72／6888Y
2006	中村龍明	131—65・66	小野貴樹	3	柳井CC	71／6855Y
望月東急JGTOチャレンジⅠ						
2007	横田真一	134—65・69	上井邦浩	1	望月東急GC	72／7188Y
有田東急JGTOチャレンジⅠ						
2008＊上平栄道		139—73・66	上井邦浩、池田勇太、吉永智一	0	有田東急GC	72／7086Y
猿島JGTOチャレンジⅠ						
2009	クリス・キャンベル	142—69・73	市原弘大、白　佳和	1	猿島CC	72／7008Y
東急那須リゾートJGTOチャレンジⅠ						
2010	蒋　宸麟	132—69・63	D・チャンド	1	那須国際CC	72／6606Y
2011	チンナラト・ファダンシル	134—65・69	近藤龍一、狩野拓也、猿渡勝大、白潟英純	1	那須国際CC	72／6566Y
秋田テレビ・南秋田CC・JGTOチャレンジⅠ						
2012	河野祐輝	137—69・68	石川裕貴、ヤン・ジホ、中島　徹	1	南秋田CC	71／6928Y
2013＊杉山佐智雄		135—70・65	竹谷佳孝	0	南秋田CC	71／6928Y
秋田テレビ・南秋田CCチャレンジ						
2014	福永安伸	132—64・68	佐藤和夫、河野晃一郎、今平周吾	2	南秋田CC	71／6928Y
南秋田カントリークラブチャレンジトーナメント						
2015＊森本　雄		132—66・66	渡部光洋、甲斐慎太郎、岩本高志	0	南秋田CC	71／6928Y
南秋田カントリークラブみちのくチャレンジトーナメント						
2016	池村寛世	132—66・66	吉田泰典	1	南秋田CC	71／6939Y

南秋田CCみちのくチャレンジトーナメント

年	優勝者	スコア	次点	打数	会場	パー/ヤード
2017	金子敬一	132—64・68	竹内　廉	2	南秋田CC	71／6939Y
2018	比嘉一貴	130—66・64	白　佳和、中里光之介、幡地隆寛	2	南秋田CC	71／6939Y
2019	朴ジュンウォン	199—68・67・64	趙　炳旻、中西直人、阿久津未来也	2	南秋田CC	71／6939Y
2020	〈新型コロナウイルス感染拡大のため中止〉					
2021	久常　涼	125—64・61	坂本雄介、海老根文博、小林伸太郎	6	南秋田CC	71／6939Y
2022＊	小木曽喬	201—64・69・68	高柳直人	0	南秋田CC	71／7029Y

＊はプレーオフ

ダンロップフェニックストーナメントチャレンジinふくしま

開催期日　2022年9月1日～3日	賞金総額　15,000,000円
競技会場　グランディ那須白河GC	出場人数　148名
トータル　6,961Y：パー72(36,36)	天　候　曇・曇・曇

1日目　姉が女子プロの山下美夢有という近大2年のアマ山下勝将が8アンダー64で首位に立った。2打差2位は杉原大河。2日目　山下が3つスコアを伸ばし通算11アンダーで首位を守った。1打差で村上拓海が追う。最終日　最終組の前で回るH・リーが猛追。18番パー5イーグルで首位の山下を捕えた。対する山下は18番バンカーからの2打目を1mに寄せてイーグルで決着。ABEMAツアー史上7人目、22年だけで3人目のアマチュア優勝者が誕生した。

【優勝】山下　勝将　199　64・69・66　アマチュア

順位	氏名	トータルスコア	1R	2R	3R	4R	賞金額(円)	順位	氏名	トータルスコア	1R	2R	3R	4R	賞金額(円)
2	ハン・リー	201	67	69	65		2,700,000		徳元　中	211	73	70	68		89,950
3	玉城　海伍	202	69	69	64		1,350,000		村山　駿	211	71	72	68		89,950
4	高野　碧輝	203	69	71	63		877,500	47	小西　奨太	212	74	66	72		75,487
	村上　拓海	203	67	67	69		877,500		嘉数　光倫	212	70	70	72		75,487
6	金子　駆大	204	69	70	65		581,250		本　大志	212	71	69	72		アマチュア
	杉原　大河	204	66	70	68		581,250		菊池　純	212	67	73	72		75,487
8	副田　裕斗	205	70	71	64		416,250		川満　歩	212	72	69	71		75,487
	林田　直也	205	69	68	68		アマチュア		大内　智文	212	74	69	69		75,487
	S・J・パク	205	69	68	68		416,250		金　智宇	212	69	74	69		75,487
11	小木曽　喬	206	68	70	68		311,250		太田　祐一	212	70	68	74		75,487
	金岡　奎吾	206	67	69	70		311,250		大西　晃盟	212	68	69	75		アマチュア
13	小浦　和也	207	71	68	68		232,500		森本　雄	212	69	69	74		75,487
	塩見　好輝	207	73	66	68		232,500	57	富本　虎希	213	69	72	72		66,750
	黒木　紀至	207	69	69	69		232,500		山本　太郎	213	70	71	72		66,750
	関　将太	207	68	70	69		232,500		玉城　元気	213	69	74	70		66,750
	大堀裕次郎	207	70	66	71		232,500		若原　亮太	213	72	71	70		66,750
18	石原　航輝	208	72	69	67		169,218	61	比嘉　拓也	214	67	74	73		64,200
	遠藤　彰	208	74	67	67		169,218		大谷　俊介	214	68	74	72		64,200
	永澤　翔	208	72	69	67		169,218		小泉　正樹	214	72	71	71		64,200
	大塚　大樹	208	70	72	66		169,218	64	北村　晃一	215	71	71	73		62,400
	米澤　蓮	208	68	71	69		169,218		上森　大輔	215	73	70	72		62,400
	井上　敬太	208	70	68	70		169,218		作田　大地	215	73	70	72		62,400
	松本　将汰	208	69	69	70		169,218		芦沢　宗臣	215	70	73	72		62,400
	田中　裕基	208	69	66	73		169,218		佐藤　快斗	215	72	71	72		アマチュア
26	岩崎　誠	209	70	70	69		131,250		黒﨑　蓮	215	73	70	72		62,400
	野呂　涼	209	72	69	68		131,250	70	丸尾　怜央	216	69	73	74		アマチュア
	平本　穏	209	71	68	70		131,250		梅山　知宏	216	73	70	73		61,350
	遠藤　健太	209	68	71	70		131,250		太田　直己	216	71	72	73		61,350
	夏堀　裕大	209	73	69	67		131,250	73	鈴木　勝文	217	70	72	75		60,900
	山本　隆大	209	68	70	71		131,250	74	大貫渉太朗	218	72	71	75		60,600
	石﨑　真央	209	73	70	66		131,250	75	諸藤　将次	220	69	74	77		60,300
33	河野　祐輝	210	71	70	69		107,850								
	呉　司聡	210	70	69	71		107,850								
	芹澤　慈眼	210	69	73	68		107,850								
	松原　大輔	210	70	73	67		107,850								
	すし　石垣	210	67	71	72		107,850								
	岩本　高志	210	74	64	72		107,850								
	金田　直之	210	68	68	74		107,850								
	鈴木　敬太	210	73	70	67		107,850								
41	西山　大広	211	71	69	71		89,950								
	毛利　一成	211	71	71	69		89,950								
	砂川　公佑	211	72	67	72		89,950								
	丸山　奬王	211	67	72	72		89,950								

143(-1)までの75名が予選通過
※新型コロナウイルス感染予防対策のため無観客試合

ABEMAツアー

氏名	トータルスコア	1R	2R	氏名	トータルスコア	1R	2R	氏名	トータルスコア	1R	2R	氏名	トータルスコア	1R	2R
岡島 功史	144	75	69	蛭川 隆	145	75	70	@吉沢己咲	147	71	76	@笠原 瑛	153	75	78
伊藤 誠道	144	71	73	田中章太郎	145	75	70	林 拓希	148	74	74	@竹原佳吾	153	78	75
@志村由羅	144	73	71	岩田 大河	145	73	72	松村 大輝	148	74	74	@岩井光太	153	75	78
藤島 晴雄	144	72	72	原 敏之	145	74	71	角田 博満	149	75	74	小川 翔	155	74	81
木下 康平	144	73	71	@坂本優心	145	76	69	山岡 成稔	149	77	72	@小林航大	158	79	79
中村 匡志	144	70	74	森 雄貴	146	76	70	久保田皓也	149	72	77	大下 勇		77	棄
木村 太一	144	71	73	大塚 智之	146	69	77	@香川 友	150	75	75	森 博貴		85	棄
山本 豪	144	75	69	生源寺龍憲	146	71	75	わたり哲也	150	78	72	@遠藤銀河		79	棄
@道上嵩琉	144	72	72	伊藤 慎吾	146	72	74	竹田のすけ	150	74	76	成松 亮介		88	棄
福永 安伸	144	72	72	ジャスティン・デロスサントス	146	75	71	ガブリエレ・デバルバ	150	72	78	高柳 直人		73	棄
渡辺龍ノ介	144	69	75	馬渡 清也	146	74	72	@寄田聖悟	150	78	72	竹内 大		76	棄
藤本 佳則	144	75	69	松田 一将	146	77	69	狩俣 昇平	151	75	76	日高 将史		82	棄
大田和桂介	144	71	73	山浦 一希	146	73	73	高花 翔太	151	78	73	小西 健太			棄
竹山 昂成	144	71	73	@山崎咲寿	146	73	73	白石 大和	151	75	76	@はアマチュア			
増田 伸洋	145	77	68	髙宮 千聖	146	71	75	豊見里友作	151	74	77				
櫛山 勝弘	145	76	69	高橋 慧	147	69	78	長澤 奨	152	75	77				
@細谷 幹	145	73	72	小林 正則	147	74	73	@宮里海翔	152	81	71				
福原 翔太	145	75	70	鈴木 之人	147	73	74	富村 真治	152	76	76				
@中野麟太朗	145	73	72	黒川 逸輝	147	73	74	@東恩納昊貴	153	79	74				
高橋 賢	145	74	71	竹内 秀	147	73	74	@古川創大	153	81	72				

【歴代優勝者】

年	優勝者	スコア	2位	差	コース	パー/ヤード
2022	@山下勝将	199—64・69・66	H・リー	2	グランディ那須白河GC	72／6961Y

@はアマチュア

PGM Challenge

開催期日	2022年9月14日～16日
競技会場	中峰GC
トータル	7,023Y：パー72(36,36)

賞金総額	15,000,000円
出場人数	152名
天　候	晴・晴・晴

1日目 藤本佳則が7アンダー65で首位スタート。1打差2位は片岡大育と玉城海伍。**2日目** 8バーディ、ボギーなしの64で回った大堀裕次郎が4位から通算13アンダーの首位に浮上。2打差2位に石原航輝、3打差3位に呉司聡と森本雄がつける

る。**最終日** 最終組を回る大堀と呉の争いになった。呉が15番からの3連続バーディで大堀に1打差にまで迫り18番では先にバーディ。大堀もバーディを決め返して通算16アンダーで7年ぶりの2勝目を飾った。

【優勝】大堀　裕次郎　200　67・64・69　2,700,000円

順位	氏　　名	トータルスコア	1R	2R	3R	4R	賞金額(円)	順位	氏　　名	トータルスコア	1R	2R	3R	4R	賞金額(円)
2	呉　　司聡	201	68	66	67		1,350,000		金　　智宇	212	68	72	72		82,500
3	松田　一将	203	69	68	66		975,000		芹澤　慈眼	212	73	69	70		82,500
4	梅山　知宏	204	67	71	66		708,750		豊見里友作	212	74	66	72		82,500
	川上　優大	204	72	63	69		708,750		比嘉　拓也	212	73	70	69		82,500
6	田中章太郎	205	70	70	65		421,875		山岡　成稔	212	73	70	69		82,500
	杉原　大河	205	71	68	66		421,875	50	玉城　海伍	213	66	77	70		74,100
	生源寺龍憲	205	71	67	67		421,875	51	甲斐慎太郎	214	71	69	74		69,000
	高野　碧輝	205	69	67	69		421,875		高橋　　賢	214	76	67	71		69,000
10	小木曽　喬	206	72	70	64		250,500		玉城　元気	214	72	71	71		69,000
	若原　亮太	206	71	69	66		250,500		河　　尊永	214	72	71	71		69,000
	金子　駆大	206	69	70	67		250,500		小西　奨太	214	71	72	71		69,000
	片岡　大育	206	66	70	70		250,500		杉下　圭史	214	69	74	71		69,000
	森本　　雄	206	70	64	72		250,500	57	松本　将汰	215	71	71	73		64,200
15	佐藤　太地	207	71	68	68		191,250		横川　修平	215	72	70	73		64,200
	塩見　好輝	207	70	68	69		191,250		岩崎　　誠	215	72	71	72		64,200
	黒木　紀至	207	71	72	64		191,250		村上　拓海	215	72	71	72		64,200
	藤本　佳則	207	65	71	71		191,250		菊池　　純	215	71	72	72		64,200
19	S・J・パク	208	71	71	66		158,250	62	田中　裕基	216	74	69	73		62,550
	関　　将太	208	67	74	67		158,250		富本　虎希	216	73	70	73		62,550
	馬渡　清也	208	72	71	65		158,250	64	蛭川　　隆	217	75	68	74		61,800
	野呂　　涼	208	70	68	70		158,250		森　　雄貴	217	70	68	79		61,800
	石原　航輝	208	67	66	75		158,250		高柳　直人	217	75	68	74		61,800
24	日高　将史	209	71	71	67		138,750								
	遠藤　健太	209	69	73	67		138,750								
	大谷　俊介	209	70	70	69		138,750								
27	上森　大輔	210	71	71	68		122,400								
	渡辺龍ノ介	210	70	71	69		122,400								
	岩田　大河	210	70	71	69		122,400								
	大内　智文	210	70	71	69		122,400								
	寺岡　颯太	210	70	72	68		122,400								
	西山　大広	210	69	69	72		122,400								
	小林　　匠	210	70	73	67		アマチュア								
34	金　　亨成	211	73	69	69		101,166								
	副田　裕斗	211	75	67	69		101,166								
	山下　和宏	211	69	72	70		101,166								
	伊藤　慎吾	211	69	73	69		101,166								
	遠藤　　彰	211	68	72	71		101,166								
	薗田　峻輔	211	75	68	68		101,166								
	成冨　晃広	211	71	69	71		101,166								
	原　　敏之	211	72	71	68		101,166								
	高橋　　慧	211	68	70	73		101,166								
43	作田　大地	212	72	70	70		82,500								
	三木　龍馬	212	71	71	70		82,500								

143（-1）までの66名が予選通過

※新型コロナウイルス感染予防対策のため無観客試合

氏名	トータルスコア	1R	2R
平本　穏	144	76	68
林　拓希	144	67	77
齊藤　陸	144	70	74
米澤　蓮	144	75	69
小浦　和也	144	72	72
田中　雄貴	144	73	71
嘉数　光倫	144	72	72
永井　哲平	144	77	67
長澤　奨	144	70	74
櫛山　勝弘	144	73	71
井上　信	144	73	71
ⓐ本　大志	144	75	69
古庄　紀彦	145	72	73
砂川　公佑	145	72	73
金岡　奎吾	145	71	74
中道　洋平	145	72	73
岡島　功史	145	69	76
松原　大輔	145	71	74
増田　伸洋	145	77	68
富村　真治	145	75	70
竹山　昂成	145	73	72
石川　航	145	74	71
藤島　晴雄	145	71	74
高花　翔太	145	70	75
竹内　廉	145	73	72
諸藤　将次	145	74	71
髙橋　竜彦	145	75	70
山浦　一希	145	74	71
光田　智輝	146	75	71
狩俣　昇平	146	74	72
黒川　逸輝	146	73	73
山田　大晟	146	73	73
徳永　弘樹	146	74	72
髙宮　千聖	146	75	71
小泉　正樹	146	73	73
猿田　勝大	146	74	72
藤島　豊和	146	79	67
松村　大輝	146	76	70
夏堀　裕大	146	75	71
大塚　大樹	146	75	71
小川　厚	147	75	72
和田章太郎	147	73	74
和足　哲也	147	74	73
石﨑　真央	147	77	70
河野　祐輝	147	73	74
川満　歩	147	75	72
ガブリエレ デバルバ	147	75	72
山本　豪	147	73	74
山本　隆大	148	73	75
大下　勇	148	75	73
福原　翔太	148	76	72
大塚　智之	148	73	75
徳元　中	148	73	75
篠　優希	148	75	73
丸山　奬王	148	74	74
秀島　寛臣	149	77	72
佐藤　佑樹	149	73	76
村山　駿	149	75	74
小川　翔	149	77	72
井上　敬太	149	74	75
大貫渉太朗	149	72	77
藤井　伸一	149	75	74
久保田皓也	149	72	77
竹内　大	150	75	75
鈴木　敬太	150	74	76
太田　祐一	150	78	72
ⓐ進藤太雅	151	74	77
古屋　諒人	151	73	78
池村　晃稀	151	75	76
竹田のすけ	152	73	79
太田　直己	152	78	74
すし　石垣	152	72	80
竹内　秀	153	74	79
鈴木　之人	153	73	75
山本　太郎	153	77	76
正岡　竜二	155	77	78
神農　洋平	155	77	78
中村　匡志	155	71	84
朝倉　駿	155	81	74
伊藤　善則	156	79	77
森　正尚	156	79	77
小西　健太	157	79	78
森　博貴	159	78	81
宮里　聖志	159	82	77
岩本　高志		71	棄
ⓐ鈴木隆太		71	失

ⓐはアマチュア

【歴代優勝者】

年	優勝者	スコア	2位	差	コース	パー／ヤード
2021	中里光之介	195—67・64・64	薗田峻輔	5	PGM石岡GC	71／7071Y
2022	大堀裕次郎	200—67・64・69	呉　司聡	1	中峰GC	72／7023Y

ISPS HANDA ヒーローになれ！ チャレンジトーナメント

開催期日 2022年9月21日～23日	賞金総額 23,000,000円
競技会場 中伊豆グリーンC	出場人数 140名
トータル 7,152Y：パー72(36,36)	天候 曇・雨・雨（中止）

1日目 米澤蓮、片岡大育、野呂涼が4アンダー68で首位に並ぶ。1打差4位は46歳の小林正則ら8人。
2日目 小林が1イーグル、5バーディ、2ボギーの67で回り通算8アンダーの首位に立つ。2打差の2位は米澤と小浦和也。**最終日** 濃霧による2時間18分の中断から再開後、最終組が4番プレー中に降雨のため再び中断。そのままコースコンディション不良のため最終Rのキャンセルが決定。第2R終了時首位小林のABEMAツアー初優勝が決まった。

【優勝】小林　正則　136　69・67　2,700,000円

順位	氏　　名	トータルスコア	1R	2R	3R	4R	賞金額(円)
2	小浦　和也	138	69	69			1,162,500
	米澤　蓮	138	68	70			1,162,500
4	田中章太郎	139	70	69			647,500
	岩本　高志	139	69	70			647,500
	杉原　大河	139	72	67			647,500
7	小西　奨太	140	70	70			416,250
	野口　裕太	140	73	67			416,250
9	伊藤　誠道	141	72	69			263,750
	徳元　中	141	72	69			263,750
	伊藤　慎吾	141	72	69			263,750
	大堀裕次郎	141	70	71			263,750
	上森　大輔	141	71	70			263,750
	蛭川　隆	141	73	68			263,750
15	黒川　逸輝	142	73	69			172,916
	砂川　公佑	142	69	73			172,916
	松本　将汰	142	71	71			172,916
	平本　穏	142	72	70			172,916
	藤井　伸一	142	72	70			172,916
	関　将太	142	71	71			172,916
	大谷　俊介	142	70	72			172,916
	富本　虎希	142	71	71			172,916
	片岡　大育	142	68	74			172,916
24	森本　雄	143	69	74			124,704
	黒木　紀至	143	71	72			124,704
	平本　世中	143	70	73			124,704
	田中　裕基	143	71	72			124,704
	すし　石垣	143	74	69			124,704
	梅山　知宏	143	71	72			124,704
	薗田　峻輔	143	72	71			124,704
	山内　一希	143	70	73			124,704
	河野　祐輝	143	72	71			124,704
	金田　直之	143	74	69			124,704
	藤本　佳則	143	73	70			124,704
35	増田　伸洋	144	70	74			93,818
	岩田　大河	144	71	73			93,818
	諸藤　将次	144	74	70			93,818
	新井　隆一	144	71	73			93,818
	大下　勇	144	69	75			93,818
	生源寺龍憲	144	72	72			93,818
	竹内　廉	144	74	70			93,818
	遠藤　健太	144	73	71			93,818
	遠藤　彰	144	70	74			93,818
	成冨　晃広	144	73	71			93,818
	村上　拓海	144	71	73			93,818
	小寺　大佑	144	71	73			アマチュア
	新村　駿	144	72	72			アマチュア
48	岡村　了	145	69	76			73,000
	金子　敬一	145	73	72			73,000
	河　尊永	145	73	72			73,000
	松原　大輔	145	71	74			73,000
	日高　将史	145	69	76			73,000
	永澤　翔	145	75	70			73,000
	岩井　亮磨	145	72	73			73,000
	高柳　直人	145	73	72			73,000
	原　敏之	145	74	71			73,000
57	山本　隆大	146	74	72			63,046
	野呂　涼	146	68	78			63,046
	松田　一将	146	72	74			63,046
	澤﨑　安雄	146	72	74			63,046
	小泉　正樹	146	74	72			63,046
	高野　碧輝	146	74	72			63,046
	大野　倖	146	73	73			63,046
	大内　智文	146	71	75			63,046
	光田　智輝	146	78	68			63,046
	山本　太郎	146	73	73			63,046
	金岡　奎吾	146	75	71			63,046
	石川　裕貴	146	72	74			63,046
	伊藤　有志	146	70	76			63,046

146(＋2)までの69名が予選通過

※最終日　悪天候によるコースコンディション不良のため中止。競技は36ホールに短縮され、賞金総額23,000,000円は17,250,000円に変更。

ABEMAツアー

氏 名	トータルスコア	1R	2R	氏 名	トータルスコア	1R	2R	氏 名	トータルスコア	1R	2R	氏 名	トータルスコア	1R	2R
山本 隆允	147	71	76	森 雄貴	148	72	76	金 智宇	150	73	77	谷 昭範	153	74	79
S・J・パク	147	72	75	櫛山 勝弘	148	73	75	森 博貴	151	76	75	正岡 竜二	153	73	80
近藤 啓介	147	72	75	藤島 晴雄	148	72	76	甲斐慎太郎	151	74	77	玉城 元気	153	78	75
大貫渉太朗	147	73	74	高橋 慧	148	76	72	若原 亮太	151	73	78	髙宮 千聖	153	74	79
川上 優大	147	70	77	渡辺龍ノ介	148	76	72	馬場内博明	151	73	78	太田 祐一	154	79	75
比嘉 拓也	147	73	74	和足 哲也	149	75	74	塩見 好輝	151	74	77	小川 翔	154	75	79
菊池 純	147	72	75	鈴木 之人	149	73	76	永松 宏之	151	75	76	中山 智	155	80	75
加藤龍太郎	147	72	75	作田 大地	149	76	73	芹澤 慈眼	151	76	75	副田 裕斗	157	77	80
大塚 智之	147	76	71	嘉数 光倫	149	77	72	林 拓希	151	72	79	富村 真治	157	77	80
狩俣 昇平	147	75	72	ⓐ小林翔音	149	75	74	松村 大輝	151	76	75	寺田 天我	157	84	73
長澤 奨	147	73	74	山本 豪	149	70	79	太田 直己	151	74	77	友次 啓晴	158	79	79
吉田 歩生	147	72	75	篠 優希	149	75	74	大塚 大樹	151	73	78	小西 健太	159	83	76
小木曽 喬	147	79	68	久保田皓也	149	78	71	額賀 辰徳	151	78	73	岩崎 誠	160	80	80
石原 航輝	148	74	74	鈴木 敬太	149	78	71	金子 駆大	152	74	78	福原 翔太	162	70	92
竹山 昂成	148	71	77	竹内 秀	149	73	76	高橋 賢	152	78	74	成松 亮介	164	80	84
新田 哲大	148	73	75	山田 大晟	150	77	73	中村 匡志	152	75	77	金 亨成		81	棄
中島 徹	148	73	75	大関 翔	150	74	76	川満 歩	152	73	79	馬渡 清也		74	失
呉 司聡	148	70	78	樫原 大貴	150	73	77								

ⓐはアマチュア

【歴代優勝者】						
年	優勝者	スコア	2位	差	コース	パー／ヤード
2021	久常 涼	198—66・66・66	鍋谷太一、大西魁斗	1	アローエースGC	72／6923Y
2022	小林正則	136—69・67	小浦和也、米澤 蓮	2	中伊豆グリーンC	72／7152Y

エリートグリップチャレンジ

開催期日	2022年9月28日〜30日
競技会場	ゴールデンバレーGC
トータル	7,233Y：パー72(36,36)

賞金総額	15,000,000円
出場人数	144名
天候	曇・曇・晴

1日目 6バーディ、ボギーなしの66で回った平本穏が首位。2打差2位に大嶋炎、尾崎慶輔が続く。**2日目** 平本が通算9アンダーに伸ばして首位をキープ。前週優勝の小林正則が67で12位から2打差2位に浮上した。**最終日** 7打差22位で出た小木曽喬が64を叩き出して通算10アンダーの首位でホールアウト。18番バーディの杉原大河、小林、平本が追いつき4人のプレーオフへ。1ホール目で杉原と小林が脱落。3ホール目で小木曽がシーズン2勝目を決めた。

【優勝】 小木曽 喬 206 70・72・64 2,700,000円

(プレーオフ3H目、小木曽がバーディで優勝)

順位	氏 名	トータルスコア	1R	2R	3R	4R	賞金額(円)
2	杉原 大河	206	69	71	66		1,035,000
	小林 正則	206	70	67	69		1,035,000
	平本 穏	206	66	69	71		1,035,000
5	嘉数 光倫	207	69	71	67		637,500
6	西山 大広	208	71	69	68		525,000
7	尾崎 慶輔	209	68	74	67		387,500
	山本 隆大	209	70	70	69		387,500
	作田 大地	209	69	70	70		387,500
10	米澤 蓮	210	72	70	68		292,500
	宇喜多飛翔	210	69	73	68		アマチュア
12	藤島 晴雄	211	73	68	70		247,500
	野呂 涼	211	71	69	71		247,500
	森 雄貴	211	72	67	72		247,500
15	砂川 公佑	212	73	70	69		192,500
	新木 豊	212	72	71	69		192,500
	蛭川 隆	212	72	73	67		192,500
	生源寺龍憲	212	71	70	71		192,500
	川上 優大	212	72	69	71		192,500
	遠藤 健太	212	78	68	66		192,500
21	芹澤 慈眼	213	76	67	70		150,000
	上森 大輔	213	72	70	71		150,000
	山本 太郎	213	70	72	71		150,000
	篠 優希	213	70	70	73		150,000
	岩田 大河	213	71	69	73		150,000
	大貫渉太朗	213	71	69	73		150,000
27	石過功一郎	214	74	70	70		131,250
	大内 智文	214	71	70	73		131,250
	田中 裕基	214	78	68	68		131,250
30	河野 祐輝	215	69	74	72		113,381
	呉 司聡	215	72	72	71		113,381
	額賀 辰徳	215	70	73	72		113,381
	大堀裕次郎	215	73	71	71		113,381
	木下 康平	215	72	73	70		113,381
	高野 碧輝	215	78	67	70		113,381
	原田 大雅	215	69	76	70		113,381
	岩本 高志	215	70	69	76		113,381
38	小浦 和也	216	71	70	75		101,100
39	黒川 逸輝	217	71	71	75		93,360
	西脇まあく	217	69	73	75		93,360
	長澤 奨	217	71	71	75		93,360
	岩井 亮磨	217	73	73	71		93,360
	副田 裕斗	217	70	69	78		93,360

順位	氏 名	トータルスコア	1R	2R	3R	4R	賞金額(円)
44	大塚 智之	218	71	72	75		81,450
	藤島 征次	218	69	74	75		81,450
	原 敏之	218	76	69	73		81,450
	大嶋 炎	218	68	73	77		81,450
	松本 将汰	218	72	74	72		81,450
	櫛山 勝弘	218	73	67	78		81,450
50	金岡 奎吾	219	73	71	75		72,300
	久保田皓也	219	71	74	74		72,300
	宇佐美祐樹	219	74	72	73		72,300
53	富本 虎希	220	75	71	74		69,600
54	三木 龍馬	221	73	71	77		66,750
	高橋 賢	221	71	73	77		66,750
	すし 石垣	221	75	70	76		66,750
	大谷 俊介	221	73	73	75		66,750
58	野口 裕太	222	77	68	77		63,900
	日高 将史	222	72	73	77		63,900
	比嘉 拓也	222	75	71	76		63,900
	古川龍之介	222	74	72	76		アマチュア
	山浦 一希	222	73	73	76		63,900
63	菊池 純	223	75	71	77		62,700
64	村上 拓海	225	75	70	80		62,400
65	小川 翔	226	73	71	82		61,950
	成冨 晃広	226	70	72	84		61,950

146(＋2)までの66名が予選通過

氏名	トータルスコア	1R	2R	氏名	トータルスコア	1R	2R	氏名	トータルスコア	1R	2R	氏名	トータルスコア	1R	2R
中島 邦宏	147	70	77	富村 真治	149	75	74	黒﨑 蓮	151	75	76	山本 豪	155	77	78
木村 太一	147	74	73	遠藤 彰	149	76	73	狩俣 昇平	152	76	76	伊藤 敏明	155	81	74
渡辺龍ノ介	147	75	72	馬渡 清也	149	73	76	高橋 慧	152	74	78	徳元 中	156	80	76
金 智宇	147	75	72	鈴木 之人	150	74	76	森 博貴	153	79	74	佐藤 太地	157	74	83
塩見 好輝	147	72	75	日髙 裕貴	150	78	72	中村 匡志	153	78	75	@本間一太	157	81	76
ガブリエレ・デバルバ	147	77	70	藤本 佳則	150	70	80	太田 祐一	153	78	75	小泉 正樹	157	79	78
古田 幸希	147	71	76	藤井 伸一	150	74	76	豊見里友作	153	79	74	大塚 大樹	157	76	81
諸藤 将次	147	77	70	河 尊永	150	80	70	林 拓希	153	77	76	岩崎 誠	158	75	83
小西 奨太	147	76	71	若原 亮太	150	79	71	井上 敬太	153	77	76	正岡 竜二	159	85	74
和足 哲也	148	75	73	川満 歩	150	74	76	松原 大輔	153	82	71	白倉 渉平	159	86	73
伊藤 誠道	148	74	74	上村 将司	150	75	75	富田 雅哉	153	74	79	宮里 聖志	159	82	77
鈴木 敬太	149	74	75	松村 大輝	150	77	73	平本 世中	153	76	77	福原 翔太	159	76	83
石原 航輝	149	79	70	高橋 佳祐	150	75	75	三島 泰哉	154	74	80	竹内 秀	160	84	76
松村 本盛	149	77	72	高柳 直人	150	76	74	永澤 翔	154	82	72	権藤 紘太	160	82	78
山田 大晟	149	76	73	河合 良仁	151	77	74	松田 一将	154	82	72	岡村 了	162	83	79
増田 伸洋	149	76	73	髙宮 千聖	151	76	75	竹山 昂成	154	81	73	S・J・パク		79	棄
橋本健太ユージーン	149	74	75	横尾 要	151	75	76	伊藤 慎吾	154	75	79	大田和桂介		75	棄
光田 智輝	149	79	70	関 将太	151	77	74	大下 勇	155	76	79	北村 晃一			棄
梅山 知宏	149	77	72	太田 直己	151	74	77	竹内 廉	155	76	79	@はアマチュア			
中島 徹	149	75	74	田中章太郎	151	75	76	竹内 優騎	155	79	76				

【歴代優勝者】

年	優勝者	スコア	2位	差	コース	パー／ヤード
麻倉JGTOチャレンジⅢ						
2009＊貴田和宏		136—68・68	白 佳和	0	麻倉GC	72／7103Y
elite grips・JGTOチャレンジⅢ						
2011＊前田雄大		137—66・71	森田 徹、杉山佐智雄、村上克佳	0	有馬ロイヤルGC	72／7148Y
大山GC・JGTOチャレンジⅢ						
2012＊西村匡史		134—64・70	櫻井匡樹	0	大山GC	72／7056Y
elite grips・JGTOチャレンジⅢ						
2013 内藤寛太郎		133—67・66	小西貴紀、福永安伸、佐藤えいち	2	COCOPA RESORT C 白山ヴィレッジGCクイーンC	72／6931Y
elite grips challenge						
2014＊西裕一郎		133—67・66	桑原克典、正岡竜二、佐藤信人	0	COCOPA RESORT C 白山ヴィレッジGCクイーンC	71／6898Y
2015＊池村寛世		133—69・64	西 裕一郎	0	初穂CC	72／7200Y
2016 香妻陣一朗		131—66・65	出水田大二郎、永松宏之	1	初穂CC	72／7196Y
2017 野仲 茂		134—66・68	大田和桂介、小野田享也	1	ジャパンクラシックCCキング	72／7093Y
2018 佐藤大平		203—66・70・67	小野田享也	4	ゴールデンバレーGC	72／7233Y
2019 ピーター・カーミス		205—75・68・62	A・ウォンワニ、阿久津未来也	1	ゴールデンバレーGC	72／7233Y
2020						
2021	〈新型コロナウイルス感染拡大のため中止〉					
エリートグリップチャレンジ						
2022＊小木曽喬		206—70・72・64	杉原大河、小林正則、平本 穏	0	ゴールデンバレーGC	72／7233Y

＊はプレーオフ

石川遼 everyone PROJECT Challenge

開催期日	2022年10月5日〜7日
競技会場	ロイヤルメドウGC
トータル	7,171Y：パー72(36,36)

賞金総額	15,000,000円
出場人数	123名
天　候	雨・雨・雨

1日目 早大1年の中野麟太朗、法大3年の出水田裕輝のアマ2人が5アンダー67で首位に立った。**2日目** 大内智文と岩井亮磨が通算6アンダーで首位。中野、植木祥多、徳元中、比嘉拓也が1打差3位で続く。**最終日** 雨の中、岩井が通算10アンダーに伸ばして首位を快走していたが14、16番のダブルボギーで失速する。代わって中野と比嘉が首位に立ち、通算8アンダーでプレーオフに突入。1ホール目パーの比嘉がプロ12年で悲願の初優勝を手にした。

【優勝】比嘉　拓也　208　70・69・69　2,700,000円

（プレーオフ1H目、比嘉がパーで優勝）

順位	氏　名	トータルスコア	1R	2R	3R	4R	賞金額(円)	順位	氏　名	トータルスコア	1R	2R	3R	4R	賞金額(円)
2	中野麟太朗	208	67	72	69		アマチュア		富村　真治	218	70	72	76		89,850
3	遠藤　健太	210	73	71	66		1,035,000		永澤　翔	218	72	74	72		89,850
	松本　将汰	210	73	70	67		1,035,000	46	森本　雄	219	68	75	76		77,362
	岩井　亮磨	210	68	70	72		1,035,000		前粟藏俊太	219	74	69	76		77,362
6	木下　康平	211	75	68	68		436,250		木村　太一	219	72	72	75		77,362
	原　敏之	211	73	70	68		436,250		髙宮　千聖	219	73	71	75		77,362
	岩田　大河	211	72	70	69		436,250		梅山　知宏	219	72	73	74		77,362
	半田　匠佳	211	71	71	69		436,250		諸藤　将次	219	73	73	73		77,362
	嘉数　光倫	211	70	71	70		436,250		作田　大地	219	72	69	78		77,362
	岩崎　誠	211	71	70	70		436,250		寺岡　颯太	219	70	76	73		77,362
12	砂川　公佑	212	71	71	70		255,000	54	高野　碧輝	220	74	70	76		67,800
	大内　智文	212	71	67	74		255,000		玉城　元気	220	76	69	75		67,800
14	小西　奨太	213	73	72	68		217,500		杉本スティーブ	220	71	74	75		67,800
	副田　裕斗	213	71	69	73		217,500		塩見　好輝	220	74	72	74		67,800
	植木　祥多	213	71	68	74		217,500		丸尾　怜央	220	72	74	74		アマチュア
17	篠　優希	214	71	72	71		176,250	59	鈴木　海斗	221	74	70	77		64,500
	安森　一貴	214	73	70	71		176,250		藤本　佳則	221	72	73	76		64,500
	尾崎　慶輔	214	72	71	71		176,250		前川　太治	221	75	70	76		64,500
	平本　穏	214	74	71	69		176,250		関　将太	221	74	72	75		64,500
	芹澤　慈眼	214	68	74	72		176,250	63	出水田裕輝	222	67	74	81		アマチュア
	竹山　昂成	214	73	69	72		176,250		新垣　厚樹	222	76	70	76		アマチュア
23	上森　大輔	215	74	69	72		140,625	65	石川　航	223	73	72	78		62,850
	杉原　大河	215	76	67	72		140,625		川満　歩	223	73	72	78		62,850
	竹内　大	215	72	71	72		140,625	67	日高　将史	225	73	72	80		62,400
	馬渡　清也	215	69	73	73		140,625								
	松田　一将	215	72	68	75		140,625								
	徳元　中	215	69	70	76		140,625								
29	若原　亮太	216	70	73	73		117,750								
	高柳　直人	216	69	74	73		117,750								
	小林　大河	216	75	68	73		アマチュア								
	遠藤　彰	216	72	72	72		117,750								
	大澤　優	216	70	74	72		117,750								
	石田鈴千代	216	73	69	74		117,750								
	蛭川　隆	216	73	72	71		117,750								
	田中　裕基	216	77	69	70		117,750								
37	小木曽　喬	217	72	72	73		101,100								
	野澤　竜次	217	69	73	75		101,100								
	玉城　海伍	217	71	71	75		101,100								
	薗田　峻輔	217	72	69	76		101,100								
	櫛山　勝弘	217	76	70	71		101,100								
42	川上　優大	218	70	74	74		89,850								
	林　拓希	218	73	71	74		89,850								

146(＋2)までの67名が予選通過

氏名	トータルスコア	1R	2R	氏名	トータルスコア	1R	2R	氏名	トータルスコア	1R	2R	氏名	トータルスコア	1R	2R
小浦 和也	147	75	72	長澤 奨	147	75	72	@本間一太	149	74	75	黒川 逸輝	153	79	74
太田 直己	147	77	70	山本 太郎	148	75	73	石﨑 真央	149	75	74	@小林翔音	153	78	75
岩本 高志	147	74	73	正岡 竜二	148	74	74	新木 豊	150	76	74	渡辺龍ノ介	153	74	79
村上 拓海	147	73	74	米澤 蓮	148	75	73	藤島 晴雄	150	78	72	小野田英史	154	79	75
山本 隆大	147	76	71	S・J・パク	148	71	77	生源寺龍憲	150	70	80	福原 翔太	154	75	79
金子 駆大	147	76	71	@清水蔵之介	148	75	73	大堀裕次郎	150	78	72	久保田皓也	154	74	80
鈴木 之人	147	71	76	山田 大晟	148	73	75	小林 龍生	151	76	75	河 尊永	154	80	74
伊藤 慎吾	147	74	73	@大岩慶尚	148	74	74	河野 祐輝	151	74	77	太田 祐一	157	79	78
横川 康祐	147	73	74	田中章太郎	149	75	74	松村 大輝	151	73	78	光田 智輝	160	84	76
河合 庄司	147	73	74	野呂 涼	149	79	70	佐藤 太地	151	73	78	宮内 希幸	162	80	82
櫻井 隆輔	147	74	73	@後藤大翔	149	72	77	安部 高秀	151	74	77	杉下 圭史		74	棄
菊池 純	147	73	74	福岡 大河	149	77	72	篠崎 晃司	152	77	75	@はアマチュア			
山浦 一希	147	71	76	小林 正則	149	74	75	富本 虎希	152	73	79				
金岡 奎吾	147	74	73	伊藤 誠道	149	76	73	小泉 正樹	152	77	75				
増田 伸洋	147	71	76	大塚 大樹	149	78	71	山形 陵馬	152	73	79				

【歴代優勝者】

年	優勝者	スコア	2位	差	コース	パー/ヤード
everyone PROJECT Challenge Golf Tournament 〜石川遼プロデュース〜						
2013	富村真治	203—69・66・68	河村雅之、小島亮太	1	ロイヤルメドウGスタジアム	71／7089Y
石川遼 everyone PROJECT Challenge Golf Tournament						
2014	沖野克文	194—68・62・64	前粟蔵俊太	1	ロイヤルメドウGスタジアム	71／7089Y
2015	秋吉翔太	137—69・68	福永安伸	1	ロイヤルメドウGスタジアム	71／7202Y
2016	塚田好宣	139—68・71	近藤啓介、丸山大輔、井上 信、高田聖斗、狩俣昇平、J・チョイ	1	ロイヤルメドウGC	72／7202Y
2017	中里光之介	134—67・67	小木曽喬	2	ロイヤルメドウGC	72／7162Y
2018	前川太治	197—67・66・64	嘉数光倫	3	ロイヤルメドウGC	72／7162Y
2019＊	@杉原大河	201—72・65・64	小林伸太郎	0	ロイヤルメドウGC	72／7161Y
2020	竹内 廉	200—67・69・64	上井邦裕、高柳直人	2	ロイヤルメドウGC	72／7141Y
2021	桂川有人	201—69・65・67	森本 雄	3	ロイヤルメドウGC	72／7171Y
石川遼 everyone PROJECT Challenge						
2022＊	比嘉拓也	208—70・69・69	@中野麟太朗	0	ロイヤルメドウGC	72／7171Y

＊はプレーオフ。@はアマチュア

ディライトワークスJGTOファイナル

開催期日 2022年10月12日～14日	賞金総額 20,000,000円
競技会場 取手国際GC東C	出場人数 132名
トータル 6,804Y：パー70(35,35)	天候 曇・雨・晴

1日目 玉城海伍が1イーグル、10バーディ、1ボギーでABEMAツアー初の59をマーク。3打差首位に立った。2日目 大堀裕次郎と尾崎慶輔が通算12アンダーで首位に並ぶ。玉城ら3人が1打差3位。最終日 首位で出た大堀と尾崎のマッチレースとなった。アウトで大堀が1打リード。インでは互いにすべて同じホールで5バーディを奪い合い、大堀が通算18アンダーで尾崎を1打抑えてシーズン2勝目をマーク。逆転でABEMAツアー賞金王に輝いた。

【優勝】大堀 裕次郎 192 62・66・64 3,600,000円

順位	氏名	トータルスコア	1R	2R	3R	4R	賞金額(円)	順位	氏名	トータルスコア	1R	2R	3R	4R	賞金額(円)
2	尾崎 慶輔	193	64	64	65		1,800,000		山田 大晟	205	66	70	69		102,000
3	小西 貴紀	196	66	65	65		1,170,000		高橋 慧	205	66	71	68		102,000
	馬渡 清也	196	66	63	67		1,170,000		金 智宇	205	67	65	73		102,000
5	亀代 順哉	197	69	66	62		620,000		大野 倖	205	65	67	73		102,000
	坂本 雄介	197	65	68	64		620,000		呉 司聡	205	69	69	67		102,000
	織田 信亮	197	67	66	64		620,000		関藤 直熙	205	66	72	67		102,000
	嘉数 光倫	197	68	63	66		620,000		富村 真治	205	68	70	67		102,000
	玉城 海伍	197	59	70	68		620,000		大田和桂介	205	66	72	67		102,000
10	生源寺龍憲	198	68	64	66		356,666	53	遠藤 彰	206	68	68	70		87,542
	原 敏之	198	64	68	66		356,666		久保田皓也	206	68	68	70		87,542
	S・J・パク	198	64	68	66		356,666		半田 匠佳	206	68	68	70		87,542
13	梅山 知宏	199	67	64	68		310,000		平田 憲聖	206	67	70	69		87,542
14	中里光之介	200	68	68	64		256,666		佐藤 太地	206	64	69	73		87,542
	竹内 大	200	68	65	67		256,666		杉原 大河	206	70	68	68		87,542
	北川 祐生	200	69	65	66		256,666		安元 大祐	206	68	68	70		87,542
	平本 穏	200	65	69	66		256,666	60	岩元 洋祐	207	67	69	71		82,800
	すし 石垣	200	68	66	66		256,666		岩本 高志	207	68	69	70		82,800
	塩見 好輝	200	66	63	71		256,666		岡田 絃希	207	71	66	70		82,800
20	松田 一将	201	65	71	65		210,000		遠藤 健太	207	68	70	69		82,800
	川満 歩	201	65	70	66		210,000		櫛山 勝弘	207	66	71	69		82,800
	伊藤 有志	201	65	69	67		210,000		山本 隆大	207	68	71	69		82,800
23	米澤 蓮	202	69	67	66		175,155		河野 祐輝	207	68	70	69		82,800
	河 尊永	202	67	69	66		175,155	67	山本 太郎	208	71	66	71		80,480
	蛭川 隆	202	67	68	67		175,155		額賀 辰徳	208	68	69	71		80,480
	山本 豪	202	69	68	65		175,155		石原 航輝	208	66	71	71		80,480
	永澤 翔	202	68	68	66		175,155		岩田 大河	208	70	68	70		80,480
	小浦 和也	202	67	67	68		175,155		光田 智輝	208	69	69	70		80,480
	芹澤 慈眼	202	68	68	66		175,155	72	伊藤 慎吾	210	70	66	74		80,000
	野呂 涼	202	62	71	69		175,155		竹内 廉	210	67	71	72		80,000
	小袋 秀人	202	62	69	71		175,155		松原 大輔	210	68	70	72		80,000
32	小木曽 喬	203	69	67	67		143,800								
	大塚 大樹	203	71	65	67		143,800								
	木村 太一	203	69	67	67		143,800								
	篠 優希	203	67	70	66		143,800								
	金岡 奎吾	203	68	67	68		143,800								
	小西 奨太	203	65	69	69		143,800								
38	砂川 公佑	204	68	68	68		123,000								
	黒川 逸輝	204	65	71	68		123,000								
	鈴木 之人	204	67	70	67		123,000								
	ハン・リー	204	67	67	70		123,000								
	菊池 純	204	68	71	65		123,000								
	副田 裕斗	204	67	71	66		123,000								
44	小野田享也	205	68	68	69		102,000								

138(-2)までの74名が予選通過

氏 名	トータルスコア	1R	2R	氏 名	トータルスコア	1R	2R	氏 名	トータルスコア	1R	2R	氏 名	トータルスコア	1R	2R
上森 大輔	139	70	69	和足 哲也	140	68	72	平本 世中	141	70	71	池村 晃稀	146	72	74
金田 直之	139	66	73	薗田 峻輔	140	69	71	植木 祥多	141	70	71	長澤 奨	146	72	74
大内 智文	139	67	72	ⓐ中野麟太朗	140	70	70	山浦 一希	142	71	71	大谷 俊介	146	73	73
若原 亮太	139	69	70	竹内 優騎	140	68	72	川上 優大	142	69	73	福原 翔太	150	74	76
田中 裕基	139	66	73	黒﨑 蓮	140	69	71	岩井 亮磨	142	71	71	芦沢 宗臣	151	74	77
徳元 中	139	70	69	小泉 正樹	140	70	70	神農 洋平	142	70	72	松村 大輝	153	74	79
村上 拓海	139	70	69	増田 伸洋	140	72	68	ジャスティン・デロスサントス	142	67	75	金子 駆大		71	棄
藤本 佳則	139	69	70	正岡 竜二	140	68	72	高橋 賢	142	70	72	小林 正則		72	棄
小西 健太	139	72	67	竹山 昂成	140	67	73	高野 碧輝	142	71	71	髙宮 千聖		72	棄
伊藤 誠道	139	69	70	勝俣 陵	141	65	76	日高 将史	142	71	71	成冨 晃広		71	棄
高柳 直人	139	67	72	大塚 智之	141	73	68	太田 直己	143	70	73	今野 大喜		69	棄
ⓐ前田光史朗	139	72	67	海老根文博	141	68	73	木下 康平	143	71	72	白 佳和		棄	
富本 虎希	139	66	73	渡辺龍ノ介	141	70	71	岩崎 誠	143	68	75	松本 将汰		棄	
諸藤 将次	140	70	70	ⓐ下家秀琉	141	73	68	鈴木 敬太	144	73	71	ⓐはアマチュア			
中島 徹	140	68	72	比嘉 拓也	141	70	71	大貫渉太朗	144	75	69				

【歴代優勝者】					
年	優勝者	スコア	2位	差	コース パー／ヤード
2021	亀代順哉	194―64・66・64	坂本雄介	2	取手国際GC東 70／6811Y
2022	大堀裕次郎	192―62・66・64	尾崎慶輔	1	取手国際GC東 70／6804Y

2022年度ABEMAツアー賞金ランキング

賞金ランキング1位者が2023年度ツアー出場資格、2位から上位19名が第1回リランキングまでの出場資格を獲得。※印はツアー賞金ランキングによる出場資格獲得しているため、23位まで繰り下げとなる。

順位	氏 名	獲得賞金(円)	試合数	順位	氏 名	獲得賞金(円)	試合数
1	大堀裕次郎	7,798,551	13	52	岡村 了	1,328,450	6
2	小木曽 喬	7,603,935	14	53	織田 信亮	1,235,675	5
3※	嘉数 光倫	6,315,737	13	54	勝俣 陵	1,231,325	5
4	西山 大広	4,879,779	11	55	蛭川 隆	1,228,915	14
5	松本 将汰	4,870,634	11	56	上森 大輔	1,222,709	14
6	小林 正則	4,526,250	9	57	村上 拓海	1,193,875	9
7	副田 裕斗	3,718,596	10	58	金岡 奎吾	1,180,697	13
8	田中 裕基	3,702,449	12	59	大谷 俊介	1,149,766	9
9	原 敏之	3,696,107	11	60	川上 優大	1,134,462	8
10	杉原 大河	3,554,304	13	61	岡田 絃希	1,128,682	4
11	比嘉 拓也	3,513,653	13	62	田中章太郎	1,069,375	7
12	山田 大晟	3,425,150	13	63	遠藤 彰	1,062,394	12
13	大内 智文	3,347,183	10	64	富本 虎希	1,047,986	13
14	若原 亮太	3,137,125	13	65	安本 大祐	1,036,892	5
15※	H・リー	3,002,350	4	66	坂本 雄介	1,023,235	5
16	遠藤 健太	2,943,443	13	67	芦沢 宗臣	1,017,638	8
17	金子 駆大	2,939,276	12	68	安森 一貴	1,008,180	4
18	野呂 涼	2,833,601	13	69	森本 雄	988,553	7
19	呉 司聡	2,814,481	7	70	黒川 逸輝	951,911	11
20	日高 将史	2,716,864	13	71	関 将太	949,673	11
21※	河本 力	2,695,000	6	72	山本 豪	924,323	12
22	高野 碧輝	2,686,296	14	73	伊藤 慎吾	920,523	13
23	尾崎 慶輔	2,579,450	7	74	永澤 翔	913,423	9
24	高柳 直人	2,523,480	14	75	坂本 柊人	884,850	3
25	平本 穏	2,276,617	13	76	小野田享也	881,457	7
26	小西 貴紀	2,207,500	5	77	片岡 大育	877,984	6
27	玉城 海伍	2,145,200	5	78	北村 晃一	814,745	9
28	大塚 大樹	2,019,268	14	79	塩見 好輝	814,216	12
29	砂川 公佑	1,971,767	14	80	岩崎 誠	804,150	13
30	米澤 蓮	1,963,323	10	81	黒木 紀至	789,544	7
31	久保田皓也	1,950,562	14	82	中里光之介	784,141	4
32	馬渡 清也	1,916,097	14	83	高橋 慧	781,097	12
33	生源寺龍憲	1,863,840	13	84	菊池 純	755,437	14
34	小西 奨太	1,860,617	13	85	山本 隆大	754,671	9
35	木村 太一	1,856,397	10	86	山浦 一希	747,354	11
36	小浦 和也	1,838,325	12	87	諸藤 将次	744,183	14
37	岩田 大河	1,793,110	14	88	徳元 中	721,275	13
38	伊藤 有志	1,785,383	9	89	河 尊永	700,605	12
39	梅山 知宏	1,777,716	13	90	亀代 順哉	682,925	5
40	松田 一将	1,726,927	10	91	作田 大地	681,612	9
41	櫛山 勝弘	1,714,077	12	92	薗田 峻輔	663,740	11
42	吉田 泰基	1,706,750	8	93	細野 勇策	654,337	4
43	岩井 亮磨	1,687,135	8	94	平本 世中	645,554	9
44	河野 祐輝	1,601,758	12	95	竹内 優騎	631,875	6
45	竹内 大	1,592,591	10	96	すし 石垣	631,270	9
46	篠 優希	1,585,050	9	97	伊藤 誠道	624,650	11
47	木下 康平	1,557,631	10	98	山本 太郎	615,876	14
48	S・J・パク	1,550,408	13	99	黒岩 輝	610,040	6
49	芹澤 慈眼	1,479,639	14	100	藤島 征次	584,931	5
50	岩本 高志	1,356,433	11	101	藤本 佳則	572,939	12
51	長澤 奨	1,355,910	14	102	川満 歩	570,437	10

ABEMAツアー

順位	氏　名	獲得賞金(円)	試合数
103	野口　裕太	553,950	5
104	増田　伸洋	542,008	14
105	田村　光正	529,285	2
106	半田　匠佳	523,792	2
107	竹安　俊也	507,825	3
108	光田　智輝	507,678	11
109	玉城　元気	496,675	9
110	石原　航輝	485,310	11
111	松原　大輔	475,050	10
112	藤島　晴雄	473,750	10
113	小袋　秀人	455,505	5
114	白　佳和	449,575	4
115	長野　泰雅	448,937	4
116	福原　翔太	434,528	14
117	大貫渉太朗	432,644	13
118	北川　祐生	430,186	8
119	富村　真治	416,345	13
120	藤井　伸一	402,416	5
121	和田章太郎	399,236	6
122	宇佐美祐樹	398,538	4
123	山岡　成稔	394,162	8
124	金子　敬一	393,520	3
125	杉下　圭史	384,180	8
126	竹山　昂成	359,550	10
127	寺岡　颯太	349,697	6
128	村山　駿	348,700	5
129	長谷川大晃	348,300	3
130	成松　亮介	339,195	9
131	渡辺龍ノ介	331,341	13
132	正岡　竜二	328,382	12
133	鈴木　敬太	324,577	11
134	金　智宇	322,987	9
135	藤島　豊和	319,603	6
136	太田　直己	318,120	12
137	森　雄貴	309,300	8
138	竹内　廉	301,668	8
139	内山　遥人	296,100	4
140	大田和桂介	288,000	7
141	佐藤　太地	278,792	6
142	大嶋　炎	277,950	3
143	中村　匡志	277,455	10
144	高橋　賢	271,328	11
145	小西　健太	268,968	7
146	石過功一郎	265,670	3
147	石田鈴千代	262,440	3
148	額賀　辰徳	261,061	7
149	成冨　晃広	256,934	7
150	平田　憲聖	256,760	4
151	井上　敬太	251,718	9
152	手嶋　多一	248,885	3
153	上村　竜太	245,850	2
154	金田　直之	232,554	3
155	石川　裕貴	232,434	5
156	井上　信	225,535	4
157	高花　翔太	219,627	5
158	植木　祥多	217,500	2
159	松村　大輝	216,587	14

順位	氏　名	獲得賞金(円)	試合数
160	三木　龍馬	215,250	5
161	I・J・ジャン	211,028	3
162	D・ブランスドン	210,557	2
163	石塚　祥利	200,780	5
164	中道　洋平	195,115	5
165	永橋　宏明	193,947	2
166	新木　豊	192,500	3
167	中島　徹	189,050	7
168	小泉　正樹	187,546	12
169	永松　宏之	186,300	3
170	原田　大雅	185,561	4
171	大嶋　宝	183,857	1
	梶村　夕貴	183,857	2
173	M・カルバリョ	173,212	3
174	岩﨑亜久竜	165,535	1
175	大野　倖	165,046	2
176	大下　勇	163,546	9
177	海老根文博	159,557	5
178	和足　哲也	151,585	12
179	森　祐紀	150,937	3
180	林　拓希	150,750	10
181	増田裕太郎	147,857	1
182	岩元　洋祐	143,700	6
183	森　博貴	143,035	9
	南　大樹	143,035	2
	福永　安伸	143,035	3
186	豊見里友作	142,500	9
187	荒井　陸	141,578	2
188	前川　太治	141,000	3
189	太田　祐一	139,687	10
190	横尾　要	138,685	4
191	黒﨑　蓮	136,885	10
192	今野　大喜	136,740	6
193	河合　庄司	134,420	2
	仲村　譲二	134,420	1
	三島　泰哉	134,420	3
196	石﨑　真央	131,250	6
	夏堀　裕大	131,250	4
198	石川　航	125,550	5
199	鈴木　之人	123,000	14
200	岡島　功史	120,900	6
	猪川　頌生	120,900	1
202	狩俣　昇平	118,000	9
	増田　将光	118,000	1
204	大澤　優	117,750	1
205	原田　大介	109,388	1
	大関　翔	109,388	3
	松原　裕人	109,388	1
	松村　本盛	109,388	2
209	関藤　直熙	102,000	4
210	金　亨成	101,166	2
	山下　和宏	101,166	3
212	野澤　竜次	101,100	2
213	古庄　紀彦	98,727	5
214	徳永　弘樹	95,220	4
	中山　絹也	95,220	1
216	新井　隆一	93,818	1

順位	氏　名	獲得賞金（円）	試合数
217	西脇まあく	93,360	1
218	丸山　奨王	89,950	2
218	毛利　一成	89,950	1
220	谷川　泰輔	82,440	1
	福岡　大河	82,440	2
222	大塚　智之	81,450	10
223	髙宮　千聖	77,362	6
	前粟藏俊太	77,362	2
225	岡部　大将	76,500	3
226	樫原　大貴	75,816	2
227	富田　雅哉	73,800	2
228	甲斐慎太郎	69,000	5
229	杉本スティーブ	67,800	2
230	近藤　啓介	67,200	3
231	芳賀　洋平	66,360	1
	吉村　明恭	66,360	2
	小林　　忍	66,360	1
234	黒川　航輝	66,000	1
235	古田　幸希	65,850	2
236	安河内　蓮	64,800	2
	A・バーデット	64,800	5
238	鈴木　海斗	64,500	1
239	A・ウォンワニ	64,200	5
	百目鬼光紀	64,200	3
	横川　修平	64,200	1
242	照屋佑唯智	63,180	3
243	澤﨑安雄	63,046	1
244	水田　竜昇	63,000	1
	森井　晶紀	63,000	1
246	A・キュー	62,925	2
247	松村　道央	62,250	2
	加藤　俊英	62,250	1
	稲田　愛篤	62,250	1
250	小川　　翔	61,950	12
251	並河　利隆	61,500	3
252	﨑川　将司	61,350	1
253	鈴木　勝文	60,900	1
254	勝亦　悠斗	60,600	2
255	伊藤　刻矢	60,300	1
256	山形　陵馬	60,000	3

ABEMAツアー

ABEMAツアーの主な記録

1999 〜 2022 年

【9ホール最少ストローク】
28(−8)	新井 真一	'99後楽園カップ第4回	1R IN	TPC馬頭後楽園GC
28(−8)	塩見 好輝	'14ISPS・CHARITYチャレンジ	2R IN	静岡C浜岡C＆ホテル
28(−8)	久常 涼	'21ジャパンクリエイトチャレンジin福岡雷山	2R IN	福岡雷山GC
28(−7)	前粟藏俊太	'10静ヒルズトミーカップ	1R IN	静ヒルズCC
28(−7)	岩本 高志	'18南秋田CCみちのくチャレンジ	2R IN	南秋田CC
28(−7)	キム・ジェホ	'18HEIWA・PGM Challenge II	2R OUT	かさぎGC
28(−7)	久保田皓也	'22太平洋クラブチャレンジ	3R IN	太平洋C江南C

【18ホール最少ストローク】
| 59(−11) | 玉城 海伍 | '22ディライトワークスJGTOファイナル1R | | 取手国際GC東C |

【36ホール最少ストローク】
・36ホール競技のみ
| 125(−17) | 久常 涼 | '21南秋田CCみちのくチャレンジ | 64・61 | 南秋田CC |

・54ホール競技以上
2R 〜 3R
| 126(−16) | 沖野 克文 | '14石川遼 everyone PROJECT Challenge | 62・64 | ロイヤルメドウGスタジアム |
| 126(−16) | 丸山 大輔 | '16セブン・ドリーマーズ・チャレンジ in 米原GC | 62・64 | 米原GC |

【54ホール最少ストローク】
・54ホール競技のみ
| 192(−21) | 丸山 大輔 | '16セブン・ドリーマーズ・チャレンジ in 米原GC | 66・62・64 | 米原GC |
| 192(−18) | 大堀裕次郎 | '22ディライトワークスJGTOファイナル | 62・66・64 | 取手国際GC東C |

・72ホール競技
2R 〜 4R
| 197(−19) | 呂 偉智 | '09PRGR Novil CUP FINAL | 68・66・63 | サニーフィールドGC |

【72ホール最少ストローク】
| 264(−24) | 呂 偉智 | '09PRGR Novil CUP FINAL | 67・68・66・63 | サニーフィールドGC |

【最多アンダーパー】
・36ホール競技
| −17（125） | 久常 涼 | '21南秋田CCみちのくチャレンジ | 64・61 | 南秋田CC |

・54ホール競技
| −22（194） | 久常 涼 | '21ジャパンクリエイトチャレンジin福岡雷山 | 66・61・67 | 福岡雷山GC |

・72ホール競技
| −24（264） | 呂 偉智 | '09PRGR Novil CUP FINAL | 67・68・66・63 | サニーフィールドGC |

【1ホール最多ストローク】
| 16（パー5） | 市川 雄三 | '15ISPSハンダグローバルチャレンジカップ | 2R16H | オークビレッヂGC |

【18ホール最多バーディ（バーディ以上）】
11	永松　宏之	'13ISPS・CHARITYチャレンジ	1R	ジャパンPGAGC
	鈴木　亨	'13ドラゴンカップ	2R	千葉夷隅GC
	菊地　秀明	'14ISPS・CHARITYチャレンジ	1R	静岡C浜岡C＆ホテル
	塩見　好輝	'14ISPS・CHARITYチャレンジ	2R	静岡C浜岡C＆ホテル
	永松　宏之	'16elite grips challenge	2R	初穂CC
	佐藤　大平	'18LANDIC CHALLENGE 6	1R	芥屋GC
	永澤　翔	'21ジャパンクリエイトチャレンジin福岡雷山	3R	福岡雷山GC
	久常　涼	'21南秋田CCみちのくチャレンジ	2R	南秋田CC
	玉城　海伍	'22ディライトワークスJGTOファイナル	1R	取手国際GC東C

【18ホール最多イーグル（イーグル以上）】
| 3 | 森田　徹 | '02後楽園カップ第2回 | 1R | TPC市原後楽園G＆スポーツ |
| | 大堀裕次郎 | '15富士ホームサービスチャレンジカップ | 2R | 富士スタジアムGC南C |

【連続バーディ記録】同一ラウンドでの記録に限る
7連続	T・フセイン	'05PGMシリーズ・ワールドチャレンジ	2R 3〜9H	ワールドCC
	前粟藏俊太	'10静ヒルズトミーカップ	1R 12〜18H	静ヒルズCC
	塩見　好輝	'14ISPS・CHARITYチャレンジ	2R 12〜18H	静岡C浜岡C＆ホテル
	阿久津未来也	'19ジャパンクリエイトチャレンジ in 福岡雷山	3R 13〜1H	福岡雷山GC
	伊藤　有志	'19南秋田CCみちのくチャレンジ	2R 14〜2H	南秋田CC

【アルバトロス】
入野　太	'00iiyamaチャレンジ ii	1R 15H	三田C27
堀　貴麿	'01PGAカップチャレンジ	1R 7H	リージャスクレストGCロイヤル
佐々木卓哉	'06PGMシリーズ・サンパーク札幌チャレンジ	1R 9H	サンパーク札幌GC
佐藤　達也	'08Novilカップ	2R 16H	JクラシックGC
江尻　壮	'11きみさらずGL・GMAチャレンジ	1R 7H	きみさらずGL
髙橋　朋載	'11きみさらずGL・GMAチャレンジ	1R 14H	きみさらずGL
川﨑　政志	'12きみさらずGL・GMAチャレンジ	2R 7H	きみさらずGL
田中　秀道	'13Novil Cup	1R 7H	JクラシックGC
永松　宏之	'13everyone PROJECT Challenge 石川遼	1R 16H	ロイヤルメドウGスタジアム
朴　玄	'16Novil Cup	3R 16H	JクラシックGC
松田　高明	'18Novil Cup	2R 1H	JクラシックGC
A・ウィルキン	'18JGTO Novil FINAL	2R 9H	取手国際GC東C
小木曽　喬	'19LANDIC CHALLENGE 7	3R 18H	芥屋GC
石川　裕貴	'19elite grips challenge	2R 1H	ゴールデンバレーGC

【最多優勝スコア】
・36ホール競技
| ＋2(146) | 山添　昌良 | '02PRGR CUP（関東） | 73・73 | ワイルドダックCC |
・54ホール競技
| ±0(216) | 張　棟圭 | '13Novil Cup | 65・74・77 | JクラシックGC |
・72ホール競技
| −10(278) | 飯島　宏明 | '08PRGR CUP FINAL | 68・71・69・70 | GC成田ハイツリー |

【最少予選カットスコア】
・18ホール
−3(68)		'21南秋田CCみちのくチャレンジ		南秋田CC
−3(69)		'06PGMシリーズ・サンパーク札幌チャレンジ		サンパーク札幌GC
−3(69)		'13ドラゴンカップ		千葉夷隅GC
・36ホール
−4(138)		'14ISPS・CHARITYチャレンジ		静岡C浜岡C＆ホテル
−4(140)		'15PGA・JGTOチャレンジカップ in 房総		房総CC房総G場東C
−4(140)		'21ジャパンクリエイトチャレンジin福岡雷山		福岡雷山GC

【最多予選カットスコア】
・18ホール
　＋5（77）　　　　　　　　　　　'02PRGR CUP（関東）　　　　　　　　　ワイルドダックCC
・36ホール
　＋9（153）　　　　　　　　　　'12Novil Cup　　　　　　　　　　　　JクラシックGC

【年間最多優勝回数】
3勝　　　S・K・ホ　　　2001年
3勝　　　久常　涼　　　2020－21年

【最多優勝回数】
5勝　　　上平　栄道

【連続優勝記録】
2試合連続　　溝渕　洋介　　'06カニトップ杯チャレンジⅠ、セガサミーチャレンジ
　　　　　　　中田慶史郎　　'06PGMシリーズ大日向チャレンジby GMA、PGMシリーズかさぎチャレンジ
　　　　　　　松村　道央　　'07PAR 72 チャレンジカップ、PRGR CUP FINAL
　　　　　　　C・キャンベル　'09猿島JGTOチャレンジⅠ、静ヒルズトミーカップ
　　　　　　　D・チャンド　　'10富士カントリー可児クラブチャレンジカップ、東北やくらいカップ
　　　　　　　河野　祐輝　　'12秋田テレビ・南秋田CC・JGTOチャレンジⅠ、東急那須リゾートJGTOチャレンジⅡ
　　　　　　　秋吉　翔太　　'15セブン・ドリーマーズ・チャレンジ in 米原GC、石川遼 everyone PROJECT Challenge
　　　　　　　ハムジョンウ　'19TIチャレンジ in 東条の森、ディライトワークスASPチャレンジ

【逆転優勝の最多スコア差】
7打差　　　北島　泰介　　'00iiyamaチャレンジ i　　　　　　　　　GCツインフィールズ
　　　　　　市原　建彦　　'02アイフルチャレンジカップ・オータム　　鯵ヶ沢高原G場高原C
　　　　　　小木曽　喬　　'22エリートグリップチャレンジ　　　　　ゴールデンバレー GC

【優勝と2位の最多スコア差】
8打差　　　浅地　洋佑　　'12ISPS・CHARITYチャレンジ（54H）　　　　鶴舞CC

【予選最下位からの優勝】
　　　　　　北島　泰介　　'00iiyamaチャレンジ i　　　　　　　　　GCツインフィールズ
　　　　　　高橋　朋載　　'05セガサミーチャレンジ　　　　　　　　霞ヶ浦CC
　　　　　　上平　栄道　　'08有田東急JGTOチャレンジⅠ　　　　　有田東急GC
　　　　　　鈴木　亨　　　'13ドラゴンカップ　　　　　　　　　　　千葉夷隅GC

【最年長優勝者】
48歳362日　　佐藤　剛平　　'04東京ドームカップ　　　　　　　　　馬頭後楽園GC＆ホテル

【最年少優勝者】
18歳29日　　　伊藤　誠道　　'13PGA・JGTOチャレンジカップ in 房総　　房総CC房総G場東C

【アマチュア優勝者】
※片山　晋呉　　　'93水戸グリーンオープン　　　　　　　　　　　　水戸グリーンCC
　小平　智　　　　'10鳩山カントリークラブ・GMAチャレンジ　　　　鳩山CC
　杉原　大河　　　'19石川遼 everyone PROJECT Challenge　　　　ロイヤルメドウGC
　河本　力　　　　'21TIチャレンジin東条の森　　　　　　　　　　東条の森CC東条C
　蝉川　泰果　　　'22ジャパンクリエイトチャレンジin福岡雷山　　　福岡雷山GC
　髙宮　千聖　　　'22JAPAN PLAYERS CHAMPIONSHIP CHALLENGE in FUKUI　　越前CC
　山下　勝将　　　'22ダンロップフェニックストーナメントチャレンジ in ふくしま　グランディ那須白河GC
※片山の優勝時はグローイングツアー

【最長プレーオフ】
6ホール　　貴田　和宏　　'09麻倉JGTOチャレンジⅢ
　　　　　　河野　祐輝　　'18JGTO Novil FINAL

【最多人数によるプレーオフ】
5人　　　　山添　昌良　　'03PRGR CUP関西（土山陽源／海老根文博／三橋達也／舘野成毅）
　　　　　　牛山　正則　　'04PRGR CUP関西（原田三夫／尾崎智勇／山下和宏／神野浩）
　　　　　　森田　徹　　　'12elite grips・JGTOチャレンジⅣ（神山隆志／塚田陽亮／貴田和宏／川岸良兼）

【アマチュア最年少出場者】
11歳72日　　清水蔵之介　　'16セブン・ドリーマーズ・チャレンジ in 米原GC　　米原GC

【アマチュア最年少予選通過者】
13歳82日　　森杉　大地　　'06GDOチャレンジカップ　　　　　　　　　　　静ヒルズCC

【年間最多獲得賞金額】
10,922,467円　久常　涼　　2020－21年

【ABEMAツアー最長コース】
8,024ヤード　　ザ・ロイヤルGC　'17ザ・ロイヤルゴルフクラブチャレンジ（パー72）

【女子のABEMAツアー参戦】
　小川　あい　　'05カニトップ杯チャレンジ
ⓐ山村　彩恵　　'06エバーライフカップチャレンジ
ⓐ石山　千晶　　'09サンロイヤルGCカップ
　横峯さくら　　'18Novil Cup
　宮里　美香　　'18 i Golf Shaper Challenge in 筑紫ヶ丘、南秋田CCみちのくチャレンジ
　工藤　遥加　　'19 i Golf Shaper Challenge in 筑紫ヶ丘、ジャパンクリエイトチャレンジ in福岡雷山
　川﨑　志穂　　'19 i Golf Shaper Challenge in 筑紫ヶ丘
　服部　真夕　　'19南秋田CCみちのくチャレンジ
ⓐ垣　優菜　　'19大山どりカップ
　三浦　桃香　　'20PGM Challenge Ⅱ、20ディライトワークスチャレンジ
　幡野　夏生　　'20PGM Challenge Ⅱ
　押尾　紗樹　　'21i Golf Shaper Challenge in 筑紫ヶ丘
　金宮みかど　　'21大山どりカップ
　泉田　琴菜　　'21南秋田CCみちのくチャレンジ
ⓐはアマチュア

ABEMAツアー歴代賞金王と年間最多勝利選手

1999 ～ 2022年

年度	賞金ランキング 第1位	獲得賞金額 （円）	年間 勝利数	年間最多勝利選手（タイ含む）
1999年	牧坂　考作	3,461,294	1勝	複数優勝者ナシ
2000年	小林　正則	3,851,250	2勝	2勝＝小林正則
2001年	S・K・ホ	5,150,264	3勝	3勝＝S・K・ホ
2002年	市原　建彦	4,124,935	2勝	2勝＝市原建彦
2003年	上平　栄道	3,082,833	1勝	複数優勝者ナシ
2004年	木村　佳昭	4,199,650	1勝	複数優勝者ナシ
2005年	井手口正一	5,070,263	2勝	2勝＝井手口正一、梶川武志、谷昭範
2006年	小野　貴樹	7,710,069	2勝	2勝＝小野貴樹、溝渕洋介、中田慶史郎
2007年	松村　道央	6,685,183	2勝	2勝＝松村道央、横田真一
2008年	上平　栄道	6,329,033	2勝	2勝＝上平栄道、野仲茂
2009年	C・キャンベル	6,136,154	2勝	2勝＝C・キャンベル、佐藤えいち、貴田和宏
2010年	D・チャンド	4,780,625	2勝	2勝＝D・チャンド
2011年	額賀　辰徳	5,846,275	2勝	2勝＝額賀辰徳
2012年	河野　祐輝	4,607,237	2勝	2勝＝河野祐輝
2013年	K・T・ゴン	5,326,885	2勝	2勝＝K・T・ゴン
2014年	今平　周吾	7,444,288	2勝	2勝＝今平周吾、鈴木亨、P・ウィルソン
2015年	森本　雄	4,479,531	2勝	2勝＝森本雄、秋吉翔太、池村寛世、金子敬一
2016年	塚田　好宣	5,509,115	2勝	2勝＝塚田好宣、丸山大輔、中里光之介
2017年	大槻　智春	3,787,591	1勝	複数優勝者ナシ
2018年	佐藤　大平	7,256,163	2勝	2勝＝佐藤大平
2019年	白　佳和	6,797,444	2勝	2勝＝白佳和、朴ジュンウォン、ハムジョンウ、T・ベク
'20-21年	久常　涼	10,922,467	3勝	3勝＝久常涼
2022年	大堀裕次郎	7,798,551	2勝	2勝＝大堀裕次郎、小木曽喬

年度別ABEMAツアー賞金総額・トーナメント数　推移表

年度	試合数	賞金総額（円）
1985年	2	24,000,000
1986年	2	24,000,000
1987年	3	38,000,000
1988年	3	42,000,000
1989年	6	87,000,000
1990年	8	120,000,000
1991年	10	150,000,000
1992年	10	150,000,000
1993年	10	150,000,000
1994年	9	90,000,000
1995年	11	110,000,000
1996年	12	120,000,000
1997年	14	140,000,000
1998年	14	140,000,000
1999年	11	110,000,000
2000年	12	120,000,000
2001年	13	130,000,000
2002年	11	110,000,000
2003年	11	110,000,000
2004年	10	110,000,000
2005年	13	140,000,000
2006年	16	180,000,000
2007年	11	156,000,000
2008年	10	131,000,000
2009年	11	128,000,000
2010年	11	120,000,000
2011年	10	110,000,000
2012年	13	145,000,000
2013年	15	168,000,000
2014年	16	178,000,000
2015年	17	181,000,000
2016年	15	161,000,000
2017年	12	131,000,000
2018年	12	185,000,000
2019年	15	226,000,000
'20 - '21年	16	256,000,000
2022年	14	226,000,000

ABEMAツアー

チャレンジトーナメント

年度	氏　名	記録	開催コース

●ISPS HANDA 燃える闘魂!! チャレンジカップ

ISPS CHARITYチャレンジトーナメント
2012	浅地　洋佑	199-65・69・65	……鶴舞・西
2013	永松　宏之	197-63・70・64	…ジャパンPGA
2014	秋吉　翔太	194-64・66・64	……静岡・浜岡

ISPSハンダグローバルチャレンジカップ
2015	野仲　　茂	205-76・65・64	…オークビレッジ
2016	中里光之介	202-69・64・69	……鶴舞・東
2017	松原　大輔	135-66・69	……………裾野

ISPS HANDA 燃える闘魂!! チャレンジカップ
2018	木下　稜介	202-67・63・72	……鶴舞・東

●アイフルチャレンジカップ
1998	(春)植田浩史	138-73・65	……小野グランド
	(秋)北島泰介	137-70・67	……ジャパンPGA
1999	(春)新関善美	137-71・66	……小野グランド
	(秋)大井手哲	135-66・69	……ジャパンPGA
2000	(春)森田幸春	136-66・70	……小野グランド
	(秋)福澤義光	135-65・70	……ザ・グリーンブライヤー ウェストヴィレッジ
2001	(春)井上　信	134-67・67	……小野グランド
	(秋)飯島博明	138-67・71	……ザ・グリーンブライヤー ウェストヴィレッジ
2002	(春)広田　悟	132-66・66	……小野グランド
	(秋)市原建彦	138-71・67	……鰺ヶ沢高原
2003	(春)谷口拓也	131-66・65	……小野グランド
	(秋)上平栄道	136-68・68	……鰺ヶ沢高原

●麻倉JGTOチャレンジⅢ
2009	貴田　和宏	136-68・68	………………麻倉

●アンダーセンコンサルティング
1998	乗竹　正和	67	……TPC水戸後楽園

●インペリアルグローイングオープン
1989	坂下　定夫	137-65・72	………………大厚木

●エバーライフカップチャレンジ
2006	小野　貴樹	136-69・67	………………玄海
2007	横田　真一	133-64・69	…ザ・クィーンズヒル
2008	池田　勇太	133-65・68	…ザ・クィーンズヒル
2009	貴田　和宏	134-69・65	………夜須高原

●elite grips・JGTOチャレンジⅣ
2012	森田　　徹	135-66・69	…COCOPA白山ヴィレッジ・クイーン

●カニトップ杯チャレンジ
2003	Ⅰ市原弘大	135-70・65	………………杜の都
	Ⅱ小川卓哉	137-70・67	………………杜の都
2004	木村　佳昭	205-67・67・71	………………杜の都
2005	清田太一郎	212-69・71・72	………………杜の都
2006	Ⅰ溝渕洋介	215-73・72・70	………………杜の都
	Ⅱ大前和也	209-71・67・71	………………杜の都
2007	中島　雅生	211-72・68・71	………………杜の都

●カバヤオハヨーカップ

関東PGAフィランスロピー
1991	河野　和重	135-68・67	……静岡よみうり
1992	植田　浩史	136-69・67	………………南摩城
1993	小嶋　光康	139-71・68	………………南摩城
1994	北島　泰介	138-69・69	………………南摩城
1995	福永　和宏	140-68・72	………………南摩城

関西PGAフィランスロピー
1991	寺田　　寿	139-69・70	…センチュリー吉川
1992	杉山　直也	136-69・67	………………白竜湖
1993	大山　雄三	144-74・70	…松山シーサイド
1994	白潟　英純	136-68・68	………………武生
1995	牧坂　考作	135-65・70	………………武生

カバヤオハヨーカップ
1996	加藤　　仁	134-68・66	………………カバヤ
	佐藤　信人	138-67・71	………伊勢中川
1997	川原　　実	145-75・70	………………富嶽

●きみさらずGL・GMAチャレンジ

鳩山カントリークラブ・GMAチャレンジ
2010	※小平　　智	131-64・67	………………鳩山

きみさらずGL・GMAチャレンジ
2011	近藤　孝宣	140-73・67	………きみさらず
2012	出水田大二郎	135-68・67	………きみさらず

※はアマチュア

★キャスコカップ
2001	大山　　健	136-70・66	………森永高滝
2002	原口日出樹	138-66・72	………森永高滝
2003	サマヌーン・スリロット	133-67・66	………森永高滝

●グッジョブチャレンジ supported by 丸山茂樹ジュニアファンデーション
2015	森本　　雄	133-65・68	…イーグルポイント

●小松カントリーカップ
1997	リチャード・バックウェル	135-68・67	………………小松

●ザ・ロイヤルゴルフクラブチャレンジ
2017	大槻　智春	210-70・71・69	……ザ・ロイヤル

●サンコー 72オープン
1995	手嶋　多一	136-72・64	……サンコー72
1996	岡野　雅之	136-69・67	……サンコー72
1997	冨永　　浩	136-68・68	……サンコー72

●サンロイヤルGCカップ
2008	上平　栄道	130-65・65	……サンロイヤル
2009	佐藤えいち	133-66・67	……サンロイヤル

●GDOチャレンジカップ
2005	谷　　昭範	133-65・68	………宍戸ヒルズ
2006	上田　成人	133-68・65	………静ヒルズ

●JGTO iiyamaチャレンジ

iiyamaチャレンジ
2000	Ⅰ北島　泰介	137-73・64	……GCツインフィールズ
	Ⅱ大山　　健	136-70・66	…………三田C27

JGTO iiyamaチャレンジ

2001　ⅠS・K・ホ　135-68・67　……ワイルドダック
　　　ⅡS・K・ホ　134-66・68　……GCツインフィールズ
2002　Ⅰ池内　信治　135-66・69　……………サンヒルズ
　　　Ⅱ増田　伸洋　133-67・66　………………六石

●JGTO Novil FINAL
2010　朴　星俊　203-68・69・66…ザ・CC・ジャパン
2011　額賀　辰徳　212-72・69・71…ザ・CC・ジャパン
2012　ホ・インヘ　205-67・70・68…ザ・CC・ジャパン
2013　竹谷　佳孝　206-69・66・71…ザ・CC・ジャパン
2014　今平　周吾　137-68・69　…ザ・CC・ジャパン
2015　上平　栄道　135-68・67　…ザ・CC・ジャパン
2016　小木　曽喬　135-65・70　…ザ・CC・ジャパン
2017　岩元　洋祐　65-65　…ザ・CC・ジャパン
2018　河野　祐輝　197-65・68・64　…取手国際GC東
2019　白　佳和　129-63・66　……取手国際GC東

●静ヒルズトミーカップ
BMWチャレンジカップ
2007　鈴木　一徳　203-67・67・69…………静ヒルズ
静ヒルズトミーカップ
2008　内藤寛太郎　199-66・68・65…………静ヒルズ
2009　クリス・キャンベル　205-71・70・64…………静ヒルズ
2010　すし　石垣　203-67・69・67…………静ヒルズ
2011　朴本　晃一　201-66・66・69…………静ヒルズ
2012　朴本　晃一　202-73・64・65…………静ヒルズ

●信和ゴルフクラシック
1999　高橋　竜彦　138-69・69…ゴールデンバレー
2000　高崎　龍雄　138-70・68…信楽・杉山
2001　飯島　博明　137-68・69…………………瑞陵

●スポーツ振興オープン
1987　甲斐　俊光　142-74・68…………………泉佐野
1988　礒崎　功　140-72・68…………………泉佐野
1989　津田　徹哉　142-71・71…………………泉佐野
1990　中川　敏明　141-75・66…………………泉佐野
1991　初見　充宣　142-68・74…………………泉佐野
1992　合田　洋　137-71・66…………………播磨
1993　ウェイン・スミス　137-67・70…スポーツ振興津山

●SRIXON／Cleveland Golf チャレンジ
SRIXONチャレンジ
2006　小野　貴樹　138-69・69…太平洋アソシエイツ益子
2007　杉原　敏一　133-69・64…………………南山
2008　野仲　茂　137-70・67…有馬ロイヤル・ロイヤル
2009　森田　徹　133-68・65…………九州・八幡
2010　前粟蔵俊太　131-65・66…………………東蔵王
SRIXON／Cleveland Golfチャレンジ
2011　萩森　英道　139-69・70………オークウッド

●セガサミーチャレンジ
2005　髙橋　朋載　133-70・63…………………霞ヶ浦
2006　溝渕　洋介　132-65・67…………………霞ヶ浦
2007　水巻　善典　131-68・63…セゴビアGCイン・チヨダ

●セブン・ドリーマーズ・チャレンジ in 米原GC
Seven dreamers challenge in Yonehara GC
2014　稲森　佑貴　132-66・66…………………米原
2015　秋吉　翔太　68-68…………………米原
セブン・ドリーマーズ・チャレンジ in 米原GC
2016　丸山　大輔　192-66・62・64…………………米原

●大山GC・JGTOチャレンジⅡ
PGA・JGTOチャレンジⅡ
2005　崔　正圭　135-68・67　……………千成GC
2006　ドンファン　132-63・69　……………千成GC
猿島JGTOチャレンジⅡ
2007　冨山　聡　136-70・66　……………猿島CC
望月東急JGTOチャレンジⅡ
2008　野仲　茂　133-67・66　……望月東急GC
2009　高山　準平　131-67・64　……望月東急GC
五浦庭園JGTOチャレンジⅡ
2010　小泉　洋人　64-64　……………五浦庭園CC
東松苑GC・JGTOチャレンジⅡ
2011　弘井　太郎　129-63・66　………東松苑GC
東急那須リゾートJGTOチャレンジⅡ
2012　河野　祐輝　130-65・65　………那須国際CC
大山GC・JGTOチャレンジⅡ
2013　河村　雅之　133-66・67　…………………大山GC

●ダイワカップ秋田オープン
1998　堤　隆志　65……………ノースハンプトン

●ダイワカップ高知オープン
1997　桧垣　豪　136-66・70……………………土佐
1998　杉山　直也　137-71・66　……グリーンフィール

●ダイワカップ山梨オープン
1996　稲垣　太成　140-70・70…ダイワヴィンテージ
1997　佐野　修一　142-71・71…ダイワヴィンテージ
1998　新関　善美　138-70・68…ダイワヴィンテージ

●ツインフィールズカップ
1996　佐々木　均　133-67・66…ツインフィールズ
1997　藤田　寛之　137-72・65…ツインフィールズ
1998　堺谷　和将　133-68・65…ツインフィールズ

●TIチャレンジ in 東条の森
2019　ハムジョンウ　202-71・67・64…東条の森CC東条
TIチャレンジ
2020　大田和桂介　201-69・68・64…………草津CC
TIチャレンジ in 東条の森
2021※河本　力　204-71・69・64…東条の森CC東
※はアマチュア

●ディライトワークスチャレンジ
ディライトワークスASPチャレンジ
2019　ハムジョンウ　198-66・65・67…太平洋C益子PGA
ディライトワークスチャレンジ
2020　小袋　秀人　196-67・68・61…取手国際GC東

●デサントチャレンジカップ
1999　牧坂　考作　137-68・69……ツインフィールズ

●東京ドームカップ
後楽園カップ
1989　①中川　敏明　137-70・67…TPC馬頭後楽園
　　　②エドアルド・エレラ　135-67・68…TPC馬頭後楽園
1990　①佐藤　英之　139-70・69…TPC馬頭後楽園
　　　②西川　哲　138-70・68…札幌後楽園CC
　　　③新井　真一　139-69・70…TPC馬頭後楽園
　　　④福沢　孝秋　139-67・72…TPC馬頭後楽園
　　　⑤並木　弘道　139-66・73…TPC馬頭後楽園
1991　①松川　武司　133-69・64…TPC馬頭後楽園
　　　②古山　聡　140-68・72…………札幌後楽園
　　　③初見　充宣　136-68・68…TPC馬頭後楽園
　　　④小林富士夫　135-66・69…TPC馬頭後楽園

ABEMAツアー

	⑤町野　治	137-69・68	…TPC馬頭後楽園
1992	①合田　洋	135-70・65	…TPC馬頭後楽園
	②佐々木久行	144-68・76	……札幌後楽園
	③野口裕樹夫	132-70・62	…TPC馬頭後楽園
	④桑原　克典	137-67・70	…TPC馬頭後楽園
	⑤野口裕樹夫	136-67・69	…TPC馬頭後楽園
1993	①磯村　芳幸	138-72・66	…TPC馬頭後楽園
	②服部　純	141-70・71	……札幌後楽園
	③福永　和宏	138-69・69	…TPC馬頭後楽園
	④林　陳漢	141-70・71	……城島後楽園
	⑤深堀圭一郎	136-68・68	…TPC馬頭後楽園
1994	①細川　和彦	135-72・63	…TPC馬頭後楽園
	②中山　徹	136-69・67	……札幌後楽園
	③坂本　義一	132-67・65	…TPC馬頭後楽園
	④中山　徹	138-71・67	……城島後楽園
	⑤文山　義夫	138-68・70	…TPC馬頭後楽園
1995	①佐藤　剛平	138-66・72	…TPC馬頭後楽園
	②田中　秀道	67-67	………札幌後楽園
	③齋藤　義勝	133-67・66	…城島後楽園
	④手嶋　多一	133-67・66	…城島後楽園
	⑤片山　晋呉	137-73・64	…TPC馬頭後楽園
1996	①佐藤　英之	138-68・70	…TPC馬頭後楽園
	②宝力　寿教	139-69・70	……札幌後楽園
	③小川　聡	132-67・65	……城島後楽園
	④加藤　仁	143-73・70	…TPC水戸後楽園
1997	①山本　昭一	139-69・70	…TPC水戸後楽園
	②齋藤　義勝	137-70・67	……札幌後楽園
	③野口裕樹夫	138-69・69	…TPC馬頭後楽園
	④羽野　隆則	132-64・68	…TPC馬頭後楽園
1998	①柳沢　伸祐	67-67	………TPC水戸後楽園
	②原口　鉄也	136-69・67	……札幌後楽園
	③冨田　正行	68-68	………城島後楽園
	④佐藤　剛平	134-69・65	…TPC馬頭後楽園
1999	①井上　雅之	137-69・68	…TPC水戸後楽園
	②菅谷　拓	139-70・69	……札幌後楽園
	③清水　洋一	132-68・64	……城島後楽園
	④赤澤　全彦	134-66・68	…TPC馬頭後楽園
2000	①立山　光広	138-69・69	……城島後楽園
	②田中　一	135-67・68	…TPC馬頭後楽園
	③上田　諭尉	138-70・68	…TPC市原後楽園
2001	①真野　佳晃	132-65・67	……城島後楽園
	②S・K・ホ	67-67	………札幌後楽園
	③グレゴリー・マイヤー	132-64・68	…TPC市原後楽園
2002	①市原　建彦	138-72・66	……城島後楽園
	②ポール・シーハン	132-66・66	…TPC市原後楽園
	③立山　光広	133-70・63	…TPC馬頭後楽園

東京ドームカップ

2003	①福永　和宏	134-66・68	…TPC馬頭後楽園
	②前田　雄大	135-66・69	…TPC市原後楽園
	③髙橋　朋載	130-63・67	…TPC馬頭後楽園
2004	佐藤　剛平	65-65	………馬頭後楽園
2005	谷　昭範	132-64・68	……馬頭後楽園
2006	上平　栄道	131-64・67	……馬頭後楽園

●TOSHIN CHALLENGE IN 名神八日市CC

トーシンチャレンジ

2008	青山　浩嗣	136-72・64	…トーシンレイクウッドGC
2009	木下　裕太	134-67・67	…トーシンレイクウッドGC
2010	遠藤　彰	134-68・66	…トーシンGCセントラル

TOSHIN CHALLENGE IN 名神八日市CC

2019	トッド・ベク	200-64・68・68	…名神八日市CC

●東北やくらいカップ

2010	ディネッシュ・チャンド	133-68・65	…………やくらい

●西野カップオープン

関東国際オープン

1985	杉田　勇	134-68・66	…………関東国際
1986	野村　浄	137-67・70	…………関東国際
1987	川上　実	137-66・71	…………関東国際
1988	金子　柱憲	139-72・67	…………関東国際
1989	佐藤　剛平	137-70・69	…………関東国際
1990	西川　哲	134-65・69	…………関東国際
1991	佐々木久行	138-68・70	…………関東国際
1992	佐々木久行	137-67・70	…………関東国際
1993	林　陳漢	133-66・67	…………関東国際
1994	三嶽　公治	136-67・69	…………関東国際
1995	倉本　泰信	140-69・71	…………関東国際

西野カップインセントラル

1996	渡部　光洋	138-69・69	………セントラル・西
1997	小達　敏昭	137-67・70	………セントラル・東

西野カップオープン

1998	乗竹　正和	141-74・67	………セントラル・西
1999	石垣　聡志	142-69・73	………セントラル・東
2000	野上　浩壱	137-68・69	………セントラル・東

●PAR72チャレンジカップ

2006	佐藤えいち	66-66	…………西那須野
2007	松村　道央	202-65・68・69	…ファイブエイト

●PGA・JGTOチャレンジカップ in 房総

PGA・JGTOチャレンジカップⅠ in 小野東洋

2012	佐藤えいち	134-66・68	…………小野東洋

PGA・JGTOチャレンジカップ in 房総

2013	伊藤　誠道	201-68・68・65	……房総・房総・東
2014	津曲　泰弦	200-66・68・66	……房総・房総・東
2015	金子　敬一	198-65・68・65	……房総・房総・東

●PGA・JGTOチャレンジカップⅡin 房総

2012	小平　智	131-64・67	……房総・房総・東

●PGMシリーズ

2004①若木チャレンジ
　　堀之内　豊　136-65・71　……………若木
②ライオンズチャレンジ by JGTO
　　相澤　敏弘　131-64・67　………ライオンズ
③セゴビアチャレンジ
　　尾崎　智勇　134-67・67　…セゴビアGCインチヨダ
④松島チサンチャレンジ by JGTO
　　清田太一郎　130-68・62　………松島チサン
⑤大日向チャレンジ
　　梶川　武志　134-70・64　………大日向
2005①ワールドチャレンジ
　　梶川　武志　130-68・62　………ワールド
②かさぎチャレンジ by JGTO
　　井手口正一　130-64・66　………かさぎ
③大宝塚チャレンジ
　　ヤング・ナン　135-69・66　………大宝塚
④阿見チャレンジ by JGTO
　　清水　一浩　134-69・65　………阿見
⑤松島チサンチャレンジ
　　梶川　武志　134-67・67　………松島チサン
2006①CCザ・レイクスチャレンジ
　　山崎　慎一　134-68・66　……CCザ・レイクス
②若木チャレンジ by GMA
　　菅谷　拓　132-67・65　……………若木
③サンパーク札幌チャレンジ
　　松本　成太　128-65・63　……サンパーク札幌
④大日向チャレンジby GMA
　　中田慶史郎　132-67・65　……………大日向

⑤かさぎチャレンジ
　中田慶史郎　135-68・67 ……………かさぎ

●久光製薬KBCチャレンジ
　2000　小林　正則　139-71・68 ……ミッションバレー

●ひまわりドラゴンCUP
ドラゴンカップ
　2013　鈴木　亨　130-69・61 …………千葉夷隅
ひまわりドラゴンCUP
　2014　鈴木　亨　131-63・68 …………千葉夷隅
　2015　枞本　晃一　66-66 ………………千葉夷隅
　2016　川上　優大　132-68・64 …………千葉夷隅

●FIDRA Classic
　2016　上井　邦裕　133-68・65 ………………嵐山

●富士カントリー可児クラブチャレンジカップ
　2010　ディネッシュ・チャンド　136-68・68…富士・可児・可児・志野
　2011　白潟　英純　136-68・68…富士・可児・可児・志野
　2012　太田　直己　136-67・69…富士・可児・可児・志野
　2013　近藤　龍一　137-68・69…富士・可児・可児・志野
　2014　鈴木　亨　135-70・65…富士・可児・可児・志野

●富士ホームサービスチャレンジカップ
　2015　大堀裕次郎　129-65・64…富士スタジアム・南
　2016　塚田　好宣　138-66・72…富士スタジアム・南

●PRGR CUP
　1998　佐藤　剛平　134-68・66 ……ロイヤルメドウ
　1999　(東)リチャード・テイト　138-71・67 …ロイヤルメドウ
　　　　(西)中村龍明　138-69・69 ………三田C27
　2000　(東)服部直樹　134-66・68 …ロイヤルメドウ
　　　　(西)小林正則　135-71・64 ………………日野
　2001　(中)矢野　東　67-67 ………………六石
　　　　(西)中村直俊　135-68・67………太平洋・六甲
　　　　(東)矢野　東　136-68・68………西那須野
　2002　(東)山添昌良　146-73・73 …ワイルドダック
　　　　(西)谷原秀人　133-67・66 ……旭国際東條
　2003　(東)金　亨泰　136-64・72 …ワイルドダック
　　　　(西)山添昌良　135-68・67………北六甲・東
　2004　(東)鳴川伸三男　136-68・68 …ワイルドダック
　　　　(西)牛山正則　140-69・71………北六甲・東
　2005　(東)富田雅哉　135-65・70 …ワイルドダック
　　　　(西)井手口圭一　131-68・63………北六甲・東
　2006　重原　啓利　208-69・70・69…ザ・CCグレンモア
　2007　太田　直己　208-72・68・68…オークビレッヂ
　2008　額賀　辰徳　209-70・72・67…オークビレッヂ

●PRGR Novil CUP FINAL
PRGR CUP FINAL
　2007　松村　道央　274-69・70・68・67…GC成田ハイツリー
　2008　飯島　博明　278-68・71・69・70…GC成田ハイツリー
PRGR Novil CUP FINAL
　2009　呂　偉智　264-67・68・66・63…サニーフィールド

●PGM Challenge I
HEIWA・PGM Challenge I～Road to CHAMPIONSHIP
　2013　ポール・シーハン　135-63・72……………かさぎGC
　2014　今平　周吾　134-66・68 ……ライオンズCC
　2015　額賀　辰徳　134-65・69 ………東広島CC北
　2016　貴田　和宏　135-69・66 …………花の木GC
　2017　嘉数　光倫　130-67・63 ……CCザ・レイクス
　2018　近藤　啓介　211-73・70・68 ……鹿島の杜CC
　2019　金　成玹　200-68・68・64…セゴビアGCインチヨダ

PGM Challenge I
　2020　コロナウイルス感染拡大のため中止

●PGM Challenge II
HEIWA・PGM Challenge II～Road to CHAMPIONSHIP
　2013　簗瀬　元気　133-66・67 ……………若木GC
　2014　宮里　聖志　132-67・65 ……………中峰GC
HEIWA・PGM Challenge II in 霞ヶ浦～Road to CHAMPIONSHIP
　2015　金子　敬大　65-65 …………………美浦GC
HEIWA・PGM Challenge II～Road to CHAMPIONSHIP
　2016　中里光之介　136-68・68 ……………桂GC
　2017　姜　志満　129-66・63 ……大山アークCC
　2018　ダッジ・ケマー　198-68・68・62 ……かさぎGC
　2019　トッド・ペク　201-66・66・69 ……………若木GC
PGM Challenge II
　2020　佐藤　太地　197-65・66・66……PGM総成GC

●HEIWA・PGM Challenge III
　2013　桑原　克典　137-71・66…スプリングフィルズ

●房総カントリーカップ
　2009　久保　勝美　138-69・69 ……房総CC房総・東
　2010　中山　正芳　139-69・70 ……房総CC房総・東
　2011　小泉　洋人　132-67・65 ……房総CC房総・東

●マダムシンコチャレンジ
　2014　ピーター・ウィルソン　138-71・67 …………小野東洋

●松ヶ峯オープン
　1995　倉本　泰信　137-69・68 ……………松ヶ峯
　1996　佐藤　信人　136-66・70 ……………松ヶ峯
　1997　山本　昭一　141-68・73 ……………松ヶ峯
　1998　北島　泰介　139-69・70 ……………松ヶ峯

●水戸グリーンオープン
　1985　丸山　智弘　66………………水戸グリーン
　1986　友利　勝良　134-68・66 ……水戸グリーン
　1987　合田　洋　133-64・69 ……水戸グリーン
　1988　青木　基正　131-67・64 ……水戸グリーン
　1989　太田　慶治　135-69・66 ……水戸グリーン
　1990　時任　宏治　135-66・69 ……水戸グリーン
　1991　松永　一成　134-68・66 ……水戸グリーン
　1992　中村　基　139-68・71 ……水戸グリーン
　1993※片山　晋呉　137-68・69 ……水戸グリーン
　1994　伊藤　正己　139-69・70 ……水戸グリーン
　1995　田中　秀道　136-66・70 ……水戸グリーン
　1996　芹沢　大介　140-70・70 ……水戸グリーン
　1997　藤田　寛之　141-70・71 ……水戸グリーン
※はアマチュア

●ミュゼプラチナムチャレンジ
　2015　浅地　洋佑　133-66・67 ………………矢吹

●紫CCすみれ・GMAチャレンジ
　2012　貞方　章男　136-68・68………………紫・すみれ

●ワールドウッドゴルフクラブカップ
　1997　増田　都彦　129-66・63 ……鳳来イーストヒル

2022年度
その他の競技成績

SMBCシンガポールオープン
ZOZO CHAMPIONSHIP
ファイナルQT Supported by SMBCモビット
Hitachi 3Tours Championship

SMBCシンガポールオープン

開催期日	2022年1月20日〜23日	賞金総額	US $1,250,000
競技会場	セントーサGCセラポンC	出場人数	130名
トータル	7,403Y：パー71（36,35）		

前週のシンガポール開催アジアンツアーにおいて特別ビザで入国した選手に新型コロナ対策の行動規範等の違反があり同国政府が特別ビザ発給を停止。多数のJGTメンバーが入国出来なくなったため不利益、不平等を最小限に抑える目的でJGTOは本大会のJGTへの賞金加算を行わない等の決定を下した。【1日目】JGTからの出場は30人。雷雲接近の影響でサスペンデッドに。【2日目】第1Rに続いて行われた第2Rは3人を残して終了。通算9アンダーのS・キムが暫定首位。桂川有人が5打差暫定5位につけた。3日目 S・ケーオカンジャナとS・キムが通算11アンダーで首位。桂川は68で通算7アンダーの4位に。【最終日】ケーオカンジャナが通算13アンダーで優勝。桂川が3バーディ、ボギーなしの68で通算10アンダーとして2位。上位4人に与えられる全英オープン出場権を手にした。

【優勝】サドム・ケーオカンジャナ　271　67・70・65・69　US $225,000

順位	氏名	トータルスコア	1R	2R	3R	4R	賞金額($)
2	桂川 有人	274	68	70	68	68	108,125
	キム・ジュヒョン	274	68	68	69	69	108,125
4	シバン・キム	275	67	66	69	73	62,500
5	文 道燁	277	70	70	71	66	42,833
	ジャリンド・トッド	277	71	72	68	66	42,833
	Veer Ahlawat	277	68	70	70	69	42,833
8	ベン・キャンベル	278	70	70	69	69	30,625
9	小林伸太郎	279	69	68	71	71	22,338
	コウスケ・ハマモト	279	68	71	71	69	22,338
	シブ・カプール	279	71	69	70	69	22,338
	金 飛鳥	279	71	71	66	72	22,338
	ザック・マレー	279	68	73	65	73	22,338
14	Ben Leong	280	71	73	67	69	17,688
	ジャスティン・デロスサントス	280	67	71	71	74	17,688
16	ポール・ケーシー	281	76	68	71	66	14,670
	張 棟圭	281	68	69	73	71	14,670
	マシュー・グリフィン	281	71	69	70	71	14,670
	スビジット・ヨンチャロエンチャイ	281	66	73	70	72	14,670
	リチャード・T・リー	281	73	66	70	72	14,670
	トラビス・スマイス	281	72	70	67	72	14,670
	スティーブ・ルートン	281	68	74	65	74	14,670
23	バヌポール・ピッタヤラット	282	71	72	71	68	11,403
	プロム・ミーサワット	282	73	71	69	69	11,403
	シディクール・ラーマン	282	70	71	71	70	11,403
	竹安 俊也	282	69	73	69	71	11,403
	Chen Guxin	282	72	70	69	71	11,403
	ジェイク・ヒギンボトム	282	71	71	69	71	11,403
	Taehoon Ok	282	66	72	71	73	11,403
	パチャラ・コンワットマイ	282	70	71	68	73	11,403
	岡田 絃希	282	70	69	69	74	11,403
32	イティパット・ブラナタラニット	284	70	71	73	70	9,625
	キム・ホンテク	284	71	73	71	69	9,625
34	ヘン・トゥ	285	69	74	71	71	8,750
	Ratchanon Chantananuwat	285	68	74	72	71	アマチュア
	中里光之介	285	74	71	68	72	8,750
	トレバー・シムズビー	285	71	70	72	72	8,750
	パビット・タンカモルプラスート	285	75	70	70	70	8,750
	ポール・ピーターソン	285	70	74	73	68	8,750
40	大西 魁斗	286	69	71	74	72	7,771
	ダンタイ・ブーマ	286	69	72	70	75	7,771
	Seung Park	286	71	73	72	70	7,771
43	権 成烈	287	69	70	74	74	6,900
	ティラワット・ケーオシリバンディット	287	68	76	70	73	6,900
	ベリー・ヘンソン	287	71	74	69	73	6,900
	ハム・ジョンウ	287	73	71	71	72	6,900
	小林 正則	287	69	73	67	78	6,900
48	Chang Wei-lun	288	69	74	71	74	5,875
	朴 銀信	288	71	73	70	74	5,875
	スンス・ハン	288	69	74	72	73	5,875
	ビラジ・マダッパ	288	71	69	75	73	5,875
	トッド・シノット	288	75	68	73	72	5,875
53	チャリー・ウィ	289	71	70	74	75	4,844
	ナティポン・スリトン	289	71	73	71	74	4,844
	ラシド・カーン	289	72	73	71	73	4,844
	ブーム・サクサンシン	289	71	73	74	71	4,844
57	Christoffer Baumann	290	76	69	71	74	4,375
	篠 優希	290	74	69	76	71	4,375
	ヤンネ・カスケ	290	73	66	68	83	4,375
60	ビョーン・ヘルグレン	291	70	72	70	79	3,875
	岩井 亮磨	291	74	71	71	75	3,875
	浅地 洋佑	291	78	67	72	74	3,875
	デンジャン・コー	291	69	76	73	73	3,875
	ダニエル・フォックス	291	73	72	74	72	3,875
65	セナッパン・ナッカランガッパ	292	73	72	71	76	3,438
	ガン・チャリングン	292	71	71	77	73	3,438
67	小斉平優和	293	69	75	72	77	3,125
	ジャハック・ハッスン	293	73	71	74	75	3,125
	ミゲル・カルバリョ	293	72	73	74	74	3,125
70	アンジェロ・キュー	294	72	68	75	79	2,875
71	ダラー・チア	297	71	73	74	79	2,692
	ミッチェル・スロラチ	297	75	69	74	79	2,692
	ニコラス・ファン	297	73	72	75	77	2,692
74	Nicklaus Chiam	299	69	75	78	77	2,475

145ストローク（+3）までの74名が予選通過

氏　名	トータルスコア	1R	2R
Zach Bauchou	146	71	75
カセンティーブ・コックハー	146	73	73
デービッド・ブランズドン	146	71	75
ジョティ ダウ ジョシ	146	72	74
カーリン シン	146	74	72
大塚　智之	146	73	73
ガビン・グリーン	146	72	74
ロリー・ヒー	146	74	72
ソ・ヨンブ	146	74	72
ゾー・モー	147	71	76
アンドルー・エバンス	147	74	73
ダッジ・ケマー	147	74	73
清水　大成	147	73	74
詹　世昌	147	71	76
Ben Eccles	147	73	74

氏　名	トータルスコア	1R	2R
張　二根	147	75	72
J・ショウ	147	73	74
@Ryan Ang	147	74	73
金　兵俊	147	75	72
内藤寛太郎	148	74	74
Jeremy Wendelken	148	74	74
S. Vikkash Babu	148	72	76
アマン・ラジ	148	74	74
S・S・チャウラシア	148	75	73
T・H・チュー	148	75	73
阿久津未来也	148	73	75
鍋谷　太一	148	76	72
@Justin Kuk	148	78	70
マーク・オン	149	72	77
水野眞惟智	149	76	73

氏　名	トータルスコア	1R	2R
Jesse Yap	149	68	81
ケビン・ラン	149	71	78
アブダル・ハディ フィーラー	149	74	75
マーク・マット ダント	150	73	77
ガルベント・グリーン	150	76	74
Poom Pattarapong	150	74	76
織田　信亮	151	77	74
マイカ・ローレーガン・シン	151	75	76
山浦　一希	151	75	76
関藤　直熙	151	77	74
@Brandon Han	152	74	78
李　尚熹	153	78	75
マーク・カウソェ	153	76	77
Tanapat Pichaikool	154	79	75
@James Gould-Healy	154	80	74

氏　名	トータルスコア	1R	2R
グレゴリー・ラニ	154	75	79
@Daryl Low	155	75	80
@Sean Lee	155	85	70
ラタノン・ワナスリチャン	155	76	79
フランシス・タン	155	78	77
@Nathen Tan	156	81	75
@Brayden Lee	157	75	82
ジーブ・ミルカ・シン	157	81	76
Joshua Andrew Wirawan	157	79	78
Benjamin Follett-Smith	162	82	80
Abhijit Chadha		76	棄

@はアマチュア

※JGTOツアーメンバー18名がシンガポールに入国できなかったため本大会の賞金は加算せず、優勝者へのツアートーナメント出場資格も付与しないことに決定。ただし、アジアンツアーにおける賞金の加算および優勝者への資格付与、また上位4人への2022年全英オープンの出場権の付与は継続。
※新型コロナウイルス感染予防対策のため無観客試合

【歴代優勝者】

年	優勝者	スコア	2位	差	コース	パー／ヤード
2016	宋　永漢	272—70・63・69・70	J・スピース	1	セントーサGCセラポン	71／7398Y
2017	プラヤド・マークセン	275—71・69・68・67	P・コンワットマイ、J・バグンサン、J・クルーガー、宋　永漢	1	セントーサGCセラポン	71／7398Y
2018	セルヒオ・ガルシア	270—66・70・66・68	小平　智、S・ノリス	5	セントーサGCセラポン	71／7398Y
2019	ジャズ・ジェーンワタナノンド	266—68・68・65・65	P・ケーシー、藤本佳則	2	セントーサGCセラポン	71／7403Y
2020	マット・クーチャー	266—66・68・62・70	J・ローズ	3	セントーサGCセラポン	71／7397Y
2021	〈新型コロナウイルス感染拡大のため中止〉					
2022	サドム・ケーオカンジャナ	271—67・70・65・69	桂川有人、キム・ジュヒョン	3	セントーサGCセラポン	71／7403Y

【過去の18ホール最少ストローク】

62（−9）　M・クーチャー　2020年3R　セントーサGCセラポン　PAR71／7397ヤード

その他成績

ZOZO CHAMPIONSHIP

開催期日	2022年10月13日～16日
競技会場	アコーディア・ゴルフ習志野CC
トータル	7,079Y：パー70(34,36)

賞金総額	11,000,000ドル
出場人数	78名
天　候	曇・曇・晴・晴

1日目　日本開催の米国PGAツアー競技。6アンダー64で回ったB・スティールが首位。日本選手では比嘉一貴が3打差6位で最上位につけた。前年優勝の松山英樹は71で41位と出遅れ。2日目　9バーディ、2ボギーの63をマークした中島啓太が通算7アンダーとして29位から日本勢最上位の5位に急浮上。通算10アンダーの首位はA・パットナムとR・ファウラー。3日目　13位につけていた久常涼が6バーディ、1ボギーの65で回り通算9アンダーの8位に上昇。中島は69にとどまり14位に後退した。首位は通算14アンダーのファウラー。最終日　1打差2位でスタートしたK・ブラッドリーが2つスコアを伸ばして通算15アンダーで逆転。米国PGAツアー5勝目を飾った。日本勢は通算9アンダーで終えた中島と久常の12位が最上位。松山は通算3アンダーの40位に終わった。

【優勝】キーガン・ブラッドリー　265　66・65・66・68　1,980,000ドル

順位	氏　名	トータルスコア	1R	2R	3R	4R	賞金額($)
2	リッキー・ファウラー	266	67	63	66	70	968,000
	アンドリュー・パットナム	266	68	62	68	68	968,000
4	エミリアノ・グリジョ	267	70	68	65	64	528,000
5	サヒス・シーガラ	268	71	67	63	67	401,500
	ビクトル・ホブラン	268	69	66	64	69	401,500
	ハイデン・バックレイ	268	68	68	64	68	401,500
8	キャメロン・チャンプ	269	69	67	64	69	341,000
9	サンダー・シャウフェレ	270	67	69	69	65	297,000
	マニ・ニスミ	270	66	68	67	69	297,000
	トム・ホジー	270	69	66	67	68	297,000
12	マーベリック・マクネリ	271	67	69	64	71	222,310
	テイラー・ムーァ	271	70	66	65	70	222,310
	久常　涼	271	69	67	65	70	222,310
	中島　啓太	271	70	63	69	69	222,310
16	ウィンダム・クラーク	272	71	66	68	67	151,674
	パトリック・ロジャース	272	71	65	69	67	151,674
	ボウ・ホスラー	272	68	68	66	70	151,674
	堀川未来夢	272	73	68	66	65	151,674
	小平　智	272	70	66	69	67	151,674
	アダム・シェンク	272	65	70	68	69	151,674
	ジョエル・ダーメン	272	66	67	68	71	151,674
23	リー・ホッジス	273	73	64	69	67	107,360
	マッケンジー・ヒューズ	273	70	68	67	68	107,360
25	J・J・スポーン	274	71	67	68	68	85,085
	トム・キム	274	70	66	69	69	85,085
	コーリーズ・コナーズ	274	73	67	67	67	85,085
	アレックス・スモーリー	274	68	69	67	70	85,085
29	デイランテ・リー	275	71	68	68	68	65,796
	ブルーク・リスト	275	69	66	68	72	65,796
	カート・キタヤマ	275	69	71	70	65	65,796
	イム・ソンジェ	275	71	68	70	66	65,796
	クリスチャン・ベゾイデンハウト	275	68	73	66	68	65,796
	ブランドン・ウー	275	68	69	66	72	65,796
	キャメロン・デービス	275	70	67	69	69	65,796
36	比嘉　一貴	276	67	70	70	69	50,298
	サム・ライダー	276	66	69	67	74	50,298
	アーロン・ライ	276	71	66	70	69	50,298
	セバスチャン・ムニョス	276	72	67	68	69	50,298
40	ブレンデン・スティール	277	64	73	67	73	40,260
	シュテファン・イェーガー	277	69	73	65	70	40,260
	デービッド・リプスキー	277	69	69	69	70	40,260
	スコット・ストーリングス	277	73	66	69	69	40,260
	松山　英樹	277	71	69	66	71	40,260
45	ジョン・ハー	278	71	61	72	74	27,638
	キム・シウー	278	71	66	69	72	27,638
	マーティン・レアード	278	75	66	66	71	27,638
	セップ・ストイカ	278	72	68	68	70	27,638
	ミト・ペレイラ	278	67	77	66	68	27,638
	チェズ・リービー	278	74	66	67	71	27,638
	ティレル・ハットン	278	70	70	70	68	27,638
	コリ・モリカワ	278	71	64	73	70	27,638
53	アダム・ロング	279	68	68	68	75	22,587
	トミー・フリートウッド	279	70	71	69	69	22,587
	キャメロン・ヤング	279	70	67	72	70	22,587
	金谷　拓実	279	72	67	70	70	22,587
	ダニー・リー	279	68	75	65	71	22,587
	桂川　有人	279	69	70	73	67	22,587
59	パン・チェンツェン	280	71	67	69	73	21,340
	イ・キョンフン	280	71	68	69	72	21,340
	ルーカス・ハーバート	280	74	72	71	63	21,340
	星野　陸也	280	73	70	69	68	21,340
	アダム・スベンソン	280	71	68	70	71	21,340
64	片岡　尚之	281	74	68	71	68	20,570
	マット・ウォレス	281	72	70	69	70	20,570
66	マーク・ハバード	282	71	71	69	71	20,240
67	岩﨑亜久里	283	76	69	70	68	19,910
	デービス・ライリー	283	75	67	67	74	19,910
69	岩田　寛	284	70	67	69	74	19,470
		284	70	73	71	70	19,470
71	トロイ・メリット	285	68	71	71	75	19,140
72	ピーター・マルナチ	287	71	73	76	67	18,810
	河本　力	287	72	75	69	71	18,810
74	ラッセル・ノックス	288	71	73	71	73	18,370
	ケビン・ストリールマン	288	74	71	70	73	18,370

76 大西　魁斗　289　72　73　72　72　　18,040　　78 今平　周吾　293　78　70　73　72　　17,600
77 大槻　智春　290　76　69　73　72　　17,820

【歴代優勝者】

年	優勝者	スコア	2位	差	コース	パー／ヤード
2019	タイガー・ウッズ	261—64・64・66・67	松山英樹	3	ｱｺｰﾃﾞｨｱ・ｺﾞﾙﾌ習志野CC	70／7041Y
2020	パトリック・カントレー	265—67・65・68・65	J・トーマス、J・ラーム	1	シャーウッドCC（米国）	72／7073Y
2021	松山英樹	265—64・68・68・65	C・トリンガーリ、B・スティール	5	ｱｺｰﾃﾞｨｱ・ｺﾞﾙﾌ習志野CC	70／7041Y
2022	キーガン・ブラッドリー	265—66・65・66・68	R・ファウラー、A・パットナム	1	ｱｺｰﾃﾞｨｱ・ｺﾞﾙﾌ習志野CC	70／7079Y

その他成績

ファイナルQT Supported by SMBCモビット

開催期日	2022年12月6日〜9日
競技会場	トム・ワトソンGC
トータル	6,984Y：パー72（36,36）
出場人数	94名

賞金総額	4,955,000円
特別賞金総額	5,200,000円
天　候	晴・晴・晴・晴後曇

8〜10月のファーストQT、10〜11月のセカンドQT、11〜12月のサードQTを経て12月6日より4日間でファイナルQTが行われた。

第1Rは68で回った宇喜多飛翔、海老根文博、武藤俊憲、石過功一郎、坂本隆一の5人が首位に並ぶ。

第2Rでツアー7勝の武藤が67をマークし、通算9アンダーの単独首位に出る。2打差2位には安森一貴がついた。

第3Rを終えて通算8アンダーで首位に立ったのは竹谷佳孝とファーストQTから勝ち上がってきた坂本。プロ転向したばかりの宇喜多と武藤、西岡宏晃、前田光史朗の計4人が1打差3位に並んだ。最終Rは5打差16位にいた篠優希が10バーディ、ボギーなしの62を叩き出して大逆転優勝。2023年ツアーの1年間出場権を得た。2位は武藤、3位は竹谷。2012年賞金王で26年ぶりQT出場の藤田寛之は57位だった。

【優勝】篠　優希　275　70・72・71・62　2,000,000円（特別賞金1,000,000円含む）

順位	氏　名	トータルスコア	1R	2R	3R	4R	賞金額（円）	特別賞金額
2	武藤　俊憲	278	68	67	74	69	500,000	500,000
3	竹谷　佳孝	278	71	69	68	70	500,000	300,000
4	伴　真太郎	279	71	72	69	67	170,000	200,000
5	海老根文博	279	68	71	73	67	170,000	200,000
6	坂本　雄介	279	69	70	72	68	170,000	200,000
7	米澤　蓮	279	71	70	69	69	170,000	200,000
8	細野　勇策	280	73	69	69	69	60,000	200,000
9	平本　穏	281	70	72	72	67	40,000	200,000
10	砂川　公佑	281	71	70	72	68	40,000	200,000
11	前田光史朗	281	73	66	70	72	40,000	200,000
12	安森　一貴	282	69	68	76	69	30,000	200,000
13	小浦　和也	282	70	71	69	72	30,000	200,000
14	岡村　了	283	74	75	66	68	29,375	200,000
15	S・J・パク	283	72	71	72	68	29,375	200,000
16	内藤寛太郎	283	72	69	74	68	29,375	200,000
17	石過功一郎	283	68	76	69	70	29,375	200,000
18	アンドルー・エバンス	283	70	69	74	70	29,375	200,000
19	ディラン・ペリー	283	73	71	68	71	29,375	200,000
20	三島　泰哉	283	75	71	65	72	29,375	200,000
21	西岡　宏晃	283	72	69	68	74	29,375	
22	勝亦　悠斗	284	76	71	71	66	25,000	
23	安本　大祐	284	75	71	71	67	25,000	
24	阿部　裕樹	284	75	70	71	68	25,000	
25	鈴木　敬太	284	71	74	69	70	25,000	
26	ガン・チャルングン	284	72	71	71	70	25,000	
27	金田　直之	284	71	71	72	70	25,000	
28	徳元　中	284	73	68	72	71	25,000	
29	中西　直人	285	71	73	70	71	25,000	
30	鈴木　晃祐	285	76	68	69	72	25,000	
31	佐藤　太地	286	77	70	71	68	25,000	
32	河合　庄司	286	69	71	76	70	25,000	
33	アダム・ブランド	286	75	72	68	71	25,000	
34	新田　哲大	286	71	71	70	74	25,000	
35	宇喜多飛翔	286	68	72	69	77	25,000	
36	高山　忠洋	287	74	69	76	68	25,000	

順位	氏名	トータルスコア	1R	2R	3R	4R	賞金額(円)	順位	氏名	トータルスコア	1R	2R	3R	4R	賞金額(円)
37	森 祐紀	287	77	71	69	70	25,000	66	池上憲士郎	292	74	68	74	76	25,000
38	塩見 好輝	287	73	75	69	70	25,000	67	照屋佑唯智	293	74	76	74	69	25,000
39	ジェイ・チョイ	287	73	73	71	70	25,000	68	マシラーシ グリラーシ	293	76	75	71	71	25,000
40	青山 晃大	287	70	76	70	71	25,000	69	木村 太一	293	74	76	71	72	25,000
41	森本 雄	287	70	72	71	74	25,000	70	加藤 輝	293	76	75	69	73	25,000
42	坂本 隆一	287	68	70	70	79	25,000	71	植田 晃大	293	73	73	73	74	25,000
43	陳 顧新	288	74	72	75	67	25,000	72	大田和桂介	293	71	74	73	75	25,000
44	織田 信亮	288	74	72	74	68	25,000	73	石塚 祥利	294	73	74	73	74	25,000
45	黒木 紀至	288	74	72	69	73	25,000	74	額賀 辰徳	295	74	70	72	79	25,000
46	杉原 大河	288	75	75	64	74	25,000	75	タンヤゴーン・クロンパ	296	76	71	78	71	25,000
47	生源寺龍憲	288	75	70	69	74	25,000	76	森 雄貴	296	77	71	73	75	25,000
48	富村 真治	288	71	70	73	74	25,000	77	小袋 秀人	297	75	73	78	71	25,000
49	マイケル・ヘンドリー	289	75	74	70	70	25,000	78	長谷川祥平	297	76	71	78	72	25,000
50	高野 碧輝	289	76	70	73	70	25,000	79	薗田 峻輔	297	81	74	68	74	25,000
51	前粟藏俊太	289	72	73	74	70	25,000	80	馬渡 清也	297	75	77	66	79	25,000
52	リチャード・ジョン	289	74	69	73	73	25,000	81	三重野里斗	298	78	75	72	73	25,000
53	竹山 昂成	289	70	70	76	73	25,000	82	香川 凜央	298	73	76	70	79	25,000
54	白 佳和	289	74	71	70	74	25,000	83	中道 洋平	299	75	75	72	77	25,000
55	近藤 啓介	289	75	68	71	75	25,000	84	グラント・ゴッドフリィ	300	77	76	73	74	25,000
56	手嶋 多一	290	75	71	72	72	25,000	85	作田 大地	300	76	73	77	74	25,000
57	藤田 寛之	290	71	75	72	72	25,000	86	黒﨑 蓮	301	79	74	74	74	25,000
58	福永 安伸	290	74	76	67	73	25,000	87	櫻井 隆輔	301	77	75	74	75	25,000
59	平本 世中	290	74	73	70	73	25,000	88	佐藤 圭介	302	78	79	74	71	25,000
60	高柳 直人	291	73	75	73	70	25,000	89	矢野 東	302	75	78	69	80	25,000
61	石渡 和輝	291	72	73	74	72	25,000	90	古川 雄大	303	76	72	79	76	25,000
62	秋吉 翔太	291	73	73	70	75	25,000	91	玉城 海伍	303	72	76	77	78	25,000
63	木下 康平	291	71	69	75	76	25,000	92	高花 翔太	306	78	78	76	74	25,000
64	小斉平優和	292	78	71	70	73	25,000	93	田中章太郎	308	72	81	79	76	25,000
65	大下 勇	292	73	72	73	74	25,000		新村 駿		78	77	棄		

【同スコアの場合の順位決定方法】

・第4R→第3R→第2R→第1Rからのカウントバックにより順位を決定する。

年	1位通過者	スコア	ファイナルQT 出場人数	ファイナルQT 通過人数	QT出場人数	コース
1999	水巻善典	416	240	103	1,422	UMK CC
2000	近藤智弘	412	204	94	1,899	UMK CC・青島GC
2001	国吉博一	412	204	93	2,131	UMK CC・青島GC
2002	谷原秀人	424	214	92	2,127	Kochi黒潮CC
2003	Y・E・ヤン	423	216	91	2,104	Kochi黒潮CC
2004	前田雄大	419	208	100	2,054	Kochi黒潮CC
2005	F・ミノザ	416	210	112	2,164	グランドチャンピオンGC くまもと中央CC
2006	岩崎幸司	411	201	103	2,643	セントラルGC
2007	D・チャンド	414	196	94	2,617	セントラルGC
2008	秋葉真一	410	194	91	1,785	セントラルGC
2009	K・バーンズ	416	191	96	1,662	セントラルGC
2010	桑原克典	408	184	105	1,574	セントラルGC
2011	李　京勲	417	208	99	1,568	COCOPA RESORT CLUB 白山ヴィレッジGC
2012	李　尚熹	411	222	105	1,632	COCOPA RESORT CLUB 白山ヴィレッジGC
2013	重永亜斗夢	415	202	94	1,658	COCOPA RESORT CLUB 白山ヴィレッジGC
2014	C・キム	410	196	97	1,558	COCOPA RESORT CLUB 白山ヴィレッジGC
2015	S・ハン	408	178	98	1,470	COCOPA RESORT CLUB 白山ヴィレッジGC
2016	星野陸也	401	198	97	1,467	COCOPA RESORT CLUB 白山ヴィレッジGC
2017	Y・E・ヤン	409	202	90	1,412	セントラルGC
2018	R・ジョン	403	191	93	1,307	セントラルGC
2019	趙　珉珪	397	198	106	1,299	セントラルGC
2020	矢野　東	281	78		639	ザ・ロイヤルGC
2021	A・エバンス	280	93		1,024	トム・ワトソンGC
2022	篠　優希	275	94		1,146	トム・ワトソンGC

【歴代1位通過者】

※2008年以降、QT出場人数は同一通過者を除く

Hitachi 3Tours Championship 2022

開催期日　2022年12月11日　　　　出場人数　各チーム6名
競技会場　大栄CC　　　　　　　　天候　曇
賞金総額　57,000,000円

【優勝】　JGTOチーム　21ポイント

★ファーストステージ　ベストボール方式のダブルス戦

チーム	第1組		スコア	ポイント	第2組		スコア	ポイント	第3組		スコア	ポイント	合計
JGTO	河本　　力	蝉川　泰果	−6	3	桂川　有人	大西　魁斗	−5	2	比嘉　一貴	星野　陸也	−7	4	9
PGA	兼本　貴司	藤田　寛之	−6	3	深堀圭一郎	鈴木　亨	−4	0	P・マークセン	塚田　好宣	−3	0	3
LPGA	堀　琴音	稲見　萌寧	−5	0	小祝さくら	山下美夢有	−6	4	菅沼　菜々	吉田　優利	−6	2	6

★セカンドステージ　オルタネート方式のダブルス戦

チーム	第1組		スコア	ポイント	第2組		スコア	ポイント	第3組		スコア	ポイント	合計
JGTO	大西　魁斗	蝉川　泰果	−1	4	星野　陸也	桂川　有人	+1	2	比嘉　一貴	河本　　力	−2	6	12
PGA	兼本　貴司	藤田　寛之	−1	4	深堀圭一郎	鈴木　亨	0	4	P・マークセン	塚田　好宣	0	3	11
LPGA	稲見　萌寧	小祝さくら	−1	4	吉田　優利	堀　琴音	−1	6	菅沼　菜々	山下美夢有	0	3	13

1位　JGTOチーム　21ポイント　3,000万円
2位　LPGAチーム　19ポイント　1,500万円
3位　PGAチーム　14ポイント　1,200万円
大会MVP　比嘉　一貴

★チャリティー累計金額（'05〜'21）　401,926,915円

その他成績

海外の記録

4大メジャー競技歴代優勝者
日本人選手全成績
4大メジャー競技出場資格
ワールドカップ歴代優勝者
世界に挑んだ日本人選手の足あと

マスターズ歴代優勝者

年	氏　　名	ストローク	年	氏　　名	ストローク
1934	Horton Smith	284 - 70 - 72 - 70 - 72	1980	Seve Ballesteros	275 - 66 - 69 - 68 - 72
1935	Gene Sarazen	282 - 68 - 71 - 73 - 70	1981	Tom Watson	280 - 71 - 68 - 70 - 71
1936	Horton Smith	285 - 74 - 71 - 68 - 72	1982	Craig Stadler	284 - 75 - 69 - 67 - 73
1937	Byron Nelson	283 - 66 - 72 - 75 - 70	1983	Seve Ballesteros	280 - 68 - 70 - 73 - 69
1938	Henry Picard	285 - 71 - 72 - 72 - 70	1984	Ben Crenshaw	277 - 67 - 72 - 70 - 68
1939	Ralph Guldahl	279 - 72 - 68 - 70 - 69	1985	Bernhard Langer	282 - 72 - 74 - 68 - 68
1940	Jimmy Demaret	280 - 67 - 72 - 70 - 71	1986	Jack Nicklaus	279 - 74 - 71 - 69 - 65
1941	Craig Wood	280 - 66 - 71 - 71 - 72	1987	Larry Mize	285 - 70 - 72 - 72 - 71
1942	Byron Nelson	280 - 68 - 67 - 72 - 73	1988	Sandy Lyle	281 - 71 - 67 - 72 - 71
1943-1945	第二次大戦で中止		1989	Nick Faldo	283 - 68 - 73 - 77 - 65
1946	Herman Keiser	282 - 69 - 68 - 71 - 74	1990	Nick Faldo	278 - 71 - 72 - 66 - 69
1947	Jimmy Demaret	281 - 69 - 71 - 70 - 71	1991	Ian Woosnam	277 - 72 - 66 - 67 - 72
1948	Claude Harmon	279 - 70 - 70 - 69 - 70	1992	Fred Couples	275 - 69 - 67 - 69 - 70
1949	Sam Snead	282 - 73 - 75 - 67 - 67	1993	Bernhard Langer	277 - 68 - 70 - 69 - 70
1950	Jimmy Demaret	283 - 70 - 72 - 72 - 69	1994	Jose Maria Olazabal	279 - 74 - 67 - 69 - 69
1951	Ben Hogan	280 - 70 - 72 - 70 - 68	1995	Ben Crenshaw	274 - 70 - 67 - 69 - 68
1952	Sam Snead	286 - 70 - 67 - 77 - 72	1996	Nick Faldo	276 - 69 - 67 - 73 - 67
1953	Ben Hogan	274 - 70 - 69 - 66 - 69	1997	Tiger Woods	270 - 70 - 66 - 65 - 69
1954	Sam Snead	289 - 74 - 73 - 70 - 72	1998	Mark O'Meara	279 - 74 - 70 - 68 - 67
1955	Cary Middlecoff	279 - 72 - 65 - 72 - 70	1999	Jose Maria Olazabal	280 - 70 - 66 - 73 - 71
1956	Jack Burke, Jr.	289 - 72 - 71 - 75 - 71	2000	Vijay Singh	278 - 72 - 67 - 70 - 69
1957	Doug Ford	283 - 72 - 73 - 72 - 66	2001	Tiger Woods	272 - 70 - 66 - 68 - 68
1958	Arnold Palmer	284 - 70 - 73 - 68 - 73	2002	Tiger Woods	276 - 70 - 69 - 66 - 71
1959	Art Wall, Jr.	284 - 73 - 74 - 71 - 66	2003	Mike Weir	281 - 70 - 68 - 75 - 68
1960	Arnold Palmer	282 - 67 - 73 - 72 - 70	2004	Phil Mickelson	279 - 72 - 69 - 69 - 69
1961	Gary Player	280 - 69 - 68 - 69 - 74	2005	Tiger Woods	276 - 74 - 66 - 65 - 71
1962	Arnold Palmer	280 - 70 - 66 - 69 - 75	2006	Phil Mickelson	281 - 70 - 72 - 70 - 69
1963	Jack Nicklaus	286 - 74 - 66 - 74 - 72	2007	Zach Johnson	289 - 71 - 73 - 76 - 69
1964	Arnold Palmer	276 - 69 - 68 - 69 - 70	2008	Trevor Immelman	280 - 68 - 68 - 69 - 75
1965	Jack Nicklaus	271 - 67 - 71 - 64 - 69	2009	Angel Cabrera	276 - 68 - 68 - 69 - 71
1966	Jack Nicklaus	288 - 68 - 76 - 72 - 72	2010	Phil Mickelson	272 - 67 - 71 - 67 - 67
1967	Gay Brewer, Jr.	280 - 73 - 68 - 72 - 67	2011	Charl Schwartzel	274 - 69 - 71 - 68 - 66
1968	Bob Goalby	277 - 70 - 70 - 71 - 66	2012	Bubba Watson	278 - 69 - 71 - 70 - 68
1969	George Archer	281 - 67 - 73 - 69 - 72	2013	Adam Scott	279 - 69 - 72 - 69 - 69
1970	Billy Casper	279 - 72 - 68 - 68 - 71	2014	Bubba Watson	280 - 69 - 68 - 74 - 69
1971	Charles Coody	279 - 66 - 73 - 70 - 70	2015	Jordan Spieth	270 - 64 - 66 - 70 - 70
1972	Jack Nicklaus	286 - 68 - 71 - 73 - 74	2016	Danny Willett	283 - 70 - 74 - 72 - 67
1973	Tommy Aaron	283 - 68 - 73 - 74 - 68	2017	Sergio Garcia	279 - 71 - 69 - 70 - 69
1974	Gary Player	278 - 71 - 71 - 66 - 70	2018	Patrick Reed	273 - 69 - 66 - 67 - 71
1975	Jack Nicklaus	276 - 68 - 67 - 73 - 68	2019	Tiger Woods	275 - 70 - 68 - 67 - 70
1976	Ray Floyd	271 - 65 - 66 - 70 - 70	＊2020	Dustin Johnson	268 - 65 - 70 - 65 - 68
1977	Tom Watson	276 - 70 - 69 - 70 - 67	2021	松山　英樹	278 - 69 - 71 - 65 - 73
1978	Gary Player	277 - 72 - 72 - 69 - 64	2022	Scottie Scheffler	278 - 69 - 67 - 71 - 71
1979	Fuzzy Zoeller	280 - 70 - 71 - 69 - 70			

＊2020年は新型コロナウイルス感染拡大の影響で11月に開催

全米オープン歴代優勝者

年	氏 名	ストローク	年	氏 名	ストローク
1895	Horace Rawlins	173 – 91 – 82	1962	Jack Nicklaus	283 – 72 – 70 – 72 – 69
1896	James Foulis	152 – 78 – 74	1963	Julius Boros	293 – 71 – 74 – 76 – 72
1897	Joe Lloyd	162 – 83 – 79	1964	Ken Venturi	278 – 72 – 70 – 66 – 70
1898	Fred Herd	328 – 84 – 85 – 75 – 84	1965	Gary Player	282 – 70 – 70 – 71 – 71
1899	Willie Smith	315 – 77 – 82 – 79 – 77	1966	Billy Casper	278 – 69 – 68 – 73 – 68
1900	Harry Vardon	313 – 79 – 78 – 76 – 80	1967	Jack Nicklaus	275 – 71 – 67 – 72 – 65
1901	Willie Anderson	331 – 84 – 83 – 83 – 81	1968	Lee Trevino	275 – 69 – 68 – 69 – 69
1902	Laurie Auchterlonie	307 – 78 – 78 – 74 – 77	1969	Orville Moody	281 – 71 – 70 – 68 – 72
1903	Willie Anderson	307 – 149 – 76 – 82	1970	Tony Jacklin	281 – 71 – 70 – 70 – 70
1904	Willie Anderson	303 – 75 – 78 – 78 – 72	1971	Lee Trevino	280 – 70 – 72 – 69 – 69
1905	Willie Anderson	314 – 81 – 80 – 76 – 77	1972	Jack Nicklaus	290 – 71 – 73 – 72 – 74
1906	Alex Smith	295 – 73 – 74 – 73 – 75	1973	Johnny Miller	279 – 71 – 69 – 76 – 63
1907	Alex Ross	302 – 76 – 74 – 76 – 76	1974	Hale Irwin	287 – 73 – 70 – 71 – 73
1908	Fred McLeod	322 – 82 – 82 – 81 – 77	1975	Lou Graham	287 – 74 – 72 – 68 – 73
1909	George Sargent	290 – 75 – 72 – 72 – 71	1976	Jerry Pate	277 – 71 – 69 – 69 – 68
1910	Alex Smith	298 – 73 – 73 – 79 – 73	1977	Hubert Green	278 – 69 – 67 – 72 – 70
1911	John McDermott	307 – 81 – 72 – 75 – 79	1978	Andy North	285 – 70 – 70 – 71 – 74
1912	John McDermott	294 – 74 – 75 – 74 – 71	1979	Hale Irwin	284 – 74 – 68 – 67 – 75
1913	※Francis Ouimet	304 – 77 – 74 – 74 – 79	1980	Jack Nicklaus	272 – 63 – 71 – 70 – 68
1914	Walter Hagen	290 – 68 – 74 – 75 – 73		（2位青木功）	(274 – 68 – 68 – 68 – 70)
1915	※Jerome Travers	297 – 76 – 72 – 73 – 76	1981	David Graham	273 – 68 – 68 – 70 – 67
1916	※Charles Evans, Jr.	286 – 70 – 69 – 74 – 73	1982	Tom Watson	282 – 72 – 72 – 68 – 70
1917–1918		第一次大戦で中止	1983	Larry Nelson	280 – 75 – 73 – 65 – 67
1919	Walter Hagen	301 – 78 – 73 – 75 – 75	1984	Fuzzy Zoeller	276 – 71 – 66 – 69 – 70
1920	Edward Ray	295 – 74 – 73 – 73 – 75	1985	Andy North	279 – 70 – 65 – 70 – 74
1921	James M. Barnes	289 – 69 – 75 – 73 – 72	1986	Raymond Floyd	279 – 75 – 68 – 70 – 66
1922	Gene Sarazen	288 – 72 – 73 – 75 – 68	1987	Scott Simpson	277 – 71 – 68 – 70 – 68
1923	※Robert T. Jones, Jr.	296 – 71 – 73 – 76 – 76	1988	Curtis Strange	278 – 70 – 67 – 69 – 72
1924	Cyril Walker	297 – 74 – 74 – 74 – 75	1989	Curtis Strange	278 – 71 – 64 – 73 – 70
1925	Willie MacFarlane	291 – 74 – 67 – 72 – 78	1990	Hale Irwin	280 – 69 – 70 – 74 – 67
1926	※Robert T. Jones, Jr.	293 – 70 – 79 – 71 – 73	1991	Payne Stewart	282 – 67 – 70 – 73 – 72
1927	Tommy Armour	301 – 78 – 71 – 76 – 76	1992	Tom Kite	285 – 71 – 72 – 70 – 72
1928	Johnny Farrell	294 – 77 – 74 – 71 – 72	1993	Lee Janzen	272 – 67 – 67 – 69 – 69
1929	※Robert T. Jones, Jr.	294 – 69 – 75 – 71 – 79	1994	Ernie Els	279 – 69 – 71 – 66 – 73
1930	※Robert T. Jones, Jr.	287 – 71 – 73 – 68 – 75	1995	Corey Pavin	280 – 72 – 69 – 71 – 68
1931	Billy Burke	292 – 73 – 72 – 74 – 73	1996	Steve Jones	278 – 74 – 66 – 69 – 69
1932	Gene Sarazen	286 – 74 – 76 – 70 – 66	1997	Ernie Els	276 – 71 – 67 – 69 – 69
1933	※Johnny Goodman	287 – 75 – 66 – 70 – 76	1998	Lee Janzen	280 – 73 – 66 – 73 – 68
1934	Olin Dutra	293 – 76 – 74 – 71 – 72	1999	Payne Stewart	279 – 68 – 69 – 72 – 70
1935	Sam Parks, Jr.	299 – 77 – 73 – 73 – 76	2000	Tiger Woods	272 – 65 – 69 – 71 – 67
1936	Tony Manero	282 – 73 – 69 – 73 – 67	2001	Retief Goosen	276 – 66 – 70 – 69 – 71
1937	Ralph Guldahl	281 – 71 – 69 – 72 – 69	2002	Tiger Woods	277 – 67 – 68 – 70 – 72
1938	Ralph Guldahl	284 – 74 – 70 – 71 – 69	2003	Jim Furyk	272 – 67 – 66 – 67 – 72
1939	Byron Nelson	284 – 72 – 73 – 71 – 68	2004	Retief Goosen	276 – 70 – 66 – 69 – 71
1940	Lawson Little	287 – 72 – 69 – 73 – 73	2005	Michael Campbell	280 – 71 – 69 – 71 – 69
1941	Craig Wood	284 – 73 – 71 – 70 – 70	2006	Geoff Ogilvy	285 – 71 – 70 – 72 – 72
1942–1945		第二次大戦で中止	2007	Angel Cabrera	285 – 69 – 71 – 76 – 69
1946	Lloyd Mangrum	284 – 74 – 70 – 68 – 72	2008	Tiger Woods	283 – 72 – 68 – 70 – 73
1947	Lew Worsham	282 – 70 – 70 – 71 – 71	2009	Lucas Glover	276 – 69 – 64 – 70 – 73
1948	Ben Hogan	276 – 67 – 72 – 68 – 69	2010	Graeme McDowell	284 – 71 – 68 – 71 – 74
1949	Cary Middlecoff	286 – 75 – 67 – 69 – 75	2011	Rory McIlroy	268 – 65 – 66 – 68 – 69
1950	Ben Hogan	287 – 72 – 69 – 72 – 74	2012	Webb Simpson	281 – 72 – 73 – 68 – 68
1951	Ben Hogan	287 – 76 – 73 – 71 – 67	2013	Justin Rose	281 – 71 – 69 – 71 – 70
1952	Julius Boros	281 – 71 – 71 – 68 – 71	2014	Martin Kaymer	271 – 65 – 65 – 72 – 69
1953	Ben Hogan	283 – 67 – 72 – 73 – 71	2015	Jordan Spieth	275 – 68 – 67 – 71 – 69
1954	Ed Furgol	284 – 71 – 70 – 71 – 72	2016	Dustin Johnson	276 – 67 – 69 – 71 – 69
1955	Jack Fleck	287 – 76 – 69 – 75 – 67	2017	Brooks Koepka	272 – 67 – 70 – 68 – 67
1956	Cary Middlecoff	281 – 71 – 70 – 70 – 70	2018	Brooks Koepka	281 – 75 – 66 – 72 – 68
1957	Dick Mayer	282 – 70 – 68 – 74 – 70	2019	Gary Woodland	271 – 68 – 65 – 69 – 69
1958	Tommy Bolt	283 – 71 – 71 – 69 – 72	2020	Bryson Dechambeau	274 – 69 – 68 – 70 – 67
1959	Billy Casper	282 – 71 – 68 – 69 – 74	2021	Jon Rahm	278 – 69 – 70 – 72 – 67
1960	Arnold Palmer	280 – 72 – 71 – 72 – 65	2022	Matt Fitzpatrick	274 – 68 – 70 – 68 – 68
1961	Gene Littler	281 – 73 – 68 – 72 – 68			

※はアマチュア

年	氏　名	ストローク	年	氏　名	ストローク
1860	Willie Park	174	1930	※Robert T. Jones, Jr.	291 - 70 - 72 - 74 - 75
1861	Tom Morris, Sr.	163	1931	Tommy D. Armour	296 - 73 - 75 - 77 - 71
1862	Tom Morris, Sr.	163	1932	Gene Sarazen	283 - 70 - 69 - 70 - 74
1863	Willie Park	168	1933	Denny Shute	292 - 73 - 73 - 73 - 73
1864	Tom Morris, Sr.	160	1934	Henry Cotton	283 - 67 - 65 - 72 - 79
1865	Andrew Strath	162	1935	Alfred Perry	283 - 69 - 75 - 67 - 72
1866	Willie Park	169	1936	Alfred Padgham	287 - 73 - 72 - 71 - 71
1867	Tom Morris, Sr.	170	1937	Henry Cotton	290 - 74 - 72 - 73 - 71
1868	Tom Morris, Jr.	157	1938	R. A. Whitcombe	295 - 71 - 71 - 75 - 78
1869	Tom Morris, Jr.	154	1939	Richard Burton	290 - 70 - 72 - 77 - 71
1870	Tom Morris, Jr.	149	1940-1945		第二次大戦で中止
1871		中止	1946	Sam Snead	290 - 71 - 70 - 74 - 75
1872	Tom Morris, Jr.	166	1947	Fred Daly	293 - 73 - 70 - 78 - 72
1873	Tom Kidd	179	1948	Henry Cotton	284 - 71 - 66 - 75 - 72
1874	Mungo Park	159	1949	Bobby Locke	283 - 69 - 76 - 68 - 70
1875	Willie Park	166	1950	Bobby Locke	279 - 69 - 72 - 70 - 68
1876	Robert Martin	176	1951	Max Faulkner	285 - 71 - 70 - 70 - 74
1877	Jamie Anderson	160	1952	Bobby Locke	287 - 69 - 71 - 74 - 73
1878	Jamie Anderson	157	1953	Ben Hogan	282 - 73 - 71 - 70 - 68
1879	Jamie Anderson	169	1954	Peter Thomson	283 - 72 - 71 - 69 - 71
1880	Robert Ferguson	162	1955	Peter Thomson	281 - 71 - 68 - 70 - 72
1881	Robert Ferguson	170	1956	Peter Thomson	286 - 70 - 70 - 72 - 74
1882	Robert Ferguson	171	1957	Bobby Locke	279 - 69 - 72 - 68 - 70
1883	Willie Fernie	159	1958	Peter Thomson	278 - 66 - 72 - 67 - 73
1884	Jack Simpson	160	1959	Gary Player	284 - 75 - 71 - 70 - 68
1885	Bod Martin	171	1960	Kel Nagle	278 - 69 - 67 - 71 - 71
1886	David Brown	157	1961	Arnold Palmer	284 - 70 - 73 - 69 - 72
1887	Willie Park, Jr.	161	1962	Arnold Palmer	276 - 71 - 69 - 67 - 69
1888	Jack Burns	171 - 86 - 85	1963	Bod Charles	277 - 68 - 72 - 66 - 71
1889	Willie Park, Jr.	155 - 78 - 77	1964	Tony Lema	279 - 73 - 68 - 68 - 70
1890	※John Ball	164 - 82 - 82	1965	Peter Thomson	285 - 74 - 68 - 72 - 71
1891	Hugh Kirkaldy	166 - 83 - 83	1966	Jack Nicklaus	282 - 70 - 67 - 75 - 70
1892	※Harold H. Hilton	305 - 78 - 81 - 72 - 74	1967	Robert De Vicenzo	278 - 70 - 71 - 67 - 70
1893	William Auchterlonie	322 - 78 - 81 - 81 - 82	1968	Gary Player	289 - 74 - 71 - 71 - 73
1894	John H. Taylor	326 - 84 - 80 - 81 - 81	1969	Tony Jacklin	280 - 68 - 70 - 70 - 72
1895	John H. Taylor	322 - 86 - 78 - 80 - 78	1970	Jack Nicklaus	283 - 68 - 69 - 73 - 73
1896	Harry Vardon	316 - 83 - 78 - 78 - 77	1971	Lee Trevino	278 - 69 - 70 - 69 - 70
1897	※Harold H. Hilton	314 - 80 - 75 - 84 - 75	1972	Lee Trevino	278 - 71 - 70 - 66 - 71
1898	Harry Vardon	307 - 79 - 75 - 77 - 76	1973	Tom Weiskopf	276 - 68 - 67 - 71 - 70
1899	Harry Vardon	310 - 76 - 76 - 81 - 77	1974	Gary Player	282 - 69 - 68 - 75 - 70
1900	John H. Taylor	309 - 79 - 77 - 78 - 75	1975	Tom Watson	279 - 71 - 67 - 69 - 72
1901	James Braid	309 - 79 - 76 - 74 - 80	1976	Johnny Miller	279 - 72 - 68 - 73 - 66
1902	Alexander Herd	307 - 77 - 76 - 73 - 81	1977	Tom Watson	268 - 68 - 70 - 65 - 65
1903	Harry Vardon	300 - 73 - 77 - 72 - 78	1978	Jack Nicklaus	281 - 71 - 72 - 69 - 69
1904	Jack White	296 - 80 - 75 - 72 - 69	1979	Seve Ballesteros	283 - 73 - 65 - 75 - 70
1905	James Braid	318 - 81 - 78 - 78 - 81	1980	Tom Watson	271 - 68 - 70 - 64 - 69
1906	James Braid	300 - 77 - 76 - 74 - 73	1981	Bill Rogers	276 - 72 - 66 - 67 - 71
1907	Arnaud Massy	312 - 76 - 81 - 78 - 77	1982	Tom Watson	284 - 69 - 71 - 74 - 70
1908	James Braid	291 - 70 - 72 - 77 - 72	1983	Tom Watson	275 - 67 - 68 - 70 - 70
1909	John H. Taylor	295 - 74 - 73 - 74 - 74	1984	Seve Ballesteros	276 - 69 - 68 - 70 - 69
1910	James Braid	299 - 76 - 73 - 73 - 77	1985	Sandy Lyle	282 - 68 - 71 - 73 - 70
1911	Harry Vardon	303 - 74 - 74 - 75 - 80	1986	Greg Norman	280 - 74 - 63 - 74 - 69
1912	Edward (Ted) Ray	295 - 71 - 73 - 76 - 75	1987	Nick Faldo	279 - 68 - 69 - 71 - 71
1913	John H. Taylor	304 - 73 - 75 - 77 - 79	1988	Seve Ballesteros	273 - 67 - 71 - 70 - 65
1914	Harry Vardon	306 - 73 - 77 - 78 - 78	1989	Mark Calcavecchia	275 - 71 - 68 - 68 - 68
1915-1919		第一次大戦で中止	1990	Nick Faldo	270 - 67 - 65 - 67 - 71
1920	George Duncan	303 - 80 - 80 - 71 - 72	1991	Ian Baker-Finch	272 - 71 - 71 - 64 - 66
1921	Jock Hutchison	296 - 72 - 75 - 79 - 70	1992	Nick Faldo	272 - 66 - 64 - 69 - 73
1922	Walter Hagen	300 - 76 - 73 - 79 - 72	1993	Greg Norman	267 - 66 - 68 - 69 - 64
1923	Arthur G. Havers	295 - 73 - 73 - 73 - 76	1994	Nick Price	268 - 69 - 66 - 67 - 66
1924	Walter Hagen	301 - 77 - 73 - 74 - 77	1995	John Daly	282 - 67 - 71 - 73 - 71
1925	James M. Barnes	300 - 70 - 77 - 79 - 74	1996	Tom Lehman	271 - 67 - 67 - 64 - 73
1926	※Robert T. Jones, Jr.	291 - 72 - 72 - 73 - 74	1997	Justin Leonard	272 - 69 - 66 - 72 - 65
1927	※Robert T. Jones, Jr.	285 - 68 - 72 - 73 - 72	1998	Mark O'Meara	280 - 72 - 68 - 72 - 68
1928	Walter Hagen	292 - 75 - 73 - 72 - 72	1999	Paul Lawrie	290 - 73 - 74 - 76 - 67
1929	Walter Hagen	292 - 75 - 67 - 75 - 75			

年	氏　　名	ストローク
2000	Tiger Woods	269 – 67 – 66 – 67 – 69
2001	David Duval	274 – 69 – 73 – 65 – 67
2002	Ernie Els	278 – 70 – 66 – 72 – 70
2003	Ben Curtis	283 – 72 – 72 – 70 – 69
2004	Todd Hamilton	274 – 71 – 67 – 67 – 69
2005	Tiger Woods	274 – 66 – 67 – 71 – 70
2006	Tiger Woods	270 – 67 – 65 – 71 – 67
2007	Padraig Harrington	277 – 69 – 73 – 68 – 67
2008	Padraig Harrington	283 – 74 – 68 – 72 – 69
2009	Stewart Cink	278 – 66 – 72 – 71 – 69
2010	Louis Oosthuizen	272 – 65 – 67 – 69 – 71
2011	Darren Clarke	275 – 68 – 68 – 69 – 70
2012	Ernie Els	273 – 67 – 70 – 68 – 68
2013	Phil Mickelson	281 – 69 – 74 – 72 – 66
2014	Rory McIlroy	271 – 66 – 66 – 68 – 71
2015	Zach Johnson	273 – 66 – 71 – 70 – 66
2016	Henrik Stenson	264 – 68 – 65 – 68 – 63
2017	Jordan Spieth	268 – 65 – 69 – 65 – 69
2018	Francesco Molinari	276 – 70 – 72 – 65 – 69
2019	Shane Lowry	269 – 67 – 67 – 63 – 72
2020	新型コロナウイルス感染拡大のため中止	
2021	Collin Morikawa	265 – 67 – 64 – 68 – 66
2022	Cameron Smith	268 – 67 – 64 – 73 – 64

※はアマチュア

年	氏　　名	ストローク	年	氏　　名	ストローク
1916	James M. Barnes	1 up	1970	Dave Stockton	279 – 70 – 70 – 66 – 73
1917-1918		第一次大戦で中止	1971	Jack Nicklaus	281 – 69 – 69 – 70 – 73
1919	James M. Barnes	6 – 5	1972	Gary Player	281 – 71 – 71 – 67 – 72
1920	Jock Hutchison	1 up	1973	Jack Nicklaus	277 – 72 – 68 – 68 – 69
1921	Walter Hagen	3 – 2	1974	Lee Trevino	276 – 73 – 66 – 68 – 69
1922	Gene Sarazen	4 – 3	1975	Jack Nicklaus	276 – 70 – 68 – 67 – 71
1923	Gene Sarazen	1 up（38H）	1976	Dave Stockton	281 – 70 – 72 – 69 – 70
1924	Walter Hagen	2 up	1977	Lanny Wadkins	282 – 69 – 71 – 72 – 70
1925	Walter Hagen	6 – 5	1978	John Mahaffey	276 – 75 – 67 – 68 – 66
1926	Walter Hagen	5 – 3	1979	David Graham	272 – 69 – 68 – 70 – 65
1927	Walter Hagen	1 up	1980	Jack Nicklaus	274 – 70 – 69 – 66 – 69
1928	Leo Diegel	6 – 5	1981	Larry Nelson	273 – 70 – 66 – 66 – 71
1929	Leo Diegel	6 – 4	1982	Raymond Floyd	272 – 63 – 69 – 68 – 72
1930	Tommy Armour	1 up	1983	Hal Sutton	274 – 65 – 66 – 72 – 71
1931	Tom Creavy	2 – 1	1984	Lee Trevino	273 – 69 – 68 – 67 – 69
1932	Olin Dutra	4 – 3	1985	Hubert Green	278 – 67 – 69 – 70 – 72
1933	Gene Sarazen	5 – 4	1986	Bob Tway	276 – 72 – 70 – 64 – 70
1934	Paul Runyan	1 up（38H）	1987	Larry Nelson	287 – 70 – 72 – 73 – 72
1935	Johnny Revolta	5 – 4	1988	Jeff Sluman	272 – 69 – 70 – 68 – 65
1936	Denny Shute	3 – 2	1989	Payne Stewart	276 – 74 – 66 – 69 – 67
1937	Denny Shute	1 up（37H）	1990	Wayne Grady	282 – 72 – 67 – 72 – 71
1938	Paul Runyan	8 – 7	1991	John Daly	276 – 69 – 67 – 69 – 71
1939	Henry Picard	1 up（37H）	1992	Nick Price	278 – 70 – 70 – 68 – 70
1940	Byron Nelson	1 up	1993	Paul Azinger	272 – 69 – 66 – 69 – 68
1941	Vic Ghezzi	1 up（38H）	1994	Nick Price	269 – 67 – 65 – 70 – 67
1942	Sam Snead	2 – 1	1995	Steve Elkington	267 – 68 – 67 – 68 – 64
1943		第二次大戦で中止	1996	Mark Brooks	277 – 68 – 70 – 69 – 70
1944	Bob Hamilton	1 up	1997	Davis Love Ⅲ	269 – 66 – 71 – 66 – 66
1945	Byron Nelson	4 – 3	1998	Vijay Singh	271 – 70 – 66 – 67 – 68
1946	Ben Hogan	6 – 4	1999	Tiger Woods	277 – 70 – 67 – 68 – 72
1947	Jim Ferrier	2 – 1	2000	Tiger Woods	270 – 66 – 67 – 70 – 67
1948	Ben Hogan	7 – 6	2001	David Toms	265 – 66 – 65 – 65 – 69
1949	Sam Snead	3 – 2	2002	Rich Beem	278 – 72 – 66 – 72 – 68
1950	Chandler Harper	4 – 3	2003	Shaun Micheel	276 – 69 – 68 – 69 – 70
1951	Sam Snead	7 – 6	2004	Vijay Singh	280 – 67 – 68 – 69 – 76
1952	Jim Turnesa	1 up	2005	Phil Mickelson	276 – 67 – 65 – 72 – 72
1953	Walter Burkemo	2 – 1	2006	Tiger Woods	270 – 69 – 68 – 65 – 68
1954	Chick Harbert	4 – 3	2007	Tiger Woods	272 – 71 – 63 – 69 – 69
1955	Doug Ford	4 – 3	2008	Padraig Harrington	277 – 71 – 74 – 66 – 66
1956	Jack Burke	3 – 2	2009	Y.E.Yang	280 – 73 – 70 – 67 – 70
1957	Lionel Hebert	2 – 1	2010	Martin Kaymer	277 – 72 – 68 – 67 – 70
1958	Dow Finsterwald	276 – 67 – 72 – 70 – 67	2011	Keegan Bradley	272 – 71 – 64 – 69 – 68
1959	Bob Rosburg	277 – 71 – 72 – 68 – 66	2012	Rory McIlroy	275 – 67 – 75 – 67 – 66
1960	Jay Hebert	281 – 72 – 67 – 72 – 70	2013	Jason Dufner	270 – 68 – 63 – 71 – 68
1961	Jerry Barber	277 – 69 – 67 – 71 – 70	2014	Rory McIlroy	268 – 66 – 67 – 67 – 68
1962	Gary Player	278 – 72 – 67 – 69 – 70	2015	Jason Day	268 – 68 – 67 – 66 – 67
1963	Jack Nicklaus	279 – 69 – 73 – 69 – 68	2016	Jimmy Walker	266 – 65 – 66 – 68 – 67
1964	Bobby Nichols	271 – 64 – 71 – 69 – 67	2017	Justin Thomas	276 – 73 – 66 – 69 – 68
1965	Dave Marr	280 – 70 – 69 – 70 – 71	2018	Brooks Koepka	264 – 69 – 63 – 66 – 66
1966	Al Geiberger	280 – 68 – 72 – 68 – 72	2019	Brooks Koepka	272 – 63 – 65 – 70 – 74
1967	Don January	281 – 71 – 72 – 70 – 68	2020	Collin Morikawa	267 – 69 – 69 – 65 – 64
1968	Julius Boros	281 – 71 – 71 – 70 – 69	2021	Phil Mickelson	282 – 70 – 69 – 70 – 73
1969	Raymond Floyd	276 – 69 – 66 – 67 – 74	2022	Justin Thomas	275 – 67 – 67 – 74 – 67

マスターズ日本人選手全成績

年	氏　名	順位	年	氏　名	順位	年	氏　名	順位
1936	陳　清水	20T	1984	中島　常幸	33T	2004	丸山　茂樹	予落
	戸田藤一郎	29T	1985	青木　功	16T		伊沢　利光	予落
1958	中村　寅吉	41		中島　常幸	47T		伊沢　利光	予落
	小野　光一	予落	1986	中島　常幸	8T	2005	片山　晋呉	33T
1963	陳　清波	15T		青木　功	予落		丸山　茂樹	予落
	小野　光一	予落	1987	中島　常幸	予落	2006	片山　晋呉	27T
1964	石井　朝夫	40T		尾崎　将司	予落		丸山　茂樹	予落
	陳　清波	44T		青木　功	予落	2007	片山　晋呉	44T
1965	石井　朝夫	26T	1988	青木　功	25T		谷原　秀人	予落
	陳　清波	39T		中島　常幸	33T	2008	谷口　徹	予落
1966	陳　清波	22T	1989	尾崎　将司	18T		片山　晋呉	予落
	石井　朝夫	予落		中島　常幸	予落	2009	片山　晋呉	4
1967	陳　清波	46T	1990	尾崎　将司	23		今田　竜二	20T
	杉本　英世	予落		尾崎　直道	33T		石川　遼	予落
1968	杉本　英世	35T	1991	中島　常幸	10T	2010	池田　勇太	29
	陳　清波	35T		尾崎　将司	35T		石川　遼	予落
1969	河野　高明	13T	1992	中島　常幸	予落		片山　晋呉	予落
1970	河野　高明	12T		尾崎　直道	予落	2011	石川　遼	20T
1971	河野　高明	予落	1993	尾崎　将司	45T		@松山英樹	27T
1972	河野　高明	19T		尾崎　直道	45T		池田　勇太	予落
	尾崎　将司	予落	1994	飯合　肇	41T		藤田　寛之	予落
1973	尾崎　将司	8T		尾崎　将司	予落	2012	@松山英樹	54T
	河野　高明	51T	1995	尾崎　将司	29T		石川　遼	予落
1974	尾崎　将司	予落		中島　常幸	予落	2013	石川　遼	38T
	青木　功	予落	1996	尾崎　将司	予落		藤田　寛之	予落
1975	尾崎　将司	43T		東　聡	予落	2014	松山　英樹	予落
	青木　功	予落	1997	尾崎　将司	42	2015	松山　英樹	5
1976	尾崎　将司	33T		金子　柱憲	予落	2016	松山　英樹	7T
	村上　隆	37T	1998	尾崎　将司	予落	2017	松山　英樹	11T
1977	青木　功	28T		丸山　茂樹	予落		池田　勇太	予落
	村上　隆	予落	1999	丸山　茂樹	31T		谷原　秀人	予落
1978	尾崎　将司	予落		尾崎　将司	予落	2018	松山　英樹	19
	青木　功	予落	2000	尾崎　将司	28T		小平　智	28T
	中島　常幸	予落		丸山　茂樹	46T		池田　勇太	予落
1979	青木　功	34T		尾崎　直道	予落		宮里　優作	予落
	尾崎　将司	予落	2001	伊沢　利光	4T	2019	松山　英樹	32T
1980	中村　通	予落		片山　晋呉	40T		@金谷拓実	58T
	青木　功	予落		丸山　茂樹	予落		小平　智	61
1981	青木　功	45T	2002	丸山　茂樹	14T		今平　周吾	予落
	鈴木　規夫	45T		伊沢　利光	予落	2020	松山　英樹	13T
1982	羽川　豊	15T	2002	片山　晋呉	予落		今平　周吾	44T
	青木　功	予落		谷口　徹	予落	2021	松山　英樹	優勝
1983	中島　常幸	16T	2003	片山　晋呉	37T	2022	松山　英樹	14T
	青木　功	19		丸山　茂樹	予落		金谷　拓実	予落
1983	羽川　豊	36T		伊沢　利光	予落		@中島啓太	予落
1984	青木　功	25T		谷口　徹	予落		@アマチュア	

★日本人選手最高順位：優勝（松山　英樹　2021年）
★日本人選手18ホール最少ストローク：65（松山　英樹　2021年3R）
★日本人選手72ホール最少ストローク：277（松山　英樹　2015年）

全米オープン日本人選手全成績

年	氏　名	順位	年	氏　名	順位	年	氏　名	順位
1932	宮本　留吉	予落	2000	丸山　茂樹	予落	2011	石川　遼	30T
1935	中村　兼吉	58T		今田　竜二	予落		久保谷健一	68T
	陳　清水	予落	2001	伊沢　利光	44T		藤田　寛之	予落
	宮本　留吉	予落		片山　晋呉	予落	2012	藤田　寛之	51T
	戸田藤一郎	予落		谷口　徹	予落		石川　遼	予落
	浅見　緑蔵	予落	2002	丸山　茂樹	16T		谷口　徹	予落
	安田　幸吉	予落		片山　晋呉	35T		高山　忠洋	予落
1936	陳　清水	45T		田中　秀道	37T		藤田　寛之	予落
	戸田藤一郎	予落		横尾　要	予落		塚田　好宣	予落
1968	杉本　英世	予落		ⓐ清田太一郎	予落		上田　諭尉	予落
1979	青木　功	36T		伊沢　利光	棄権	2014	松山　英樹	35T
1980	青木　功	2	2003	田中　秀道	15T		谷口　徹	67
1981	青木　功	11T		丸山　茂樹	予落		矢野　東	予落
1982	青木　功	30T		谷口　徹	予落		宮里　聖志	予落
1983	中島　常幸	26T	2004	丸山　茂樹	4T	2015	松山　英樹	18T
1984	青木　功	16T		田中　秀道	36T		藤田　寛之	予落
	中島　常幸	予落		伊沢　利光	予落		川村　昌弘	予落
1985	前田　新作	予落	2005	今田　竜二	15T		石川　遼	予落
	ⓐ冨永　浩	予落		丸山　茂樹	33T		薗田　峻輔	予落
1986	中島　常幸	53T		深堀圭一郎	57T	2016	宮里　優作	23T
1987	中島　常幸	9T		片山　晋呉	予落		谷原　秀人	51T
	青木　功	14T		谷口　徹	予落		池田　勇太	予落
	尾崎　将司	17T	2006	今田　竜二	12T		松山　英樹	予落
1988	中島　常幸	32T		片山　晋呉	予落		谷口　徹	予落
	青木　功	50T		深堀圭一郎	予落	2017	松山　英樹	2T
	尾崎　将司	予落		谷口　徹	予落		小平　智	46T
1989	尾崎　将司	6T		高山　忠洋	予落		宮里　優作	60T
	青木　功	33T	2007	片山　晋呉	36T		池田　勇太	予落
1990	尾崎　将司	24T		今田　竜二	予落		谷原　秀人	予落
	青木　功	33T		増田　伸洋	予落		今平　周吾	予落
1991	尾崎　将司	予落		谷口　徹	予落	2018	松山　英樹	16T
1992	尾崎　将司	23T		横尾　要	予落		小平　智	予落
1993	尾崎　直道	25T	2008	今田　竜二	18T		星野　陸也	予落
	尾崎　将司	33T		谷口　徹	予落		秋吉　翔太	予落
	倉本　昌弘	予落		片山　晋呉	予落	2019	松山　英樹	21T
1994	尾崎　将司	28T	2009	矢野　東	27T		堀川未来夢	予落
	飯合　肇	予落		今田　竜二	予落		今平　周吾	予落
	倉本　昌弘	予落		横尾　要	予落		市原　弘大	予落
1995	尾崎　将司	28T		甲斐慎太郎	予落	2020	松山　英樹	17T
1996	尾崎　将司	67T	2010	石川　遼	33T		石川　遼	51T
1997	加瀬　秀樹	28T		藤田　寛之	58T		今平　周吾	61
	尾崎　将司	予落		池田　勇太	58T		ⓐ金谷拓実	予落
1998	尾崎　将司	予落		谷口　徹	63T			
1999	横尾　要	57T		矢野　東	予落			
	尾崎　将司	予落		横尾　要	予落			

388

年	氏　名	順位
2021	松山　英樹	26T
	星野　陸也	26T
	浅地　洋佑	予落
	石川　　遼	予落
2022	松山　英樹	4
	小平　　智	予落
	星野　陸也	予落
	ⓐ中島啓太	予落
	出水田大二郎	予落
	杉山　知靖	予落
	香妻陳一朗	予落

ⓐはアマチュア

★日本人選手最高順位：2位（青木　功　1980年）
　　　　　　　　　　　2位タイ（松山英樹　2017年）
★日本人選手18ホール最少ストローク：65（矢野　東　2009年2R）
　　　　　　　　　　　　　　　　　　65（松山英樹　2017年2R）
　　　　　　　　　　　　　　　　　　65（松山英樹　2022年4R）
★日本人選手72ホール最少ストローク：274（青木　功　1980年）

全英オープン日本人選手全成績

年	氏名	順位	年	氏名	順位	年	氏名	順位
1932	宮本　留吉	予落	1987	中島　常幸	59T	1998	細川　和彦	77
1956	陳　清波	33T		尾崎　健夫	66T		深堀圭一郎	予落
	石井　迪夫	36T		倉本　昌弘	予落		谷口　徹	予落
	林　由郎	予落	1988	青木　功	7T		水巻　善典	予落
1960	島村　祐正	予落		飯合　肇	予落		鈴木　亨	予落
1970	橘田　規	3R落	1989	尾崎　将司	30T	1999	米山　剛	15T
1971	橘田　規	3R落		尾崎　直道	46T		尾崎　直道	45T
1976	鈴木　規夫	10T		尾崎　健夫	52T		友利　勝良	49T
1977	鈴木　規夫	26T		芹沢　信雄	予落		片山　晋呉	71
	青木　功	3R落	1990	尾崎　直道	39T		田中　秀道	予落
1978	青木　功	7T		尾崎　将司	予落		丸山　茂樹	予落
	尾崎　将司	14T		羽川　豊	予落		細川　和彦	予落
	中島　常幸	17T		ⓐ倉本泰信	予落	2000	米山　剛	41T
	杉原　輝雄	予落		青木　功	予落		丸山　茂樹	55T
	ⓐ倉本昌弘	予落	1991	倉本　昌弘	予落		細川　和彦	70T
1979	青木　功	7T		川岸　良兼	予落		佐藤　信人	予落
	尾崎　将司	10T	1992	中島　常幸	予落		友利　勝良	予落
	中村　通	24T		尾崎　直道	予落		宮瀬　博文	予落
	島田　幸作	54T		尾崎　将司	予落		今野　康晴	予落
	山本　善隆	57T	1993	水巻　善典	27T		片山　晋呉	予落
	中島　常幸	予落		福沢　孝秋	予落		水巻　善典	予落
	波多野　修	予落		川岸　良兼	予落		尾崎　直道	予落
	横井　浄治	予落		友利　勝良	予落	2001	谷口　徹	37T
1980	青木　功	12T		須貝　昇	予落		手嶋　多一	予落
	鈴木　規夫	19T		尾崎　直道	予落		丸山　茂樹	予落
	中村　通	38T	1994	尾崎　将司	38T		佐藤　信人	予落
	尾崎　将司	60T		渡辺　司	51T		片山　晋呉	予落
	高井　吉春	3R落		友利　勝良	51T		尾崎　直道	予落
	船渡川育宏	予落		中島　常幸	55T		田中　秀道	予落
1981	青木　功	11T		飯合　肇	60T		小達　敏昭	予落
	尾崎　将司	35T		合田　洋	予落	2002	丸山　茂樹	5T
	安田　春雄	予落	1995	友利　勝良	24T		伊沢　利光	22T
1982	倉本　昌弘	4T		佐々木久行	31T		片山　晋呉	50T
	中村　通	20T		中島　常幸	49T		久保谷健一	59T
	青木　功	20T		川岸　良兼	79T		谷口　徹	69T
1983	中村　通	29T		鈴木　亨	予落		手嶋　多一	予落
	新井規矩雄	39T		髙見　和宏	予落		中嶋　常幸	予落
	倉本　昌弘	45T		尾崎　将司	予落		鈴木　亨	予落
1984	中島　常幸	36T	1996	丸山　茂樹	14T		宮里　聖志	予落
	青木　功	47T		田中　秀道	33T	2003	片山　晋呉	34T
	藤木　三郎	59		金子　柱憲	予落		友利　勝良	69
	尾崎　直道	62T		飯合　肇	予落		宮瀬　博文	予落
	倉本　昌弘	3R落		東　聡	予落		佐藤　信人	予落
	新井規矩雄	予落		福永　和宏	予落		丸山　茂樹	予落
1985	新井規矩雄	3R落	1997	丸山　茂樹	10T		谷原　秀人	予落
	前田　新作	予落		宮瀬　博文	予落		須貝　昇	予落
	尾崎　健夫	予落		佐藤　信人	予落		谷口　徹	予落
	尾崎　直道	予落		森　茂則	予落	2004	神山　隆志	27T
	中村　通	予落		金子　柱憲	棄権		丸山　茂樹	30T
1986	中島　常幸	8T		尾崎　直道	棄権		深堀圭一郎	30T
	倉本　昌弘	30T	1998	丸山　茂樹	29T		平塚　哲二	36T
	金井　清一	予落		尾崎　直道	38T		星野　英正	予落
1987	尾崎　将司	11T		友利　勝良	44T		塚田　好宣	予落

年	氏　名	順位	年	氏　名	順位	年	氏　名	順位
2005	高山　忠洋	23T	2011	高山　忠洋	予落	2016	宮里　優作	予落
	藤田　寛之	41T		平塚　哲二	予落		松山　英樹	予落
	丸山　茂樹	予落		藤田　寛之	予落		谷原　秀人	予落
	谷口　徹	予落		石川　遼	予落		塚田　陽亮	予落
2006	谷原　秀人	5T		河井　博大	予落		小平　智	予落
	深堀圭一郎	56T	2012	藤本　佳則	54T	2017	松山　英樹	14T
	片山　晋呉	予落		武藤　俊憲	72T		池田　勇太	予落
	武藤　俊憲	予落		小田　孔明	予落		谷原　秀人	予落
	今野　康晴	予落		石川　遼	予落		宮里　優作	予落
	市原　建彦	予落		谷口　徹	予落	2018	小平　智	35T
2007	谷口　徹	60T		藤田　寛之	予落		川村　昌弘	39T
	谷原　秀人	予落		高山　忠洋	予落		宮里　優作	47T
	伊澤　利光	予落		市原　弘大	予落		池田　勇太	51T
	近藤　智弘	予落	2013	松山　英樹	6T		松山　英樹	予落
	武藤　俊憲	予落		片山　晋呉	44T		時松　隆光	予落
	佐藤えいち	予落		藤田　寛之	予落		谷原　秀人	予落
2008	塚田　好宣	予落		谷口　徹	予落		市原　弘大	予落
	矢野　東	予落		久保谷健一	予落		秋吉　翔太	予落
	今田　竜二	予落		丸山　大輔	予落		小林　正則	予落
	谷原　秀人	予落		井上　信	予落	2019	浅地　洋佑	67T
	岩田　寛	予落		小平　智	予落		稲森　佑貴	72T
	松村　道央	予落	2014	松山　英樹	39T		ⓐ金谷拓実	予落
	甲斐慎太郎	予落		小田　孔明	39T		松山　英樹	予落
2009	久保谷健一	27T		岩田　寛	予落		藤本　佳則	予落
	今田　竜二	64		塚田　好宣	予落		堀川未来夢	予落
	石川　遼	予落		石川　遼	予落		池田　勇太	予落
	池田　勇太	予落		宮里　優作	予落		今平　周吾	予落
	矢野　東	予落		小林　正則	予落	2021	木下　稜介	59T
	近藤　共弘	予落		近藤　共弘	予落		永野竜太郎	予落
	小田　孔明	予落	2015	松山　英樹	18T		金谷　拓実	予落
2010	石川　遼	27T		藤田　寛之	予落		星野　陸也	予落
	谷口　徹	60T		富村　真治	予落		稲森　佑貴	予落
	宮瀬　博文	68T		高山　忠洋	予落	2022	桂川　有人	47T
	小田　龍一	予落		池田　勇太	予落		松山　英樹	68T
	小田　孔明	予落		岩田　寛	予落		金谷　拓実	予落
	藤田　寛之	予落		小田　孔明	予落		ⓐ中島啓太	予落
	池田　勇太	予落		手嶋　多一	予落		星野　陸也	予落
	薗田　峻輔	予落	2016	池田　勇太	72T		比嘉　一貴	予落
	宮本　勝昌	予落		市原　弘大	79T		今平　周吾	予落
2011	池田　勇太	38T		今平　周吾	予落			

ⓐアマチュア

★日本人選手最高順位：4位タイ（倉本　昌弘　1982年）
★日本人選手18ホール最少ストローク：63（青木　功　1980年3R）
★日本人選手72ホール最少ストローク：277（谷原　秀人　2006年）

全米プロ日本人選手全成績

年	氏　名	順位	年	氏　名	順位	年	氏　名	順位
1979	青木　功	予落	1999	丸山　茂樹	予落	2011	池田　勇太	45T
1980	中村　通	59T		伊沢　利光	予落		平塚　哲二	予落
1981	青木　功	4T		田中　秀道	予落		藤田　寛之	予落
	尾崎　将司	予落	2000	伊沢　利光	39T		今田　竜二	予落
1982	倉本　昌弘	42T		丸山　茂樹	46T		石川　遼	予落
	青木　功	49T		尾崎　将司	78	2012	石川　遼	59T
1983	青木　功	予落		田中　秀道	79		谷口　徹	68T
	中島　常幸	予落		片山　晋呉	予落		藤田　寛之	予落
1984	中島　常幸	10T		尾崎　直道	予落	2013	松山　英樹	19T
	青木　功	予落	2001	片山　晋呉	4T		石川　遼	29T
1985	中島　常幸	予落		丸山　茂樹	22T		藤田　寛之	予落
1986	青木　功	36T		尾崎　直道	予落		井戸木鴻樹	予落
	中島　常幸	47T		田中　秀道	予落	2014	松山　英樹	36T
	倉本　昌弘	予落		谷口　徹	予落		小田　孔明	41T
1987	青木　功	予落	2002	丸山　茂樹	43T		石川　遼	予落
	中島　常幸	予落		伊沢　利光	53T		谷原　秀人	予落
1988	中島　常幸	3		片山　晋呉	予落	2015	岩田　寛	21T
	青木　功	38T		谷口　徹	予落		松山　英樹	37T
1989	青木　功	17T		手嶋　多一	予落		小田　孔明	72T
	尾崎　直道	予落	2003	伊沢　利光	18T	2016	松山　英樹	4T
1990	青木　功	40T		丸山　茂樹	48T		谷原　秀人	33T
	尾崎　将司	69T		片山　晋呉	予落		池田　勇太	33T
	尾崎　直道	予落		谷口　徹	予落	2017	松山　英樹	5T
1991	中島　常幸	予落	2004	田中　秀道	55T		小平　智	48T
	川岸　良兼	予落		片山　晋呉	62T		谷原　秀人	67T
1992	中島　常幸	21T		丸山　茂樹	予落		池田　勇太	予落
	尾崎　直道	28T		平塚　哲二	予落	2018	松山　英樹	35T
1993	尾崎　直道	44T	2005	片山　晋呉	23T		小平　智	59T
	中島　常幸	予落		丸山　茂樹	予落		池田　勇太	65T
1994	尾崎　将司	47T		谷口　徹	予落		今平　周吾	予落
	中島　常幸	61T	2006	谷原　秀人	55T		時松　隆光	予落
	飯合　肇	75T		丸山　茂樹	予落		宮里　優作	予落
1995	尾崎　直道	31T	2007	片山　晋呉	50T	2019	松山　英樹	16T
	尾崎　将司	49T		谷口　徹	予落		今平　周吾	予落
	倉本　昌弘	予落		今田　竜二	予落		小平　智	予落
	中島　常幸	予落	2008	藤田　寛之	68T	2020	松山　英樹	22T
1996	中島　常幸	52T		谷口　徹	予落		石川　遼	予落
	東　聡	78T		今田　竜二	予落	2021	松山　英樹	23T
	尾崎　将司	予落	2009	藤田　寛之	56T		星野　陸也	予落
	尾崎　直道	予落		石川　遼	56T		金谷　拓実	予落
1997	丸山　茂樹	23T		今田　竜二	予落	2022	松山　英樹	60T
	金子　柱憲	71T		片山　晋呉	予落		星野　陸也	60T
	尾崎　直道	予落	2010	池田　勇太	予落		香妻陣一朗	予落
1998	尾崎　直道	44T		藤田　寛之	予落		稲森　佑貴	予落
	丸山　茂樹	65T		石川　遼	予落		木下　稜介	予落
	尾崎　将司	予落		平塚　哲二	予落		金谷　拓実	予落
1999	尾崎　直道	70T		小田　孔明	予落			

★日本人選手最高順位：3位（中島　常幸　1988年）
★日本人選手18ホール最少ストローク：63（岩田　寛　2015年2R）
★日本人選手72ホール最少ストローク：270（片山　晋呉　2001年）

★ マスターズトーナメント

(1) 歴代優勝者
(2) 過去5年間(2018〜2022年)の「全米オープン」優勝者
(3) 過去5年間(2018〜2022年)の「全英オープン」優勝者
(4) 過去5年間(2018〜2022年)の「全米プロ」優勝者
(5) 過去3年間(2021〜2023年)の「ザ・プレーヤーズ選手権」優勝者
(6) 2020東京オリンピック金メダリスト
(7) 2022年「全米アマ選手権」優勝者と次位者(現在もアマチュアであること)
(8) 2022年「全英アマチュア選手権」優勝者(現在もアマチュアであること)
(9) 2022年「アジア・パシフィックアマチュア選手権」優勝者(現在もアマチュアであること)
(10) 2022年「ラテンアメリカアマチュア選手権」優勝者(現在もアマチュアであること)
(11) 2022年「全米ミッドアマチュア選手権」優勝者(現在もアマチュアであること)
(12) 2022年大会の12位(タイを含む)まで
(13) 2022年「全米オープン」の4位(タイを含む)まで
(14) 2022年「全英オープン」の4位(タイを含む)まで
(15) 2022年「全米プロ」の4位(タイを含む)まで
(16) 前大会以降、PGAツアー(シーズン最終戦のツアー選手権に出場できるFedEx CUPポイント対象試合)の個人優勝者
(17) 2022年ツアー最終戦「ツアー選手権」出場有資格者
(18) 2022年「最終オフィシャル・ワールドゴルフランキング」上位50名
(19) 2023年「マスターズ」前週に発表される「オフィシャル・ワールドゴルフランキング」上位50名
(20) マスターズ委員会による国際的プレーヤーの特別推薦

★ 全米オープン

(1) 過去10年間(2013〜2022年)の歴代優勝者
(2) 2022年大会上位10名(タイを含む)
(3) 2022年「全米シニアオープン選手権」優勝者
(4) 2022年「全米アマチュア選手権」優勝者(現在もアマチュアであること)
(5) 2022「全米ジュニア・アマチュア選手権」、「全米ミッドアマチュア選手権」の優勝者、および「全米アマチュア選手権」の次位者(現在もアマチュアであること)
(6) 2019〜2023の「マスターズ」優勝者
(7) 2018〜2023の「全米プロ」優勝者
(8) 2018〜2022の「全英オープン」優勝者
(9) 2021〜2023の「ザ・プレーヤーズ選手権」優勝者
(10) 2022年欧州ツアー「BMW PGA選手権」優勝者
(11) 2022年「ツアー選手権」出場者
(12) 前年大会以降、PGAツアー(シーズン最終戦のツアー選手権に出場できるFedEx CUPポイント対象試合)での複数回優勝者
(13) 2023年5月22日のFedEx CUPランキング上位5位内で他の有資格を持たない選手
(14) 2022年コーン・フェリー・ツアーのポイントリーダー
(15) 2022年DP World Tour Rankingsから、今年の5月22日現在出場資格を有しない上位2名
(16) 2023年5月22日のRace to Dubai Rankingsから他の出場資格を持たない1位者
(17) 2023年DP World Tour全米オープン予選シリーズから他の出場資格を持たない上位2名
(18) 2022年「全英アマチュア選手権」優勝者(現在もアマチュアであること)
(19) 2022年「マーク・H・マコーマック・メダル」(男子世界アマチュアゴルフランキング第1位)受賞者(現在もアマチュアであること)
(20) 2023年NCAAディビジョン1の1位者(現在もアマチュアであること)
(21) 2023年「ラテンアメリカアマチュア選手権」優勝者(現在もアマチュアであること)
(22) 2023年5月22日の「オフィシャル・ワールドゴルフランキング」上位60名
(23) 出場資格がない場合は、2023年6月12日の「オフィシャル・ワールドゴルフランキング」上位60名以内
(24) 全米ゴルフ協会(USGA)による特別推薦

★ 全英オープン

(1) 2023年7月23日時点で60歳以下の歴代優勝者
(2) 2012 ～ 2022年の歴代優勝者
(3) 2022年大会上位10位（タイを含む）まで
(4) 2023年第21週時点（5月22日）の「オフィシャル・ワールドゴルフランキング」上位50名
(5) 2022年賞金ランキング上位30名
(6) 2019 ～ 2022年の「BMW PGA選手権」優勝者
(7) 2023年「BMW インターナショナルオープン」終了時点（6月25日）で、ヨーロピアンツアー賞金ランキング上位20名の中から、他に出場資格を有しないDPツアーメンバー上位5名（タイを含む）
(8) 2018 ～ 2023年の「全米オープン」優勝者
(9) 2018 ～ 2023年の「マスターズ」優勝者
(10) 2017 ～ 2023年の「全米プロ」優勝者
(11) 2021 ～ 2023年の「ザ・プレーヤーズ選手権」優勝者
(12) 2022年PGAツアー「FedExCUP Points」上位30名
(13) 2023年PGAツアー「Travelers Championship」終了時点（6月25日）のPGAツアー「FedExCUP Points」上位20名の中から、他の出場資格を有しないPGAツアーメンバー上位5名（タイを含む）
(14) 2022年「Open de Argentina」優勝者
(15) 2022－23年豪州ツアー賞金ランキング第1位者
(16) 2022－23年南アフリカPGAサンシャインツアー賞金ランキング第1位者
(17) 2022年「日本オープン」優勝者
(18) 2022年ジャパンゴルフツアー賞金ランキング上位2名
(19) 2023年ジャパンゴルフツアー「ツアー選手権」終了時（6月4日）に他の出場資格を有しない賞金ランキング第1位者（タイを含む）
(20) 2022年「全英シニアオープン」優勝者
(21) 2023年「全英アマチュア選手権」優勝者（本大会までアマチュアであること）
(22) 2022年「全米アマチュア選手権」優勝者（本大会までアマチュアであること）
(23) 2023年「ヨーロピアンアマチュア選手権」優勝者（本大会までアマチュアであること）
(24) 2022年「マーク・H・マコーマック・メダル」（男子世界アマチュアゴルフランキング第1位）受賞者（本大会までアマチュアであること）
(25) 2022年「アジア・パシフィックアマチュア選手権」優勝者（本大会までアマチュアであること）
(26) 2023年「ラテンアメリカアマチュア選手権」優勝者（本大会までアマチュアであること）
(27) 2023年「全英オープンアマチュアシリーズ」優勝者
☆「オープン・クォリファイング・シリーズ」（OQS）
(28) 南アフリカー「Joburg open」
(29) 豪州ー「ISPS HANDA Australian Open」
(30) アメリカー「Arnold Palmer Invitational by Mastercard」
(31) 香港ー「World City Championship presented by the Hong Kong Golf Club」
(32) アメリカー「Wells Fargo Championship」
(33) 日本ー「ミズノオープン」
(34) アメリカ ー「the Memorial Tournament presented by Workday」
(35) 韓国ー「KOLON韓国オープン」
(36) イングランド ー「Betfred British Masters Hosted by Sir Nick Faldo」
(37) デンマークー「Made in HimmerLand」
(38) スコットランドー「Genesis Scottish Open」
☆「ファイナル・クォリファイング」（FQ）「Burnham & Berrow」「Dundonald Links」「Royal Cinque」「Ports & West Lancashir」でFQを実施

★ 全米プロ

(1) 歴代優勝者
(2) 過去5年間（2019 ～ 2023年）の「マスターズ」優勝者
(3) 過去5年間（2018 ～ 2022年）の「全米オープン」優勝者
(4) 過去5年間（2017 ～ 2022年）の「全英オープン」優勝者
(5) 過去3年間（2021 ～ 2023年）の「ザ・プレーヤーズ選手権」優勝者
(6) 2023年4月24日の「オフィシャル・ワールドゴルフランキング」（OWGR）上位3名
(7) 2022年「シニアPGA選手権」の優勝者
(8) 2022年「全米プロ」上位15位以内者（タイを含む）
(9) 2023年「PGAプロフェッショナル選手権」上位20名
(10) 2022年「AT＆T Byron Nelson」から2023年「Wells Fargo Championship」までで全米プロポイント獲得ランキング上位70名
(11) 2021年「ライダーカップ」出場者（2023年5月7日のOWGR100位以内にいること）
(12) 2022年「Charles Schweb Challenge」から2023年「AT＆T Byron Nelson」までのPGAツアー公認試合の優勝者
(13) 出場総人数に満たない場合は、2022年から全米プロポイントランキング70位以降からランキング順に選出

ワールドカップ歴代優勝者

年	優勝		日本		開催国
	チーム	個人	チーム	個人	
カナダカップ					
1953	アルゼンチン	Antonio Cerda（ARG）	不参加		カナダ
1954	オーストラリア	Stan Leonard（CAN）	14	14T 中村寅吉、39T 石井迪夫	カナダ
1955	アメリカ	Ed Furgol（USA）	13T	25T 小野光一、31T 栗原甲子男	アメリカ
1956	アメリカ	Ben Hogan（USA）	4T	7 石井迪夫、17T 林 由郎	イングランド
1957	日　　本	中村寅吉	優勝	1 中村寅吉、5T 小野光一	日本・霞ヶ関CC
1958	アイルランド	Angel Miguel（ESP）	16T	24T 中村寅吉、33T 小野光一	メキシコ
1959	オーストラリア	Stan Leonard（CAN）	13	16T 中村寅吉、30 小針春芳	オーストラリア
1960	アメリカ	Flory Von Donck（BEL）	17	30T 小野光一、36T 島村祐正	アイルランド
1961	アメリカ	Sam Snead（USA）	12T	18T 中村寅吉、26T 橘田 規	プエルトリコ
1962	アメリカ	Roberto De Vicenzo（ARG）	10T	21T 中村寅吉、25T 橘田 規	アルゼンチン
1963	アメリカ	Jack Nicklaus（USA）	9T	9 石井朝夫、38T 橘田 規	フランス
1964	アメリカ	Jack Nicklaus（USA）	8	15T 橘田 規、21T 石井朝夫	アメリカ
1965	南アフリカ	Gary Player（RSA）	14	19T 杉本英世、39T 橘田 規	スペイン
1966	アメリカ	George Knudson（CAN）	5	2 杉本英世、23T 河野光隆	日本・読売CC
ワールドカップ					
1967	アメリカ	Arnold Palmer（USA）	12	17T 河野光隆、29T 杉本英世	メキシコ
1968	カ ナ ダ	Al Balding（CAN）	10T	16T 河野高明、23T 細石憲二	イタリア
1969	アメリカ	Lee Trevino（USA）	2	7 河野高明、8 安田春雄	シンガポール
1970	オーストラリア	Roberto De Vicenzo（ARG）	10T	8T 安田春雄、32 河野高明	アルゼンチン
1971	アメリカ	Jack Nicklaus（USA）	11T	10T 河野高明、29T 安田春雄	アメリカ
1972	台　　湾	謝 敏男（台湾）	2	2 河野高明、4T 村上 隆	オーストラリア
1973	アメリカ	Johnny Miller（USA）	6	8T 青木 功、24T 中村 通	スペイン
1974	南アフリカ	Bobby Cole（RSA）	2	2 尾崎将司、4T 青木 功	ベネズエラ
1975	アメリカ	Johnny Miller（USA）	3	6 村上 隆、13T 島田幸作	タイ
1976	スペイン	Ernesto Acosta（MEX）	5T	8 村上 隆、21T 山本善隆	アメリカ
1977	スペイン	Gary Player（RSA）	4	4 金井清一、23T 島田幸作	フィリピン
1978	アメリカ	John Mahaffey（USA）	9T	16T 内田 繁、36T 鈴木規夫	アメリカ
1979	アメリカ	Hale Irwin（USA）	7T	8T 吉川一雄、29T 井上幸一	ギリシャ
1980	カ ナ ダ	Sandy Lyle（SCO）	12	7T 鈴木規夫、37 安田春雄	コロンビア
1981	中　　止				
1982	スペイン	Manuel Pinero（ESP）	12	23T 泉川ピート、23T 鷹巣南雄	メキシコ
1983	アメリカ	Dave Barr（CAN）	5T	12T 新井規矩雄、17T 藤木三郎	インドネシア
1984	スペイン	Jose Maria Canizares（ESP）	9	13 出口栄太郎、21T 鷹巣南雄	イタリア
1985	カ ナ ダ	Howard Clark（ENG）	5	5T 尾崎健夫、18 尾崎直道	アメリカ
1986	中　　止				
1987	ウェールズ	Ian Woosnam（WAL）	11T	3 鈴木弘一、40T 高橋勝成	アメリカ
1988	アメリカ	Ben Crenshaw（USA）	2	2 尾崎健夫、12T 尾崎将司	オーストラリア
1989	オーストラリア	Peter Fowler（AUS）	16	29 新関善美、30T 磯村芳幸	スペイン
1990	ド イ ツ	Payne Stewart（USA）	22	25T 上野忠美、47 友利勝良	アメリカ
1991	スウェーデン	Ian Woosnam（WAL）	8T	8T 東 聡、25T 芹沢信雄	イタリア
1992	アメリカ	Brett Ogle（AUS）	10	11T 宮瀬博文、41T 室田 淳	スペイン
1993	アメリカ	Bernhard Langer（GER）	18	31T 友利勝良、34T 重信秀人	アメリカ
1994	アメリカ	Fred Couples（USA）	5T	10T 河村雅之、21T 鈴木 亨	プエルトリコ
1995	アメリカ	Davis Love Ⅲ（USA）	3T	2 佐々木久行、40T 合田 洋	中国
1996	南アフリカ	Ernie Els（RSA）	20T	28T 桑原克典、30T 中島常幸	南アフリカ
1997	アイルランド	Colin Montgomerie（SCO）	16T	24T 藤田寛之、33T 手嶋多一	アメリカ
1998	イングランド	Scott Verplank（USA）	11T	4 今野康晴、43T 日下部光隆	ニュージーランド
1999	アメリカ	Tiger Woods（USA）	7T	3T 小山内護、38T 原田三夫	マレーシア

年	優勝チーム	日本チーム	開催国
WGC-EMC ワールドカップ			
2000	アメリカ（Tiger Woods、David Duval）	4（丸山茂樹、田中秀道）	アルゼンチン
2001	南アフリカ（Ernie Els、Retief Goosen）	11T（伊沢利光、丸山茂樹）	日本・太平洋C御殿場
2002	日本（丸山茂樹、伊沢利光）	優勝	メキシコ
WGC-ワールドカップ			
2003	南アフリカ（Trevor Immelman、Rory Sabbatini）	7T（丸山茂樹、田中秀道）	アメリカ
2004	イングランド（Paul Casey、Luke Donald）	10T（丸山茂樹、田中秀道）	スペイン
2005	ウェールズ（Stephen Dodd、Bradley Dredge）	15T（今野康晴、谷口拓也）	ポルトガル
2006	ドイツ（Bernhard Langer、Marcel Siem）	23T（平塚哲二、谷原秀人）	バルバドス
Omega Mission Hills ワールドカップ			
2007	スコットランド（Colin Montgomerie、Marc Warren）	25（谷原秀人、平塚哲二）	中国
2008	スウェーデン（Robert Karlsson、Henrik Stenson）	3T（谷口 徹、今田竜二）	中国
2009	イタリア（Edoardo Morinari、Francesco Morinari）	5（今田竜二、藤田寛之）	中国
2010	中 止		
2011	アメリカ（Matt Kuchar、Gary Woodland）	20T（池田勇太、平塚哲二）	中国
ISPS HANDA World Cup of Golf			
2013	オーストラリア（Jason Day、Adam Scott） 個人優勝　Jason Day	3T（石川　遼、谷原秀人） 個人成績 5T 石川　遼、7 谷原秀人	オーストラリア
2016	デンマーク（S.Kjeldsen、T.Olesen）	6T（松山英樹、石川　遼）	オーストラリア
2018	ベルギー（T.Pieters、T.Detry）	23（小平　智、谷原秀人）	オーストラリア

世界に挑んだ日本人選手の足あと(1982年〜2001年)

★1982年（昭和57年）全英オープンで倉本昌弘が歴代日本人選手最高位の4位

ロイヤル・トゥルーンで開催され、倉本が優勝したT・ワトソンと2打差の「286」（2アンダー）で4位。この成績は現在も全英オープン日本人選手の最高位

★1983年（昭和58年）青木功がハワイアンオープンで日本人選手として米国ツアー初優勝（写真）

J・レナーに1打リードを許して迎えた72ホール目のパー5。青木はラフからの残り128ヤードの3打目を直接カップに沈める逆転イーグルで米国ツアー初制覇

★1983年（昭和58年）青木功が欧州オープン優勝。欧州ツアー2勝目を飾る

サニングデールGCでの「パナソニック欧州オープン」で、青木は6アンダー「274」でS・バレステロス、N・ファルドらを2打抑えて欧州ツアー2勝目

★1986年（昭和61年）マスターズで中嶋常幸が日本人選手初の4日間通算アンダーパー

優勝したJ・ニクラウスとは5打差の「284」（4アンダー）で8位

★1986年（昭和61年）全英オープンで中嶋常幸が最終日最終組をプレー

最終日を1打差2位で迎え、首位のG・ノーマンと最終組をプレー。「77」で8位に終わる

★1988年（昭和63年）全米プロで中嶋常幸が日本人選手最高位の3位

オークツリーGCで開催され、中嶋が4日間通算「278」（6アンダー）で3位。この成績は現在も全米プロ日本人選手の最高位。前年の87年全米オープンで9位の中嶋は、これによって4大メジャーすべてにベスト10入りを達成

★1989年（平成元年）青木功が豪州ツアーで初優勝。日米欧豪の4ツアー制覇を達成

ロイヤル・メルボルンGCで行われたコカ・コーラクラシックで青木功が「279」（9アンダー）で優勝。日本人選手で初めて日米欧豪4ツアーでの優勝を果たした

★2001年（平成13年）マスターズで伊澤利光が日本人最高位の4位に入る

伊澤は2日目に当時日本人選手最少ストロークの「66」をマーク。4日間通算でも当時最少の「278」（10アンダー）で4位

★2001年（平成13年）丸山茂樹がプレーオフの末に米国ツアー初優勝

グレーター・ミルウォーキー・オープンでC・ハウエルIIIをプレーオフで退けて米国ツアー初優勝

★2001年（平成13年）片山晋呉が全米プロで日本人選手最少ストローク「270」（10アンダー）をマークして4位

アトランタ・アスレチック・クラブで67－64－69－70にまとめる。2日目の「64」は当時日本人選手18ホールの最少スコア

世界に挑んだ日本人選手の足あと（2002年〜2015年）

★2002年（平成14年）丸山茂樹がT・ウッズらを抑えて米国ツアー2勝目
　ベライゾン・バイロン ネルソン クラシック2日目の「63」で首位に立った丸山が4日間通算「266」
（14アンダー）で逃げ切り米国ツアー2勝目を挙げる

★2002年（平成14年）全英オープンで丸山茂樹が1打差
　でプレーオフに加われず5位
　ミュアフィールドで開催され、丸山は最終日「68」と追い
上げたものの4人によるプレーオフに1打及ばず5位

★2002年（平成14年）ワールドカップで丸山茂樹＆伊
　澤利光の日本チームが優勝（写真）
　メキシコで開催されたWGC−EMCワールドカップで丸山＆伊
澤の日本チームが米国チームに2打差の通算36アンダーで優勝

★2003年（平成15年）丸山茂樹が米国ツアーで3年連続3勝目
　クライスラー・クラシック オブ グリーンズボロで丸山が2位に5打差をつけて3年連続3勝目を挙げる

★2006年（平成18年）全英オープンで谷原秀人が日本人選
　手最少ストロークの「277」で5位（写真）
　ロイヤル・リバプールで開催され、谷原秀人は72−68−66−71
の「277」（11アンダー）で5位。11アンダーも日本人選手最多
アンダーパー

★2008年（平成20年）今田竜二がプレーオフの末米国ツアー
　初優勝
　AT＆Tクラシックで2年続けてプレーオフを戦った今田竜二
がK・ペリーを下して米国ツアー初優勝

★2009年（平成21年）マスターズで片山晋呉が首位と2打差
　の単独4位
　01年の伊澤利光と並んで日本人選手最高位。4日通算「278」（10
アンダー）も伊澤と並ぶ当時最少ストローク

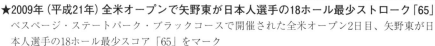

★2009年（平成21年）全米オープンで矢野東が日本人選手の18ホール最少ストローク「65」
　ベスページ・ステートパーク・ブラックコースで開催された全米オープン2日目、矢野東が日
本人選手の18ホール最少スコア「65」をマーク

★2011年（平成23年）マスターズで東北福祉大3年の松山英樹がシルバーカップを獲得
　マスターズ初出場の松山英樹が4日間通算「287」（1アンダー）でシルバーカップ（ローアマチュ
ア）を獲得

★2014年（平成26年）松山英樹がプレーオフを制して米国ツアー初優勝
　ザ・メモリアル トーナメントで松山英樹がK・ナをプレーオフで退けて米国ツアー初優勝

★2015年（平成27年）松山英樹がマスターズで4日間アンダーパーの「277」（11アンダー）で5位
　「277」は日本人選手の最少ストローク。最終日の「66」は01年伊澤と並ぶ当時の18ホール最
少ストロークタイ

★2015年（平成27年）全米プロで岩田寛が日本人選手最少ストローク「63」をマーク
　ウィスリングストレイツで行われた全米プロ2日目、岩田が当時メジャー最少ストロークタイ
の「63」をマーク

世界に挑んだ日本人選手の足あと（2016年〜2021年）

★2016年（平成28年）松山英樹がR・ファウラーとの4ホールに及ぶプレーオフを制して
米国ツアー2勝目
　ウェイストマネジメント・フェニックスオープンで松山がR・ファウラーをプレーオフ4ホー
ル目に下して米国ツアー2勝目

★2016年（平成28年）松山英樹が日本人選手として初めて世界ゴルフ選手権（WGC）を
制覇
　中国で開催されたWGC−HSBCチャンピオンズで松山が2位に7打差をつける圧勝。日本人選
手としてWGC初制覇、米国ツアー3勝目

★2017年（平成29年）松山英樹がウェイストマネジメント・フェニックスオープン連覇
でシーズン2勝目
　4ホールに及ぶプレーオフでW・シンプソンを下し、大会連覇を達成。米国ツアー4勝目、
シーズン2勝目を挙げる

★2017年（平成29年）全米オープンで松山英樹が日本人選手最高位に並ぶ2位
　2位は80年の青木に並ぶとともに、2日目にマークした「65」も09年の矢野に並ぶ日本人選手18
ホールの最少ストローク

★2017年（平成29年）松山英樹が日本人選手最高位の世界ランキング2位
　全米オープン2位で自身が5月に記録した日本人選手最高位の3位を更新

★2017年（平成29年）WGC−ブリヂストン招待で松山英樹がシーズン3勝目
　最終日2打差4位から出た松山が「61」をマークして2位に5打差の圧勝。シーズン3勝目、米国
ツアー5勝目を挙げる

★2018年（平成30年）小平智がRBCヘリテージでプレーオフ3ホール目にキム・シウを
退けて米国ツアー初優勝
　日本人選手5人目の米国ツアー優勝者となった小平。出場15試合目での優勝は日本人選手最速

★2019年（令和元年）東北福祉大3年の金谷拓実がオーストラリアンオープン3位タイで
2020年「全英オープン」の出場権を獲得
　初日「65」で首位スタートを切った金谷拓実。4日間通算「275」（9アンダー）で3位タイに入り、
上位3名に与えられる2020年「全英オープン」の出場権を獲得

★2020年（令和2年）東北福祉大学4年の金谷拓実が
日本人選手初の「マコーマックメダル」受賞
　R&AとUSGAによってそのシーズンの世界アマチュア
ゴルフランキング1位に贈られる「マコーマックメダル」
を日本人選手として初受賞

★2021年（令和3年）松山英樹がマスターズ優勝。日
本人選手初のメジャー制覇（写真）
　4打差の首位で出た最終日を4バーディ、5ボギーの「73」
にまとめ、通算10アンダー「278」として1打差で悲願の
グリーンジャケットを手にした

世界に挑んだ日本人選手の足あと（2021年〜）

★2021年（令和3年）日本体育大学3年の中島啓太が日本人選手2人目の「マコーマックメダル」受賞

20年11月に世界アマチュアゴルフランキング1位に出た中島。シーズン終了までその座を守り、金谷に続き2年連続2人目の「マコーマックメダル」を受賞

★2021年（令和3年）日本開催の米国ツアー「ZOZO CHAMPIONSHIP」で松山英樹が米国ツアー通算7勝目

1打差で出た最終日。2イーグル、3バーディ、2ボギーの「65」で回って2位に5打差をつける通算15アンダー「265」で圧勝

★2022年（令和4年）松山英樹がプレーオフの末「ソニーオープンinハワイ」でシーズン2勝目。2021－22年シーズンのフェデックスカップポイントで首位に浮上

2打差で出た松山がR・ヘンリーとのプレーオフ1ホール目にイーグルを奪って撃破。2021－22年シーズン2勝目はチェ・キョンジュと並ぶアジア勢最多のツアー8勝目

★2022年（令和4年）中島啓太が史上初2年連続「マコーマックメダル」を受賞

日本体育大学4年の中島が2年連続でアマチュア世界一に贈られる「マコーマックメダル」を受賞

★2022年（令和4年）久常涼が初出場の欧州ツアーでいきなり2位タイに入る

11月の最終予選会7位で欧州ツアーへの切符を掴んだ久常。同月に行われた2023年ツアー開幕戦「オーストラリアPGA選手権」で4日間通算「273」（11アンダー）で3打差の2位タイ

株式会社AbemaTV	150-0042 東京都渋谷区宇田川町40-1 Abema Towers
株式会社エリートグリップ	577-0067 大阪府東大阪市高井田西6-3-32
カシオ計算機株式会社	151-8543 東京都渋谷区本町1-6-2
くまもと中央カントリークラブ	869-1205 熊本県菊池市旭志川辺1217
COCOPA RESORT CLUB 　　白山ヴィレッジゴルフコース	515-2603 三重県津市白山町川口6262
The Wall Street Journal	
セントラルスポーツ株式会社	104-8255 東京都中央区新川1-21-2　茅場町タワー
株式会社大宣	591-8041 大阪府堺市北区東雲東町4-4-10
株式会社ダンロップスポーツマーケティング	108-0075 東京都港区港南1-6-41　品川クリスタルスクエア7F
ダンロップフェニックストーナメント	
テーラーメイド ゴルフ株式会社	135-0064 東京都江東区青海2-4-24　青海フロンティアビル
株式会社電通	105-7001 東京都港区東新橋1-8-1
株式会社博報堂DYメディアパートナーズ	107-6321 東京都港区赤坂5-3-1　赤坂Bizタワー
メルセデス・ベンツ日本株式会社	140-0002 東京都品川区東品川4-12-4 　　　　　品川シーサイドパークタワー
森ビル株式会社	106-6155 東京都港区六本木6-10-1

〈五十音順〉

ジャパンゴルフツアー
オフィシャルガイド **2023**

2023年4月10日　第1刷

定価　1,500円（本体1,364円＋税）

発行　一般社団法人　日本ゴルフツアー機構
　　　東京都港区赤坂1－3－5　赤坂アビタシオンビル5F　〒107-0052
　　　電話　03（3585）7381　FAX　03（3585）7383
　　　http://www.jgto.org/

発売　一季出版株式会社
　　　東京都中央区日本橋馬喰町2－2－12　〒103-0002
　　　電話　03（5847）3366　FAX　03（5847）3367
　　　https://www.ikki-web2.com

印刷　㈱上野印刷所

ISBN978-4-87265-212-3　C0075

JGTO Official Sponsor

★オフィシャルパートナー★

 Mercedes-Benz　　　メルセデス・ベンツ日本株式会社

THE WALL STREET JOURNAL.
Read ambitiously

 LaKeel　　　株式会社ラキール

★オフィシャルサプライヤー★

ANA　　　全日本空輸株式会社

★コーポレートサポーター★

TaylorMade®　　　テーラーメイドゴルフ株式会社

CENTRAL SPORTS　　　セントラルスポーツ株式会社

　　　株式会社Lounge Range

★QTタイトルスポンサー★

SMBC
モビット

TOUR CHAMPIONS CLUB 2023

そのすべてに、
世界が求める資質を込めて。
ゴルフの真価を知る
16の提携コース。

世界で戦うゴルファーの資質は、世界基準のコースでこそ磨かれる。

「TOUR CHAMPIONS CLUB」は、

この理念のもと世界に羽ばたくゴルファーを育てるべく1999年に誕生しました。

現在、日本ゴルフツアー機構が認証している提携コースは全国に16箇所。

いずれもワールドクラスの戦略性と技術力が試される奥深いコースです。

その素晴らしきゴルフの真価を、ぜひご自身でお確かめください。

TOUR CHAMPIONS CLUB

Japan Golf Tour Organization Official-Recognition Golf Course

JFE瀬戸内海ゴルフ倶楽部
岡山県笠岡市鋼管町19-2

ホウライカントリー倶楽部
栃木県那須塩原市千本松793

くまもと中央カントリークラブ
熊本県菊池市旭志川辺1217

富岡倶楽部
群馬県富岡市藤木621-1

Kochi黒潮カントリークラブ
高知県安芸郡芸西村西分甲5207

東建多度カントリークラブ・名古屋
三重県桑名市多度町古野2692

太平洋クラブ益子PGAコース
栃木県芳賀郡益子町大字七井3302-1

宍戸ヒルズ カントリークラブ
茨城県笠間市南小泉1340

ゴルフ5カントリーオークビレッヂ
千葉県市原市国本767

ザ・ノースカントリーゴルフクラブ
北海道千歳市蘭越26

富士カントリー可児クラブ
岐阜県可児市久々利向平221-2

太平洋クラブ佐野ヒルクレストコース
栃木県佐野市船越町2854

小野東洋ゴルフ倶楽部
兵庫県小野市日吉町570-1

ザ・ロイヤル ゴルフクラブ
茨城県鉾田市大蔵200

杉ノ郷カントリークラブ
栃木県日光市塩野室町1863

奈良柳生カントリークラブ
奈良県奈良市大柳生町4800

一般社団法人 **日本ゴルフツアー機構**
〒107-0052 東京都港区赤坂1-3-5 赤坂アビタシオンビル5F

お問い合わせ　TEL.03-3585-7041　FAX.03-3585-7383

Enjoy a world of benefits anytime, anywhere.

Experience the events, offers and insights included with your membership to The Wall Street Journal. Sign in at **WSJplus.com**